“十二五”国家重点图书出版规划项目
轨道交通科技攻关学术著作系列

高速铁路基础设施动态检测技术

王卫东 著

科学出版社
北京

内 容 简 介

高速铁路基础设施动态检测技术是指以各种车辆或动车组为载体，安装各类传感器、数据采集及分析处理设备、展示及传输设备等所形成的对基础设施运用状态进行实时检测的技术。本书从检测原理、系统结构、数据处理、评价标准及应用等几方面对不同基础设施设备的动态检测技术进行了详细的论述，全书共11章，包括概论、轨道几何不平顺检测技术、车辆动态响应检测技术、接触网检测技术、信号检测技术、通信检测技术、综合巡检技术、大型钢轨探伤车技术、隧道及限界检测技术、检测系统集成技术和数据分析处理中心技术。

本书可作为高等院校测控和计算机专业学生的学习资料，也可作为从事铁路检测、维修工作的技术人员和铁路管理人员培训的专业资料。

图书在版编目(CIP)数据

高速铁路基础设施动态检测技术 / 王卫东著．—北京：科学出版社，2017.3

(轨道交通科技攻关学术著作系列)

“十二五”国家重点图书出版规划项目

ISBN 978-7-03-051682-4

Ⅰ.①高… Ⅱ.①王… Ⅲ.①高速铁路-基础设施-动态测定 Ⅳ.①U238

中国版本图书馆 CIP 数据核字(2017)第 022473 号

责任编辑：刘宝莉 周 岩 陈 婕 / 责任校对：郭瑞芝

责任印制：吴兆东 / 封面设计：蓝正设计

科学出版社 出版

北京东黄城根北街 16 号

邮政编码：100717

http://www.sciencep.com

北京凌奇印刷有限责任公司 印刷

科学出版社发行 各地新华书店经销

*

2017 年 3 月第 一 版 开本：720×1000 1/16

2024 年 1 月第七次印刷 印张：26 1/2

字数：508 000

定价：218.00 元

(如有印装质量问题，我社负责调换)

“轨道交通科技攻关学术著作系列”编委会

“轨道交通科技攻关学术著作系列”序

“涓涓溪流，汇聚成河”，无数科技工作者不辍的耕耘，似在时刻诠释着这一亘古不变理念的真谛，成就着人类知识财富源远流长的传承与积累。

回溯新中国成立后中国铁路发展历程，特别是我国铁路高速、重载、既有线提速、高原铁路建设等一系列令世人瞩目的辉煌成就，无不映衬着“铁科人”励志跋涉的身影，凝聚了“铁科人”滴滴汗水与智慧结晶。历经六十多年的发展，中国铁道科学研究院（以下简称“我院”）充分发挥专家业务水平高、能力强，技术人才队伍集中，专业配套齐全，技术手段先进等综合资源优势，既历史性地开创了中国高速铁路联调联试、综合试验技术、无砟轨道技术，完成了重载运输、既有线提速和高原铁路等关键技术研究与试验，实现了互联网售票、运营调度、应急管理，以及高速动车组牵引、制动系统及网络控制系统等大批技术创新和成果转化，又在铁道行业重大技术决策信息支持、基础设施检测、产品认证、专业技术培训等技术服务领域发挥了重要作用，成为集科研、开发、生产、咨询、人才培养与培训等业务为一体的轨道交通高新技术企业，是全路当之无愧的科研、试验、信息、标准制（修）订的研发中心。业已完成的大量重大、关键技术攻关与试验研究，积淀了厚重的专业基础理论，取得了2300 多项科研成果。其中，有 170 多项获国家科技奖，600 多项获省、部级科技奖。

此时，由我院统筹组织科研人员，深入系统梳理总结优质科研成果，编著专业技术专著形成系列丛书，既是驱动我院科研人员自我深入总结，不断追求提高个人学术修养的发展动力，也是传承我院多年科研积累的知识结晶，有效夯实提升人才培养与培训内在品质的重要举措，更是打造我院核心竞争力，努力建设铁路科技创新研发中心并做大做强，彰显责任与担当的真实写照。

本套专业技术系列丛书作为“十二五”国家重点图书出版规划项目，充分反映了我院在推动轨道交通领域技术进步与学科发展中取得的基础理论研究和最新技术应用成果，内容囊括铁路运输组织、机车车辆及动车组技术、工务工程、材料应用、节能环保、检测与信息技术、标准化与计量，以及城轨交通等专业技术发展。丛书在院编委会的指导下，尊重个人学术观点，鼓励支持有为的“铁科人”将科技才华呈现于行业科技之巅，并致力于为轨道交通现代化发展的追“梦”者们汇聚知识的涓流、铸就成长的阶梯。

中国铁道科学研究院常务副院长
丛书编委会主任

2013 年 12 月

前　言

20 世纪 90 年代初，在中华人民共和国铁道部（简称铁道部）范围内的多家研究机构提出了开展高速铁路研究的议题。当时，中国铁道科学研究院（简称铁科院）的一些前辈也开始着手这方面的研究工作。1992 年，我从北京航空航天大学博士毕业后，凭借结构动力学方面的专业优势来到了铁科院。

2003 年，铁科院就已开始关注高速综合检测技术的发展，不仅召开国际技术研讨会，而且组织技术人员开始前期技术的研究。2006 年，京津城际铁路在迎接 2008 年 8 月北京奥运会的快速节奏中紧锣密鼓地开展着建设，也就是说，京津城际铁路必须要在 2008 年 8 月 1 日前开通运营。而此时，开通前开展联调联试及开通后担当日常检测任务所必需的高速综合检测列车对中国铁路来说还是个空白。2006 年 9 月，经铁道部组团，我和同事开始了前往欧洲考察高速综合检测列车的旅程。这次考察走访了英国、法国、德国 、意大利四国，登乘了英国的 NMT 检测列车、法国的 IRIS320 检测列车、德国的 ICE 短编检测列车和意大利的 Archimedes 检测列车，并对各国的检测技术及应用进行了全面的了解。这次考察实质性地开启了我国研制高速综合检测列车的大门。

0 号高速综合检测列车（简称 0 号车）的研制开始于 2006 年的第四季度。尽管研制时间紧迫，但经过多次方案论证，最终采用 CRH5 型动车组为载体，集成世界先进的检测技术及设备，形成了最高检测速度为 250km/h、以集成创新为主的我国第一列高速综合检测列车方案。随后，我们开始了紧张的技术条件设定、系统方案制定、招标文件编制及招标谈判等工作，在铁科院的办公室和实验室、北京莲花桥西南角的华宝大厦度过了无数个“五加二”、“白加黑”的日子。

在 0 号车的研制过程中，印象最深的就是综合系统从招标到自主研制那艰难的一幕。综合系统是高速综合检测列车的关键组成部分。各个专业检测系统通过综合系统有机地集成在一起。综合系统向各个专业检测系统发布精准的时空同步信号，保证各系统在统一的时间和空间坐标下工作。同时，各个专业检测系统的数据通过遍布全车的光纤数据网络汇集到综合系统进行集中存储和处理，并开展综合分析，给出分析结果。当时因为时间紧迫，我们没有研制经验，所以决定首先引进国外成熟系统，通过系统集成的方式完成 0 号车的研制。

招标开始后，技术相对成熟的综合系统的投标方——意大利的一家公司报价高达 800 万欧元，按照当时的汇率就是 8000 万人民币，远远超出了我们的预算。一轮又一轮艰难的谈判持续了近 3 个月，但外方始终不降价，而时间越来越紧张……情急之下，也经过我们认真、细致的讨论，我们研发团队郑重向铁道部领导提出：我们自己来研制，并立下军令状，一定保证京津城际铁路用上我们自己的高速综合检测列车。

从接手开始研发到预计检测列车下线近一年半的时间，要完整开发出一套复杂的集电子、电器、网络、计算机、软件等多专业构成的综合系统，并达到实际装车运用的程度，在外商眼里几乎是不可能的，这就是他们信心满满、坚持不降价的原因。时间过得特别快，我们团队的每一个人都觉得时间不够用，我们这个以年轻人为主的团队完完全全地忘我投入这场与时间赛跑、为中国铁路争气的艰苦攻关。四百多个日日夜夜，不是红旗招展、口号声声，而是默默无闻的煎熬，是一句又一句编程的语言，是一次又一次不成功的测试，是经常延续到凌晨的讨论。

2008 年 6 月 6 日，0 号车在长春下线了，这列倾注着无数人心血和汗水的检测列车如期驶上了京津城际铁路，保证了奥运会前京津城际铁路的如期开通。

因为 0 号车的成功，中华人民共和国科学技术部(简称科技部)、铁道部决定继续支持开展 400km/h 高速综合检测列车的研制，为京沪高速铁路的建设和开通做准备。

经过多轮论证和评审，2009 年 11 月，铁科院牵头，十余家科研机构、高校、生产单位联合与科技部签署了“十一五”期间最大的 863 计划项目“最高试验速度 400km/h 高速检测列车关键技术研究与装备研制”(2009AA110300)”。此项目的目标就是全面掌握具有自主知识产权的关键检测技术，并研制一列速度为 400km/h 的高速综合检测列车，满足京沪高速铁路试验和联调联试的需要。

经过五百多个日夜的奋斗，2011 年 3～4 月，CRH380A-001 和 CRH380B-002 两列高速综合检测列车成功下线，开始在京沪高速铁路先导段进行全项目的试验验证，最高试验速度达到 400km/h。这两列列车的成功研制和应用，标志着我国的铁路综合检测技术已达到世界领先水平，率先在运营高速铁路线上实现了 350km/h

的全项目等速检测。

在此项目中，同时开展了检测数据中心建设和数据分析评价方法的研究，形成了完整的检测运营、数据归集存储、数据分析与发布的铁路基础设施检测技术体系。

2011年3月，高速综合检测列车作为"十一五"期间的重大科技成就，参加了在国家会议中心举办的"十一五"国家重大科技成就展。随后参加了2012年在美国费城举办的第八届世界高速铁路大会装备展和2013年在澳大利亚悉尼举办的第十届世界铁路研究大会装备展，受到了国际范围内同行的广泛好评。

2015年1月9日，"高速铁路关键基础设施综合检测及评估技术"在人民大会堂召开的国家科学技术奖励大会上获得了国家科技进步二等奖。

十年的磨炼，中国高铁已经享誉海内外，我们的铁路基础设施综合检测技术也走在了国际同行的前列，这其中有前辈几十年的积累和传授，有同事殚精竭虑的投入，有各方的支持和理解，感激之情，难以言表。

参与本书撰写的主要有李颖、田新宇(第2章)，梁志明、刘金朝(第3章)，张文轩、李向东、周威、王燕国、王婧、汪海英、杨志鹏、盛良(第4章)，高利民、孟景辉、刘玉江(第5章)，王惠生、邢小琴(第6章)，戴鹏、王昊、王燕国、杜馨瑜、吴楠(第7章)，石永生、张玉华、陈新民(第8章)，齐法琳、刘惟桢、江波、孙淑杰、雷洋、鲁寨军、李红艳(第9章)，杨超、王登阳、邢小琴、孙淑杰、许阶(第10章)，徐贵红、刘金朝、孙善超、曲建军、陶凯、张文轩、汪海瑛、杨树忠、杨吉(第11章)；此外，周正、朱司华对本书撰写工作的组织、协调做出了诸多贡献，在此谨对这些同事的辛勤付出和卓越智慧表示衷心的感谢和深挚的敬意。

几点经验，些许成果，更多心得，编辑成册，以期对同行、后辈能有辅助、借鉴之功，亦可不胜欣慰。

王卫东

2016年8月15日

目　录

“轨道交通科技攻关学术著作系列”序

前言

第 1 章　概论 ······ 1

1.1　检测项目及功能 ······ 1

1.1.1　轨道检测 ······ 1

1.1.2　钢轨探伤 ······ 2

1.1.3　隧道检测 ······ 4

1.1.4　接触网检测 ······ 6

1.1.5　通信检测 ······ 9

1.1.6　信号检测 ······ 11

1.2　高速综合检测列车 ······ 13

参考文献 ······ 18

第 2 章　轨道几何不平顺检测技术 ······ 19

2.1　概况 ······ 19

2.1.1　国外技术现状 ······ 21

2.1.2　国内技术现状 ······ 22

2.2　检测原理 ······ 23

2.2.1　弦测法和惯性基准法 ······ 23

2.2.2　各检测参数测量方法 ······ 27

2.3　系统结构及数据合成 ······ 37

2.3.1　总体结构 ······ 37

2.3.2　数据合成方法 ······ 39

2.4　系统标定 ······ 41

2.4.1　标定原理 ······ 41

2.4.2　激光摄像组件参数标定 ······ 41

2.4.3　轨道几何参数标定技术 ······ 43

2.5　数据处理及应用 ······ 45

2.5.1　数据处理 ······ 45

2.5.2 评价标准及方法 …… 54
2.5.3 应用案例 …… 60
参考文献 …… 61
第 3 章 基于车辆动态响应的轨道状态评价技术 …… 63
3.1 概况 …… 63
3.1.1 国外技术现状 …… 63
3.1.2 国内技术现状 …… 64
3.2 检测技术 …… 65
3.2.1 检测原理 …… 65
3.2.2 系统组成 …… 68
3.2.3 校准设计 …… 72
3.3 数据实时分析处理技术 …… 73
3.3.1 轴箱垂向加速度共振解调分析 …… 74
3.3.2 高速铁路焊接接头状态评判方法 …… 75
3.3.3 基于轴箱加速度道岔状态分析 …… 78
3.3.4 应用案例 …… 82
参考文献 …… 83
第 4 章 接触网检测技术 …… 85
4.1 概况 …… 85
4.1.1 国外技术发展 …… 85
4.1.2 国内技术发展 …… 87
4.2 弓网动态作用参数检测 …… 89
4.2.1 检测原理 …… 89
4.2.2 系统结构 …… 94
4.2.3 系统标定 …… 107
4.3 接触网几何参数检测 …… 108
4.3.1 检测原理 …… 108
4.3.2 系统结构 …… 110
4.3.3 数据处理 …… 110
4.3.4 系统标定 …… 113
4.3.5 系统应用 …… 114
4.4 供电参数检测 …… 116
4.4.1 检测原理 …… 116

4.4.2　系统结构 …… 117
4.4.3　系统标定 …… 117
4.5　数据处理及应用 …… 119
4.5.1　数据分析 …… 119
4.5.2　评价标准及方法 …… 119
4.5.3　应用案例 …… 120
参考文献 …… 128
第5章　信号检测技术 …… 129
5.1　概况 …… 129
5.1.1　国外技术现状 …… 129
5.1.2　国内技术现状 …… 130
5.2　检测原理 …… 132
5.2.1　检测参数 …… 132
5.2.2　地面信号设备检测原理 …… 134
5.2.3　车载ATP监测原理 …… 137
5.2.4　CTCS-3级列控通道监测原理 …… 139
5.3　系统标定 …… 141
5.3.1　轨道电路 …… 142
5.3.2　牵引回流 …… 147
5.3.3　应答器 …… 148
5.4　数据处理及应用 …… 150
5.4.1　数据处理分析 …… 150
5.4.2　评价方法 …… 169
5.4.3　应用案例 …… 180
参考文献 …… 186
第6章　无线通信检测技术 …… 187
6.1　概况 …… 187
6.1.1　技术发展 …… 187
6.1.2　高速综合检测列车通信检测系统组成 …… 189
6.2　场强覆盖检测 …… 190
6.2.1　概述 …… 190
6.2.2　450MHz无线覆盖检测系统原理及检测方法 …… 191
6.2.3　GSM-R系统场强检测原理及检测方法 …… 192

6.2.4　场强检测技术与实现 …… 193
6.3　GSM-R 网络服务质量检测 …… 195
6.3.1　语音通信服务质量测试 …… 196
6.3.2　电路域数据通信质量测试 …… 200
6.3.3　分组域数据通信质量测试 …… 204
6.3.4　数据处理及应用 …… 206
6.4　铁路无线通信专用功能检查 …… 210
6.4.1　调度命令和车次号应用功能测试 …… 210
6.4.2　GSM-R 组呼功能测试 …… 212
6.5　铁路沿线电磁环境检测 …… 213
6.5.1　概述 …… 213
6.5.2　频谱扫描测试 …… 213
6.5.3　频点干扰检测 …… 217
6.6　测试技术的发展趋势 …… 218
6.6.1　概述 …… 218
6.6.2　无人值守自动检测 …… 219
6.6.3　LTE-R 检测 …… 220
参考文献 …… 224
第 7 章　综合巡检技术 …… 225
7.1　概况 …… 225
7.2　轨道巡检 …… 227
7.2.1　系统原理和功能 …… 227
7.2.2　图像采集技术 …… 228
7.2.3　数据智能分析及应用 …… 231
7.2.4　数据分析软件 …… 233
7.2.5　运用成果综述 …… 233
7.3　钢轨轮廓检测 …… 235
7.3.1　检测原理 …… 235
7.3.2　图像处理技术 …… 240
7.3.3　运用情况介绍 …… 241
7.4　接触网巡检 …… 243
7.4.1　系统原理和功能 …… 243
7.4.2　图像采集技术 …… 248

7.4.3 数据智能分析及应用 …… 253
7.4.4 运用成果综述 …… 256
7.5 轨旁信号设备巡检 …… 259
7.5.1 检测原理 …… 259
7.5.2 系统结构 …… 260
7.5.3 数据处理 …… 263
7.5.4 应用实例 …… 263
参考文献 …… 264
第8章 大型钢轨探伤车技术 …… 266
8.1 概况 …… 266
8.1.1 国外钢轨探伤车技术发展 …… 266
8.1.2 我国钢轨探伤车技术发展 …… 267
8.2 检测原理 …… 268
8.2.1 超声波探伤技术原理 …… 268
8.2.2 钢轨超声波探伤技术原理 …… 268
8.3 系统结构 …… 271
8.3.1 系统总体结构 …… 271
8.3.2 探轮结构 …… 272
8.3.3 控制计算机软件 …… 274
8.4 数据分析与应用 …… 276
8.4.1 钢轨探伤车伤损分级分析及应用 …… 276
8.4.2 探伤车钢轨顶面斜裂纹与轨头核伤的对比分析及应用 …… 278
8.4.3 探伤车与探伤仪对轨头核伤的检测对比分析及应用 …… 281
8.5 系统校准与标定 …… 284
8.5.1 探轮充液量校准 …… 284
8.5.2 探轮调零 …… 284
8.5.3 探轮下压量 …… 284
8.5.4 探轮对中 …… 284
8.5.5 编码器校准 …… 285
8.5.6 标定台标定 …… 285
8.5.7 动态标定 …… 286
8.6 应用实例 …… 286
8.6.1 焊接夹杂焊缝伤损 …… 286

8.6.2 焊接表面缩孔焊缝伤损 …… 287
8.6.3 钢轨轨头横向裂纹 …… 287
参考文献 …… 288
第 9 章 隧道及限界检测技术 …… 289
9.1 隧道状态检测技术 …… 289
9.1.1 概况 …… 289
9.1.2 地质雷达检测原理 …… 292
9.1.3 隧道状态检查车的组成及功能 …… 295
9.1.4 数据处理及解释 …… 296
9.1.5 应用实例 …… 300
9.2 铁路建筑限界检测技术 …… 302
9.2.1 概况 …… 302
9.2.2 检测原理 …… 305
9.2.3 典型限界检测系统结构 …… 308
9.2.4 数据处理 …… 314
9.2.5 应用实例 …… 317
参考文献 …… 327
第 10 章 检测系统集成技术及综合系统 …… 328
10.1 检测系统集成技术 …… 328
10.2 综合系统 …… 329
10.2.1 空间同步 …… 329
10.2.2 时空校准 …… 331
10.2.3 视频采集处理 …… 336
10.2.4 车载数据网络与集中监控 …… 338
10.2.5 车载数据综合处理 …… 341
10.2.6 车地无线传输 …… 347
参考文献 …… 352
第 11 章 铁路基础设施检测数据分析处理中心 …… 353
11.1 概况 …… 353
11.1.1 建设意义 …… 353
11.1.2 国内外数据中心发展现状 …… 353
11.2 数据中心系统构成 …… 364
11.2.1 系统架构 …… 364

11.2.2　数据管理系统 …… 366
11.2.3　数据分析系统 …… 369
11.2.4　数据发布系统 …… 382
11.3　数据分析处理关键技术 …… 384
11.3.1　数据预处理技术 …… 385
11.3.2　基础设施状态分析评价技术 …… 387
11.3.3　轨道状态变化预测技术 …… 391
11.4　数据分析处理中心的应用 …… 402
11.4.1　应用结构 …… 402
11.4.2　应用情况 …… 403
参考文献 …… 404

第1章 概 论

高速铁路基础设施是指铁路沿线的线路(包含道床、路基)系统、桥梁、隧道、接触网系统、通信系统和信号系统等固定设施。高速铁路基础设施动态检测技术是指以各种车辆或动车组为载体,通过安装各类传感器、数据采集及分析处理设备、展示及传输设备等对基础设施运用状态进行实时检测的技术[1]。

本章介绍高速铁路基础设施动态检测技术的主要检测项目和功能,并以高速综合检测列车为例,介绍国内外高速铁路基础设施动态检测技术的发展历程和最新进展。

1.1 检测项目及功能

本节介绍几个主要检测系统的检测项目和功能,包括轨道检测、钢轨探伤、隧道检测、接触网检测、通信检测和信号检测系统[2,3]。

1.1.1 轨道检测

轨道检测系统用于检测轨道的几何尺寸偏差,主要包括轨距、(左右)轨向、(左右)高低、水平、三角坑等7个几何不平顺项目,见图1.1。根据需要,系统可以给出曲线半径、轨距变化率、曲率变化率、未平衡超高、未平衡超高变化率、轨道几何单项标准差、轨道质量指数(TQI)、里程及地面标志、复合不平顺等合成项目的结果。通常,系统还可以测量车体横向、垂向加速度,以及转向架构架和轴箱加速度,作为线路几何平顺性状态的辅助评价。

高低不平顺是指轨道沿钢轨的长度方向在垂向上的凹凸变形(图1.1(a)),主要包括钢轨表面不平顺、轨道弹性变形和残余变形不均匀、部件的间隙不一致、路基不均匀下沉、各部件之间存在间隙等形成的垂向不平顺。左右两根钢轨高低的起伏变化趋势,有时比较一致,但各自的变化并不相同,因此,工务部门在检测中还要分为左轨高低和右轨高低。

三角坑(也称为轨道平面性或扭曲不平顺)是指左右两轨顶面相对于轨道平面的扭曲,表征轨道在平面上的扭曲状态,用间隔一定距离的两个横截面水平幅值的代数差度量(图1.1(b))。存在较大三角坑的地方,往往会出现车辆晃动严重的情况。

轨向不平顺即轨道的方向不平顺,是指在车轮作用下,钢轨侧面凹凸变形引起的线路中心线方向的变化(图1.1(c))。它是由轨头侧面磨耗不均匀、轨道横向弹性或阻力不相等、扣件失效等原因造成的。与高低不平顺一样，线路左右轨方向的变化往往不同，尤其在木枕和扣件薄弱的曲线区段差异更大，因此需要区分左轨向不平顺和右轨向不平顺，并将左、右轨向不平顺的平均值作为轨道的中心线方向偏差值。

水平不平顺是指轨道各个截面上左右两轨顶面高差的波动变化(图 1.1(d))。水平不平顺的幅值，在曲线上是指扣除正常超高值的偏差部分，在直线上是指扣除一侧钢轨均匀抬高值后的偏差值。

轨距不平顺值是指在轨道同一截面、钢轨顶面以下 16mm 处，左右两根钢轨之间的最小内侧距离相对于标准轨距的偏差(欧洲许多铁路规定在轨面以下 14mm 处测量轨距)(图 1.1(e))。轨距不平顺值的大小对机车车辆运行的横向稳定性及曲线磨耗影响较大。

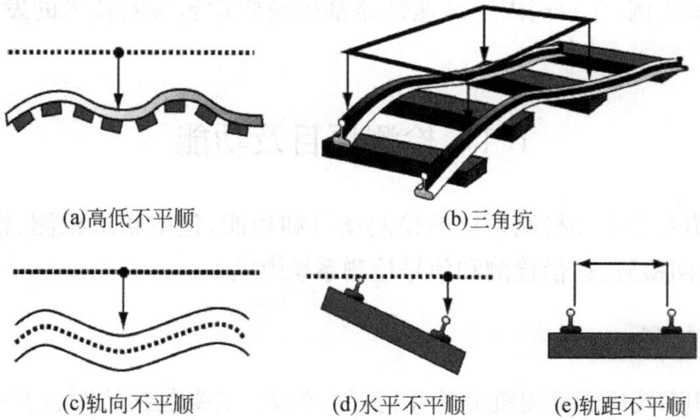

图 1.1　轨道几何不平顺示意图

复合不平顺是指在轨道同一位置或在影响机车车辆系统性能的长度范围内，共同存在垂向和横向轨道不平顺而形成的双向不平顺。轨道复合不平顺根据单项几何不平顺的组合具有多种形式，实际线路上的轨道不平顺一般都是复合型的。大量研究和试验已证实，复合不平顺会对车辆平稳运行产生严重的影响，尤其是轨向与水平逆相位复合不平顺由于轨道鼓曲方向与高轨位置形成反超高状态对行车安全造成的危害，比单项不平顺和其他复合不平顺状态更严重。

通过对轨道几何平顺性的周期性动态检测，能够及时发现危及行车安全的较大不平顺，保障行车安全。同时，通过长期数据的积累和分析，能够掌握线路状态变化，指导维修人员有针对性地养护维修，提高维修效率，降低维修成本；通过科学评价不同区段的线路质量、检验维修作业的效果，可为实施轨道设备的全寿命周期管理提供重要的依据。

1.1.2　钢轨探伤

本书主要介绍基于超声检测原理的大型钢轨探伤车技术。脉冲反射法是应用最广泛的超声检测技术，其原理是在非绝对均匀的材料中，因缺陷的存在而造成材料的不连续往往会引起声阻抗的不一致，使得超声波在两种不同声阻抗介质的交界面上发生反射，反射回来的能量的大小与交界面两边介质声阻抗的差异和交界面的取向、大小有关。

大型钢轨探伤车能够对左右股钢轨同时进行探伤检测，能够检测的钢轨伤损有钢轨轨头核伤、螺孔裂纹、轨腰水平裂纹、轨腰斜裂纹、焊缝伤损和疲劳伤损等。

钢轨轨头核伤是轨头横向疲劳裂纹，呈椭圆形，长、短轴之比约为 3∶2(图 1.2)。核伤可导致钢轨的横向折断，是钢轨最危险的缺陷之一。核伤疲劳源一般位于距踏面 8～12mm、距内侧 5～10mm 处。近年来，也有大量从焊缝或擦伤处产生的位于轨头中部的核伤；在一些复用轨上，甚至出现了轨头外侧核伤。核伤方向与轨头侧面近乎垂直，与踏面多呈 10°～25°夹角(单行线上)或近乎垂直(复行线上)。核伤在未发展到外表面时肉眼不可见，称为“白核”；已扩展到外表面时，因氧化变为黑色，称为“黑核”。

图 1.2 钢轨轨头核伤

螺孔裂纹是从螺孔周边开裂发展而成的疲劳缺陷(图 1.3)，在有缝线路上是最常见的缺陷之一。螺孔周边的机械损伤、锈蚀等，均可成为孔裂的疲劳核心。孔裂的倾角为 α，即孔裂与水平线的夹角，一般分布在 0°～45°内。孔裂是较常见的危险性缺陷，尤其是第一孔裂纹更危险，严重时可导致轨端揭盖，会带来十分严重的破坏性后果。

图 1.3 螺孔裂纹

在轨端、螺孔处，由于外伤和疲劳，能够产生轨腰水平裂纹，或由于钢厂轧制缺陷也能产生轨腰水平裂纹(图 1.4)。水平裂纹通常与轨底水平或接近水平，轨腰部位可能完全裂通，也可能是半边裂。

图 1.4　轨腰水平裂纹

钢轨焊缝伤损不仅数量多，而且探测劳动强度大，因此在探测技术上还存在较大难度。焊缝中的缺陷和各种轮廓反射面都集中在一个很小的区域内，反射波相互干扰，不易分辨，很容易造成误判。焊缝中的许多缺陷，如光斑和灰斑等，反射很弱，探测十分困难，很容易造成漏检。焊缝类伤损可以继续发展成疲劳伤损，如轨头核伤、轨腰斜裂纹等(图 1.5)。

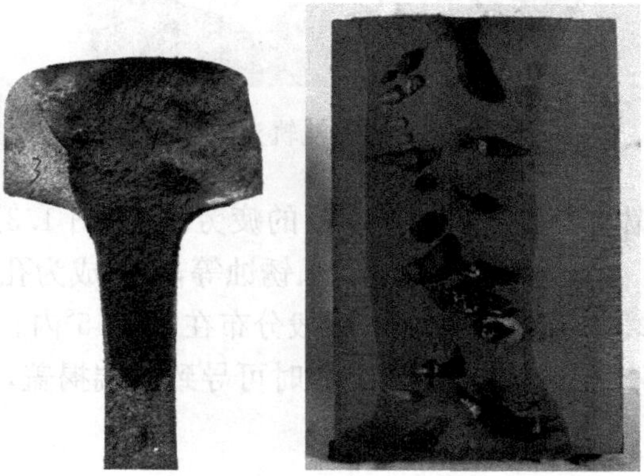

图 1.5　钢轨焊缝伤损

1.1.3　隧道检测

隧道检查车依靠的主要是地质雷达技术。地质雷达技术自 20 世纪 70 年代应用至今已近 50 年，其应用领域逐渐扩大。相比反射地震、地震 CT、高密度电法和地震面波等方法，地质雷达技术具有分辨率高、图像直观、使用方便等特点，深受工程界的欢迎，在铁路隧道衬砌检测中，可用于检测衬砌厚度、脱空和空洞、渗漏带、回填欠实和围岩扰动等问题。

被测介质的介电常数存在一定的差异,空洞或不密实形成的空隙内含有空气或水,而空气、水与混凝土、围岩的介电常数存在较大的差异。相应介质的相对介电常数的差异大小决定了地质雷达发射波的反射系数大小,差异越大,反射系数越大,探测效果越好。

在地质雷达图像上,空洞表现为反射振幅较强、连续、呈弧状等特征;不密实指的是衬砌背后回填的片石不密实或没有注浆或者注浆不足,在地质雷达图像上反映为振幅不高、连续性差等特征。雷达图像与对应的现场检查缺陷如图1.6~图1.8所示。

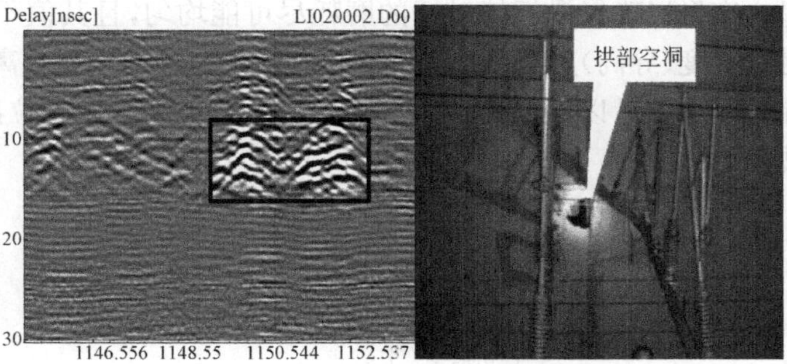

图1.6 隧道拱顶衬砌背后空洞

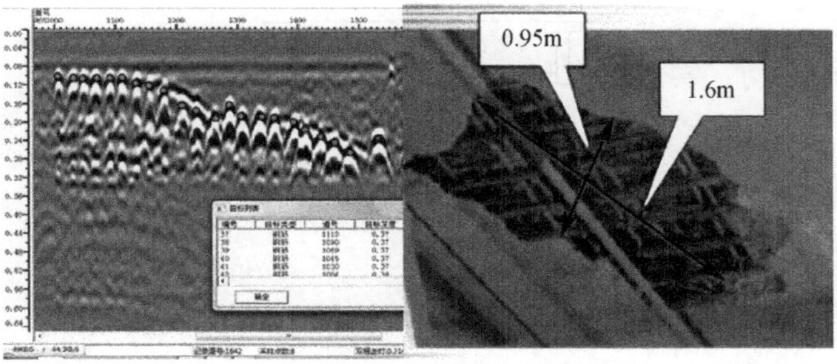

图1.7 隧道拱顶钢筋分布

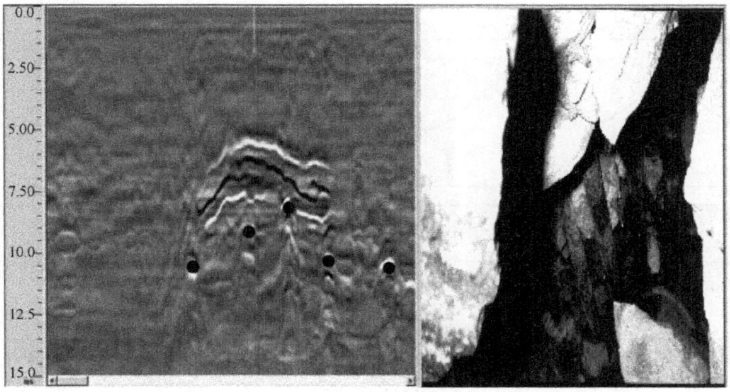

图1.8 隧道拱顶衬砌背后空洞

1.1.4　接触网检测

铁路接触网检测主要是对接触网的几何参数、弓网动态作用参数及电气参数进行动态检测。检测项目主要包括:弓网接触压力,硬点,拉出值,一跨内接触线高差,接触线高度,定位器坡度,车顶加速度,接触线磨耗,接触网电压、电流,离线燃弧,受电弓运行环境监视等。以下对主要检测参数进行简要介绍。

拉出值定义为接触线和受电弓滑板接触点相对于受电弓中心线的横向偏移量。拉出值呈之字形以确保滑板接触区的磨耗尽可能均匀,且其值不能超过最大允许值。接触线高度(导高)定义为接触线底面到轨顶连线的垂直距离。接触线高度应尽可能保持一个常量以确保良好的弓网关系。图 1.9 给出了拉出值、导高示意图及检测波形。

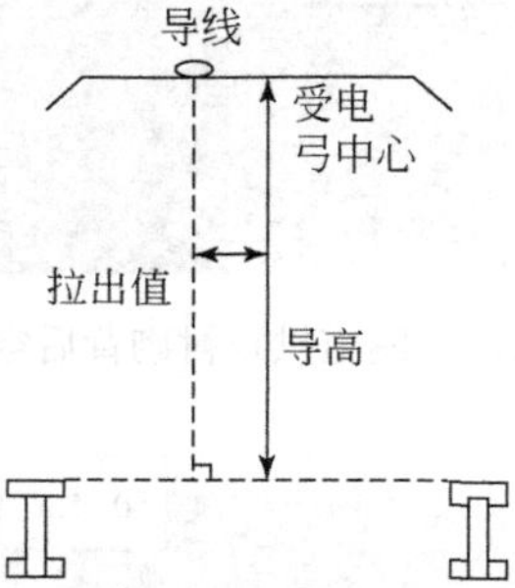

(a)拉出值、导高示意图

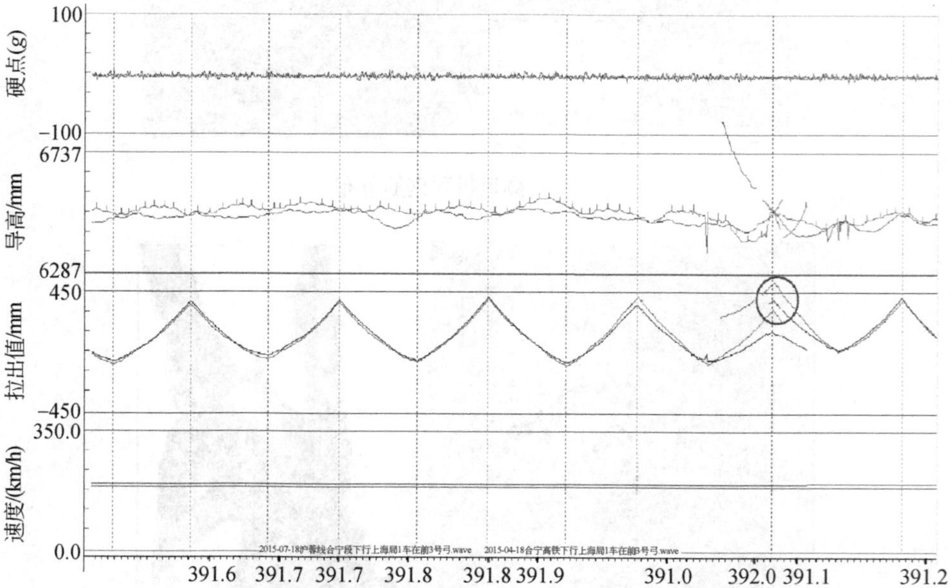

(b)检测波形

图 1.9　拉出值、导高示意图及检测波形

弓网接触压力为受电弓施加于接触线垂直方向上的力。为确保弓网间的可靠受流,受电弓与接触线之间要有一定的接触压力。但若接触网与受电弓间作用力过大,会导致磨耗剧烈增加,缩短弓网的使用寿命;反之,若接触网与受电弓之间的作用力不够,则会导致离线,引起燃弧,烧损接触线。最佳的弓网关系为接触力应连续且尽可能为一个常量。图1.10给出了弓网接触力示意图及两次检测波形的对比,其中圆圈处可以明显看出两次检测时接触力的变化。

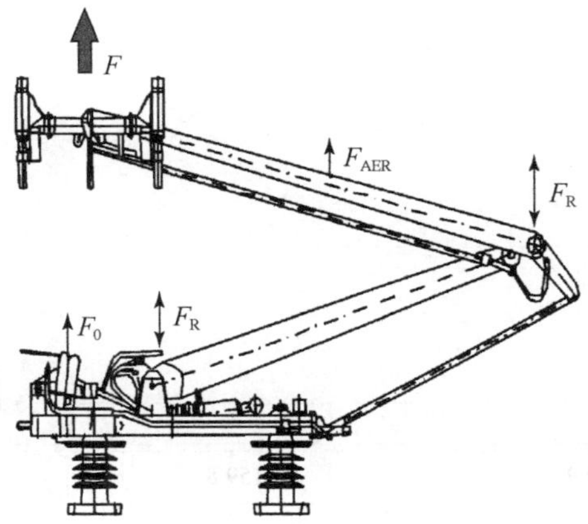

(a)弓网接触力示意图

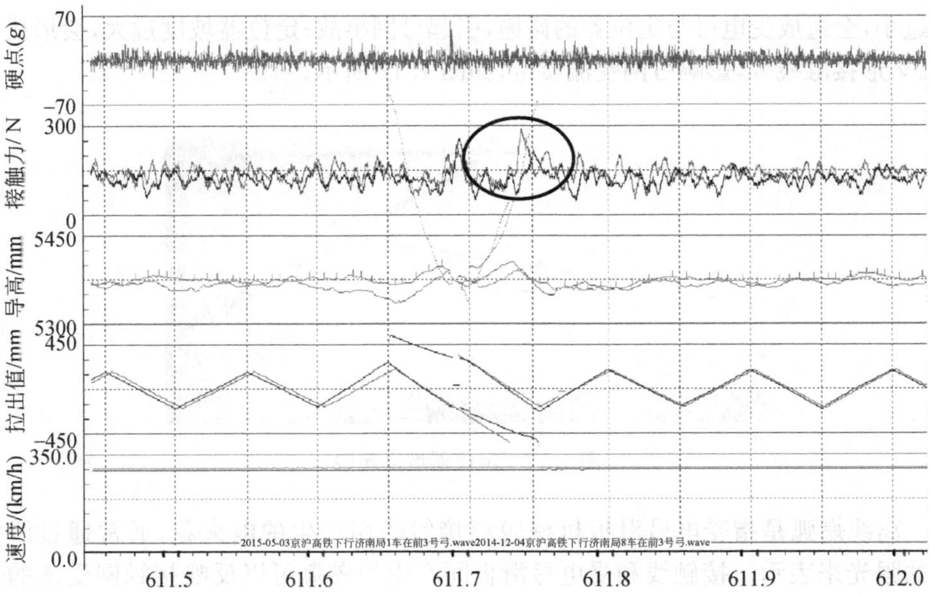

(b)检测波形

图1.10 弓网接触力示意图及检测波形

硬点是指接触线地面不平顺或接触线铅垂弹性突变的点。通常用受电弓滑板滑行时垂直方向上加速度的最大值来表示。硬点的存在会对受电弓造成冲击,甚至产生离线,影响受流质量及弓网寿命,如图 1.11 所示。

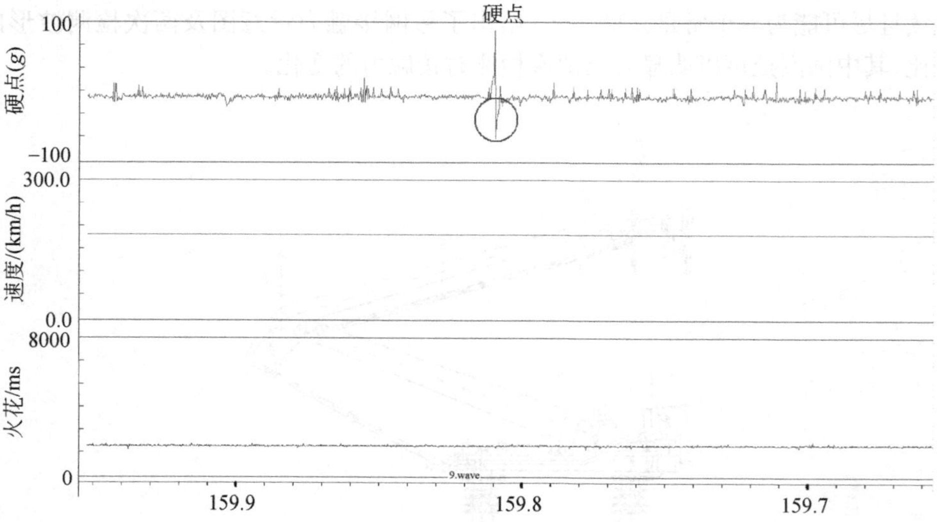

图 1.11　三类硬点超限检测波形图

定位器坡度定义为定位器连线的延长线相对于两钢轨轨面的斜度。定位器坡度过小,会造成受电弓与定位器的碰撞,引起弓网事故;定位器坡度过大,会形成硬点、V 形接触线等,影响弓网受流质量,如图 1.12 所示。

图 1.12　定位器坡度超限

离线燃弧是指受电弓滑板机械脱离接触线而产生的电火花,通常通过所发出的强光来表示。接触线和受电弓滑板间产生的燃弧可以反映接触网受流的性能。采用安装于检测车上的燃弧监视设备检测,并测量燃弧持续时间。图 1.13 为燃弧检测超限视频截图。

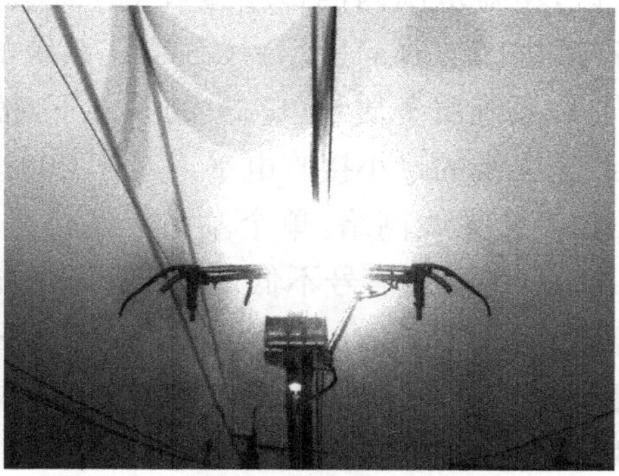

图1.13 燃弧检测超限视频截图

接触网电压定义为接触线与车辆行走钢轨之间的电压值。为使线路上的列车能正常运行，接触网电压需维持一定的幅值与频率，但允许在一定的范围内波动。采用安装于检测列车测量受电弓处的电压测量设备不仅可以测量接触网电压，还可以记录由于离线引起的电压突降。这也是一种反映弓网相互作用质量的方法。

受电弓处的电流定义为经受电弓流入动车组主电压器的电流。通过安装于检测车受流受电弓上的检测系统可以精确测量和记录电流的变化趋势。

1.1.5 通信检测

通信检测系统主要检测列车与地面列车控制中心之间进行通信的无线网络的运用质量。检测项目包括无线场强覆盖、话音通信服务质量和电路域(circuit switched data,CSD)服务质量三大类。不同速度等级线路所采用的无线通信网络及其应用各有不同，因此检测项目及内容也不尽相同。我国160km/h以下的既有线路上，车地无线通信采用450MHz的无线通信网络，主要用于运行列车与地面调度台之间的通信，检测项目为无线场强覆盖和调度命令测试；200～250km/h客运专线路上，车地无线通信采用GSM-R(global system for mobile communications-railway)无线通信网络，主要用于运行列车与地面调度台之间的通信及手持移动终端的无线通信，检测项目为无线场强覆盖和话音通信服务质量；300～350km/h高速铁路线上，车地无线通信采用GSM-R无线通信网络，主要用于运行列车与地面列车控制中心之间的列车控制信息传输，同时用于列车与地面调度台之间的通信及手持移动终端的无线通信，检测项目为无线场强覆盖、话音通信服务质量和CSD服务质量。

无线场强覆盖测试主要测试无线网络是否满足线路无线覆盖的要求。对于450MHz的无线场强覆盖，是指在满足机车电台接收机输出端电压信噪比不低于20dB的条件下，按照95%的地点、时间概率统计，测量接收机天线输入端的最小接收电平。两相邻车站电台的场强覆盖应不小于两相邻电台之间距离的二分之一，且至少有 500m 的重叠区,覆盖范围内的最小接收电平不低于 0dBμ(非电气化铁路)、6dBμ(电气化铁路),如图 1.14(a)所示。GSM-R 系统的场强覆盖,是在满足系统规定的载干比(C/I)和系统服务质量(QoS)的条件下,按 95%的地点、时间概率统计,测量接收机天线输入端的最小接收电平。对于 200～250km/h 客专线路,一般采用单网非交织 GSM-R 无线网络,单个基站无线信号要求覆盖至相邻基站处,且在有效覆盖范围内,无线场强信号不低于−98dBm,如图 1.14(b)所示。对于300～350km/h 高速铁路,一般采用单网交织冗余 GSM-R 无线网络,单个基站无线信号要求覆盖至相邻第二个基站处,且在有效覆盖范围内,无线场强信号不低于−92dBm,如图 1.14(c)所示。

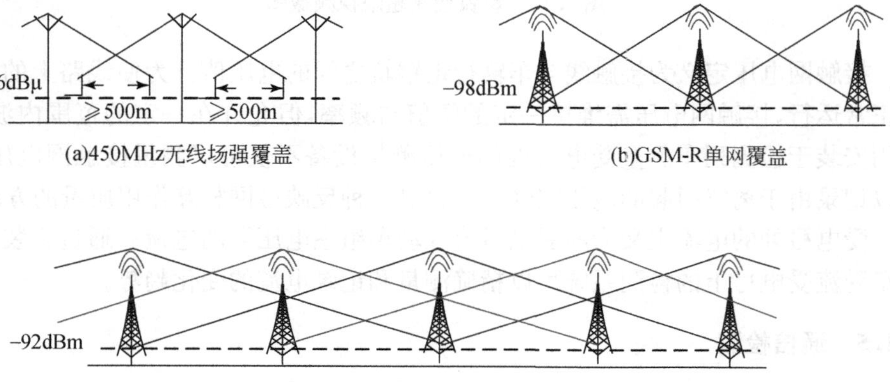

图 1.14　无线场强覆盖测试

调度命令是铁路行车指挥的重要手段。调度员发出的行车命令由车站设备通过无线网络发送到机车综合通信设备上。调度命令的检测是要检验调度台的发送、地面传输、车站转发和机车通信终端接收等几个环节的工作特性。

话音通信服务质量测试主要测试 GSM-R 无线网络是否能够满足话音通信需求,测试内容包括:移动终端至固定终端/移动终端连接建立时间、连接建立成功率,移动终端与固定终端通信保持过程中的话音质量、小区切换成功率、切换时延和掉话率等。

CSD 服务质量测试通过模拟列控用户通信应用过程,测试 GSM-R 无线网络是否能够满足车地间列车控制信息的传输需求,测试内容包括:数据传输时延、连接建立时延、连接建立成功率和干扰率。

另外,GSM-R 无线网络容易受到网内、网外无线信号的干扰导致通信质量恶化,甚至引起高铁列车车地通信中断的现象,因此无线干扰的检测和处理已成为 GSM-R 网络维护部门的一项重要任务。频谱扫描测试是干扰检测的基本项目之一,用于查找 GSM-R 网络外部干扰。将频谱分析仪扫描频段设置为 GSM-R 网络应用频段 885～889MHz(上行)和 930～934MHz(下行),扫描周期为 100ms,分辨带宽为 30kHz,采用峰值检波,使用最大峰值保持的显示模式记录频谱扫描范围内接收电平的最大值,可以直观地反映 GSM-R 频段内的干扰分布和干扰强度。频谱扫描测试的前提是关闭沿线 GSM-R 基站。在不关闭 GSM-R 基站的条件下,可以利用测试手机解码得到的 RxQual、C/I、公网 GSM 使用的跳频序列。通过统计被测区段的 RxQual 和 C/I 分布,结合 GSM-R 无线网络覆盖状况来判断其是否受到干扰。解析公网 GSM 信令得到的跳频序列可以作为查找 GSM 系统干扰的依据。

1.1.6 信号检测

信号动态检测主要用于发现现场设备存在的故障问题和隐患。目前,信号检测中发现的问题主要包括:轨道电路掉码,轨道电路传输曲线不良,轨道电路邻线、邻区段干扰,50Hz 干扰,牵引回流不平衡,补偿电容失效,步长不均,应答器报文错误及设备故障以及车载 ATP 相关问题等,见表 1.1。

表 1.1 信号检测中故障类型、故障特点及可能原因

设备名称	故障类型	故障特点	可能原因
轨道电路	调谐区设备故障或机械绝缘节破损	出现邻区段干扰,机车信号及接收设备中,接收到同一行别本区段以外的不正常载频信号	空芯线圈故障,零阻抗端塞钉或端头与钢轨、设备接触不良,调谐单元安装类型错误以及机械绝缘节破损等
	施工、设计及安装中存在问题	出现邻线干扰,机车信号及接收设备中,接收到不同行别本区段以外的不正常载频信号	施工配线图纸错误,电力地线问题,施工没有完全按照设计要求进行
	钢轨对地不平衡	出现 50Hz 干扰	电力架空安全地线与线路一条钢轨直接相连,单轨接地,扼流或空芯线圈与钢轨连接线其中一端接触不良,线路地锚拉杆(撑杆)对地未加装绝缘或绝缘破损
	轨道电路发送单元或室内轨道电路相关设备故障	机车信号无码:接收设备在本区段内瞬间或连续接收不到载频信号或载频信号幅值低于临界值	发送设备故障,室内变压器焊接节点出现脱焊松动、室内隔离盒背板配线问题、联锁机 PIO 驱采板故障、联锁逻辑不合理等
应答器	应答器报文数据错误	无法收到应答器报文,在组内应答器出现丢失或组件出现链接错误	主要发生在新线开通、大修施工、地面列控中心软件升级或外界电磁干扰

续表

设备名称	故障类型	故障特点	可能原因
应答器	LEU 与应答器连接或列控中心与 LEU 连接问题	应答器收到默认报文	当收到有源应答器默认报文的报文计数器为 252 时，应检查与 LEU 连接是否存在问题；当收到 LEU 的默认报文的报文计数器为 0 时，应检查与列控中心连接是否存在问题；当收到列控中心的默认报文的报文计数器为 253 时，应检查列控中心是否存在故障
车载 ATP	车载 ATP 运行降级	列车在非正常情况下由 CTCS-3 级降为 CTCS-2 级且 ATP 报无线超时；列车 ATP 在 RBC 交权点均发生降级	无线通信外网干扰问题，车载单电台问题
	车载 ATP 报级间转换异常	应答器报文对轨道电路信号载频的描述与地面实际轨道电路载频不一致或报文数据与设计不符	运营场景与实际的线路设计不符

典型案例 1.1　2011 年 8 月 5 日，对某高铁线上行进行检测，在 18 时 51 分 52 秒时，车载 ATP 报级间转换失败。由于在 18 时 50 分 26 秒，司机手动选择了 CTCS-2 级转 CTCS-0 级的操作，导致 ATP 以 CTCS-0 等级通过等级转换点时，运营场景与实际的线路设计不符，所以车载 ATP 监测软件根据等级数据进行了分析，给出报警，如图 1.15 所示。

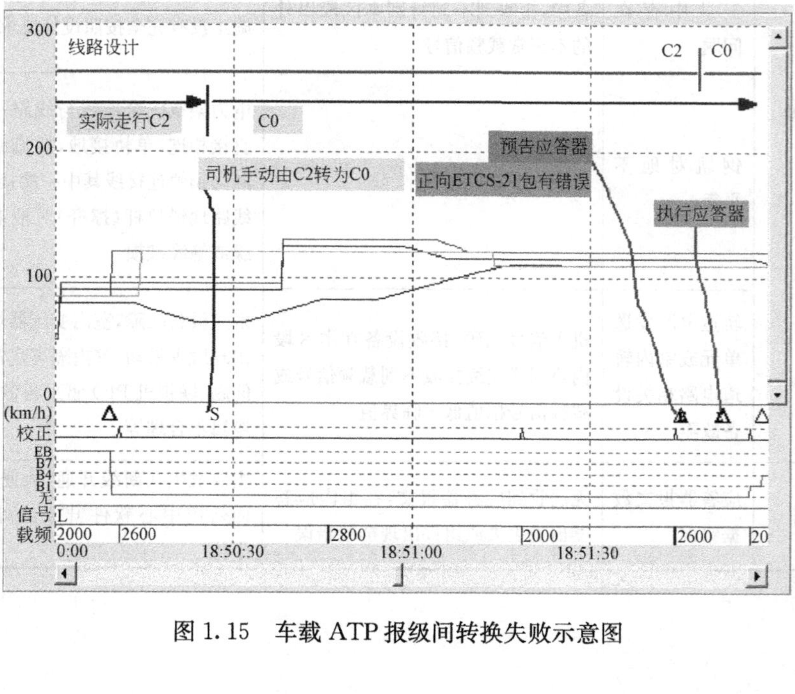

图 1.15　车载 ATP 报级间转换失败示意图

典型案例 1.2　2013 年 1 月 14 日，某高铁线检测过程中发生车载 ATP 降级。具体情况为：综合检测列车经过榆林洺河特大桥后，其车载监测系统于 21 时 31 分 53 秒显示车载 ATP 与 RBC 无安全连接，并准备切换至 CTCS-2 等级，21 时 32 分 01 秒产生常用制动，速度由 295km/h 降至 280km/h 并转至 CTCS-2 级控车。在本次列车降级的同时间段内，对 GSM-R 服务质量检测数据进行分析，发现在列车越过邯郸东站以后，载干比和话音质量在 450～449km 区间变得很差，话音质量达到 7 级，载干比接近于 0，最终导致掉话，同时，列控数据传输时延测试过程中出现连续数据帧传输错误，如图 1.16 所示。

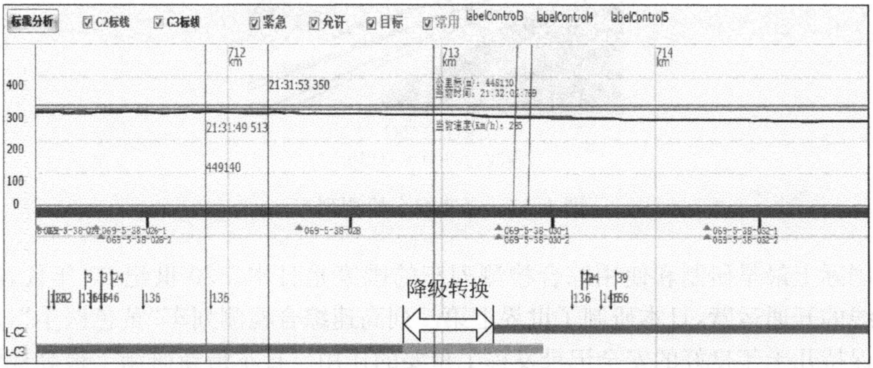

图 1.16　车载 ATP 运行降级示意图

1.2　高速综合检测列车

高速综合检测列车[4]以高速动车组为载体，加装了轨道检测、弓网检测、轮轨动力学检测、通信检测、信号检测等精密测量设备，集成了现代测量、时空定位同步、大容量数据交换、实时图像识别和数据综合处理等先进技术，在高速运行中可对轨道、接触网、通信、信号等基础设施状态进行等速检测，是提高铁路基础设施检测效率、指导现场养护维修、确保列车运营安全的重要技术装备。其在高速、复杂环境下的动态、实时、稳定、可靠及准确时空同步定位等要求都对动态综合检测技术的采样、算法、鲁棒性及分析处理能力提出了很高的要求。图 1.17 是我国最新研制的具有代表性的高速综合检测列车。

高速综合检测列车可作为一个国家铁路科技实力的综合体现。目前，世界上只有少数高速铁路发达的国家有实力设计与制造高速综合检测列车。日本、意大利、法国、英国等为了满足高速列车开行需要，采用高速综合检测列车对基础设施进行综合检测。德国和美国普遍采用机车牵引方式，没有专门的高速综合检测列车，他们对基础设施的综合检测一般通过加挂综合检测车来实现。

CRH380B-002
(现改为CRH380BJ-0301)

CRH380A-001
(现改为CRH380AJ-0211)

CRH2-150C
(现改为CRH2C-2150)

图 1.17　高速综合检测列车

国际上最早研制和使用综合检测列车的国家是日本。20 世纪 60 年代，随着新干线的开通运营，日本研制了世界上第一列高速综合检测列车“黄色医生”，对新干线保持几十年良好的安全记录发挥了重要的作用。日本最新研制了最高检测速度 275km/h 的“East-i”，法国研制了最高检测速度 320km/h 的“IRIS320”，意大利研制了最高检测速度 220km/h 的“阿基米德”号，英国研制了最高检测速度 200km/h 的“NMT”等高速综合检测列车，并建立了地面数据分析中心。高速综合检测列车已成为高速铁路安全检测的重要手段。

我国铁路综合检测技术的发展经历了从各种专业检测车到安全综合检测车，再到高速综合检测列车的阶段；检测内容从单一专项检测扩展到高速多专业综合检测的过程；检测速度逐渐达到与列车运行速度等速；检测目的从仅保障运营安全发展到确保运营安全、指导养护维修、动态资产管理的新阶段，如图 1.18 所示。

专业检测车以单节无动力铁路客车为载体，针对单一基础设施检测的需求，加装轨道检测、弓网检测、动力学检测、通信检测或信号检测等精密测量设备，与带牵引机车的普通客车编组成列，可在运行过程中对轨道、接触网、通信或信号等基础设施状态进行单独检测。专业检测车只具备对某一类基础设施进行检测的能力，且目前牵引机车的速度不能超过 200km/h。

2000 年，中国铁路开始设计、制造我国首台安全综合检测车，于 2002 年下线。到目前为止，安全综合检测车在对轨道和接触网的检测中发挥了重要的作用，其外形及车内仪表室如图 1.19 所示。该车作为高速综合检测列车的雏形，具备了对某几类基础设施进行同时检测的能力，但无法进行全项目检测，同时受牵引机车运行速度的限制，无法根据线路的设计速度进行等速检测。

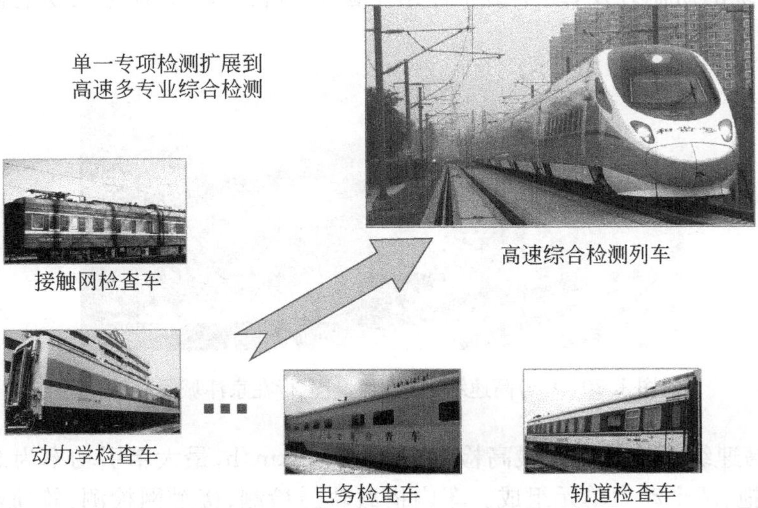

图 1.18　高速综合检测列车的发展经历

(a)外形　　(b)车内仪表室

图 1.19　安全综合检测车外形和车内仪表室图

2006 年，中国铁路开始研制真正意义上的高速综合检测列车。高速综合检测列车需要加装多种基础设施检测设备，根据动车组原型车的构造和检测设备的需求，对动车组进行适应性设计及改造，集检测、办公、会议、生活等功能于一体，既装有各种检测设备及操作室，又设有会议车、生活车、卧铺车，需要对列车平面布置、车体、内装结构及制动、辅助供电、网络等所有高速列车结构进行系统规划设计。下面简要介绍由铁科院研制的几种较为典型的高速综合检测列车。

1. 0 号高速综合检测列车

我国首列 250km/h 高速综合检测列车——“0 号高速综合检测列车”[5,6] 见图 1.20，于 2008 年 6 月 6 日下线交付使用。该检测列车由铁科院负责系统集成及综合系统的研制开发，动车组车体由中国北车长春轨道客车股份有限公司设计制造。

图 1.20　0 号高速综合检测列车运行在京津城际高铁

0 号高速综合检测列车最高检测速度为 250km/h，最大牵引功率为 5500kW，由 5 动 3 拖、两个动力单元组成。车内搭载轨道检测、接触网检测、轮轨动力学检测、通信检测和信号检测等系统，同时，还设置列车专用网络、定位同步、环境视频信息采集处理、多媒体显示和数据综合处理等系统，可实现信息的集成、共享与综合分析。高速综合检测列车由通信信号检测车、会议车、接触网检测车、数据综合处理车、轨道检测车、餐车、卧铺车和信号检测车 8 辆组成，如图 1.21 所示。

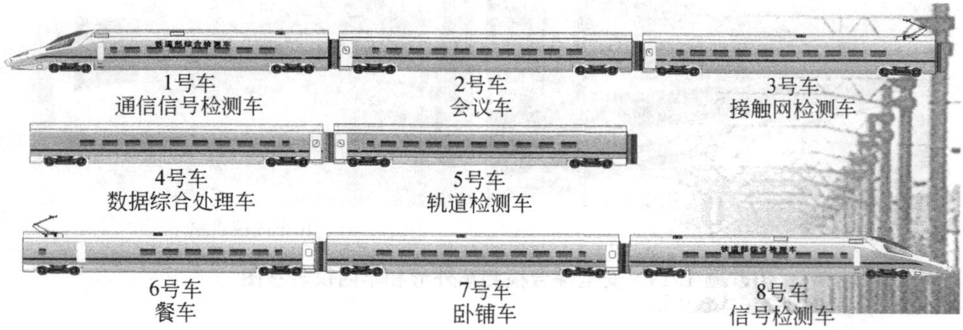

图 1.21　0 号高速综合检测列车编组示意图

0 号高速综合检测列车集成了连续式、非接触式集流测力轮对，毫米级精度的长波长轨道不平顺实时在线检测等最新技术，其综合检测技术填补了我国铁路基础设施综合检测技术的空白，其综合检测能力达到了世界一流水平。

2. CRH380A-001 和 CRH380B-002 高速综合检测列车

2009 年，以国家“十一五”863 计划重点项目“最高试验速度 400km/h 高速检测列车关键技术研究与装备研制”为依托，铁科院牵头，联合中国南车股份有限公司、中国北车股份有限公司，在 0 号高速综合检测列车检测技术的基础上进一步开展自主创新，分别以 CRH380A 型和 CRH380B 型动车组为平台，研制了 CRH380A-001 和 CRH380B-002 高速综合检测列车，并于 2011 年 3～4 月间在京沪高速铁路先导段进行了全项目的试验验证，试验速度达到 400km/h。这两辆列车的研发与投入使用标志着我国高速综合检测列车整体技术达到了世界领先水平。

高速综合检测列车加装了我国自主研制的轨道、接触网、轮轨动力学、通信、信号检测和综合系统设备，对车内、车下、车顶的环境及配置进行了专门设计，具备进行高速铁路基础设施状态检测的功能。CRH380A-001 高速综合检测列车由轨道动力学检测车、通信检测车、数据综合处理车、会议车、接触网检测车、生活车、宿营车和信号检测车 8 辆组成，如图 1.22 所示。车内设置操作室、卧铺间和会议室等设施，以满足检测、办公和生活的需要。图 1.23 为 CRH380B-002 高速综合检测列车编组示意图。

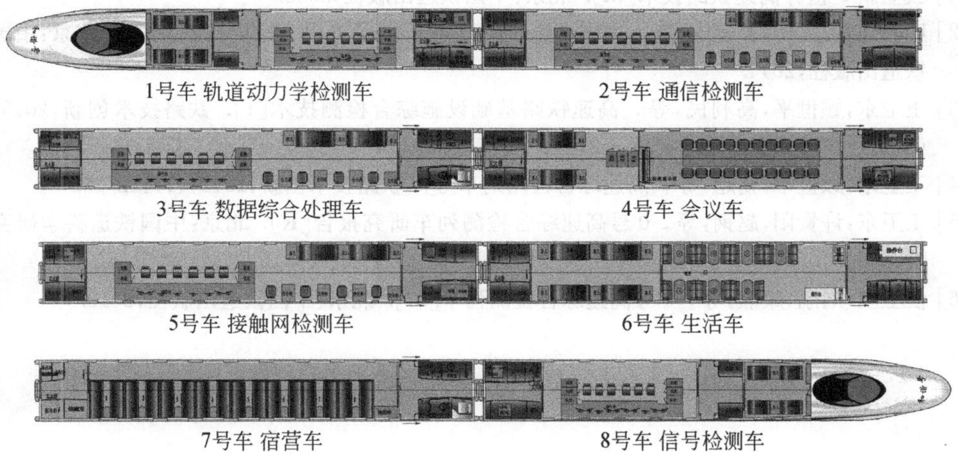

图 1.22　CRH380A-001 高速综合检测列车编组示意图

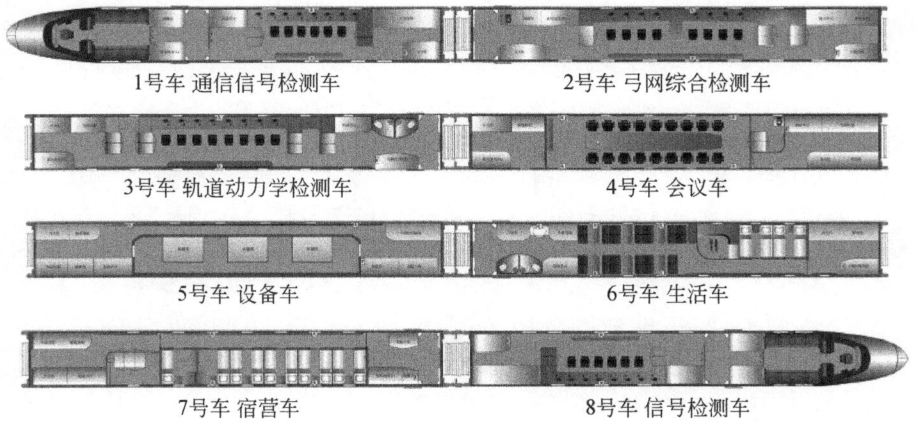

图 1.23　CRH380B-002 高速综合检测列车编组示意图

我国高速综合检测列车具有检测速度高、功能齐全、集成度高、检测技术领先等特点，主要体现在以下四方面：①检测速度最高，目前国外还没有检测速度可达到 350km/h 及以上的检测列车，且检测精度不受检测速度的影响；②检测项目齐全，可对高速铁路基础设施进行全项目检测；③系统集成度高，采用光纤通信、惯性导航、宽带网络、数据库、数据综合处理等高新技术，实现列车各检测系统在同一坐标系下的精确定位、同步检测，动态定位精度可达 1m，检测结果可以进行综合分析和评价；④采用的检测技术领先，满足了高速运行条件下的检测需求，综合检测能力处于世界领先水平。关于各检测系统的原理和技术指标将在后续各章详细介绍。

参考文献

[1] 钱立新．世界高速铁路技术[M]．北京：中国铁道出版社，2003.

[2] 康高亮，曾宪海，郭福安，等．中国高速铁路工务技术(第九章　检测技术)[M]．北京：中国铁道出版社，2014.

[3] 王卫东，顾世平，高利民，等．高速铁路基础设施综合检测技术[J]．铁路技术创新，2015，(2)：11-16.

[4] 王卫东，顾世平，杨超，等．高速综合检测列车[J]．铁路技术创新，2012，(1)：12-15.

[5] 王卫东，许贵阳，赵钢，等．0 号高速综合检测列车研究报告[R]．北京：中国铁道科学研究院，2009.

[6] 侯卫星，刘刚，康熊，等．0 号高速综合检测列车[M]．北京：中国铁道出版社，2010.

第2章 轨道几何不平顺检测技术

轨道几何不平顺检测对指导铁路工务部门维护轨道安全发挥着重要的作用。本章介绍轨道几何不平顺检测技术的国内外研究现状和检测原理，并对目前国内使用的轨道检测系统的结构、测量方法、系统标定方法、数据处理方法和应用进行详细的介绍。

2.1 概　况

轨道检测系统用于检测轨道的几何尺寸偏差，包括轨距、轨向、高低、水平、三角坑等几何不平顺项目。通过对轨道周期性的动态检测，能够全面掌握线路质量状态，指导工程人员针对性地养护维修，减少盲目性，降低维修成本；能够及时发现危及行车安全的轨道病害，杜绝安全隐患；能够科学地评价不同区段的线路质量状态，检验维修作业的效果，作为各级管理部门进行线路质量宏观管理和检查考核的重要依据[1,2]。

轨道几何检测技术采用惯性基准测量原理和捷联式系统结构，利用数字信号处理、误差补偿和修正手段，采用陀螺传感器和补偿组件系统（compensated assembly system，CAS）、模拟和数字混合滤波技术，并采用在列车不同部位合理布局惯性测量元件及载波相位差分 GPS 和多体惯性测量基准一体化实时处理技术，结合高速激光断面摄像技术和高速图像处理技术，合成计算出铁路轨道几何参数[3,4]。

轨检车即装有轨道几何检测系统的车辆，一直是轨道动态检测的主要设备。

第一代轨检车是 1953 年我国自行设计制造的机械传动式轨检车。第一代轨检车的特点是采用接触式测量，利用车轮和测量轮的位移，借助机械传动，带动画笔在卷纸上记录轨道几何尺寸偏差的波形；将轨距、水平、三角坑、摇晃（用单摆测量）项目的幅值绘在图纸上后，人工判读超限并计算扣分；最高检测速度为 70km/h。

第二代轨检车是电磁传动式轨检车，于 1971 年制造，采用旋转变压器作为位移传感器，借助三个轮对所构成的不对称弦测量轨道高低，由陀螺测量轨道水平，测量结果用电磁笔记录仪记录在纸带上。与第一代轨检车相比，第二代轨检车除在检测项目上增加了高低、水平以外，检测速度也有所提高，但仍需人工判读超限和计算扣分。

20 世纪 80 年代初期研制成功的第三代轨检车称为 GJ-3 型轨检车，它将当时先进的传感器技术、计算机技术和惯性基准原理应用到轨检车上，采用非接触测量方式可以检测高低、水平、三角坑、车体垂直和水平振动加速度。各项目的检测采用单独的分立设备，直接以电压形式输出，经计算机采集后，计算超限等级和数量，并计算扣分，以扣分的多少来衡量线路的好坏，采用笔式绘图仪记录不平顺波形。GJ-3 型轨检车检测速度可达 120km/h。

第四代轨检车包括 XGJ-1 型轨检车和 GJ-4 型轨检车。1985 年，我国引进美国的先进轨检技术，成功研制 XGJ-1 型轨检车。在 XGJ-1 型轨检车的基础上，创新使用微机技术和实时操作系统技术，于 1996 年成功研制 GJ-4 型轨检车。这标志着我国轨检技术的又一次飞跃，使我国轨道检测技术跨入世界先进技术的行列[5]。

GJ-4 型轨检车采用惯性基准检测原理、捷联式系统结构，使用数字滤波技术，其系统的稳定性大大提高且不受检测速度的影响。采用各种误差信号进行补偿修正，检测精度进一步提高。使用计算机集中处理全部检测项目数据，检测信号利用率高，传感器安装方便，对车辆无特殊要求；检测项目齐全，包括轨距、轨向、高低、水平、曲率、三角坑等轨道几何不平顺，以及车体水平和垂直振动加速度，还包括道岔、道口及桥梁等地面具有显著特征的标志物，方便工务人员查找病害。GJ-4 型轨检车最高检测速度为 160km/h[6]。

在铁路逐步提速的过程中，GJ-4 型轨检车发挥了非常重要的作用。但随着速度的进一步提高，GJ-4 型轨检车的缺点也明显地暴露出来：其轴箱式的检测梁在速度较高时受到剧烈的振动和冲击，存在安全隐患，不能满足更高速度的运行要求；而且检测系统的能力也是有限的，当检测速度大于 120km/h 时，有时会出现波形失真等问题；当检测速度大于 160km/h 时，系统的处理能力达到极限，不能实时检测[7,8]。

为了适应提速线路的检测需要，我国出现了第五代轨检车，包括 GJ-5 型轨检车和 GJ-4G 型轨检车。在 GJ-4 型轨检车的基础上，采用构架式的检测梁代替轴箱式的检测梁，且对数据处理设备进行升级，形成了更加安全的 GJ-4G 型轨检车。2003 年，在引进美国激光摄像式检测技术的基础上，研制成 GJ-5 型轨检车，其技术特点是，采用激光摄像测量技术和惯性测量技术，主要传感器均安装在检测梁上，使用计算机浏览和输出轨道几何波形，最高检测速度可达 200km/h[9]。

随着客运专线和高速铁路的建设，我国迫切需要更新一代的轨道检测技术。2007 年，我国自主研发 CRH2A-2010 综合检测列车，轨检系统缺少轨距轨向项目，但检测速度可达 250km/h。2008 年，铁科院立项开始研发具有完全自主知识产权的 GJ-6 型轨道检测系统，最高检测速度目标定位于 250km/h。

随着我国高铁建设的开展，我国铁路从 2006 年开始研制完整的全项目高速综合检测列车。2008 年，我国通过自主集成创新开发了我国第一列综合检测列车——0 号高速综合检测列车，其中轨道检测系统最高检测速度为 250km/h，用于铁路主要干线的日常检测。

2009 年，依托国家 863 计划重点项目“最高试验速度 400km/h 高速检测列车关键技术研究及装备研制”，研制出全新的 400km/h 高速综合检测列车，高速轨道检测系统是其中最重要的研究内容之一，突破了最高速度 400km/h 下轨道几何状态的实时采集和处理技术，实现了高速条件下对轨道多个参数的精确测量和分级评判，使我国铁路基础设施的综合检测技术达到了新的高度[10]。

2.1.1 国外技术现状

国外主要的轨道检测技术公司都已研制出各自不同型号、不同速度的铁路轨道检测系统，主要介绍如下[11]。

美国 ENSCO 公司的轨道几何检测系统（TGMS）检测基本的轨道几何参数，包括轨距、曲率、水平、三角坑、高低、轨向、极限速度，检测速度可达 250km/h。其采用激光图像处理技术测量轨距；采用惯性基准原理测量轨道基准，结合位移计信号、激光摄像信号计算所有的轨道参数，采用非接触式测量，淘汰了低速检测时曾采用的可移动部件。其输出方式为：一个弦测输出（弦长可选），三个空间曲线输出，截止波长可根据需要选择，一般为 25m、70m、120m。另外，可检测的项目有钢轨断面、舒适度、钢轨波磨、钢轨冲击等。

美国 ImageMap 公司的 Laserail 1000G 系统检测速度可达 200km/h，Laserail 3000G 系统检测速度可达 260km/h，Laserail 4000G 系统在实验室模拟检测速度可达 350km/h。系统的特点是非接触式测量，采用无移动部件的传感器安装方式，采用激光图像处理技术测出钢轨的横向和纵向位移，结合惯性基准合成所有的轨道几何参数，输出三种截止波长分别为 40m、70m、120m 的轨道几何参数。

意大利 MerMec 公司的高速轨道检测系统在一定的范围内可实现与速度无关的轨道检测，最高检测速度可达到 350km/h。系统的特点是非接触式检测，采用无移动部件的传感器安装方式；标准采样间隔为 50cm，可根据精度需要设置为其他值，如 25cm；其检测结果保存在数据库中，可用分析软件进行分析和评估；其基本检测项目有高低、轨向、曲率、轨距、超高/水平、三角坑，其他检测项目有钢轨断面、钢轨波磨、轨顶伤损、舒适度、轮轨力等。

德国 ARES 公司研发的轨道检测系统用于德国高速铁路的检测，系统的主要特点是非接触式检测，检测精度高，输出的波长分为三个范围：25m 以下、25～50m、50～150m。

此外，法国 Cybernetix 公司、美国 KLD Labs 公司也研制出相应的轨道检测系统。

总之,国外高速铁路轨道检测系统的共同特点可总结为:系统的处理能力满足高速实时检测的需要;广泛采用了基于激光图像处理的非接触式测量技术;采用无移动部件的传感器安装方式;使用惯性基准测量,截止波长范围可选且长波不平顺波长达到 120m 或更长;多数系统可选择增加舒适度测量、钢轨波磨测量等更多的检测项目。

2.1.2 国内技术现状

我国的轨道检测技术一直在发展进步中,自 20 世纪 50 年代轨检车诞生以来,经历了 6 次重大的技术变革。目前最先进的 GJ-6 型轨道检测系统主要有如下创新点。

(1)激光摄像检测技术创新。使用数字摄像机、数字信号传输、数字图像处理等数字技术手段,避免了模拟图像传输和采集过程引起的干扰;图像采集和处理速度超过 450 帧/s,满足 400km/h 的检测需要,超过现有任何轨道检测系统的处理速度;通过改进算法、提高元器件性能等方法,抗阳光干扰能力大大提高。

(2)合成算法创新。成功建立了检测梁安装在车体上的轨道检测数学模型;成功建立了检测梁安装在构架上、部分传感器安装在车体上、部分传感器安装在检测梁上的轨道检测数学模型;正在开发检测梁安装在构架上、所有传感器安装在检测梁上的轨道检测数学模型。

(3)机械悬挂方式创新。根据不同类型车辆的转向架结构,创新设计了多种组件悬挂方式,使轨检系统可广泛安装于各种车辆,包括多种高速动车组和其他普通车辆。

(4)长波不平顺检测创新。轨道检测输出有两种形式:空间曲线输出和弦测输出。空间曲线有三种截止波长:高低不平顺的截止波长分别是 25m、70m、120m;轨向不平顺的截止波长分别是 25m、70m、120m。弦测输出可以选择 10m 弦、20m 弦等[12]。

(5)传感器技术创新。使用光纤陀螺代替机械陀螺,使用光电位移计代替拉弦位移计,彻底解决了动检车上位移计易损坏的问题。使用惯性组件代替分布式传感器,通过 CAN 总线方式采集数据,使检测系统性能进一步提高。

2011 年 3～4 月出厂的我国最先进的 CRH380AJ-0201 和 CRH380BJ-0301 高速综合检测列车的轨道检测系统均采用了 GJ-6 型系统,最高检测速度达到 400km/h。2011 年 4 月在京沪高铁先导段进行了验证试验,证明了轨道检测系统的各项技术指标达到了设计要求。与此同时,有四列高速综合检测列车 CRH2A-2010、CRH2C-2061、CRH2C-2068、CHR2C-2150 也分别安装了 GJ-6 型轨道检测系统。2014 年新制造的 CRH380AJ-0202 和 CRH380AJ-0203 两列高速综合检测列车投入使用。2015 年,将 GJ-6 型轨检系统的惯性组件安装到检测梁内改变惯性基准研制的 CRH5J-0501 检测列车也上线运行完成检测任务。目前已有 9 列安装 GJ-6 型轨道检测系统的高速综合检测列车全面应用于高铁联调联试及日常周期性检测中。

2.2 检测原理

2.2.1 弦测法和惯性基准法

目前，轨道不平顺检测方法普遍采用相对测量法。相对测量法又分为弦测法、惯性基准法、惯性元件测量法等不同方法，其中弦测法、惯性基准法使用较多。由于惯性测量元件成本高、体积大等，惯性元件测量法一般只局限在特定轨检车上应用。

1. 弦测法

弦测法以车体作为测量基准，最基本的弦测系统是三点等弦测量系统。如图 2.1所示，以 s 等弦为例，在间距为 $s/2$ 的三个轴上分别安装位移传感器，测量轴头与车体之间的相对位移。

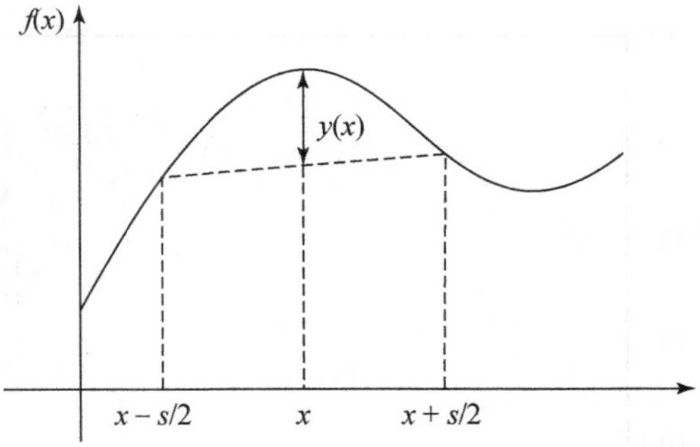

图 2.1　弦测法原理

假设轨道的真正不平顺为 $f(x)$，系统测量值为 $y(x)$，则二者的关系可表示为

$$y(x)=f(x)-\frac{1}{2}\left[f\left(x-\frac{s}{2}\right)+f\left(x+\frac{s}{2}\right)\right] \tag{2.1}$$

当轨道不平顺为正弦波时，即

$$f(x)=F_0\sin\left(\frac{2\pi}{\lambda}x\right) \tag{2.2}$$

式中，λ 为正弦形不平顺的波长，那么

$$\begin{aligned}y(x)&=F_0\sin\left(\frac{2\pi}{\lambda}x\right)-\frac{1}{2}\left\{F_0\sin\left[\frac{2\pi}{\lambda}\left(x-\frac{s}{2}\right)\right]+F_0\sin\left[\frac{2\pi}{\lambda}\left(x+\frac{s}{2}\right)\right]\right\}\\&=F_0\sin\left(\frac{2\pi}{\lambda}x\right)\left(1-\frac{\cos2\pi}{\lambda}\cdot\frac{s}{2}\right)\\&=f(x)H(\lambda)\end{aligned} \tag{2.3}$$

从式(2.3)可以看出，弦测值 $y(x)$并不等于轨道不平顺的实际值 $f(x)$，而是实际值与 $H(\lambda)$的乘积，其中 $H(\lambda)$为传递函数。显然，只有当传递函数 $H(\lambda)\equiv1$ 时，弦测值 $y(x)$才等于实际值 $f(x)$，而 $H(\lambda)$随不平顺波长在 0～2 内变化。对式(2.1)进行傅里叶变换可得

$$Y(\omega)=\left(1-\frac{e^{-j\omega s/2}+e^{j\omega s/2}}{2}\right)F(\omega) \tag{2.4}$$

式中，$\omega=2\pi/\lambda$ 为空间角频率，单位是 rad/m，λ 为轨道不平顺波长。s 等弦法的频率响应函数为

$$H(\omega)=|H(\omega)|e^{j\theta(\omega)}=1-\cos\frac{\omega s}{2} \tag{2.5}$$

式中，$\theta(\omega)=0$ 时，$e^{j\theta(\omega)}=1$。幅频特性曲线如图 2.2 所示。由图 2.2 和以上分析可知，其相频特性没有畸变，系统检测无相移，但其幅值增益随轨道不平顺波长在 0～2 内变化，并不是一个恒定的值。在 5m 至百余米的波长范围内，幅频特性曲线为缓慢变化的过程，没有过零点。

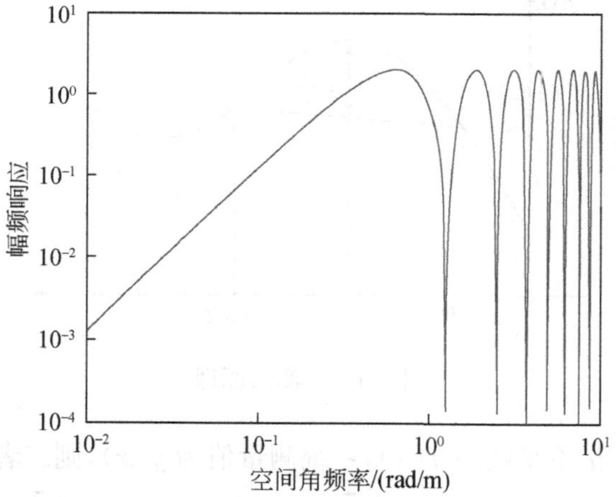

图 2.2 s 弦测系统幅频特性

日本的轨道检测系统采用 10m 弦测法原理来完成轨道不平顺的测量。由于弦测法通过直接测量位移来检测轨道不平顺，故测量值不受列车速度的影响，但该方法的不足是测量波形不能完全反映轨道不平顺状态。为此，日本学者采用逆滤波的办法对弦测法测量值进行二次处理。逆滤波复原方法就是将 10m 弦测值作为逆滤波器的输入，该逆滤波器的频率特性 $H'(\lambda)$在复原波长范围内(实际应用中为 6～70m)与 10m 弦测系统的空间频率特性 $H(\lambda)$呈互逆关系：

$$H'(\lambda)\cdot H(\lambda)=1\cdot e^{-ia\cdot\lambda^{-1}} \tag{2.6}$$

式中，a 为常数。

2. 惯性基准法

惯性基准法是国际上最普遍使用的轨道检测技术方法。我国 20 世纪 80 年代末期研制成功的 GJ-3 型轨检系统开始使用惯性基准法，GJ-4、GJ-5、GJ-6 型轨检系统同样采用惯性基准法[13]。

轨道检测模型是指根据传感器或传感器组件安装位置，结合惯性测量、激光摄像测量等技术而形成的轨道几何参数计算方法。它主要有以下三种根据传感器不同安装位置建立的检测参数计算数学模型：

(1)激光摄像组件、惯性组件均安装于检测梁上，检测梁悬挂于转向架构架上。

(2)激光摄像组件安装在检测梁上，惯性组件安装于车体上。

(3)激光摄像组件和惯性组件均安装于车体上。

惯性基准法测量系统是在运动的车体内建立一个惯性参考基准，用来建立这个基准的传感器包括加速度计、陀螺。通过对这两种惯性器件的测量值进行解析计算得到一个基准，再利用位移传感器来测量轨道相对于基准的相对位置，从而得到钢轨顶面在惯性坐标系内的相对位置。惯性包可安装在车体上，也可安装在转向架构架上。我国现有的检测技术将惯性包安装在车体上，随着高速检测任务的需要，现在需要研究将惯性包安装在转向架上的信号处理合成算法。轨道几何参数检测中，超高/水平、轨向、高低、曲率等检测值的合成算法与惯性传感器的安装位置有关。

无论弦测法还是惯性基准法，从实现方法上可分为以模拟处理为主和以数字信号处理为主两种。数字信号处理方法在各国轨道检测系统中的应用越来越普遍，这是因为，一方面，微电子技术及计算技术发展迅速；另一方面，数字信号处理可以保证在轨道检测过程中，轨道不平顺原始波形通过测试系统后，在感兴趣的波长范围内系统频率响应函数有良好的幅频特性和相频特性，检测结果不失真。因此，数字信号处理方法逐渐成为轨道检测技术发展的主要方向。

荷兰的 BMS 轨道检测系统采用惯性基准测量原理，其最大可测波长为 70m。为了使系统能够在速度 40～180km/h 内变化时完成轨道集合状态的无畸变测量，该系统的主滤波器采用的是 4 阶巴特沃思空间域数字高通滤波器，空间域截止频率是 1/70 周/m。英国的高速轨检车也采用了惯性基准法测量原理，该系统利用了一个 5 阶高通滤波器来去除轨道几何不平顺测量中的长波成分。

国内 GJ-4、GJ-6 型轨道几何参数检测采用模拟和数字混合滤波的方法，其主滤波器为空间域移变数字滤波器，对来自传感器的信号进行模拟处理、采样、量化，例如，传感器输出信号通过二阶模拟滤波器 $F(s)$和二阶数字滤波器 $G(s)$相混合的二阶滤波器，尽管 $F(s)$和 $G(s)$的幅频特性随着速度的变化而变化，但二阶混合滤波器的幅频特性在一定速度范围内保持恒定，如图 2.3 所示。

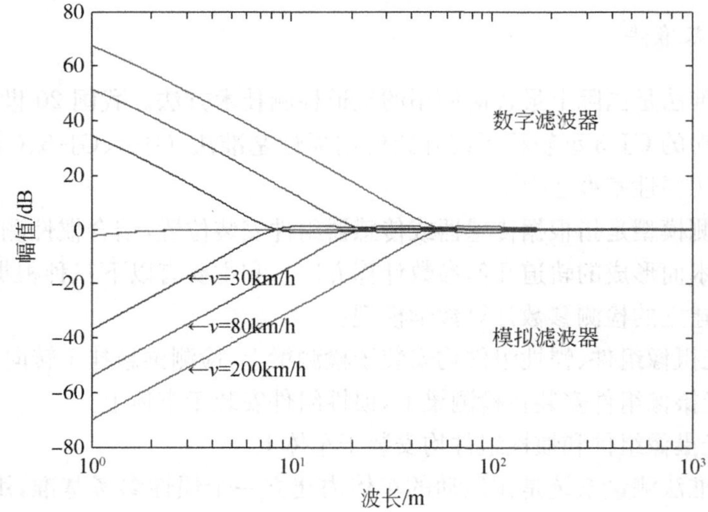

图 2.3　二阶混合滤波器的幅频特性

在轨道几何参数测量中，获取的传感器信号包含轨道几何信号的各种波长成分，因此必须结合不同的惯性包安装方式设计适当的滤波器来滤掉不需要的波长成分，保留所需的波长成分。滤波器设计的好坏成为研究成败的关键，这需要多次的现场试验和反复修改处理模型，使所需波长不平顺的检测具有较高的精度和可靠性。

在滤波器的设计过程中，数字逆滤波技术在弦测法的设计中得到广泛应用。随着列车速度的提高，轨道长波不平顺成分测量的准确性越来越受到关注。轨检系统中滤波器的设计原则是尽可能减少信号的幅频增益失真和相位失真。受线性相位特性要求的限制，目前对用于长波成分提取的滤波器的优化设计主要是通过有限脉冲响应(finite impulse response，FIR)滤波器并联或者串联窗函数来实现，但随着计算量的增加，同时对轨检信号各种波长成分的提取也只能离线进行。为了减少计算量，传统方法通常采用无脉冲响应(infinite impulse response，IIR)滤波器和相位校正方法，提取波长较长的成分，对不同波长的分析提取需要设计不同的滤波器。一种采用基于谱变换的 IIR 移变滤波器，利用分块翻转技术实现线性相位特性的高性能线性相位移变，可以很好地解决这个问题。

在对轨道信号提取滤波器的设计中也采用了一些智能算法。遗传算法(genetic algorithm)是一种模仿自然界人类进化的全局随机搜索方法。遗传算法通过对一组可能解进行操作，应用适者生存原理而产生越来越好的近似解。应用遗传算法设计滤波器的重点在于定义目标函数，根据目标函数给出的匹配指标，借助遗传、变异和杂交，用优秀的后代淘汰劣质的父代，不断地产生越来越优秀的后代，最终得到全局最优的搜索结果，使滤波器的设计满足要求。

2.2.2　各检测参数测量方法

1. 轨距

轨距定义为轨顶面下 16mm 处两点之间的距离，如图 2.4 所示。

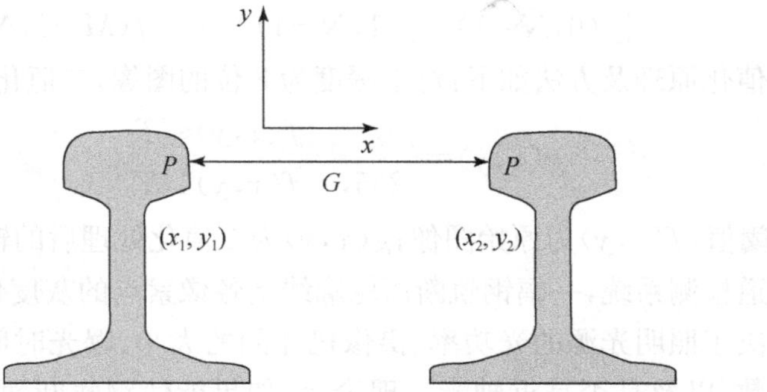

图 2.4　轨距计算原理

原有的 GJ-4 型轨检车轨距测量采用光电伺服式方法，光电传感器和伺服机械装置安装在车体下面的检测梁上。调制解调器、信号处理器及功率放大器安装在车内。当钢轨产生位移导致轨距发生变化时，光电传感器感应其变化并输出相关电信号，经调制解调器处理后，成为与轨距变化呈线性比例的电压信号；再经信号处理器、功率放大器驱动电动机，使光电传感器在伺服机械的推动下，跟踪钢轨位移。这种方法结构复杂，机械零部件多，维修难度极大。

GJ-6 型轨道检测系统采用机器视觉测量方式（通俗地称为"激光摄像式"）测量轨距。与光电伺服式轨距测量系统相比，取消了移动机械部件，结构简单，安全可靠。激光器和摄像机组成一个整体组件，线光源垂直于钢轨纵向中心线，摄像机以一定的角度摄取在结构光照射下的钢轨图像，如图 2.5 所示。

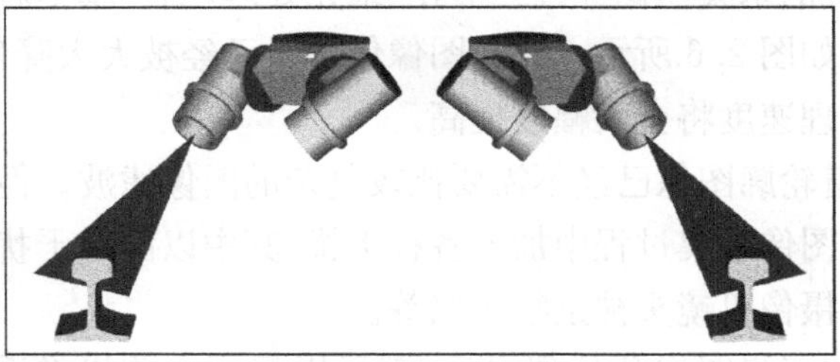

图 2.5　激光摄像系统和轨道的空间关系

机器视觉测量是通过光学装置和非接触的传感器自动地接收和处理一个真实物体的图像以获得所需的信息。机器视觉系统的工作过程通常为图像采集、图像处理、特征提取。

图像采集(摄像)是将摄像机信息传入计算机存储器的过程。数字图像可用阵列法表示,M 列 N 行的灰度数字图像表示为

$$f(x,y)=\begin{bmatrix} f(0,0) & f(1,0) & \cdots & f(M-1,0) \\ f(0,1) & f(1,1) & \cdots & f(M-1,1) \\ \vdots & \vdots & & \vdots \\ f(0,N-1) & f(1,N-1) & \cdots & f(M-1,N-1) \end{bmatrix} \tag{2.7}$$

图像二值化原理及方法如下:对于深度为 8 位的图像,二值化的过程可表示为

$$g(x,y)=\begin{cases} 0, & f(x,y)\leqslant T_0 \\ 255, & f(x,y)>T_0 \end{cases} \tag{2.8}$$

式中,T_0 为阈值;$f(x,y)$为原始图像;$g(x,y)$为二值化处理后的输出图像。

对于轨道检测系统,一幅钢轨断面轮廓线上各像素点的灰度值不尽相同,灰度值的高低取决于照明光源的光功率、摄像机光圈的大小、曝光时间的长短、钢轨表面的反射系数,以及是否是近轴光。理论上,如果能使钢轨断面轮廓图像清晰连续,则灰度阈值取值越高,抗干扰能力越强。实际上,相关参数的取值是有限的,且受其他特性参数的制约。如激光器的光功率由于受安全性、稳定性制约,不可能无限制地提高。摄像机的光圈由于受景深(视场范围内线性)的影响,取值不宜过大。曝光时间由于受图像的拖尾、平均效应的影响,取值不宜过长。新旧轨、钢轨踏面与侧面反射特性差异较大。基于以上原因,图像二值化的阈值设定应该不是一个固定的值,而是应该根据具体情况进行不同的设定。

关于图像细化及质心提取,图像细化与图像二值化一样,在轨道检测图像处理中属于一种图像预处理方法。其目的是提取源图像的骨架,就是将原图像中线条宽度大于一个像素的线条细化成只有一个像素宽,形成"骨架"。形成骨架后能比较容易地分析图像,如提取图像的特征等。需要注意的是,图像细化算法必须建立在图像二值化的基础之上。

轨道检测系统的采集图像经过二值化、细化处理之后,基本就可以得到钢轨轮廓线的骨架图像,如图 2.6 所示。此时图像信息量已经被大大降低,再对其进行其他图像处理时,处理速度将会大幅度提高。

细化后的轨道轮廓图像已经不需要比较复杂的图像滤波。但是由于线路情况比较复杂,难免在图像采集过程中加入各种干扰,其中以散点干扰居多。具体原因可能是阳光干扰、摄像机镜头被杂物遮挡等。

在进行完上述三步图像预处理之后,就可以根据之前摄像系统标定得出的 8 个标定参数,结合钢轨轮廓图像进行像素坐标-物理坐标的坐标变换。

已知平面就是线光源所在的光平面,光平面垂直于钢轨,按照如下方式建立全局坐标系:原点在光平面上;z 轴与钢轨平行,x 轴和 y 轴在光平面上且分别与钢轨纵向中心线垂直和平行,如图 2.7 所示。

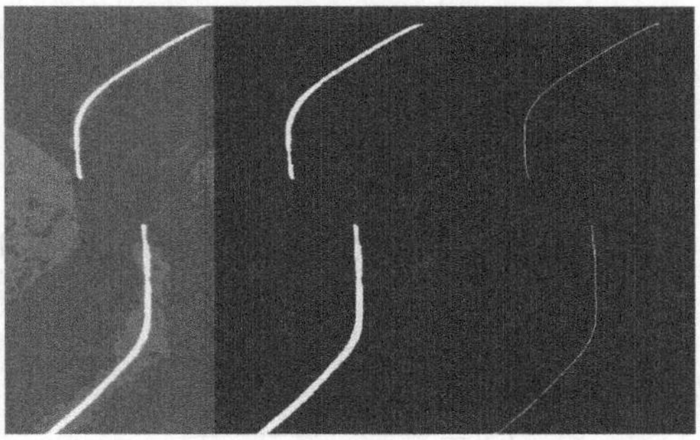

图 2.6　钢轨采集图像(左)、二值化图像(中)、细化后骨架图像(右)

图 2.7　轨道检测全局坐标系

根据图 2.7 中建立的坐标系,已知的光平面可用下面的方程表示:

$$z_w=0 \tag{2.9}$$

根据摄影检测理论的共线方程及式(2.1)的约束条件,可以推导出钢轨断面上任一点(物点)坐标(x,y)与对应的像点坐标(X,Y)之间的关系为

$$\begin{cases} X=\dfrac{\dfrac{fr_{11}}{t_z}x+\dfrac{fr_{12}}{t_z}y+\dfrac{ft_x}{t_z}}{\dfrac{r_{31}}{t_z}x+\dfrac{r_{32}}{t_z}y+1} \\ Y=\dfrac{\dfrac{fr_{21}}{t_z}x+\dfrac{fr_{22}}{t_z}y+\dfrac{ft_y}{t_z}}{\dfrac{r_{31}}{t_z}x+\dfrac{r_{32}}{t_z}y+1} \end{cases} \tag{2.10}$$

分别用 $a_1,a_2,\cdots$表示式(2.10)中的系数,即令 $a_1=\dfrac{fr_{11}}{t_z}$,$a_2=\dfrac{fr_{12}}{t_z}$,$a_3=\dfrac{ft_x}{t_z}$,$b_1=\dfrac{fr_{21}}{t_z}$,$b_2=\dfrac{fr_{22}}{t_z}$,$b_3=\dfrac{ft_y}{t_z}$,$c_1=\dfrac{r_{31}}{t_z}$,$c_2=\dfrac{r_{32}}{t_z}$,并且用 x、y 表示 x_w、y_w,则可得到下列关系式:

$$\begin{cases} X=\dfrac{a_1x+a_2y+a_3}{c_1x+c_2y+1} \\ Y=\dfrac{b_1x+b_2y+b_3}{c_1x+c_2y+1} \end{cases} \tag{2.11}$$

用图像物理坐标表示钢轨断面物点坐标的方程也可写成同样的形式：

$$\begin{cases} x=\dfrac{a_1X+a_2Y+a_3}{c_1X+c_2Y+1} \\ y=\dfrac{b_1X+b_2Y+b_3}{c_1X+c_2Y+1} \end{cases} \tag{2.12}$$

或者直接用图像像素坐标表达钢轨断面物点坐标：

$$\begin{cases} x=\dfrac{a_1u+a_2v+a_3}{c_1u+c_2v+1} \\ y=\dfrac{b_1u+b_2v+b_3}{c_1u+c_2v+1} \end{cases} \tag{2.13}$$

式(2.11)～式(2.13)中的系数 a_1，a_2，…不是同一值。参数 a_1、a_2、a_3、b_1、b_2、b_3、c_1、c_2 称为摄像机的隐参数。

最少只需要 4 个物点的坐标及其对应的 4 个像点的坐标就可以直接解出式(2.13)中的 8 个隐参数。但通常为了提高检测精度，需要更多的物点像点对。如果物点像点对的数目大于 4，则可用最小二乘法解出 8 个隐参数。

在激光摄像装置对图像进行处理获取单边轨距位移后，传输到实时处理计算机中进行轨距合成计算。

2. 曲率

曲率定义为一定弦长的曲线轨道(如 30m)对应的圆心角 θ((°)/30m)。度数大，曲率大，半径小；反之，度数小，曲率小，半径大。曲率也用 $1/R$ 表示。

曲率的测量采用惯性传感器陀螺获取列车运行的角速度，按照相应的数学模型，消除干扰分量并进行补偿后获得曲率参数。圆心角与 $1/R$ 的关系如式(2.14)所示。轨检车通过曲线(直线也是如此)时，测量车辆每通过 30m 后车体方向角的变化值，同时测量车体相对两转向架中心连线转角的变化值，即可计算出轨检车通过 30m 曲线后相应圆心角 θ 的变化值，如图 2.8 所示。

$$\frac{1}{R}=\frac{1}{15}\sin\frac{\theta}{2} \tag{2.14}$$

测量曲率的传感器分布如图 2.9 所示。采用摇头速率陀螺 YAW 测量车体摇头角速率；采用位移计 DT_1 测量车体一位端的心盘处与一位转向架构架间的相对位移 d_1；采用位移计 DT_2、DT_3 测量车体二位端的心盘前后两侧与二位转向架构架之间的相对位移 d_2；光电编码器 TACH 提供速度距离信息。

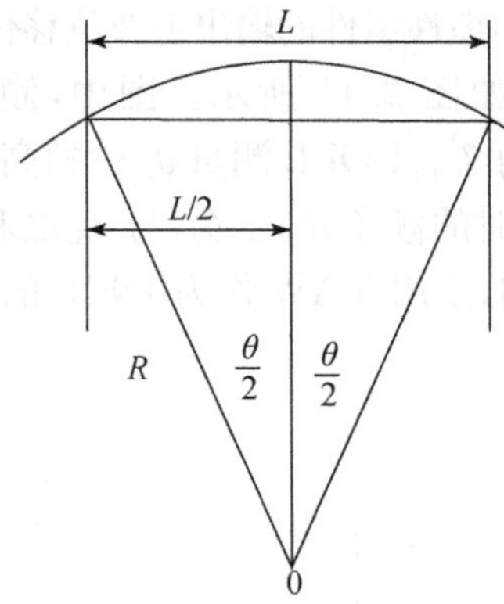

图 2.8　曲率描述方法

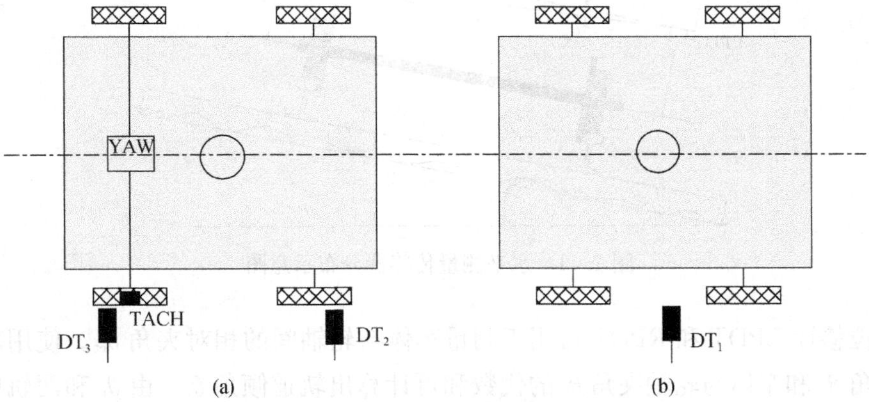

图 2.9　测量曲率的传感器分布

曲率测量信号流程如图 2.10 所示。

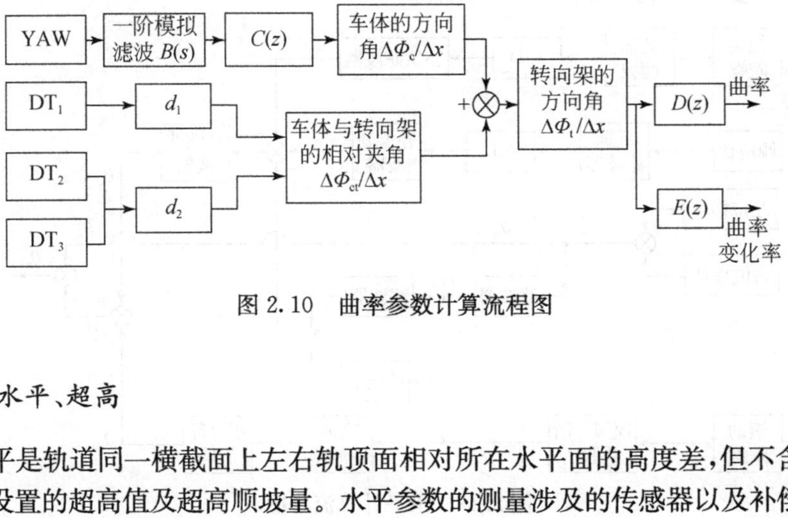

图 2.10　曲率参数计算流程图

3. 水平、超高

水平是轨道同一横截面上左右轨顶面相对所在水平面的高度差，但不含曲线上按规定设置的超高值及超高顺坡量。水平参数的测量涉及的传感器以及补偿修正方法比较复杂，水平参数主要是由惯性组件的输出量及位移传感器的输出量计算得到。

测量水平的传感器分布如图 2.11 所示。图中，倾角计 INCL 和滚动陀螺 ROLL 用于测量车体的滚动角 θ_c。ROLL 测量 θ_c 中的高频成分 θ_{cH}，INCL 测量 θ_c 中的低频成分(包括车体静止时的倾角)θ_{cL}。θ_{cH} 与 θ_{cL} 之和为 θ_c。由于车体摇头会对 INCL 的输出产生附加影响，采用 YAW 作为 INCL 的补偿信号。

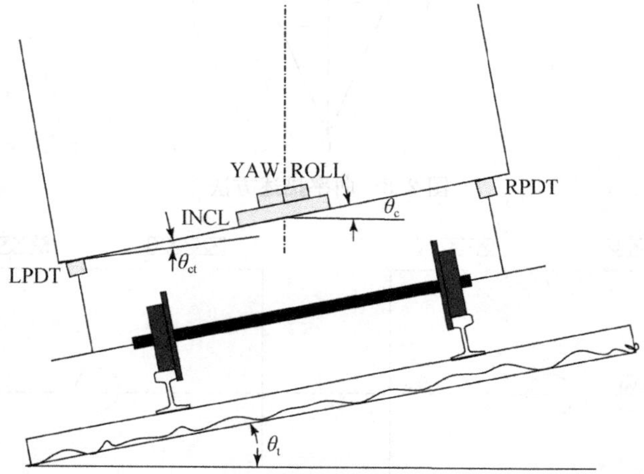

图 2.11　水平测量传感器分布示意图

位移计 LPDT 和 RPDT 可用于测量车体与轮轴间的相对夹角 θ_{ct}。使用车体滚动角 θ_c 和车体与轮轴夹角 θ_{ct} 的代数和可计算出轨道倾角 θ_t。由 θ_t 和两轨中心线间隔 D(1500mm)计算出水平值 H：

$$H = D\sin\theta_t \tag{2.15}$$

水平参数计算流程如图 2.12 所示。

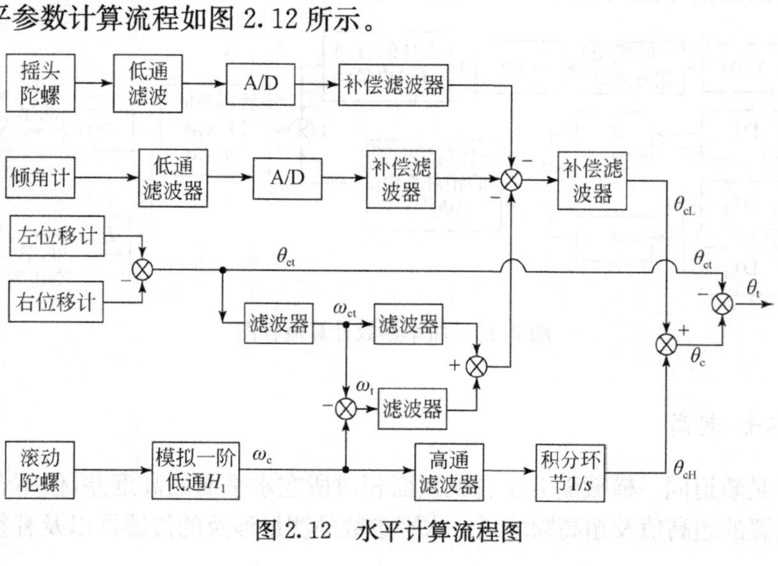

图 2.12　水平计算流程图

4. 高低

高低指钢轨顶面纵向起伏变化，采用惯性基准原理测量。高低用垂向加速度计、垂向位移计和滚动速率陀螺仪来测得。垂向加速度计和滚动陀螺用于测量车体和钢轨水平面（垂向光点）之间的关系。高低测量使用的传感器示意图如图 2.13 所示。

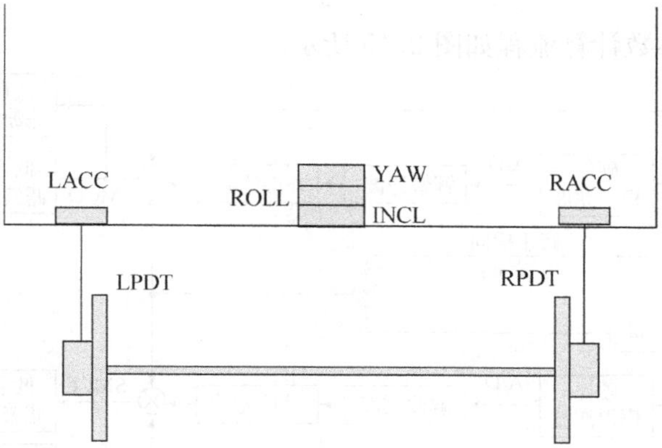

图 2.13　高低测量使用的传感器示意图

除了曲率和水平测量用到的传感器外，还增加了两个安装于车体底板上的垂直伺服加速度计 LACC 和 RACC。LACC 和 RACC 分别安装于位移计 LPDT 和 RPDT 顶部的车体底板上。LACC 和 RACC 用于测量安装位的车体惯性位移。LPDT 和 RPDT 分别检测 LACC 和 RACC 安装位车体与左右轴箱的相对位移。根据它们的测量值进行必要的处理，得到高低。

惯性基准原理如图 2.14 所示。M 为车体，K、C 分别为弹簧和阻尼。位移计

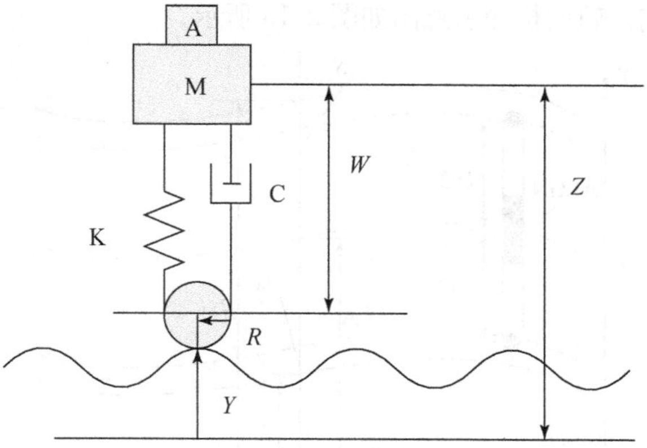

图 2.14　惯性基准法测量原理示意图

LPDT(RPDT)测量车体与轮轴的相对位移 W，加速度计 A 输出值 a 的二次积分为车体相对惯性基准的位移 Z。图 2.14 中加速度计 A 即为前述 LACC(RACC)。轨道高低不平顺值 Y 的计算式为

$$Y = Z - W - R \tag{2.16}$$

因轮子半径 R 为常量，实际测量时，式(2.16)可改写为

$$Y = Z - W = \iint a\mathrm{d}t\mathrm{d}t - W \tag{2.17}$$

综上所述，高低参数计算流程如图 2.15 所示。

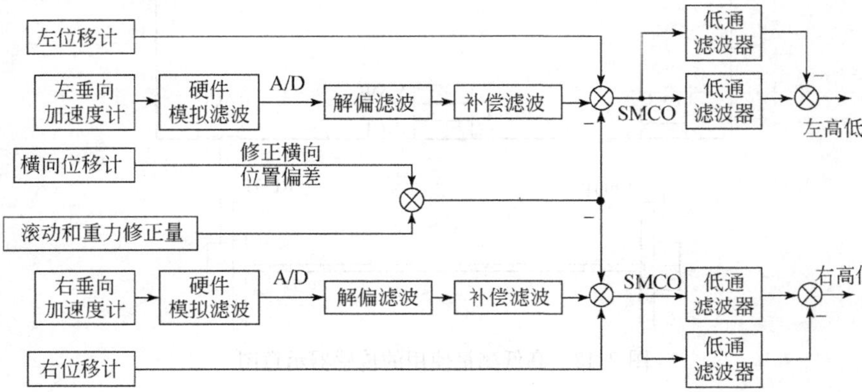

图 2.15　高低参数计算流程

5. 轨向

轨向测量包括两部分：一部分是安装于轨距检测梁中央位置的伺服加速度计，称为轨向加速度计(ALGN)，用于测量轨距检测梁中央位置的横向惯性位移；另一部分是左右轨距测量装置，用于左右轨距分量 S_L 和 S_R，由惯性位移和左右轨距分量计算得到左右轨的轨向。轨向检测示意图如图 2.16 所示。

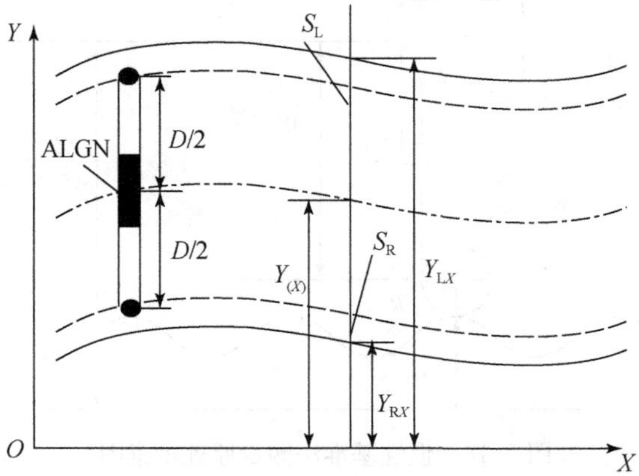

图 2.16　轨向检测示意图

轨向测量的计算式如下：

左轨向

$$Y_{LX}=Y_{(X)}+\frac{D}{2}+S_L \tag{2.18}$$

右轨向

$$Y_{RX}=Y_{(X)}-\frac{D}{2}-S_R \tag{2.19}$$

伺服加速度计的输出信号先经过频率响应为 $F(s)$ 的二阶模拟滤波器进行预处理，处理后的信号被采样进入计算机解偏后，再由一个频率响应为 $G(z)$ 的数字滤波器处理，得到加速度信号的短弦中支距(SMCO)。由于加速度输出信号包含重力加速度、离心加速度以及振动等影响，因此还必须对其进行补偿或滤除。

设轨向加速度计的输出信号为 a，a 中除轨向引起的加速度分量 a_0 外，还有重力加速度分量 a_g、离心加速度分量 a_c、滚动加速度分量 a_r 等：

$$\begin{cases} a_g=g\sin\theta_t \\ a_c=\dfrac{V^2}{R}\sin\theta_t \\ a_r=(\dot{\theta}_t)^2\ \dfrac{s}{2} \end{cases} \tag{2.20}$$

式中，$\dot{\theta}_t$ 为轨道倾角 θ_t 的变化角速度；s 为两轨的中心距。

$$a_0=a-a_g-a_c-a_r \tag{2.21}$$

轨距梁中心惯性位移 $Y_{(X)}$ 为

$$Y_{(X)}=\iint a_0\,dt\,dt \tag{2.22}$$

轨向的测量采用惯性器件与横向位移测量相结合的方法，其传感器的敏感轴与被测量一致，能准确反映被测量的变化。轨向参数计算流程如图 2.17 所示。

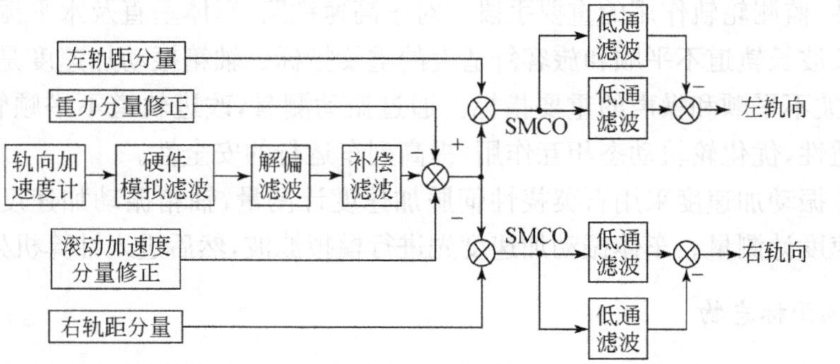

图 2.17　轨向参数计算流程

6. 扭曲

扭曲俗称三角坑,反映了轨顶的平面性。若轨顶 a、b、c、d 四点不在一个平面上,则 c 点到 a、b、d 三点组成平面的垂直距离 h 即为扭曲,如图 2.18 所示。扭曲会使车辆产生三点支持、一点悬空,极易造成脱轨掉道,特别是当列车从圆曲线向缓和曲线运行时。扭曲 h 的计算公式为

$$h=(a-b)-(c-d)=\Delta h_1-\Delta h_2 \tag{2.23}$$

式中,Δh_1 为轨道断面Ⅰ-Ⅰ的水平值;Δh_2 为轨道断面Ⅱ-Ⅱ的水平值;$\Delta h_1-\Delta h_2$ 为基长为 L 时两轨道断面的水平差。由前述可知,水平已由水平测量系统测出,所以只要按规定基长取两断面的水平差即可得到扭曲值。基长可变,项目中使用的三角坑测量基长设定为 2.5m。

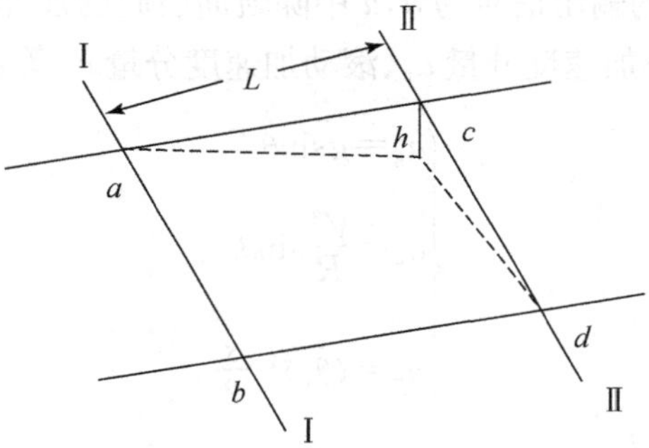

图 2.18　三角坑计算原理

7. 车体加速度

车体加速度包括车体横向和垂向振动加速度。车体振动加速度测量要求加速度传感器安装在车体底板上,距车体纵向中心线 1m,车辆尾部靠近第四位轴处。

车体垂直和水平振动加速度及轴箱振动加速度测量是发现轨道病害、评价轨道平顺性、监测轮轨作用的重要手段。对于高速铁路,车体垂直及水平振动加速度是评价长波长轨道不平顺和旅客舒适度的重要指标。轴箱振动加速度是评价轮轨作用、短波不平顺和噪声的重要指标。通过振动测量,改进轨道不平顺管理,提高乘车舒适性,优化轮轨动态相互作用,提高列车运行的安全性。

车体振动加速度采用石英挠性伺服加速度计测量,轴箱振动加速度采用变电容式加速度计测量。车体振动加速度先进行模拟滤波,然后进入计算机处理。

8. 地面标志物

地面标志物包括道口、道岔、桥梁、轨距拉杆等。轨道检测系统探测地面标志物,在轨道几何波形图上显示出来,帮助确定轨道几何偏差的具体位置。由于这些

标志物所对应的轨道结构都有一个共同点，即在轨道中心线附近存在金属，所以用电涡流传感器来检测，原理如图 2.19 所示。

图 2.19 中，一块金属板放在一个线圈附近，当线圈内有高频电流通过时，其周围产生高频电磁场 Φ_i，金属板表面产生同轴涡流，即电涡流。电涡流也同样产生一个高频磁场 Φ_e，Φ_e 总是抵消 Φ_i，使线圈电感发生变化。电感变化可由电子线路转变成电压变化，测量电压变化即可发现金属物的存在。

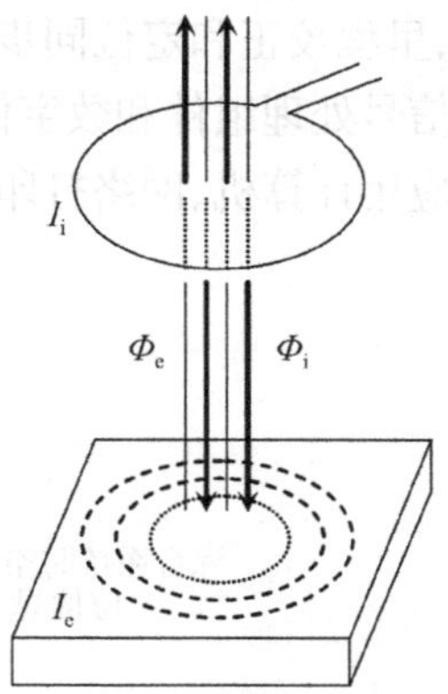

图 2.19　地面标志探测原理示意图

9. 速度及里程

速度和里程测量采用光电编码器脉冲计数的方式，这是普遍采用的方法。为了在高速运行条件下保证读取的编码器脉冲数不丢失从而保证速度计算的准确性，可采用高效的脉冲计数器卡结合实时操作系统，采用硬件中断读取数据的方式来计算速度和里程。

它的计算原理为：轨检车轮对转动，驱动光电编码器同步转动。光电编码器每转一周，A 相及 B 相各输出 5000 个脉冲，A 相与 B 相差 90°。

根据轮周长和每周 5000 个脉冲的已知条件可计算出脉冲间距 $l=\pi D/n$，通过脉冲计数和脉冲间距 l 可计算出距离，通过 l 和采样间隔可计算出速度。

10. 里程定位

在高速综合检测列车上，由定位同步系统为轨道检测系统提供同步脉冲信号和里程校准信息。定位同步系统以固定的时间或里程间隔按照里程校准协议与轨道检测系统实现里程校准，达到检测系统里程上的统一。

定位同步系统主要选取了射频电子标签技术和 GPS 加惯性导航系统两种里程源，两种里程源以射频电子标签为主，GPS 加惯性导航系统为辅，两者相互备份、相互补充，能够满足 400km/h 高速轨道检测同步定位准确度的要求。

为了减少数据在网络上的通信时延，轨道检测系统采用了实时反射内存光纤网技术，同步接收里程信息，同时根据轨道检测系统与里程校正系统的距离、列车行进方向以及线路上的增减里程不同设置相应的偏差修正值，从而使轨道检测系统里程信息准确。

2.3　系统结构及数据合成

2.3.1　总体结构

轨道检测系统主要由激光摄像组件、惯性测量组件、信号处理组件、数据处理组件、里程校正和定位同步组件以及机械悬挂装置等部分组成。信号处理组件包括模拟信号处理组件和数字信号处理组件两部分。数据处理组件由超限检测计算机、数据应用计算机、网络打印机、交换机等组成，即车载微机局域网系统(图 2.20)。

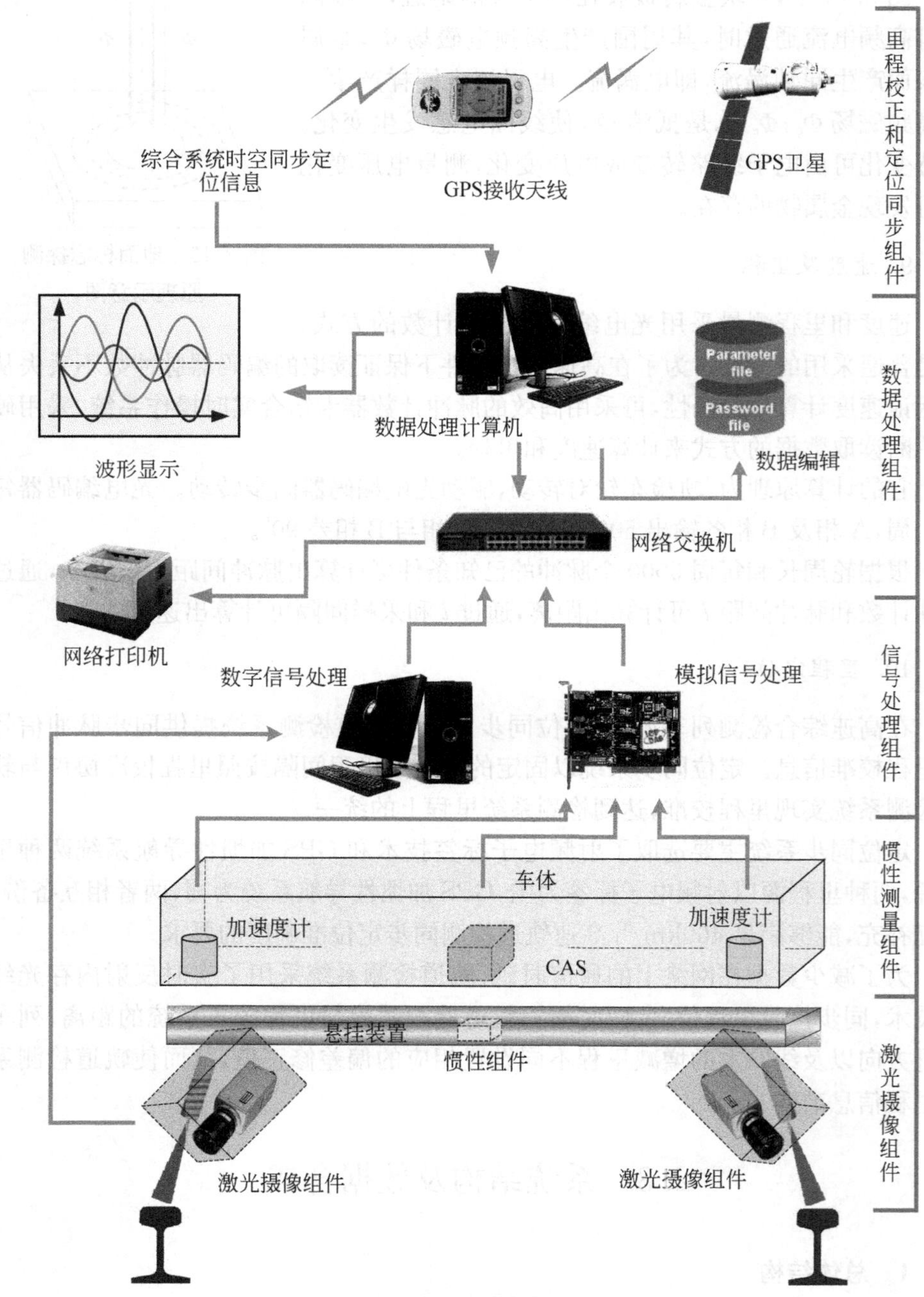

图 2.20　轨道几何状态检测系统构成示意图

轨道检测系统采用惯性测量原理、捷联式结构和非接触测量方法，应用图像处理、陀螺平台、数字滤波以及计算机实时数据处理等高新技术，解决了不同运行速度和不同运行方向检测结果准确性和一致性的问题，能够选择不同截止波长的空间曲线或不同弦长的弦测结果输出轨道不平顺。轨道几何状态参数实时合成后通过网络传输给数据应用计算机，由该计算机将轨道几何参数及超限数据存放到数据库中，同时显示轨道几何波形，或显示超限数据并对超限数据进行编辑，最后可由网络打印机打印出轨道几何参数的超限数据报表或波形图。

2.3.2　数据合成方法

数据处理组件是由数据库服务器、实时处理计算机、数据应用计算机、网络打印机、交换机等设备组成的车载局域网系统。车载局域网系统的组成如图 2.21 所示。

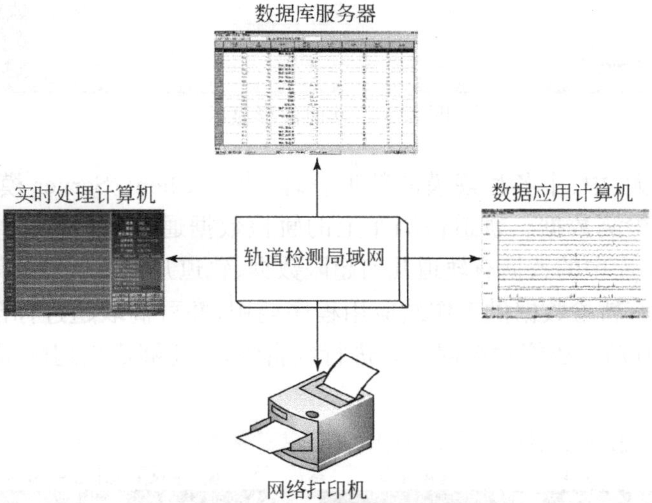

图 2.21　车载局域网系统

实时处理计算机实现了传感器原始信号的实时采集和处理，自动完成数据的修正、滤波和轨道几何参数的合成，在计算机屏幕上实时显示几何参数波形图和里程、速度等信息[14]，如图 2.22 所示。同时通过网络将轨检数据传送给数据库服务器。

实时处理计算机上安装 QNX 实时多任务操作系统，运行轨道检测实时数据处理软件。该计算机上装有多功能接口板和 A/D 变换板，多功能接口板主要用于接收距离脉冲信号，通过振荡器和计数器计算出采样的间隔时间，产生采样中断信号，触发 A/D 对所有传感器进行一次数据采集。

通过异种平台数据通信软件，实时处理计算机将轨道几何参数传输到安装 Windows 操作系统的数据库服务器。

数据库服务器是数据存储和分析的核心，在轨道检测车上利用安装 Windows 2003 Server 网络操作系统和 SQL Server 2005 数据库管理系统平台建立数据库。

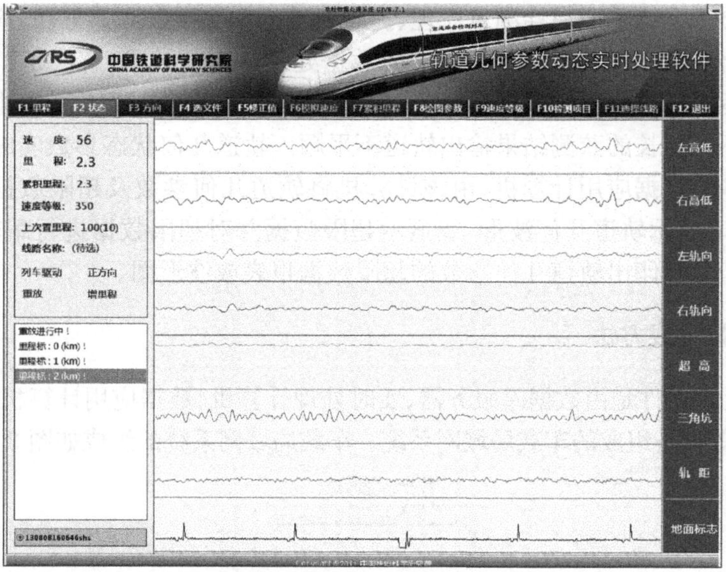

图 2.22　实时波形显示

该系统适用于大、中、小各种规模的数据管理，支持 Client/Server 模式的应用，可用于管理轨道检测数据。轨道检测车上的轨检数据通过网络传送给数据库服务器，存放在数据库中的数据有轨道几何超限数据、轨道几何波形数据等。

存储的所有轨检数据供工作站应用程序调用，并可摘取超过标准的检测项目的峰值、长度和位置，还能对超限位置进行编辑整理，能够输出超限报表，如图 2.23 所示。

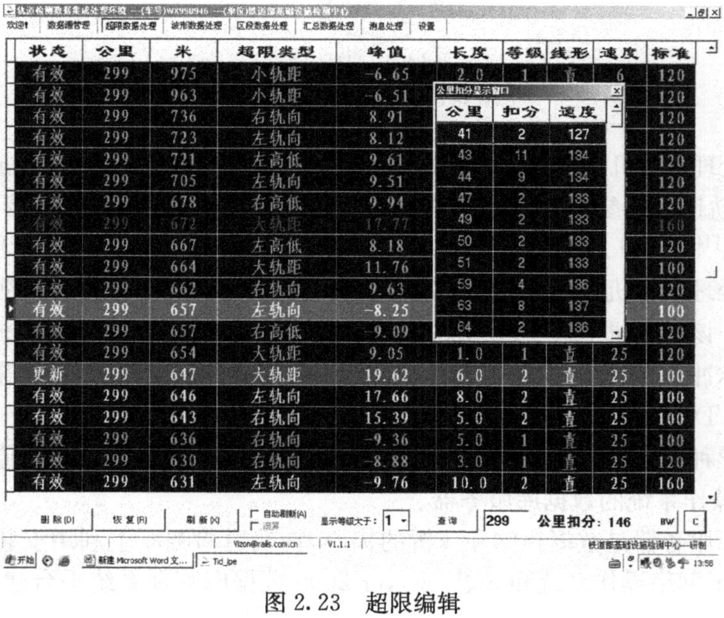

图 2.23　超限编辑

曲线要素检测能获取曲线的起终点位置、曲线长度、半径、平均超高和加宽等曲线要素信息;根据用户需要打印多种轨道状态报告表;车载计算机记录的轨道状态信息还可以利用车上或地面计算机通过重放处理重现轨道状态图表,计算机数据库中记录的信息还能进行更详尽的分析和比较处理,用以指导轨道的养护维修。

数据应用计算机可以运行超限数据浏览和波形超限浏览、波形打印、超限打印等应用程序。波形浏览如图 2.24 所示。

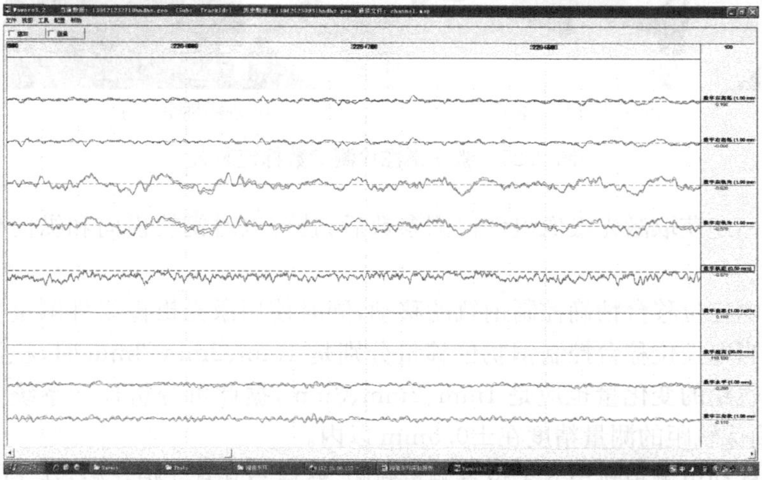

图 2.24　轨道几何状态波形浏览图

2.4　系统标定

2.4.1　标定原理

检测系统中各个设备的标定对检测结果的准确性起着至关重要的作用:首先,它可以确定测量系统的输入-输出关系;其次,可以通过标定确定测量系统的静态特性指标;最后,它可以消除系统误差,提高系统检测的准确度[4]。

轨道检测系统中加速度计、位移计、陀螺的标定由中国计量科学研究院等单位完成。轨道检测系统标定装置可用来进行激光摄像检测参数的标定和轨距验证,以及轨向、高低、水平等检测项目的标定。

2.4.2　激光摄像组件参数标定

激光摄像组件标定的目的是使钢轨的物理坐标与摄像机采集到的图像像素坐标一一对应。因此,设计一种激光摄像检测参数实验室标定装置如图 2.25(a)所示，用于在实验室一次性对激光摄像组件进行整体标定。

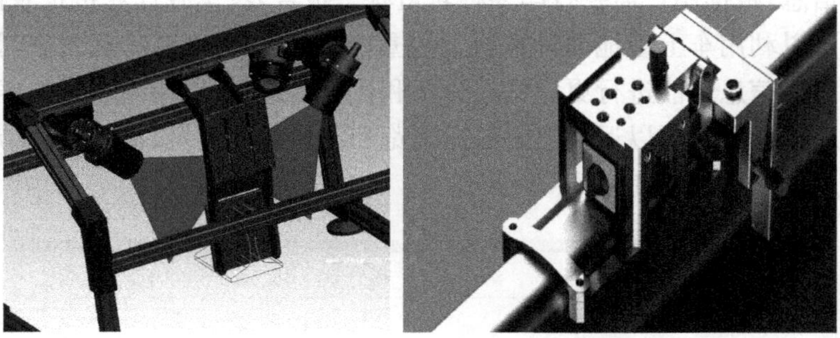

(a)实验室标定装置　　(b)现场标定装置

图 2.25　激光摄像检测参数标定装置

通过标定获取激光摄像组件检测参数后，就可以对钢轨横向和纵向位移进行测量。

使用电控位移台精确控制钢轨的移动，同时使用激光摄像组件测量单边轨距的变化。当电控位移台控制钢轨位移量分别是 1mm、2mm、3mm 时，检测系统测得的单边轨距的变化量也应是 1mm、2mm、3mm，据此可分析检测系统的轨距测量精度，确保轨距的测量精度在±0.5mm 以内。

分别移动单侧短轨至 5 个位置测量轨距，然后与其真实值比较；在 1435mm 位置处，观测 30min，积累 15 个样本值，观测其稳定性。

电控位移台如图 2.26 所示。

激光摄像检测参数标定仪上设置了许多标定针，其位置或坐标是已知的。将标定仪放置在钢轨上，摄取标定针图像，根据各标定针的已知坐标解算激光摄像检测参数。反过来，根据这些参数计算标定针的坐标，与实际坐标值进行对照，可验证检测的准确性。具体步骤如下：

(1)关闭激光摄像组件电源，擦拭激光摄像组件玻璃片。

(2)打开激光摄像组件电源，启动图像处理计算机。

(3)调整激光器功率，直至断面图像清晰正常。

(4)调整曝光时间，使系统输出清晰的激光断面图像。

(5)采用便携针式标定板的方式标定激光摄像检测参数，这样可以在保证标定参数准确的情况下，对轨距系统进行快速标定，如图 2.27 所示。

(6)采集标定板图像如图 2.28 所示。

(7)通过标定板上针结构的采集图像坐标与实际物理坐标的对应关系，可以计算出单边轨距测量的标定参数，将此参数再次运用到标定板采集图像的扭转计算中，得到如图 2.29 所示的图像。可以看出，图中标定板上针的排列方式已经与其实际截面的排列方式一致，从而可以证明标定参数的正确性。

(8)轨距精度验证。使用贴片方式对上述激光摄像检测参数进行验证,确认轨距检测分辨率达到 0.15mm,检测精度为 0.5mm。

图 2.26　电控位移台

图 2.27　激光摄像参数标定

图 2.28　标定板原始图像

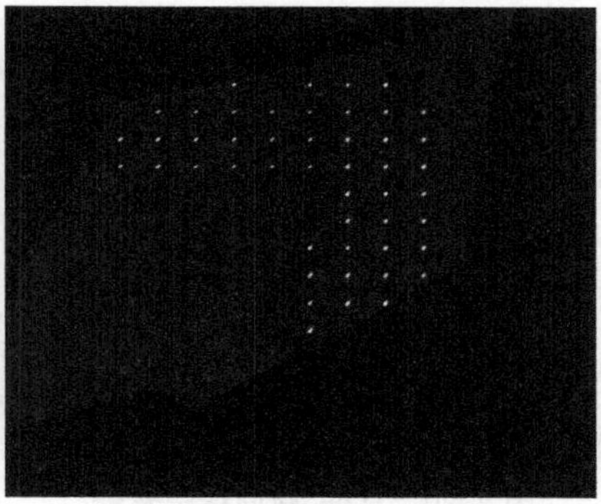
图 2.29　标定板处理后图像

2.4.3　轨道几何参数标定技术

1. 轨向标定

轨向检测时信号主要来自两个方面:由激光摄像组件测得的单边轨距和由轨向加速度计测得的惯性位移。单边轨距指轨距点相对于检测梁(轨向加速度计)的位移,惯性位移指轨向加速度计相对于惯性基准的位移。单边轨距的测量精度已进行了验证,只要保证惯性位移的测量与单边轨距具有相似的精度,就能确保轨向的检测精度。

在高低、轨向标定装置中,轨向加速度计和代表钢轨的测板固定在同一刚体上。当刚体按一定的频率做往复运动时,轨距的测量位移为正弦波,惯性位移的输出值也为正弦波。调试信号调节板的增益和相位,当单边轨距和惯性位移相减后输出值为 0 时,可认为惯性位移和单边轨距具有相同的检测精度[15]。这种标定方法俗称为轨向的“平衡”标定。

2. 高低标定

高低的检测和轨向检测原理相似,也使用类似的装置和方法进行标定。高低测量的主要量值包括两部分:由激光摄像组件测得的钢轨垂向位移和由高低加速度计测得的惯性位移。对这两个量进行“平衡”标定,即可确保高低的测量精度满足要求。

振动台频率设计为 2Hz、1Hz、0.5Hz 三挡,在标定时分别对应不同的波长。

振动台的固定吊臂可做 90°翻转,改变模拟钢轨中铝板的位置,该标定台即可用于高低参数的标定。

高低、轨向标定装置如图 2.30 所示。图 2.31 是使用改进装置进行高低、轨向标定的图片。

图 2.30　高低、轨向标定装置

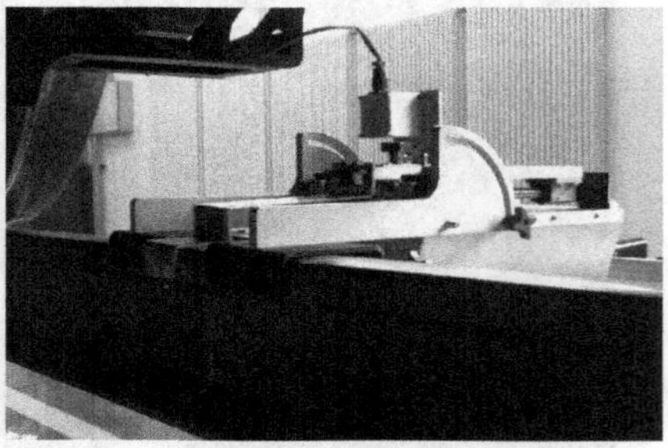

图 2.31　用改进装置进行高低、轨向标定

3. 水平标定

水平标定装置由电控旋转台和电控角位台组合而成,如图 2.32 所示。

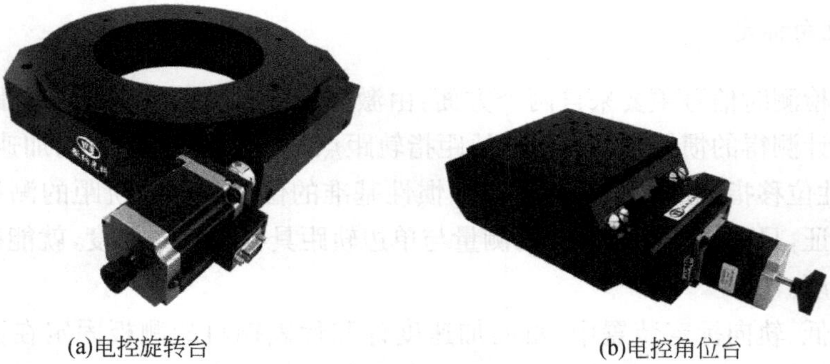

(a)电控旋转台　(b)电控角位台

图 2.32　水平标定装置

2.5 数据处理及应用

2.5.1 数据处理

数据是对事实、概念或指令的一种表达形式，其可以是数字、文字、图形或声音等非结构化数据。数据处理就是对数据的采集、存储、检索、加工、变换和传输，其基本目的是从大量的、可能是杂乱无章的、难以理解的数据中抽取并推导出对于某些特定的人们来说是有价值、有意义的数据。

对于轨道几何状态检测专业，希望将庞大的检测数据统一格式、剔除异常值、去除趋势项、校准时空里程、统计分析等，以便指导现场的养护维修，以及为后期科研工作做准备。

1. 数据格式统一

由于高速铁路轨道几何状态检测系统的研制时间不同，会生成不同格式的检测数据文件，且检测数据未设加密措施。以 CRH380AJ-0201 综合检测列车和 CRH2C-2150 综合检测列车为例。CRH380AJ-0201 综合检测列车生成的检测数据文件为 CIT 格式，现场工务人员还习惯将其转为占用空间更小的 STE 格式文件；而 CRH2C-2150 综合检测列车用的是 GJ-6 型高速综合检测系统，其生成的数据文件为 GEO 格式。这几种格式的数据文件都有各自的读取软件，且互相之间不能通用，这就造成了同一条线路不同检测系统检测后的数据无法进行对比分析，很不方便。为了解决这一问题，每月都有人员将各检测系统检测的高速铁路轨道几何状态数据转换成新的如图 2.33 所示的 CIT 格式（予以加密），并配置如图 2.34 所示的新型读取软件，既保证了数据的统一性和保密性，又可以在新型读取软件下将多次检测数据、不同检测系统的检测数据随意对比，对设备的监控、病害的发现、病害的发展趋势、作业前后效果分析等有很大的帮助。

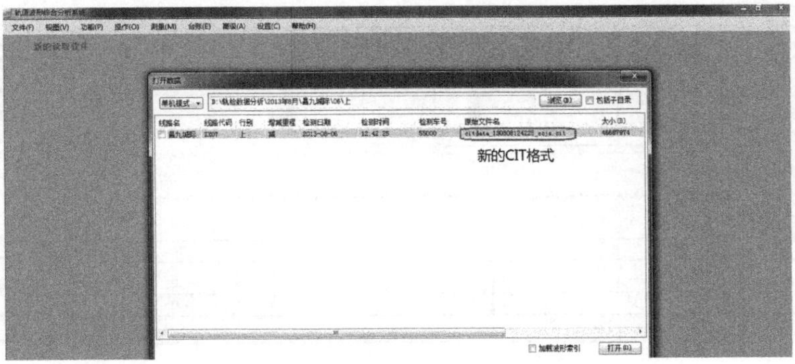

图 2.33 新的 CIT 格式文件

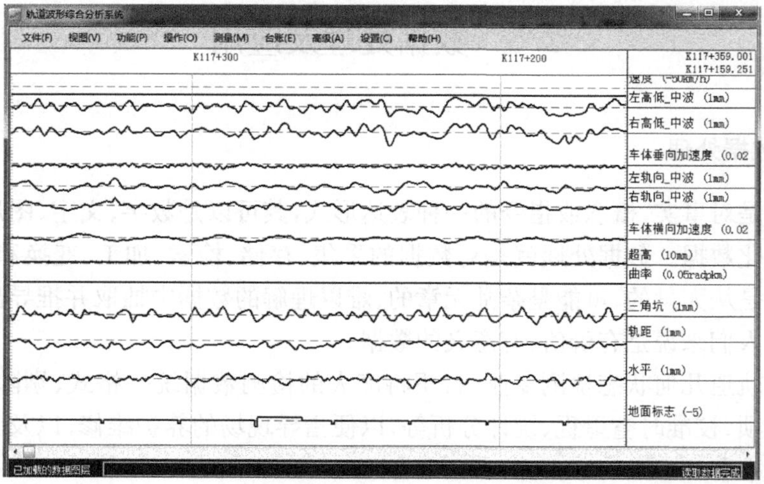

图 2.34　新型读取软件

2. 异常值的剔除

在轨道几何状态检测过程中，由于传感器、天气和数据传输等原因产生的干扰常常使轨道不平顺检测结果出现异常[16]，使得检测结果不能真实地反映现场实际的轨道几何状态。如果不进行异常值剔除处理，则直接影响现场工人的工作效率，造成不必要的浪费。总体来说，造成检测数据异常值出现的原因有以下几类。

1)岔区尖轨处异常值

尖轨处因基本轨刨切或检测设备通过时尖轨与基本轨不密贴，检测轨距和一单侧轨向波形不连续，这时会相应地产生轨距和轨向异常值，应予删除，如图 2.35 所示。

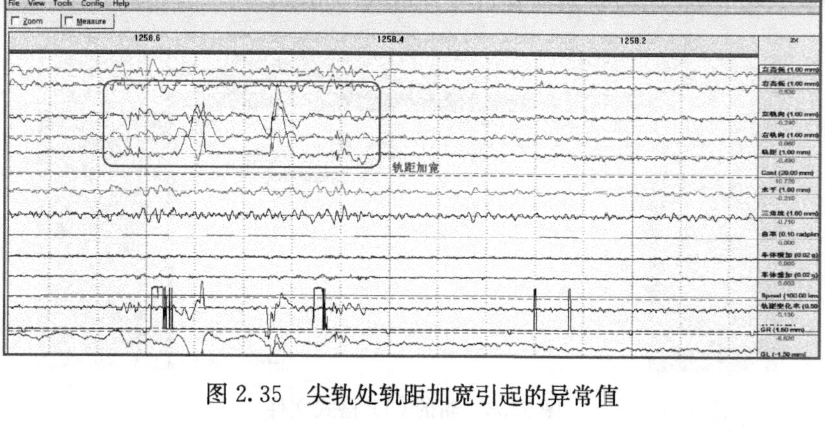

图 2.35　尖轨处轨距加宽引起的异常值

对于加宽道岔，道岔尖轨处的轨距加宽量，检测设备由于无法自动识别道岔类型并没有消除，这种原因引起的轨距异常值应考虑实际的轨距加宽量，进行适当的剔除。

2)低速侧向通过道岔引起的异常值

检测设备侧向低速通过道岔导曲线时，由于导曲线不设超高，超高通道信号较小，但导曲线一般半径较小，曲率信号较大，因此结合 ALD 信号比较容易确定侧向过叉位置，如图 2.36 所示。同时由于没有设超高且导曲线半径较小，惯性包内轨向加速度变化较大，轨向平衡能力差，同时由于滤波原因把小半径曲线的部分成分当作轨向输出，因此低速侧向道岔时的轨向异常值应予以剔除。

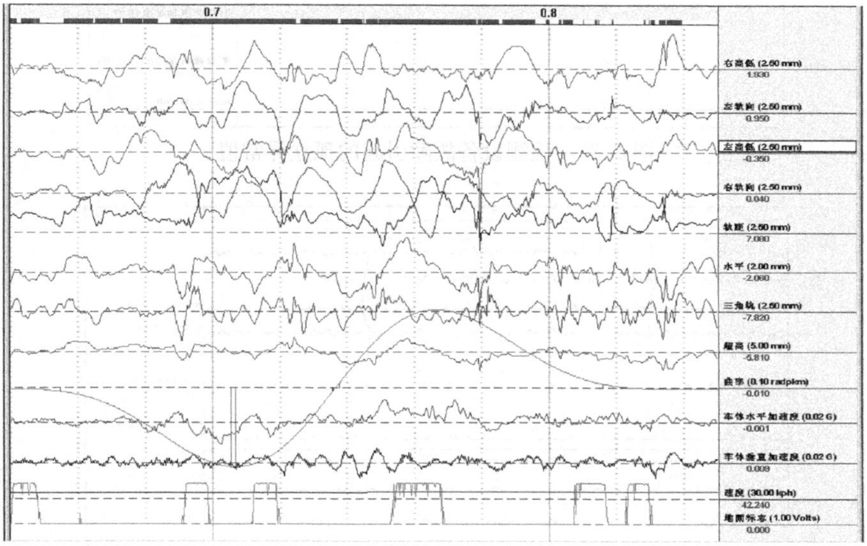

图 2.36　低速侧向通过道岔引起的异常值

3)检测设备故障引起的孤立异常值

孤立的轨道不平顺主要由图像干扰引起，一般由于只是单侧钢轨断面受到干扰，其特征主要表现为轨距、水平、三角坑和单侧高低以及轨向同时出现尖刺，而对应的加速度信号并无明显反应，这种异常值应予以删除，如图 2.37 所示。

4)过分相引起的异常值

检测设备在通过过分相区时，检测列车降弓、升弓等原因，导致谐波异常值的出现，应予以剔除，如图 2.38 所示。

5)其他干扰引起的异常值

对于采用图像处理轨道检测的系统，当阳光照射、挂纸、泥沙雪等干扰引起激光和检测图像不正常时，检测波形出现剧烈变化，导致异常值出现，应予以删除，如图 2.39 所示。

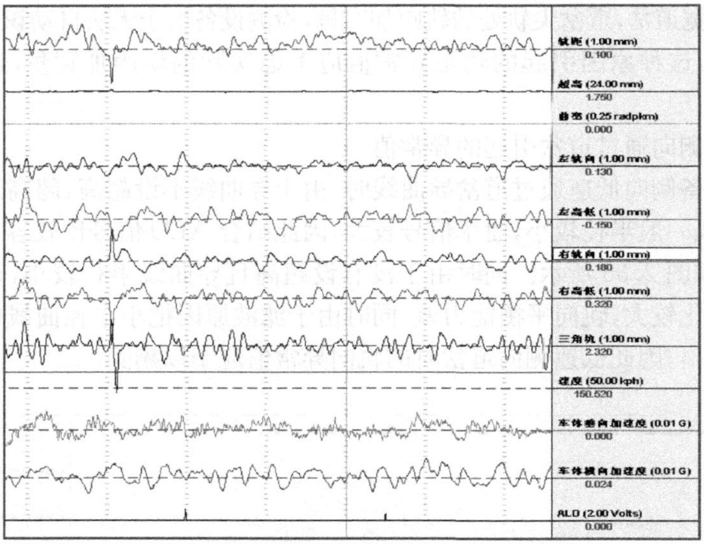

图 2.37 检测设备故障引起的孤立异常值

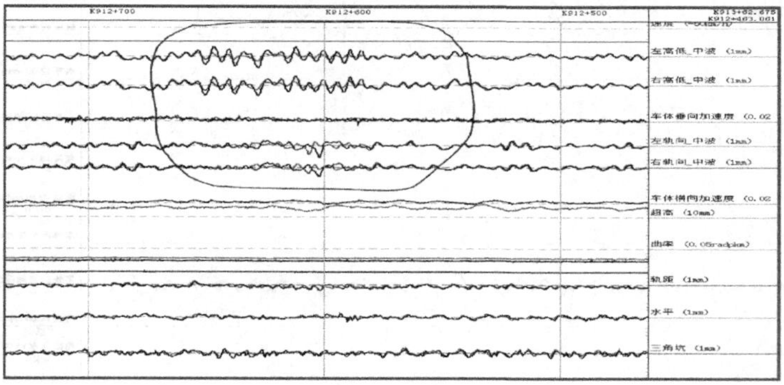

图 2.38 过分相引起的异常值

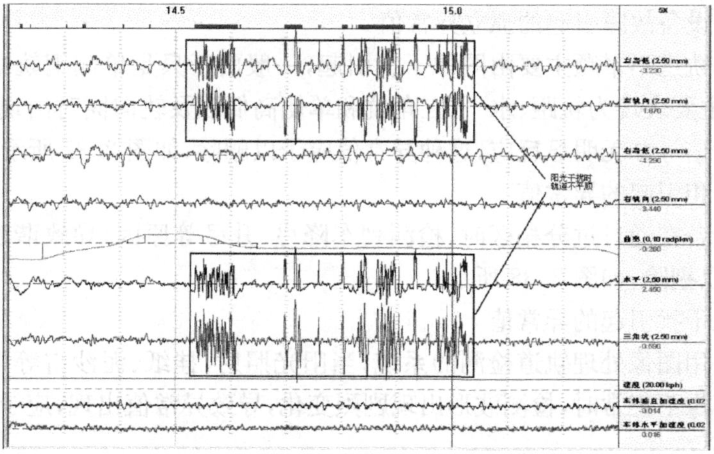

图 2.39 其他干扰引起的异常值

3. 趋势项的去除

检测设备标定误差和惯性包漂移等原因，使得一些检测项目数据包含了趋势项，使检测结果不能真实地反映现场实际的轨道几何状态。这些问题会严重影响轨道几何状态的局部不平顺评价、区段评价的正确性，因此，需要对存在的趋势项进行消除[17]。趋势项的剔除主要通过去均值、线性去趋、多项式最小二乘法去趋、滤波以及小波变换去趋等几种方法进行。

1)均值去趋

实测信号的采样数据为 $x_k(k=1,2,3,\cdots,n)$。消除趋势项后的数据为 $y_k(k=1,2,3,\cdots,n)$，

$$y_k=x_k-\frac{1}{n}\sum_{i=1}^{n}x_i \tag{2.24}$$

2)多项式最小二乘法去趋

实测信号的采样数据为 $x_k(k=1,2,3,\cdots,n)$。由于采样数据是等时间间隔的，为简化起见，令采样时间间隔 $\Delta t=1$，设多项式函数：

$$x_k=a_0+a_1k+a_2k^2+\cdots+a_mk^m,\quad k=1,2,3,\cdots,n \tag{2.25}$$

确定函数 X_k 的各待定系数 $a_j(j=1,2,3,\cdots,m)$，使函数 X_k 与离散数据 x_k 的误差平方和为最小，即

$$E=\sum_{i=1}^{n}(X_k-x_k)^2=\sum_{k=1}^{n}\Big(\sum_{j=0}^{m}a_jk^j-x_k\Big)^2 \tag{2.26}$$

满足 E 有极值的条件为

$$\frac{\partial E}{\partial a_i}=2\sum_{k=1}^{n}k^i\Big(\sum_{j=0}^{m}a_jk^j-x_k\Big)=0,\quad i=1,2,3,\cdots,m \tag{2.27}$$

依次将 E 对 a_i 求偏导，可以产生一个 $m+1$ 元线性方程组：

$$\sum_{k=1}^{n}\sum_{j=0}^{m}a_jk^{j+1}-\sum_{k=1}^{n}x_kk^i=0,\quad i=0,1,\cdots,m \tag{2.28}$$

解方程组，求出 $m+1$ 个待定系数 $a_j(j=0,1,\cdots,m)$。上面各式中，j 为设定的多项式阶次，其取值范围为 $0\leqslant j\leqslant m$。

当 $m=0$ 时，求得的趋势项为常数，有

$$\sum_{k=1}^{n}a_0k^0-\sum_{k=1}^{n}x_kk^0=0 \tag{2.29}$$

解方程，得

$$a_0=\frac{1}{n}\sum_{k=1}^{n}x_k \tag{2.30}$$

可以看出，当 $m=0$ 时，趋势项为信号采样数据的算术平均值。消除常数趋势项的计算公式为

$$y_k=x_k-X_k=x_k-a_0,\quad k=1,2,3,\cdots,n \tag{2.31}$$

当 $m=1$ 时，趋势项为线性趋势项，有

$$\begin{cases}\sum_{k=1}^{n}a_0k^0+\sum_{k=1}^{n}a_1k-\sum_{k=1}^{n}x_kk^0=0\\ \sum_{k=1}^{n}a_0k+\sum_{k=1}^{n}a_1k^2-\sum_{k=1}^{n}x_kk=0\end{cases} \tag{2.32}$$

解方程组，得

$$\begin{cases}a_0=\dfrac{2(2n+1)\sum_{k=1}^{n}x_k-6\sum_{k=1}^{n}x_kk}{n(n-1)}\\ a_1=\dfrac{12\sum_{k=1}^{n}x_kk-6(n-1)\sum_{k=1}^{n}x_k}{n(n-1)(n+1)}\end{cases} \tag{2.33}$$

消除线性趋势项的计算公式为

$$y_k=x_k-X_k=x_k-(a_0-a_1k),\quad k=1,2,3,\cdots,n \tag{2.34}$$

当 $m\geqslant2$ 时，趋势项为曲线趋势项。在实际信号数据处理中，通常取 $m=1\sim3$ 来对采样数据进行多项式趋势项消除处理。

3)小波变换去趋

根据正交小波变换可以得到滤波器组 $h(j)$ 和 $g(j)$。$h(j)$ 对应低通滤波器，$g(j)$ 对应高通滤波器，并且 $g(j)=(-1)^jh(1-k)$。令 $f(j)$ 为要分析的信号，并取 $a_0(j)=f(j)$，则信号分解与重构 Mallat 算法为

$$\begin{cases}a_{i+1}(j)=\sum_{n=-\infty}^{\infty}a_i(n)h(n-2j)\\ d_{i+1}(j)=\sum_{n=-\infty}^{\infty}a_i(n)g(n-2j)\end{cases} \tag{2.35}$$

$$a_i(j)=\sum_{n=-\infty}^{\infty}a_{i+1}(n)h(j-2n)+\sum_{n=-\infty}^{\infty}d_{i+1}(n)g(j-2n) \tag{2.36}$$

式(2.35)为分解算法，式(2.36)为重构算法，i 为分解级数。

对于双正交小波变换可以得到滤波器组 $h(j)$、$\tilde{h}(j)$ 和 $g(j)$、$\tilde{g}(j)$，其中 $h(j)$、$\tilde{h}(j)$ 对应低通滤波器，$g(j)$、$\tilde{g}(j)$ 对应高通滤波器，则对应信号重构 Mallat 算法为

$$a_i(j)=\sum_{n=-\infty}^{\infty}a_{i+1}(n)\tilde{h}(j-2n)+\sum_{n=-\infty}^{\infty}d_{i+1}(n)\tilde{g}(j-2n) \tag{2.37}$$

式(2.37)为重构算法，i 为分解级数。

通过式(2.35)对信号逐级分解，可以得到不同频带的带通信号 d_i(细节)和一

个低频信号 a_i（近似）的小波系数。为了剔除轨道不平顺中的低频趋势项，只需要把低频信号的小波系数赋零进行重构即可。

由于轨距和水平不平顺检测数据的趋势项往往不具备线性或多项式特征，因此采用均值、线性和多项式最小二乘法趋势项剔除方法处理轨距、水平不平顺的效果不理想，而采用小波变换的方法可以有效处理该问题，如图 2.40 所示。

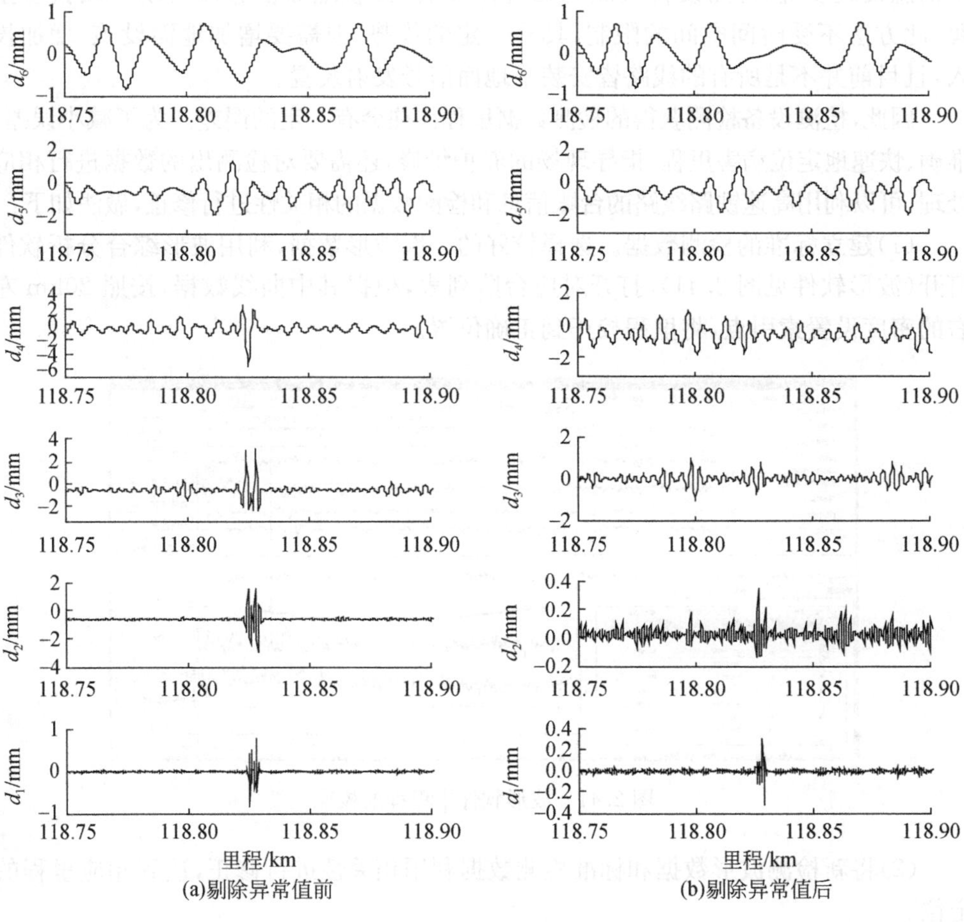

图 2.40　趋势项的去除

4. 校准时空里程

轨道几何状态检测数据包含幅值、长度、里程等信息，其准确性不仅体现在幅值和长度上，还体现在空间里程上。检测数据里程定位准确，则能使现场工人快速地找到相应病害的位置，及时处理，提高现场作业效率。目前，我国的检测设备主要采用以下三种方法进行里程校准：

(1)人工目测公里标。在检测计算机上人工设置相应里程进行里程校对,往往误差较大。

(2)利用卫星定位系统进行里程的修正。由于高速铁路线上隧道较多,这种方法往往导致卫星信号不佳造成误差的存在。

(3)在铁路沿线每隔相应里程设置地面信号发射装置。在检测设备上安装公里信息接收装置,检测设备检测到相应位置后,接收地面信息而自动修改偏差里程,此方法不受时间空间的限制,具有一定的优势,但需要增加地面设施,增加投入,且目前并不是所有的线路皆安装了地面信号发射装置。

因此,检测设备检测获得的检测数据里程往往会有一定的误差。为了减小误差,准确、快速地定位病害里程,指导现场的养护维修,还需要对检测出的数据进行相应处理,可以利用高速铁路线路的台账信息和检测数据的相关性进行修正,做法如下:

(1)建立标准的检测数据。选择较好的一次波形数据,利用波形综合分析软件打开(波形软件见图 2.41),打开对应台账列表,根据其中曲线数据,按照 20km 左右的密度设置索引点,将里程校正到正确位置。

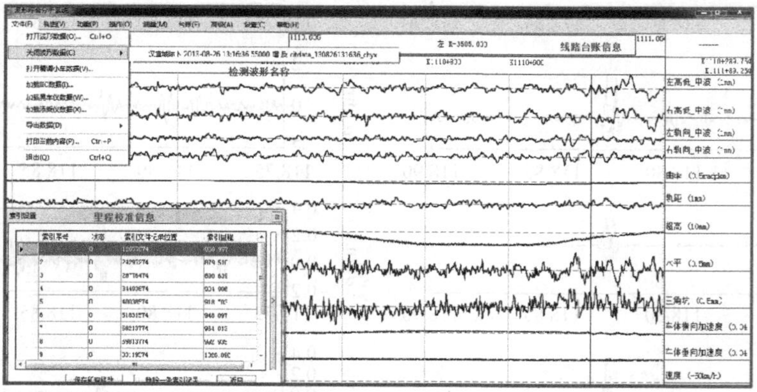

图 2.41　波形软件中里程的校准

(2)将新检测波形数据和标准检测数据利用相关性进行修正,达到相应里程的定位。

5. 统计分析

统计分析主要用于对数据格式统一、异常值剔除、趋势项去除及时空里程校准后的有效数据库文件进行各种方法的偏差查询、统计、趋势分析等,还可以生成直观的图形、报表等,供现场工作人员使用,也为轨道谱、广义能量法等科研工作奠定基础。

具体的统计指标项主要包括:检测里程、优良里程、合格里程、失格里程、检测里程合格率、检测里程失格率。也包括Ⅰ、Ⅱ、Ⅲ、Ⅳ级超限个数,百公里大值个数,百公里超限个数,轨道几何扣分、加速度扣分、长波长扣分、变化率扣分,TQI、各项标准差，平均速度、最高速度、最低速度，各不平顺项目的偏差个数等。

例如，京津城际线路，自 2012 年 1 月 10 日至 7 月 10 日，选择统计指标项为偏差个数、TQI 各项指标，则统计结果即可按照月份对京津城际从 1 月至 7 月的每月线路质量的变化趋势进行查看，也可查看趋势折线图，如图 2.42～图 2.45 所示。

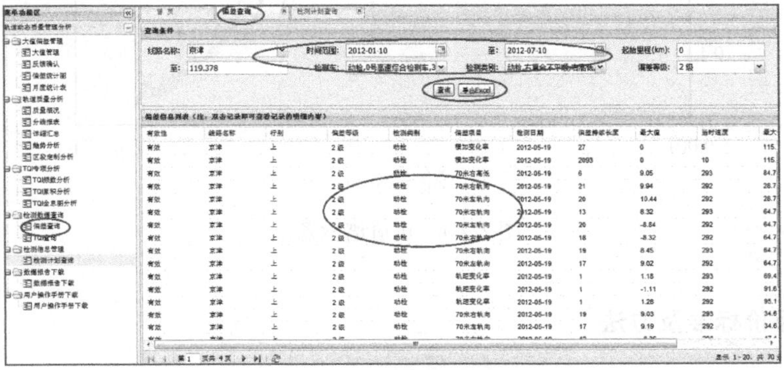

图 2.42　偏差数据查询

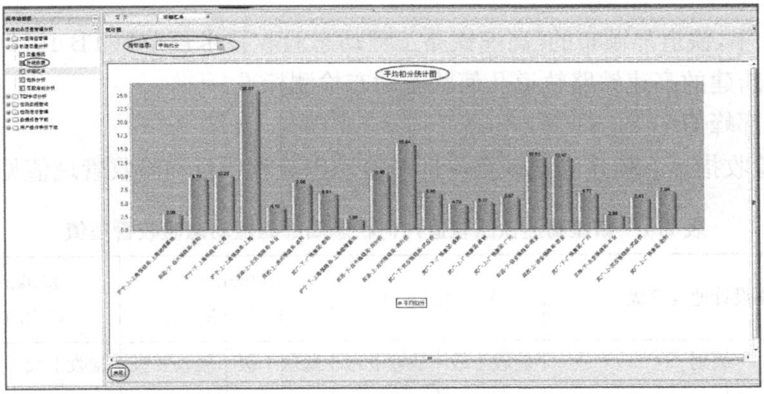

图 2.43　详细汇总统计图

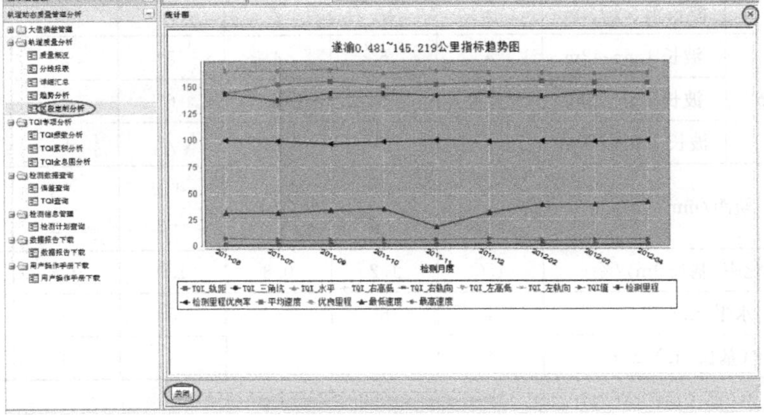

图 2.44　分析折线图

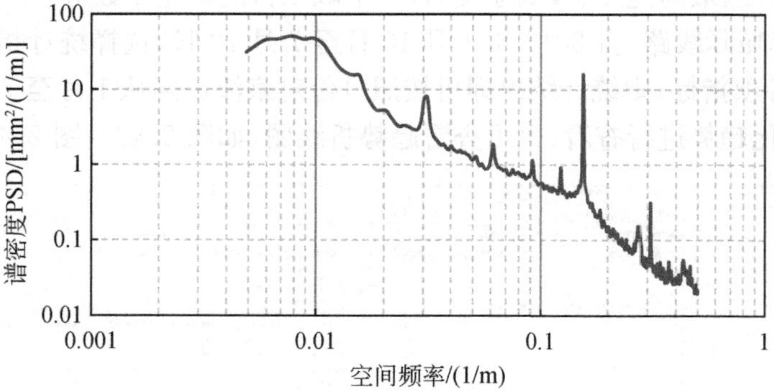

图 2.45 轨道谱示意图

2.5.2 评价标准及方法

1. 验收标准及评价方法

2013 年，铁道部颁布的《高速铁路工程动态验收技术规范》(TB 10761—2013)中规定了新建的高速铁路轨道几何状态动态检测标准。

1)局部峰值

(1)验收指标。新建高速铁路局部峰值动态验收项目和验收管理值见表 2.1。

表 2.1 新建高速铁路轨道几何状态局部峰值动态验收管理值

线路设计速度等级		V=160km/h		160km/h<V≤250km/h		250km/h<V≤350km/h	
级别		验收Ⅰ级	验收Ⅱ级	验收Ⅰ级	验收Ⅱ级	验收Ⅰ级	验收Ⅱ级
高低/mm	波长 1.5～42m	4	6	4	5	3	5
	波长 1.5～70m	/	/	5	6	/	/
	波长 1.5～120m	/	/	/	/	5	7
轨向/mm	波长 1.5～42m	4	5	4	5	3	4
	波长 1.5～70m	/	/	5	6	/	/
	波长 1.5～120m	/	/	/	/	5	6
轨距/mm		+4 −2	+6 −4	+4 −2	+4 −3	+3 −2	+4 −3
轨距变化率(基长 3m)/‰		1.0	1.2	0.8	1.0	0.8	1.0
水平/mm		4	6	4	5	3	5
三角坑(基长 3m)/mm		4	5	/	4	3	4

续表

线路设计速度等级	V=160km/h		160km/h<V≤250km/h		250km/h<V≤350km/h	
车体垂向加速度/(m/s²)	/	1.0	/	1.0	/	1.0
车体横向加速度/(m/s²)	/	0.6	/	0.6	/	0.6

注:①高低和轨向偏差为对应波长范围空间曲线计算零线到波峰的幅值;
②水平限值不包含曲线按规定设置的超高值及超高顺坡量;
③三角坑限值包含缓和曲线超高顺坡造成的扭曲量;
④避免出现连续多波不平顺和轨向、水平逆向复合不平顺;
⑤限速区段应按该区段对应的设计速度等级指标评价,120km/h 速度及以下限速区段参照相关验收标准执行;
⑥横向加速度评判时应剔除曲线地段未平衡加速度的影响;
⑦车体横向加速度采用 10Hz 低通滤波处理,车体垂向加速度采用 20Hz 低通滤波处理;
⑧表中"/"表示该项无要求。

(2)评价方法。局部峰值以整公里为单位评价,要求检测结果不应出现验收Ⅱ级偏差,同时除轨距外,每公里线路出现单项验收Ⅰ级偏差长度不应大于5%。

2)区段均值

(1)验收指标。区段均值评价指标为 TQI,验收管理值见表 2.2。

表 2.2 客运专线铁路 TQI 验收管理值

线路设计速度等级	TQI/mm	
	验收Ⅰ级	验收Ⅱ级
V=160km/h	9	11
160km/h<V<200km/h	8	9
200km/h≤V≤250km/h	7	8
250km/h<V≤350km/h	4	5

(2)评价方法。要求正线 TQI 不应出现验收Ⅱ级偏差,出现验收Ⅰ级偏差个数不应大于5%。

2. 运营标准及评价方法

1)无砟轨道标准

2012年,铁道部颁布的《高速铁路无砟轨道线路维修规则(试行)》(铁运〔2012〕83号)中规定了无砟高速铁路线路开通运营后轨道几何状态动态检测标准。

(1)局部峰值。无砟轨道高速铁路轨道几何状态局部峰值动态评价项目和运营管理值见表 2.3 和表 2.4。

表 2.3　200～250km/h 线路无砟轨道动态质量容许偏差管理值

项目		经常保养	舒适度	临时补修	限速(160km/h)
偏差等级		Ⅰ级	Ⅱ级	Ⅲ级	Ⅳ级
轨距/mm		+4 −3	+6 −4	+8 −6	+12 −8
水平/mm		5	8	10	13
扭曲(基长 3m)/mm		4	6	8	10
高低/mm	波长 1.5～42m	5	8	11	14
轨向/mm	波长 1.5～42m	5	7	8	10
高低/mm	波长 1.5～70m	6	10	15	/
轨向/mm	波长 1.5～70m	6	8	12	/
车体垂向加速度/(m/s²)		1.0	1.5	2.0	2.5
车体横向加速度/(m/s²)		0.6	0.9	1.5	2.0
轨距变化率(基长 3m)/‰		1.0	1.2	/	/

注:①表中管理值为轨道不平顺实际幅值的半峰值;

②水平限值不包含曲线按规定设置的超高值及超高顺坡量;

③扭曲限值包含缓和曲线超高顺坡造成的扭曲量;

④车体垂向加速度采用 20Hz 低通滤波,车体横向加速度Ⅰ、Ⅱ级标准采用 0.5～10Hz 带通滤波处理的值进行评判,Ⅲ、Ⅳ级标准采用 10Hz 低通滤波处理的值进行评判;

⑤避免出现连续多波不平顺和轨向、水平逆向复合不平顺;

⑥表中“/”表示该项无要求。

表 2.4　250(不含)～350km/h 线路无砟轨道动态质量容许偏差管理值

项目		经常保养	舒适度	临时补修	限速(200km/h)
偏差等级		Ⅰ级	Ⅱ级	Ⅲ级	Ⅳ级
轨距/mm		+4 −3	+6 −4	+7 −5	+8 −6
水平/mm		5	6	7	8
扭曲(基长 3m)/mm		4	6	7	8
高低/mm	波长 1.5～42m	4	6	8	10
轨向/mm	波长 1.5～42m	4	5	6	7
高低/mm	波长 1.5～120m	7	9	12	15
轨向/mm	波长 1.5～120m	6	8	10	12
复合不平顺/mm		6	8	/	/
车体垂向加速度/(m/s²)		1.0	1.5	2.0	2.5

续表

项目	经常保养	舒适度	临时补修	限速(200km/h)
车体横向加速度/(m/s^2)	0.6	0.9	1.5	2.0
轨距变化率(基长 3m)/‰	1.0	1.2	/	/

注:①表中管理值为轨道不平顺实际幅值的半峰值;

②水平限值不包含曲线按规定设置的超高值及超高顺坡量;

③扭曲限值包含缓和曲线超高顺坡造成的扭曲量;

④车体垂向加速度采用 20Hz 低通滤波,车体横向加速度Ⅰ、Ⅱ级标准采用 0.5~10Hz 带通滤波处理的值进行评判,Ⅲ、Ⅳ级标准采用 10Hz 低通滤波处理的值进行评判;

⑤复合不平顺指水平和轨向逆向复合不平顺,按水平不平顺参数和 1.5~42m 轨向不平顺参数的代数差计算,避免出现连续多波不平顺;

⑥表中"/"表示该项无要求。

(2)区段均值。200~250km/h 和 250(不含)~350km/h 线路 TQI 和单项标准差管理值见表 2.5 和表 2.6。

表 2.5　200~250km/h 线路无砟轨道 TQI 管理值

项目		高低	轨向	轨距	水平	扭曲	TQI
波长范围	1.5~42m	1.4×2	1.0×2	0.9	1.1	1.2	8.0

注:单项标准差计算长度为 200m。

表 2.6　250(不含)~350km/h 线路无砟轨道 TQI 管理值

项目		高低	轨向	轨距	水平	扭曲	TQI
波长范围	1.5~42m	0.8×2	0.7×2	0.6	0.7	0.7	5.0

注:单项标准差计算长度为 200m。

2)有砟轨道标准

2013 年,铁道部颁布的《高速铁路有砟轨道线路维修规则(试行)》(铁运〔2013〕29 号)中规定了有砟高速铁路线路开通运营后轨道几何状态动态检测标准。

(1)局部峰值。有砟轨道高速铁路轨道几何状态局部峰值动态评价项目和运营管理值见表 2.7 和表 2.8。

表 2.7　200~250km/h 线路有砟轨道动态质量容许偏差管理值

项目	经常保养	舒适度	临时补修	限速(160km/h)
偏差等级	Ⅰ级	Ⅱ级	Ⅲ级	Ⅳ级
轨距/mm	+4 −3	+6 −4	+8 −6	+12 −8
水平/mm	5	8	10	13
扭曲(基长 3m)/mm	4	6	8	10

续表

项目		经常保养	舒适度	临时补修	限速(160km/h)
高低/mm	波长 1.5～42m	5	8	11	14
轨向/mm		5	7	8	10
高低/mm	波长 1.5～70m	6	10	15	/
轨向/mm		6	8	12	/
车体垂向加速度/(m/s^2)		1.0	1.5	2.0	2.5
车体横向加速度/(m/s^2)		0.6	0.9	1.5	2.0
轨距变化率(基长 3m)/‰		1.0	1.2	/	/

注:①表中管理值为轨道不平顺实际幅值的半峰值;

②水平限值不包含曲线按规定设置的超高值及超高顺坡量;

③扭曲限值包含缓和曲线超高顺坡造成的扭曲量;

④车体垂向加速度采用 20Hz 低通滤波,车体横向加速度Ⅰ、Ⅱ级标准采用 0.5～10Hz 带通滤波处理的值进行评判,Ⅲ、Ⅳ级标准采用 10Hz 低通滤波处理的值进行评判;

⑤避免出现连续多波不平顺和轨向、水平逆向复合不平顺;

⑥表中"/"表示该项无要求。

表 2.8　250(不含)～350km/h 线路有砟轨道动态质量容许偏差管理值

项目		经常保养	舒适度	临时补修	限速(200km/h)
偏差等级		Ⅰ级	Ⅱ级	Ⅲ级	Ⅳ级
轨距/mm		+4 −3	+6 −4	+7 −5	+8 −6
水平/mm		5	6	7	8
扭曲(基长 3m)/mm		4	6	7	8
高低/mm	波长 1.5～42m	4	6	8	10
轨向/mm		4	5	6	7
高低/mm	波长 1.5～120m	7	9	12	15
轨向/mm		6	8	10	12
复合不平顺/mm		6	8	/	/
车体垂向加速度/(m/s^2)		1.0	1.5	2.0	2.5
车体横向加速度/(m/s^2)		0.6	0.9	1.5	2.0
轨距变化率(基长 3m)/‰		1.0	1.2	/	/

注:①表中管理值为轨道不平顺实际幅值的半峰值;

②水平限值不包含曲线按规定设置的超高值及超高顺坡量;

③扭曲限值包含缓和曲线超高顺坡造成的扭曲量;

④车体垂向加速度采用 20Hz 低通滤波,车体横向加速度Ⅰ、Ⅱ级标准采用 0.5～10Hz 带通滤波处理的值进行评判,Ⅲ、Ⅳ级标准采用 10Hz 低通滤波处理的值进行评判;

⑤复合不平顺指水平和轨向逆向复合不平顺,按水平和 1.5～42m 轨向代数差计算,避免出现连续多波不平顺;

⑥表中"/"表示该项无要求。

(2)区段均值。区段 TQI 管理值见表 2.9 和表 2.10。

表 2.9　200～250km/h 线路有砟轨道 TQI 管理值

项目		高低	轨向	轨距	水平	扭曲	TQI
波长范围	1.5～42m	1.4×2	1.0×2	0.9	1.1	1.2	8.0

注:单项标准差计算长度为 200m。

表 2.10　250(不含)～350km/h 线路有砟轨道 TQI 管理值

项目		高低	轨向	轨距	水平	扭曲	TQI
波长范围	1.5～42m	0.8×2	0.7×2	0.6	0.7	0.7	5.0

注:单项标准差计算长度为 200m。

3)评价方法

(1)局部峰值评价采用扣分法。各项目偏差扣分标准:Ⅰ级每处扣 1 分,Ⅱ级每处扣 5 分,Ⅲ级每处扣 100 分,Ⅳ级每处扣 301 分。

局部峰值评价以整公里为单位,每公里扣分总数为各级、各项偏差扣分总和,计算公式为

$$S=\sum_{i=1}^{4}\sum_{j=1}^{M}K_iC_{ij} \tag{2.38}$$

式中,S 为整公里扣分总数;K_i 为各级偏差的扣分数;C_{ij} 为各项目的各级偏差个数;M 为参与评分的项目个数。

每公里线路局部峰值动态评定标准:优良——总扣分在 50 分及以内;合格——总扣分为 51～300 分;失格——总扣分在 300 分以上。

(2)区段均值评价采用扣分法。单个 TQI 计算单元的扣分标准为:小于等于管理值的扣 0 分,大于管理值但小于等于管理值的 110%的扣 40 分,大于管理值的 110%但小于等于管理值的 120%的扣 50 分,大于管理值的 120%的扣 61 分。

区段均值评价以整公里为单位,每公里扣分总数为 5 个计算区段的 TQI 扣分值之和,计算公式为

$$T=\sum_{1}^{5}T_{200} \tag{2.39}$$

式中,T 为每公里扣分总数;T_{200} 为单个 TQI 计算单元的扣分数。

每公里线路区段均值评定标准:均衡——总扣分为 0 分;计划——总扣分为 0～100(含)分;优先——总扣分在 100 分以上。

“均衡”代表线路质量均衡，不需要维修；“计划”代表应列入维修计划，适时进行修理；“优先”代表应优先列入维修计划，尽快安排修理。

2.5.3　应用案例

基础设施检测中心承担全国高速铁路的日常检测工作，每月定期对京沪、京津、京广、郑西、哈大等 350km/h 无砟高速铁路和杭深、石太、合宁、合武、昌九城际等 250km/h 有砟高速铁路检测两次，完成相应的高速综合检测列车检测月报如图 2.46 所示，上报给上级主管部门。

图 2.46　高速综合检测列车检测月报封面

月报中包含了对大值偏差的跟踪分析、偏差项目的统计、特征区段的趋势发展等，如图 2.47 和图 2.48 所示。如果数据中含有异常值、趋势项，则势必会对分析结果造成影响，不能得到真实的情况，对现场工作人员的养护维修及管理人员的决定、决策带来麻烦，因此需要对检测得到的数据进行数据处理，保证数据的有效性。

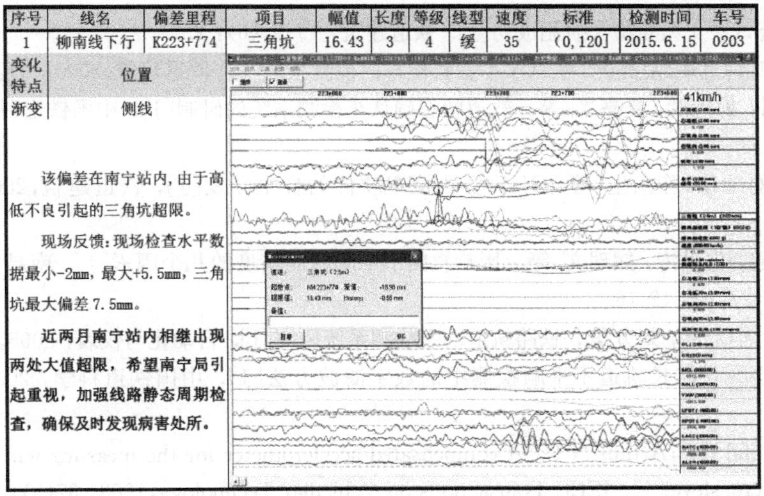

图 2.47　利用里程校准后的数据进行大值偏差的对比分析

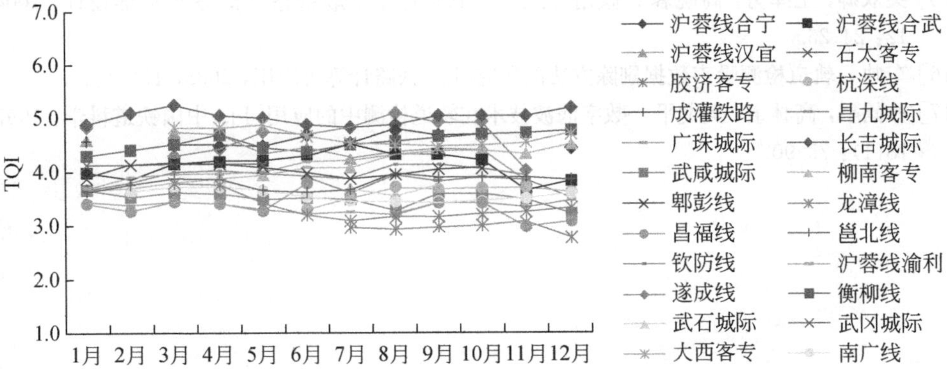

图 2.48　异常值和趋势项去除后得出的高速铁路 200～250km/h 管理标准线路区段 TQI 指标变化趋势图

参考文献

[1] 陈东生，田新宇．中国高速铁路轨道检测技术发展[J]．铁道建筑，2008，12：82-86.

[2] Allan M Z，Joseph W P．Tracksafe：A track geometry car based real-time dynamics simulator[J]．Proceedings of JRC，2005：19-30.

[3] 赵国堂．轨检车技术现状与发展[M]．北京：中国铁道出版社，2001.

[4] Lindahl M．Track Geometry for High-Speed Railways[D]．Stockholm：Royal Institute of Technology，2001：3-10.

[5] 刘铁，任盛伟，许贵阳，等．GJ-4 型轨检车轨距-轨向检测系统改造[J]．中国铁道科学，

2006，27(6):137-140.
[6] 李志隆．GJ-4 型轨检车研制成功[J]．铁道建筑，1999,(6)：2.
[7] 徐旭宇，魏世斌，夏亮光，等．GJ-4 型轨检车的检测系统[J]．铁道建筑，2000,(3):33-35.
[8] 柴东明，魏世斌，夏亮光，等．轨道状态确认车检测系统的研制[J]．中国铁道科学，2004，25(1)：34-40.
[9] 赵钢，刘维桢，陈东生，等．GJ-5 型轨检车软件的自主开发[J]．铁道建筑，2004,(12)：45,46.
[10] 马小建，朱洪涛，熊瑞文，等．影响轨向不平顺检测精度的几个因素[J]．南昌大学学报，2005，27(1)：12-16.
[11] 路静，毕宏彦，刘方华．铁路轨道动态检测系统研究[J]．自动化与仪表，2005,4：67-69.
[12] 杜鹤亭．长波长轨道不平顺检测中的数字滤波方法[J]．中国铁道科学，2000,21(4)：58-65.
[13] Raymond B L, Arthur N R. A compensated accelerometer for the measurement of railway track crosslevel[J]. IEEE Transactions on Vehicular Technology, 1988, 37(3): 174-178.
[14] 郑树彬，林建辉，林国斌．用于轨检信号提取的线性相位 IIR 移变滤波器[J]．西南交通大学学报，2007，42(2)：211-216.
[15] 吴双卿，王泽勇，高晓蓉．倾角传感器检测轨道不平顺状态[J]．铁道标准设计，2004，12：24-26.
[16] 车帅．轨道检测噪声数据剔除方法的研究[J]．铁路计算机应用，2008，17(1):1-3.
[17] 杜鹤亭，高林奎，樊戈平．数字滤波技术在轨道检测中的应用[J]．中国铁道科学，1997，18(1)：79-90.

第 3 章　基于车辆动态响应的轨道状态评价技术

随着有线铁路提速和高速铁路的开通，我国列车运行速度达到 200km/h 及以上的线路不断增加。在实际的线路检测中，发现车辆高速运行对轨道短波不平顺和长波不平顺激励反应明显加强，加速设备老化，缩短设备寿命，严重的还能引发晃车现象。在轨道维护中，需要增加检测手段和评价指标来发现影响行车安全性和舒适性的问题。研究多车辆(头车、尾车和中间车)三断面(轴箱、转向架构架、车体)加速度同步测量方法和车辆动态响应评价方法、分析模型，研究高速检测列车运行加速度动态响应指标，识别轨道缺陷，辅助评价轨道状态。

车体垂向加速度和横向加速度已经应用于轨道检测车[1]，在评价标准中明确规定作为重要指标指导轨道养护维修。

构架横向加速度是评价车辆稳定性的重要指标[2]，可以反映车辆蛇形稳定性。

轴箱垂向加速度是与轨道垂向不平顺激励直接相关的车辆动力学响应之一，轴箱加速度数据能够实时反映轨道的垂向不平顺激励[3]。利用轴箱垂向加速度数据，通过数据频率幅值特性分析算法来识别车辆增减载情况、轨道短波不平顺，评定恶劣的轨缝、焊接头和岔心冲击。

3.1　概　　况

3.1.1　国外技术现状

日本高速铁路对轴箱加速度研究比较深入，应用较广。首先研究了轴箱横向加速度与轮轨垂向力的关系，利用轴箱加速度识别轮重的变化。随着速度的提高，特大轮重的控制成为轨道管理的重要任务。轨检车无法检测引起轮重变化的短波不平顺，所以通过轴箱加速度分析来间接检测轮重的变化。另外，日本铁道综合技术研究所(RTRI)的 Tanaka 等开发了利用轴箱加速度评估轮轨力的方法，从而评价轮重的变化。

澳大利亚采用轴箱加速度积分的方法。假定钢轨轮子和轴箱的刚度无限大，轮轴机械间隙可以忽略不计，轴箱的垂直振动曲线恒等于钢轨表面的几何不平顺曲线。在这种近似条件下，可以用轴箱加速度的办法检测钢轨顶面凹凸不平，并通过滤波消除速度的影响。列车运行时，钢轨表面的凹凸不平使轴箱产生高频垂直振动，因而轴箱加速度计产生一个代表钢轨表面不平顺状况的输出值，该信号经过二次积分变成位移信号，同时为了滤除直流信号、重力加速度的缓慢变化、传感器敏感方向的非垂直以及长波长不平顺等低频信号，采用了四阶高通滤波器，经过处理后得到钢轨凹凸不平的 RMS 值。

德国轨道不平顺管理标准和机车车辆动态响应管理标准见表 3.1。

表 3.1　德国机车车辆响应评价标准

序号	作用方向	评价值参数	评价的等级极限系数 k 基准值	SR_0	SR_A	SR_{100}	SR_{lim}
1	横向	横向力/kN	$K(10+2Q/3)$	0.5	1.0	1.3	1.5
2	横向	车体水平加速度峰/峰	$K\times2.5$	0.7	1.0	1.3	1.5
3	横向	(RMS)/(m/s²)	$K\times0.5$	0.4	1.0	1.3	1.5
4	垂向	垂向力/kN	$K\times170$ 最大垂直力	0.8	1.0	1.3	1.5
5	垂向	垂向力/kN	$K\times Q_0$ 最小垂直力	0.6	0.4	0.3	
6	垂向	车体垂向加速度峰/峰	$K\times2.5$	0.7	1.0	1.3	1.5
7	垂向	(RMS)/(m/s²)	$K\times0.5$	0.4	1.0	1.3	1.5

3.1.2　国内技术现状

铁科院开发了利用轴箱加速度检测轨道波浪形磨耗的系统[4]。该系统采用虚拟仪器技术，利用惯性法原理，在检测车的轴头左右两侧安装加速度传感器，对其感受到的加速度信号进行抗混叠滤波处理后，即由计算机对上述信号进行数字化、数字积分、数字滤波、评价计算等，最后获得左右两根钢轨波浪形磨耗的幅值或 RMS 值。该系统具备在线采集及处理原始信号、存储中间数据和最后结果、在线显示波形图、通过网络传输数据、输出超限报表、修正里程、对存储的数据进行事后回放、输出波形图数据及相应地点和速度等功能。该系统解决了多任务并行处理、等距离采样、数据存储、波形图对比、超限数据入库、修正里程等技术难点问题，并在南昌局轨检车 999281 上试用，为定性评价钢轨波浪形磨耗、辅助评价旅客乘车舒适度、合理利用检测数据指导钢轨打磨打下了良好的基础。

铁科院利用轴箱加速度信号分析列车动力学性能，参照动力学性能试验的测试布置方式，从各试验动车组选择有代表性的车辆，在对应的轴箱、构架和车体等位置安装加速度计和测力轮对，另外在轮对轴端安装脉冲式速度传感器，在车内安装用于线况识别的陀螺仪。对动车组动力学响应的测试数据进行分析时，除采用传统的动力学性能指标统计分析方法以外，借鉴转子振动的分析手段，结合铁道车辆的轮轴滚动的激励特征，引入速度-频率分析方法。根据车辆加速度响应随速度变化的特征得到系统特性和输入特性，通过振动响应的特征频率与速度关联的辨识，实现对动车组响应中的线路激扰振动与车辆固有振动的识别。

车载式晃车仪和便携式添乘仪均为加速度类轨道监测装置，如图 3.1 所示。通过检测车体的振动加速度响应来评价轨道的不平顺状态。它们具有结构简单、安装方便、感受直接的优点，但受到其检测原理的约束，想得到可信的结果需要科学地制定监测规范、监测模式及监测数据处理方法。

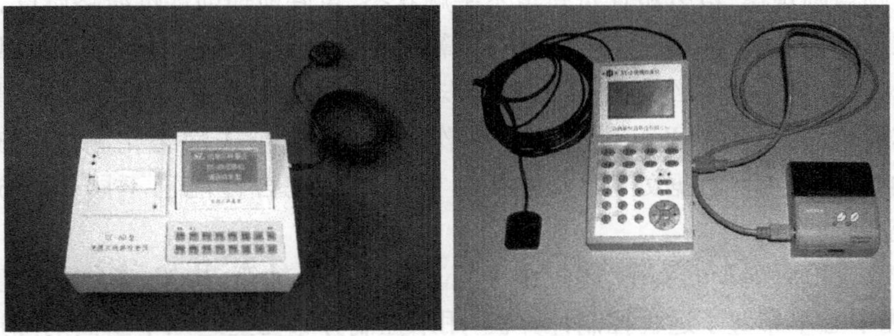

图 3.1　便携式添乘仪

通过机车车辆振动情况的测量较准确地反映轨道状态，其关键是尽可能排除机车特性、列车操纵等影响因素。而机车特性的消除实质上是测量信号的解耦问题，只有解决了该问题，才能使不同机车具有一致的评判准则，才能使该系统具有广泛的适用性。目前该问题没有得到很好的解决，只作为一种便携的添乘检测设备应用于工务部门的定性检查。

3.2　检测技术

3.2.1　检测原理

车辆动态响应主要检测高速列车轴箱、构架和车体三级单元的振动情况。由于轴箱、构架和车体振动特性差异很大，需要采用不同频响特性和精度的加速度传感器，才能准确测量部件的振动状态。另外，系统的测点多，而且分布在列车的不同位置，距离最远达到 200m，需要构建多通道分布式网络化数据采集装置，才能满足实际应用要求。

1. 多通道分布式采集技术

随着自动测试技术与计算机网络技术日益紧密的结合，网络技术推动远程、分布式、网络化的测试仪器和系统迅速发展,分布式网络化测试系统成为现代测试技术发展的趋势。分布式网络化测试技术是一项需求非常广的综合技术,广泛应用于军事、航天、石油化工、智能建筑、城市基础设施、气象环境等领域。它在铁路上的应用也很广泛,如铁路桥梁的振动监测、铁路线路的状况监测、整列列车运行中的应力监测等。

车辆高速运行中,轨道不平顺激起轴箱、构架和车体各单元振动,各种轨道不平顺引起的车辆振动特性不同。为了研究车辆对轨道不平顺的动态响应,找出轨道不平顺激励规律,以分析评价轨道不平顺状态,更好地辅助评价线路质量。

基于分布式网络化测试技术,用计算机远程控制分布在不同地点的测试设备同步工作,并通过网络传输数据和同步信息。因测量数据量大、测点分散及测试的实时性、可靠性以及远距离协同操作的要求,分布式网络化测试系统从体系结构、数据传输、数据处理、人机接口到系统的综合性能已不同于传统的测试系统。

在综合检测列车的头车、尾车和中间车分别布置轴箱、构架、车体加速度传感器,检测中心车布置了远程控制计算机,用来控制分布在上述三个断面的加速度信号同步采集,通过网络传输数据,同时,按照空间里程位置同步输出波形,按照评价分析模型进行数据处理及统计,检测断面可扩展。

2. 采样频率的选择

1)轨道不平顺特征分析

高速铁路轨道不平顺谱特征分析表明高速铁路轨道不平顺具备的特征如下。

(1)高速铁路轨道不平顺为有色噪声随机过程,并夹杂了线路和桥梁结构有关的周期成分。

(2)轨距和轨向不平顺谱存在周期为钢轨定长 100m 对应频率的倍频谱峰,钢轨制造、厂焊和铺设工艺和质量是产生倍频谱峰的主要原因[5]。

(3)高低和水平不平顺谱存在周期为 32m 左右的谱峰,该谱峰与桥梁预拱和桥梁徐变上拱有关。

(4)高低、水平、轨距和轨向都存在周期为 6.5m 和 3.6m 左右的谱峰,6.5m 对应轨道板长度,3.6m 对应桥梁长度的九分之一长度。

图 3.2～图 3.5 分别为高速铁路轨距、水平、轨向和高低中位数谱。

根据轨道谱分析结果,考虑到接头道岔等区域存在 0.2～3m 的短波不平顺,以 400km/h 速度级计算,轴箱加速度分析频率要达到 550Hz。构架加速度和车体加速度主要考虑中长波不平顺响应,取构架加速度为 50Hz,车体垂向加速度为 20Hz,车体横向加速度为 10Hz。

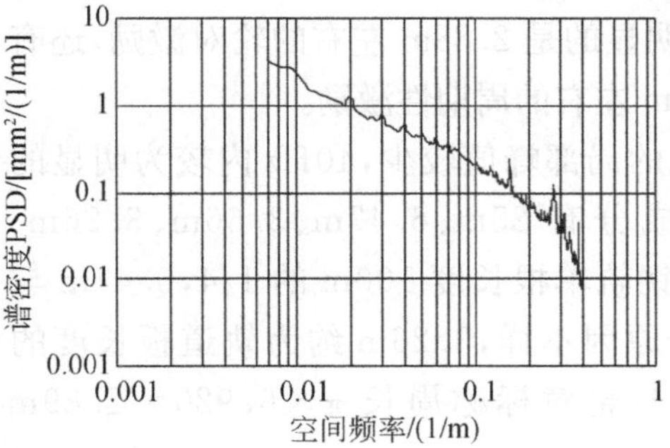

图 3.2 轨距中位数谱

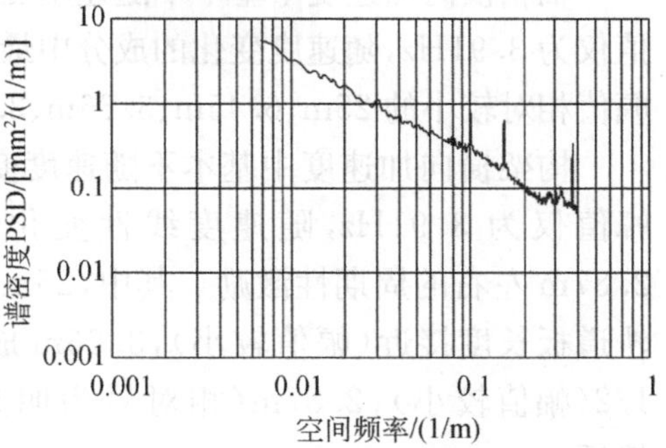

图 3.3 水平中位数谱

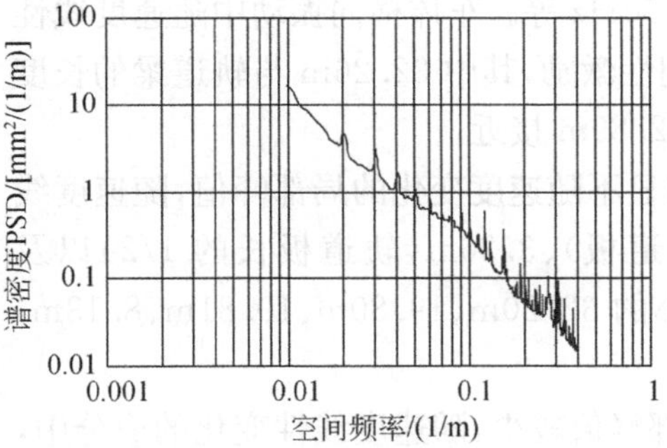

图 3.4 轨向中位数谱

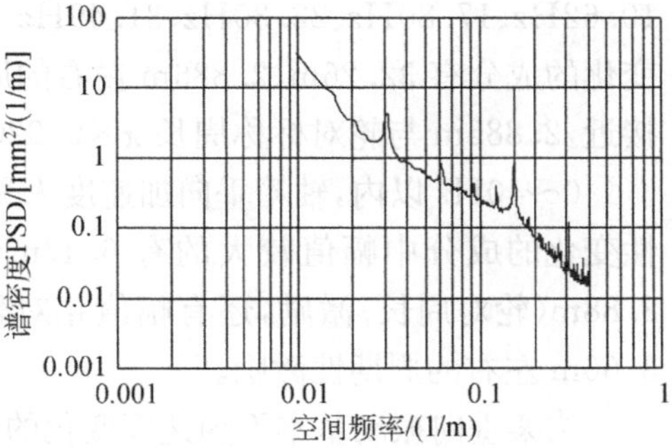

图 3.5 高低中位数谱

2)车辆动态响应特征分析

利用高速列车试验数据分析轴箱、构架和车体的加速度响应特性。线路构造产生的激励直接作用在与之接触的动车组的簧下部位,通过其振动显现。

对试验动车组的轴箱、构架、车体振动特征进行分析,识别的车辆固有振动频率和外部激励波长见表 3.2。

表 3.2 试验动车组车辆振动特征频率或激励波长

位置		固定频率/Hz	激励波长/m
轴箱	横向	3.91	25、6.45、3.66、3.24
	垂向	—	6.47、3.26、2.88
构架	横向	3.91	25、6.47、3.66、3.26、2.87
	垂向	—	6.472、16、10.80、3.66、3.24、2.88
车体	横向	0.49、1.59、10.62、17.80、22.30、31.49、36.50	32.26、2.886
	垂向	0.73、8.79、18.82、22.71、31.37、36.38	32.78、6.47、2.88

轴箱横向加速度中基本不随速度变化的局部峰值很少，10Hz 内较为明显的峰值仅为 3.91Hz，随速度变化的成分中最为明显的是 2.88m 左右的轮对激励，还有幅值相对较小的 25m、6.45m、3.66m、3.24m 左右的周期性激励。

构架横向加速度中基本不随速度变化的局部峰值较少，40Hz 内较为明显的峰值仅为 3.91Hz，随速度线性变化的成分有 25m、6.47m、3.66m、3.26m、2.87m 左右的周期性激励。其中，25m 为钢轨单根长度 100m 的 1/4，6.47m 与轨道板长度接近（幅值较小），3.66m 成分原因不详，3.26m 约为轨道板长度的 1/2（幅值较小），2.87m（相对最为明显）与轮对标称周长 $\pi\times 0.920=2.89$m 接近。

车体横向振动以基本不随速度变化的局部峰值为主，如 0.49Hz、1.59Hz、10.62Hz、17.80Hz、22.30Hz、31.49Hz、36.50Hz 等。车体横向振动中随速度线性变化的成分有 32.26m、2.886m 左右的周期性激励，其中 32.26m 与轨道梁的长度接近，2.886m 与轮对标称周长 $\pi\times 0.920=2.89$m 接近。

0～40Hz 以内，轴箱垂向加速度未见明显不随速度变化的局部峰值，随速度线性变化的成分中幅值较大的有 6.47m（轨道板）、3.26m（轨道板长的 1/2）以及 2.88m（轮对周长）激励，还有幅值相对较小的 32.20m、19.80m、10.81m、8.13m、3.66m 左右的周期性激励。

构架垂向振动基本不随速度变化的局部峰值较少，随速度线性变化的成分中，与构架横向加速度相比，构架垂向 6.472m 输入对应的响应最为明显，轨道板对车辆垂向振动的影响相对较大，其他还有幅值较小的 32m、16m、10.80m、3.66m、3.24m 左右的周期性激励，以及 2.88m 左右的轮对激励。

车体垂向振动以基本不随速度变化的局部峰值为主，如 0.73Hz、8.79Hz、18.82Hz、22.71Hz、31.37Hz、36.38Hz 等。随速度线性变化的成分有 32.78m、6.47m、2.88m 左右的周期性激励，其中 32.78m 与轨道梁的长度接近，6.47m 与轨道板长度接近，2.88m 与轮对标称周长 $\pi\times 0.920=2.89$m 接近。

振动从轴箱传递到车体，随速度线性变化的局部峰值越来越不明显，基本不随速度变化的局部峰值越来越多；固定波长的输入主要由轨道板、轨道梁、钢轨长度、轮对及其各阶分量引起。

3.2.2 系统组成

1. 系统结构

车辆动态响应检测系统由数据采集单元、数据处理单元和时空同步校准单元构成，可实现车体、构架和轴箱三断面，头车、尾车、中间车的多车辆加速度动态响应数据采集和分析功能，利用车辆动态响应结果对线路不平顺状态进行评价。

1)数据采集单元

数据采集单元主要完成各断面加速度响应通道数据采集工作,实现多通道数据的同步,并生成特定格式的文件。它可以根据试验用传感器的种类、数量以及参数,定义试验模型,设置原始参数;可以绘制波形图及台账信息,显示振动加速度、速度脉冲、ALD、陀螺仪等多种类型的信号波形;数据可连续同步保存到硬盘等存储介质上;在采集或回放过程中,用户可以打开速度里程表同步查看速度里程信息。

2)数据处理单元

数据处理单元的主要功能是对原始数据进行数据滤波处理、区段统计、生成散点图、打印报表以及计算能量集中率等研究指标。根据算法要求,处理多通道加速度响应数据,计算车辆动力学响应指标。采用灵活的 MATLAB 和 C++联合编程实现算法集成功能,为算法指标试算和应用提供一个平台。可以打印及打印预览波形图和报表,查看波形图、散点图、超限报表、总样本报表、区段汇总报表等。

3)时空同步校准单元

通过反射内存卡接收里程速度信息,并经 CAN 口转发给数据采集单元,为数据铺设线路里程标,实现数据在时间和空间上的同步。

2. 硬件构成

1)加速度测量仪

加速度测量仪的功能是对加速度传感器供电,并将信号引入采集装置,通过分布式采集单元设置主控端和终端,并接收综合系统送来的距离脉冲,由远程控制计算机控制各断面采集装置对信号进行采集。传感器输入分为左轴箱加速度、右轴箱加速度、构架加速度、车体加速度,每个插头可输入三通道,还有距离脉冲输入及备用插头。

2)同步信号传输转换器

在加速度检测系统中,在三个不同的位置安装加速度测量仪,其中包含数据采集装置。这些采集装置在时间上要进行同步,同步方式可以是 GPS 模块接收来的绝对时间,也可以以一台采集装置的时间作为标准,将这个时间以 DCF77 的数据格式传送到其他采集装置,但是如果采集设备之间的距离很远,用线缆传输有可能使信号衰减、延时,同时容易引来干扰,所以设计采用光缆进行远距离传送,同步信号传输转换器的功能就是为了把这个 DCF77 数据格式的同步信号转换成光信号,通过光缆传输后,再将光信号转换回电信号,达到使几台采集装置同步采集的目的。

3)加速度传感器

车辆动力学响应检测主要对车体、构架和轴箱三个振动单元的振动加速度进行检测,监控在车辆运行过程中三个振动单元的响应特性。针对三个振动单元的振动特点,考虑技术指标和经济指标,根据具体的测量目的、测量对象以及测量环境,尤其是工程应用,选择合适的加速度传感器。

加速度传感器选型主要关心的技术指标为量程、频率范围、分辨率等。测量环境需要考虑列车最高试验速度 400m/h、被测位置对传感器体积的要求、信号的引出方式,还要考虑传感器的来源、价格等因素。

(1)车体加速度。振动范围:$-10\sim10m/s^2$。分析频率:0～20Hz。精度要求:$0.05m/s^2$。

(2)构架加速度。振动范围:$-100\sim100m/s^2$。分析频率:0～50Hz。精度要求:$0.1m/s^2$。

(3)轴箱加速度。振动范围:$-1000\sim1000m/s^2$。分析频率:0～500Hz。精度要求:$1m/s^2$。

4)传感器安装

为了取得反映列车运行的实际动力学响应特性的加速度数据,传感器布置和安装是关键。选取串扰小、响应强、安装结构安全的方案。根据《铁道车辆动力学性能评定和试验鉴定规范》(GB 5599—1985)和 UIC 518 的相关规定,车体加速度计安装在 1 或 2 位转向架中心偏向车体一侧 1000mm 的车内地板上;构架加速度计安装在转向架构架上,位置在一个轴箱上方;轴箱加速度计安装在轴箱的轴头。

加速度计安装适配器有足够的强度,满足 $2000m/s^2$ 振动强度的要求、绝缘功能、电磁屏蔽功能、防尘、防水、防爆。加速度适配器采用铝制外壳,内设加速度计绝缘安装座,配专用航空插接头,保证线缆可靠连接,适应轴箱、构架和车体的不同接口。

3. 软件构成

1)数据采集模块

数据采集模块包括主界面里程速度显示、波形及台账信息显示和数据存储等功能。数据采集运行流程如图 3.6 所示。

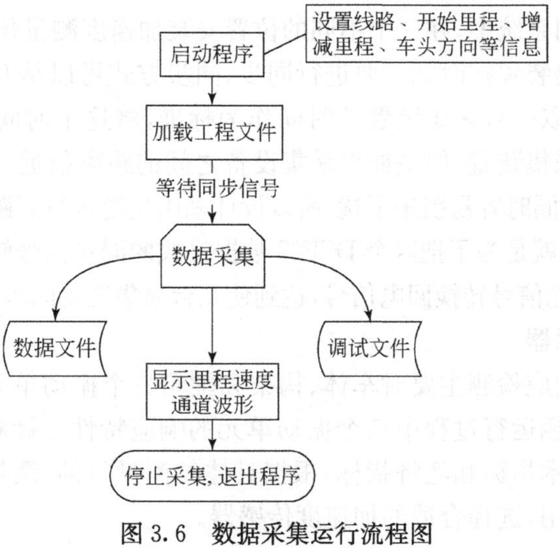

图 3.6　数据采集运行流程图

主界面包括菜单栏、工具栏、里程速度显示控件、通道信息、波形显示区域、台账信息显示区域和设备状态提示区域(左下角),如图 3.7 所示。

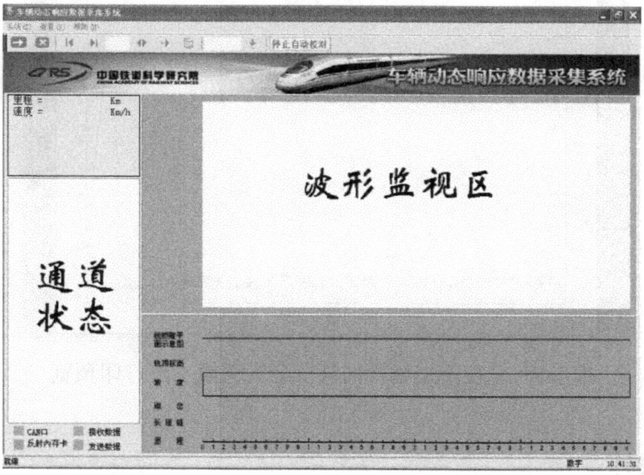

图 3.7　数据采集软件主界面

2)数据处理模块

采集软件生成的 CIT 格式的原始数据,未做处理。数据处理软件的主要功能是根据需要把原始数据按照算法进行滤波、运算、统计,得到相应的研究指标数据,流程如图 3.8 所示。

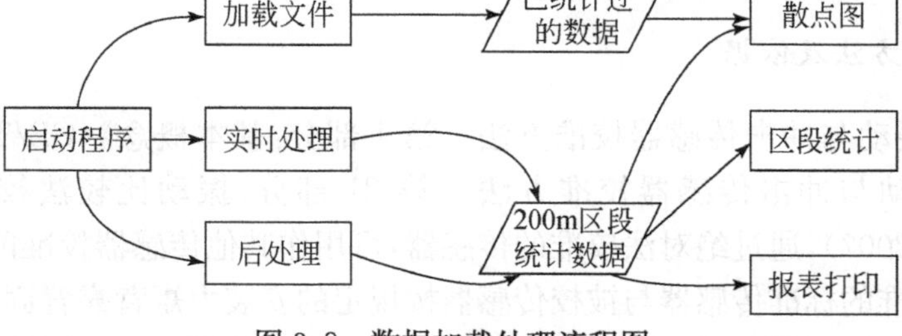

图 3.8　数据加载处理流程图

加载数据提供三种模式:实时处理、后处理与加载文件。实时处理是实时访问采集生成的数据文件,在线处理数据。后处理则是加载保存完整后的数据,单独处理数据。数据文件处理后会根据文件保存的断面生成响应的文本文件,文本文件里统计的是每 200m 轴箱、构架、车体不同滤波的最大值,散点图就是在坐标系显示统计的最大值,如图 3.9 所示。

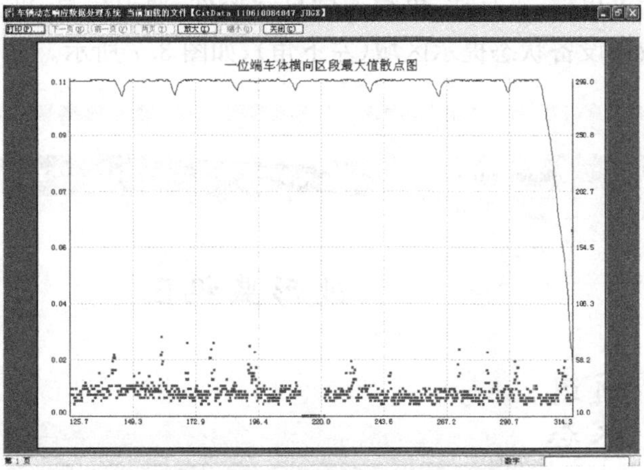

图 3.9　一位端车体横向区段最大值散点图打印预览

3.2.3　校准设计

1. 校准目的

根据《振动与冲击传感器校准方法　第 1 部分：基本概念》(GB/T 20485.1—2008)，传感器校准的基本目的是对传感器在其应用的自由度上，在整个幅值与频率范围确定它的校准系数(灵敏度)。通过安装传感器使其灵敏轴平行于振动发生器的运动方向，测量由振动发生器提供的运动量或输入量，同时测量传感器的输出，即可获得传感器的灵敏度。使用幅值和频率均在传感器工作范围内的瞬态激励，可对连续读出或峰值读出的传感器进行校准。

2. 校准方法及依据

根据《振动与冲击传感器校准方法　第 1 部分：基本概念》(GB/T 20485.1—2008)及《振动与冲击传感器校准方法　第 21 部分：振动比较法校准》(GB/T 20485.21—2007)，通过绝对法校准的传感器，可用作其他传感器校准的参考标准。将绝对法校准的标准传感器与被校传感器按规定的安装力矩背靠背固定在振动发生器上，它们感受相同的振动输入，选择能均匀覆盖传感器工作范围的 6 个以上的幅值和频率，选定的量值与标准加速度计校准的量值相对应，测量两个传感器的输出，确定被校传感器的参考灵敏度，给出与参考灵敏度相比的百分比偏差作为被校传感器的校准结果。

3. 车辆动态响应检测系统目前的校准方法

车辆动态响应检测系统性能标定是通过试验建立系统输入量与输出量之间的

关系，通过传递函数了解整个系统的频率响应。验证车辆动态响应检测系统的各项检测指标，评价系统检测的准确性。证明车辆动态响应检测系统能够满足项目合同的技术规范要求的各项测试指标精度要求。

具体方法就是采用正弦激励比较法校准，即用一种标准设备产生已知非电量作为输入量，输入至待标定系统的传感器中，通过系统采集处理得到输出量，将输入量与输出量进行比较，从而得到系统的标定曲线。

将被标定系统的传感器安装在校准振动台(图 3.10)上，采用与标准传感器背靠背的安装方式，给振动台不同的振动频率和振动加速度，检测系统对传感器信号进行采集和处理，输出对应频率的加速度幅值，用系统输出与系统输入进行对比，可得到系统在不同频率下的传递系数，画出曲线即系统的频响曲线。采用这种方法标定，更接近于传感器的实际工作方式，是对检测系统特性参数的标准检测手段。

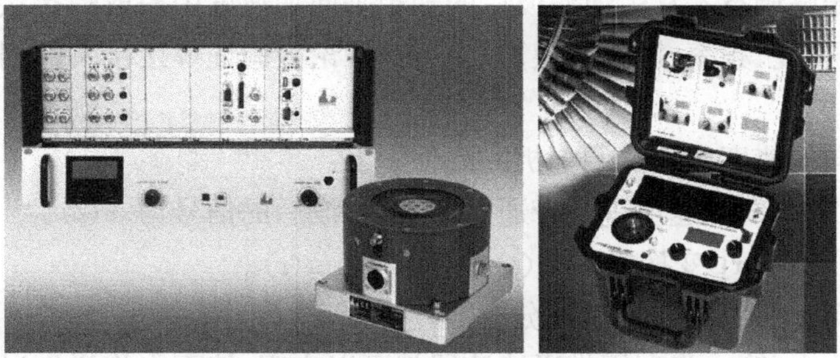

图 3.10　校准振动台

系统截止频率设定，车体垂向为 20Hz，车体横向为 10Hz，构架垂向和构架横向为 50Hz，轴箱垂向和轴箱横向为 1000Hz。

3.3　数据实时分析处理技术

长期以来，曲线、钢轨接头和道岔并称为轨道结构的三大薄弱环节。无缝线路的发展以及曲线轨道的加强逐渐改善了轨道曲线结构的工作条件，但钢轨接头、道岔依然是铁路轨道的薄弱环节，成为限制行车速度的关键设备。特别是在高速客运专线上，钢轨接头、道岔的安全性尤为重要[6]。除设计和施工外，对钢轨接头、道岔的检测与维护也是个重要的任务。目前，我国的道岔维修多为故障后的维修。在高速线路上，道岔一旦出现故障将严重影响铁路的运营，甚至会发生灾难性的事故。另外，为了保证列车和线路的运营效率，高速运行的列车要求对线路的维护和维修次数越少越好、时间越短越好。由于我国铁路目前尚无对钢轨接头、道岔实施行之有效的动态监测手段，钢轨接头、道岔的日常维护和故障维修势必占用较多的运营时间。

轴箱直接与轮对相连，轨道短波不平顺引起的激扰通过轮对直接传递到轴箱上。假设把轮对近似地看成刚性结构，则轴箱加速度能直接反映轨道短波几何不平顺和短波结构不平顺所引起的外界的激扰力对车辆动力学性能的影响。为了充分利用轴箱、车体等加速度检测数据，达到辅助保障高速铁路钢轨接头、道岔运营安全、预测其恶化趋势、优化养护维修、合理控制维修成本的目的，迫切需要对综合检测车的轴箱、车体等加速度检测数据进行深入分析，形成高速铁路钢轨接头、道岔检测—状态评估—辅助维修决策的管理体系，进一步完善我国高速铁路钢轨接头、道岔检测维修标准，为中国高速铁路的建设和发展提供理论和技术支撑。

3.3.1 轴箱垂向加速度共振解调分析

利用共振解调技术从带通滤波后的轴箱垂向加速度中提取焊接接头处的冲击信号，并根据速度、频率、波长的换算关系，从理论上验证焊接接头的周期性间距近似为100m。

轴箱垂向加速度共振解调分析的流程如下：

(1)对轴箱垂向加速度进行带通滤波，记滤波后的信号为 $x(t)$。

(2)利用 Hilbert 变换提取 $x(t)$的包络，得 $a(t)$。

(3)对 $a(t)$ 进行细化傅里叶分析。

上述算法中，第一步利用带通滤波器就可以实现，接下来将详细讨论如何实现第二步和第三步。

信号 $x(t)$的 Hilbert 变换可定义如下：

$$H[x(t)]=y(t)=\frac{P}{\pi}\int\frac{s(t')}{t-t'}\mathrm{d}t' \tag{3.1}$$

式中，P 为 Cauchy 主值。

结合 $x(t)$ 和 $y(t)$ 可得它的解析信号 $z(t)$ 为

$$z(t)=x(t)+\mathrm{i}y(t) \tag{3.2}$$

解析信号 $z(t)$ 的模 $a(t)$ 就是信号 $x(t)$的包络，即

$$a(t)=\sqrt{x(t)^2+y(t)^2} \tag{3.3}$$

为了精确地诊断出焊接接头的冲击频率，需要对包络谱进行细化分析。这里采用离散时间傅里叶变换（DTFT）进行频谱细化。在不增加数据长度的前提下，利用傅里叶级数的原理得到连续的频谱曲线，从而消除频率分辨率的限制。

假设信号 $a(t)$的离散信号 $E(k)$的采样频率为 f_s，则它的傅里叶级数可写成

$$E(k)=\frac{a_0}{2}+\sum_{j=1}^{N}\left(a_j\cos\frac{2\pi\mathrm{i}k}{N}+b_j\sin\frac{2\pi\mathrm{i}k}{N}\right),\quad k=1,2,\cdots,N \tag{3.4}$$

式(3.4)中的傅里叶系数为

$$a_j = \frac{2}{N}\sum_{k=1}^{N} E(k)\cos\frac{2\pi ik}{N} \tag{3.5}$$

$$b_j = \frac{2}{N}\sum_{k=1}^{N} E(k)\sin\frac{2\pi ik}{N} \tag{3.6}$$

式(3.4)～式(3.6)中的 i 是虚数单位。

由采样定理可知，序列 $E(k)$ 包含着 $0\sim f_s/2$ 段的连续信息。因此，若把式(3.5) 和式(3.6)中的 j 看成区间 $[1,N/2]$内的连续变量并用 f 表示，则它们可写成

$$a(f) = \frac{2}{N}\sum_{k=1}^{N} E(k)\cos\frac{2\pi kf}{f_s} \tag{3.7}$$

$$b(f) = \frac{2}{N}\sum_{k=1}^{N} E(k)\sin\frac{2\pi kf}{f_s} \tag{3.8}$$

对于高速铁路焊接接头，由于冲击频率一般在 1Hz 以下，因此细化频率只需要计算 5Hz 以内就足够了。利用共振解调技术计算得到的[20,450]Hz 带通滤波后的轴箱垂向加速度的细化包络谱如图 3.11 所示。第一主频是 0.91Hz，最高运行速度是 330km/h，根据频率、速度、波长的换算关系，通过简单计算可得焊接接头的冲击波长是 100.7m。于是可知，忽略速度变化的影响，焊接接头的周期性间距近似为 100m。

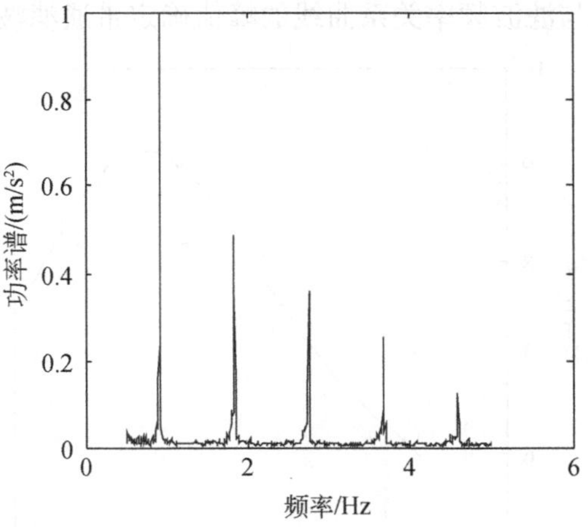

图 3.11　轴箱垂向加速度包络谱

3.3.2　高速铁路焊接接头状态评判方法

考虑到钢轨焊接接头引起的瞬时脉冲具有随机性，因此直接利用轴箱加速度高频振动成分的最大峰值评判焊接接头的状态，容易引起误判。这里采用带通滤波

后的轴箱垂向加速度的移动有效值指标评判焊接接头的状态对车辆动力学性能的影响。相对最大峰值指标、有效值指标能有效减少各种随机因素对评判结果的影响。

利用轴箱垂向加速度评判焊接接头的状态，需要解决两个关键问题，即带通滤波频率的选择和焊接接头的精确定位。提出利用共振解调技术分三步解决上述问题。

第一步的工作已经在 3.3.1 节完成，由包络谱的第一主频计算得到焊接接头的周期性间距近似为 100m。

第二步提出利用包络谱的第一主频能量对总能量的百分比刻画焊接接头冲击成分的集中频带，并根据百分比与滤波频率的关系曲线的峰值确定带通滤波截止频率。具体的算法如下：

(1)对频率从 100Hz 到 600Hz 进行扫描，频率增量为 10Hz，则第 k 次的扫描频率是

$$F_j=100+10(j-1)$$

(2)对轴箱垂向加速度进行$[20,F_j]$Hz 带通滤波，记滤波后的信号为 $x_j(t)$。

(3)利用 Hilbert 变换提取 $x_j(t)$ 的包络，得 $a_j(t)$。

(4)对 $a_j(t)$ 进行细化傅里叶分析，得包络谱。

(5)分别计算包络谱的第一主频的能量 E_1 和前 5Hz 内的能量 E。

(6)计算第一主频能量对总能量的百分比 $R=E_1/E\times100$。

(7)绘制百分比与滤波频率的关系曲线，如图 3.12 所示。

(8)根据百分比与滤波频率关系曲线的峰值确定带通滤波的截止频率。

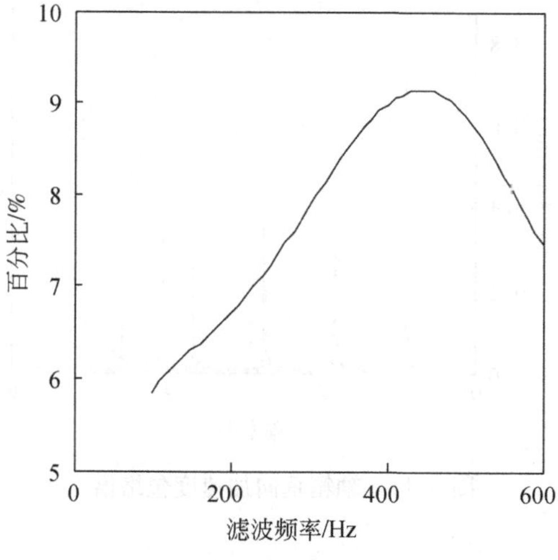

图 3.12　第一主频功率百分比随滤波频率变化的曲线

根据实测数据，计算得到了多次不同时间、不同运行方向的第一主频能量对总能量的百分比与滤波频率的关系曲线，峰值对应的频率在 450Hz 左右。因此，在

利用轴箱垂向加速度评判焊接头状态的过程中，选择 450Hz 作为带通滤波的截止频率。相对轴箱垂向加速度高频的能量来说，其低频的能量较少，因此带通滤波的起始频率选择对结果不敏感，取为 20Hz。

第三步结合焊接接头出现大值的位置和周期性间距近似为 100m 的性质对焊接接头进行精确定位，具体算法如下：

(1)计算轴箱垂向加速度的移动有效值。

(2)对有效值进行分段，计算各段的平均值 m 和方差 σ，计算轴箱垂向加速度的移动有效值的参考阈值 R_T，得到的参考阈值如图 3.13 中的虚线所示。

$$R_T = m + 2.5\sigma \tag{3.9}$$

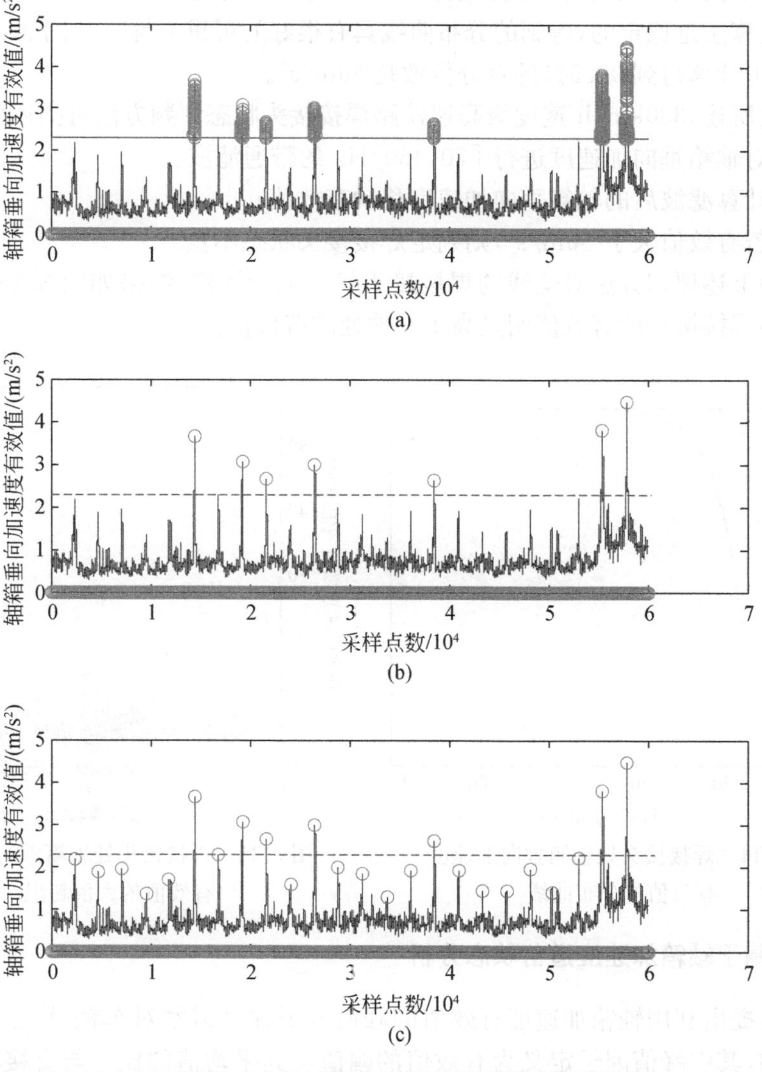

图 3.13　轴箱垂向加速度移动有效值及其参考阈值曲线

(3)找出有效值大于参考阈值 R_T 的点，定义为大值超限焊接接头，记为 $\{RMS_i^0, i=1,2,\cdots,M\}$，结果如图 3.13(a)中的"o"点所示。

(4)对 $\{RMS_i^0, i=1,2,\cdots,M\}$ 进行聚合，对同一焊接接头处的大值超限点保留最大值，聚合后的大值超限焊接接头记为 $\{RMS_i, i=1,2,\cdots,\overline{M}\}$，结果如图 3.13(b)中的"o"点所示。

(5)根据焊接接头周期性间距近似为 100m，找出大值超限焊接接头中间的焊接接头。最后得到所有的焊接接头，结果如图 3.13(c)中的"o"点所示。

基于上述算法，提取全线焊接接头处的有效值，计算并绘制焊接接头处轴箱垂向加速度有效值的分布曲线，结果如图 3.14 所示。图中两条分布曲线分别从相同运行条件下两次不同实测的试验数据中计算得到。由此可以看出，新的焊接接头精确定位算法是稳定的，得到的分布曲线具有很好的可重复性。从图 3.14 中的分布曲线，可计算得到 99.5%的百分位数是 $50m/s^2$。

综上所述，300km/h 速度级高速铁路焊接接头状态评判方法可描述如下：

(1)对轴箱垂向加速度进行 [20,450]Hz 的带通滤波。

(2)计算滤波后的轴箱垂向加速度移动有效值。

(3)若有效值大于 $50m/s^2$，则判定焊接接头状态不良。

利用上述评判方法对全线的焊接接头状态进行评判，结果如图 3.15 所示，状态不良的焊接接头的有效值明显高于其他处的有效值。

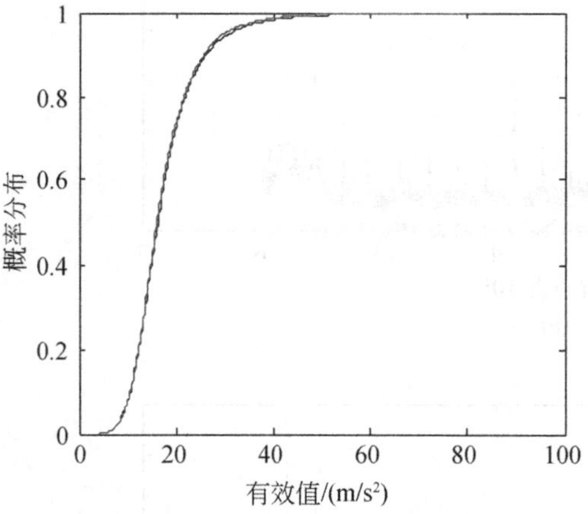

图 3.14 焊接接头处轴箱垂向加速度有效值的分布曲线

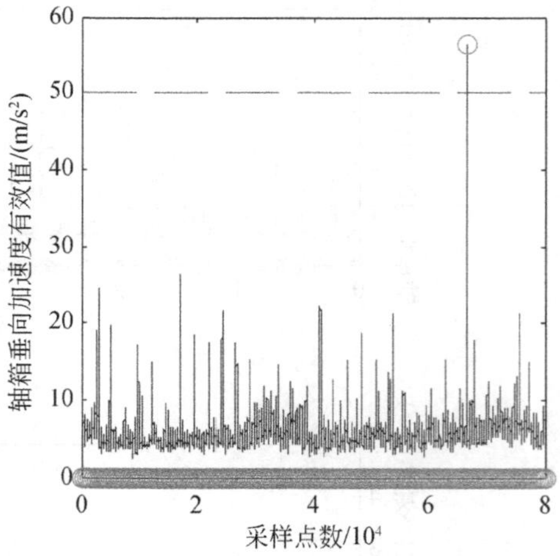

图 3.15 焊接接头处轴箱垂向加速度有效值的大值超限

3.3.3 基于轴箱加速度道岔状态分析

本节提出利用轴箱加速度有效值的峰值因子评判道岔对车辆-轨道系统冲击性的影响，其中峰值因子定义为有效值的幅值与其平均值的比。与直接利用轴箱加速度有效值的幅值评判道岔状态相比，峰值因子指标具有规一化的功能。利用轴箱加速度分析轨道短波不平顺对车辆冲击特性的详细步骤如下：

(1)对实测的轴箱加速度进行带通滤波，带通滤波频率取为[20,450]Hz。

(2)计算滤波后的轴箱加速度的移动有效值。

(3)对轨道进行单元划分，采样单元的长度取为 1000 个点。

(4)提取各采样单元有效值的最大值，记为单元有效值。

(5)计算单元有效值的平均值，记为 $\bar{m}$。

(6)根据道岔的历程信息，提取道岔处的轴箱加速度的有效值。

(7)利用峰值因子评判道岔的冲击特性，轴箱加速度的峰值因子定义为其有效值与平均值 $\bar{m}$ 的比值 λ，若 λ 大于或等于 6.0，则评定该处冲击过大。

在试验或检测条件变化不大时，实测的轴箱加速度及其计算得到的移动有效值基本是稳定的。利用前后两次轴箱加速度的移动有效值的频率分布和累积频率分布判定实测数据的稳定性。将新的频率分布同参考分布进行比较，若分布差别较小，说明检测系统状态稳定，检测数据可靠，则继续进行评判分析；若分布变化太大，说明数据发生突变，不能利用新的数据分析道岔的状态。采样数据稳定时的累积频率分布与参考分布的比较如图 3.16 所示，采样数据发生变化时的比较如图 3.17 所示。当数据发生突变时，需要分析原因，可能是传感器松动、外界环境因素干扰、速度变化太大等。

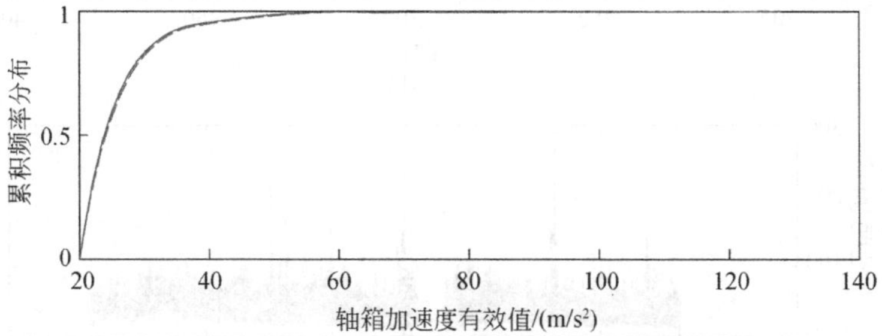

图 3.16　采样数据稳定时的累积频率分布与参考分布的比较

实线是参考分布，虚线是新的分布

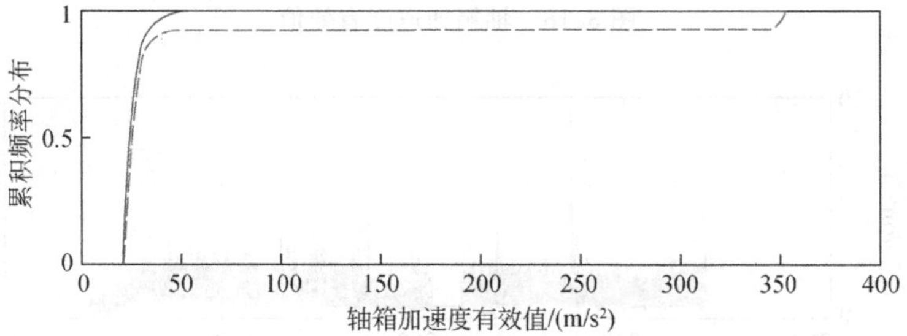

图 3.17　采样数据突变时的频数分布与参考分布的比较

实线是参考分布，虚线是新的分布

与直接利用轴箱加速度有效值的幅值评判道岔状态相比，峰值因子指标具有规一化的功能。不同车、不同方向传感器采集计算后得到的轴箱加速度有效值如图 3.18 所示，相应的峰值因子如图 3.19 所示，它们的频率分布和累积频率分布分别如图 3.20 和图 3.21 所示。从图 3.18 可以看出，轴箱垂向加速度有效值一般分布在[0,50]m/s^2 内，而轴箱横向加速度有效值一般分布在[0,10]m/s^2 内，阈值选择难以统一。从图 3.19、图 3.20 和图 3.21 可以看出，规一化后得到的峰值因子基本上分布在[0,2]内，而且大部分分布在 1.2 周围，可以近似选择统一的阈值。

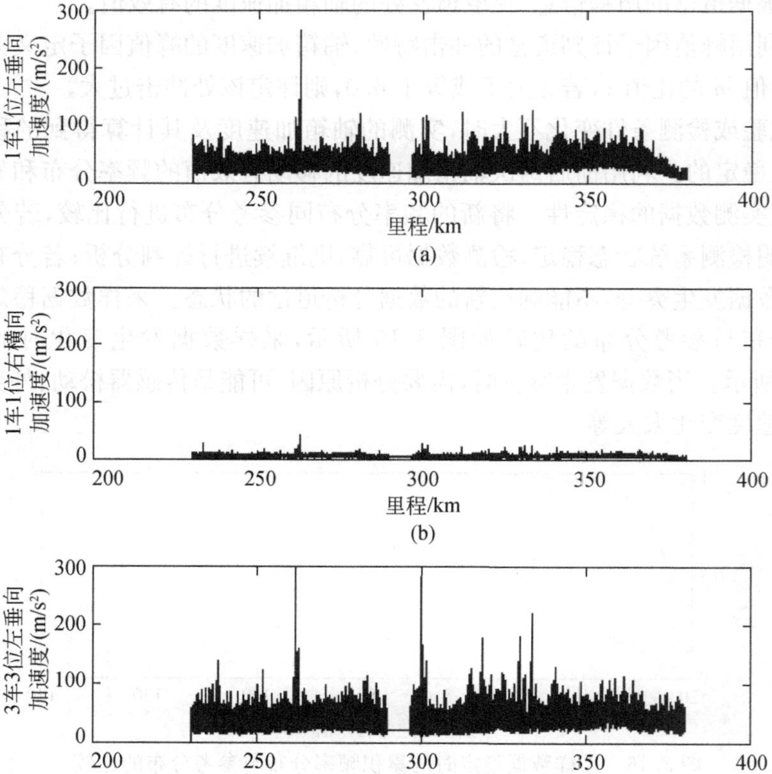

图 3.18　轴箱加速度有效值

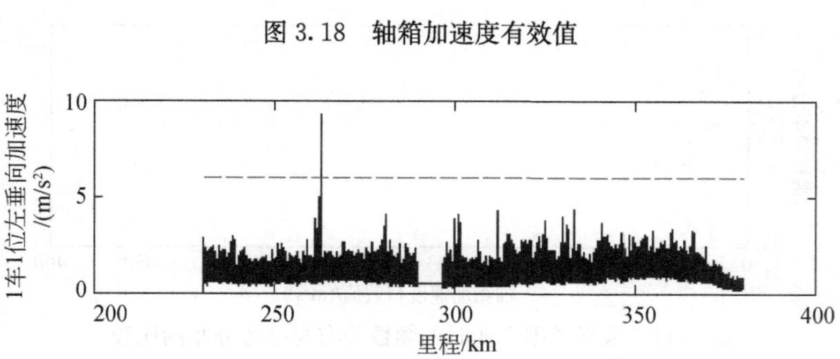

(a)

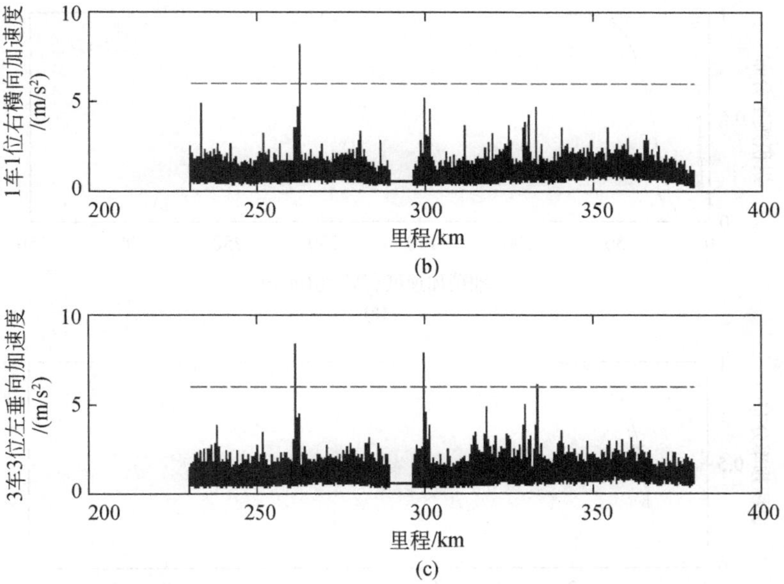

图 3.19　轴箱加速度峰值因子

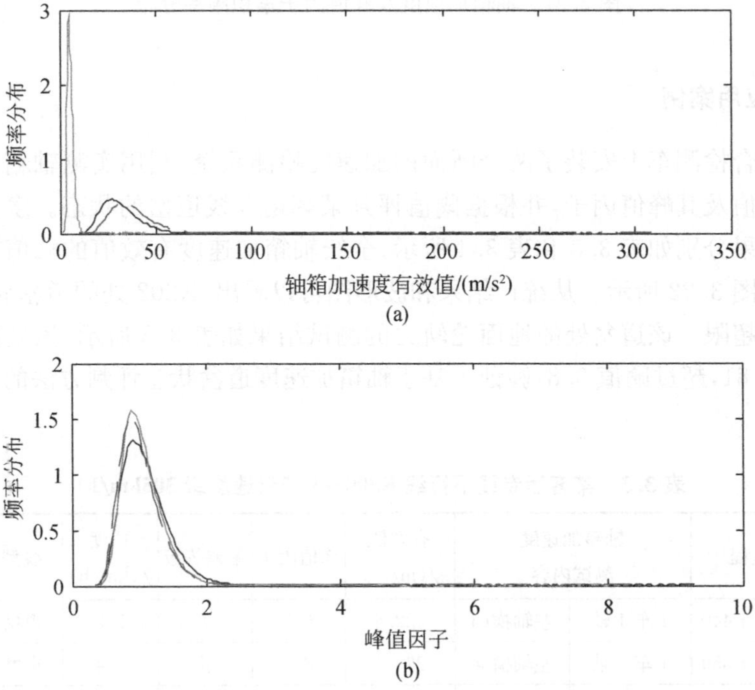

图 3.20　轴箱加速度及峰值因子频率分布

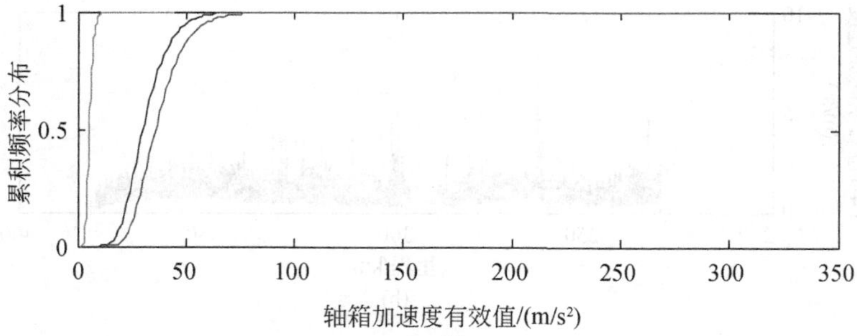

(a)

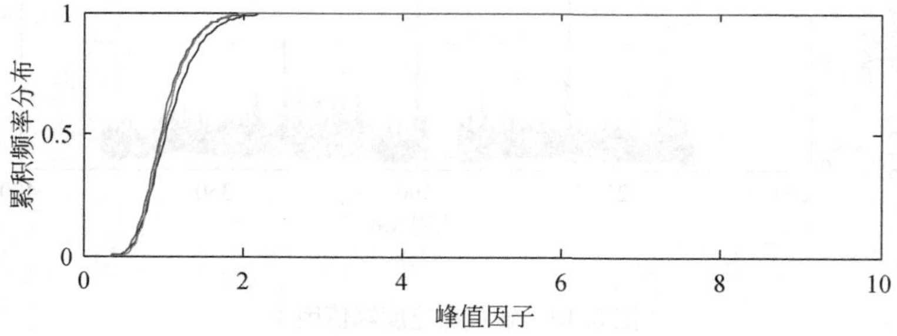

(b)

图 3.21 轴箱加速度及峰值因子累积频率分布

3.3.4 应用案例

在综合检测车上安装了两个断面的加速度检测系统,利用实测轴箱加速度计算其有效值及其峰值因子,并根据阈值评判某客运专线道岔的状态。多次检测超限统计结果分别如表 3.3 和表 3.4 所示,全线轴箱加速度有效值的峰值因子和速度波形如图 3.22 所示。从统计结果和波形图可以看出,K202 处的道岔状态不良,多次出现超限。该道岔处的地面轮轨力的测试结果如表 3.5 所示,该处减载率最大达到 0.81,超过阈值 0.8,验证了基于轴箱加速度道岔状态评判方法的合理性和实用性。

表 3.3 某客运专线下行线 K300～K175(速度级 305km/h)

序号	里程	轴箱加速度测试内容		有效值/(m/s²)	峰值因子	偏差等级	速度/(km/h)	线型	方向
1	K233+440	1 车 1 轴	左轴横向	222.6	6.7	Ⅰ	313	道岔	反向
2	K232+359	1 车 1 轴	左轴横向	282.4	8.5	Ⅱ	314	道岔	反向
3	K202+476	1 车 1 轴	左轴横向	288.3	8.7	Ⅱ	310	道岔	反向
4	K201+010	1 车 1 轴	左轴横向	334.0	10.1	Ⅲ	312	道岔	反向

表 3.4　某客运专线下行线 K300～K175(速度级 382km/h)

序号	里程	轴箱加速度测试内容		有效值/(m/s^2)	峰值因子	偏差等级	速度/(km/h)	线型	方向
1	K212+499	1车1轴	左轴横向	412.1	7.4	Ⅰ	382	直线	正向
2	K202+123	1车1轴	左轴横向	452.5	8.1	Ⅱ	370	道岔	正向
3	K202+060	1车1轴	左轴横向	441.4	7.9	Ⅰ	372	道岔	正向
4	K200+645	1车1轴	左轴横向	342.7	6.2	Ⅰ	374	道岔	正向

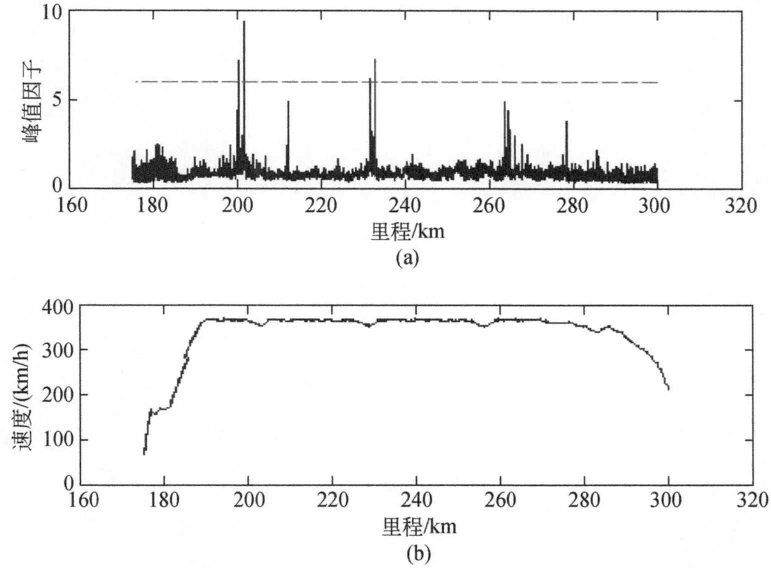

图 3.22　某客运专线下行线 K300～K175 峰值因子和速度波形

表 3.5　K202+060 道岔处的地面测试结果

序号	速度/(km/h)	脱轨系数	轮重减载率	轮轴横向力/kN
1	330.3	0.15	0.76	11.6
2	342.6	0.05	0.40	5.4
3	348.4	0.22	0.77	9.7
4	353.1	0.06	0.40	4.4
5	353.8	0.34	0.81	10.1

参考文献

[1] 曾宇清,于卫东,丁勇,等.基于加速度响应的轨道监测研究[J]. 中国铁道科学,2004,25

(6):42-47.

[2] 陆冠东. 高速列车稳定性分析方法[J]. 铁道车辆,2008,46(1):6-10.

[3] 刘秀波,王卫东. 基于轴箱加速度测量的轨道短波不平顺检测原理分析[J]. 振动工程学报,2006,19(增刊):63-65.

[4] 刘伶萍,杜鹤亭,杨爱红. 钢轨波浪磨耗检测系统的研究开发[J]. 中国铁道科学,2002,32(6):65-69.

[5] 周清跃,张银花,陈朝阳. 大力发展长定尺钢轨满足客运专线建设需要[J]. 中国铁路,2005,(8):29-31.

[6] 许玉德,李海峰,戴月辉,等. 轨道交通工务管理[M]. 上海:同济大学出版社,2007.

第 4 章　接触网检测技术

4.1　概　　况

4.1.1　国外技术发展

弓网检测技术随着铁路电气化的发展而产生。德国、日本、法国等世界铁路发达国家研制弓网检测装置用于评估弓网受流性能以及线路质量的起步较早。德国在 20 世纪 40 年代初就研制了接触网参数的单项测量装置,在 20 世纪 50 年代又研制了整车检测装置,在线路上进行了受电弓空气动力学特性、接触网悬挂振动及受流性能等试验。法国、日本在这方面也做了大量的研究和试验,开发出一系列根据不同要求而设计的接触网检测车。20 世纪 90 年代初,日本开发了集接触网检测、信号检测和无线电检测于一身的新型电气检测车。该车可以在 100km/h 的速度下检测接触网的高度、拉出值、定位器坡度、离线、硬点、支柱号、跨距等参数。

在高速接触网检测方面,法国 SNCF 研制的新型接触网检测车可以测试接触网几何特性和弓网动态性能,可在 270km/h 的运行速度下检测接触线高度和拉出值。德国接触网检测车主要检测高速情况下的弓网接触力,以便对接触悬挂和受电弓两者之间的关系进行评判。各国弓网检测技术及对评判指标的选择各有侧重,如德国的检测车突出检测弓网间的接触力,法国突出检测接触悬挂的动态弹性,日本则突出检测弓网离线、接触线磨耗。

德国 DB 公司研制生产的弓网检测系统以其检测数据的精确性及缺陷诊断的准确性而闻名,在全世界范围内得到广泛应用。该系统分为接触式和非接触式检测系统,能在 350km/h 及以下速度正常检测。接触式检测系统主要检测弓网间的接触力,以及接触网的导线高度、拉出值、网压、网流、冲击加速度、车体振动、速度、温度等参数。该系统对于弓网间接触力的检测,采用受电弓加速度进行修正,同时进行空气动力补偿修正,提高了接触力的测量精度,并根据接触力判断接触网的隐患及缺陷,提出了精确调整方案。非接触式检测系统通常采用三角测量原理、结构光和面阵相机、激光扫描等方式对接触线几何位置进行测量。

三角测量原理如图 4.1 所示,主要检测接触网的导线高度、拉出值、磨耗、接触线水平距离、垂直距离、车体水平位移、垂直位移等参数。通过在光学检测轨道上安装 4 个聚光灯和 4 个 CCD 摄像机,采集接触网视频图像,进行坐标转换和分析计算，获得接触网几何参数。但是，随着检测速度的提高，存在检测精度降低的问题，需要进一步完善。

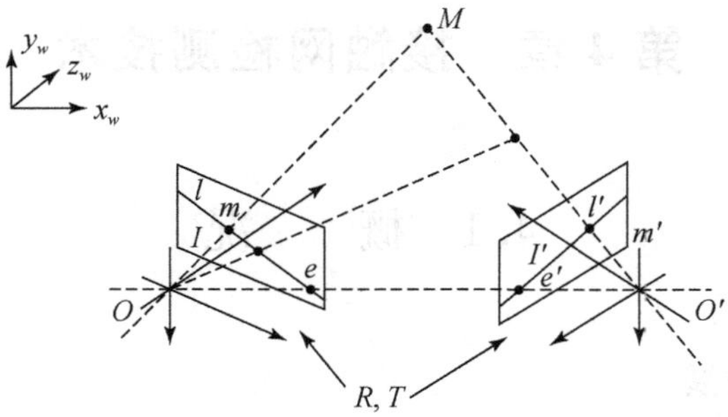

图 4.1　接触线几何位置的三角测量原理图

结构光和面阵相机的测量方案如图 4.2 所示。

激光扫描测量方式如图 4.3 所示，仅能在最高 160km/h 速度下对接触线高度、拉出值等几何参数进行测量。

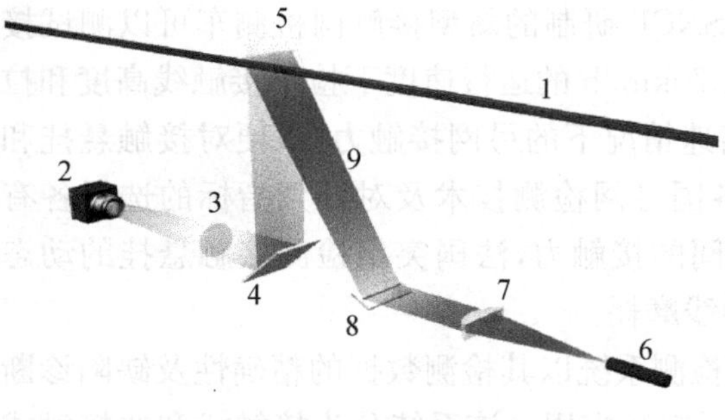

图 4.2　接触线几何位置的测量原理图

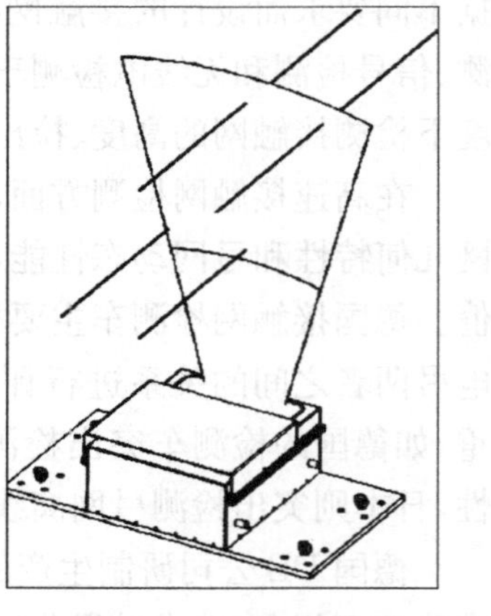

图 4.3　激光扫描仪

在以上各系统中，基于三角测量原理的非接触测量系统能在 350km/h 的速度下运行，且有较好的测量精度和稳定性。

弓网视频监视系统在国内外多数弓网检测设备中都有配备，其中德国 DB 公司的弓网视频监视系统具有高速、高清晰度、可结合主要检测数据显示波形、可准确回放定位等优点，有一定的代表性。

综合分析国外的接触网检测技术，目前国外最先进的检测系统为德国 DB 公司的接触式与光学非接触式检测系统，能达到最高检测速度 350km/h 的检测要求，其检测参数及指标如表 4.1 所示。

表 4.1　国外部分弓网检测系统的技术指标

检测项目	测量范围	测量方式	分辨率	允许误差
接触线高度	5000～7000mm	非接触	5mm	±10mm
接触线高度变化率（接触线坡度）	0～10‰	非接触		<1%
拉出值	±600mm	非接触	5mm	±10mm
弓网动态接触力	0～350N	接触式	1N	±5N
接触线间水平距离	0～100mm	非接触	10mm	±20mm
接触线间垂直距离	0～100mm	非接触	10mm	±20mm
接触网电压	17.5～31.5kV	接触式	10V	1%
网侧电流	0～1000A	接触式	1A	1%
环境温度	－40～＋70℃	接触式	1℃	1%
支柱定位	0001～9999 号	非接触	100%准确	
速度	0～350km/h		0.1km/h	±0.1km/h
跨距	0～80m		0.1m	<1%
里程定位	0～10000km		0.1m	<1%

4.1.2　国内技术发展

我国的接触网检测技术经历了人工观察、光学摄像人工分析、传感器动态检测、数字图像自动处理等发展过程。最初只是通过在机车顶部开一个“天窗”用于工作人员观察接触线相对受电弓的位置(即拉出值)，后来发展到在机车顶部安装摄像机动态拍摄接触线与受电弓的相对位置，进行事后分析。20 世纪 60 年代初，在受电弓上安装传感器来获取检测参数的具体数值，并成为接触网动态检测的主要检测手段。近年来，随着激光技术、图像处理技术的不断发展，非接触测量技术在接触网检测中的优点开始显现。

20 世纪 80 年代，我国陆续开发了 JJC-1 型、JJC-2 型、JJC-3 型弓网检测车，并投入应用。第六次大提速以来，在 CRH2-010A 过渡综合检测列车上安装了弓网受流检测装置，主要检测接触线动态高度、硬点、冲击、弓网接触力、拉出值、网压状态、离线火花、支柱定位等参数。

自 2007 年以来，在国内弓网检测系统研究的基础上，铁科院通过引进消化吸收再创新，在 0 号综合检测列车上成功研制开发了高速弓网检测系统，其性能满足 250km/h 速度的检测要求。检测参数主要包括：接触网几何参数、弓网动态作用参数、供电参数、接触网运行环境视频监视等。该系统检测项目齐全，检测精度高，已达到世界先进水平，其中，线岔、定位点、火花时间、火花次数及接触线抬升量等参数的检测具有独到性。接触网动态检测数据实时处理系统具有处理 300km/h 以上检测速度的能力，能实时完成波形显示、数据存储、数据处理、超限判断与专家诊断，并对检测结果进行修正，可以有效消除车体振动的影响。

2008 年，铁科院自主研发的弓网受流检测系统，在京津城际高铁联调联试时，最高试验速度达到了 390km/h，检测系统运行正常；上海铁路局科研所研制的接触网几何参数非接触式检测设备在最高 160km/h 的速度下应用良好，但更高速度的检测设备在国内还没有成熟的产品。

目前，国内外对接触网电压的测量及技术研究已经比较广泛，但是针对瞬时过电压的研究还没有成熟的技术。现有的对过电压的测量仅局限于地面测量，这种测量方法并不能实时反映接触网电压的变化，并且很难与车辆运行状况相关联，不利于分析电压特性和列车受流质量。而且已有的采集系统的采集频率不够高，会损失部分过电压信息。

对于定位器坡度，现有成熟的检测方法主要是利用激光测距传感器的非接触式检测，以及利用触针的接触式检测等。然而，现有的这些检测手段难以适应对高速接触网定位器坡度的检测，已无法满足我国铁路大范围提速的要求，主要表现在：利用激光发射、接收装置检测定位器坡度的方法最高检测速度仅为 120km/h；许多传感器易受到干扰，检测性能不稳定。至于利用触针的接触式检测方法，只能得到定位器坡度是否超限的定性结果，而无法得到定量的检测数据，且在检测过程中容易发生安全事故和损坏检测设备。

2009 年，以铁科院为首的国内科研单位，开展了国家高技术研究发展计划（863 计划）“最高试验速度 400km/h 高速检测列车关键技术研究与装备研制”研究，成功研制了最高运行速度 400km/h 的接触网检测系统。该系统具有检测项目齐全、检测精度高、数据分析智能化等特点，其检测参数及指标[1]如表 4.2 所示。

表 4.2 国内弓网检测系统的技术指标

检测项目	测量范围	测量方式	分辨率	允许误差
接触线高度	5000～7000mm	接触式	5mm	±10mm
拉出值	±600mm	限位检测		
弓网动态接触力	0～350N	接触式	1N	±5N
硬点(冲击)	±200g	接触测量	1g	<1%
离线	0～500ms	监测火花	2ms	5%
接触网电压	17.5～31.5kV	接触式	10V	1%
环境温度	－40～＋70℃	接触式	1℃	1%
支柱定位	0001～9999 号	接触式	100%准确	

续表

检测项目	测量范围	测量方式	分辨率	允许误差
速度	0～390km/h		0.1km/h	±0.1km/h
跨距	0～80m		0.1m	<1%
里程定位	0～10000km		0.1m	<1%

4.2　弓网动态作用参数检测

4.2.1　检测原理

1. 弓网接触力测量模型研究

接触网-受电弓之间的接触力指受电弓滑板与接触导线间的动态接触力。接触导线与受电弓滑板的相对运动是滑动摩擦运动，弓网间的作用力可以分解为纵向(沿线路方向)力和垂向力(弓网动态接触力)。在弓网运行过程中，纵向力由列车纵向动力克服；接触力太大将会造成接触线抬升量过大，影响安全和增大接触线和受电弓滑板的磨耗，接触力太小，将引起频繁离线拉弧而加剧接触线和受电弓的电腐蚀和磨耗，甚至烧损接触线和受电弓滑板，影响安全。

1)受电弓受力分析

(1)受电弓静态力分析。假设受电弓的归算质量为 M_ω，设计静态抬升力为 P_1。受电弓设计时要求：受电弓在工作高度范围内，接触力 P_T 为确定值，即气囊给受电弓提供确定的力。由受电弓的静态平衡条件可得

$$P_T = P_1 + M_\omega g \tag{4.1}$$

(2)受电弓动态力分析。机车以速度 V 运动时受电弓所受的空气动力抬升力为 P_f，接触力为 P，垂向惯性加速度为 a，如图 4.4 所示。由牛顿第二定律可得

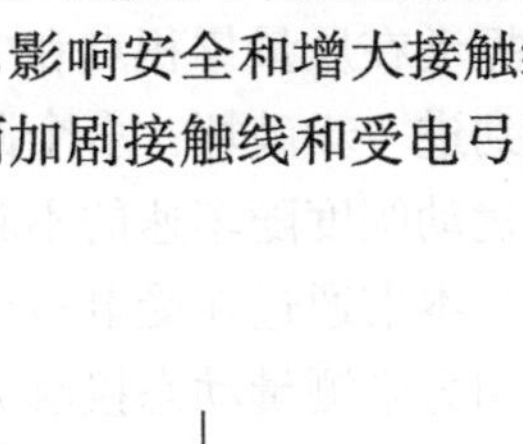

图 4.4　受电弓动态受力图

$$P_T + P_f - M_\omega g - P = aM_\omega \tag{4.2}$$

解此方程可得

$$\begin{aligned} P &= P_T + P_f - M_\omega g - aM_\omega = P_1 + M_\omega g + P_f - M_\omega g - aM_\omega \\ &= P_1 + P_f - aM_\omega \end{aligned}$$

即

$$P = P_1 + P_f - aM_\omega \tag{4.3}$$

由式(4.3)可以清楚地看出，受电弓的动态接触力是由静态抬升力、空气动力

抬升力、归算质量及受电弓的垂向惯性加速度等参数决定的。

弓网接触点的接触力包括如下方面：

(1)静态向上力F_0，通过调整受电弓升降系统的气囊空气压力来进行控制。

(2)摩擦力F_R，作用于受电弓与减振器的连接处，由受电弓的具体设计而定，在 10～30N 内变化。

(3)空气动力F_{aer}（正或负升力），缘于上下架、受电弓弓头和接触片周围的气流。该力取决于车辆速度、火车顶部接近受电弓的组件结构以及受电弓的位置和结构；根据对受电弓的作用模型可计算出具体值。

(4)动态力F_{dyn}是一种惯性力，由受电弓的质量分布和弓网相互动态作用的振动特性决定。

前三种力共同产生了平均有效抬升力。随着车速的提高，接触力越来越受动力分力F_{dyn}的影响。该力由受电弓、高架线路系统以及车辆运行装置激振的设计参数决定。受电弓质量分布直接决定归算到弓头惯性振动点的质量大小，受电弓弓头的振动特性又决定了弓网接触力的动态频率特性；高架线电杆跨度之间的弹力差异和高架线系统的不规则性导致受电弓上下运动，从而导致接触力持续浮动。聚集点高度的连续变化引起接触网摆动。这些在受电弓前随接触网快速传递的连续振动在质量累积点和中断点被反射回来，从而使接触力在接触网-受电弓接触点遭到进一步破坏。多个此类反射相遇时，这种作用就会放大，并最终导致随之产生的扰动幅度随车速的不断增加而增大。

本书通过在受电弓弓头上安装压力传感器测量接触网与受电弓相互作用的反作用力来测量动态接触力。在高速运行状态下，要准确测量动态接触力就要建立精确的测量模型，此模型的测量精度由受电弓弹性体模型、空气动力对受电弓的作用模型等决定。

2)受电弓弹性体模型

弓网接触力动态测量的关键就是确定弓网接触力的动态频率和受电弓质量分布等参数，这是由受电弓的弹性体特性决定的。就受电弓而言，有多刚体模型、单自由度模型、两质量块模型和三质量块模型等。这些模型仅适用于最高为 20～30Hz 的中低频率。随着电力机车运行速度的不断提升，使用的受电弓材质和形状也不同，弓网耦合系统相互作用的频率也在不断增高。本书根据使用的法维莱受电弓性能建立了单滑板受电弓弹性体模型。

图 4.5 为单滑板受电弓结构的物理模型，弓头部分为弹性体，上、下框架部分则以弹簧质量块进行模拟。为了便于计算和分析，采用如图 4.6 所示的三质量块受电弓模型进行计算。图 4.6 中，m_i、k_i、c_i(i=1,2,3)分别为弓头部分、上框架和下框架的等效质量、等效刚度和等效阻尼；$P(t)$为接触网和受电弓的动态接触力；F_0为受电弓的静态抬升力，弓头部分、上框架和下框架分别具有一个自由度，即y_1、y_2、y_3。

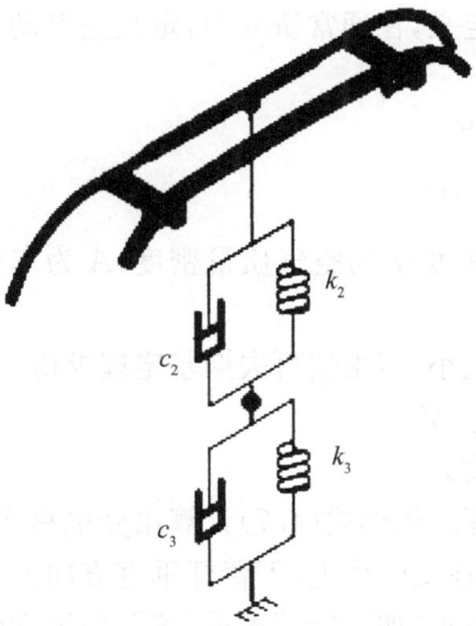

图 4.5　受电弓的物理模型

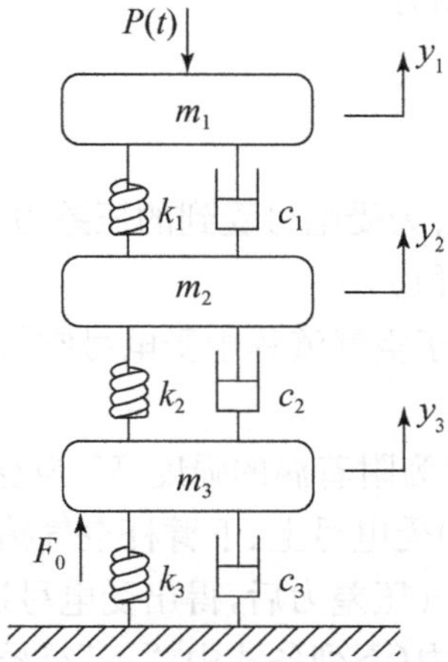

图 4.6　受电弓的三质量模型

对于图 4.6 所示的三质量块受电弓模型，其动力学平衡方程组如下：

$$\begin{cases} m_1\ddot{y}_1+c_1\dot{y}_1+k_1y_1-c_1\dot{y}_2-k_1y_2=-P(t) \\ m_2\ddot{y}_2+(c_1+c_2)\dot{y}_2+(k_1+k_2)y_2-c_2\dot{y}_3-k_2y_3-c_1\dot{y}_1-k_1y_2=0 \\ m_2\ddot{y}_3+(c_3+c_2)\dot{y}_3+(k_3+k_2)y_2-c_2\dot{y}_2-k_2y_2=F_0 \end{cases} \tag{4.4}$$

从式(4.4)可看到：受电弓弓头部分只有一个自由度y_1，仅能描述弓头的垂向运动；同时，由于忽略了弓头的形貌特征，将不能考虑其自身的变形行为。对于图 4.5 所示的受电弓模型，弓头部分采用弹性体建模后，弓头将增加多个自由度，其运动描述和振动形态将更加丰富，更贴近受电弓的实际工况。同时，由于受电弓采用弹性体建模后，结构趋于复杂，自由度增多，其动力学平衡方程不再为式(4.4)所示的三自由度模型，进而可写为如下通式：

$$m_p\ddot{u}_p+c_p\dot{u}_p+k_pu_p=P(t) \tag{4.5}$$

式中，m_p为受电弓质量矩阵；c_p为受电弓阻尼矩阵；k_p为受电弓刚度矩阵；$\ddot{u}_p$为受电弓节点加速度向量；$\dot{u}_p$为受电弓节点速度向量；u_p为受电弓节点位移向量。考虑到受电弓振动特性对弓网动力学性能的影响。先分别对受电弓滑板模型和三质量块受电弓模型进行模态分析，提取相应的频率和振型，结合相关的技术参数可以计算出弹性体受电弓滑板结构的频率特性和归算质量 m。

3)空气动力学的作用模型

受电弓在高速运行时，由于受电弓拉杆、推杆和铰链等构件迎风面较小，作用在其上的空气动力也相对较小，所以在计算时仅考虑具有较大迎风面的受电弓上、下臂杆和滑板上的空气抬升力，受电弓为双滑板，上臂按双臂杆计算。

先对受电弓弓头、上臂和下臂进行 x、z 方向上的空气动力分析，再对整个受电

弓进行受力分析。根据列车空气动力学的定义，在通常研究中，定义空气动力系数为C_x，则有

$$C_xA=\frac{F_x}{\frac{1}{2}\rho V^2} \tag{4.6}$$

式中，F_x为受电弓受到的压差力；V为列车速度；ρ为空气质量密度；A为车头正面投影面积。

对于空气流程中受电弓空气摩擦力的大小，可由儒可夫斯基定理求得

$$|R|=\rho|\Gamma|\,|V_\infty| \tag{4.7}$$

式中，Γ为附着涡的强度；V_∞为空气来流速度。

(1)受电弓上、下臂杆空气抬升力的计算。根据式(4.7)计算出受电弓上、下臂杆的空气压差力后，得出受电弓运行时作用在受电弓上、下臂杆垂直方向上的空气压差升力(下列各式中，"∓"符号中的"＋"表示"加"，"－"表示"减"，如果受电弓是开口方向运行，则用上面的符号进行计算，如果受电弓是闭口方向运行，则用下面的符号进行运算)：

$$F_{升}=\pm C_d\rho\alpha L_1|V_\infty|^2\sin^2\alpha\cos\alpha\mp 2C_d\rho\beta L_2|V_\infty|^2\sin^2\beta\cos\beta \tag{4.8}$$

式中，L_1为下臂杆的长度；L_2为上臂杆的长度；α为下臂杆倾斜角；β为上臂杆倾斜角。

根据式(4.5)，受电弓运行时，作用在受电弓上、下臂杆垂直方向上的空气摩擦升力(符号的上部分表示顺弓、下部分表示逆弓)为

$$R_{升}=\pm 4\pi\rho\alpha L_1|V_\infty|^2\sin^2\alpha\cos\alpha\sin\theta_\infty\mp 8\pi\rho\beta L_2|V_\infty|^2\sin^2\beta\cos\beta\sin\theta_\infty \tag{4.9}$$

式中，L_1为下臂杆的长度；L_2为上臂杆的长度；α为下臂杆倾斜角；β为上臂杆倾斜角；θ_∞为空气来流的弓角。

根据上述公式的计算，得到受电弓运行时，作用在上、下臂杆上的空气抬升力为

$$P_k=F_{升}+R_{升} \tag{4.10}$$

(2)受电弓滑板空气抬升力的计算。受电弓滑板进行绕流计算时，根据文献，按平板绕流体处理。受电弓滑板在垂直方向上的空气压差升力为

$$F_{升}=\pm C_d\rho L_3|V_\infty|^2(X_0\sin^2\theta_\infty+Y_0\sin^2\theta_\infty\cos\theta_\infty) \tag{4.11}$$

受电弓滑板在垂直方向上的摩擦升力为

$$R_{升}=\pm 2\pi\rho L_3|V_\infty|^2(X_0\sin^2\theta_\infty+Y_0\sin\theta_\infty\cos\theta_\infty) \tag{4.12}$$

由式(4.11)和式(4.12)得到受电弓滑板空气抬升力为

$$P_k=F_{升}+R_{升} \tag{4.13}$$

式(4.11)～式(4.13)中，X_0为滑板的宽度；Y_0为滑板的厚度；L_3为滑板的长度。根据上述公式，结合相关技术参数可以计算出受电弓上、下臂杆和滑板分别受空气抬升力的值，进而可计算出不同速度下空气动力对受电弓的抬升力F_{aer}。

根据上述理论公式计算和线路专项测试试验，得到了不同速度等级下受电弓的空气动力抬升力。

4)测量模型

根据上述理论分析，为了在列车高速运行状态下精确测量动态接触压力，如图4.7所示，通过对单滑板受电弓进行改造，在受电弓滑板的两端支撑点安装两个压力传感器组件，弓网接触运行示意如图4.8所示。

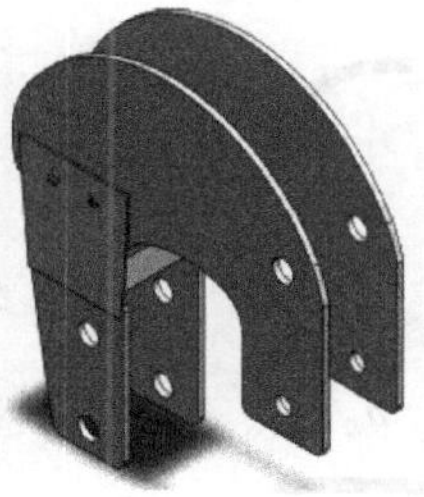

图4.7 接触力传感器安装图

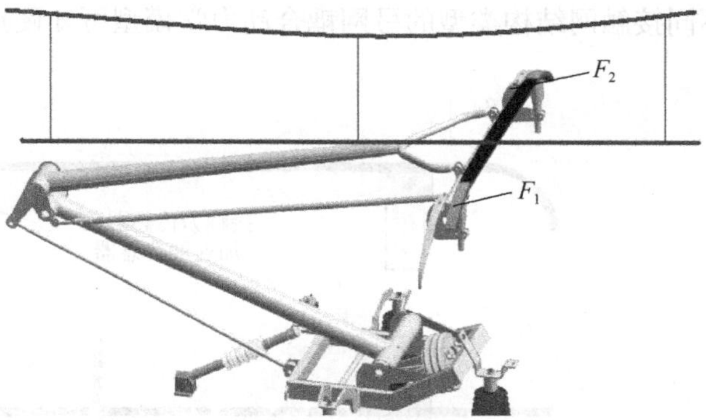

图4.8 弓网接触运行示意图

通过采集各压力传感器和惯性补偿加速度计的信号，根据受电弓归算质量，进行同步融合处理和矢量叠加，得到惯性补偿后的动态接触力，再结合测试得到的不同速度等级下受电弓的空气动力抬升力，可精确测量动态接触力。以跨为统计单位，对一跨内采集的所有动态接触力进行实时统计分析，可得到一跨内的最大接触力F_{max}、最小接触力F_{min}、平均接触力F_{mean}和动态接触力标准偏差σ。

弓网动态接触力随速度呈二次曲线关系，在保持速度恒定时，将在一定范围内波动，为此采用弓网接触力的幅值和偏离均值的程度来评价接触力。

2. 硬点测量模型研究

硬点主要用于指导施工、维修单位对接触线的平直度进行检查和整治，以保障高速运行状态下弓网运行的安全，因此硬点的检测和分析对于保证高速铁路弓网运行安全具有十分重要的意义。

本书通过在受电弓弓头上安装两个加速度传感器测试受电弓弓头的振动，以反映接触线的平直度状态。

为了测量硬点冲击，通过对受电弓进行改造，在两个滑板底部与支持机构间共安装两个压电式加速度传感器测量弓网弹性系统的振动特性，如图4.9所示。

定义滑板垂直振动分别为a_{z1}、a_{z2}，滑板合成后的垂直振动为$a_{z合}$，则

$$a_{z合}=\frac{a_{z1}+a_{z2}}{2} \tag{4.14}$$

定义滑板纵向振动分别为a_{x1}、a_{x2}，滑板合成后的垂直振动为$a_{x合}$，则

$$a_{x合}=\frac{a_{x1}+a_{x2}}{2} \tag{4.15}$$

硬点测量的关键是分析清楚受电弓的固有振动频率，以及弓网高速振动状态下的振动频率，以有效采集弓网相互作用的振动。根据受电弓模型研究，以及针对不同接触网结构类型的弓网耦合动力学模型可知硬点测量的有效频率范围。

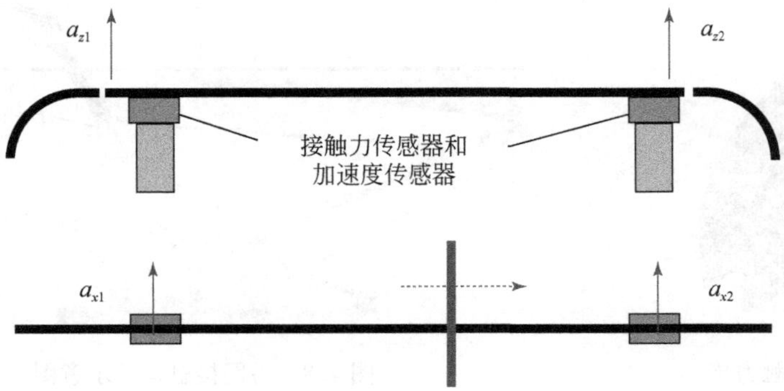

图 4.9 检测原理图

4.2.2 系统结构

检测系统的检测参数主要包括弓网接触力、硬点冲击、车顶加速度、离线火花、接触线动态高度等参数；检测设备主要由检测受电弓、接触力传感器组件、硬点冲击传感器组件、导高传感器组件、车顶加速度传感器组件、高压侧数据采集处理单元、光信号传输装置、供电隔离变压器、低压侧信号处理单元、火花传感器组件、火花信号处理单元，以及软件系统组成。测量子系统的架构如图 4.10 所示。

1. 弓网接触力

1)硬件系统设计

(1)传感器组件设计。如图 4.11 所示，根据受电弓弓头形状、高速运行状态下弓网振动特性和受电弓机械强度等参数，本书选用的压力传感器组件主要由压力传感器、补偿加速度传感器，以及传感器电气、机械、防水封装模块和供电、信号传输模块组成。

压力传感器研制时，在硅弹性膜片上，制作相同的四个感压电阻，将它们连接成全臂电桥，接上外加电源组成压力传感器。补偿加速度传感器采用压电材料加工而成，并采用高强度钛合金材料在高精度数控机床上加工封装外壳，把压力传感

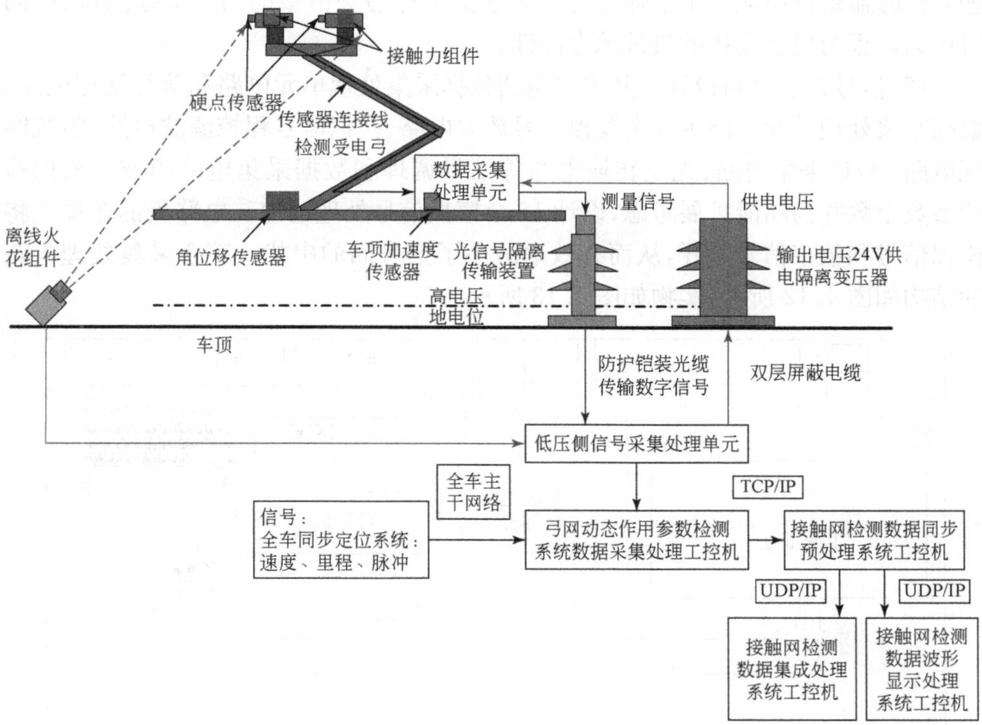

图 4.10　弓网动态作用参数检测系统架构

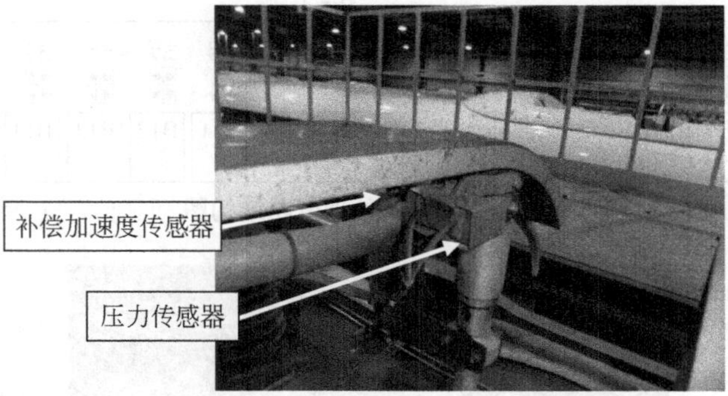

图 4.11　接触力测量组件增加传感器的布置方案

器和加速度传感器封装成一个刚性体。该组件具有良好的动态响应特性，且有精度高、线性度好、分辨率小、输出信号大、过载能力强、抗电磁干扰，以及共振频率高和满足动态和静态状态检测要求等特点，并对压力传感器和补偿加速度传感器进行刚性绑定，采用钛合金材料进行防水密封封装，既具有高强度的机械性能，也能对外部的强电磁场干扰进行屏蔽。以某型单滑板受电弓为例，选用两个相同的接触力传感器组件组成一个整体部件安装于受电弓弓头滑板的两个支撑点位置，同时作为滑板与弓头连接的机械承力部件。

(2)信号处理电路设计。其主要包括数据采集处理单元电路和信号调理电路。数据采集处理单元电路主要由模拟信号放大电路、模拟信号程控滤波电路、阻抗匹配电路、A/D采集电路、光电转换电路等信号调理和数据采集电路组成。根据检测参数个数并为功能扩展考虑，设计16个模拟信号处理通道。电路板的布局上将模拟信号和数字信号分开，从而有效地减小了信号间的串扰。整个采集处理电路的结构如图4.12所示，实物如图4.13所示。

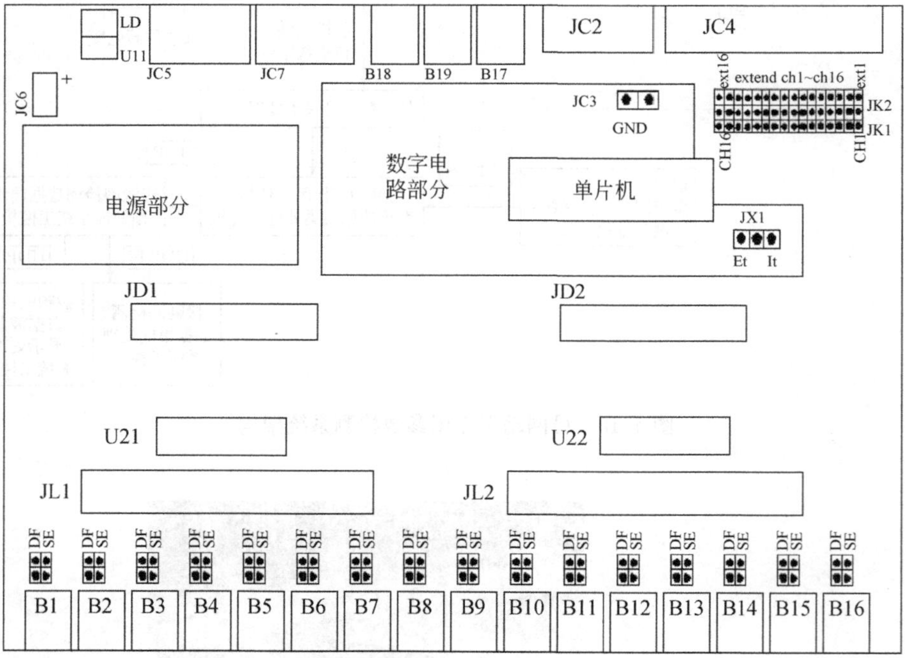

图4.12　采集处理电路结构图

图4.13　采集处理单元电路

信号调理电路原理如图 4.14 所示，具有 16 通道单端，有 AC/DC 耦合可选；具有程控增益控制并且有高增益(100、200、500、1000)，且每通道可单独设置增益；每通道都装有八阶低通抗混滤波器，其截止频率有 32763 种选择，范围为 1.526Hz～10kHz，16 通道可同时选择六种不同的截止频率；每通道提供 4mA 恒流源可选，适用于测量 ICP 型传感器。采用双层结构实现电路设计。底层主板完全为数字电路部分；上层主板采用四层板设计实现模拟信号电路功能，并且采用八通道为一组有效减小各通道之间的串扰。采用这种双层设计有效地将数字电路和模拟电路分开，使数字部分和模拟部分之间的串扰达到最小。调理后的信号采用 37 针的并口端口输出到多路模拟转换开关，进行 A/D 转换采集，然后通过 1000M 端口 RJ-45 输出到光电转换电路，把数字电信号转换成光信号，利用防护铠装光缆进行传输。

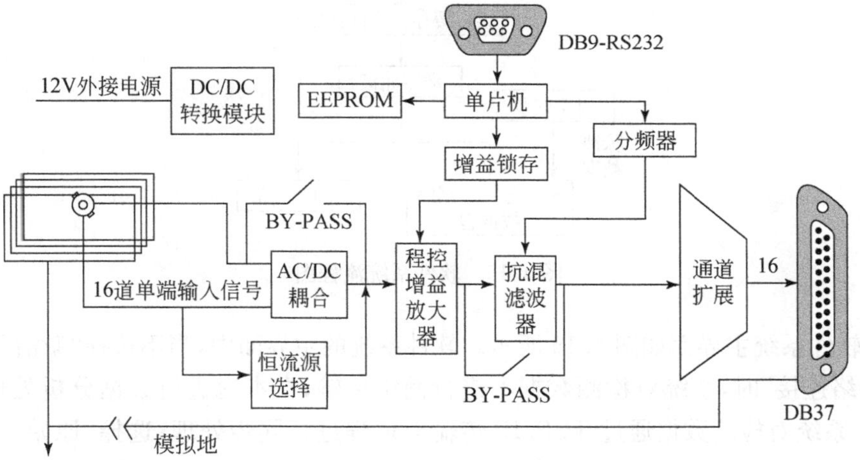

图 4.14　信号调理电路原理图

2)软件系统设计

弓网动态作用参数采集软件主要具备对弓网接触力、硬点冲击、接触线动态高度、车顶加速度等检测数据数字滤波、测量模型算法处理、网络数据包传输、速度里程计算和实时修正处理、系统标定等功能。

弓网动态作用参数软件系统处理的参数包括接触力、补偿加速度、硬点冲击加速度、车顶加速度、动车组侧电流等，涉及的算法主要为串口协议程控模拟滤波算法、系统标定算法、数字滤波算法、检测模型算法等。软件对数据的处理流程如图 4.15所示，系统采用时间采样，在设定的采样周期内对寄存器中的数据进行读取，分通道进行数字滤波、检测数学模型合成，同时，实时接收时空同步定位系统发送的脉冲信号和同步里程信号，采用脉冲信号进行触发时域与空间域的转换，按 250mm 一个点给检测数据打上里程标签，并按 20 个点组成一个网络数据包，通过 TCP/IP 发送给接触网检测数据预处理系统进行同步预处理，并进行波形图显示。

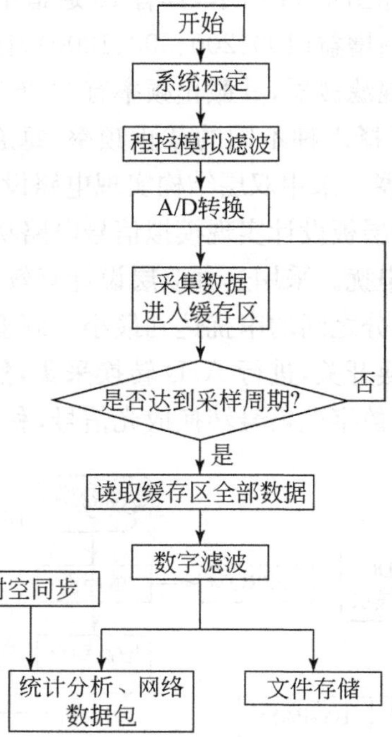

图 4.15　软件系统流程图

软件系统主界面如图 4.16 所示。软件系统的主界面中，当不选择“激活 TCP/IP 网络连接”时，系统对检测数据不进行网络传输，在本地进行数据分析处理；选择时，系统对检测数据通过 TCP/IP 传输至远程进行同步处理；选择“原始信号数据”存储按钮时，系统自动把原始采集数据存储至指定路径的文件中；选择“数字滤波后数据”存储按钮时，系统自动把数字滤波后的检测数据存储至指定路径的文件中；而“开始采集”、“停止采集”按钮，分别对应操作系统的起动和停止。软件系统的主要功能为通过脉冲采集卡采集脉冲信号，实时计算当前检测速度和累加里程，通过反射内存卡采集同步里程进行里程修正。激活网络连接功能主要决定是否以数据包的形式发送数据；原始信号存储的功能为存储各检测参数的电压原始信号数据，按时间采样进行存储，每条记录与当时时间进行关联；数据滤波后数据存储的功能为存储各检测参数的经电压量转换成真实物理量后，再按数字低通滤波算法滤除高频信号和干扰信号，按时间采样进行存储，每条记录与当时时间关联。另外，此软件还具有实时监视缓存区内数据个数，以及实时监视主线程运行状态的功能。系统还具备按检测参数的物理量和信号值进行实时显示，以及零点标定和定量标定等功能。

本软件系统具备对接触力、拉出值进行静态标定的功能。弓网接触力的静态标定是指在检测车静止状态下，升起受电弓，如图 4.17 所示，在距离滑板中心位置

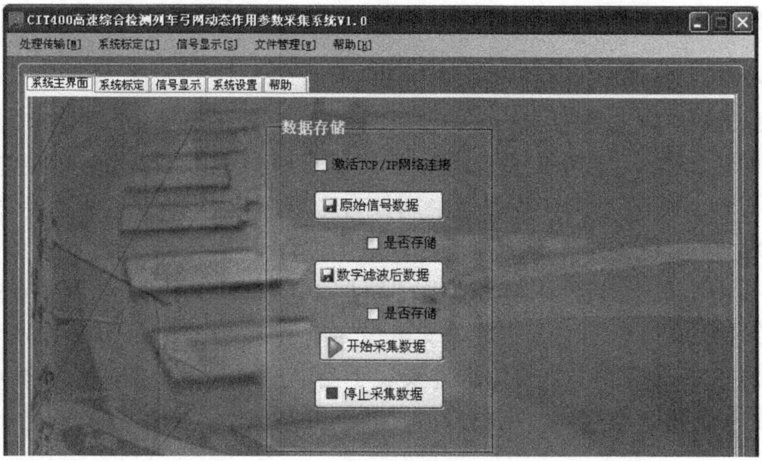

图 4.16　弓网动态作用参数采集软件主界面

为 0mm、±400mm、±500mm(其中“+”代表靠近 1 号压力传感器的方向,“−”代表远离 1 号压力传感器的方向)的位置分别施加 14kg、28kg 的高精度标准砝码,待砝码静止后分别单击相应的按钮,软件系统会根据施加的砝码产生的标准力与检测系统测量的力进行自动计算,利用最小二乘法拟合出一条使各个等级标准力与测量力之间的误差最小的二次曲线,该二次曲线的函数即为接触力检测系统的传递函数。

图 4.17　实验室定量标定界面

2. 硬点

1)硬件系统设计

(1)硬点冲击传感器为二维响应传感器(垂向和纵向两个方向的响应),具有良好的动态响应特性,具有精度高、线性度好、分辨率小、输出信号高、过载能力强、抗电磁干扰以及共振频率高等特点。采用钛合金材料进行防水密封封装,既具有高强度的机械性能,也能对外部的强电磁场干扰进行屏蔽,封装安装如图 4.18 所示。

硬点冲击测量组件主要由加速度传感器以及电气、机械、防水封装模块和供电、信号传输模块组成。由于法维莱受电弓为单滑板受电弓,所以选用两个相同的硬点冲击测量单元组成一个整体部件安装于受电弓弓头滑板的两个支撑点位置。

(2)信号处理电路与弓网接触力信号处理电路设计相同。

图 4.18 硬点测量组件封装安装图

2)软件系统设计

与弓网接触力的软件系统共用。

3. 火花

1)硬件设计

火花传感器选型主要依据欧洲标准 *Railway applications current collection systems requirements for and validation of measurements of the dynamic interaction between pantograph and overhead contact line*(EN 50317:2002)。标准中对火花传感器的光谱检测范围规定如下:检测范围为 220～225nm 或 323～329nm 的光谱波段,且对日光具有不敏感特性。

依据标准中的规定以及相关文献查询,确定采用紫外光电管为基本传感元件。该元件检测光谱范围为 190～280nm,峰值波谱为 220nm。元件采用侧窗式进光,光窗材料为透紫外石英玻璃,器件工作电压为 DC300V。元器件基本电路如图 4.19 所示。

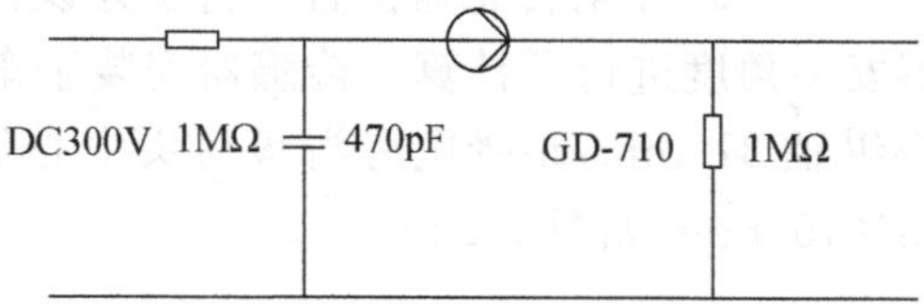

图 4.19　原始电路图

火花传感器反应时间要求小于 100μs。元器件信号反应时间测试结果如图 4.20 所示，图中，脉冲信号为原始信号，阶跃信号为光敏元件反应信号。

上述试验表明，采用紫外光电管为基本传感元器件的方案可行。设计采用高灵敏度的紫外传感器，该传感器应用于轮船、舰艇、军火库、炸药和军需品的储存等军事装备和石化生产、存储运输、电站等可能有火灾发生的高危险场所。紫外传感器实物外形如图 4.21 所示。紫外传感器的主要技术参数如表 4.3 所示。

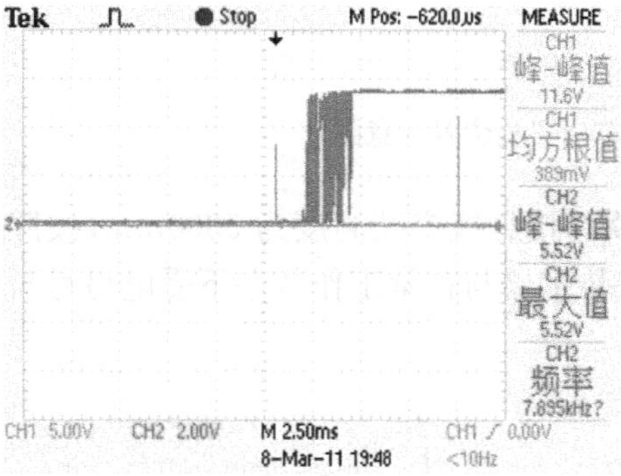

图 4.20　反应时间测试

图 4.21　紫外传感器

表 4.3　紫外传感器主要技术参数表

技术参数	具体信息
工作电压范围	19～30V，额定工作电压为 24V
光谱响应范围	165～280nm
灵敏度	$1ft^2$ 汽油火，32ft(10m)远处响应
响应时间	小于 100μs
视野范围	锥形区域 100°范围内
信号输出	脉冲信号，脉冲宽度 0.05～0.5ms/10V；模拟电压信号 0～10V
外形尺寸	Φ100×55mm
工作温度	－20～＋70℃

注：$1ft=3.048\times10^{-1}m$。

欧洲标准 EN 50317—2002 中对传感器位置进行了建议性规定。根据车辆实际安装位置,对传感器安装角度进行了计算。传感器安装于车顶受电弓开口方向位置,距列车车顶中心纵轴 370mm,距受电弓滑板弓头中心位置处 1290mm。安装位置尺寸为 300mm×150mm,如图 4.22 所示。

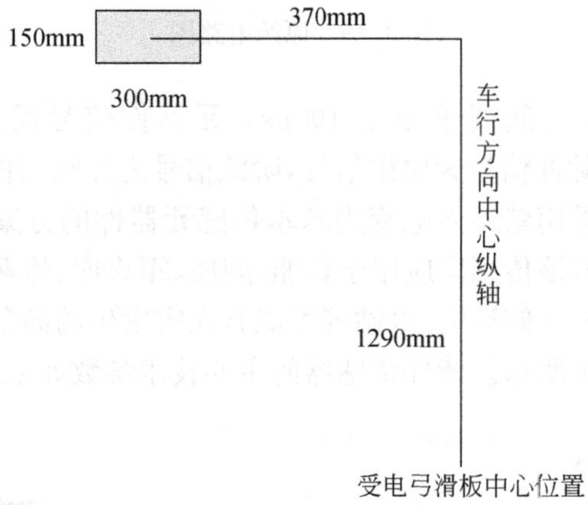

图 4.22　传感器车顶安装位置示意图

按照检测列车使用环境考虑,高速铁路接触线安装高度为 5300mm,按照综合检测车列车车顶高度为 4100mm 设计。传感器与正常工作状态下受电弓弓头垂直距离为 1200mm,如图 4.23 所示。

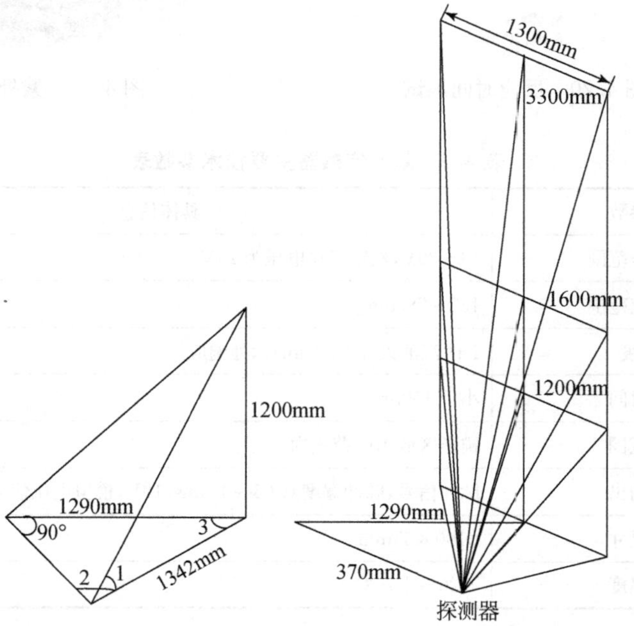

图 4.23　传感器车顶安装位置示意图

图 4.23 中，∠1 为传感器设计仰角，计算为∠1＝arctan(1200/1342)＝41.8°；∠2 为传感器纵轴线与列车横轴线夹角，计算为∠2＝arctan(1290/370)＝73.9°；∠3 为传感器纵轴线与列车纵轴线夹角，计算为∠3＝arctan(370/1290)＝26.1°。由于传感器接收角度范围较宽，所以垂直角度满足受电弓正常升弓范围即可。

传感器车顶安装板结构如图 4.24 所示。图中虚线为列车横轴方向，与其垂直的直线为车行纵轴方向，传感器接收方向与两条线构成夹角，∠2＝arctan(1290/370)＝73.9°，∠3＝arctan(370/1290)＝26.1°。

传感器固定选择螺栓可调式结构，固定角度为∠4＝90°－41.8°＝48.2°，形状设计如图 4.25 所示。

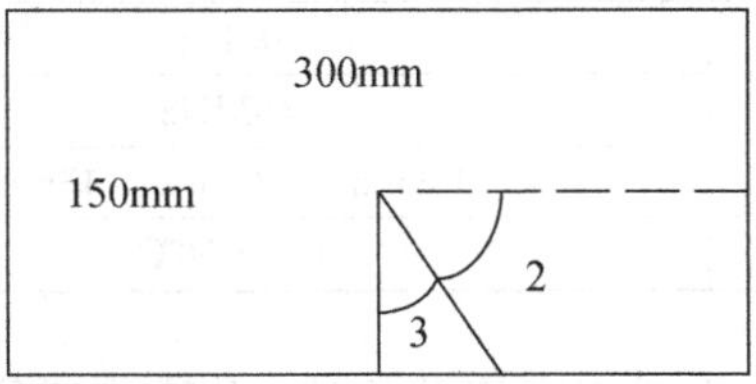

图 4.24　传感器车顶安装板结构示意图

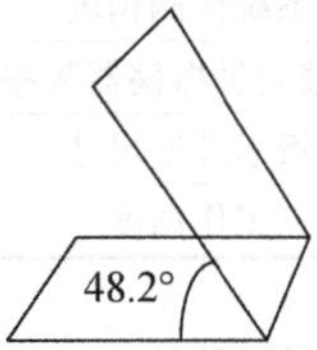

图 4.25　传感器车顶安装板结构示意图

传感器固定板与车顶安装位置的结合方式采用螺栓固定，传感器与固定板的连接方式采用螺栓固定。最终的实际设计采用旋转孔可调方式，为传感器角度修正提供了保证。车顶安装后的实物如图 4.26 所示。

火花系统可分车顶设备和车内设备两个主要部分。车顶设备为火花传感器，车内设备包括传感器电源、信号采集处理单元、工控机、分析处理软件等。连接车顶传感器与车内系统的信号为多屏蔽层四芯信号线缆。火花系统框架如图 4.27 所示。

图 4.26　传感器车顶安装实物图

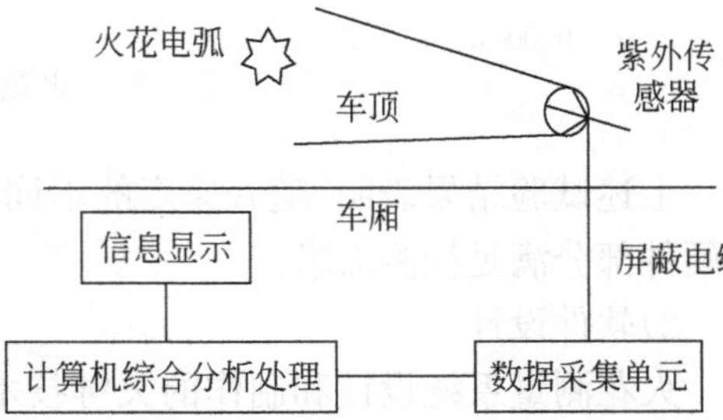

图 4.27　火花检测系统框架图

信号采集处理单元主要基于 PCI 数据采集卡完成，主要技术参数如表 4.4 所示。

表 4.4　数据采集卡技术参数

技术参数	具体信息
输入量程	±10V、±5V、±2.5V、0～10V
转换精度	12bit 有效位
采样频率	31Hz～250kHz
AD 转换器类型	AD7321
物理通道数	16 路(单端)/8 路(双端)
存储器深度	16KB(点)FIFO 存储器
采样方式	连续(异步)、分组(伪同步)
程控放大器类型	AD8251
AD 芯片转换时间	≤1.6μs
系统检测精度	0.1%
板载时钟振荡器频率	40MHz
板卡外形尺寸	135mm×88.5mm×15mm
工作温度	0～+50℃

为了防止信号干扰，在信号传输过程中采用了屏蔽线缆，在传感器信号输出端以及采集卡信号输入前端增加了抗电磁干扰磁环。在信号线与数据采集卡连接37 针 D 型接头的其他通路进行了接地短接处理，防止旁路信号干扰。

火花系统搭建完成后，进行现场测试。测试结果如图 4.28 所示。

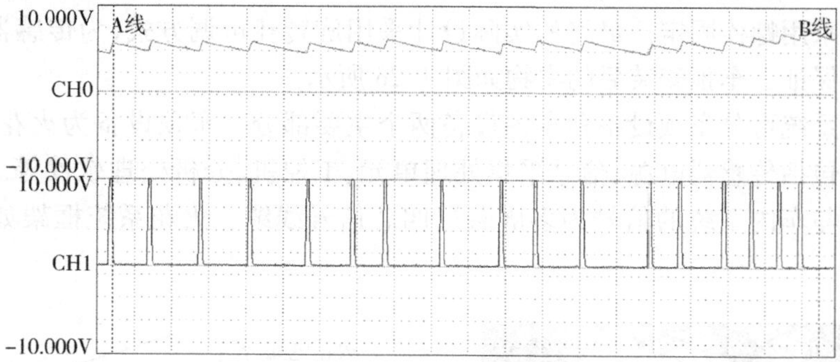

图 4.28　火花系统测量结果

上述试验结果表明，随着速度的不同，火花强度与持续时间有所变化，表明系统硬件部分满足检测需求。

2)软件设计

火花测量系统设计和制作的关键技术就是在采集到火花产生的电压信号后，去除引进的各种干扰，准确得到火花产生的信号。由于现场干扰复杂，引进的噪声信号类型多样，因此设计了基于 BP 神经网络的分类器进行噪声与有效电压的分类。BP 网络的应用有分类、函数逼近、优化预测、信号处理等方面，特别是对时间序列信号预测与处理更有良好的应用价值。在测控系统中，BP 网络作为一个神经元控制部件，可以用于装置的信号流采集与控制。

在实际应用中，对于已知若干样本集合$Y_1^0, Y_2^0, \cdots$，对应的理想变换为$Y_1^M, Y_2^M, \cdots$，而非准确知道映射关系 f（或者说找不出 f 的显式表达式）。此时网络权限可通过求解下列优化问题学习得到：

$$\min_{\omega} \sum_{i=0}^{I} \| Y_i^M - \hat{Y}_i^M \|^2 \tag{4.16}$$

式中，$\hat{Y}_i^M$为网络的实际输出。通过全值学习，即不断调整 ω，使得Y_i^M和$\hat{Y}_i^M$的空间距离最小，以其最终的 ω 所确定的网络能在最小二乘法意义上逼近所对应的映射关系 f。

BP 算法不仅有输入层节点、输出层节点，还可有一个或多个隐含层节点。对于输入信号，要先向前传播到隐含层节点，经作用函数后把隐含层节点输出信号传播到输出节点，最后给出输出结果。节点的作用激励函数通常选取 S 型函数，如

$$f_1(x) = \frac{1}{1+e^{-(x-\theta)}} \tag{4.17}$$

式中，θ 为阈值。该算法的学习过程由正向传播和反向传播组成。在正向传播过程中，输入信息从输入层经隐含层逐层处理，并传向输出层。在该传输过程中，每一层神经元的状态只影响下一层神经元的状态。如果输出层得不到期望的输出，则转入反向传播，将误差信号沿原来的连接通道返回，通过修改各个层神经元的权值，使得误差信号最小，如图 4.29 所示。

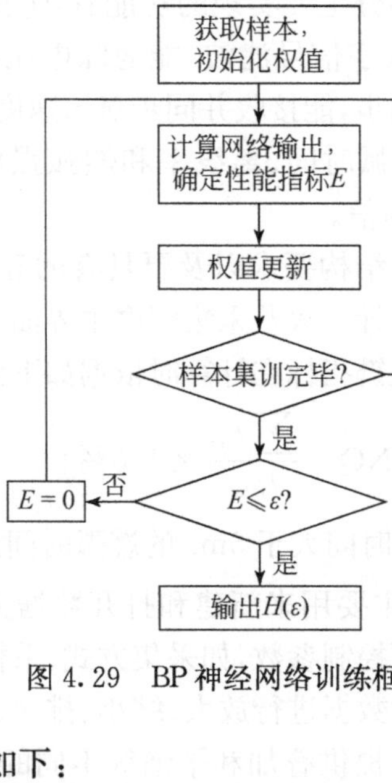

图 4.29　BP 神经网络训练框图

BP 算法的具体步骤如下：

(1)进行初始化，随机设置权系数$\omega_{ij}^{(k)}$和阈值$\theta_j^{(k)}$。

(2)输入$Y_1^0, Y_2^0, \cdots$，利用激励 S 型函数，得到$Y_1^M, Y_2^M, \cdots$。

(3)调整权系数

$$\omega_{ij}^{(k-1)}(t+1)=\omega_{ij}^{(k-1)}(t)+\eta\sum_{k=1}^{I}\delta_{ij}^{(k)}\hat{Y}_{kj}^{(k)} \tag{4.18}$$

式中，$\omega_{ij}^{(k-1)}(t+1)$为修正后的权值；$\omega_{ij}^{(k-1)}(t)$为当前权值；η为步长，或称为学习算子；$\delta_{ij}^{(k)}$称为传播误差项；$\hat{Y}_{kj}^{(k)}$为第k层第j个神经元在第t个样本输入时由式$y=f(\sum_{j=1}^{n}w_ju_j-\theta)=f(\sum_{j=0}^{n}w_ju_j)$算出的值。

当$k=M$时，对应的输出层为

$$\delta_{kj}^{(M)}=(y_{kj}^{M}-\hat{y}_{kj}^{M})f_1(\hat{y}_{kj}^{M}) \tag{4.19}$$

当$k<M$时，对应的输出层为

$$\delta_{kj}^{(k)}=f_1(\hat{y}_{kj}^{(k)})\sum_{i=1}^{N_{k+1}}\delta_{kj}^{(k+1)}\omega_{\mu}^{(k)}(t) \tag{4.20}$$

(4)计算误差E：

$$E=\min_{\omega}\sum_{i=0}^{I}\|Y_k^M-\hat{Y}_k^M\|^2=\sum_{k=1}^{I}\sum^{N_{ij}}(y_{jk}^{M}-\hat{y}_{kj}^{M}) \tag{4.21}$$

(5)如果$E\geqslant\varepsilon$（ε为设定的误差），则返回步骤(2)继续学习；如果$E<\varepsilon$，则认为已收敛，停止学习。由于此时的连续权值构成闭环反馈网络，就可在ε误差范围内反映对应的输入输出关系。

火花测量系统中的软件部分主要实现的功能有：①按多种图形方式显示采集到的火花-电压波形；②实现数字信号滤波，能滤除电压信号中混杂的干扰噪声；③与其他综合系统进行时空同步，能接收并同步显示速度和里程信息；④根据采集的电压信号计算燃弧次数、燃弧时间、离线率和燃弧强度等指标；⑤能按给定的TCP等协议与其他系统进行通信。

根据火花测量系统的硬件结构要求以及要具有的五种主要功能，采用分层模块化的方法进行主控软件的设计。火花采集程序主界面如图4.30所示。

火花检测系统软件中的关键指标在计算时依据如下公式计算拉弧率：

$$\mathrm{NQ}=\frac{\sum t_{\mathrm{arc}}}{t_{\mathrm{total}}}\times 100\% \tag{4.22}$$

式中，$\sum t_{\mathrm{arc}}$为单次燃弧持续时间大于5ms的燃弧时间总和；t_{total}为测量总时间。

软件中，菜单“文件操作”主要用来新建和打开数据文件。菜单“设备管理”主要用来设置数据采集卡的各项控制参数，如采集方式、采样频率、输入电压范围、信号类型等。菜单“数据处理”对数据进行放大、缩小、排序、电压幅值限定、平均等多种统计处理。菜单“波形显示”提供叠加和平铺等不同的显示方式，便于观察火花产生的电压信号。同步接收的速度和里程等信息可以实时显示在控制面板上，计算的各项指标根据统计结果实时在面板中显示。

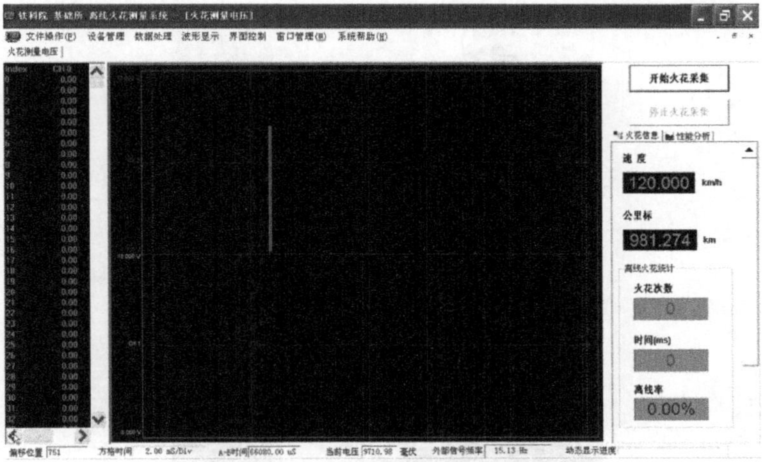

图 4.30　火花采集程序主界面

4.2.3　系统标定

弓网动态接触力检测系统应通过实验台进行技术性能试验，测试其精度。动态标定记录见表 4.5。弓网振动试验台如图 4.31 所示。试验台对受电弓弓头施加不同频率的振动，定义试验台施加到受电弓弓头的力为$F_{施加}$，弓网动态接触力检测系统所测量的弓网接触力为$F_{测量}$，$F_{测量}$和$F_{施加}$在不同频率下的比值为传递函数。其中，试验最高频率为 20Hz，步长为 0.5Hz。

表 4.5　弓网检测系统动态标定记录表

受检车车号：　　　　　标定地点：

<table>
<tr><td>项目</td><td colspan="2">弓网检测系统</td></tr>
<tr><td rowspan="10">弓网接触力</td><td colspan="2">标准值与测量值的比值</td></tr>
<tr><td>0.5Hz</td><td></td></tr>
<tr><td>1Hz</td><td></td></tr>
<tr><td>1.5Hz</td><td></td></tr>
<tr><td>2Hz</td><td></td></tr>
<tr><td>2.5Hz</td><td></td></tr>
<tr><td>3Hz</td><td></td></tr>
<tr><td>3.5Hz</td><td></td></tr>
<tr><td>⋮</td><td></td></tr>
<tr><td>30Hz</td><td></td></tr>
<tr><td>传递函数</td><td colspan="2"></td></tr>
<tr><td>差值</td><td colspan="2"></td></tr>
</table>

标定人员签字：　　　　　标定日期：　年　月　日

图 4.31　弓网振动实验台

传递函数的精度应通过下列公式来计算，其精度值应大于 90%。

采用传递函数计算弓网接触力检测系统的动态标定精度，传递函数公式为

$$T=\left\{1-\frac{1}{(f_n-f_1)\times\sum_{i=1}^{n-1}\left[(f_{i+1}-f_i)\times\left|1-\frac{F_{测量}}{F_{施加}}\right|\right]}\right\}\times 100\% \quad (4.23)$$

式中，n 为频率步长的总个数；f_1为起始频率；f_n为终止频率；f_i为起始频率和终止频率之间的某一频率；$F_{测量}$ 为测量到的弓网接触力；$F_{施加}$ 为施加到受电弓弓头的力。

4.3　接触网几何参数检测

接触网几何参数检测技术基于多目立体视觉测量原理，采用非接触测量方式实现接触网拉出值和导高等几何参数的自动测量，该方式不影响高速运行的受电弓取流，且具有既可运用于静态验收测试、也可运用于动态高速巡检的优势，是接触网检测的重要内容。

4.3.1　检测原理

基于多目立体视觉的接触网几何参数测量原理如图 4.32 所示。图中，OXZ 为轨道坐标系，原点 O 为两轨顶面中点；$O'X'Z'$ 为车顶坐标系，原点 O' 为车顶光

学梁中点；点 P 为接触线；G_1、G_2、G_3 和 G_4 为四个线阵相机，自左至右布置在车顶垂直于轨道延伸方向的同一断面内，通过调整各线阵相机相对车顶中心的横向位置和安装角度，确保各线阵相机的视场都可以覆盖接触线的空间范围；d_l为车体左侧底部与相应轴端的垂直距离；d_r为车体右侧底部与相应轴端的垂直距离。

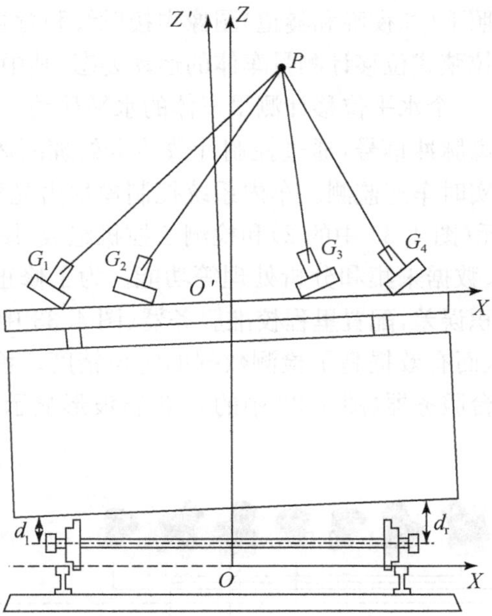

图 4.32 接触网几何参数测量原理

通过外触发方式同步采集四个线阵相机拍摄的点 P 的平面图像，可获得不同角度的点 P 的立体图像。通过实时图像处理和分析获得点 P 在各线阵相机图像中的位置，基于视差原理即可恢复点 P 在该断面内的平面位置信息，即其在车顶坐标系 $O'X'Z'$ 的垂向位移和横向位移。

由于拉出值和导高等几何参数是基于轨道坐标系 OXZ 定义的，为获得接触线相对于轨顶平面的空间位置，必须将点 P 在车顶坐标系 $O'X'Z'$ 下的测量坐标转换成轨道坐标系 OXZ 下的测量坐标。在实际测量中，主要考虑车体在 OXZ 平面内的转动以及沿 OX 轴和 OZ 轴的平移。因此，在车底安装三个位移传感器测量车体相对钢轨平面的运动姿态，其中，左、右两侧各安装一个垂向位移计测量车体左右两端的垂直位移 d_l和 d_r，并计算获得车体在 OXZ 平面内的转动及沿 OZ 轴的平移，安装一个水平位移计测量车体沿 OX 轴的平移。根据车体运动姿态测量结果对几何参数测量结果进行修正，从而保证几何参数测量的准确性。

4.3.2 系统结构

根据上述检测原理设计的接触网几何参数检测系统如图 4.33 所示，由车顶视觉测量模块、车内系统控制模块和车底运动补偿模块三部分组成。车顶视觉测量模块包括光学检测梁、线阵相机组和光源组。将两组共四个 CCD 线阵相机对称悬挂于光学检测梁上以保证共面测量。配置四个大功率聚光灯作为主动照明光源，以保证在不良环境光照下(如夜晚和隧道)图像中接触线和背景的区分度。车底运动补偿模块采用三个拉弦式位移计测量车体的运动姿态，其中，两个垂向位移计测量车体的侧滚和跳动，一个水平位移计测量车体的水平移动。此外，在轮轴上安装光电编码器以输出距离脉冲信号，通过控制计数器卡处理距离脉冲可实现车辆运动中的等距离采样和实时车速监测。车内系统控制模块由光源控制单元(图 4.33 中的 1)、系统控制单元(图 4.33 中的 2)和检测工控机组成(图 4.33 中的 3)，完成检测系统的硬件控制、数据采集和分析处理等功能。为了修正根据编码器距离脉冲计算里程带来的累积误差，配置里程校准服务器(图 4.33 中的 4)向检测工控机发布里程校准信息，从而有效提高了检测数据的定位精度。检测工控机通过网络将检测数据发送至后台服务器(图 4.33 中的 5)进行波形显示、超限判断以及报表打印输出。

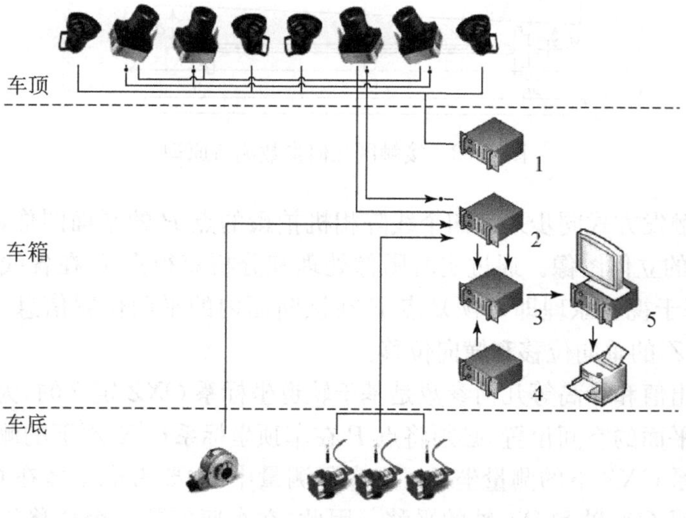

图 4.33　接触网几何参数检测系统基本构成

4.3.3 数据处理

为了实现检测系统的各项功能，设计了如图 4.34 所示的数据处理流程。在设备初始化完成后，基于外触发方式同步采集线阵相机的图像数据和位移计的电压数据,同时获取速度里程数据。进行图像数据处理、特征提取和接触线定位,根据标定的线阵相机参数和测量模型计算接触线的导高和拉出值。将检测数据保存至队列缓存并进行数据在线分析,获得支柱和吊弦等定位信息。通过网络将检测数据发送至后台服务器(图 4.33 的 5)进行波形显示、超限判断以及报表打印输出。

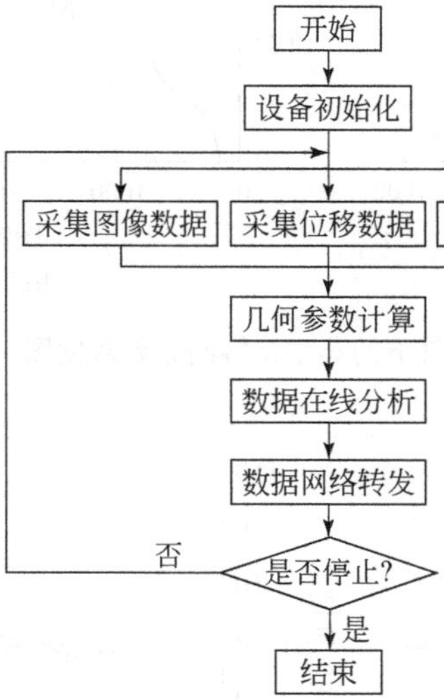

图 4.34　接触网几何参数检测系统数据处理流程图

通过四个线阵相机获得不同角度的接触网立体图像后,为了计算接触线的空间位置,需要获取接触线在各线阵相机图像中的位置,即接触线在图像像素坐标系中的坐标,故设计了图像预处理—目标探测—特征描述—目标定位四个环节的接触线识别测量算法。

线阵相机拍摄的接触网图像随环境光照的变化呈现较大差异。在晴朗的白天,天空背景较亮,而使图像的整体灰度值较高,接触线相对背景而言较暗;在阴天、夜晚或隧道里,天空背景较暗或周围环境黑暗,而使得图像的整体灰度值很低,接触线相对背景或周围环境而言较亮;天气为多云时,图像的灰度值分布较不规律,部分区域的灰度值较高。对于这种接触网图像随环境光照变化呈现较大差异的情况,可先对拍摄的接触网原始灰度图进行差分预处理,用所得图像的灰度梯度进行描述。图 4.35 为阴天和多云天气条件下的一组典型的接触网原始灰度图,对该灰度图像进行差分预处理后的图像灰度梯度分布如图 4.36 所示。由图 4.36 可以看出,采用差分预处理后的图像灰度梯度可有效区分接触线和背景。

接触网图像中可能包括承力索、中心锚结绳等干扰物体,在锚段关节等转换结构处还存在两支接触线和两支承力索,因此,在进行目标探测设计时最多可探测八个候选目标。根据接触网图像特征和结构状态的不同,设计固定阈值、自适应阈值和目标数量相结合的约束条件,以减少干扰并确定探测目标,再根据灰度梯度的形

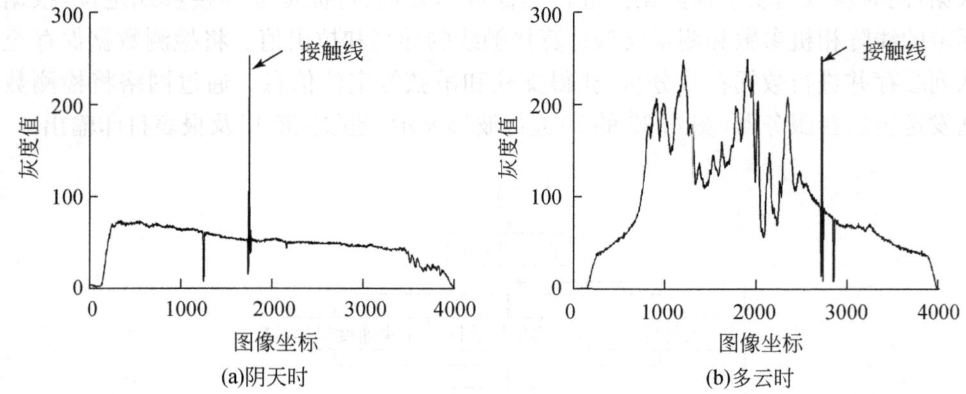

图 4.35　不同天气下的典型接触网原始灰度图

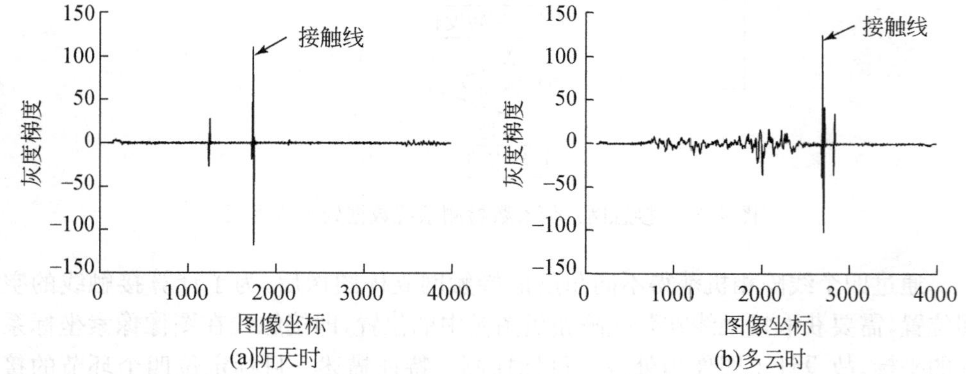

图 4.36　不同天气下的典型接触网灰度梯度图

状和尺寸等特征进行边缘精确定位，以确定探测目标在图像中的位置。

根据灰度梯度、空间位置、物像关系等特征建立探测目标与各线阵相机成像位置的对应关系。建立接触线的成像位置特征后，采用目标运动跟踪策略对后续接触线的位置进行快速判断和定位，可提高定位效率并减少干扰。根据接触线的成像坐标和立体视觉模型即可获得接触线的高度和横向位置，即拉出值和导高。

相比双目视觉测量方式，由四个线阵相机组成的多目立体视觉测量方式提供了更为丰富的图像信息和更为灵活的控制运用方式。将每个线阵相机视为一个节点，可建立一个小型视觉网络，采用二进制编码方式可为该视觉网络建立多种工作模式，根据对各线阵相机图像的初步分析判断可自动选择最优工作模式，从而减少和消除阳光干扰对测量的影响。这种具有冗余的视觉传感器配置方式和智能调度方式，使多目立体视觉测量方式具备了很高的可靠性，满足了白天、夜晚和隧道等不同环境的测量要求。

4.3.4　系统标定

接触网几何参数检测系统的标定包括车顶视觉测量模块的相机标定和车底运动补偿模块的位移计标定两部分。

1. 相机标定

车顶视觉测量模块采用的线阵相机可视为面阵相机的特殊情况，其感光单元为一维阵列，测量平面内点 P 的二维场景通过成像透镜投影到相机一维像平面上。通过欧氏空间变换和透视投影变换，可建立从全局坐标系到图像坐标系之间的成像变换关系，即线阵相机模型，用齐次坐标可以表示为

$$s\begin{bmatrix}u\\1\end{bmatrix}=M_1M_2\begin{bmatrix}X_W\\Z_W\\1\end{bmatrix}=M\begin{bmatrix}X_W\\Z_W\\1\end{bmatrix} \tag{4.24}$$

式中

$$M_1=\begin{bmatrix}f_e & u_0 & 0\\0 & 1 & 0\end{bmatrix},\quad M_2=\begin{bmatrix}R & T\\0^T & 1\end{bmatrix},\quad M=M_1M_2=\begin{bmatrix}m_{11} & m_{12} & m_{13}\\m_{21} & m_{22} & m_{23}\end{bmatrix} \tag{4.25}$$

式中，s 为中间变量；u 为点 P 的像点在图像像素坐标系中的坐标；M_1、M_2 和 M 分别为内参矩阵、外参矩阵和隐参数矩阵；X_W和 Z_W分别为点 P 在全局坐标系下的横向位移和垂向位移，即该点处的拉出值和导高；f_e为相机的归一化焦距；u_0为相机光轴与成像面交点的像素坐标；R 为 2×2 的正交单位矩阵；T 为二维平移向量；$0=(0,\ 0)^T$。

消去式(4.24)中的中间变量 s 可得

$$u=\frac{m_{11}X_W+m_{12}Z_W+m_{13}}{m_{21}X_W+m_{22}Z_W+m_{23}} \tag{4.26}$$

式(4.26)为线阵相机的透视投影方程，其建立了点 P 在二维全局坐标系下的坐标与点 P 在一维图像像素坐标系下的坐标之间的关系。由已知的多个标定点(与点 P 相似)在二维全局坐标系下的坐标(X_{Wi}，Z_{Wi})及其像素坐标(u_i)，根据式(4.26)建立相应的方程组，可求解隐参数矩阵 M。通常采用在测量范围内均布的 30 个以上的标定点计算隐参数矩阵，以降低误差造成的影响。一组共四个线阵相机的标定结果如表 4.6 所示。

表 4.6　线阵相机参数标定结果

摄像机号	1	2	3	4
m_{11}	−4104.27	−3991.49	−2983.28	−2275.00
m_{12}	330.15	1149.90	2890.27	3445.18
m_{13}	2653017.50	1290261.95	−1189125.70	−1745124.50

续表

摄像机号	1	2	3	4
m_{21}	−0.41	−0.22	0.25	0.44
m_{22}	0.91	0.98	0.97	0.90
m_{23}	253.33	70.62	67.22	250.02

2. 位移计标定

车底运动补偿模块采用三个拉弦式位移计测量车体的运动姿态。拉弦式位移计将机械位移量转换成可计量的、呈线性比例的电信号。被测物体产生位移时将拉动与其相连接的钢绳，钢绳带动传感器传动机构和传感元件同步转动。当位移反向移动时，传感器内部的回旋装置将自动收回绳索，并在绳索伸缩过程中保持其张力不变，从而输出一个与绳索移动量呈正比例的电信号。

为了获得位移计的位移量-电信号的线性转换关系，需要对位移计进行标定，包括零点标定和增益标定两部分。零点标定是记录车辆停置在平直车道时位移计在静态悬挂状态下的电压输出值 V_0，单位为 V。增益标定是获得位移计的电压-位移响应系数，方法是将位移计伸缩量相对静态悬挂状态改变一个标准长度(如 100mm)，标准长度值与位移计电压改变值的比值即为位移计增益 k，单位为 mm/V。测量过程中，通过实时采集到的位移计电压输出值 V_1，运用式(4.27)即可计算出位移值 D。

$$D=(V_1-V_0)k \tag{4.27}$$

4.3.5 系统应用

在动车组上安装接触网几何参数检测装置后，在高铁线路上进行逐级提速试验，检测装置在 160～385km/h 速度下的连续多次往返试验中工作稳定，测量数据重复性满足测量要求。检测装置先后安装在时速 160km/h 的网检车和最高时速 400km/h 的动检车上，已开始应用在既有线路的周期性动态巡检中。

在进行现场低速静态测试时，选择直道和弯道各一段区间，对两段区间内接触网连续支柱定位点处的拉出值和导高进行测量，结果见表 4.7。由表 4.7 可见，接触网拉出值和导高的装置测量结果与实际复核结果的误差满足±10mm 的要求，可以用于指导供电部门对线路进行养护和维修。

表 4.7 检测系统测量结果与现场测量结果对比

杆号	拉出值/mm		导高/mm	
	测量值	实际值	测量值	实际值
236	−235	−238	6081	6074
237	297	306	5998	5996

续表

杆号	拉出值/mm		导高/mm	
	测量值	实际值	测量值	实际值
238	−256	−249	5972	5962
239	346	338	6130	6121
240	−222	−221	6080	6073
241	364	362	6030	6033
259	−289	−286	6088	6080
260	−289	−285	6095	6089
261	−295	−294	6079	6078
262	−286	−293	6117	6111
263	−287	−282	6085	6081
264	−274	−283	6069	6066

在采用检测装置对联调联试部分区段进行低速接触网几何参数测量的过程中，检测出包括拉出值、定位点处接触线高度和相邻两定位点高差等多种类型的施工偏差超限，如图 4.37 和图 4.38 所示。由图 4.37(a)可以看出，锚段关节的转换柱定位点接触线高度超限，测量值为 5390mm，且该转换柱以及从该转换柱沿减里程方向的几个吊弦处的接触线高度都存在调整不到位的问题，这将会影响列车高速通过该锚段关节时的弓网受流质量。由图 4.38(a)可以看出，跨内吊弦处接触线高度超限，测量值为 5211mm，与其相邻的两支柱定位点处的接触线高度都符合要求，但跨中附近几个吊弦处的接触线高度明显偏低，使得该跨的接触线高度分布呈 V 字形。

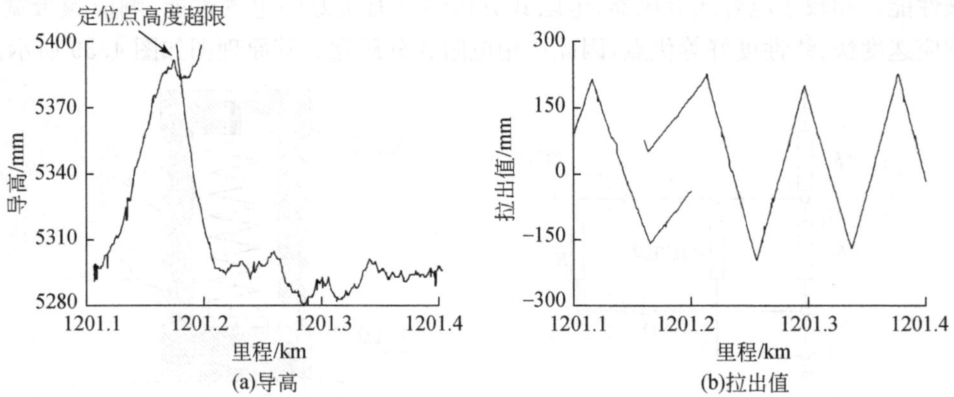

图 4.37　锚段关节的转换柱定位点高度超限时导高和拉出值的测量波形

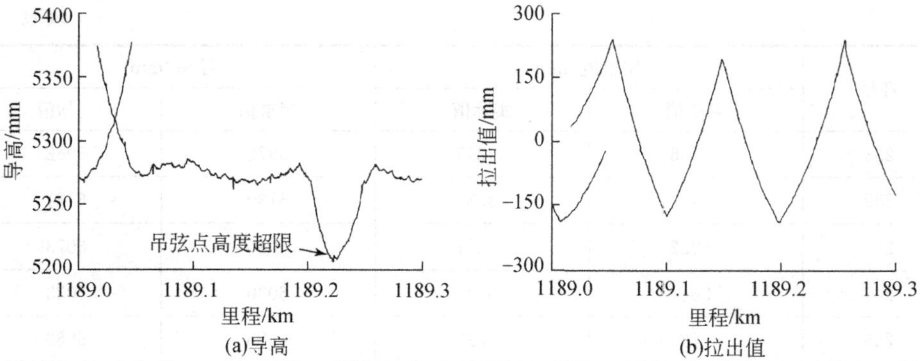

图 4.38　跨内吊弦处高度超限时导高和拉出值的测量波形

国内外多年的理论研究、试验和工程实践表明，接触网静态特性优异是保证接触网动态特性良好的先决条件，受电弓滑行速度越快，对接触网的静态特性要求就越高，施工精度要求也越严[2,3]。在正式运营前，采用非接触式接触网几何参数检测设备对接触网进行静态检测，将有助于运营单位、施工单位及时掌握接触网的质量状态，控制接触网的施工误差，为联调联试和动态验收提供技术支撑。

4.4　供电参数检测

4.4.1　检测原理

供电参数检测系统主要由分压器、高速数据采集处理单元及数据处理软件组成，用于弓网受流电压的实时检测，可实现波形显示、公里标叠加、数据转发、历史数据查询等功能。

由于分压器需要并联在接触网中长期运行，故必须具有良好的电气性能及机械性能。相较于电容式分压器，电阻式分压器具有更好的电气性能：响应频带宽、响应速度快、线性度好等优点，因此选用电阻式分压器。其原理图如图 4.39 所示。

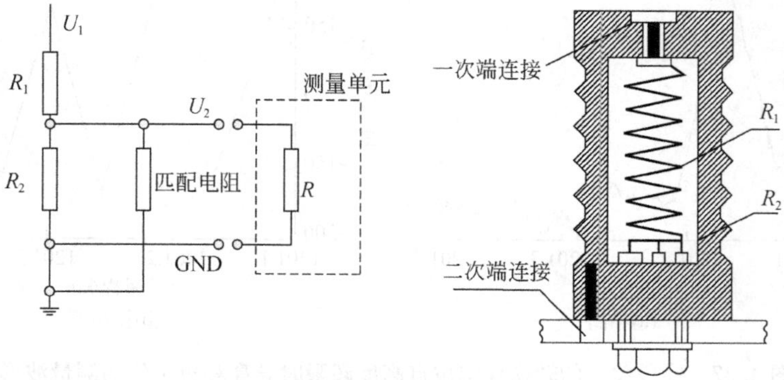

图 4.39　分压器原理图

为使分压器更安全耐用，可采用环氧树脂浇注。环氧树脂比空气和变压器油具有更高的绝缘强度，浇注成形后其机械强度高，且具有优越的防潮、防尘性能。

根据《铁路应用　机车车辆电气隐患防护的规定》(GB/T 21414—2008)、《电力机车车顶绝缘子　第 2 部分：复合绝缘子》(TB/T 3077.2—2006)以及《300～350km/h 电气化铁路接触网装备暂行技术条件》等标准，制定了本型特殊分压器的具体技术参数[4,5]，如表 4.8 所示。

表 4.8　分压器技术参数

内部材料与工艺	环氧树脂浇注
工作温度	−40～70℃
污秽等级	Ⅳ级
响应频带	50Hz～100kHz
可测工频电压幅值	38kV
可测过电压幅值	135kV
工频湿受电压幅值	120kV
分压比	700∶1
雷电冲击耐压	250kV
连续带电工作时间(工频)	200h
无故障工作时间	大于 15000h
机械强度	能抵抗 140m/s 风速下风压

4.4.2　系统结构

被测电压由高精度分压器分压后，经屏蔽电缆送到调理电路输入端，由于传输电缆较短，能有效减少模拟信号的传输路径，避免信号传输带来的损失及干扰。经过电压隔离传感器调理后，电压信号被二次分压，降低到数据采集单元可采集的范围之内，先由高速数据采集单元对其进行模拟滤波、A/D 转换，再由数据处理计算机进行数字滤波、转发，然后由分析软件对所存储的有效数据进行存储及显示。系统结构如图 4.40 所示。

4.4.3　系统标定

1. 分压器校准

接触网电压测量模块所用分压器已在出厂时完成分压比校准试验，测量系统根据校准试验提供的试验数据得到标定曲线，进而获得测量值。

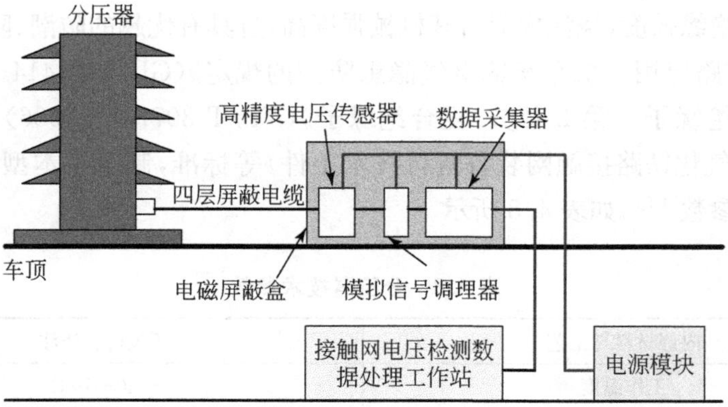

图 4.40 供电参数检测系统结构

2. 网流传感器校准测试

对网流传感器进行校准测试，最大误差为 0.5%，满足技术条件规定的 1%的允许误差要求。

3. 实验室标定

在高电压实验室对接触网电压测量系统进行了标定。根据铁道部颁布的《接触网安全工作规程》要求，接触网电压在正常和非正常状态下为 19～29kV，本标定试验的范围为 18～32kV，满足实际检测的需要。如表 4.9 所示接触网电压测量系统标定数据，在六次测试过程中，最大相对误差为 0.6%，最小相对误差为 0.2%，平均相对误差为 0.3%，所有相对误差都满足技术条件规定的 1%的允许误差要求，系统准确度良好。

表 4.9 接触网电压测量系统标定

标称有效值/kV	系统测量有效值/kV	绝对误差/kV	相对误差/%
18.50	18.45	0.05	0.3
19.55	19.65	−0.1	−0.5
20.50	20.61	−0.11	−0.5
25.80	25.75	0.05	0.2
28.50	28.65	−0.15	−0.5
31.50	31.68	−0.18	−0.6

4.5　数据处理及应用

4.5.1　数据分析

在联调联试和周期检测过程中，通过动态检测对工程施工和运营维护进行精调指导的前提就是数据精准、定位精确、分析精细。在检测前对设备进行认真检查和标定，在检测过程中对公里标进行精确定位，检测完成后对检测数据进行深入分析和挖掘。

根据静态检测波形图、检测数据和设计资料，对接触网静态几何状态进行综合精细化分析，深入分析诊断造成接触线几何位置超标的主要原因；结合高速动态检测数据与最高运行速度 60km/h 的非接触静态检测数据，对检测数据进行动静态接触线高度同步叠加后，可分析全线每个定位点的动态抬升量，可对最大抬升量进行详细分析；在动态抬升量的基础上可进一步对弓网动态接触力检测数据进行同步叠加，计算出全线每个定位点的动态弹性，结合定位器的设计限位值，对高速运行时定位器的抬升进行安全评估。

根据检测数据，可对弓网动态接触力进行超限诊断，分析接触力超限原因，并提出整治措施，同时还可对接触力随速度变化的曲线关系进行分析评估，预测更高速度运行时的弓网受流质量。

4.5.2　评价标准及方法

弓网动态接触力对于研究弓网动态作用关系具有重要的意义。根据相应的欧洲标准(TSI 及 BS EN 50367:2002)，平均接触力目标值与运行速度的关系见图 4.41。

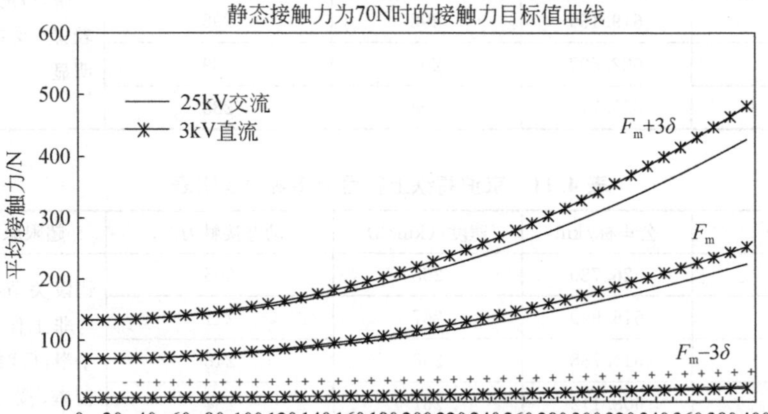

图 4.41　平均接触力目标值与运行速度关系曲线图

图 4.41 中，F_m为平均接触力，与列车运行速度及车辆在静止状态升弓时垂直方向作用力F_0有关系：$F_m=0.00097v^2+F_0$；$F_m+3\delta$ 及 $F_m-3\delta$ 是指最大及最小接触力；δ 是标准偏差，这里定义为 $\delta=0.3F_m$。

$F_m+3\delta$ 及 $F_m-3\delta$ 的边界值定义为：99.73%的接触力在这个允许公差的范围之内，说明弓网受流质量良好；反之，超过目标范围的点越多，弓网受流质量就越不良。

4.5.3　应用案例

弓网动态接触力是接触网动态运行性能和弓网受流质量的直接体现，弓网接触力过大会造成弓网磨耗加剧，减少弓网使用寿命，以及引起定位器抬升量过大，造成弓网事故。弓网接触力过小又会造成受电弓离线，产生燃弧，造成弓网的电腐蚀，甚至产生高温烧损接触线和受电弓。弓网动态接触力在施工质量完全满足设计要求时，主要由接触网线材、张力系统、跨距、弹性吊索张力、弹性吊索长度、结构高度等参数，以及受电弓运行性能和受电弓的个数、受电弓之间的距离等参数决定。

根据弓网接触力的检测标准，对京沪高铁接触网进行超限分析，结果如表 4.10 和表 4.11 所示。对下行线 6 处弓网接触力超限、上行线 5 处弓网接触力超限，结合视频图像进行分析(图 4.42～图 4.56)，发现此超限点部分处产生较严重的火花，超限点全部发生在四跨锚段关节工作支与非工作支转换处，尤其是在四跨锚段关节的中心柱与转换柱之间或电连接线夹处受电弓摆动明显、振动较剧烈。

表 4.10　京沪高铁下行弓网接触力超限表

序号	公里标/km	速度/(km/h)	动态接触力/N	超限原因分析
1	604.815	300	301	锚段关节处工作支与非工作支过渡不平滑，弓网动态作用较差，受电弓振动明显
2	611.688	287	296	
3	617.071	299	289	
4	619.166	298	296	
5	622.502	298	289	
6	625.747	298	283	

表 4.11　京沪高铁上行弓网接触力超限表

序号	公里标/km	速度/(km/h)	动态接触力/N	超限原因分析
1	626.780	268	265	锚段关节处工作支与非工作支过渡不平滑，弓网动态作用较差，受电弓振动明显
2	616.999	267	241	
3	614.788	268	248	
4	608.112	267	254	
5	604.787	267	258	

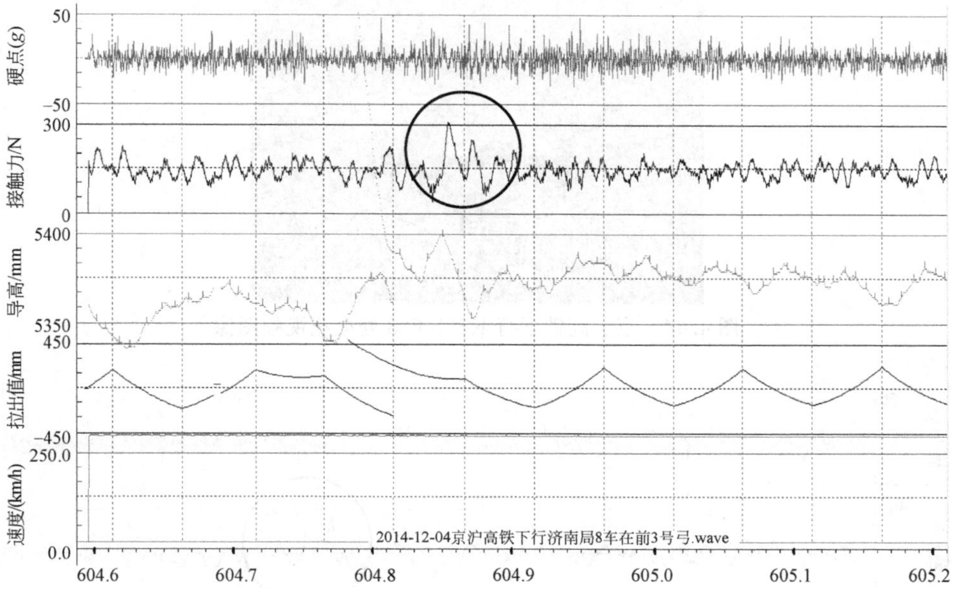

图 4.42　京沪高铁下行 K604.815 处弓网接触力超限

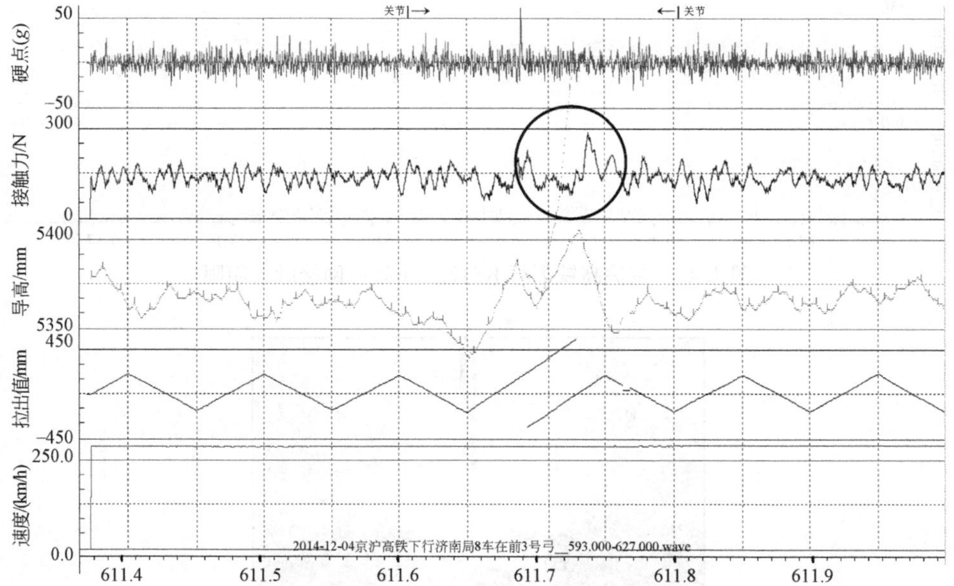

图 4.43　京沪高铁下行 K611.688 处弓网接触力超限

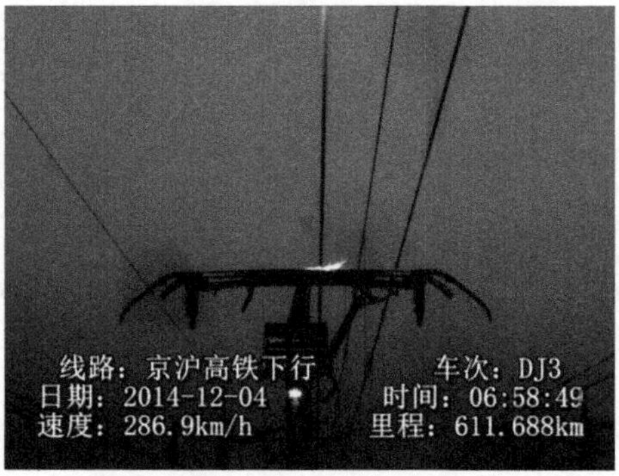

图 4.44　京沪高铁下行 K611.688 处火花视频图像

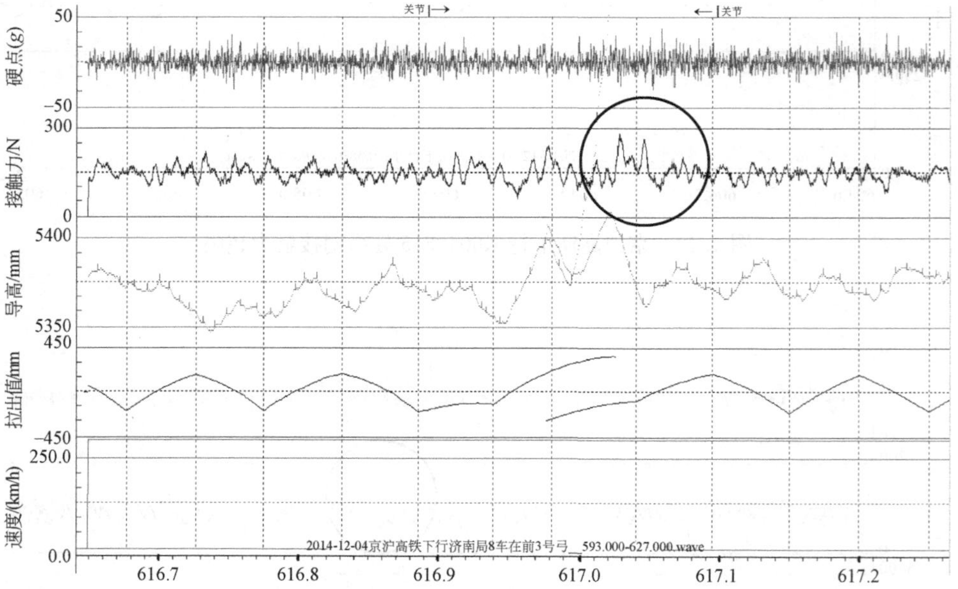

图 4.45　京沪高铁下行 K617.071 处弓网接触力超限

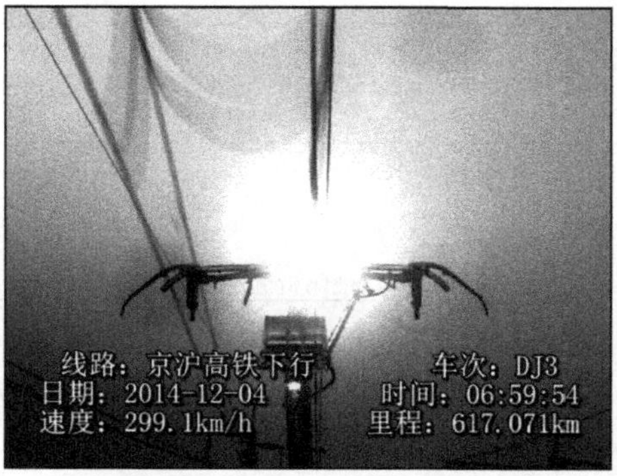

图 4.46　京沪高铁下行 K617.071 处火花视频图像

如图 4.44 和图 4.48 所示，在四跨锚段关节转换柱与中心柱之间，现场测量的接触线静态高度满足技术要求。但由于跨中吊弦在静态下不受力或受力较小，接触网弹性不均匀，在高速运行状态下，跨中吊弦点处抬升较大，形成接触线坡度，产生火花。

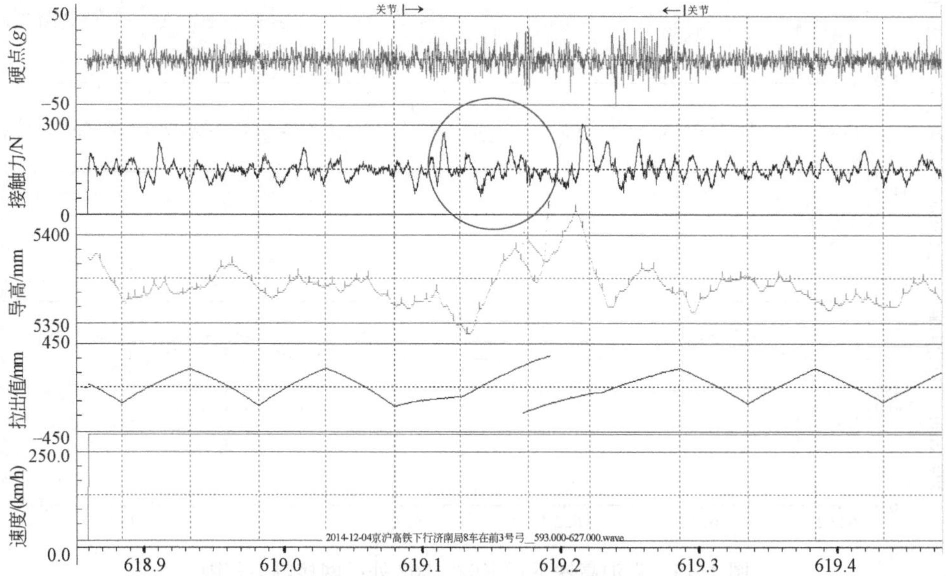

图 4.47　京沪高铁下行 K619.166 处弓网接触力超限

图 4.48　京沪高铁下行 K619.166 处火花视频图像

如图 4.46 和图 4.50 所示，在四跨锚段关节电连接处，电连接线和线夹等负荷集中造成接触网弹性分布不均匀，受电弓高速运行状态下，弓网间冲击较大，产生了明显的放电现象，形成火花，有烧损电连接线和电连接线夹的危险。

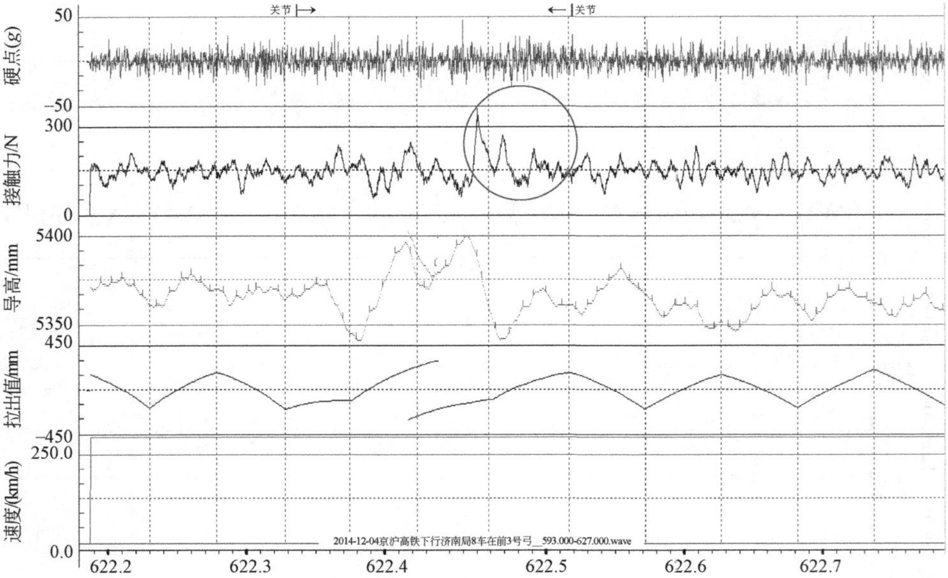

图 4.49　京沪高铁下行 K622.502 处弓网接触力超限

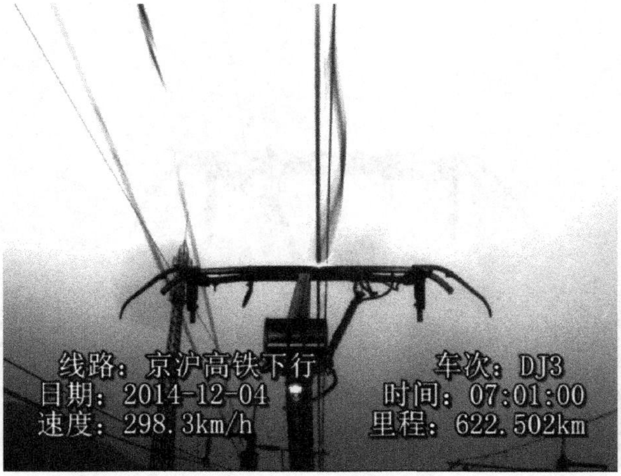

图 4.50　京沪高铁下行 K622.502 处弓网接触力超限

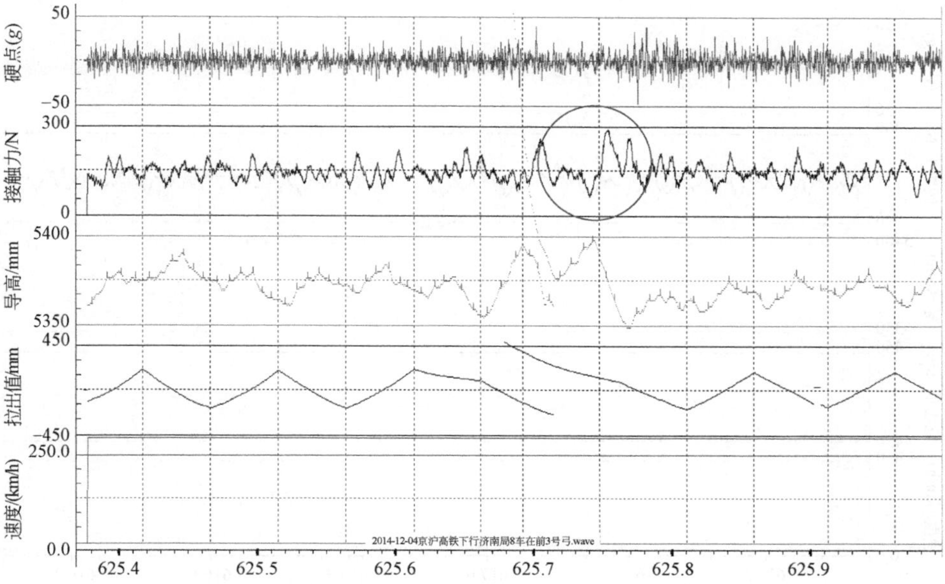

图 4.51　京沪高铁下行 K625.747 处弓网接触力超限

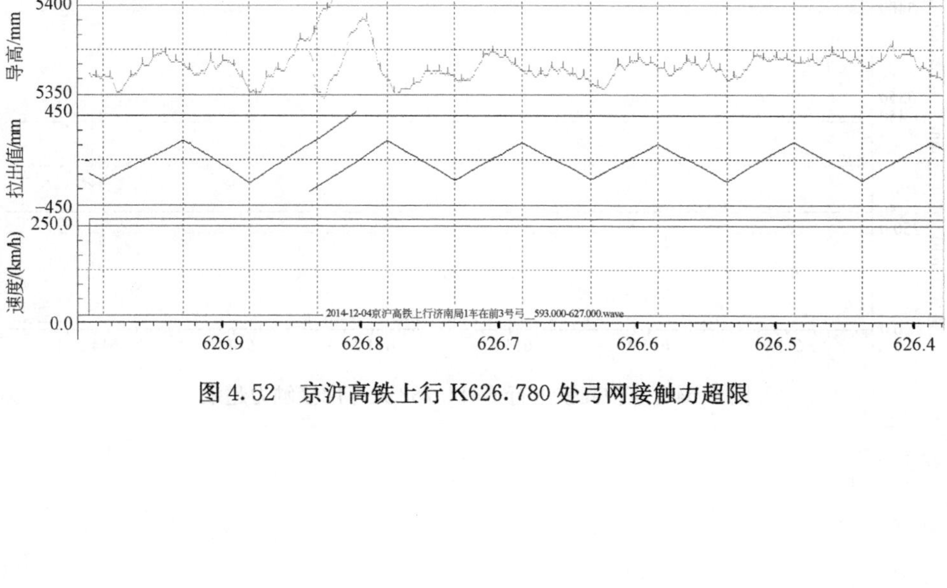

图 4.52　京沪高铁上行 K626.780 处弓网接触力超限

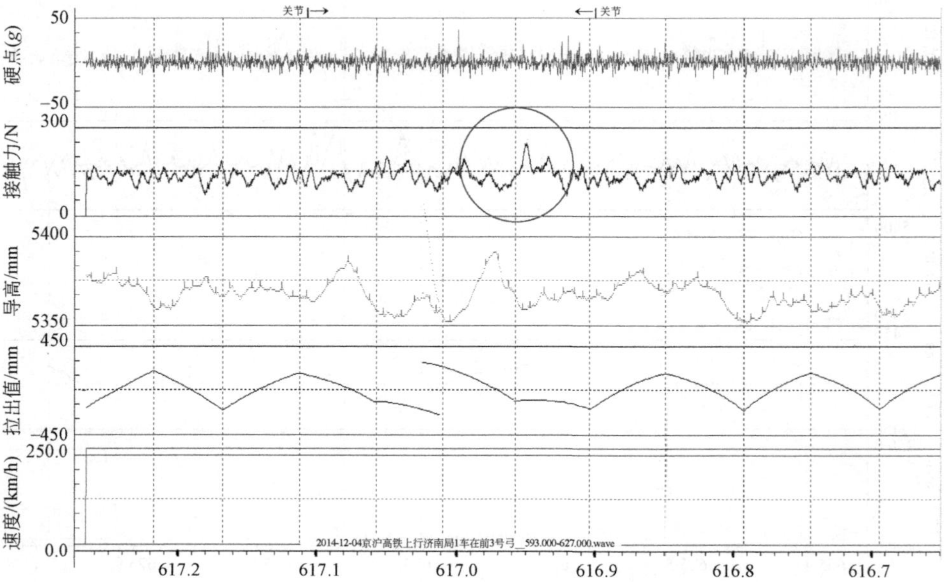

图 4.53　京沪高铁上行 K616.999 处弓网接触力超限

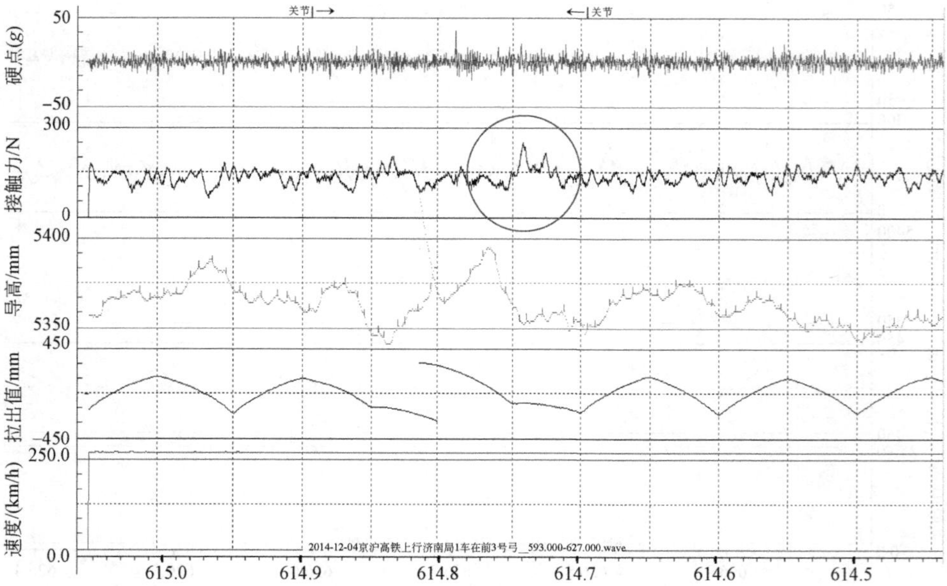

图 4.54　京沪高铁上行 K614.788 处弓网接触力超限

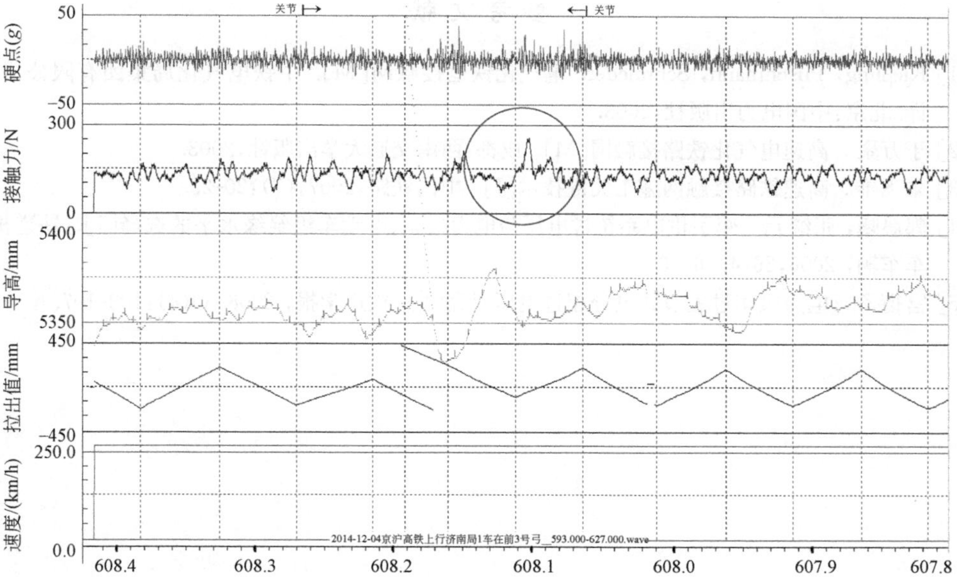

图 4.55　京沪高铁上行 K608.112 处弓网接触力超限

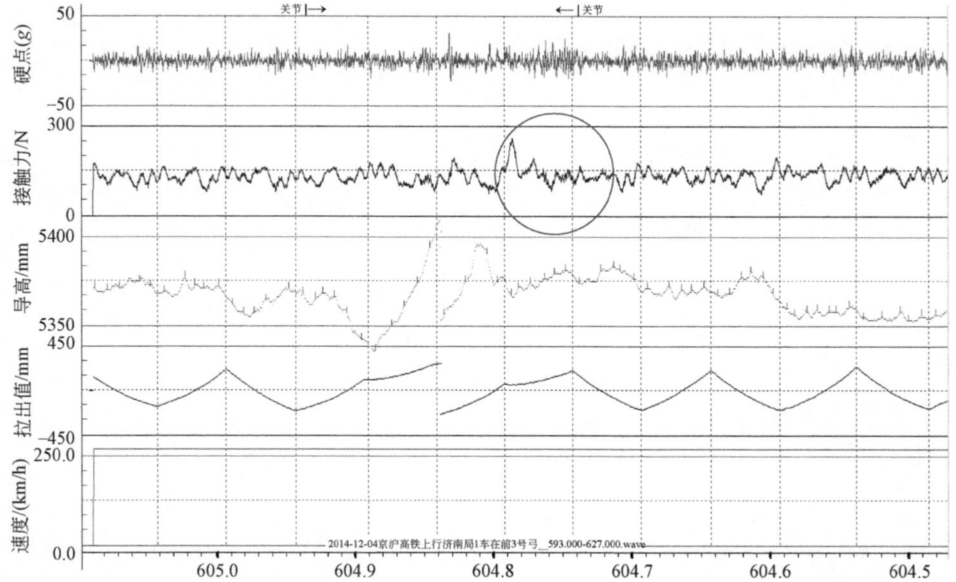

图 4.56　京沪高铁上行 K604.787 处弓网接触力超限

参考文献

[1] Kießling, Puschmann, Schmieder. 电气化铁道接触网[M]. 中铁电气化局集团有限公司，译.北京:中国电力出版社,2003.

[2] 于万聚. 高速电气化铁路接触网[M]. 成都:西南交通大学出版社,2003.

[3] 朱飞雄. 高速铁路接触网施工关键技术[J]. 中国铁路,2007,(7):20-23.

[4] 郭晨曦，张继元. 牵引供电系统过电压与电力机车、电动车组绝缘水平的选择[J]. 铁道机车车辆，2006,26(4):65-68.

[5] 宫衍圣. 电力机车过关节式电分相过电压研究[J]. 铁道学报，2008,30(4):103-107.

第5章　信号检测技术

5.1　概　　况

信号检测随着铁路的电气化和微机监测的上线应用而发展。信号动态检测技术研究在国外已开展了较长时间，我国的信号动态检测起步于20世纪80年代。

5.1.1　国外技术现状

日本和欧洲一些铁路发达国家非常重视并持续开展了为保障轨道运输行车安全的信号检测理论和方法的研究，各国铁路信号系统制式不同，信号检测系统需要根据本国实际进行开发[1]。

日本东海道新干线开通运营以来，采用Docter Yellow（黄色医生）综合检测列车，每10天对新干线巡检一次，检查确认信号系统。2002年，由东日本铁路公司研制的East-i新干线电气轨道综合检测列车正式投入使用，最高检测速度达到275km/h。日本综合检测列车的信号检测系统分别安装在1号和7号车厢内。由四人操作两台大型28单自动记录仪，并随时在图上盖印、标出出乘日期、车次、区间位置等标记。记录仪记录的主要参数为总牵引电流、右侧钢轨电流、左侧钢轨电流、不平衡系数、轨道电路主信号载频接收电平、轨道电路副信号载频接收电平、调制信号频率及电压、里程、短轨道电路电流、机车信号显示、ATC轨道电路电流、无线场强[2]。

德国铁路采用泄漏电缆传输信号，以便携检测设备为主要检测工具，只检测查询应答器。

法国拥有一辆Heline信号检测车，最高时速为160km/h。该检测车主要对既有线和高速线进行轨道电路连续信息、点式环线（模拟和数字环线）、补偿电容等进行动态检测，其中补偿电容测试只能定性不能定量。法国铁路信号检测针对KVB、LCC、BSP、ZT、RT、EPI、CRO等七种制式，并预留ERTMS测试方式。信号检测设备大部分都采用法国CSEE公司的产品，IRIS320采用的是法国Arnatronic-ASP公司设备。

意大利主要考虑测试三种信号制式（BACC、ERTMS、SCMT）。“阿基米德号”综合检测列车信号检测采用MerMec公司的检测设备，主要进行轨道电路、牵引回流、车载设备响应等信息检测。为了满足米兰—都灵、罗马—那不勒斯ETCS-2级无线列控系统的检测需要,意大利铁路曾采用单节测试车进行测试。

由于国外列控系统车载和地面设备通常由一家集成商负责,车地设备不兼容问题比较容易解决。在检测技术方面,法国也使用类似制式的轨道电路,但在对外合作中,轨道电路高速车载检测技术是外方不愿转让的核心技术,目前我国使用的补偿电容与轨道电路车载检测系统均是自主开发的。国外也没有高速条件下应答器检测的成熟技术。

5.1.2 国内技术现状

第一代信号检测设备,始于1985第一台电务试验车,受当时条件及水平的限制,只是利用机车信号设备(移频、交流计数)加上一些开关、表头,简单地组成了分散仪表式测试系统。

第二代信号检测设备,利用单板机技术对第一代检测设备进行了改造,把控制开关及表头用单板机管理起来,实现了简单的测试。

第一、二代测试设备只是利用原有的机车信号设备配以分散式仪表完成在试验车上观察机车信号显示的目的。

第三代信号检测设备在20世纪90年代后,随着单片机技术的迅猛发展,以51系列为代表的单片机凭借其强大的功能、方便的使用很快得到了广泛的应用。这也为试验车检测设备的提高拓展了空间。这一时期的信号检测把重点放在了移频参数的测量上,对移频的上下边频及低周的测量和对交流计数的码型长短、间隔大小的测量。

第四代信号检测设备在总结第三代检测设备的基础上,研制了以单片机作为智能管理,以描笔记录仪为核心,能满足四显示检测要求的综合检测系统。该系统突出了描笔记录仪的作用,保留了频率特性的测试,增加了四显示点式信息的测试,当时是国内唯一能对UM71轨道电路进行动态测试的设备。

第五代信号检测设备起于1998年年初,以计算机、PCI高速采集卡为基础,以描笔记录仪为基本测试原理,利用现代计算机屏幕的实时刷新,实现了计算机化的“描笔记录仪”功能,完成了测试数据数字化全程存储。其主要特点如下:

(1)以轨道电路传输特性、机车牵引电流干扰为测试重点。

(2)采用专用滤波器芯片,忠实再现原始波形。

(3)引进GPS全球定位系统,做到无人值守。

(4)动态组网,规范管理。

第六代检测设备,从充分反映“时域”的传统闭塞制式到法国UM71的引进,秦沈客运专线UM2000的运用及自主研发的ZPW-2000A大量应用,这些全新制式的轨道电路将人们从“时域”时代带到了“频域”时代。第五代检测系统采用专用滤波器芯片完成有关功能,其通用性和可扩展性的问题逐渐被反映出来。加之国产移频的邻线干扰、UM71、ZPW-2000A 的补偿电容丢失等问题都需要新一代检测系统的出现。其主要特点如下：

(1)解决第五代检测系统的通用性和可扩展性。

(2)解决第五代检测系统“系统运行与数据维护”的矛盾。

(3)全面的检测方式和科学的评判标准。

(4)轨道电路补偿电容的研究。

为适应中国铁路跨越式发展，满足新型闭塞制式机车信号测试的需要，1998 年，铁科院立项研究通信信号综合检测车装备方案。根据研究成果，1999 年，铁道部通过外资招标方式引进了通信信号检测车。该车配置了信号检测设备，包括 GPS 卫星定位、移频轨道电路检测、补偿电容检测。

目前，电务试验车已经在全国干线、支线动态检测及新线联调联试中投入使用，检测设备主要应用在轨道电路检测、应答器设备检测、闭环电码化检测、主体化机车信号检测等工作中。全路各局均配属了电务试验车，并且安装了信号动态检测系统，实现了对既有线路列控信号设备周期性检测，最高运行速度为 160km/h，为信号设备维护、维修，保障信号设备始终处于良好的运用状态发挥了重要的作用。

为保障 200～250km/h 线路列车运行的安全及平稳性，确保提速线路基础设施处于良好的工作状态，利用 CRH2-010A 动车组平台，由铁科院进行系统集成，研制适用于轨道几何状态检测、弓网检测、动力学检测、信号检测、无线场强检测、动应力测试和环境监视的系统，自主集成 200km/h 过渡综合检测列车。第六次大提速后，对既有提速 200～250km/h 区段进行每月三次的周期性检测。信号检测系统安装在 1 车和 8 车，可全方位检测或监测车载 ATP、轨道电路传输特性、点式应答器、补偿电容等信息。通过综合分析，对设备运用质量进行统计分析和评定。基于 ATP 车载设备的 CTCS-2 地面数据检测分析系统分别安装在 1 车和 8 车，并与信号检测系统安装在同一个机柜中。动车组运行中，利用检测分析软件通过计算机与 ATP 系统的 DRU Monitor 接口相连，可实时监测 ATP 设备的运行情况[3,4]。

自京津城际铁路开通运营以来，我国铁路采用综合检测列车进行基础设施安全检测。自主研制的 0 号高速综合检测列车承担了京津城际、武广、郑西、沪宁、京广、京沪等高速铁路和既有提速线路的安全检测任务。高速综合检测列车的开发基于高速动车组技术平台，采用先进的轨道、接触网、通信、信号、轮轨动力学等测试手段，同时运用计算机网络和仿真技术对采集的数据进行综合分析和处理[5]。

0 号高速综合检测列车信号检测系统由应答器检测设备、轨道电路检测设备、补偿电容检测设备、ATP 信息记录设备、数据处理系统和自诊断系统等组成。具有检测和记录轨道电路信息、补偿电容、不平衡电流及谐波、应答器信息、CTCS-2 级 ATP 工作状态等功能。根据我国客运专线的特点，信号检测系统主要检测的项目包括轨道电路传输特性及频谱特性、补偿电容、牵引电流及不平衡率、谐波分析、应答器报文信息及位置、CTCS-2 级 ATP 系统运行状态。

CRH380BJ-0301 高速综合检测列车是以国家 863 计划项目“最高试验速度 400km/h 高速检测列车关键技术研究与装备研制”为依托集成装备的。信号检测系统检测项目包括轨道电路检测、补偿电容检测、应答器检测、牵引回流检测、车载 ATP 运营数据分析、Igsmr 监测、车载列控运行环境 EMC 检测、车载 Um 无线环境检测。

在 CRH380BJ-0301 高速综合检测列车的研制过程中，同时研制了 CRH2C-2150 样车和 CRH380AJ-0201 工程化检测列车。在此基础上，2014 年和 2015 年又生产了 CRH380AJ-0202、CRH380AJ-0203、CRH380AM-0204 和 CRH2J-0205 综合检测列车，用于日常检测、联调联试和综合试验。

5.2 检测原理

5.2.1 检测参数

信号检测系统主要实现车载 ATP 运行数据分析，Igsmr 接口监测数据分析，Um 无线环境监测数据分析，轨道电路频率参数与传输特性、应答器上行链路信号特性、应答器报文、补偿电容工作状态、牵引回流等检测、监测及综合智能分析处理功能，以满足指导高速铁路列控系统联调联试、日常检测、设备维修和安全运营需要，满足 CTCS-3 级列控系统技术规范。信号检测系统的检测功能如下：

(1)轨道电路测试、分析功能。实现轨道电路频谱特性参数测试分析功能；轨道电路入口、出口电压，传输衰耗等传输特性参数测试分析功能；轨道电路调谐区位置及特性参数测试功能；轨道电路邻区段、邻线路等干扰测试功能。

(2)补偿电容测试、分析功能。实现对补偿电容位置、步长参数测试分析功能；补偿电容失效、缺失等工作状态测试分析功能。

(3)牵引回流测试、分析功能。实现对牵引回流总电流测试功能；牵引回流不平衡电流测试功能；牵引回流工频及各次谐波分量测试分析功能。

(4)应答器测试、分析功能。实现对应答器位置测试功能；应答器报文解析、比对、分析功能；应答器报文误码率、误码分部测试分析功能；应答器上行链路信号强度、功率、作用范围、频谱特性测试功能。

(5)车载 ATP 监测及数据分析功能。实现车载 ATP 人机交互信息（主要包括车载 ATP 与列车接口的信息，如激活、休眠、方向等）、司机操作以及车载 ATP 通过人机交互界面(DMI)的输出信息（如语音、文字、报警等）记录分析功能；车载 ATP 输入数据（主要包括车载 ATP 接收到来自地面轨道电路、应答器信息，车载判断的应答器连接误差/测速测距偏差，车载判断的绝缘节误差/测速测距偏差，在 CTCS-3 级运行下，还包括来自 RBC 等 GSM-R 的无线通信消息，可以分析其中的移动授权(MA)数据)记录分析功能；车载 ATP 关键输出数据(主要包括 ATP 计算允许速度数据、目标速度、ATP 输出的制动命令等数据)记录分析功能；车载 ATP 运行状态数据(主要包括 ATP 控车模式、ATP 控车等级、设备运行状态、列车运行速度、列车位置、车载 ATP 自诊断运行状态等数据)分析功能。

(6)列控车载 Igsmr 接口数据监测、分析功能。实现对车载 ATP 设备 GCD 与 MT 之间的 Igsmr 接口，实时无扰监测和记录 ATP 与 RBC 各层之间的消息交换(包括物理层、链路层、网络层、传输层、安全层和应用层消息)。

(7)列控车载 Um 无线环境监测功能。对 CTCS-3 应用数据进行监测，获取车载模块与无线网络交互的业务数据，提供通信超时故障发生时无线接口处 CTCS-3 列控数据的收发记录，可与其他接口数据进行对比分析，定位故障位置；监测 CTCS-3 车载无线通信终端的工作情况，监测分析其收发数据是否正确，与无线网络的交互过程是否正确。信号检测系统各检测参数的技术指标见表 5.1。

表 5.1　信号检测系统的技术指标

检测内容		测量范围	测量误差
应答器检测	报文	记录、分析	
	上行链路信号	记录、分析	
轨道电路检测	信号载频	0～3000Hz	±0.1Hz
	调制频率	0～30Hz	±0.02Hz
	信号幅度	—	≤2mV±2%×示值
	邻区段、邻线信号干扰	—	≤2mV±2%×示值
补偿电容检测	检测正确率	—	>98%
牵引回流检测	钢轨回流	0～300A	≤1A±2%×示值
	不平衡率	—	
车载 ATP 运行监测	人机接口信息	记录、分析	
	车载 ATP 输入信息	记录、分析	
	车载 ATP 关键输出信息	记录、分析	
	车载 ATP 运行状态	记录、分析	
车载 Um 接口监测	对 CTCS-3 应用数据进行监测，获取车载模块与无线网络交互的业务数据；监测 CTCS-3 车载无线通信终端收发数据是否正确，与无线网络的交互过程是否正确	频率范围：880～915MHz 925～960MHz 强度范围：−100～0dBm 频道数：可支持 1～21 个频道	应用数据监测误帧率<0.01%

续表

检测内容		测量范围	测量误差
车载 Igsmr 接口监测	实时无扰监测和记录 ATP 与 RBC 各层之间的消息交换，包括物理层、链路层、网络层、传输层、安全层和应用层消息	记录、分析	

5.2.2 地面信号设备检测原理

1. 轨道电路检测原理

轨道电路的检测原理如图 5.1 所示。轨道电路被列车第一轮对分路，其分路电流信号被 STM 天线接收形成感应信号，实现了在动态条件下非接触测量轨道电路电压的新技术。

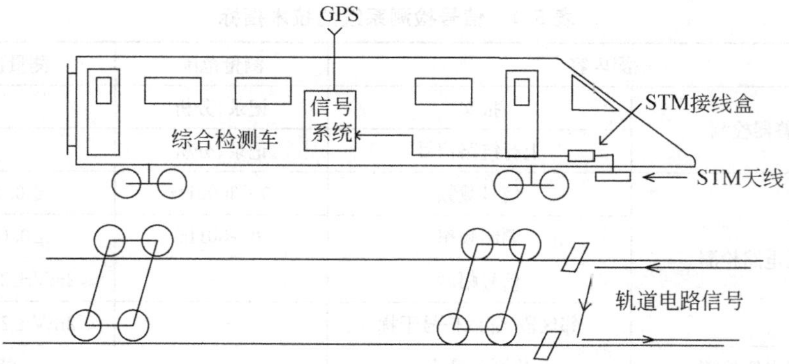

图 5.1 轨道电路检测原理图

STM 线圈通过电磁感应接收轨道电路钢轨中传输的电流信号，并转换成频率特征相同的电压信号，通过与系统相连接的信号电缆供给检测系统。STM 线圈中的感应电动势有效值 E_{rms} 可以按照式(5.1)进行计算：

$$E_{rms}=4.44NfB_{pk}A_{\varepsilon} \tag{5.1}$$

式中，4.44 为常数，与 STM 线圈的安装高度有关；N 为线圈圈数；f 为电流信号的频率；A_{ε} 为磁路截面面积；B_{pk} 为磁场强度变化率。当 STM 线圈安装完毕后，以上参数均为固定值，E_{rms} 只与轨道电路短路电流值和频率有关[6]。

信号检测系统将采集到信号通过带通滤波、有效值转换、电平变换等电路信号最终转换成适合数据处理芯片采集的信号，进行数字滤波，形成主信号、邻线、邻区段、干扰等各自的包络，利用频域分析技术对主感应信号进行数字处理，并将处理结果进行显示、统计、存储。

2. 补偿电容检测原理

无绝缘轨道电路两相邻轨道电路间不用机械钢轨绝缘的轨道电路。该轨道电路区分相邻轨道电路区段一般有两种方法：利用轨道电路的阻抗和道床泄漏电阻的自然衰耗，以不同的频率对相邻轨道电路进行隔离，称为自然衰耗隔离式无绝缘轨道电路；在相邻轨道电路之间采用电容和一部分钢轨的电感构成谐振回路和采用不同频率对相邻轨道电路进行电气隔离，称为电气隔离式，或称谐振式无绝缘轨道电路。

当列车压接左右两根钢轨时，两根钢轨和列车前后两组轮对组成了一个环路，环路路径为钢轨—车轮—车轴—车轮—钢轨—车轮—车轴—车轮—钢轨。在这个环路中，电容并接在两根钢轨中间，改变了钢轨-轮对环路中的容抗。由于平均每100m 设置一个电容，当列车沿钢轨方向行进时，相对列车而言，电容周期性出现在钢轨-轮对环路中，沿钢轨方向的特征值为电容和道床阻抗。

在上述特征值周期性变化的情况下，利用电磁场工作原理，在钢轨-轮对环路平面产生一个特定频率的电磁场，该电磁场可以在钢轨-轮对环路中形成感应电流，该感应电流在钢轨-轮对环路中将形成次生电磁场。感应电流随钢轨-轮对环路中阻抗、容抗、感抗的变化而变化，同时，次生电磁场随感应电流的变化而变化；当沿钢轨方向的特征值发生改变时，即钢轨-轮对环路中容抗发生改变时，钢轨-轮对环路中感应电流即发生改变，同时，次生电磁场发生相应改变。

根据上述原理，在钢轨-轮对环路中形成特定频率电磁场后，通过测量次生电磁场的变化情况，即可对沿钢轨方向的特征值进行判断和提取，从而判断补偿电容的状态。

如图 5.2 所示，当列车沿钢轨方向运行时，向轨面持续辐射特定频率的电磁场，使钢轨-轮对环路内形成感应电流，该感应电流形成次生电磁场；当列车经过电容位置时，电容的存在使钢轨-轮对环路的容抗发生改变，钢轨-轮对环路内的感应电流随之发生改变，从而次生电磁场发生变化；当列车远离电容位置时，钢轨-轮对环路恢复原有阻抗特性，电磁场以及次生电磁场恢复原有状态。列车经过电容位置时，通过对次生电磁场的变化进行检测，即可判断补偿电容的工作状态。

3. 应答器检测原理

应答器是通过接收 BTM 天线传递的载频能量获得电能量，使应答器中的信号发生器工作，将事先存储的数据报文发送出去的设备，是点式地对车信息传输设备，可应用于 CTCS-1～CTCS-4 各级列车运行控制系统。图 5.3 为应答器系统的结构图[7]。

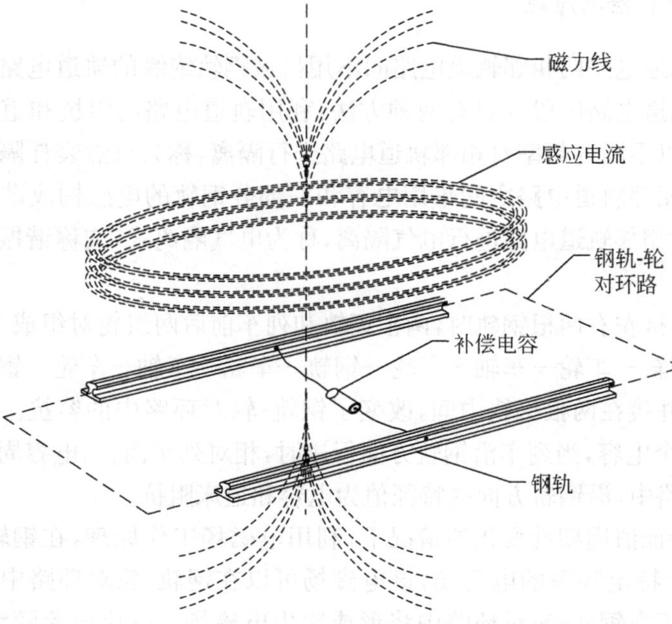

图 5.2　补偿电容检测原理图

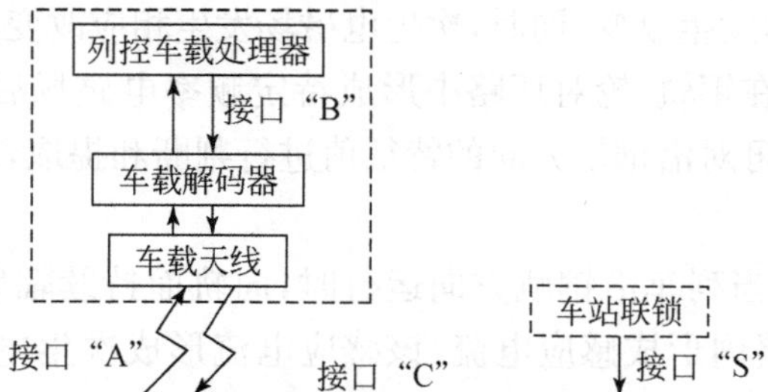

图 5.3　应答器系统结构图

当应答器车载天线在有效作用范围内时，应答器需发送连续的信息，信息形成一个无缝的报文信息流，该报文由同步码、有效信息以及校验码组成。报文的长度根据运用的区段定义。

图 5.3 中的接口“A”为地面应答器与车载天线设备间的通信接口，其接口定义对确保不同应答器设备间互连互通以及信息传输的高效、安全、可靠具有重要的意义。应答器检测系统就是通过应答器检测设备对“A”接口的相关参数进行测试[8,9]。

应答器检测是利用车载检测 BTM 天线向地面发送能量信号,地面应答器收到能量信号并被激活,对外发送由报文信息调制的射频信号,系统通过应答器信号接收天线接收,该信号通过电缆进入应答器检测处理机,经过谐振放大器进行放大形成具有一定幅度的应答器信号,经过信号处理电路最终获得应答器报文等信息。

4. 牵引回流检测原理

电力牵引列车通过接触网、受电弓等设备获取电能牵引列车运行,牵引电流经接触网、列车受电弓、列车电力牵引设备等,最终通过钢轨返回大地构成供电回路。在实际运用中,因线路原因、列车自身原因等往往会出现左右两条钢轨牵引回流不平衡的现象。不平衡的牵引电流会被机车感应器接收,形成较强的工频干扰,影响机车信号正常运用,甚至烧毁机车信号设备。

牵引回流检测系统由安装在第一位轮对前的钢轨电流感应传感器(ASTM)和牵引回流信息处理模块构成,如图 5.4 所示。左右两条钢轨上的牵引回流分别由 ASTM 天线接收,ASTM 天线接收的两路信号分别通过电缆接入牵引回流信息处理模块。

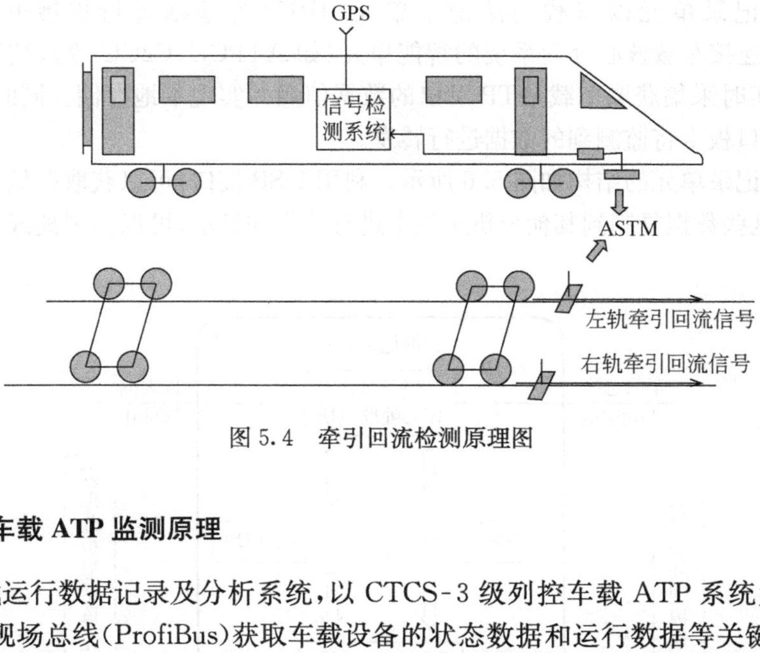

图 5.4 牵引回流检测原理图

5.2.3 车载 ATP 监测原理

车载运行数据记录及分析系统,以 CTCS-3 级列控车载 ATP 系统为检测对象,通过现场总线(ProfiBus)获取车载设备的状态数据和运行数据等关键数据,并通过在线/离线的方式,将数据传递给信号检测系统数据接口设备。利用采集到的数据,进行集中的数据存储、分析和实时显示。

车载运行数据记录及显示系统主要包括数据记录单元和数据分析显示单元。两个单元通过以太网方式实现连接,考虑离线数据转存的需要,还包含基于 USB

的连接。车载运行数据记录及显示系统通过 ProfiBus 同车载核心处理系统实现连接,交换数据。牵引回流检测原理如图 5.5 所示。

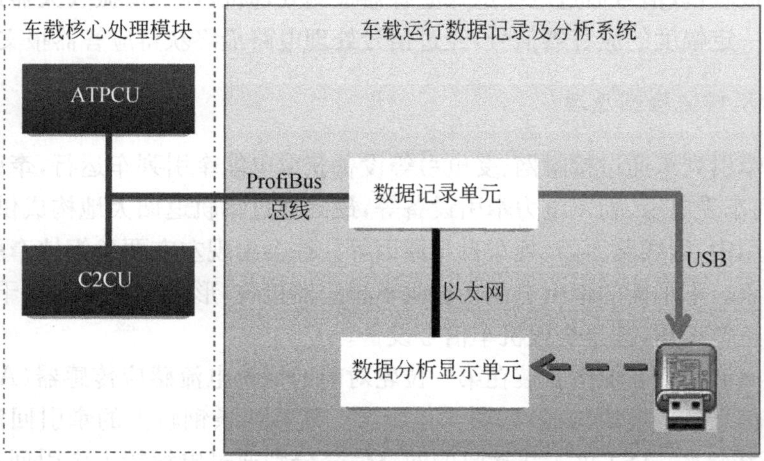

图 5.5　牵引回流检测原理

数据记录单元以车载司法记录单元(JRU)为基础进行扩展升级,利用 ProfiBus 连接车载核心处理系统的智能单元(如 ATPCU、C2CU 等),按照相关规范要求,实时采集获取车载 ATP 发出的数据信息并实现本地存储。同时,利用数据转发接口板卡将监测到的数据进行转发。

数据记录单元的结构如图 5.6 所示。利用 USB 接口,可以获取存储模块中的数据,将这些数据复制到其他分析主机上进行分析和显示,可以实现离线方式的数据下载。

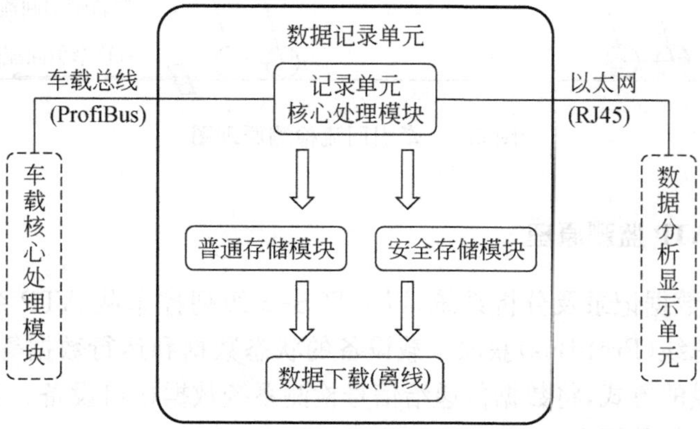

图 5.6　数据记录单元结构图

此外,借助数据转发接口,实现车载设备 ProfiBus 总线上的数据向外部转发。

数据转发接口采用标准的 RJ45 接口，使用 TCP/IP。当数据记录单元收到车载智能单元发出的数据后，核心处理模块将通过数据转发接口把这些数据发送到网络上。针对数据转发接口，核心处理模块仅实现向外转发功能，并不将分析显示单元与数据记录单元的交互命令发送给车载，实现了数据隔离，因此不会影响到车载设备的正常运行。

数据分析显示单元通过在线或离线的方式获取 JRU 的数据，对数值范围、数据关系等进行分析，基于时间轴和坐标轴进行显示。数据分析显示单元的设备由数据采集分发设备、实时显示设备和对应的连线构成，如图 5.7 所示。数据采集分发设备由一台工作站组成，负责接收 JRU 设备发出的数据，可根据需要将数据转发给列车上的其他工作单元。实时显示设备由一台或多台工作站组成，实时解析 JRU 数据，并可根据需要分屏显示，供多人监控。

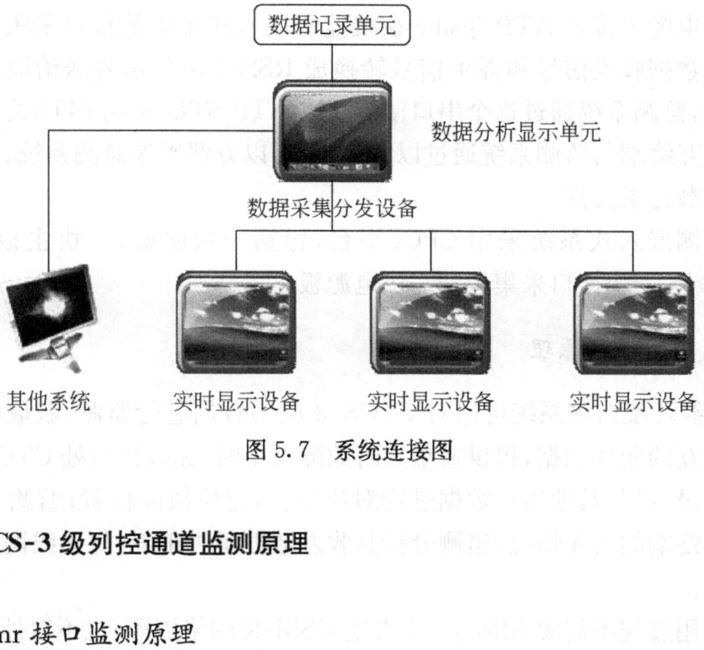

图 5.7　系统连接图

5.2.4　CTCS-3 级列控通道监测原理

1. Igsmr 接口监测原理

由于国内现有的大部分信号检测系统只能满足 CTCS-2 级及以下线路的检测需求，并且对于车载 ATP 系统，无线网络专属信息也没有合适的实时监测记录系统，而车载 ATP 设备无线网络模块的工作状态可以有效地反映列车与地面设备的工作情况，因此车载 ATP 设备无线数据的研究对 CTCS-3 线路检测起到重要的作用。

在车载 ATP 设备 GCD 与 MT 之间的 Igsmr 接口，实时无扰监测和记录 ATP 与 RBC 各层之间的消息交换，包括物理层、链路层、网络层、传输层、安全层和应用层消息，提供数据解析、查询、分析和导出功能。系统支持网络访问，允许用户通过网络连接实时查看 ATP Igsmr 接口各层数据。系统总体结构示意图如图 5.8 所示。

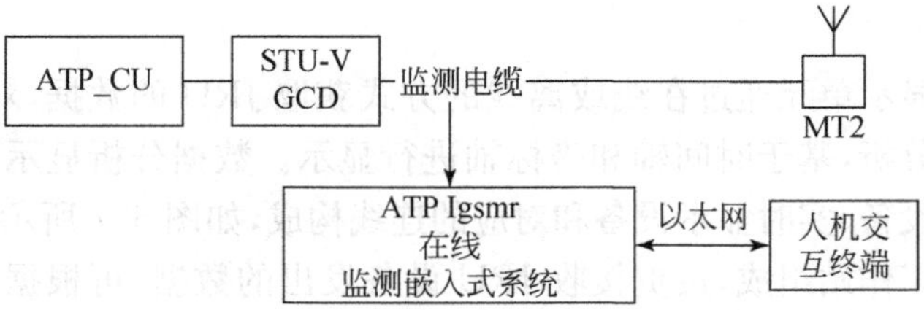

图 5.8 Igsmr 监测示意图

在 ATP 系统的 STU-V GCD 模块与 MT2 模块的 RS422 串口线中并入一条电缆。这条电缆再接入 ATP Igsmr 在线监测嵌入式系统的接口采集板。采集板将电缆上的数据收发信号和握手信号转换成 RS232 串口信号送给监测系统的串口板。这样，监测系统通过这个串口便能获取 ATP STU-V 与 MT2 之间的交互信息。人机交互终端与监测系统通过以太网相连，以方便操作监测系统、查看实时监测信息和下载记录文件。

在线监测嵌入式系统采用 CPCI 平台，包括一块底板、一块主板、一块四口 RS232 串口卡、一块接口采集板和一块电源板。

2. Um 接口监测原理

Um 无线环境监测系统可以对 CTCS-3 应用数据进行监测，获取车载模块与无线网络交互的业务数据，提供通信超时故障发生时，无线接口处 CTCS-3 列控数据的收发记录，可与其他接口数据进行对比分析，定位故障位置；监测 CTCS-3 车载无线通信终端的工作情况，监测分析其收发数据是否正确，与无线网络的交互过程是否正确。

系统使用过程不需要 SIM 卡，不占用 GSM-R 网络资源，也不对外发射任何信号，不影响网络工作，也不影响被监测设备工作；与被监测移动台无须任何连线接触，即可获取其 Um 接口信令，一方面保证对移动台没有影响，另一方面让本系统使用方便；同时监测多个 GSM-R 用户；测试信号强度，并解析其 BSIC；测试物理层原始误码率，而不是一般测试设备输出的接收质量。

CTCS-3 车载设备与 RBC 之间交互的数据均通过无线信号的收发完成。在车载设备的天线附近安装一根监测天线，既可接收车载设备发送给网络的无线电波，又可接收网络发送给车载设备的无线电波。通过抓取这些无线电波，并根据相关规范还原成原始数据，从这些数据中可以提取出车载模块与无线网络交互的过程记录，把这些过程与标准过程对比，可以看出设备工作是否正常。当发生故障时，也可以把这些数据与其他接口的数据进行比对，发现不一致的地方，判断问题所在。

系统组成如图5.9所示，由Um监测接收前端、预处理器、处理和存储中心、操作终端、以太网交换机、天馈系统等组成。

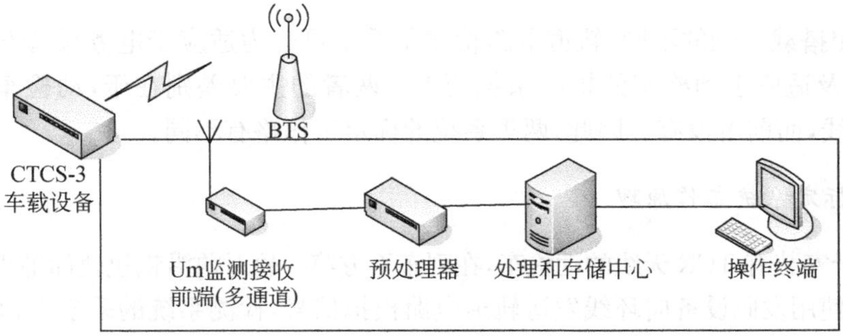

图5.9　Um监测系统

(1)CTCS-3车载设备与网络BTS之间收发的无线电波被安装在附近的天线获取，产生感应信号，送往Um监测接收机。

(2)Um监测接收机接收到信号以后，完成数据的还原工作，获得无线电波上携带的原始数据，这些数据速度很快，数据量大。

(3)预处理器负责将接收机发送过来的大量原始数据进行预处理，以提取其中的有用数据，提取后，数据量大大减少。

(4)处理和存储中心将预处理过的原始数据进行进一步处理，并与时间戳、距离、速度等信息绑定，在本地存储，同时发送给操作终端显示。此外，处理和存储中心也可以把处理后的数据复制，发送给其他设备共享。

(5)操作终端用于实时查看、历史查询。

5.3　系统标定

信号检测包含了两层含义，即通过对现场设备参数的测量，以检验信号系统的性能状态。作为一种更广泛意义上的测量，检测系统的测量值与被测变量的真实值之间总会存在一定的差异，即测量误差。误差的存在影响到了检测数据的可靠性。因此，必须对信号检测系统进行标定，即利用精度高一级的标准器具对其实施定度，以验证系统检测结果的精度、准确性等方面是否满足使用要求。具体而言，即达到以下三个目标：

(1)确定各信号检测子系统的输入、输出关系。

(2)确定各信号检测子系统的静态特性指标。

(3)消除系统误差,改善系统的正确度。

电务检测系统的标定,主要针对轨道电路、牵引回流、应答器三个检测子系统展开。下面将对各个子系统的标定工作进行详述。

5.3.1 轨道电路

依照搭载车辆的不同,轨道电路检测子系统可分为适应于电务试验车的检测系统,以及适应于动检车的检测系统两类。两者的主要差别在于,动检车安装有 TCR 天线,而前者没有。因此,两类系统的标定工作略有不同。

1. 标定系统工作原理

对于安装有 TCR 天线的动检车,在列车下方第一轮对前沿钢轨轨面铺设两条模拟环线,使用发码设备向环线发送轨道电路模拟信号,检测系统的采集端通过 TCR 天线接收感应信号,并送入处理机,经过信号处理后在上位机显示分析结果,并将其与移频表测量所得结果进行比较来标定轨道电路检测系统,如图 5.10 所示。

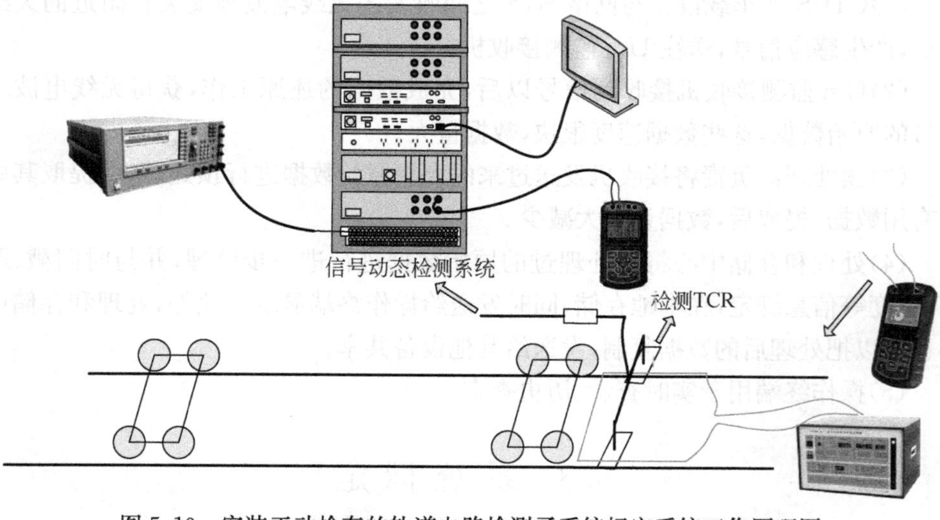

图 5.10 安装于动检车的轨道电路检测子系统标定系统工作原理图

对于电务检测车,使用标准信号发生器将轨道电路模拟感应信号输入检测设备的采集端,经过信号处理后在上位机显示分析结果,并将其与移频表测量所得结果进行比较来标定轨道电路检测系统,如图 5.11 所示。

2. 标定技术指标

轨道电路检测子系统需达到的技术指标如表 5.2 所示。

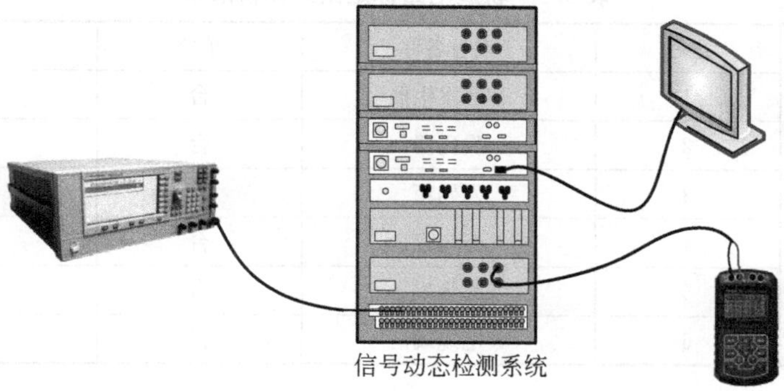

图 5.11　安装于电务检测车轨道电路检测子系统标定系统工作原理图

表 5.2　轨道电路检测子系统的技术指标

检测项目	参数	测量范围	允许误差
轨道电路	载频	0～3000Hz	±0.1Hz
	低频	0～30Hz	±0.02Hz
	谐波	0～10kHz	—
	响应时间	—	<200ms
	信号采样频率	—	>20kHz
	轨道电压(绝对值)	—	≤2mV±2%×示值

3. 标定环境

为了保证标定工作的准确性，系统标定应在专业实验室内进行。若无法满足上述条件，应选取可供检测及标定子系统正常工作的环境。通常，地点选择在车辆段和动车所内进行，此外，要有良好的照明以及以下条件：

(1)供电电源：交流(220±20%)V，(50±2)Hz。

(2)环境温度：车内 0～+40℃，车外 −40～+70℃。

(3)相对湿度：≤95%RH。

(4)大气压力：86～106kPa (海拔 2500m 以下)。

(5)对于停放股道内有轨道电路信号的检测车辆的标定工作，应在切断轨道电路发码设备后进行。

4. 标定系统组成

轨道电路标定系统由信号发生器、移频表、发码箱、发码器、万用表及若干连接线组成，如表 5.3 所示。

表 5.3 轨道电路标定系统设备清单

	序号	设备名称	单位	数量
轨道电路检测系统标定设备	1	信号发生器	台	1
	2	发码器	台	1
	3	发码箱	台	1
	4	万用表	台	1
	5	移频表	台	1
	6	电缆线	根	若干

5. 标定步骤

轨道电路检测子系统的步骤如下：

(1)使用万用表测量检测子系统的供电端是否满足需求。随后，开启信号检测系统，并使其维持在工作状态，检查轨道电路检测系统的以下项目：外形是否完整，是否存在无外观缺陷；机箱各部分螺丝充分紧固，无滑丝、松动；晃动处理机箱体，箱内应无异常响动；处理机系统正常启动，系统程序自动运行；前面板指示灯显示正常，亮度适当。

(2)将标准信号发生器输出端连接信号系统的感应电压采集端口处，将移频表连接在自检端子，如图 5.12 所示。图中，实心线表示系统配线，空心线表示标定试验的连接线。

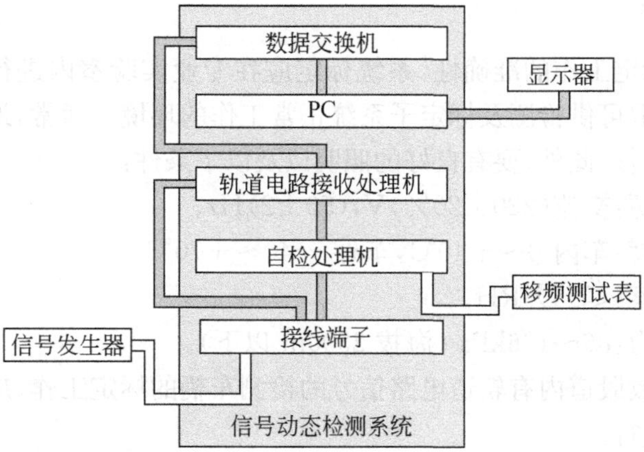

图 5.12 轨道电路检测子系统标定示意图

(3)设置标准信号发生器输出。输出信号参数如下：载频 1700Hz，幅度(VPP 峰值)1V；低频 10.3Hz，频偏 11Hz。

(4)设置移频在线测试记录表。选择 1700Hz，开始记录数据。

(5)数据读取。启动信号动态检测评估系统软件,通过手动设置,使系统稳定在 100km/h 的运行状态,待系统和移频测试表示数稳定后读取测量值并记录。系统测量和移频测试表显示为有效值,在 1V(峰值)的输入信号下,上述两个设备的示数应为 0.707V。

(6)系数调整。开启测试软件的参数设置页面,记录此时系统感应系数。当检测系统示数不为 0.707V 时,应人工手动调整感应系数。若检测系统示数小于 0.707V,将感应系数向上调整;若检测系统示数大于 0.707V,将感应系数向下调整,直到调整使测试系统示数到 0.707V 为止并记录表 5.4。

表 5.4　感应系数校准记录表

调整次数	感应系数	标准信号			仪表测试结果			系统测试结果		
		幅值/V	载频/Hz	低频/Hz	幅值/V	载频/Hz	低频/Hz	幅值/V	载频/Hz	低频/Hz
初始设置										
1										
2										
⋮										

(7)开始检验系统对 ZPW(UM)系列和国内移频轨道电路的测试。根据情况采用本节所述两种方法中的一种。测试完成后,根据技术指标,判断轨道电路检测系统在静态条件下是否满足条件,如果不满足,则将不合格项全部列出。在条件允许的情况下,尽可能选择使用发码箱发码(也可以使用发码器发码),调整发码箱使其输出选择 ZPW-2000/UM71 制式,将发码电流设置为 100mA,将移频测试表选在 ZPW-2000(1700Hz),按照"ZPW(UM71)(100mA)信号检测系统标定记录表"手动调整输出载频和低频,并逐项记录仪表的测试结果和系统测试结果。

(8)电务检测车的测试。在调整好系统的感应系数后,信号检测系统与标定系统设备的连线不变,调整标准信号发生器,使其输出电压为 0.15V,将移频测试表选在 ZPW-2000(1700Hz),按照"ZPW(UM71)(0.15V)信号检测系统标定记录表"调整输出载频和低频,并逐项记录仪表的测试结果和系统测试结果。

(9)高速综合检测列车。在列车下方第一轮对前沿钢轨轨面铺设两条模拟环线,测试环线使用多股铜质非铠装或非屏蔽护套电缆,芯线截面积不小于 $6mm^2$,环线电缆铺设在股道两根钢轨的内侧。在没有铺设正规环线情况下,也可以紧贴钢轨轨面,在接收线圈下方临时铺设简易环线,并连接机车信号发码箱(器)发码。根据设备要求决定是否在环线中串联限流电阻。为了保证简易环线电缆的稳固,可以使用非金属重物压上固定。简易环线两端垂直于钢轨的部分,应分别在距离第一轮对 20cm 范围之内、在距离车钩外方 50cm 范围之外设置，如图 5.13 所示。将移频测试表连接在自检端子，调整其显示，将测得输入信号与系统显示进行比较。

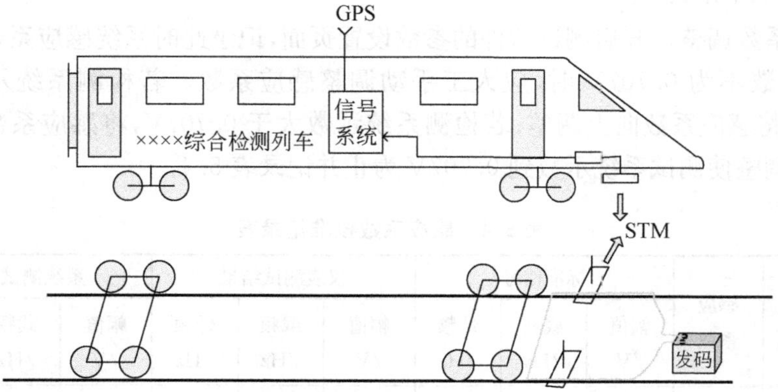

图 5.13 环线法设备连接示意图

(10)检测系统对 50Hz 工频干扰的测试。调整标准信号发生器，使其输出电压为 0.15V，频率为 50Hz，将移频测试表选在电压测试挡，并逐项记录仪表测试结果和系统测试结果。

6. 标定记录

根据《检测和校准实验室能力认可准则》(ISO/IEC 17025:2005)和《检查机构认可准则》(ISO/IEC 17020:1998)关于设备的要求，为保证标定过程及结果准确可信，所有使用的设备必须经过校准。本实验室以外的设备必须保证其满足准则要求。对于本次标定起重要作用的设备，要有详细的设备档案，至少应该包括以下记录：

(1)设备及其软件的识别。

(2)制造商名称、型式标识、系列号或其他唯一性标识。

(3)对设备是否符合规范的核查记录。

(4)当前的位置。

(5)制造商的说明书(如果有)或指明其地点。

(6)所有校准报告和证书的日期、结果及复印件，设备调整、验收准则和下次校准的预定日期。

(7)设备维护计划，以及已进行的维护(适当时)。

(8)设备的任何损坏、故障、改装或修理。

5.3.2　牵引回流

1. 标定系统工作原理

在列车下方第一轮对前沿钢轨轨面铺设两条模拟环线，标定系统大电流发生器向环线发送模拟轨道牵引回流，检测系统通过传感器接收感应信号，并通过电缆将其送入处理机，经过信号调理在上位机显示分析结果，将其与钳形电流表测量所得的结果进行比较来标定牵引回流检测系统电流的测量。

2. 标定技术指标

牵引回流检测系统的测量范围为 0～1000A，允许误差为 1A±2%×示值。

3. 标定系统组成

牵引回流电流测量标定系统由大电流发生器、钳形电流表及大电流试验电缆组成，推荐设备如表 5.5 所示。

表 5.5　牵引回流标定系统设备清单

	序号	设备名称	单位	数量	基本参数
牵引回流检测系统标定设备	1	大电流发生器	个	1	频率 50Hz、电流 0～1000A
	2	大电流试验电缆	m	20	
	3	钳形电流表	个	1	频率 50Hz、电流 0～1000A

4. 标定环境

牵引回流检测系统的标定环境与轨道电路检测系统的标定环境基本相同，但由于大电流发生器的功率较大，应注意检查电源功率是否满足相关要求。

5. 标定方法

(1)系统常规检查。具体步骤见轨道电路相关内容。

(2)布置环线。在列车下方第一轮对前沿钢轨轨面铺设两条模拟环线，测试环线使用专用大电流测试电缆，环线电缆铺设在股道两根钢轨的内侧。在没有铺设正规环线的情况下，也可以紧贴钢轨轨面，在接收线圈下方临时铺设简易环线，并连接大电流发生器。为了保证简易环线电缆的稳固，可以使用非金属重物压上固定。简易环线两端垂直于钢轨的部分，应分别在距离第一轮对 20cm 范围之内、在距离车钩外方 50cm 范围之外设置，如图 5.14 所示。将钳形电流表连接在试验电缆上，调整其显示，将测得电流与系统显示进行比较。

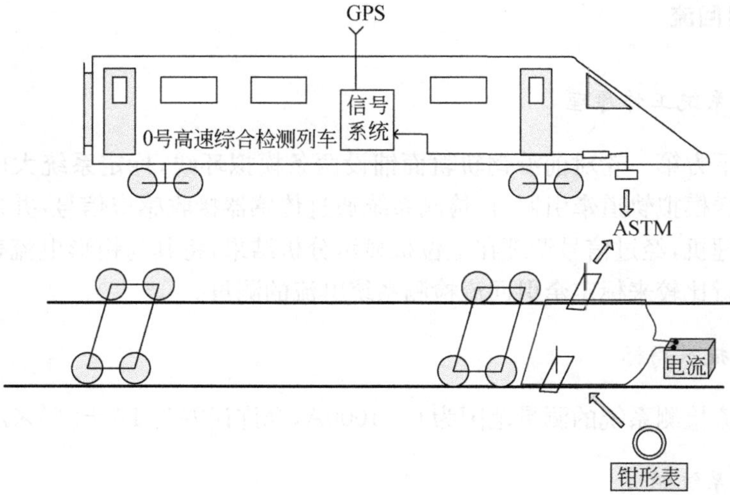

图 5.14 牵引回流检测系统标定示意图

(3)数据读取。启动信号动态检测评估系统软件,通过手动设置,使系统稳定在 100km/h 的运行状态,待系统和钳形电流表示数稳定后读取测量值并记录。

(4)数据记录。调整大电流发生器输出,将输出电流设置为 1A,调整电流表显示,设置感应参数,根据实际情况和需求改变输出电流值,并逐项记录仪表测试结果和系统测试结果,判断牵引回流检测系统在静态条件下是否满足条件,如果不满足,则将不合格项全部列出。

5.3.3 应答器

应答器检测系统的标定是指对检测设备的信号特性、磁场强度和报文处理能力等方面进行全面的测试。共包含如下两个子项目:

(1)远程功率信号场强标定。在现场条件下,对车载应答器检测系统发出的远程功率信号场强符合度进行校准。

(2)车载天线接收性能标定。在现场条件下,对车载应答器检测系统接收、处理来自应答器辐射能力进行标定。

1. 标定系统工作原理

应答器检测系统的标定工作采用以下原理。在检测列车应答器接收天线下方安装参考环线,将功率计与参考环线相连接,通过功率计示数对车载应答器检测系统发出的远程功率信号场强符合度进行校准[10,11]。应答器标定系统工作原理见图 5.15。应答器检测系统工作示意见图 5.16。

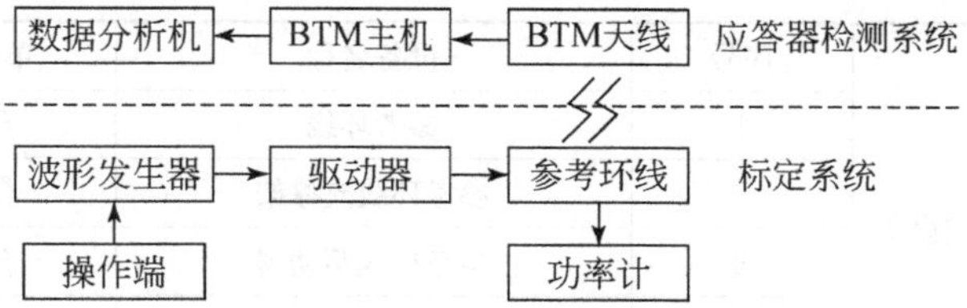

图 5.15　应答器标定系统工作原理图

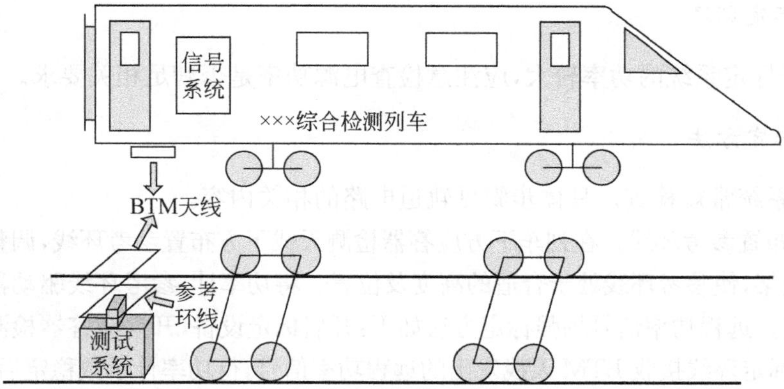

图 5.16　应答器检测系统标定示意图

任意波形发生器向参考环线驱动设备发送上行链路模拟信号，检测系统通过传感器接收感应信号，并送入处理机，经过信号调理在上位机显示分析结果，将其与功率计所得结果进行比较来标定应答器检测系统。

2. 标定技术指标

应答器检测系统的性能指标如下：

(1)下行链路功率载频发送：27.095MHz±1kHz。

(2)上行链路信号接收：中心频率为 4.234MHz±200kHz。

(3)调制频偏：(282.24±5%)kHz。

(4)平均数据传输速率：(564.48±2.5%)Kbit/s。

(5)应答器报文的解析时间：小于 3ms(长帧)。

3. 标定系统组成

应答器检测标定系统由参考环线、参考环线支撑架、参考环线驱动器、功率计、任意信号发生器组成，如表 5.6 所示。

表 5.6 应答器标定系统设备清单

	序号	设备名称	单位	数量
应答器检测系统标定设备	1	参考环线	台	1
	2	参考环线支撑架	台	1
	3	参考环线驱动器	台	1
	4	功率计	台	1
	5	任意信号发生器	台	1

4. 标定环境

由于标定系统的功率较大,应注意检查电源功率是否满足相关要求。

5. 标定方法

(1)系统常规检查。具体步骤见轨道电路的相关内容。

(2)布置参考环线。在列车下方应答器检测天线下方布置参考环线,调整参考环线安装支架,使参考环线处于合适的高度及位置。将功率计、参考环线驱动器与参考环线相连。远程功率信号场强标定方法如下:开启标定设备,开启应答器检测系统电源,使用标定环线接收 BTM 天线发出的远程功率信号,待功率计示数稳定后,读取测量值并记录,判断 BTM 天线发出的远程功率信号是否满足条件,若不满足,则列出。

(3)车载天线接收性能标定。开启测试系统,设置参考环线驱动器的输出功率,开启应答器检测系统软件,待功率计示数稳定后,读取测量值并记录。调整参考环线驱动器的输出功率,将输出电流设置为标准输出电流,并逐项记录仪表测试结果和系统测试结果,判断应答器检测系统在静态条件下是否满足条件,如果不满足,则将不合格项全部列出。

5.4 数据处理及应用

5.4.1 数据处理分析

1. 检测数据智能分析

1)轨道电路检测数据分析

(1)轨道电路数据[12-14]。

通过车载天线采集轨面上的轨道电路信号数据,对轨道电路信号的分析分为频谱分析和幅值分析两大部分。频谱分析又分为载频分析和低频分析,幅值分析分为主信号幅值分析和干扰信号幅值分析。

由于 ZPW-2000(UM)系列轨道电路的载频分为上行载频(2000Hz、2600Hz)和下行载频(1700Hz、2300Hz),所以通过载频切换来减少干扰,保证传输信息的正确性。对于轨道电路载频的分析,以 0.1Hz 为限值,即实际载频的检测值与标准值之差大于 0.1Hz,就认为载频存在问题;对于轨道电路低频的分析,也是以 0.1Hz 为限值,轨道电路低频的实际检测值与标准值之差大于 0.1Hz,就认为低频信息存在问题。

在信号动态检测中,对于轨道电路检测数据的幅值分析,通过以下指标判断一个区段轨道电路传输状态是否合格:

①干扰信号(包括邻线干扰、邻区段干扰和 50Hz 干扰)的电压幅值是否大于 200mV。如果干扰信号的电压幅值大于 200mV,就认为该区段存在干扰问题,可能影响轨道电路设备的正常工作,需要进行现场处理。图 5.17 为轨道电路存在邻区段干扰的典型波形图。图 5.18 为轨道电路存在 50Hz 干扰的典型波形图。

②区段的轨道电路入口电压值及区段内的轨道电路的最小电压值是否大于 200mV。如果某区段轨道电路入口电压小于 200mV,或者区段内轨道电路的最小电压值小于 200mV,则认为该区段轨道电路存在问题,极端情况为轨道电路无码即轨道电路检测电压值为 0mV。图 5.19 为轨道电路无码的典型波形图。

(2)轨道电路信号实时处理及频谱特征提取方法。

列车的高速运行会造成轨道电路信号包络的剧烈变化,站内运行时直接导致信噪比下降。动车组牵引电流干扰、过分相干扰、邻线干扰等电气化干扰也会降低

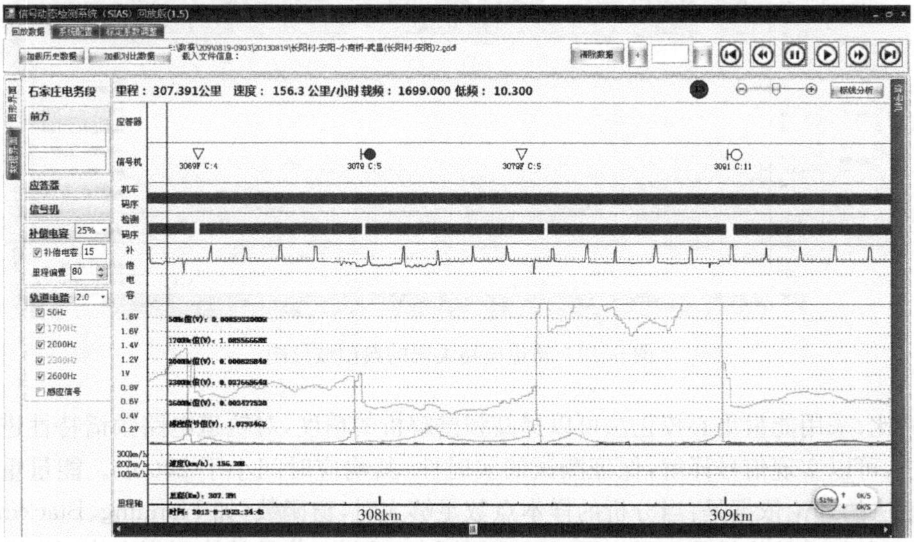

图 5.17　轨道电路存在邻区段干扰的典型波形图

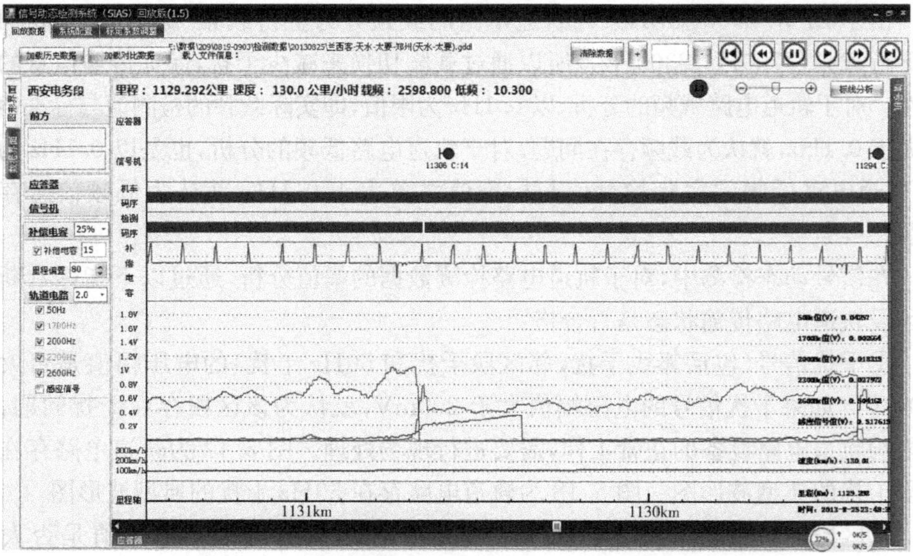

图 5.18　轨道电路存在 50Hz 干扰的典型波形图

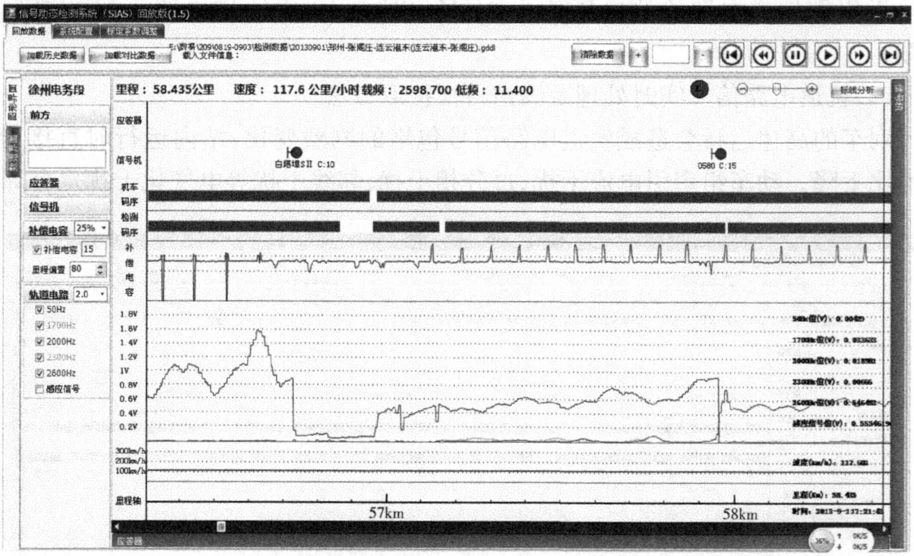

图 5.19　轨道电路无码的典型波形图

信噪比，采用能量重心校正法可以提高频谱解析的精度，对轨道电路频谱特性进行分析，可以实现信号译解，保证测试的实时性，其响应时间小于 200ms。能量重心校正法的理论依据是：当分析的样本点数足够大时，窗函数（如 Hanning、Blackman 等）离散频谱的能量重心无穷逼近于坐标原点。因此，信号的检测频率值可以通过分布在信号真实频率周围的若干谱线来进行校正。

设采样率是 f_s，FFT 的点数为 N。窗函数离散功率谱内，主瓣内峰值的谱线号是 m，功率谱第 i 条谱线值是 Y_i，则主瓣中心频率 x_0 的校正公式为

$$x_0=\left[\sum_{i=-n}^{n}Y_i(m+i)f_s/N\right]/\sum_{i=-n}^{n}Y_i \tag{5.2}$$

根据 Parseval 定理，校正后的幅度为

$$A=\sqrt{k_t\sum_{i=-n}^{n}Y_i} \tag{5.3}$$

式中，系数 k_t 可通过数值方法算出。

校正后的相位为

$$\Phi_m=\arctan\left(\frac{I_m}{R_m}\right)+\left(x_0-\frac{mf_s}{N}\right)\frac{f_s}{N}\pi \tag{5.4}$$

相位连续的 FSK 信号的频谱都是由载频及其附近无限多的成对边频分量构成，因为 ZPW2000 和 UM71 轨道电路信号调制指数变化范围相对较小，所以其能量主要集中在信号的载频附近，如图 5.20 所示。

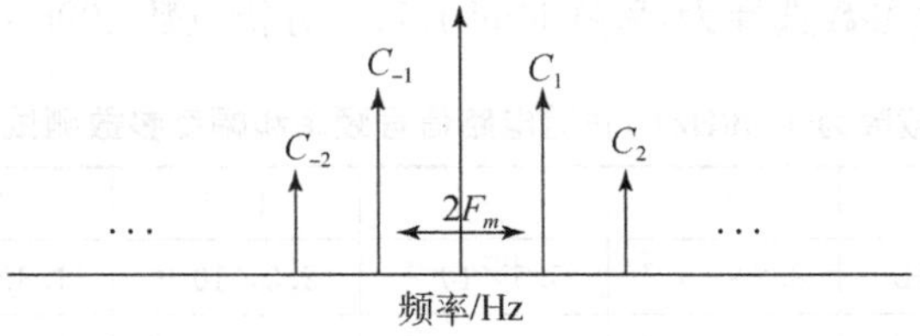

图 5.20　FSK 信号频谱图

信号的译解主要由以下步骤构成：

①判断载频(F_c)。取一定长度的信号点(如 2048 点)做 FFT，根据各个载频处的能量分布大小粗略判断载频所在的位置。然后，根据 ZPW2000 和 UM71 轨道电路信号载频特点，通过设置频率门限来识别它们。

②频域预处理。由于实际的轨道信号中混有大量的噪声和无关信号，直接辨认出真正的 FSK 信号频谱十分困难。为此，采用频谱细化方法，滤除其余干扰谱线，得到载频附近的若干谱线极大值。

③频谱校正。根据式(5.2)～式(5.4)，对细化后的各个谱线的幅度、频率进行一一校正。

④求解 FSK 参数。基于以上校正结果，信号参数可根据 FSK 信号的频谱特点得到。

方波调制的相位连续 FSK 信号是由许多频率成分构成。设信号的 n 次谐波幅度是 C_n，则

$$C_0=\frac{2A_0}{m\pi}\sin\frac{m\pi}{2} \tag{5.5}$$

$$C_n=\frac{2m}{\pi(m^2-n^2)}\cos\frac{m\pi}{2},\quad n\text{是奇数} \tag{5.6}$$

$$C_n=\frac{2m}{\pi(m^2-n^2)}\sin\frac{m\pi}{2},\quad n\text{是偶数} \tag{5.7}$$

对于 ZPW2000 和 UM71 轨道电路信号，采用 F_c 及其周围的几根谱线，求解步骤如下。按照频率大小顺序重新排列校正好的细化谱线。根据谱线对称性找到中心频率，即信号载频 F_c。找到离载频最近且关于载频对称的两根谱线，这两根谱线的间距就是两倍的调制低频(F_m)。根据 C_m 和 C_n，利用曲线拟合方法求出频偏(ΔF)。

调制系数(m)可根据下式得出：

$$m=\frac{\Delta F}{F_m} \tag{5.8}$$

从而得到信号幅度 A_{mp}：

$$A_{mp}=\frac{C_0 m\pi/2}{\sin(m\pi/2)} \tag{5.9}$$

表 5.7 为采用能量重心校正法对载频为 1700Hz 的轨道电路信号进行频谱解析的结果。其中，相关参数选择为：采样时间 1.28s，分析点数 4096 点，采样率 9600S/s。

表 5.7　载频为 1700Hz 时轨道电路信号频率和幅度参数测试误差分析

调制频率		7	9	13.5	17.5	20
载频最大误差	Hz	8.2×10^{-2}	5.5×10^{-2}	2.3×10^{-1}	1.3×10^{-3}	4.0×10^{-6}
	%	1.4×10^{-2}	1.0×10^{-2}	4.2×10^{-2}	2.4×10^{-4}	7.2×10^{-7}
信号幅度最大误差	V	6.8×10^{-3}	1.8×10^{-3}	4.4×10^{-3}	6.7×10^{-3}	2.6×10^{-3}
	%	6.8×10^{-1}	1.8×10^{-1}	4.4×10^{-1}	6.7×10^{-1}	2.6×10^{-1}

(3)基于标准库的轨道电路传输特性检测数据分析判断方法。

基于标准库的轨道电路传输特性检测数据分析判断方法为，将轨道电路传输特性的各类指标的限值汇总为轨道电路传输特性标准库，直接使用轨道电路传输特性的检测数据与标准库进行对比分析，进而判定轨道电路的传输特性是否合格。

在信号检测系统中，加入标准库数据，使用通过计算机程序对轨道电路检测数据进行分析处理，满足标准库的要求即认为该轨道电路传输特性满足要求，不满足标准库要求的就认为该轨道电路传输特性不符合要求。

按照如图 5.21 所示的处理方法和步骤进行轨道电路检测数据的处理分析。根据指标来判断，满足的判为合格，不满足的给出相应的故障分类，从而实现对轨道电路传输状态的综合判断。

2)补偿电容检测数据分析

(1)补偿电容检测。

补偿电容的设置方式采用“等间距法”，即将主轨道电路的长度 L 按补偿电容

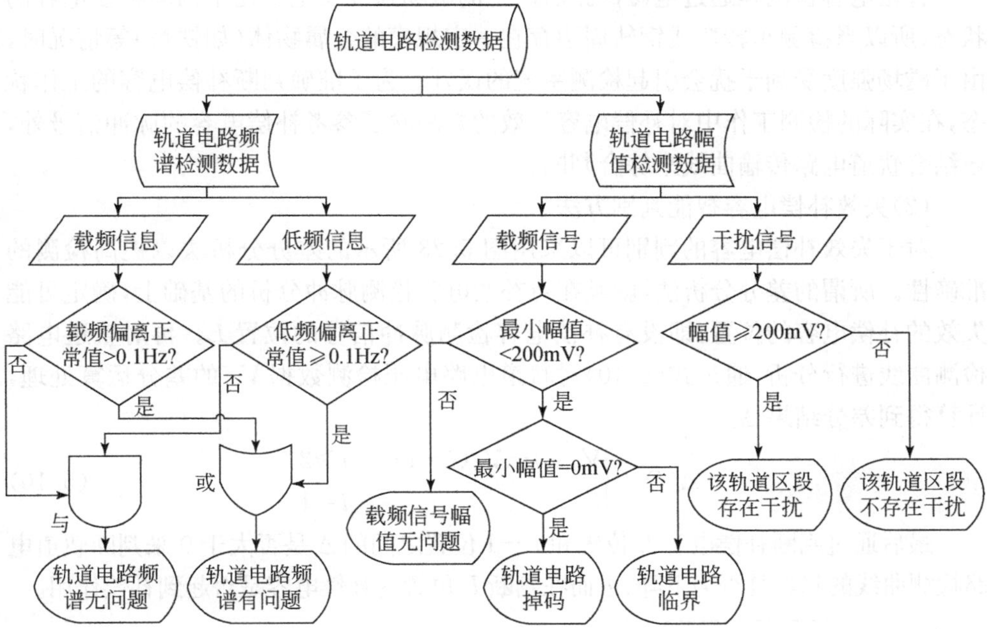

图 5.21 轨道电路检测数据智能分析方法

总量N等分，其步长$\Delta = L/N$，轨道电路两端按半步长$\Delta/2$、中间按全步长Δ设置电容，以获得最佳传输效果。补偿电容是否失效的判断可以通过对相应位置是否存在脉冲信号来进行。图 5.22 为轨道电路区段第 6 个补偿电容失效时的检测波形图。

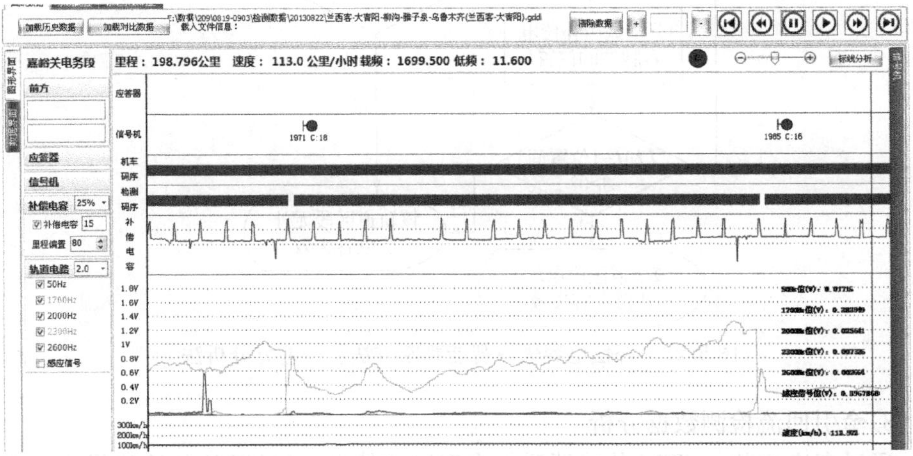

图 5.22 某轨道区段 C_6 失效时的检测波形图

补偿电容检测是通过电磁回路所产生的磁场强度发生变化来判断补偿电容的状态，所以当检测车转弯或钢轨周边存在一定规模的金属物体（如铁桥）等情况时，由于磁场强度受到干扰会引起检测系统的误判。为了准确判断补偿电容的工作状态，在实际的检测工作中对补偿电容失效的判断除了参考补偿电容的脉冲信号外，还结合轨道电路传输曲线来综合判断。

(2)失效补偿电容智能判别方法。

对于失效补偿电容的判别可以采用图 5.23 所示的差分分析法以提高检测的准确性。所谓的差分分析法，就是在对补偿电容检测脉冲分析的基础上，确定可能失效的补偿电容的位置，即没有补偿电容检测脉冲信号的位置 L。再对轨道电路检测曲线进行分析，通过式(5.10)对轨道电路电压检测数据 V_x 的差分运算处理，计算得到差分结果 Δ。

$$\Delta(i)=\begin{cases}V_x(i)-V_x(i-1), & i\geqslant 2\\ 0, & i=1\end{cases} \tag{5.10}$$

最后通过判断补偿电容 L 位置和 $L-1$ 位置之间的 Δ 是否大于 0 来判断轨道电路检测曲线的趋势是否为下降，进而在判断 L 位置的补偿电容是否起到补偿作用。

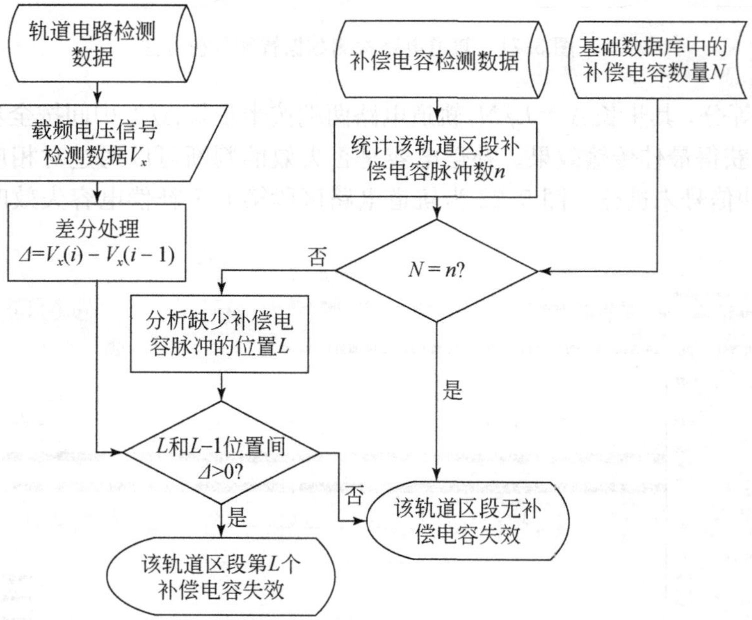

图 5.23　补偿电容失效智能判断方法——差分分析法

3)牵引回流检测数据分析

通过车底安装 ASTM 传感器采集牵引回流信息，经过通信传输线缆引入牵引回流采集处理单元。通过高速采集及 A/D 转换得到感应信号原始波形数据，并经过数字滤波得到滤波波形数据及回流信号幅值，并通过高速 A/D 采集转换得到线路曲线数据，然后分别显示左、右轨电流值和两轨电流的差值，如图 5.24 所示。

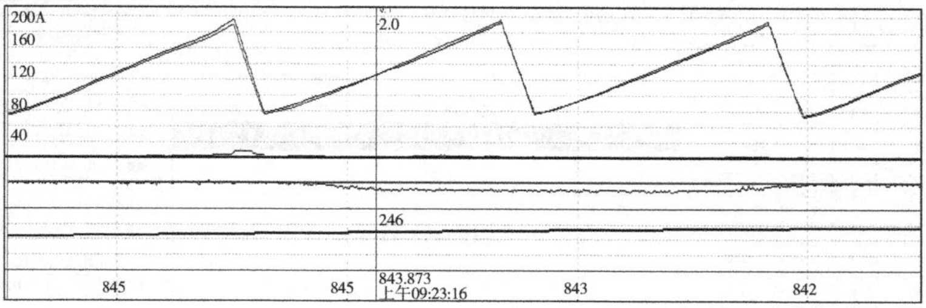

图 5.24　牵引回流检测截图

在检测中，当轨道电路检测发现 50Hz 干扰时，牵引回流检测数据显示左、右轨不平衡，用于辅助分析干扰的产生，如图 5.25 所示。

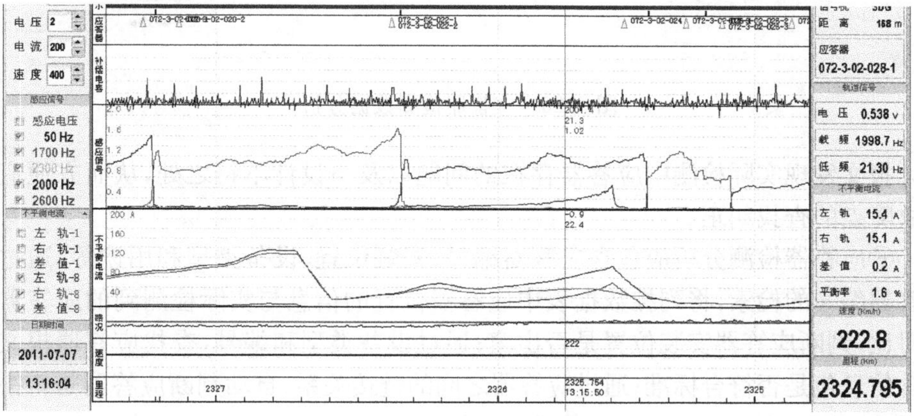

图 5.25　轨道电路 50Hz 干扰及牵引回流

4）应答器检测数据分析

（1）应答器检测[15]。

应答器检测数据分析能够实现应答器报文的解析分析、上行链路电气特性参数分析、报文图形化显示；实现应答器报文数据与设计文件中对应答器报文、应答器组类型和用途、应答器里程位置等内容的对比，并在图形中突出显示；实现应答器上行链路电气特性参数变化趋势的分析，应答器报文导出、应答器分析报表输出。应答器检测数据分析如图 5.26 所示。

应答器测试分析主要实现以下功能：

①应答器报文解析、比对、分析功能。

②应答器报文误码率、有效率分析功能。

③应答器上行链路信号强度、功率、作用范围、频谱特性测试功能。

④应答器 BTM 天线电磁环境测试功能。

⑤应答器检测分析应能通过对比检测接收报文和列控数据表中的对应应答器

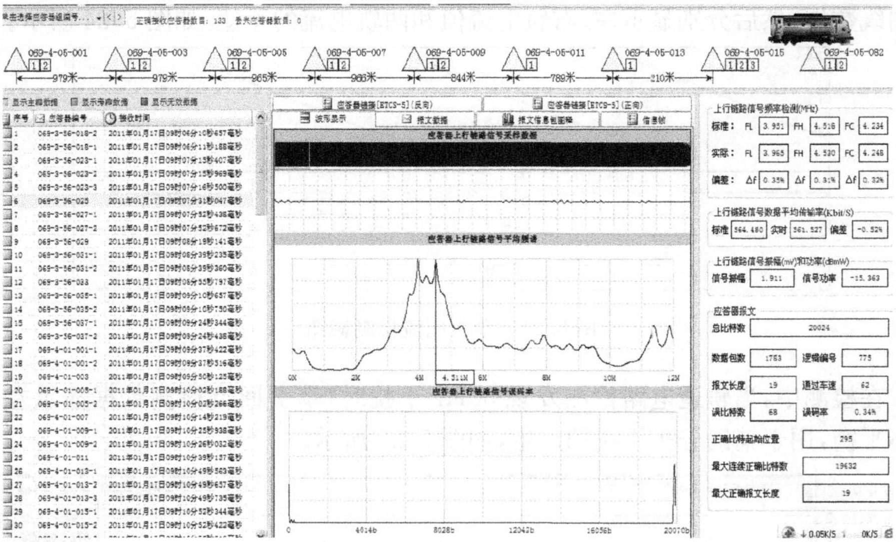

图 5.26　应答器检测数据分析

设计报文发现实际检测中应答器存在的问题以及与设计不符之处，从而方便应答器故障点的查找纠正。

⑥应答器检测分析应包含应答器编号、安装位置、设备类型和用途等，通过对应答器编号的检索，将列控数据表中应答器位置的信息与实际检测到的应答器进行对比，判断应答器安装位置是否出窗；通过设备类型和编号，查找应答器报文中所含信息包是否符合标准；通过应答器之间的链接关系，自动判断应答器是否丢失等，如图 5.27 所示。

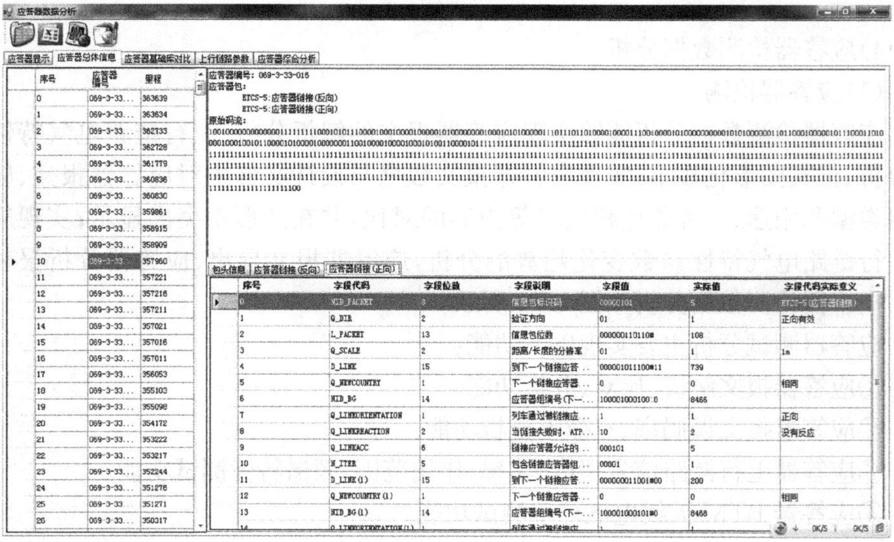

图 5.27　应答器检测数据统计

(2)基于时域过零检测与频域分析相结合的上行链路信号电气参数分析[16]。

基于时域过零点检测法进行上行链路信号的解调是以估计过零点与信号理论转换点的最小偏差作为优化目标,在“0”与“1”码之间进行循环比较,最终找到精确的 bit 转换点位置,实现对上行链路信号的高精度解调。

过零点检测法对上行链路信号进行解调,算法设计如图 5.28 所示。

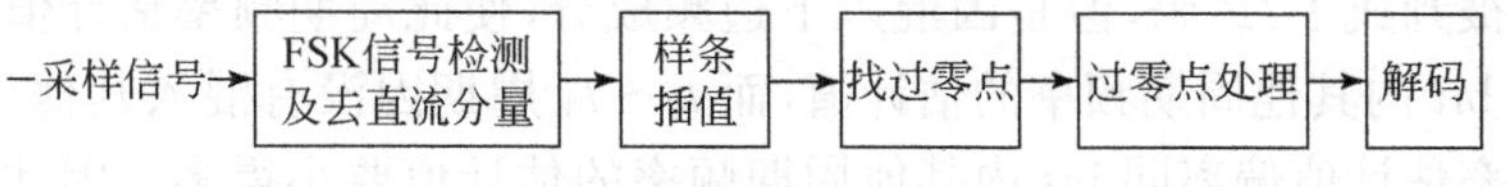

图 5.28　上行链路信号解调过程

采样信号经过去直流预处理后通过样条插值将采样率提高 10 倍,使得“1”码和“0”码的一个周期分别对应 110.72 和 126.55 个采样点(两者相差约 16 个),提高译码准确性;然后通过线性插值的方法寻找过零点进行解码处理:频率值大于 4.234MHz 的判为“1”码,小于等于 4.234MHz 的判为“0”码。在解码过程中,每周期频率计算按式(5.11)进行:

$$f=\frac{500M}{\text{相邻 0 相位过零点位置之差}} \tag{5.11}$$

表 5.8 为采用该方法得到的实际 bit 转换点测试结果。以 MTIE 估算为例,取最大误差为 8,求得其估计精度为 16ns,优于规范要求的 50ns 精度。

表 5.8　准确 bit 转换点测试结果

序号	信号上边频/MHz	信号下边频/MHz	偏离距离最大值	平均偏离距离
1	4.516	3.951	7	2.8164
2	4.458	4.022	8	3.5938
3	4.654	3.895	8	2.2227

(3)MTIE 和码元速率。

MTIE 和码元速率估计的关键是找准确的 bit 转换时刻。通过上述解码操作已经可以粗略地判断出各 bit 的起止位置,在此基础上按图 5.29 所示方法寻找准确的 bit 转换点。

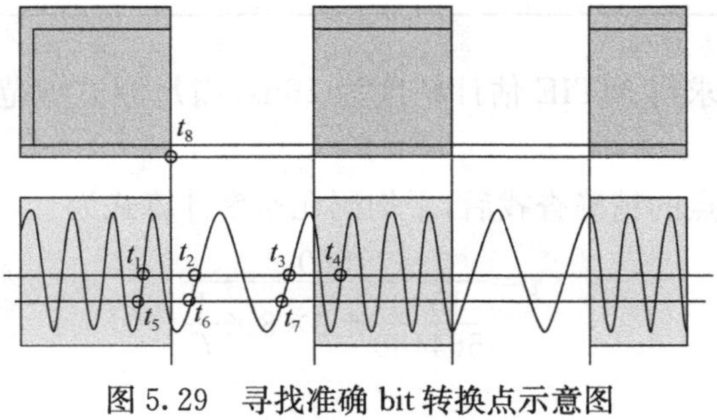

图 5.29　寻找准确 bit 转换点示意图

图 5.29 中，t_1、t_2、t_3、t_4 是找出的 0 相位过零点，$t_1 \sim t_2$ 周期因上边频成分多被判成了“1”码，$t_2 \sim t_3$ 周期被判成“0”码，$t_3 \sim t_4$ 周期被判成“1”码。把后一个过零点作为粗略的 bit 转换点，得到 t_2 和 t_4。对于 t_2 点，真实的转换点位置在 t_8 处，因此下面要对 t_2 进行修正。修正步骤如下。

①判断真实转换点在粗略估计分隔点的左边还是右边。如图 5.29 所示，$t_1 \sim t_2$ 周期虽然被判成了“1”码，但是因混入下边频成分，使此周期频率估计值很大程度上偏离同 bit 内其他周期频率的估计值，而 $t_2 \sim t_3$ 周期因没有混入其他成分，所以此周期频率估计值偏离同 bit 内其他周期频率的估计值要小得多。因此哪边的偏离程度大，真实转换点就在粗略估计分隔点的哪边。同时检查偏离程度，如果两边的偏离程度都很小，则认为此粗略估计转换点即为精确估计转换点，接着对下一个粗略估计点进行修正。

②将粗略估计转换点向真实转换点的方向移一段距离（如两个点的距离），如图 5.29 所示，假设 t_2 点左移到了 t_6 点，以 t_6 点的函数幅值作一条水平线，找在同一水平线上左右两个相邻的同相位的点 t_5 和 t_7，这样 $t_5 \sim t_6$、$t_6 \sim t_7$ 就构成了新的两个周期，计算这两个新周期的频率估计值。$t_5 \sim t_6$ 周期上边频成分增多、下边频成分减少，自然使得此周期估计值向此 bit 其他周期频率估计值平均值靠拢，而 $t_6 \sim t_7$ 周期仍然没有混入其他成分，使得它的偏差较小。检查此时两边的偏差，如果两边的偏离程度都很小，则认为此点即为精确估计转换点，接着对下一个粗略估计点修正。

如果偏差仍然很大，则返回步骤②，继续移动判断。真实转换点与粗略估计点的距离最多半个多周期，因此在一个周期内不断移动判断即可。

表 5.9 显示了采用该算法找准确 bit 转换点的测试结果。

表 5.9　找准确 bit 转换点测试表

序 号	信号上边频/MHz	信号下边频/MHz	偏离距离最大值	平均偏离距离
1	4.516	3.951	7	2.8164
2	4.458	4.022	8	3.5938
3	4.654	3.895	8	2.2227

按上述方法可求得 MTIE 估计精度为 16ns，满足测试规范要求优于 50ns 的精度要求。

完成比特转换点的精确查找后，平均码元速率计算式为

$$v=\frac{1500}{\frac{1500}{564480}\pm 2\times 8\times \frac{1}{f_s}} \tag{5.12}$$

可以求得最大误差为 6.8bit/s，满足测试规范要求的优于 100ppm① 的精度要求。

(4)频率。

上行链路信号频率采用逐段分析法，定义一个窗口，每次截取一定长度的数据。测试完后窗口后移，继续测试直至数据结尾，任何一次测试不通过都将判为不合格。具体步骤如下：

①为测试数据开始的 16bit 提供一个 16bit 的窗口。

②对于该窗口内的每一个 bit 计算出它的平均频率。

③对于窗口内的 bit 找出“0”bit 平均频率的最小值 f_{Lmin} 和最大值 f_{Lmax}，再以同样方式找出“1”bit 平均频率的最小值 f_{Hmin} 和最大值 f_{Hmax}。

④在最差情况下，综合 f_{Lmin} 和 f_{Lmax} 以及 f_{Hmin} 和 f_{Hmax}，要求满足步骤①～③，窗口内的“0”bit 平均频率的平均值作为下边频的估计值，“1”bit 平均频率的平均值作为上边频的估计值。

⑤窗口向后移 1bit，重复步骤②～⑤，直到测试数据结束。

(5)幅度抖动。

幅度抖动需要计算中心窗 W_i 与长时间窗 W_m 内的平均幅度之比。其中 W_m 窗为 50～100μs，即 28～56bit，W_i 窗同信号数据位等长，约为 1.77μs。W_i 窗位于 W_m 窗的中心。对于正弦信号，单位时间内的能量为

$$P=\frac{1}{T}\int_T x^2(t)\mathrm{d}t=\frac{A^2}{2} \tag{5.13}$$

因此平均幅度的计算公式为

$$\overline{A}=\sqrt{2}\sqrt{\frac{1}{T}\int_T x^2(t)\mathrm{d}t} \tag{5.14}$$

对于离散数据 W_i，窗口内的平均幅度为

$$\overline{A_i}=\sqrt{2}\sqrt{\frac{1}{N}\sum_N x^2[k]} \tag{5.15}$$

式中，N 为 W_i 窗口内采样点数；$x[k]$为 W_i 窗口内采样值。W_m 窗口的平均幅度类推。

(6)带宽。

根据测试规范需求，需要验证前、后两个 1MHz 窗内的信号能量值之和应至少 10dB 衰减于中心频率附近 1MHz 窗内的信号能量。

1MHz 带宽内能量的计算可通过频域积分实现：

$$P_{(3.734\sim4.734\mathrm{MHz})}=\frac{1}{2\pi}\int_{3.734}^{4.734}F(\mathrm{j}w)F^*(\mathrm{j}w)\mathrm{d}w \tag{5.16}$$

若为离散信号，则按式(5.17)计算：

① 1ppm$=10^{-6}$，下同。

$$P_{(3.734\sim4.734\text{MHz})}=\frac{1}{2\pi}\sum_{3.734}^{4.734}F(k)F^{*}(k) \tag{5.17}$$

按照要求，带宽频率分辨率要优于 10kHz，在采样率 500MHz 下，FFT 需要 500MHz/10kHz=50000 点即可，1bit 内采样点数为 500MHz/564.48kHz，则取至少 57bit 做 FFT 即满足要求。

5）车载 ATP 数据分析

车载列控设备监测需要采集车载 ATP 运行过程中输入和输出的信息，同时对车载设备的工作状态和司机的操作进行记录、显示及分析，实现对车载 ATP、线路数据等进行检测分析。

车载 ATP 数据分析以 CTCS-2、CTCS-3 级列控车载 ATP 系统为监测对象，采集车载设备的状态数据和运行数据等关键数据，并通过在线的方式，将数据传递给信号检测系统数据接口设备。利用采集到的数据，进行集中的数据存储、分析和实时显示，如图 5.30 所示。

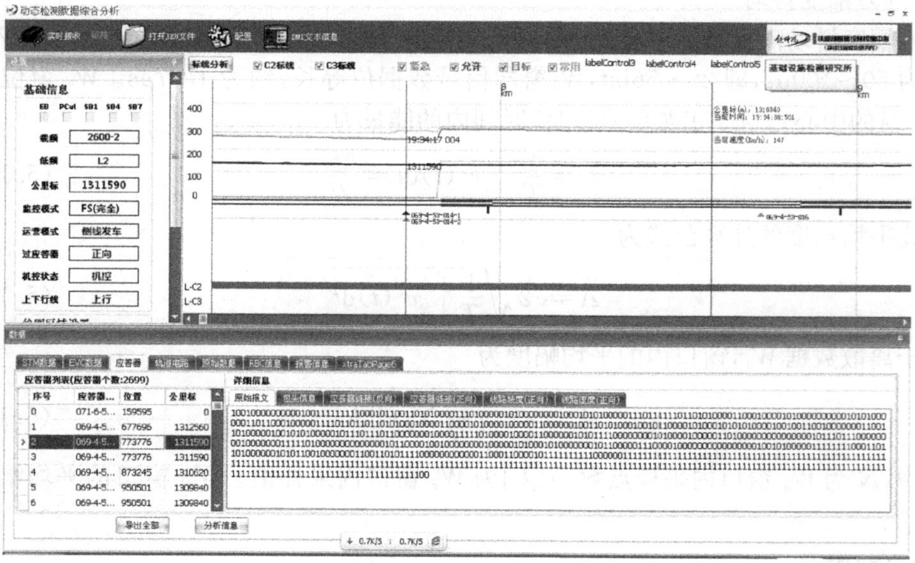

图 5.30　车载 ATP 运行数据分析

6）车载 Igsmr 接口数据分析

车载 Igsmr 接口监测主要采集车载 ATP 设备 GCD 与 MT 之间的接口数据，实时无扰监测和记录 ATP 与 RBC 各层之间的消息交换（包括物理层、链路层、网络层、传输层、安全层和应用层消息）。

列控车载设备与地面通信过程中的问题及常见故障，通过对车载 Igsmr 接口数据分析可以得出，包括如下：

(1)通过分析接收到的无线通信消息，自动报警发现的故障或问题。能够自动分析出的故障包括 MT 无法注册网络、MT 无响应、接收到数据无效、呼叫无载波、MT 错误、呼叫无载波、MT 异常重启、呼叫无响应和信号电平质量差等。

(2)对于所有接收到的数据，自动整理保存为 Excel 表格文件，便于事后对数据的保存、查找及问题的详细分析。

(3)所有接收到的数据被存储到综合数据存储转发服务器内，便于综合系统数据分析使用。

7)车载 Um 无线环境监测数据分析

车载 Um 无线环境监测是对 CTCS-3 应用数据进行监测采集，获取车载模块与无线网络交互的业务数据，提供通信超时故障发生时，无线接口处 CTCS-3 列控数据的收发记录，可与其他接口数据进行对比分析，定位故障位置；并且监测 CTCS-3 车载无线通信终端的工作情况，监测分析其收发数据是否正确，与无线网络的交互过程是否正确。

对数据分析通过以下三方面进行：

(1)利用查询和测量报告报表功能，导出关心时间段内的 ATP 测量报告。从这些数据中，可以看到接收电平、接收质量两种数据。这些数据反映了 ATP 通信模块实际接收到的信号强度和误码等级。

接收电平是 ATP 通信模块接收到的无线信号强度。它的取值范围为－110～－47dBm，－47dBm 表示信号大于等于－47dBm。通常，根据经验值，以－70～－80dBm 为门限来判断接收电平是否足够高。

接收质量用 0～7 级来表示。0 级表示最好，7 级表示最差。根据经验值，取 5 级作为判断门限。

(2)查询层 3 信令。通过层 3 信令的记录情况，反映信令信道是否正常。在通信模块正常工作的情况下，ATP 通信模块会频繁向网络发送“测量报告”这条信令，反映在监测数据上，就是会频繁地看到无线链路上行方向(即车载发，地面收)有测量报告记录。此外，网络也会频繁地向车载模块发送各种“系统消息”，反映在监测数据上，就是会频繁地看到无线链路下行方向(即地面发，车载收)有系统消息。

(3)可以查询 C3 数据，反映业务信道是否正常。在实际运行中，ATP 会不断向 RBC 发送数据，RBC 也会不断向 ATP 发送数据。反映在监测数据上，就是会看到无线链路上行方向和下行方向上有数据记录。

8)车载列控设备 EMC 监测数据分析

通过采集列控系统设备附近线路电磁环境数据来实时测试分析设备的工作状态，主要包括车载列控系统信息采集各部件周围电磁环境及其信号电缆耦合的电磁干扰监测，可同时监测记录电磁干扰的时域特性和频域特性。具体监测的对象和内容包括以下两个方面：

(1)监测 GSM-R 车载天线、车载 BTM 天线周围的空间电磁骚扰。监测在上述天线附近的电磁骚扰的频率分布情况、电磁骚扰场强，分析电磁骚扰与列车运行状态之间的关系，对监测到的场强数据进行分析和统计，得到电磁骚扰的幅度概率分布。

(2)监测 BTM 天线、STM 天线、速度传感器(包括多普勒雷达测速器)和 ATP 系统内部的 ProfiBus 信号电缆中耦合的传导干扰电压或电流。监测在上述部件信号电缆上耦合的传导骚扰电压和电流的频率分布情况、强度，分析这些电磁骚扰与列车运行状态之间的关系，对监测到的骚扰信号数据进行分析和统计，得到电磁骚扰的幅度概率分布。

对采集到的数据进行进一步数据处理，如统计分析，或取电磁骚扰的 APD 特性。

2. 信号检测数据管理平台

1)平台特点

信号检测数据管理平台是铁路系统地面数据存储管理系统的一部分，管理的检测数据量庞大，不同检测车、检测项目也多。同时，由于检测数据是在高速强振动、强电磁干扰环境下采集的，实测的检测数据可能存在异常值，检测历史数据存在微小位置偏差。因此，海量检测数据需利用数据库的多级存储管理和备份体系结构，实现检测数据集中统一管理。

信号检测数据管理平台实现检测数据集中统一存储，具备数据查询访问、安全防护等管理功能，实现以检测数据为核心的检测数据接收、数据综合分析处理以及分析结果发布的网络系统，支持与铁路总公司、铁路局和维修部门的数据交互，包括支持分析报告和决策建议的发布、支持维修单位对检测数据和详细分析报告的下载、获取维修单位的维修反馈信息、支持设备台账信息及线路地理信息等的获取。登录界面如图 5.31 所示。

图 5.31　信号检测数据管理平台

2)平台功能

信号检测数据管理平台以 B/S 方式实现对数据库的访问和管理,用户可以利用系统提供的各项检测数据及对检测问题的分析信息,为信号设备维修、维护提供指导;可以获取包括检测报告在内的各类检测数据(检测原始数据、检测报告文件、检测数据分析结果等);可以对检测发现的问题进行跟踪管理(检测问题的记录、整改反馈等);可以对检测数据进行历史对比分析,及时掌握信号设备运用状态的变化情况;可以下载信号检测数据综合分析系统软件及相关运行环境软件,实现对检测数据的综合分析功能。系统能够实现对检测中心动检车、电务检查车和全路电务试验车的检测数据进行管理。信号检测数据管理平台结构图如图 5.32 所示。

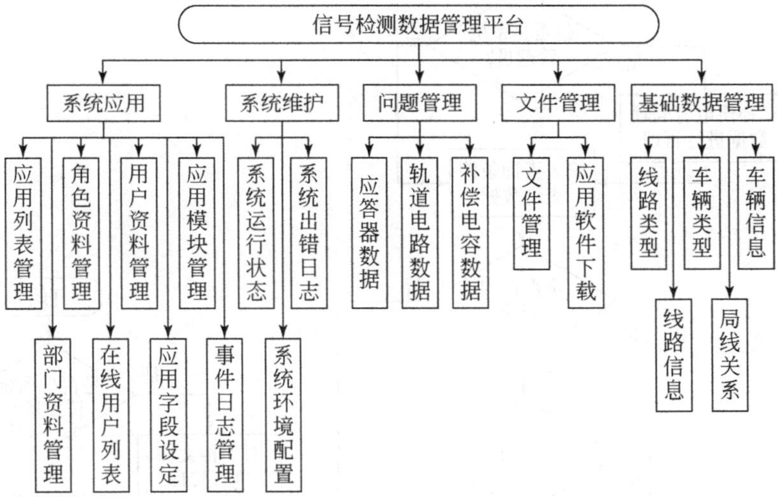

图 5.32　信号检测数据管理平台结构图

(1)系统应用。系统应用模块主要用来维护整个系统的操作使用,包括应用列表管理、应用模块管理、部门资料管理、角色资料管理、用户资料管理、事件日志管理、应用字段设定、在线用户列表等。

(2)系统维护。系统维护分为系统运行状态显示、系统出错日志和系统环境配置。

(3)问题管理。该部分主要包括补偿电容数据、轨道电路数据、应答器数据等相关问题和反馈管理。例如,补偿电容数据管理模块的模块查询条件输入项为所在路局、所属线路、检测车辆、起始检测日期(日期类型)、终止检测日期(日期类型)、上下行、是否反馈、是否审核;反馈输入项为整改前电流、电压、容值,整改后电流、电压、容值,生产厂家、使用年限、检查时间、克服时间、整改措施、反馈人。补偿电容问题的处理流程如图 5.33 所示。

(4)文件管理。该部分提供检测数据文件和分析应用软件供各铁路局相关人员下载使用。主要包括:①文件管理——检测数据,检测计划、日报、月报的上传下载管理;②应用软件下载——分析应用软件、实用工具下载;③文件管理中提供文件的查询、上传和下载。上传文件时,需要选择能够浏览该文件的路局、文件的类型、检测的车辆和文件的路径。文件下载处理流程如图 5.34 所示。

(5)基础数据管理。基础数据管理分为选择项信息、字典信息等基础数据,包括:①线路类型(线路的类型);②线路信息(线路的描述信息);③车辆类型(检测车的类型);④车辆信息(检测车的描述信息);⑤局线关系(设置路局所包含的线路)。

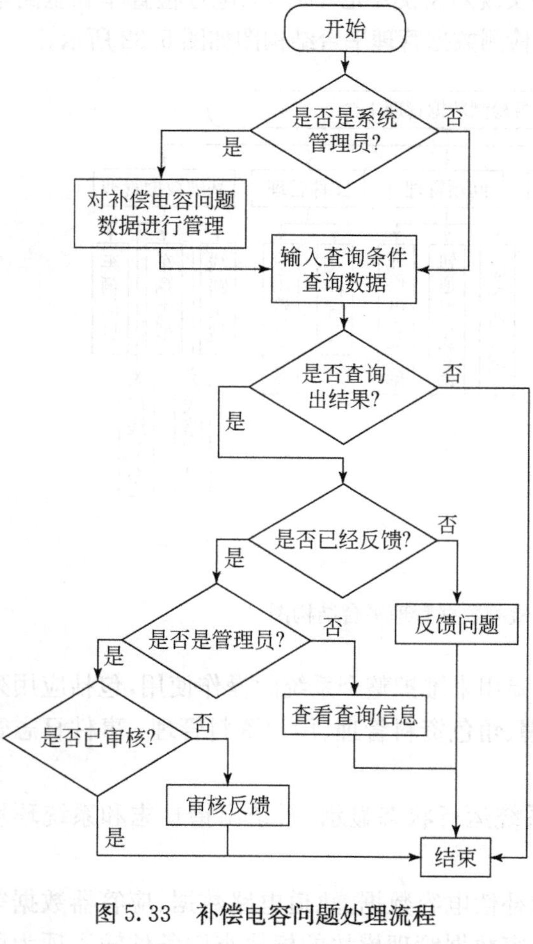

图 5.33　补偿电容问题处理流程

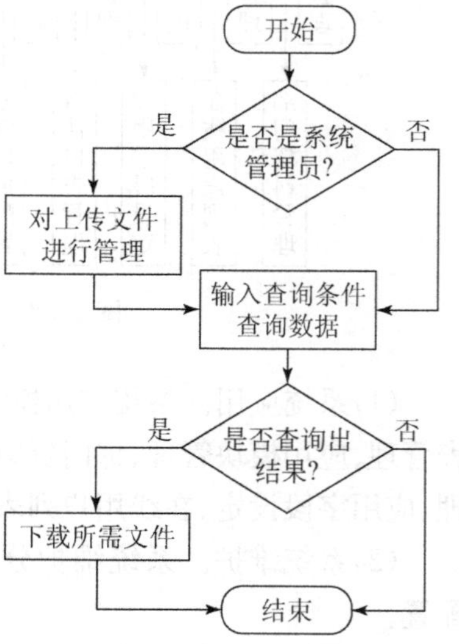

图 5.34　文件下载处理流程

信号检测数据管理平台自布置使用以来,可实现对信号设备台账、检测数据、检测报告、检测用户的管理,实现检测结果发布登记、问题整改反馈、复测销号等工作过程的闭环管理;同时,能够承载检测数据的分析处理任务,通过各类数据的管理及检测数据的分析,为维修维护工作提供有效支持。

3. 信号检测数据综合分析

1)系统特点

“信号检测数据综合分析系统”是以信号机静态数据库、应答器位置表等多种设计文件为基础，结合 JRU 车载、轨道电路、补偿电容、牵引回流及应答器等多种检测数据在同一时空坐标中进行分析显示。该系统应用于地面数据处理中心，对高速铁路检测数据进行综合分析，满足高速铁路运行安全和列控系统动态检测需求，可实现信息共享，为地面信号设备的维修和维护工作提供支持。该系统分析界面见图 5.35。

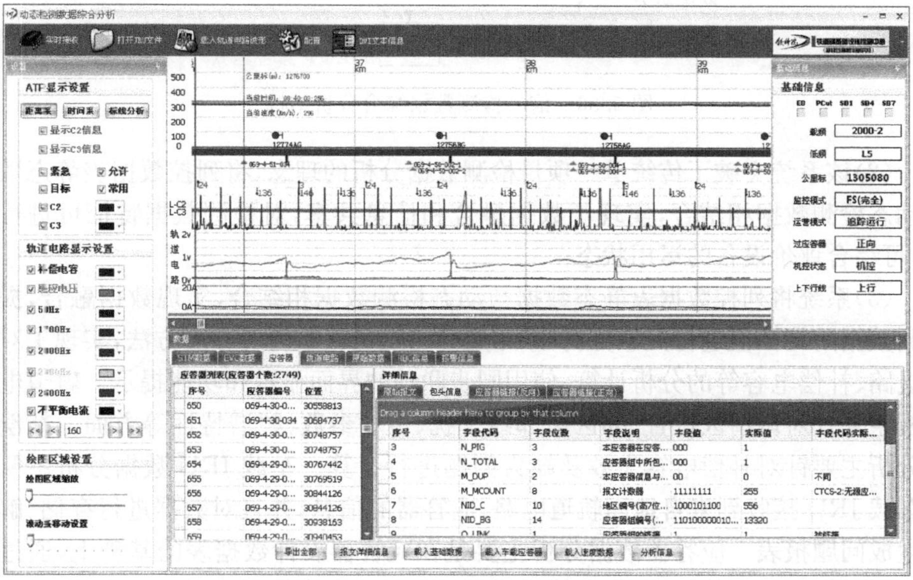

图 5.35　信号检测数据总分析系统

(1)该系统采用分层式结构设计，可实现基于同一时空坐标的多项目检测数据融合和多项目检测数据集中处理。系统可分为三层，分别为各子系统数据分析层、数据处理层、界面显示层，如图 5.36 所示。各子系统数据分析层包括对各子专业检测数据进行数据载入、数据解析、问题判断等功能，即从专业角度对数据进行分析处理，并将处理数据按不同格式存储。数据处理层是对各专业子系统数据分析层的数据根据程序处理上的不同需要，将不同种类的数据、不同格式数据等进行汇总、重新分类，为界面显示层的显示提供便利。界面显示层是将上两层处理完成的数据根据需求分析中提出的功能进行显示。系统分为四个模块，分别为轨道电路数据智能分析模块、应答器数据智能分析模块、JRU 数据智能分析模块和检测数据管理模块。该系统实现了对检测数据存储、统计、查询、回放等管理功能；实现了对检测数据对比分析、历史分析、关联分析等综合、智能融合分析处理功能。

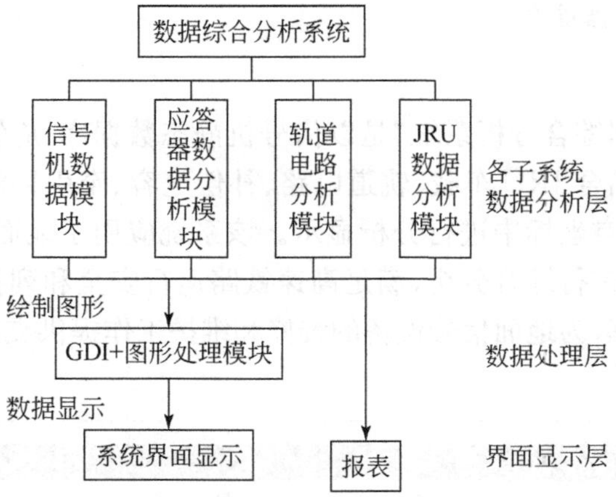

图 5.36 信号检测数据综合分析结构

(2)该系统突破了传统单一项目检测数据分析的理念,将列控数据表静态数据与动态检测数据相结合,实现了数据融合和信息共享,对检测数据特征可进行分析,可综合评价设备的运用状态。

(3)系统将列控数据表静态数据与动态检测数据相结合,实现数据融合,提取检测数据的特征值进行关联分析,采用定性与定量相结合的分析方法,实现了对轨道电路、补偿电容等的分析计算,使用同步联动的界面显示和功能提示。轨道电路分析主要针对调谐区位置、邻区段邻线干扰、传输参数、频谱特性等方面。补偿电容分析主要针对补偿电容失效及缺失问题进行计算。车载 JRU 数据分析主要包括车载 JRU 接收到来自地面轨道电路、应答器的信息,并且对数据进行存储、解析及生成问题报表。应答器数据分析主要是在应答器设计数据表的基础上,通过对比检测数据与设计数据表,在应答器报文解析、分析、应答器位置、应答器报文误码率、应答器上行链路信号电气特性及应答器 BTM 天线电磁环境等方面进行分析。

2)系统功能

(1)数据显示。

①C2、C3 制动等级显示。通过车载 JRU 接入列车运行记录制动等级数据,用不同的颜色表示不同的制动等级。C2 级包括 SB1、SB4、SB7、EB;C3 级包括 SB、EB。

②列控等级。根据列车运行等级,显示列控系统的工作状态,处于 C3 或 C2 模式,显示级间转换的过程。

③速度显示。速度显示分三块:列车运行速度、允许速度和制动速度。

④车-地通信显示。显示车与地面 RBC 通信的模式,"↑"表示地-车通信,"↓"表示车-地通信,数字代表不同的信息。例如,单击"↑24",界面显示信息内容"提前停车请求"和 RBC 信息,同时显示 Igsmr 和 Um 接口监测数据信息进行比较。

⑤轨道电路低频信息显示。轨道电路低频信息显示分为两部分:一部分是以

时间为横轴的车载低频显示，另一部分是以校准后的里程为横轴的检测系统显示。比较两部分的差异，分析轨道电路检测的掉码问题。

⑥时间、里程。车载运行数据以时间和相对里程为横坐标，车载数据时间要与检测系统一致，可将检测数据时间根据车载进行修正。综合分析显示里程根据应答器位置信息进行修正，可手动调整，使里程与检测数据里程保持一致。

⑦轨道电路、补偿电容、牵引回流检测波形。

⑧应答器检测数据。

(2)问题报警、综合分析报表输出。

①轨道电路报表输出，包括轨道电路干扰、轨道电路无码，以及轨道区段补偿电容丢失统计。

②应答器报表输出，包括应答器位置偏差、应答器丢失、应答器报文错误、应答器与设计文件不符，以及应答器发送默认报文(列控中心或 LEU)。

(3)列控数据故障报表数据。

①无线故障点位置、发生时间、问题原因。

②车载 ATP 非正常级间转换。

5.4.2 评价方法

1. 轨道电路工作状态评估

1)层次分析法

采用层次分析法(analytic hierarchy process，AHP)对轨道电路整体工作性能进行尝试性评估。其评估流程图如图 5.37 所示。

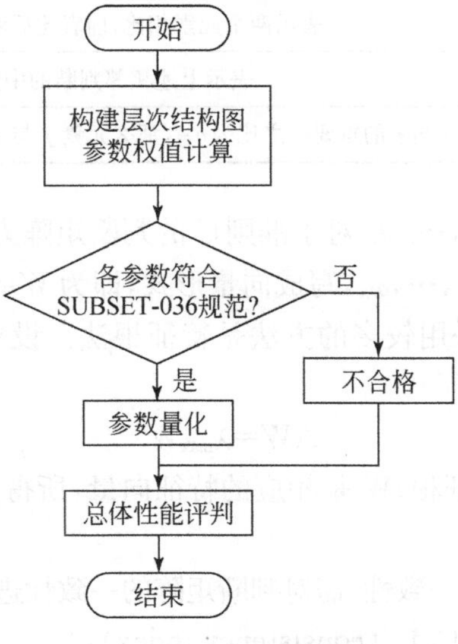

图 5.37　评估流程图

层次分析法是一种定性分析与定量分析相结合的系统分析方法，是将人的主观判断用数量形式表达和处理的方法。运用层次分析法进行系统分析、设计、决策时，可分为如下四个步骤：

(1)分析系统中各因素之间的关系，建立系统的递阶层次结构。

(2)对同一层次的各元素关于上一层中某一准则的重要性进行两两比较，构造两两比较的判断矩阵。

(3)由判断矩阵计算被比较元素对于该准则的相对权重。

(4)计算各层元素对系统目标的合成权重，并进行排序。

在层次分析的结构模型中，复杂问题被分解，分解后各组成部分称为元素，这些元素又按属性分成若干组，形成不同层次。同一层次的元素作为准则对下一层的某些元素起支配作用，同时它又受上面层次元素的支配。设上一层元素 C 为准则，所支配的下一层元素为 $u_1,u_2,\cdots,u_n$，下一层元素对于准则 C 的相对重要性即权重。确定权重用两两比较方法。其方法是：对于准则 C，元素 u_i 和 u_j 哪一个更重要、重要的程度如何，通常按 1～9 比例标度对重要性程度赋值。表 5.10 中列出了 1～9 标度的含义。

表 5.10 标度的含义

标度	含义
1	表示两个元素相比，具有同样的重要性
3	表示两个元素相比，前者比后者稍重要
5	表示两个元素相比，前者比后者明显重要
7	表示两个元素相比，前者比后者强烈重要
9	表示两个元素相比，前者比后者极端重要
2、4、6、8	表示上述相邻判断的中间值
倒数	若元素 i 与 j 的重要性之比为 a_{ij}，那么元素 j 与元素 i 重要性之比为 $a_{ji}=1/a_{ij}$

已知 n 个元素 $u_1,u_2,\cdots,u_n$ 对于准则 C 的判断矩阵为 A，求 $u_1,u_2,\cdots,u_n$ 对于准则 C 的相对权重 $\omega_1,\omega_2,\cdots,\omega_n$，写成向量形式，即为 $W=(\omega_1,\omega_2,\cdots,\omega_n)^{\mathrm{T}}$。

在计算相对权重时采用较多的方法是特征根法。设求得的判断矩阵为 A，按下式求其特征值：

$$AW=\lambda_{\max}W \tag{5.18}$$

式中，$\lambda_{\max}$是 A 的最大特征根；W 是相应的特征向量，所得到的 W 经归一化后就可作为权重向量。

为了保证判断矩阵的一致性，需对判断矩阵的一致性进行检验。具体步骤如下：

(1)计算一致性指标 C. I.（consistency index）：

$$C.I.=\frac{\lambda_{max}-n}{n-1} \tag{5.19}$$

(2)查找相应的平均随机一致性指标 R.I.(random index)。表 5.11 给出了 1～15 阶正互反矩阵计算 1000 次得到的平均随机一致性指标。

表 5.11　平均随机一致性指标 R.I.

矩阵阶数	1	2	3	4	5	6	7	8
R.I.	0	0	0.52	0.89	1.12	1.26	1.36	1.41
矩阵阶数	9	10	11	12	13	14	15	
R.I.	1.46	1.49	1.52	1.54	1.56	1.58	1.59	

(3)计算性一致性比例 C.R.(consistency ratio):

$$C.R.=\frac{C.I.}{R.I.} \tag{5.20}$$

当 C.R.<0.1 时,认为判断矩阵的一致性是可以接受的;当 C.R.≥0.1 时,应该对判断矩阵进行适当修正。

2)轨道电路工作状态评价

采用 AHP 法对轨道电路的工作状态进行评估。若轨道电路有一项指标不合格,则给出该轨道电路不合格的结论,构建其层次结构如图 5.38 所示。

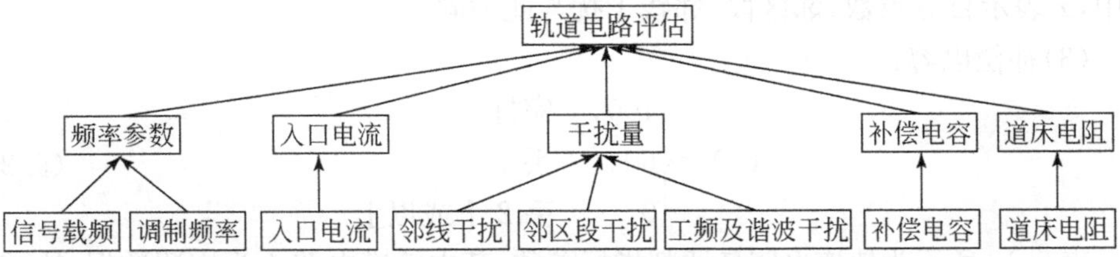

图 5.38　轨道电路评估结构层次图

各性能指标权值如表 5.12 所示。

表 5.12　轨道电路性能参数权值计算结果

	相对权值	子性能指标	相对权值	最终权值
频率参数	0.20	信号载频	0.50	0.125
		调制频率	0.50	0.125
入口电流	0.20	入口电流	0.20	0.125
干扰	0.20	邻区段	0.25	0.093
		邻线	0.25	0.093
		工频,谐波	0.5	0.187
补偿电容	0.20	补偿电容	0.10	0.125
道床电阻	0.20	道床电阻	0.10	0.125

各指标的转换函数如下。

(1)载频误差：

$$f(x)=\begin{cases}100, & |x|<0.5 \\ -35.5556x^2+35.5556x+91.111, & 0.5\leqslant|x|<1.25 \\ 35.5556x^2-142.2222x+202.2222, & 1.25\leqslant|x|\leqslant 2 \\ 0, & |x|>2\end{cases} \tag{5.21}$$

调制频率、入口电流、道床电阻：

$$s(x)=\begin{cases}100, & \text{符合标准} \\ 0, & \text{不符合标准}\end{cases} \tag{5.22}$$

(2)干扰。以不平衡牵引电流工频干扰为例，现场试验结果显示，当不平衡电流小于 15A(50Hz 对应感应电压约为 124mV)时，对机车信号接收没有影响，而此时测得信号幅度有效值约为 490mV，两者比为 25%；理论要求不平衡牵引电流应小于 100A，相对应 50Hz 工频干扰幅值约为 827mV(169%)，故可得

$$s(x)=\begin{cases}100, & |x|<25 \\ -0.0039x^2+0.1929x+97.5887, & 25\leqslant|x|<97 \\ 0.0039x^2-1.3040x+170.1890, & 97\leqslant|x|\leqslant 169 \\ 0, & |x|>169\end{cases} \tag{5.23}$$

式中，x 表示百分点数，邻区段、邻线干扰与此类同。

(3)补偿电容：

$$s(x)=\begin{cases}100, & \text{完好} \\ 60, & \text{丢 1 个} \\ 0, & \text{丢 2 个或以上}\end{cases} \tag{5.24}$$

表 5.13 所示为轨道电路各评判指标参数，其中轨道电路 1 为实测数据，轨道电路 2、3 为模拟数据。表 5.14 所示为根据本书提出的评估方法得到的详细评估结果。

表 5.13 轨道电路各性能参数结果

轨道电路参数	轨道电路 1	轨道电路 2	轨道电路 3
信号载频/Hz	2298.9	1699.9	2300.7
调制频率/Hz	21.3	10.3	19.1
入口电流	是	是	是
邻区段/mV	0.301	0.221	0.201
邻线/mV	0.702	0.543	0.253
工频/mV	66.611	472.3	700
补偿电容	完好	完好	丢 1 个
道床电阻	是	是	是

表 5.14　轨道电路评估结果

轨道电路参数	权值	轨道电路 1	轨道电路 2	轨道电路 3
信号载频	0.125	100	82	98
调制频率	0.125	100	100	100
入口电流	0.125	100	100	100
邻区段	0.093	100	100	100
邻线	0.093	100	100	100
工频	0.187	100	80	62
补偿电容	0.125	100	100	60
道床电阻	0.125	100	100	100
综合评价	总分	100	93.81	87.44
	等级	优	优	良

图 5.39 和图 5.40 分别为轨道电路总体评估结果及各参数的评估结果。

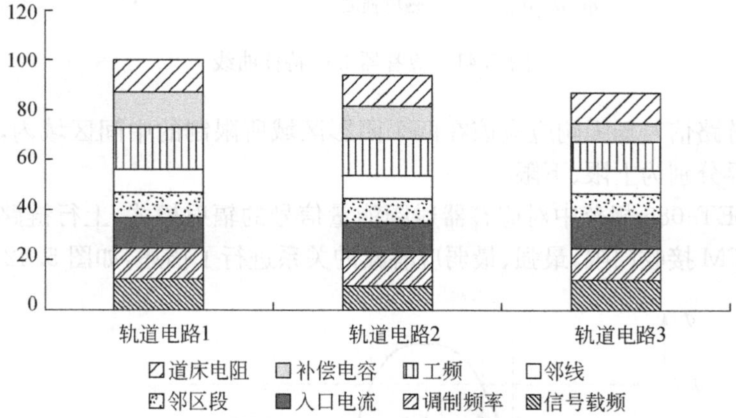

图 5.39　轨道电路总体评估结果

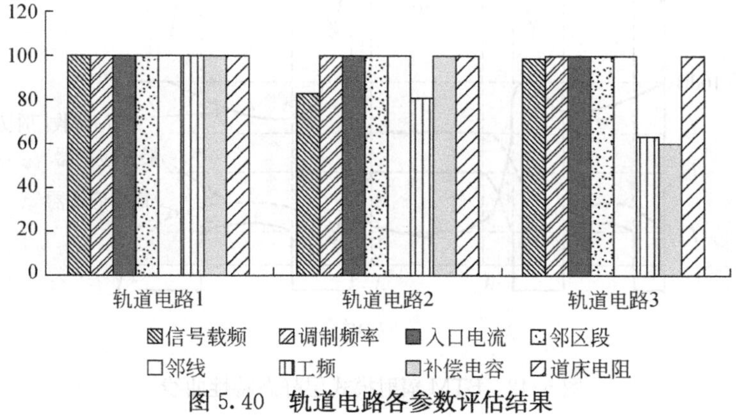

图 5.40　轨道电路各参数评估结果

2. 应答器工作状态评估

对应答器工作状态的评估需要先对应答器 I/O 特性、应答器上行链路信号电气参数进行评估，然后再对应答器系统进行更高层次的综合评估。

1)理论基础

按照 SUBSET-036 规范对应答器 I/O 特性进行了阐述，如图 5.41 所示。

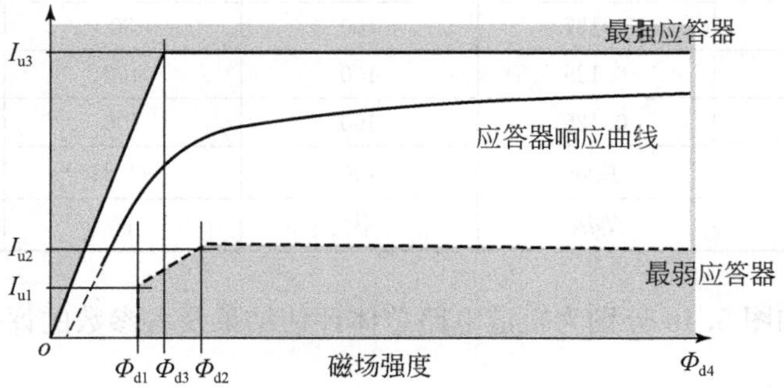

图 5.41 应答器 I/O 特性曲线

上行链路信号场强响应应该在两个阴影区域所限制的中间区域内，两个阴影区域的边界分别为上限、下限。

SUBSET-085 规范中对应答器射频能量信号的辐射模式，上行链路信号的辐射模式，BTM 接收门限，最强、最弱应答器的关系进行了描述，如图 5.42 所示。

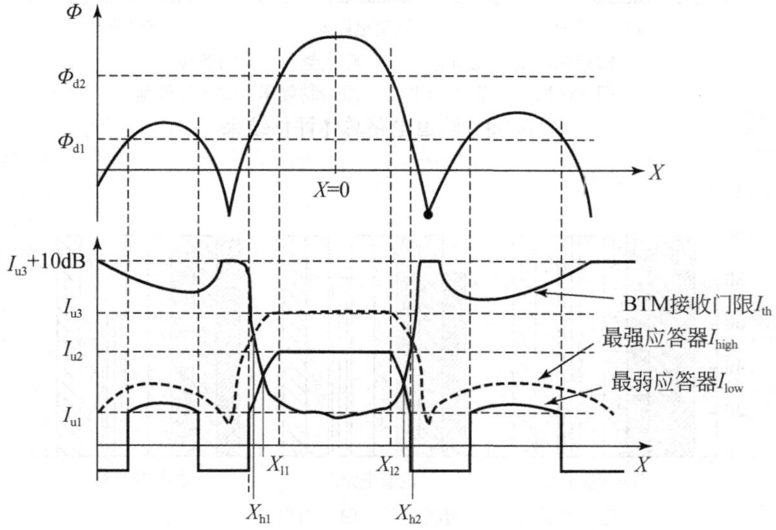

图 5.42 BTM 辐射模式层静态特性曲线

图 5.42 中，第一条曲线为应答器射频能量信号辐射模式曲线，即射频能量辐射强度 Φ 随天线与应答器相对位移的变化曲线。在 $X=0$ 位置处，天线与应答器中心点对齐，应答器可接收到的射频能量最大。图 5.42 中"BTM 接收门限 I_{th}"描述了 BTM 在 $\Phi(X)$ 辐射模式下于不同 X 坐标处对于上行链路信号的接收门限值，超过此门限 BTM 可以进行解调层的工作。实际上，不同厂商或者不同批次的应答器 I/O 特性有一定的离散性，SUBSET-036 规范中定义了最强应答器和最弱应答器，由此推出最强和最弱应答器上行链路信号辐射模式曲线分别如图中"最强应答器 I_{high}"与"最弱应答器 I_{low}"所示。而实际应答器的上行链路信号辐射模式应该在这两条曲线之间。两条曲线与"BTM 接收门限 I_{th}"的交点不同，分别是 X_{h1} 与 X_{h2}、X_{l1} 与 X_{l2}。显然，在(X_{h1}，X_{h2})、(X_{l1}，X_{l2}) 两个区间，分别为最强、最弱应答器的作用范围，在此区域内 BTM 能够正常启动针对最强或者最弱应答器的解调层工作。

2)评估方法及结果分析

(1)应答器 I/O 特性评估。

由于 SUBSET-085 规范以及静态标定的上行链路信号辐射模式曲线是电流 I_u 关于 X 的函数，而高速检测车应答器检测系统所记录的上行链路信号包络为电压 U 关于 X 的函数，所以需要将静态标定的最强、最弱应答器上行链路信号辐射模式曲线转换成电流 I_u 关于 X 的曲线才能与现场记录的上行链路信号辐射模式进行比较。图 5.43 和图 5.44 是转换单位后的比较结果。

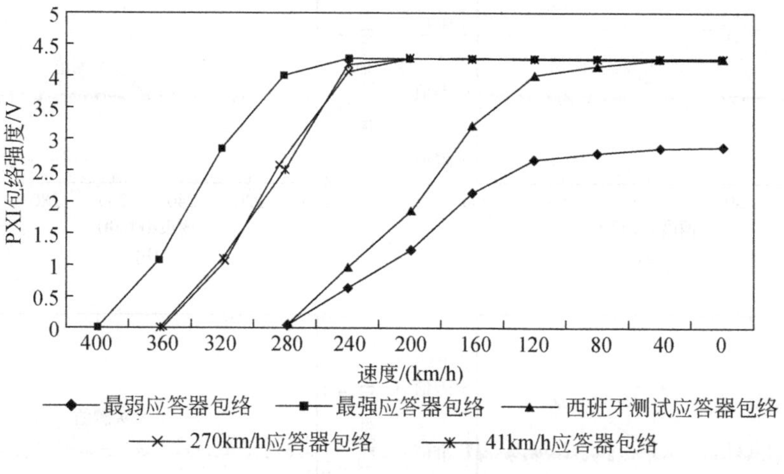

图 5.43　应答器 I/O 特性评估(横向)

(2)应答器上行链路信号电气参数评估。

应答器检测系统将在高速条件下对地面应答器进行实时检测并记录相关数据，其中，应答器上行链路信号电气参数包括中心频率、上边频、下边频、带宽、调制速率、MTIE 等。对试验数据进行后续的分析、挖掘，包括准确性分析和重复性分

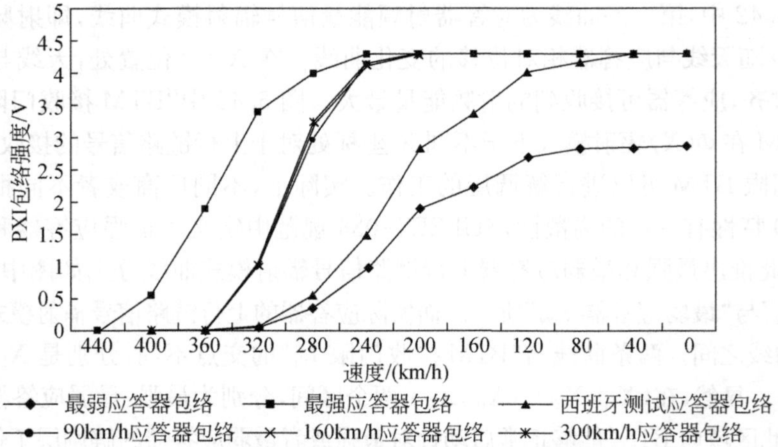

图 5.44　应答器 I/O 特性评估(纵向)

析等,分析结果如下。

①准确性分析。准确性分析主要是对检测系统采集到的数据进行统计分析。考察各参数实际测量值与规范要求标准值之间的差异,以验证检测系统在不同速度条件下的工作性能是否达标。图 5.45 为对检测结果中心频率的准确性分析。

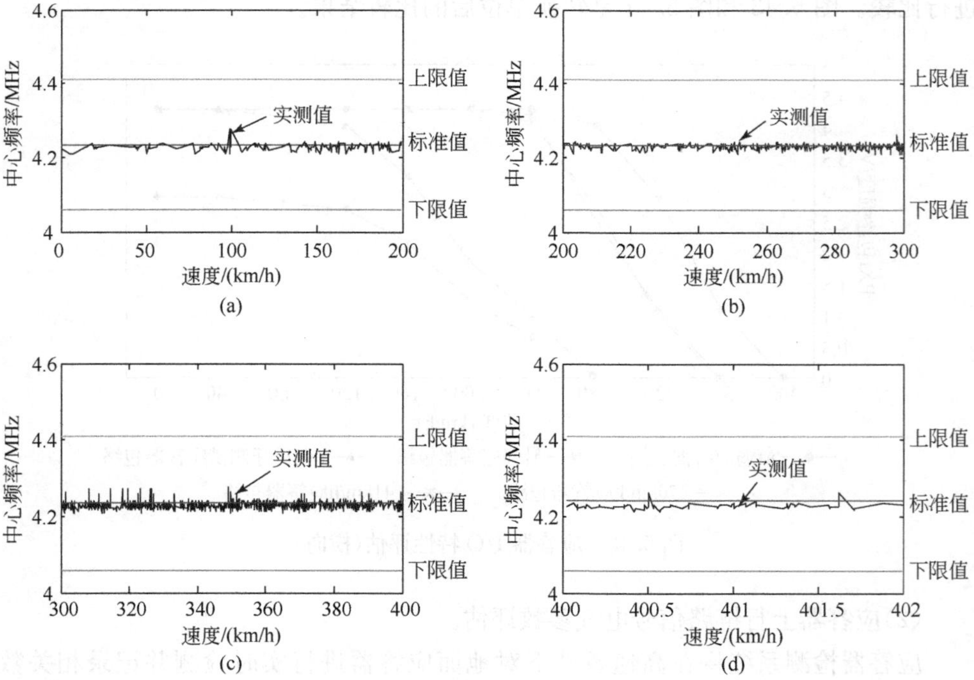

图 5.45　中心频率检测结果准确性分析(1 车)

②重复性分析。图 5.46 显示了对检测结果中心频率的重复分析，中心频率的标准差为 0.005871MHz，置信区间为[4.212454，4.247680]MHz。

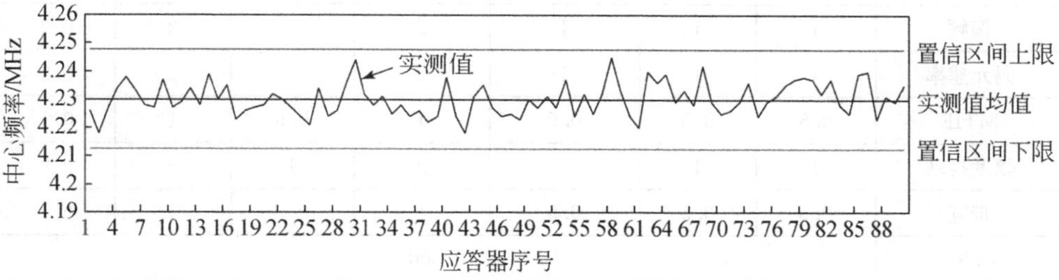

图 5.46 中心频率检测结果重复性分析

3)应答器系统整体性能评估

按照 AHP 方法构建应答器评估的层次结构如图 5.47 所示。

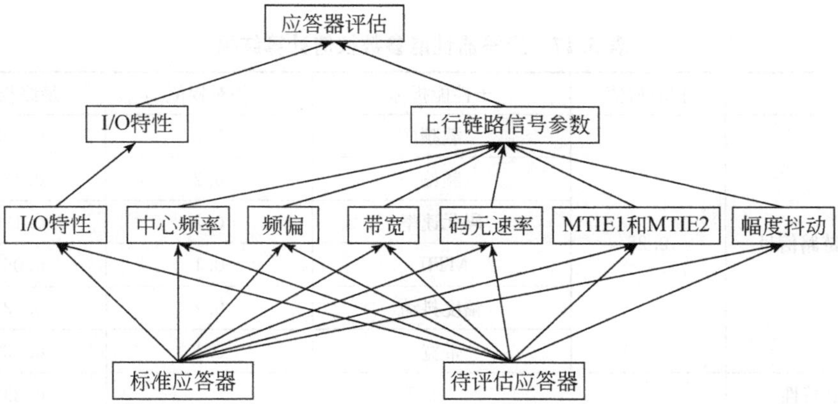

图 5.47 应答器评估层次结构图

采用两两比较的方法得到各层指标的判断矩阵，并采用最大特征值法计算相对权重。表 5.15 和表 5.16 列出了构建的判断矩阵及其权重计算结果。

表 5.15 第二层判断矩阵及相对权重计算结果

	上行链路信号参数	I/O 特性	相对权重
上行链路信号参数	1	1/3	0.25
I/O 特性	3	1	0.75
C. R.	0.000		

表 5.16　第三层判断矩阵及相对权重计算结果

	载频	偏频	码元速率	MTIE	幅度抖动	带宽	相对权重
载频	1	1	1	2	1	2	0.2
偏频	1	1	1	2	1	2	0.2
码元速率	1	1	1	2	1	2	0.2
MTIE	0.5	0.5	0.5	1	0.5	1	0.1
幅度抖动	1	1	1	2	1	2	0.2
带宽	0.5	0.5	0.5	1	0.5	1	0.1
C. R.	0.000						

在图 5.47 中可以看到应答器上行链路信号有六个子性能指标，而 I/O 特性只有一个即自己本身，在这种子性能指标数量相差较多的情况下，根据“层次结构独立性原理”需要对计算得到的相对权重进行必要的修正。表 5.17 为修正后的权值。

表 5.17　应答器性能参数权值计算结果

	相对权值	子性能指标	相对权值	最终权值
上行链路信号	0.25	载频	0.2	0.133
		频偏	0.2	0.133
		码元速率	0.2	0.133
		MTIE	0.1	0.067
		幅度抖动	0.2	0.133
		带宽	0.1	0.067
I/O 特性	0.75			0.333

应答器各参数实际测量值在数值大小及单位上均各有不同。为了便于比较，采用 Z 型隶属度函数将各参数转换到统一的分值量化区间。以上行链路信号载频参数为例，规范要求载频需满足：4.234MHz±175kHz，按表 5.18 构建分值转换函数。

表 5.18　载频参数分值转换标准

载频误差绝对值/kHz	分值
25	100
100	80
175	60

根据表 5.18 的信息构建由分段二次函数得到的分值转换公式为

$$
s(x)=\begin{cases}100, & |x|<25 \\ -0.0036x^2+0.1778x+97.7778, & 25\leqslant|x|<100 \\ 0.0036x^2-1.2444x+168.8889, & 100\leqslant|x|\leqslant175 \\ 0, & |x|>175\end{cases} \tag{5.25}
$$

图 5.48 所示为式(5.25)在区间[0,175]kHz 内的曲线，可以看到，该曲线在测量误差与分值量化间的映射关系是一一对应的，该曲线两端变化缓慢，中间变化较快，可以有效地将不同载频值区分开来。

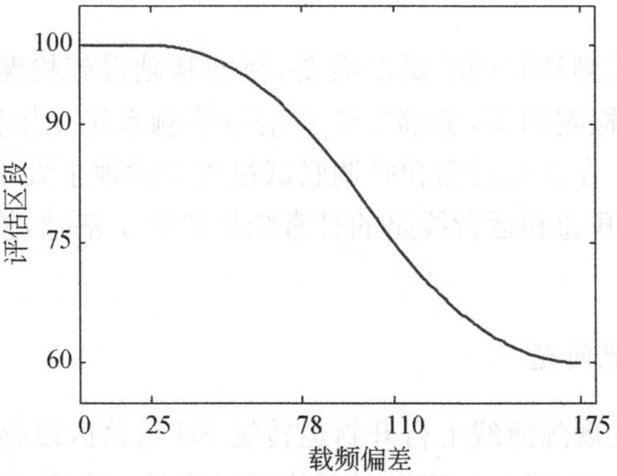

图 5.48　载频参数分值转换曲线

同理，可以得到其他参数的分值转换函数：

频偏(kHz)为

$$
s(x)=\begin{cases}100, & |x|<1.41 \\ -0.2373x^2+0.6693x+99.5282, & 1.41\leqslant|x|<10.59 \\ 0.2378x^2-9.3996x+152.8678, & 10.59\leqslant|x|\leqslant19.76 \\ 0, & |x|>19.76\end{cases} \tag{5.26}
$$

码元速率(Kbit/s)为

$$
s(x)=\begin{cases}100, & |x|<2.82 \\ -0.6265x^2+3.5336x+95.0177, & 2.82\leqslant|x|<8.47 \\ 0.6287x^2-17.7431x+185.1774, & 8.47\leqslant|x|\leqslant14.11 \\ 0, & |x|>14.11\end{cases} \tag{5.27}
$$

MTIE、带宽、幅度抖动及 I/O 特性根据其参数特点采用式(5.28)进行转换：

$$
s(x)=\begin{cases}100, & \text{符合要求} \\ 0, & \text{不符合要求}\end{cases} \tag{5.28}
$$

最终，应答器总体性能的评估通过式(5.29)计算得到

$$S = \sum_{i=1}^{n} s_i w_i \tag{5.29}$$

计算得到应答器的总体得分后按表 5.19 对其进行等级归类。

表 5.19　应答器等级分类

分值区间	90～100	75～90	60～75	0～60
等级	优	中	合格	不合格

5.4.3　应用案例

为了满足日常检测和联调联试的需要，目前基础设施检测中心共有一辆电务检测车和 11 辆综合检测列车，全部安装有信号检测系统。根据安装时间的不同，检测项目有所不同。在日常检测和联调联试过程中发现了大量现场设备存在的问题，为保证新建线路开通和运营线路的日常维护奠定了基础，检测过程中出现的问题列举如下。

1. 轨道电路干扰问题

在某次检测中发现陇海线上行开封运转场 SII 道岔区段存在 50Hz 干扰，幅值约为 300mV，如图 5.49 所示。现场对干扰区段内的 25DG、17DG、13DG、7-11DG 进行了逐一测试检查发现 17DG 区段地锚拉杆绝缘破损两处，7-11DG 区段破损三处。

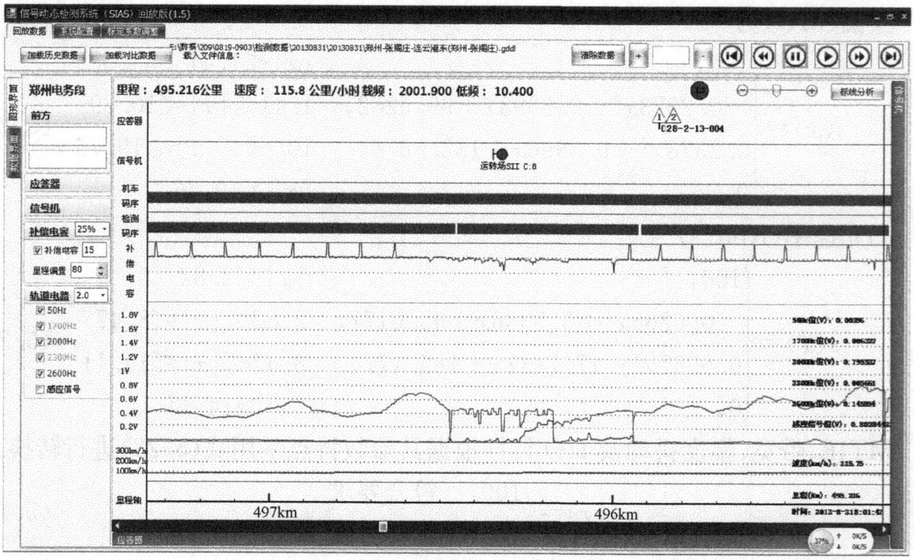

图 5.49　轨道电路 50Hz 干扰问题

在某次沈山线下行检测中发现 3999G 存在邻区段干扰(干扰频率为 2300Hz),幅值约为 220mV,如图 5.50 所示。现场对设备输出电压进行检查,将 3999G 相邻区段 3999FG(2300Hz)为 4 级功出电压 107V 调整为 5 级功出电压 67V。调整前在 3999G 区段内距电气绝缘节 50m 处对相邻区段 3999FG(2300Hz 频率)测试,干扰电压为 105mV,调整后在 3999G 区段相同位置处测试相邻区段 3999FG(2300Hz 频率)的干扰电压为 80mV。

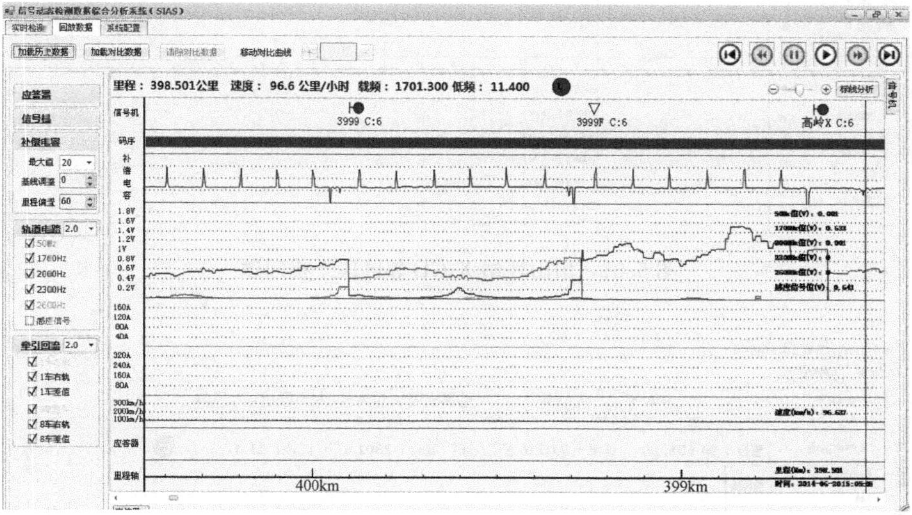

图 5.50 3999G 邻区段干扰问题

在某次沪昆线下行检测中发现川山坪站 X-GD 存在邻区段干扰(干扰频率为 2300Hz),幅值约为 210mV。从问题截图(图 5.51)来看,邻区段干扰覆盖全股道,测试室内分线盘,在 IG 的送端未测到 2300Hz 频率干扰,查看相关电缆芯线的配置情况,发现电缆间不存在干扰的可能,确认来自轨面设备。分析站内下行道岔区段:IG 载频为 1700Hz,3G 载频为 2300Hz,下行接近及离去区段载频为 2300Hz。如果干扰信号由区间传输而来,道岔区段必会受到影响,故排查确定干扰由 3G 传输过来。天窗时间内,测试 IG 轨面 2300Hz 的干扰值为 200mV 左右,关闭室内 3G 的发送,测试 IG 轨面 2300Hz 的干扰值为 0mV,故确定干扰由 3G 传输而来。根据分析去现场检查发现,IG 和 3G 之间堆有大量炭渣,对炭渣进行清理,再次测试发现干扰幅值最大处已降为 90mV 左右。

2. 补偿电容失效问题

检测中发现某区段第 13 个电容失效,如图 5.52 所示,现场检查补偿失效电容并及时进行了更换。

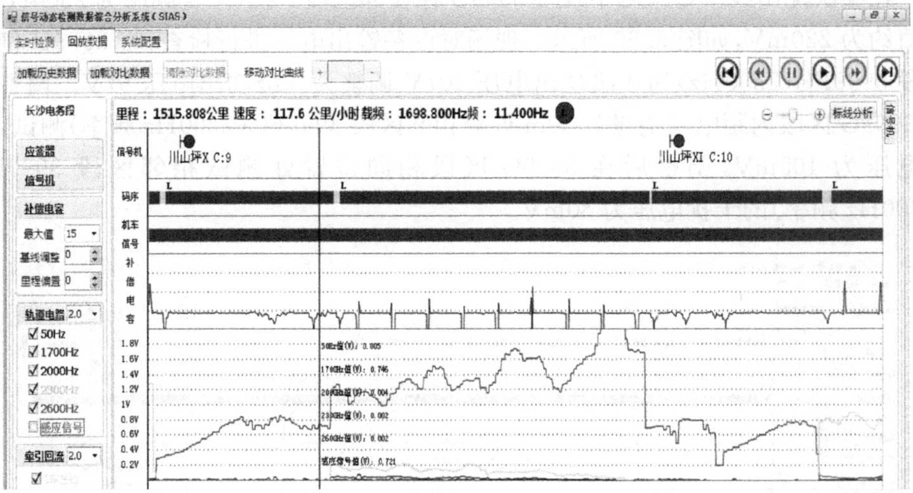

图 5.51　川山坪站 X-GD 邻区段干扰问题

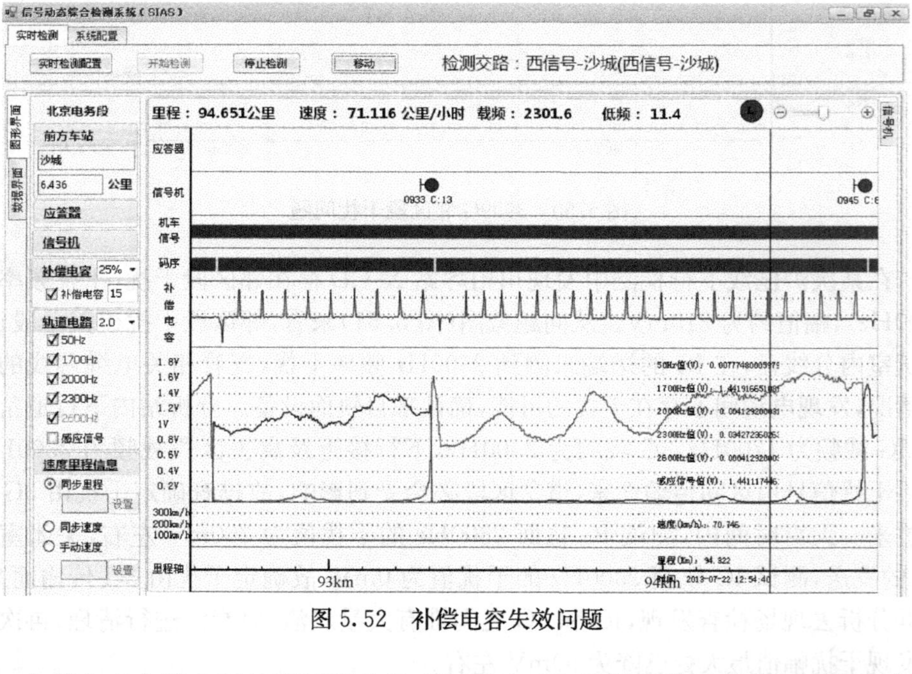

图 5.52　补偿电容失效问题

在某次京九线上行检测过程中发现泗店 S-GD 轨道电路传输电压较低。根据截图(图 5.53)判断区段补偿电容失效问题严重,至少有三个补偿电容存在问题。对区段内故障电容进行了更换后,测试入口电流达到 650mA。

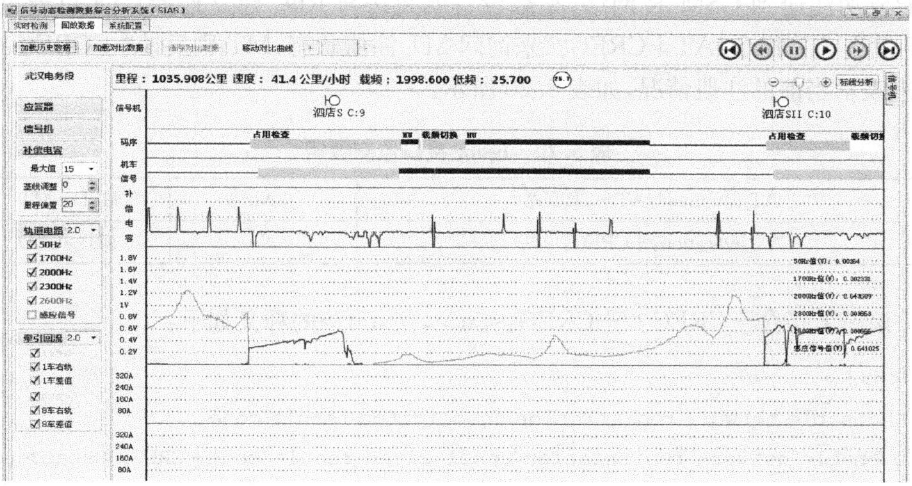

图 5.53　泗店 S-GD 临界问题

3. 应答器丢失问题

在某次试验中发现列车只收到应答器 004-3-06-007-2，没有收到应答器 004-3-06-007-1，如图 5.54 所示，通过分析检测数据，初步判定此应答器存在问题，通过与现场沟通，确认该处应答器被拆除。

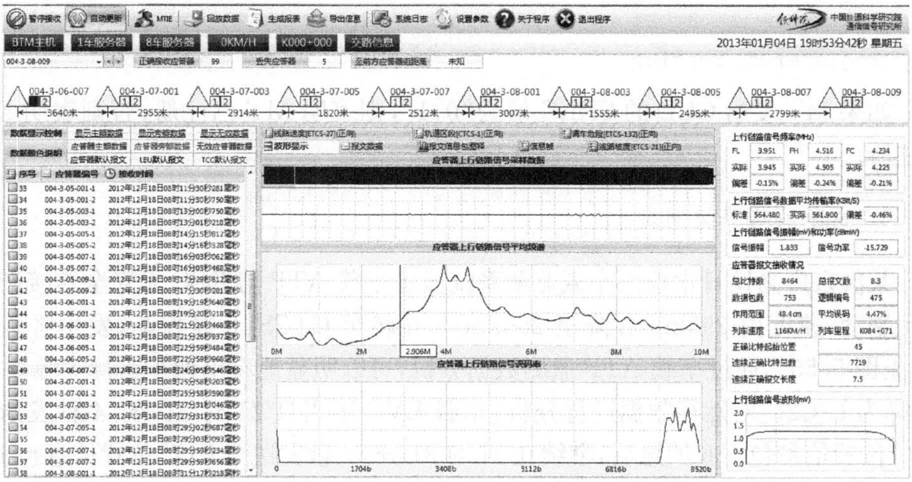

图 5.54　应答器丢失显示图

4. MT 注册不上网络

车载设备上电启动之后，MT 会自动搜索 GSM-R 网络并进行注册。如果 MT

未能成功注册到 GSM-R 网络，车载设备就无法与 RBC 建立连接。GCD 通过给 MT 发送 AT 指令“AT+CREG?”来询问 MT 注册状态，MT 则反馈“+CREG:X,X”来表示当前的注册情况，如表 5.20 所示。

表 5.20 Igsmr 接口监测数据

AT command:AT+CREG?	No	GCD→MT
AT indication:+CREG: 0,1	No	MT→GCD

该 AT 指令+CREG? +CREG:<n>,<stat>的释义如下：

<n>:

0 disable network registration unsolicited result code

1 enable network registration unsolicited result code+CREG:<stat>(default)

2 enable network registration and location information unsolicited result code+CREG:

<stat>:

0 not registered, ME is not currently searching a new operator to register

1 registered, home network

2 not registered, ME is currently searching a new operator to register

3 registration denied

4 unknown

5 registered, roaming

如果 MT 发给 GCD 的 CREG 值为“0,1”，则表明 MT 已注册，否则表明 MT 未注册。

5. 高速铁路降级问题

某次京广高铁日常检测车载监测系统显示车载 ATP 与 RBC 无安全连接产生常用制动，速度由 295km/h 降至 280km/h 并转至 CTCS-2 级控车，发生降级问题，见图 5.55。通过车载 ATP 监测数据分析，可以明显地看出列车运行等级由 L-C3 降为 L-C2。对运行数据进行分析，车载 EVC 于当日 21 时 31 分 44 秒发送至 RBC 位置信息包 136 消息后，继续在 21 时 31 分 50 秒发送至 RBC 位置信息包 136 消息，在此过程中一直未收到来自地面 RBC 的消息。21 时 32 分 00 秒输出降级信息，列车产生常用制动(CTCS-3 降级至 CTCS-2)，列车运行转为 CTCS-2 级系统控车。

根据降级情况，无线通信服务质量检测对京广高铁通信质量进行了跟踪测试，测试的指标包括电路域传输时延和干扰率，同时进行了服务小区/邻小区电平、载

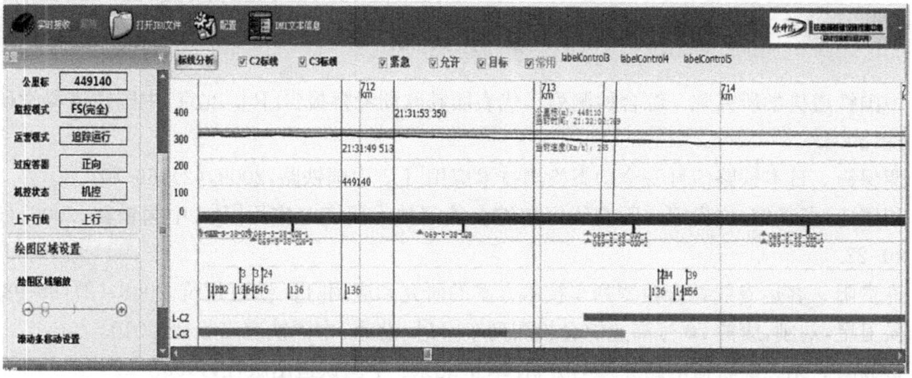

图 5.55　高速铁路降级问题

干比 C/I、话音质量 RxQual 以及时间提前量 TA 等动态曲线的跟踪测试，见图 5.56。在列车降级的同时间段内，无线通信质量检测结果发现：在列车越过邯郸东站以后，载干比和话音质量在 450～449km 内变得很差，话音质量达到 7 级，载干比接近 0，最终导致掉话，同时表现在列控数据传输时延测试过程中出现连续的数据帧传输错误。

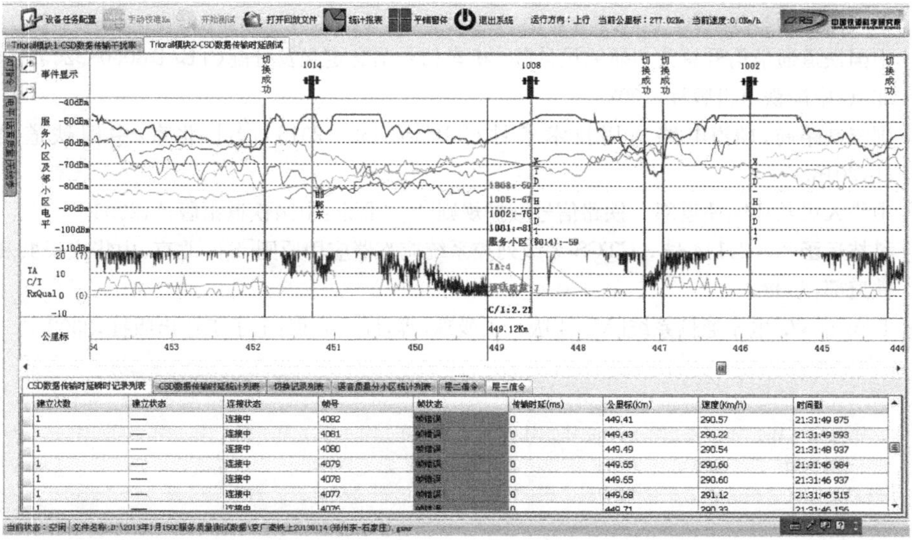

图 5.56　无线通信服务质量检测截图

在综合检测列车检测到发生降级问题后，与相关铁路局进行了沟通，对问题进行了分析与整改工作。经检查，造成网络服务质量不良的原因为中国移动河北分公司在京广高铁 K409＋400、K412＋900 附近设置的 GSM 系统基站对京广高铁 GSM-R

基站构成三阶互调干扰,随后对相关基站进行了频点优化。现场复测,干扰消除。

参 考 文 献

[1] 中国铁道科学研究院. 综合检测列车代表团赴欧洲考察报告[R]. 北京:中国铁道科学研究院,2006.

[2] 谢保锋. 日本铁路信号安全动态检测技术应用[J]. 中国铁路,2009,(2):66-70.

[3] 黎国清,杨爱红,许贵阳. 既有线提速综合检测技术研究与应用[J]. 中国铁路,2008,(5):20-22.

[4] 许贵阳. 客运专线综合检测列车技术方案的研究和应用[J]. 铁道建筑,2008,(2):95-98.

[5] 侯卫星,刘刚,康熊. 0号高速综合检测列车[M]. 北京:中国铁道出版社,2010.

[6] 费锡康. 无绝缘轨道电路原理与分析[M]. 北京: 中国铁道出版社,1993.

[7] 科技运函〔2004〕114号. 应答器技术条件(暂行)(TJ/DW077—2004)[S]. 北京:中华人民共和国铁道部,2004.

[8] SUBSET-036-V2.2.1. FFFIS for Eurobalise[S]. http://www.era.europa.eu. [2007-9-27].

[9] ERTMS/ETCS-Class 1: Test Specification for Eurobalise FFFIS[S]. http://www.era.europa.eu. [2007-11-9].

[10] 曾洁毅,赵会兵. 应答器传输模块测试系统的研究[J]. 北京交通大学学报,2008,(4):80-83.

[11] 王瑞,赵会兵,王舒民. 面向应答器传输模块测试的上行链路信号模拟器研究[J]. 铁道学报,2008,(6):46-48.

[12] 中国铁道通信信号总公司研究设计院. 机车信号信息定义及分配(TB/T 3060—2002)[S]. 北京:中国铁道出版社,2002.

[13] 国家铁路局. 轨道电路通用技术条件(TB/T 2852—2015)[S]. 北京:中国铁道出版社,2016.

[14] 中华人民共和国铁道部. 铁路信号维护规则[S]. 北京:中国铁道出版社,2009.

[15] 科技运函〔2008〕144号. CTCS-3级列控系统应答器应用原则[S]. 北京:中华人民共和国铁道部,2008.

[16] Tomasi W. 电子通信系统[M]. 4版. 王曼珠,等,译. 北京:电子工业出版社,2002.

第6章 无线通信检测技术

6.1 概　　况

6.1.1 技术发展

新中国成立初期，铁路通信建设大力发展架空明线，从3路载波发展到10路载波，一直到20世纪60年代末的小同轴300路载波，使铁路有线通信得到快速发展，有线通信技术在国内一直走在前列。改革开放后，光纤通信、程控交换、数据数字通信网得到大力发展，ATM、分组交换已覆盖了各个铁路局。

无线通信在20世纪70年代中期也开始发展，分立元件集成电路的无线通信设备开始使用。初期无线通信的检测主要是人工背负测量接收机和电池，沿铁路线行走进行无线场强的覆盖测试。

20世纪70年代末，铁路无线通信检测技术也进入发展时期。80年代初，铁道部克服巴统（巴黎统筹组织）的限制引进了一些高精度的无线通信检测仪表，如测量接收机、矢量分析仪等，使铁路无线通信检测水平在当时达到国内最先进的水平。国家"七五"计划期间，铁科院配置了第一辆通信检测车SY97107。使用德国R&S公司的测量接收机，通过配置纸带记录仪和人工打点手段，开始在全路进行移动中连续测试无线场强覆盖。在试验车上通过测量接收机测试无线覆盖，使用纸带记录仪描绘出覆盖曲线，同时，测试人员观察铁路沿线的公里标，每百米在纸带记录仪触发距离标记，然后在图纸上粗略计算中值覆盖概率，测试系统配置见图6.1。

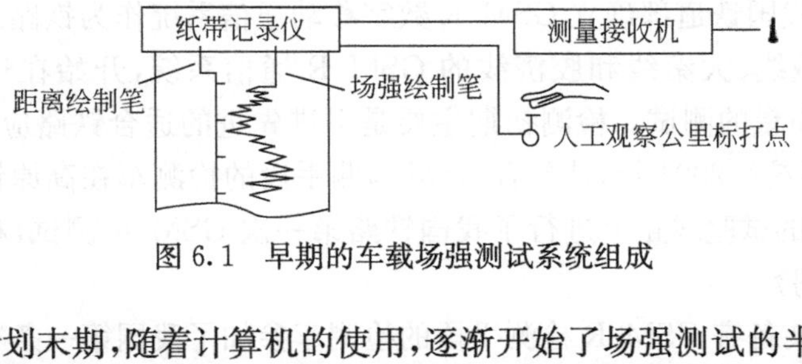

图6.1　早期的车载场强测试系统组成

"七五"计划末期，随着计算机的使用，逐渐开始了场强测试的半自动化研究，1987年，铁科院研发使用8位计算机（80286）进行铁路沿线无线场强的覆盖统计计算，在检测车轴头上安装二极管光电编码器控制，后接整形电路转变为脉冲信号，4cm 采集一个样本，每百米进行统计。计算机显示统计数值，采用点阵打印机实时打印输出百米统计测试结果。此时由于计算机处理速度慢，只能完成 100km/h 以下的车速测试，测试车速度提高时会发生数据丢失。

1988 年，结合山区组合列车机车同步操控项目的进行，在 SY97109 检测车上装配了无线数据传输测试设备，开始数字无线通信的检测。设备由 900MHz 无线信道机、数据调制解调器组成，采用多种数字调制方式进行试验分析。在京通线、丰沙线、大秦线、成昆线等山区铁路线进行了同步数据传输试验。在这些测试数据的支撑下，2004 年大秦线引进了美国同步机车操控技术，为铁路重载技术的发展提供了有力的支持。

随着场强自动检测技术的实现，通信系统检测车每年对很多铁路局管内线路的无线列调场强覆盖进行了测试，使管理部门较全面地了解了当时全路的场强覆盖，为铁路无线通信的发展起到了很好的推动作用。场强自动测试系统也推广到一些铁路局的检测车上。

1994 年后，场强测试系统升级到奔腾计算机，可以在计算机上绘出覆盖统计曲线及线路通信设备和地形基本情况。运算速度提高带动测试速度也有很大提高，检测速度可以适应于 140km/h 的列车运行速度。测试系统采用的计距定位精度达到 2‰，并申请了国家专利。由于计算机处理速度提高，有些单片计算机也可以完成检测和统计要求，于是出现了便携方式的测量系统，应用到很多铁路分局的场强维护工作中。

随着检测手段的提高，铁道部发布了相关的标准和测试规定，各铁路局都逐步配置了场强自动检测系统，定期进行通信检测成为制度。

2000 年后在场强测试系统中逐步使用了 GPS 定位信息和地理信息系统，场强测试和统计处理功能更加完善。由于 GPS 定位技术的采用，无线场强测试可以在任何移动载体上进行，如机车、旅客列车和动车组等，系统检测可靠性得到加强。2002 年，在秦沈客运专线国产动车组上使用 GPS 定位方式的无线场强覆盖测试系统完成了检测任务，检测速度达到 240km/h。

2003 年，我国铁道部确立 GSM-R 数字移动通信系统作为铁路通信的发展方向，建设了青藏线、大秦线和胶济线的 GSM-R 通信系统，开始在这些线路进行 GSM-R 服务质量的测试。检测初期主要是引进先进的适合铁路应用的 GSM 通用 QoS 测试系统。2004 年，装备有 GSM 检测手段的检测车在高原铁路青藏线格尔木至不冻泉的试验线路上进行了我国铁路第一次 GSM-R 测试，积累了大量的数据和检测经验。

2005 年，装备有 GSM-R 检测手段的检测车参加了我国第一条客运线路胶济线 GSM-R 试验线的试验，为胶济线 GSM-R 系统的网络优化提供了有力的支持。

2006 年，铁道部在 CRH2 型车的基础上配置了综合检测列车 CRH2A-2010。

通信检测系统安装在 2 号车上。通信检测系统包括一台测量接收机和相关采样同步装置以及自动控发装置，可以完成提速线路 450MHz 无线列调场强覆盖的检测任务。

2008 年，我国通过自主集成创新开发了我国第一列综合检测列车——0 号综合检测列车，车上配置了比较完整的 GSM-R 测试设备。0 号综合检测车通信检测系统包括 450MHz 无线列调场强测试和 GSM-R 场强测试系统、GSM-R 通用服务质量测试系统、电路域数据检测以及调度通信测试设备，可以检测铁路沿线电磁环境。结合相关标准研究开发了 GSM-R 分组数据通信和列控数据通信的测试设备，测试速度满足 250km/h 的列车运行速度。

2008 年，为了完成京津线客运专线的联调联试，在 CRH2 型车第 061C 号车上装备了 GSM-R 通信检测系统，可以检测场强覆盖和 GSM-R 系统服务质量，适应运行速度 300km/h。

2009 年，依托国家 863 项目，进行时速 400km 检测列车的研究，研制出全新的 400km/h 高速综合检测列车。目前，通信检测系统可以在 400km/h 运行环境下检测 GSM-R 通信服务质量，在线检测铁路沿线电磁环境和干扰，并具备综合分析能力，可有效地帮助高速铁路 GSM-R 系统的网络优化，为高速铁路的安全运营提供支持。

6.1.2　高速综合检测列车通信检测系统组成

在目前时速 300km 以上的铁路线上采用 CTCS-3 级无线列车控制技术，需要通过无线通道传输行车命令和列车运行状态。为了保证列车运行安全，目前铁路配置了多列高速综合检测列车，每月进行多次检测。通信检测系统采用统一配置，检测所有线路的通信系统运营状况，特别是检测无线通道传输列车安全信息的状况。

高速综合检测列车通信检测项目主要包括 GSM-R 移动通信系统场强覆盖测试、GSM-R 服务质量测试以及铁路沿线电磁环境测试。测试系统配置了四台测量接收机，配置了 GSM-R 车载通信模块和系统测试控制器，采用综合检测车统一的时空同步完成测试定位，在综合检测列车的一个往返运行内完成线路各项指标检测。高速综合检测列车通信检测系统组成示意图如图 6.2 所示。

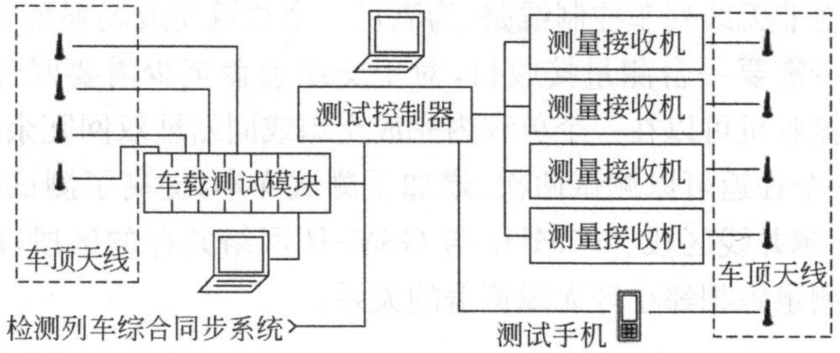

图 6.2　高速综合检测列车通信检测系统组成示意图

使用高速综合检测车每月对各高铁线路 GSM-R 网络场强覆盖和服务质量进行全面检测,对各条高铁线路检测数据结合地面接口监测数据和网管数据进行综合分析,向维护部门提供网络优化建议。除此之外,高速检测车通信检测系统还要承担新建高速铁路 GSM-R 网络开通前的联调联试网络优化工作。

后面从场强覆盖测试、GSM-R 服务质量测试及其他高速铁路通信检测技术分别进行介绍和分析。

6.2 场强覆盖检测

6.2.1 概述

对于无线通信,保证可靠通信的基本条件是满足无线电波的一定强度,而无线电波强度与发射装置、电波传播环境、传播距离以及天气季节都有很大关系。需要经常检测尽早发现由于设备问题造成的覆盖不足,及时进行系统维护,将环境影响造成弱场情况提供给设计部门进行无线覆盖系统补强[1]。

目前,在我国铁路无线列车运营通信中主要使用了两种制式的通信系统:450MHz 模拟无线列车调度系统和 GSM-R 数字移动通信系统,主要目的是实施调度运营指挥和安全保障。这两种通信系统组网方式不同、覆盖要求不同,因此测试方法也有很大区别。

对于 450MHz 模拟通信系统,通常,列车在接近前方车站时,需要司机与前方车站值班员进行通信联络,确认列车是否通过车站或者在某一股道停车,通常称为车站-司机联控通信;另外,列车如果在区间任何地点故障停车,需要与前后方任意一个车站能够通信申请救援,保障安全。

区间通信主要用于救援,平时很少使用,很难发现存在的覆盖问题,覆盖特性需要靠检测列车进行检测,发现区间设备的工作状况异常,及时提供报告给维护部门进行维护。

GSM-R 移动通信系统与 450MHz 无线列车调度通信不同,不需要控发可测试各基站的广播控制信道 BCCH 来了解覆盖特性。在不同类型的线路也有不同的测试要求。在非无线列车控制线路,为满足一个往返完成场强覆盖测试要求,对于单网覆盖至少需要一台测量接收机,对于交织覆盖至少需要两台测量接收机。配备四台测量接收机可以在一个单程内完成交织或同站址双网冗余覆盖网络的无线场强测试,一个往返可以测试两次,增加了测试样本,提高了测试效率。对于枢纽地区,存在交越并线区段、450MHz 与 GSM-R 网络共存的区段,配置四台测量接收机可用于测量各相邻小区无线覆盖的关系。

6.2.2　450MHz 无线覆盖检测系统原理及检测方法

1. 测试方法

一般来说，电波传播特性可从大尺度传播和小尺度传播两个方面描述。铁路无线覆盖测量反映的是大尺度传播特性。

大尺度传播特性，描述的是发射机和接收机之间长距离上场强统计值的变化，用于反映无线覆盖的平均水平。在工程应用中，采用一定概率条件下的接收电平统计值进行衡量[1]。

小尺度衰落特性，描述的是短距离（波长级）或短时间（秒级）内接收场强的快速波动。在进行系统设计时，场强覆盖要留有余量，以克服小尺度衰落带来的影响。

铁路既有线路主要使用 450MHz 模拟无线装置进行司机与地面（车站值班员或调度员）的通信。无线电波从车站到移动终端（列车通信设备）应该在话音满足质量的情况下到达一定的强度。因此，需要检测车站电台发射的信号到达列车移动接收端的强度。检测实施要求车站电台长时间发送高频信号，这时车站电台不能同时进行与列车司机的话音通信。为保证行车安全，在测试时需要提前通知车站值班员准备备用通信手段。

为了得到无线覆盖大尺度的变化趋势，要求抽样间隔、统计区间和统计方法必须符合电波传播特性的要求，还要满足减少对行车的影响。

为了不对行车联控造成影响，检测列车驶离一个被测车站时才开始进行检测。软件根据数据库设置判断前方车站，到达车站通过自动控发装置向被测车站电台发送启动发射指令，指令包括车站代码、控发时间等。考虑无线数据传输的可靠性，在距车站不同距离下发送三次，车站电台发射时间根据列车运行速度和到下一车站的距离而定，要保证可以完成区间 2/3 的覆盖情况测试。图 6.3 是 450MHz 无线场强覆盖测试原理图。

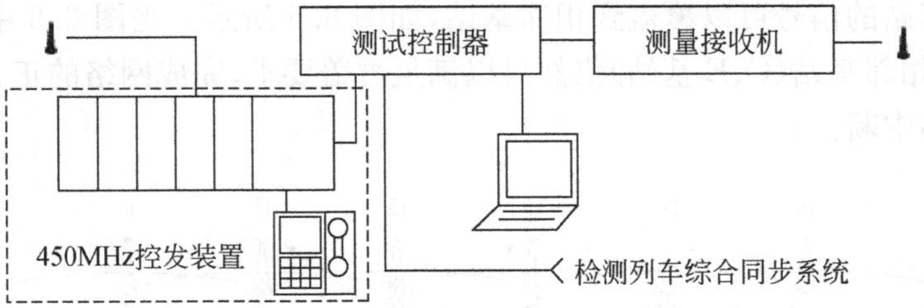

图 6.3　450MHz 无线场强覆盖测试原理图

2. 数据判定要求

无线通信的覆盖要满足一定的强度要求，前提是在这个电平下可以保证正常的通信质量。20 世纪 80 年代末期，根据大量的测试统计确定在电气化铁路线路，机车通信终端接收电平为 10dBμV 时可以保证话音通信信噪比大于 12dB。在使用动车组以后，又根据通信天线与列车受电弓的位置，经过测试确定动车组机车电台应满足 6dBμV 的接收电平。

根据电气化铁路和非电气化铁路制定了不同的覆盖标准[2]，并且为检测覆盖规定了测试方法和评价办法。由于是离站测试，一个车站区间通过上下行测试可以完成该区间的综合判定。根据列车运营通信的要求，正常情况下，无线列调场强覆盖应满足半区间，在山区通信困难环境，每个车站覆盖至少满足 3km，并满足全区间覆盖。

图 6.4 是一个区间的时间测试的上下行合并曲线，图中 10dB 是标准要求线，可以看到上下行场强覆盖满足通信要求。

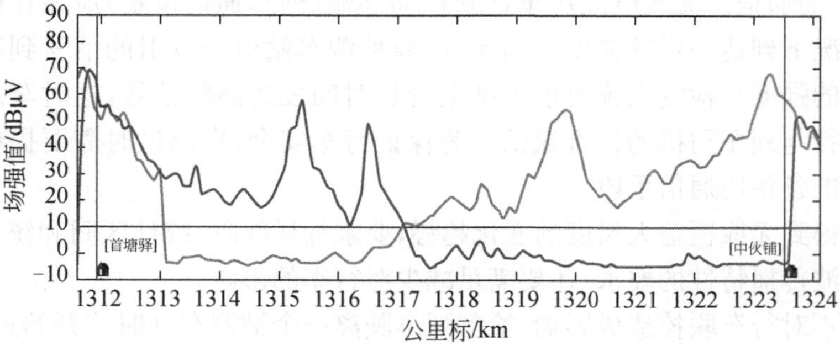

图 6.4　450MHz 场强覆盖测试曲线

6.2.3　GSM-R 系统场强检测原理及检测方法

高速列车控制采用 GSM-R 数字移动通信系统承载列车控制信息。为了保证通信的可靠性，特别是在基站设备故障时通信的畅通，基站配置采用交织冗余方式。每个基站的信号可以覆盖到相邻基站，如图 6.5 所示。当图 6.5 中基站 D 发生故障时，相邻基站(C、E 基站)仍然可以满足覆盖要求，完成网络的正常切换和通信的连续不中断。

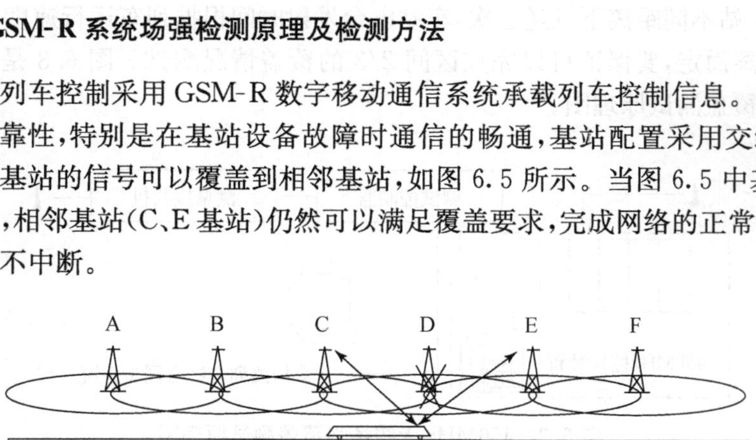

图 6.5　交织冗余基站覆盖示意图

根据通信线路覆盖要求[2]，GSM-R 线路场强覆盖的检测需要测试基站 C、D 间的覆盖情况，也要测试 D 基站故障时基站 C、E 间的覆盖情况。因此，高速铁路通信场强覆盖测试同时使用四台测量接收机，设备 1 测试 A 基站的广播控制信道 BCCH 频点，列车运行到 C 基站，设备 1 更换为 E 基站的 BCCH 频点，其他设备以此类推，可以在一个单程测试全部的基站覆盖情况。

根据铁路 GSM-R 检测标准，对于 220km/h 以下的无线列控高铁，覆盖合格标准为在 95%概率下接收电平为－95dBm，280km/h 以上的为－92dBm。图 6.6 为某条高铁实际的 GSM-R 场强覆盖测试曲线。

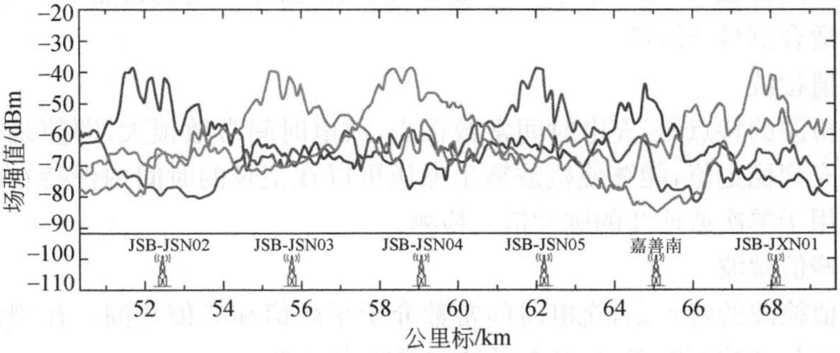

图 6.6　CTCS-3 线路 GSM-R 场强覆盖测试曲线

6.2.4　场强检测技术与实现

同 450MHz 一样，GSM-R 场强覆盖测试也是关注大尺度传播特性。考虑到通信的可靠性，在工程应用中，采用一定概率条件下的接收电平统计值进行衡量。测试按距离采样每百米进行数据统计。

1. 采样间距

这里的检测是要知道列车通信终端距发射点（车站电台或基站）无线电波的接收强度，每隔一定的距离要采集一个电平强度信号。移动台接收到的电波是直射波、反射波、绕射波等多径传输的合成波。随着传输通道地理条件的变化，按照 Lee 的观点，移动通信中接收信号电平是由小尺度衰落信号叠加在大尺度衰落信号之上而构成的，采样间隔在 40 个波长范围内采集 50 个样本可以采集到完整的大尺度衰落信息。

一方面，尽可能缩小采样间隔，扩大样本空间，有利于提高接收电平统计值的准确性；另一方面，也需要兼顾系统的数据处理能力，不宜将采样间隔设置得过小，只要满足大尺度的测量要求即可。

在很多铁路线上也曾经做过其他采样间距的测试比较，如 10cm、22cm（Lee 氏定律)等,其不同采样间距测试结果与4cm采样差值的统计均值为0.67dB,可以认为基本相同。综合以上因素,铁路无线场强检测系统进行无线覆盖测试的空间采样间隔为4cm。

2. 检波方式

检波方式不同,其测试结果也不相同,要根据测试目的采用合适的检波方式。

1)平均值检波

平均值检波的特点是,检波器充放电时间基本一致,在30～1000MHz频段,检波器充电时间常数为1ms,放电时间常数为1ms,虽然不同的设备有一些差别,但是都非常适合测量连续波。

2)峰值检波

峰值检波的特点是,充电时间常数很小,放电时间常数很大,即使是很窄的脉冲也能快充到稳定值,能够使检波输出电压可以在很长的时间内保持在峰值。峰值检波适用于单次或连续的脉冲信号检测。

3)准峰值检波

准峰值检波的特点是,充电时间常数介于平均值和峰值之间。在测量周期内的检波器既与脉冲幅度有关,又与脉冲重复频率有关。

4)有效值检波

有效值检波又称均方根值(root mean square,RMS)检波,是用与信号峰值等幅的正弦信号表示的一种测量结果,接近于平均值,代表信号的发热能量。

上述四种检波方式的充电时间常数和放电时间常数见表6.1。

表6.1 四种检波方式的充、放电时间常数

检波方式	充电时间常数	放电时间常数
平均值	1ms	1ms
峰值	2μs	550ms
准峰值	1ms	550ms
有效值	2μs	20μs

根据检测要求,即检测无线信号的大尺度衰落情况,而不是为了捕捉瞬间的干扰,因此铁路场强覆盖测试在450MHz无线列调系统中采用平均值检波,在GSM-R系统中使用有效值检波。

3. 统计区间

大尺度无线衰落特性的测试必须在一个范围内设定一个统计区间,统计区间过大或过小都不能准确反映无线覆盖的规律。按照Lee的观点,移动通信中接收信号电平是由小尺度衰落信号叠加在大尺度衰落信号之上构成的。因而在计算参考电平时,统计区间不能选得太小,否则不能滤除小尺度衰落成分,接收电平中不属于小尺度衰落的微小波动被作为小尺度衰落信息进行统计,造成统计信息冗余,会影响对小尺度衰落特性分析的准确程度和统计结果的可靠性。为了使快衰落成分对信号统计值的影响不大于 1dB,统计区间至少取 40 个波长。对于 GSM-R 系统,载频 f=930～934MHz,可得统计区间应大于 14m;对于 450MHz 无线列调系统,载频 f=450～470MHz,可得统计区间应大于 27m。

统计区间也不能选得过大。选择过大不能完全反映电平的变化,会造成统计信息的丢失。铁路无线覆盖检测系统进行无线覆盖测试的统计区间取 100m,既保证了快衰落成分对信号统计值的影响不大于 1dB,也便于按照以公里标为单位表征铁路沿线无线场强覆盖的分布情况。

4. 测试实施

综上所述,铁路无线通信场强覆盖测试是在高速检测列车上进行的,距离采样的触发时间来自列车的计距脉冲信号。列车在轴头连接传感器提供基本计距脉冲供全车各检测系统使用(5000 脉冲/每圈)。通信检测系统根据自身的采样需求,对列车提供的高密度脉冲进行处理得到 4cm 的采样脉冲。测试线路的距离按照全车时空同步信息、计距信息和 GPS 信息的优先级顺序计算列车位置。

测试前首先根据所检测的线路设施情况编制检测数据库,数据库内容包括车站通信设备、基站设备和区间设备放置地点的经纬度、公里标,设备所连接天线的高度、方向角、俯仰角、发射功率等。对于 GSM-R 基站设备还包括基站广播控制信道 BCCH 频点,小区 ID、BISC 码等信息。检测系统根据数据库的信息和线路要求在确定的位置更换测试接收机频率进行覆盖测试。

6.3　GSM-R 网络服务质量检测

在网络运行过程中,会出现这样或那样不可预料的问题,有些问题如基站硬件故障、传输故障等可以通过网络操作维护中心(OMC)来发现。但是某些与位置有关的上下行干扰(并没有导致严重的掉话)、覆盖不合理等无线网络中的问题,在网管统计中难以发现,应该通过实地路测来解决[3]。服务质量反映了网络提供各种业务的质量水平,GSM-R 系统的网络服务质量指标根据服务的业务类型包括语音通信、电路域数据传输和分组域数据传输等几个方面。不同服务质量测试项目,选取的测试点不同,话音测试反映网络承载话音业务的质量水平,测试点为信令参考点,如 Um 接口或 Abis 接口及用户感知度。电路域数据测试反映通信网络承载列车控制的电路域数据的质量水平,从应用角度考虑测试点为 PRI 接口和车载

Igsmr 接口，为了分析数据传输质量与网络的关系也必须有车载端的各项测试参数。分组域数据测试反映网络提供分组域数据业务时的延时、丢包率、吞吐量性能，同样从应用角度出发，测试点也选为 R 接口，也包括车载用户的实际效果数据。

高速铁路 GSM-R 测试主要是判断系统在高速条件下的工作状态，发现网络存在的问题，通过高速检测列车的动态测试和地面接口监测及网络数据的综合分析提出网络优化的要求。以下从三个 GSM-R 应用角度分析说明测试技术和要求。

6.3.1　语音通信服务质量测试

语音服务质量测试是运用专业的软件和移动测试终端构成测试系统，模拟用户拨打电话进行检查。在测试中可以发现如掉话、语音质量差、切换成功率低、频率规划及参数设置不合理、网内和网外的干扰等问题。从测试方法上划分为短呼测试和长呼测试。短呼测试在一次通话结束后，测试终端应在一定的时间后自动重新发起呼叫，两次呼叫间隔时间推荐为 30s；长呼测试在一个呼叫成功建立之后，测试终端不主动释放呼叫。

短呼测试侧重反映呼叫建立过程中网络的基本性能，用呼叫建立延时和呼叫建立失败概率两个指标来对网络服务水平进行评价。呼叫建立延时定义为移动终端从发起呼叫请求到呼叫成功建立之间的时间间隔。呼叫建立失败概率为不成功的呼叫建立次数与呼叫尝试总次数的比值。

短呼测试移动终端交替工作在空闲状态和连接状态。在空闲状态可以检验各小区的广播参数，通过这些参数判断呼叫和小区选择等参数的设置正确与否，用于提高呼叫成功率。图 6.7 是 GSM-R 服务质量测试显示界面。

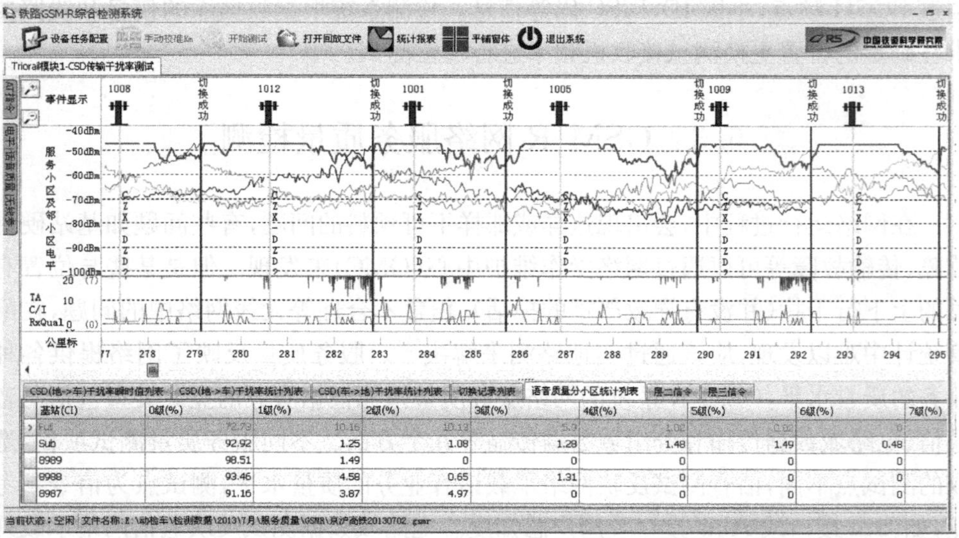

图 6.7　GSM-R 服务质量测试显示界面

长呼测试侧重反映通话持续过程中网络的基本性能,用越区切换中断时间和切换成功率对网络服务水平进行评价。越区切换中断时间指在越区切换时移动台由原小区通信链路切换至新小区通信链路通信中断的时间。切换成功率是成功切换的次数与总的切换尝试次数的比值。

1. 呼叫建立延时、呼叫建立失败概率测试

呼叫建立延时、呼叫建立失败概率测试主要是通过短呼叫进行。测试中,FT-MS 测试的测试点为 PRI 接口,其他短呼测试的测试点都选为 Um 接口,数据处理时提取的是 Um 接口信令消息中的 CC 消息。测试指标规定了几种呼叫对象:MS-MS、MS-FS和 FS-MS。

以 MS-FT 个呼为例,呼叫建立延时是测试移动终端从发起呼叫请求到呼叫成功建立之间的时间间隔。

如图 6.8 所示,测试控制部分为安装了自动测试程序的系统控制器,通过 Igsm 接口连接到测试终端。由于测试目的为检验机车通信终端的通信效果,测试终端为 8W 车载模块。被叫固定终端通过 PRI 接口接入 GSM-R 网络。

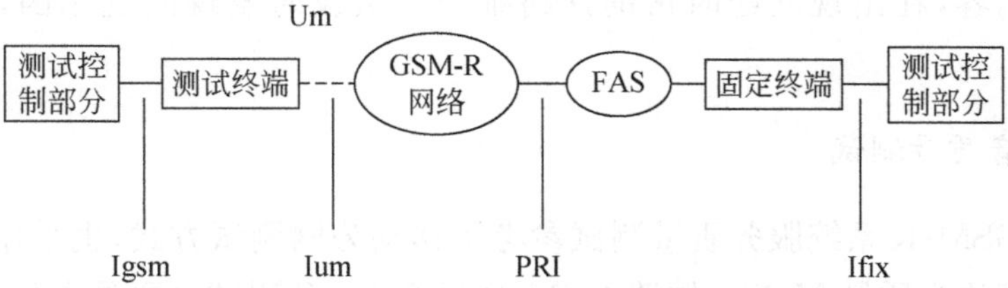

图 6.8　呼叫建立延时、呼叫建立失败概率测试结构图

测试预置条件为测试用户附着在 GSM-R 网络且处于空闲状态,被叫固定端设置为无延迟自动应答。

通过测试控制部分控制移动测试终端自动拨叫固定测试终端的号码发起呼叫;设置最大允许呼叫接入时间和通话保持时间。最大允许呼叫接入时间设为 15s,通话保持时间设为 15s,通话结束后测试主叫方主动释放呼叫。一次通话结束后,移动测试终端应在一定的时间后自动重新发起呼叫,两次呼叫间隔时间一般为 30s,主要是尽量避免位置区选择造成连接时间过长带来的误差。对于铁路,一条线路几百公里可能都是在一个位置区下,可以不考虑位置区重选的因素,因此呼叫间隔设为 10s。

测试系统获取测试终端的 Um 接口信令,单次呼叫建立时间=time(connect)−time(channel request)。

每次的呼叫建立时间会有很大差别,测试要求通信网络达到的是一定时间的成功呼叫次数所占总的呼叫次数的百分比。对于 MS-FS 呼叫,要求建立时间小于

5s的百分比大于等于95%，呼叫建立时间小于7.5s的百分比大于等于99%。

呼叫若没有成功，记为一次呼叫失败，要求失败次数小于总呼叫次数的1%。

2. 切换成功率和切换中断时间

切换成功率和切换中断时间采用长呼叫测试，通常呼叫保持30min以上，然后挂断再进行呼叫。铁路主要是GSM-R通信分调度区域进行，不能一次呼叫跨越两个调度区。若测试中途掉话，移动测试终端应在一定的时间间隔内重新发起呼叫，现在测试设定间隔为30s。

测试系统获取主叫移动测试终端的Um接口信令，测试终端在Um接口收到一次“handover command”就统计为一次切换尝试，测试终端在新信道上的“physical info”消息后收到“UA”消息，统计为一次切换成功。测试统计越区切换中断时间、越区切换成功建立次数和越区切换尝试总次数。

切换测试不仅要统计成功率，还要记录空中接口Um的相关信息，在测试软件数据库中记录了各个基站的切换参数，如切换门限及时间常数等。根据切换的执行情况，给出切换失败的初步提示。测试时需要解析层3信令，可以看到切换过程中的信令内容，在出现问题时帮助铁路维护人员及时发现问题原因，搞好切换优化。

3. 语音质量测试

铁路GSM-R系统服务质量测试参考了移动公网测试方式，也采用用户感知的方式测试语音质量MOS。铁路GSM-R语音MOS测试主要是在移动中进行，从高速铁路运用的特点对语音MOS值进行了多方位的测试研究。

语音质量评价测试中所使用的语音传输质量测量标准是ITU组织在2001年2月发布的P.862语音传输质量测量标准(perceptual evaluation of speech quality，PESQ)。PESQ是评价各类端对端网络条件和语音编码与解码的最新标准，它可以根据一些感知标准来客观地评价语音信号的质量，从而提供可以完全量化的语音质量衡量方法，而这些衡量标准又是与人类对语音质量的感受完全吻合的。

铁路GSM-R语音MOS质量检测装置可用于对高速铁路语音质量与各个参数的关系进行不同速度时的测试和综合分析[4]。语音质量测试中，主叫模块拨通被叫模块后，通过语音盒播放测试控制器中的标准语音文件，再通过语音盒将录制文件返回给控制器。测试软件根据PESQ算法对原始语音和录制语音进行比较计算得出MOS值。测试界面中可以看到接收和发送的语音波形、失真值、衰减值等参数，通过比较发送音频与接收音频波形，能够比较明显地看出音频能量的衰减。

语音质量检测装置同时采集GSM-R网络参数值及检测列车位置和速度信

息，通过对所采集数据的处理，完成高速条件下语音质量与网络参数相关性、多普勒效应的分析。全面了解 GSM-R 语音 MOS 质量与高速运行的关系。

通过大量的测试知道，高速铁路 GSM-R 系统语音 MOS 值在满足载干比要求的情况下与车速呈弱相关性。与静止和低速时的语音测试有很大的区别(移动公网的测试环境)。由于语音测试的评价是以一段语音样本信号为基础的(铁路使用 8s 语音样本)，高速铁路列车运行平均 30～40s 就会切换，切换造成当前的语音样本错误，引起 MOS 值恶化。目前，检测评价根据高速铁路的具体情况来确定铁路 GSM-R 通信引入语音 MOS 评定手段的指标要求[5]。

4. 其他网络特性参数

语音服务质量的检测不仅是统计一些用户通信指标，还要知道 GSM-R 网络的运行特性，通过测试发现网络的问题并进行优化。通过广播参数了解空闲状态下小区参数设置，可分析判断呼叫延时状况、小区重选特性等；可根据无线链路丢失统计参数(radio link time out，RLT)，分析网络干扰状态。

移动公网 GSM 路测界面都是以时间为横坐标绘制各类曲线，高速铁路以直线为主，GSM-R 网络测试是以线路公里标为基点描绘曲线。图 6.9 是一条线路服务质量测试曲线。由于是直线运行，曲线描画与电波传播方向一致，可以直观地看到沿铁路线测试终端的覆盖情况。由图 6.9 可以看到服务小区和各相邻小区的电平关系和切换关系，能初步判断切换参数的设置是否合理。图中描绘了通信质量和载干比曲线，对比电平强度可分析铁路沿线的电磁干扰情况。这些参数的描绘都与线路公里标对应，网络维护人员可以方便地查找问题进行网络优化工作。

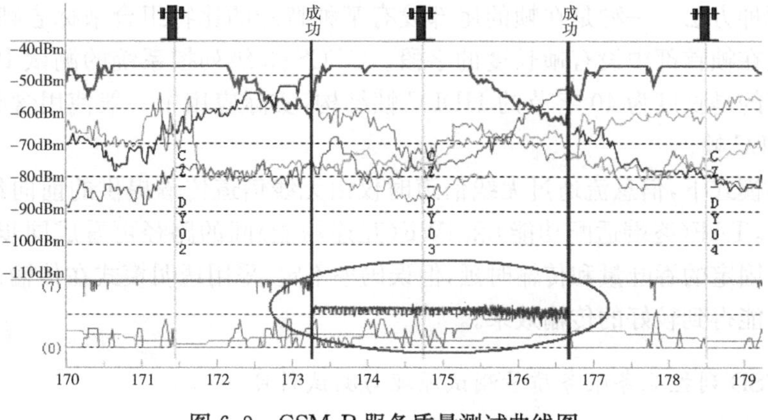

图 6.9　GSM-R 服务质量测试曲线图

对于曲线反映出的特殊变化，如图 6.9 中标记的部分，被测基站载干比全面下降，可以直观地判断该基站发生故障隐患，经过维护人员检查，确认该基站载频板出现自激。

6.3.2 电路域数据通信质量测试

在高速铁路线路，GSM-R 移动通信系统的一个主要功能是承载列车控制信息的数据传输，以电路交换方式进行。电路域数据（circuit switch data，CSD）是基于 GSM-R 语音通道的电路交换数据传输方式。电路交换方式的实时性高，适用于数据的持续稳定传输。铁路 GSM-R 系统使用 CSD 传输列车控制信息，CSD 能否准确、及时地在车载设备与地面设备之间传递，其关系到列车运行安全，具有重要的意义。因此，对电路域数据 CSD 传输特性的检测是高铁线路通信检测的一项重要测试科目。

通过语音测试可以反映出网络通道的特性，有些问题可能还不能反映承载列控数据的传输工作特性，如乒乓切换可能没有失败，但过多的切换会断续地中断数据传输，影响了无线列控信息的完整性，因此还需要进行模拟列控数据传输的相关测试。

1. CSD 列控业务数据传输基本原理

CTCS-3 级列车控制系统数据传输，是由车载无线终端（on-board communication unit，OCU）向地面无线闭塞中心（radio block centre，RBC）间的信息交换。根据欧洲规范的定义[5]，可以采用多种传输速率的方式承载数据信息的传输，9.6Kbit/s、4.8Kbit/s、2.4Kbit/s 等。在我国 350km/h 高速铁路中，经过多次试验确认，使用 4.8Kbit/s 异步透明数据传输作为目前承载 CTCS-3 级列控业务方式。

异步通信是一种很常用的通信方式。异步通信可以以帧作为发送单位，接收端必须随时做好接收帧的准备。帧的首部必须设有一些特殊的比特组合，使得接收端能够找出一帧的开始，这也称为帧定界。帧定界还包含确定帧的结束位置。这里有两种方法。一种是在帧的尾部设有某种特殊的比特组合来标志帧的结束，另一种是在帧首部中设有帧长度的字段。CTCS-3 级列控系统的测试中，数据链路层采用的是长度为 40 字节的 HDLC 帧结构，实际应用中一般使用含有信息字段的 HDLC 帧。

透明模式下，信息流通过无线信道时仅由无线信道传输提供的前向纠错机制完成纠错，TAF（终端适配功能）和 IWF（互连功能）间的路径可看成同步电路，两者之间有固定的吞吐量和传输时延，但误码率不定，采用透明模式在传输速率较低的情况下能得到较好的传输效果。

2. CSD 列控业务服务质量测试原理与测试科目

CSD 服务质量测试采用模拟方式由车载测试单元向地面测试服务器（模拟列控 RBC 功能）传输数据，测试列车控制信息传输的特性。从通信系统的有效性和可靠性评价角度，可以将 CSD 列控业务服务质量测试指标分为表征有效性的时间类指标和表征可靠性的成功率指标。以具有代表性的 CSD 连接建立延时、建立失败概率以及CSD传输干扰时间、传输无差错时间测试为例，论述CSD列控业务服务质量测试原理及方法[5,6]。

CSD列控业务服务质量测试按照测试方法分为CSD短连接测试和长连接测试。CSD短连接测试侧重于CSD建立过程中网络的性能，测试科目有CSD连接建立延时和CSD连接建立失败概率。连接建立延时是由连接请求方从发起连接请求到收到连接已成功建立的指示之间的时间间隔。连接建立失败概率指连接建立失败次数与连接建立请求总次数的比值。CSD长连接测试侧重于CSD连接建立后CSD数据在上下行链路上传输的有效性和可靠性，以及CSD链路的失效概率。

首先，测试用SIM卡开通列控数据传输业务所需的电路数据业务(4.8Kbit/s，异步，透明，优先级1级)；呼叫号码为模拟RBC测试号码，即地面服务器号码，所开通业务不受其他与测试无关呼叫的影响(如不具备紧急呼叫和组呼的功能)。CSD列控业务服务质量测试结构如图6.10所示。

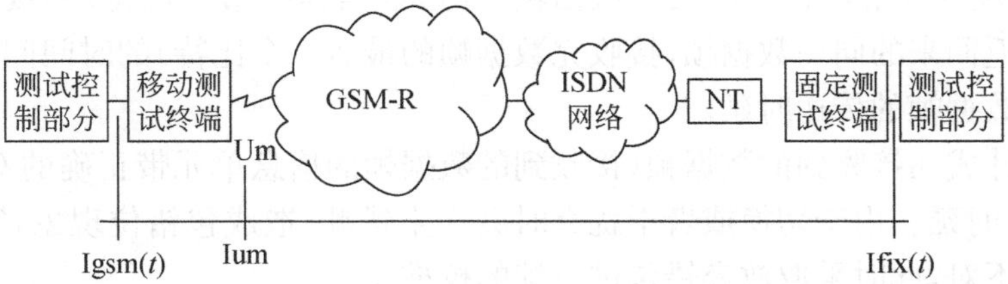

图6.10　CSD列控业务服务质量测试结构

1)CSD连接建立延时、CSD连接建立失败概率

进行CSD呼叫连接，移动台从发起连接请求到收到连接已成功建立指示之间的时间间隔为CSD连接建立延时。

测试终端必须为被测网络的合法列控数据用户并处于空闲状态，且该测试用户处于归属PLMN，地面服务器应能无延迟自动应答；用户在连接成功建立之前或者设置的最大允许连接接入时间内不能主动释放连接。

测试接口在Igsm(t)和Ifix(t)，测试点在Igsm(t)。该项测试采用动态测试，测试按照实际运营车速进行，连接建立失败概率测试总样本数应不小于1078次(置信度95%)，连接建立延时测试总样本数应不小于100次。

在测试CSD连接建立延时中，没有接收到连接建立成功的标识或连接虽然建立，但是超过设置的最大允许连接接入时间都记为连接失败。

与语音呼叫的建立时延是有区别的，当测试终端接收到连接建立成功的标识(connect或者DCD)后，立即在传输通道的双方向(上行/下行)发送小数据单元，来确认连接确实已经成功建立。如果在Igsm(t)或者Ifix(t)没有收到数据，则认为本次连接建立失败。

在Igsm(t)接口通过向测试终端发送ATDxxx命令开始测试，计时从Igsm(t)

接口发送 ATDxxx 命令开始到连接成功建立消息 connect yyy 结束，或从 Igsm(t)接口发送 ATDxxx 命令开始到电路 109(DCD)引脚变为“on”状态结束，取这两个时间间隔中的较大者。

只对连接成功情况下的建立时延进行统计，统计所有连接建立请求的次数和连接建立失败的次数。

2)端到端数据传输时间

端到端数据传输时间为用户数据帧发起传送请求到该用户数据帧成功传送之间的时间间隔。该项测试采用动态测试，测试按照实际运营车速进行，统计测试总帧数应不小于100 个。规范要求用户数据块的端到端传输时延值为 99%的时延小于 0.5s。

测试终端发起数据呼叫，连接建立后，地面固定端将收到的数据帧环回转发给发送端，通过发送和接收 ASCII 码的数据帧实现测试，测试数据帧长为 40 字节。在 Igsm(t)接口，用开始传送用户数据帧(发送数据帧的第一比特)到接收完从固定测试端返回来的同一数据帧(接收完数据帧的最后一个比特)的时间间隔的一半作为用户数据帧的传送时延。

只统计成功接收到的数据帧(接收到的数据帧的信息单元带正确的 CRC 校验和)的传送时延。由于切换或者干扰有时会产生错帧，造成包错位现象，CRC 校验正确序号不对，此时采取放弃错包进行帧的校准。

对于几万公里的高铁线路，测试移动端分布在距地面终端远近不同的地方，向北京地面服务器传输数据由于传输路径的长短不同可能会造成测试结果不同，测试结果不应由这些不同造成很大的影响。通过测试实施比较可以看到，由于路程造成的延时不会造成结果大的改变，而且与路程长短有固定的关系，可以在数据处理中进行修正。

试验传输时延测试用户数据块为 40 个字节，包括在京津城际向北京测试服务器传输和在武广高铁向北京、武汉测试服务器传输。测试数据结果如表 6.2 所示。武广高铁全线运行测试向北京和武汉测试服务器传输 CSD 数据的平均时延差为 10ms。武广高铁武汉局管内向北京和武汉测试服务器传输 CSD 数据的平均时延差为 17ms。武广高铁广铁集团管内线路测试终端向北京和武汉测试服务器传输 CSD 数据的平均时延差为 9ms。

表 6.2　端到端传输时延

线路	MSC 所在地	测试服务器所在地	平均时延/ms	最大时延/ms	最小时延/ms	标准差
京津	北京	北京	358	477	324	19.5
武广	武汉/广州	武汉	373	532	280	20.2

续表

线路	MSC 所在地	测试服务器所在地	平均时延/ms	最大时延/ms	最小时延/ms	标准差
武广	武汉	武汉	353	469	323	19.8
武广	广州	武汉	378	532	280	17.2
武广	武汉/广州	北京	383	508	335	14.2
武广	武汉	北京	370	507	335	20.0
武广	广州	北京	387	508	357	10.0

根据测试分析结果，高速铁路 CSD 数据传输测试采用在北京设置一个模拟 RBC 的方式进行，经过不同线路的修正参数设定，可以保证测试的准确性。实际测试中也可以对不同铁路局管辖的地面服务器发起测试连接，数据可以统一处理。表 6.3 为端到端传输时延对比。

表 6.3　端到端传输时延对比

线路	管辖路局	服务器所在地	传输时延/ms	时延差值/ms	传输路程平均长度差/km
京津城际	北京局	北京	358	25	2745
武广高铁	武汉/广铁	北京	383		
京津城际	北京局	北京	358	5	20
武广高铁	武汉局	武汉	353		
武广高铁	武汉/广铁	武汉	373	10	1155
武广高铁	武汉/广铁	北京	383		
武广高铁	武汉局	北京	370	17	1155
		武汉	353		
武广高铁	广铁集团	北京	387	9	1230
		武汉	378		

3)CSD 传输干扰时间 TTI、传输无差错时间 TREC

CSD 传输干扰时间和传输无差错时间由下述两个指标进行考核：

(1)传输无差错时间 TREC。连续传输数据，从出现第一个无错的数据帧开始计时到出现第一个出错的数据帧结束的时间。

(2)传输干扰时间 TTI。从第一个出错的数据帧出现开始计时到出现第一个无错的数据帧时结束。

测量接口是 Igsm(t)和 Ifix(t)。该项测试采用动态测试，测试终端发起数据呼叫，连接建立后，通过测试终端发送和接收 ASCII 码的数据帧实现对 TTI 和

TREC 的测试。在发送方和接收方都将发送和接收的数据帧存储成文件。接收端应与发送数据帧同步，传输干扰时间和传输无差错时间的测试都以接收端作为时间参考。只有在数据帧序号被证实后，才进行测试结果的更新。

测试系统通过比较分析发送和接收文件的差异或者检验接收到的数据的 CRC 的错误情况来得出结果；TTI 和 TREC 应包含所有测试区域的测试数据。若恢复时段小于一个指定的时间(5 个数据帧)，则该段时间与其前后的干扰时间一起整个计为一个干扰时间段 TTI，如图 6.11 所示。

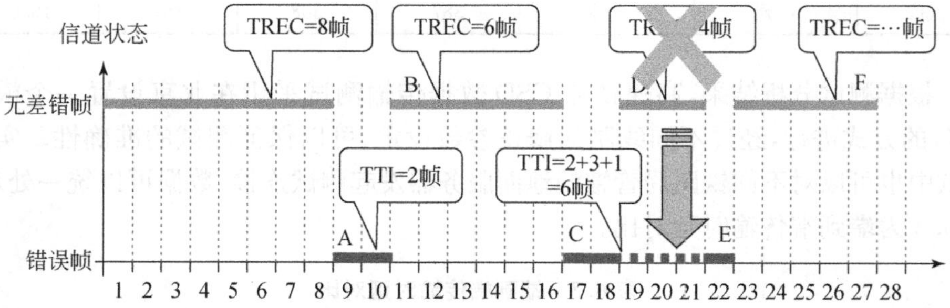

图 6.11　CSD 传输干扰事件、传输无差错时间计算

链路失效之前的最后一个连续干扰时间不参与 TTI 的计算。

TTI 和 TREC 的测试应分别采用上下行(MS-FT、FT-MS)进行测试，数据帧的发送间隔应较小，两个连续数据帧的发送间隔不大于 10ms，上下行的测试可根据测试终端收发数据的能力同时进行。

6.3.3　分组域数据通信质量测试

1. 测试意义

目前 GPRS 分组数据业务在铁路内的主要应用是承载调度命令和车次号的数据传输，并逐步应用到其他相关信息的传输，如列车运行记录信息、轨旁监测信息(地震监测、桥梁监测、隧道监测等)及实时客票服务信息。GSM-R 频率容量的问题突出，现在也在考虑传输列车控制信息。因此分组域数据传输的服务质量测试也是高速铁路通信专业监测的一个重要项目。

随着 GSM-R 承载铁路运营业务的内容增加，无线容量愈显缺乏。目前欧洲和国内已开始采用分组域数据传输模式承载更多的铁路业务，以减小信道的负荷。计划采用分组域方式传输 C3 控制信息，测试工作既要服务于目前的业务功能还要通过检测分析探索新的应用可行性。

2. 测试科目

分组域的服务质量测试根据所承载的业务要求进行。调度命令与车次号传输采用 UDP 方式,其他应用通常采用 TCP 方式,因此高速铁路分组域数据的测试从端到端数据传送应用的角度测量 GPRS 网络的承载能力,其服务质量水平由数据包传送延时、丢包率、数据吞吐量三个指标综合评判。数据包传送延时、丢包率反映了 GPRS 分组数据传输时间的有效性和数据包传输的可靠性。数据吞吐量包含峰值吞吐量和均值吞吐量,反映了 GPRS 网络的数据吞吐能力。

测试结构如图 6.12 所示。

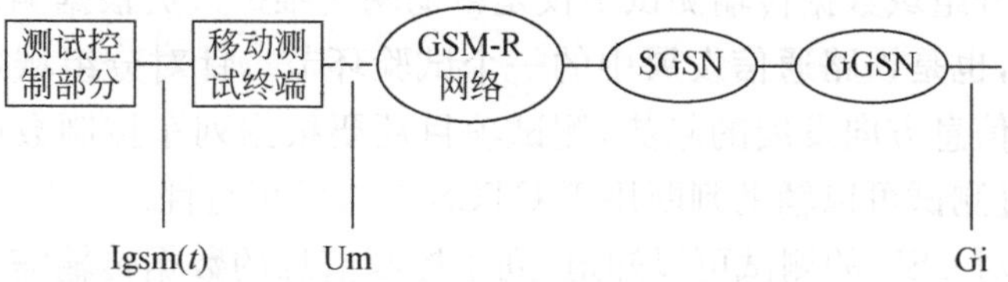

图 6.12　GPRS 分组数据业务服务质量测试结构图

预置条件如下:

(1)测试 SIM 卡仅开通与测试项目相关的业务,避免测试过程受影响。

(2)测试终端具有 GPRS 功能并附着在 GPRS 网络。

(3)测试移动用户处于就绪状态。

(4)无线编码方式、信道配置方式、模式与网络配置保持一致。

1)数据传输延时和丢包率

数据包在 GSM-R 网络中的传送时延,从移动端发起数据包传送请求到该端到端的用户数据帧已经成功传送到 GGSN 的 Gi 端的时间间隔。测试接口是 Igsm(t)和 Gi 接口,测试点是 Igsm(t)。

测试过程通过发送和接收一定长度的 UDP 数据包来实现,鉴于测试的可操作性,采用环回的方法来测试 GPRS 数据的时延。

在与 GGSN 接口相连的 Gi 接口连接固定测试端,测试固定端应能将收到的数据帧环回转发给发送端,测试用的环回固定端的转发反应时间应尽可能小甚至可以忽略。

在 Igsm(t)接口,用开始传送用户数据帧(发送数据帧的第一比特)到接收完从固定测试端返回来的同一数据块(接收完数据帧的最后一个比特)的时间间隔的一半作为用户数据帧的传送时延。

分别发送包长为 128 字节和 1024 字节的数据包,统计各个数据包的传送时间。只统计那些被成功接收的数据帧的传送时延。

2)数据吞吐量

数据吞吐量表示无线信道上单位时间内通过的数据量。测试点是 Igsm(t)和 Gi 接口。该项测试采用静态测试和动态测试相结合的方式,静态测试至少测试

30min,动态测试至少测试一个往返。

吞吐量分为峰值吞吐量和平均吞吐量,上下行吞吐量分别进行测试。

在与 GGSN 接口相连的 Gi 接口连接固定测试端,将固定测试端安装一测试用 FTP 服务器。通过 FTP 下载来测试下行吞吐量,FTP 上传来测试上行吞吐量。

在 Igsm(t) 接口处计算每秒通过的最大字节数和每小时的平均字节数。

3)附着成功率

高速铁路分组域数据传输测试不仅是帮助网络维护人员根据测试结果对网络进行优化工作,也是铁路通信发展中的一个试验环节。针对分组域数据将要向承载列控安全类信息方向发展的趋势,测试项目还要根据列车控制数据传输的需要进行组织,通过测试可以辅助判断用于 CTCS-3 级的可行性。

根据前面对 CSD 的测试可以知道,列车控制信息的数据传输需要考虑传输时延,需要考虑在通信中断的情况下能及时重新建立连接,也希望在传输数据时尽量减少发生各种原因产生的误帧率。数据传输时延在常规的测试中已经进行。

6.3.4 数据处理及应用

高速检测列车有时一天可能运行两千多公里,对于复杂的网络参数,海量的测试数据不可能当时就判断出相互关系,完成在检测列车上的测试只是完成检测工作的第一步,大量的工作是进行数据回放及结合其他相关数据,如接口监测和网管数据综合进行分析判断。

1. 回放分析

1)同一模块不同窗口的同步

在通信检测中,某一个检测问题可能由不同的原因引起,或者在不同的角度可以发现。过去的测试回放软件,可以开放多个窗口,但各个窗口功能独立,若在某一窗口(如统计表窗口)发现问题需要到曲线窗口或信令交互窗口查找原因。目前,在高速检测列车检测数据的回放软件中,每个测试模块有不同的测试项目,包括各类曲线显示、数据统计状态显示、信令解析显示、电子地图显示等。有的在前台,有的隐藏。在数据分析时,需要对测试状态全面分析,如曲线分布、具体数值、测试环境(电子地图)、统计参数。

通过对各类数据的联动同步可以在发现数据异常时及时查到相关参数状态。例如,发现了切换失败,可以查看通信质量曲线和载干比曲线是否异常,可以查看层三信令状态。如图 6.13 所示,点击界面 732.7km 处可以在不同的窗口同时看到该处的各项测试信息,提高了分析效率。

2)不同模块的同步

测试任务中可以多模块同时进行,如 8w 模块和 2w 模块或语音测试模块和

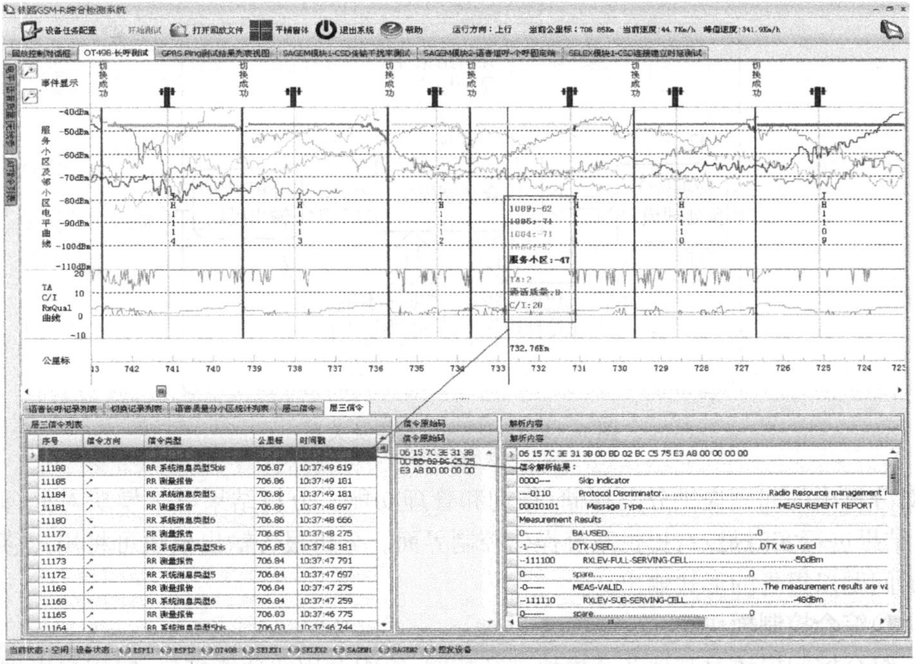

图 6.13　服务质量测试回放展示图

CSD 测试模块等。不同模块间的测试是独立完成的，可在界面中点击查看。在回放分析中，如果一个模块发现问题需要查看其他模块的测试状态，以判断是个别问题还是普遍问题。在软件编制中采用多模块同步定位，点击任何测试模块工作窗口，可以与其他检测模块进行同步，在点击标签查看其他模块时可以看到该模块在同一地理位置的测试状态，大大方便了数据分析和问题查找。

2. 地面分析平台

完成高速列车上的检测只是完成检测工作的一部分，还需要对检测数据进行全面的整理、统计和分析。这些工作要结合其他监测数据综合进行，在地面平台实施。

地面平台实现以下六个关键功能：综合控制功能、数据输入预处理功能、数据分析处理功能、数据库存储管理功能、分析结果显示功能和分析报告输出功能，如图 6.14 所示。

其中，综合控制模块为整个系统的核心控制部分，负责组织、调用其他各个模块完成用户指定的各项数据分析任务。数据输入预处理模块负责检验输入检测数据文件的格式、类型及完整性。数据分析处理模块是整个系统最重要的关键部分，是数据分析能力的集中展示。可对指定类型故障问题进行自动识别，提供针对通信检测数据分析专门开发的应用工具，可供用户直接调用。例如，对测试标准规定的测试指标的统计工具，包含数据挖掘理念的数据分析工具。数据库存储管理模

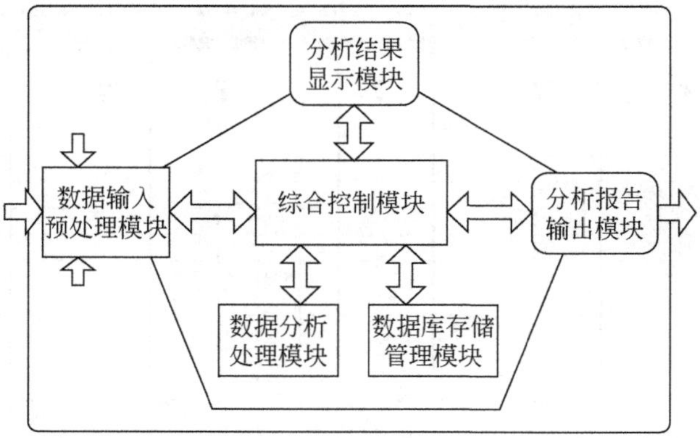

图 6.14 系统主要功能及关系

块对分析出的问题提供分类存储、查询和管理功能。分析结果显示模块对处理进程、结果进行实时显示，提供系统操作控制界面。分析报告输出模块可将用户感兴趣的问题以报告的形式输出。

1)综合控制模块

综合控制模块对其他各个模块进行控制、组织调用的功能接口，向用户提供数据分析服务功能，集中展示系统分析处理能力。识别来自数据输入预处理模块的数据文件类型(场强测试文件、CSD 服务质量测试文件、话音质量测试文件)、测试项目，根据测试项目判断可进行的数据分析业务类型，用户可根据需要选择使用。

用户选择输入数据的分析处理业务类型(故障类型)后，自动调用数据分析方法模块中相应的数据分析方法进行分析，对典型故障类型进行识别，同时调用分析结果显示模块进行显示。可调用分析报告输出模块对本次分析处理结果以报告的形式给出。

除可以对输入数据进行指定故障类型数据分析处理外，用户可以根据需要直接调用数据分析方法或数据分析工具进行感兴趣的分析。具备故障问题数据库管理模块使用接口，可对分析出的故障问题进行分类存储，可对数据库中所有的故障问题进行查询、修改、删除及其他操作。对所需要的具体操作进行调研，具备增加新操作方法的接口。

对于同一个线路的检测数据，按照测试项目不同可能有 2～3 个测试文件，为了便于分析，系统能同时读取所有项目的测试数据，按照公里标、基站信息进行关联，可实现联动分析功能。

2)数据输入预处理模块

需要对分析的数据源文件类型、格式进行统计、归类，对每类分析文件制定相应的系统输入标准格式。例如，要对场强检测数据文件进行分析，需要规定输入的数据文件必须包含线路名称、基站/直放站信息、公里标信息以及统计点的场强值等信息，且满足一定的格式。

对每个测试项目可以进行的数据分析处理项目进行规划设计。例如，CSD QoS 检测数据文件中干扰率测试数据，除可进行干扰数据故障分析处理外，可能还可以进行切换故障分析处理等(与使用的测试模块有关)。

按照图 6.15 的思路进行检测数据文件的分类统计整理，完成更详细的设计。

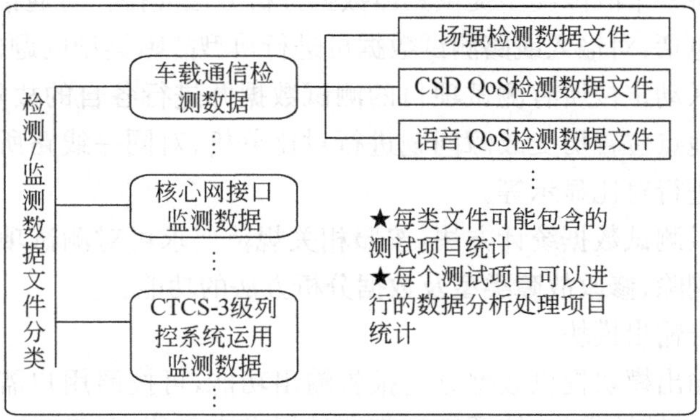

图 6.15　检测/监测数据文件分类系统

对输入的检测数据文件类型进行识别或标记。针对每类数据文件，进行关键信息内容的完整性检验。随着数据分析业务的增加，可增添新的检测数据文件类型识别。

3)数据库存储管理模块

数据库存储管理模块分析每类故障问题的数据特征、辅助分析数据特征，设计相应的故障问题存储形式，对故障问题的描述力求全面、准确。例如，CSD 数据传输时延出现成片丢失或错误的问题，对于这类故障问题的存储，除该项测试本身的测试数据、曲线图片外，还应存储同次测试中干扰测试、切换测试、话音质量测试、C/I 测试、TA 值测试等项目的相关数据及存在的问题。

设计各类故障问题数据的存储表格。可为用户提供故障问题分类存储、查询等功能。提供用户自定义数据类型及存储功能，为用户提供问题数据的管理平台。

4)数据分析处理模块

模块功能按照分层的思想设计为三层结构，分别为数据分析工具层、数据分析方法层和综合分析应用层。其中，数据分析工具层为最底层，设计为工具箱的形式，为上层应用提供基础分析工具。数据分析方法层根据各个故障类型的分析处理方法，调用数据分析工具进行自动识别。综合分析应用层根据用户需要对数据应用各种类型的故障分析模型进行综合分析，也可根据数据分析人员需要，将数据分析工具层中的工具直接应用于检测数据进行分析。随着通信检测数据分析处理系统的不断发展，针对不同的检测/监测数据，可以逐步增加高级数据分析工具，如包含数据挖掘理念的分析工具。

前期对故障类型进行分类，在检测数据文件及导出数据文件格式进行分类整理、制定出系统输入文件标准格式的基础上，研究每个故障类型的分析方法及自动识别方法、每个测试指标的计算方法、对每类数据分别分析方法、对几类数据综合分析的方法策略。

该模块为每一个故障类型提供具体数据分析方法支持。对通信检测数据分析处理的方法应包括：对输入线路测试数据可进行典型故障类型问题的自动识别；对于指定位置可联动定位所有测试项目的测试数据并进行各自的故障问题分析；对同一线路同一地点位置历史故障问题进行对比分析；对同一线路所有历史故障问题按测试时间进行对比显示等。

该模块提供测试数据统计方法，按照相关规范要求可对测试项目指标进行统计；具备增加、删除、修改故障类型及数据分析方法的功能。

5)分析报告输出模块

分析报告输出模块提供数据分析报告输出功能，可按照用户需求提供多种形式的分析报告，如统计报告，按照铁道部测试标准进行测试指标统计；故障分析报告，按照故障类型分类列出问题；历史问题对比分析报告，按照线路、地点列出出现过的所有历史问题等；其他用户自定义内容报告输出。

6)分析结果显示模块

分析结果显示模块对用户各类操作控制界面进行设计，对每类数据分析、联动分析显示的内容和效果进行设计，方便数据分析人员对关键信息的查看。结果展示主要是基于GIS进行的，可在电子地图上按测试线路展示接收电平、通信质量、载干比等曲线，展示选定的事件，如切换、呼叫、掉话、小区重选等。管理者和维护人员可以直观地看到测试的整体状态和具体问题，辅助进行综合分析。

6.4 铁路无线通信专用功能检查

铁路应用功能不仅与GSM-R网络状态有关，还与业务的应用方式和相关应用设备状态有关。因此，在无线覆盖和服务质量检测的基础上还要针对铁路专用业务的应用状态进行检测。这些业务涉及铁路专用的接口设备和终端设备以及应用机制。

6.4.1 调度命令和车次号应用功能测试

调度命令是铁路行车指挥的重要手段，在早期列车速度较低时已经采用经过车站时人工传递调度命令。随着速度不断提高及通信技术的发展，使用低速率的数据通过无线通道把调度命令传输给列车司机。图6.16为450MHz无线列调调度命令传输示意图，调度员发出的行车命令要通过车站设备转发传输到机车综合通信设备上，因此，450MHz 调度命令的检测是要检验调度台的发送、地面传输、车站转发和机车通信终端接收等几个环节的工作特性。

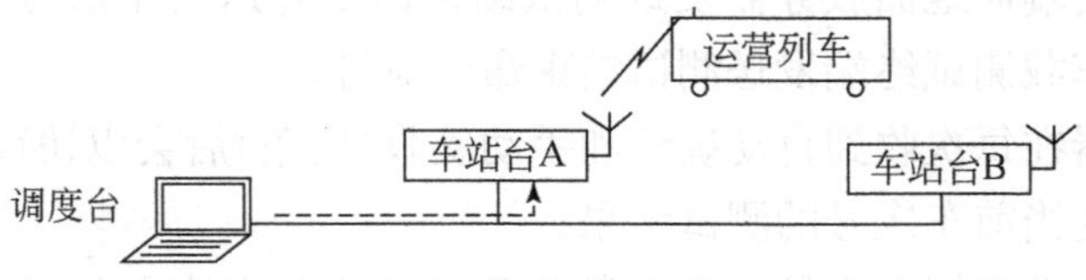

图 6.16　铁路早期调度命令测试流程图

随着列车速度的提高，调度命令传输的需求越来越重要。司机可以核对进路预告调度命令辅助行车，提高行车安全性。在 GSM-R 覆盖线路，调度命令信息通过分组域方式进行传输，可靠性和实时性有了很大的提高。调度命令可以通过 GSM-R 网络直接传输到确定的列车无线终端上。

GSM-R 网络调度命令测试系统由应用功能测试仪和应用功能测试地面服务器构成。应用功能测试仪通过串口与无线通信终端相连，通过无线终端转发控制数据给地面服务器，控制地面服务器开始、结束测试功能。采用地面服务器用于模拟 GRIS，数据发送采用与调度命令和车次号业务一致的重发机制，所测结果可以反映出业务应用状态。

另外，由于对分组域方式传输数据的特性还有很多未知的因素，通过仿真应用测试可以更好地了解。

GPRS 调度命令测试结构图如图 6.17 所示。

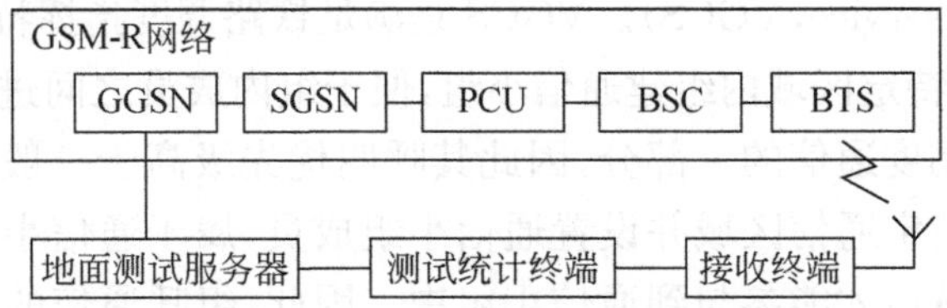

图 6.17　GPRS 调度命令测试结构图

调度命令传送测试根据铁路相关标准和要求进行，对调度命令传送成功率进行统计。按实际调度命令传输标准要求的格式由地面服务器定时向车载测试终端发送调度命令，车载终端向地面服务器发送应答信息(包括自动应答和手动应答信息)，地面服务器统计成功率并进行记录。车载终端成功收到调度命令后记录列车位置，若传输丢失可以根据时间信息确认传输失败的地点，结合服务质量测试记录可以分析命令丢失原因。调度命令传输规范中规定了一次传输成功率大于 95%，在地面的统计中分别进行不同次数成功的统计以评价实际传输效果。车次号和调度命令传输测试流程如下。

1)GSM-R 车次号信息传送测试

车载测试终端每隔一定时间向地面服务器发送车次号测试启动命令,地面服务器发送应答并进入车次号信息测试状态。

车载测试终端向地面服务器发送测试结束命令并退出车次号信息测试状态,地面服务器向车载测试终端发送测试结束命令应答。

地面服务器在每次收到自动确认和手动签收(两条)后会以协商好的格式向车载测试终端发送当前车次号的测试结果。

车载测试终端根据车次号信息总数目和接收到的车次号信息数目,进行成功率统计。

2)GSM-R 调度命令传送测试

车载测试终端向地面服务器发送测试启动命令,地面服务器发送应答并进入调度命令测试状态。地面服务器向车载测试终端发送调度命令(类型随机产生),车载终端接收并转发给应用功能系统控制器,同时发送自动应答,3s 后自动发送手动应答。地面服务器发送调度命令完毕后,若收到自动应答和手动签收,则本次调度命令测试成功;若在 10s 内没有收到自动应答和手动签收,则本次调度命令测试失败。地面服务器在每次收到自动确认和手动签收(两条)后会以协商好的格式向车上发送当前调度命令的测试结果;车载测试终端向地面服务器发送测试结束命令,地面服务器发送响应,包含调度命令测试结果。

6.4.2 GSM-R 组呼功能测试

铁路 GSM-R 专网与 GSM 公共移动通信网的最大区别之一是语音组呼通信(voice group call service,VGCS)。VGCS 是满足铁路调度指挥特定需求的专用业务,可以在划分的特定区域内组建通信小组,便于组内成员之间进行语音通信。由于语音通信属于调度通信的一部分,因此其呼叫优先级高于一般的个别呼叫。组呼通信可以划分特定通信区域并设置通信小组成员,属于通信小组成员的终端进入规定的通信区域后才能参与到通信小组中。因此,组呼通信的测试主要是验证和检查组呼功能是否满足预先设定的要求,如呼叫区域是否正确、呼叫是否及时接续成功,是否满足规定的接续时间。

组呼通信比个呼通信有高级别的优先权,紧急呼叫为一级优先级。不论移动台在什么状态,只要收到紧急呼叫的信息都要转到紧急呼叫组中,保证在紧急情况下各通信终端都能收到告警信息。VGCS 呼叫测试包含紧急呼叫测试和其他组呼叫测试。VGCS 呼叫测试点在 Um 接口,数据处理时提取的是 Um 接口信令消息中的 GCC 消息。

由于组呼的特点是具有较高的优先级,为了避免影响列车运营通信,组呼主要用在系统联调联试中,在每个基站小区都要进行各类组呼,检查是否各个基站都设置了正确的组呼参数。在日常检测中不作为必测科目，只进行随机抽测。具体应用状态主要通过使用者的反馈进行了解。

6.5　铁路沿线电磁环境检测

6.5.1　概述

在 GSM-R 使用初期，铁路 GSM-R 移动通信系统与中国移动公司共用 4MHz 频率进行通信，不同网络的干扰时有发生。信息产业部发布了《关于铁道部和中国移动共用 900MHz 移动通信网频率资源问题的函》，对相关事项做出要求：从 2010 年开始，这上下行共 8MHz 频率划归铁路专用。

无线电波在空中传播时，由于频率使用的不合理或设备的特性不完善，不可避免存在很多干扰，影响通信系统的使用。电磁环境测试的目的是检测 GSM-R 铁路数字移动通信系统是否存在外部和内部的各种干扰，发现问题并及时清除。

我国高速铁路集中分布在人口稠密、经济发达的地区，沿线分布有不同类型的无线通信系统，电磁环境存在很多问题。造成对 GSM-R 系统干扰的主要来源是与铁路 GSM-R 频点较近的中国移动 GSM 系统，也有一些是 GSM-R 网络自身配置不当产生的，分别对 GSM-R 系统的上下行工作频段带来干扰。中国移动 GSM 系统使用 GSM-R 频点对铁路的运输安全影响很大。通常情况下，铁路无线通信的应用频率集中在以下区域：无线列控要求机车与无线闭塞中心建立永久电路数据链路，保持数据的实时传输，以保证对列车安全可靠的控制；车机联控中，司机与车站值班员的通话集中在车站两端 3km 范围内；调度命令的传送也集中在车站两端 3km 范围内；车次号校核信息的传送主要集中在进出站信号机及其附近（一般情况下，出进站信号机距车站 1.2km）；列尾数据在列车运行期间每隔 5～10s 要向司机报告一次；调车作业主要集中在调车场内，调车组成员之间通过永久电路数据链路传输调车指令，同时各调车组内会频繁进行小组呼叫；机车同步数据传输要在本务机、补机与地面应用节点之间建立永久电路数据链路，保持数据的实时传输，以保证各机车之间的同步操控。所有这些业务要求在铁路沿线尤其是铁路车站站区必须保证有良好的电磁环境和有效无缝的 GSM-R 场强覆盖，否则会影响到列车的安全运行以及铁路无线业务的正常使用。因此，加强 GSM-R 电磁环境测试和监管很有必要。

6.5.2　频谱扫描测试

频谱扫描测试是干扰检测的基本项目之一，主要功能是查找 GSM-R 网络外部干扰。设置频谱分析仪扫描范围为 885～889MHz（上行）和 930～934MHz（下行），扫描周期为 100ms，分辨带宽为 30kHz，采用峰值检波，使用最大峰值保持的显示模式，记录频谱扫描范围内接收电平的最大值。频谱扫描最大值用于表征在测试期间被测频带内出现过的电平最大值，可以直观地反映在被测区间GSM-R频段内的干扰分布和干扰强度。

1. 传统频谱仪

1)检波方式

基于测试接收机的频率响应特性要求，按CISPR16规定，测试接收机应有四种基本检波方式：平均值检波、准峰值检波、有效值检波和峰值检波。

平均值检波主要用来测试窄频的连续波、调谐波干扰，其充放电时间常数比值TC/TD为1。

若干扰经常由许多独立的脉冲源产生，且往往是随机的，则最好使用有效值检波器。选用检波器取决于被测受干扰源的性质以及所受保护的对象。

当电磁干扰是脉冲干扰，且具有一定持续性和重复频率时，准峰值检波器的输出特性可以近似反映这种影响。因此在无线广播频率领域，CISPR所推荐的电磁兼容性规范采用准峰值检波。由于准峰值检波既要利用干扰信号的幅度，又要反映它的时间分布，因此其充电时间常数比峰值检波器大，而放电时间常数比峰值检波器小。对于不同频谱段应有不同的充放电时间常数。这两种检波方式主要用于脉冲干扰测试。

对于瞬间变化、持续时间短、重复频率很低的脉冲干扰源，准峰值检波器不能客观评估此类干扰特性，常用峰值检波。由于峰值检波是要测试出干扰信号振幅的最大值，故它只取决于信号的幅度而与时间无关，其充电放电时间常数比值TC/TD要足够小，通常TC/TD为几百分之一。

由于GSM-R频段的干扰大多来自中国移动的GSM系统的TCH，GSM系统为数字移动通信系统，而且中国移动的GSM系统普遍使用了功率控制和跳频技术，对GSM-R的干扰是脉冲方式，脉冲持续时间短、随机性强，要反映干扰的强度，在进行频谱扫描测试时，应使用峰值检波方式。对于常发性干扰，往往来自大型厂矿设备或军用机场雷达等干扰源，是宽频段连续波，强度稳定，对于这种干扰应使用测量接收机进行频点测试，既可采用峰值检波，也可采用平均值检波。考虑到与突发干扰信号测量的一致性，同样采用峰值检波方式。图6.18为传统频谱仪测试曲线图。

2)分辨率带宽和扫描周期

分辨率带宽(resolution bandwidth, RBW)是频谱分析仪中心频率为21.4MHz中频滤波器的3dB带宽。分辨率带宽降低能提高分辨率，但对测量来说分辨率降低会增加扫描周期。分辨率带宽加宽，不仅降低了对窄带信号的分辨能力，还会提高底噪声，降低对弱信号的分辨能力。所以，要结合被测干扰的特点，设

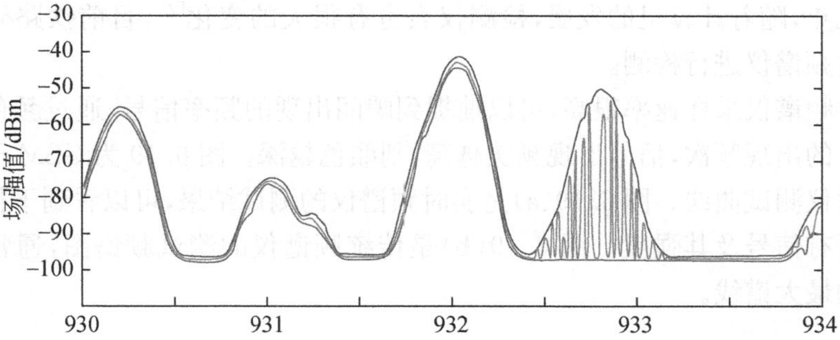

图 6.18 频谱测试曲线图

置分辨率带宽。

对于 GSM-R 系统，信号带宽为 200kHz，窄带干扰不会对 GSM-R 系统造成严重危害，而且干扰大多为脉冲突发干扰，持续时间短，要求扫描周期短。为了全面反映干扰的情况，频谱扫描周期不能过长，扫描分辨率带宽也不能太宽，均衡几方面的因素，选择分辨率带宽为 30kHz，扫描周期为 100ms。

3）视频带宽

在测量时，为了使噪声曲线平滑，在检波之后，放置了一个低通滤波器，即视频滤波器。视频带宽（video bandwidth，VBW）是指视频滤波器的 3dB 带宽。它的作用是将检测信号中的高频部分滤掉，可以从显示屏上看到一个光滑的曲线。这对小信号的测量是非常有效的，它可使读数更为稳定。

VBW 要结合 RBW 考虑，否则 VBW 值没有任何意义。一般的默认设置是将 VBW 设为与 RBW 相等，RBW 是独立变量，而 VBW 要根据 RBW 的设置而变。因此，只要保持默认设置，当分辨率带宽变化时，VBW 随之而变，但 VBW 的变化并不影响 RBW 的设置。

综上所述，在进行 GSM-R 电磁环境测试时，鉴于干扰大多来自 GSM 系统的脉冲干扰，采用 VBW/RBW 不小于 3∶1，即 VBW 不小于 90kHz。

启动 GPS 定位子系统，存储测试地点的位置信息，包括经纬度、海拔等。

2. 实时频谱分析仪

随着电磁环境越来越复杂，干扰问题也越来越严重，在各类干扰类型中，同频干扰和互调干扰的影响最严重，发现难度最大。使用传统频谱仪的频谱图形只能显示干扰信号的最大包络强度，很多低于最大强度值的干扰以及短促出现的干扰也会引起有用信号的质量下降，但在包络曲线上不能被发现。因此传统频谱仪主要用在铁路 GSM-R 线路建设时期查找干扰，GSM-R 系统运营后通常不能关闭基站信号，因此很少使用。有时确实发现某地区有干扰，可采取在维修天窗时间关闭基站进行测试。

近几年,随着计算机的发展,检测仪表也有很大的变化[7],目前铁路研究开始使用实时频谱仪进行检测。

实时频谱仪采样速率很高,可以捕捉到瞬间出现的频率信号,通过颜色来区分不同信号的出现频次,信号出现频次越高,则颜色越深。图 6.19 为 GSM 干扰器的辐射频谱仪测试曲线。图 6.19(a)是实时频谱仪的测试结果,可以看到干扰器频谱包含的所有信号及其强度。图 6.19(b)是传统频谱仪的测试频谱图,通常只能看到频谱的最大谱线。

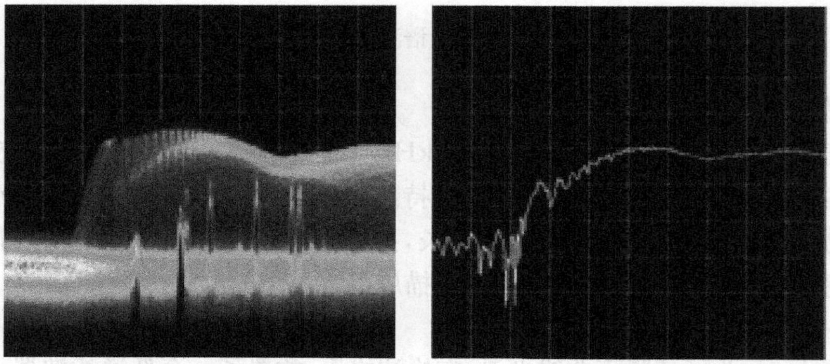

(a)实时频谱仪　(b)传统频谱仪

图 6.19　GSM 干扰器的辐射频谱仪测试曲线

实时频谱仪采样速率很高,可以捕捉到瞬间出现的频率信号,其显示方式以信号出现的频次在显示器上显示,从不同的颜色可以知道干扰强度和出现的概率。使用实时频谱仪可以在高铁线路的运营时间,不关闭基站测试发现其他信号落入铁路 GSM-R 频段上的干扰。

图 6.20 是我国高铁某条线路实时频谱仪与传统频谱仪测试比较曲线,可以看到,实时频谱仪可以更清楚地发现和确认铁路沿线电磁环境的状况,更有效地采取措施进行清频,消除干扰。

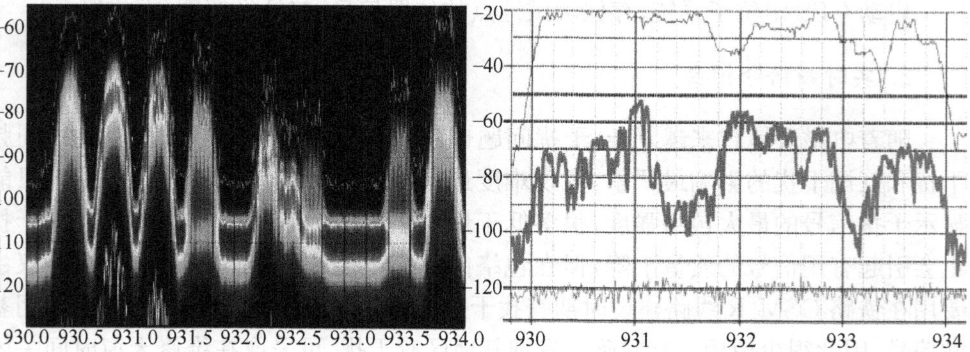

(a)实时频谱仪　(b)传统频谱仪

图 6.20　实时频谱仪与传统频谱仪测试曲线比较

由于高速列车运行很快，作为一种普查的方式进行检测，干扰强度随着列车的移动也迅速变化。为了进行更细致的测量检查，要确认发现干扰的位置，连接定位装置和计距信息。由于移动中测量每时刻的数据都是不能重现的，所以记录量也非常大。为了便于分析，目前开始使用辅助干扰查找软件。

实时频谱测试软件包括高速铁路数据采集和辅助分析。首先可以预先设置干扰门限，如对于强信号阻塞可以设定干扰信号强度、干扰频带范围和出现的时间概率。这样，在检测与回放中可自动把疑似干扰点的信息都标记出来。使用辅助查找软件后大大提高了查找效率，有效帮助了干扰查找进度。

6.5.3　频点干扰检测

1. 测试终端检测干扰

在综合检测车正常运营时间，GSM-R 网络不能关闭，使用频谱仪的方式很难发现干扰频点的存在。在 GSM-R 系统运用状态即不关闭 GSM-R 基站条件下，可以利用测试手机解码得到的 RxQual 、C/I、公网 GSM 使用的跳频序列，通过统计被测区段的 RxQual、C/I 的分布，结合 GSM-R 无线覆盖的状况，判断是否受到干扰。利用解析公网 GSM 信令得到的跳频序列可以作为查处移动公网 GSM 系统干扰的依据。

GSM 制式的扫频仪可以测量出干扰的程度，以频点号的方式列出各频点的质量状态。

C/I 是决定 GSM-R 系统服务质量的主要因素之一，测试手机通过数字信号处理计算得到。我国铁路 GSM-R 系统对 C/I 的指标要求为：同频载干比＞12dB，邻频载干比＞－6dB(加了保护余量)。特别是对于承载 CTCS-3 级列控业务的铁路沿线，必须严格达到同频载干比的技术指标要求。否则会对 GSM-R 系统的通信质量和应用业务造成影响。

使用测试手机跟踪中国移动 GSM 信令时，安装中国移动 GSM 的 SIM 卡，通过周期性拨打电话，得到测试点的中国移动 GSM 服务小区的 BCCH、TCH、信号强度和跳频序列频点号，以确定中国移动在铁路沿线是否使用了 EGSM 频段，同时通过解析全球小区识别号(global cell ID，GCI)和基站色码(base station identity code，BSIC)确定干扰基站，作为查处干扰的依据。测试手机默认检测的是中国移动在测试地点的服务小区情况。但是，如果相邻小区使用 EGSM 频段频点，同样会对 GSM-R 的安全运行造成危害。为了全面监测被测地点处中国移动是否占用 EGSM 频点，采用强制切换的方式，强制测试手机分别测试服务小区、所有相邻小区 BCCH、TCH、跳频序列的频率、信号强度及对应的基站识别码、小区识别号等信息。

通过跟踪解析以上信令，所得测试结果可为查处移动公网 GSM 的干扰提供全面可靠的依据。

2. 扫频仪测试干扰

铁路的电磁环境检测系统不仅具备频谱扫描功能，还实现了载干比 C/I、接收质量 RxQual、公网 GSM 跳频序列和信令跟踪检测相结合的测试方式，解决了 GSM-R 网络运用条件下的电磁干扰检测难题。

对于电磁环境检测，可以展示 GSM-R 所有频道的接收电平和载干比，通过网络号、小区号及 BISC 号可以判断本网(GSM-R)或外网是否存在干扰。图 6.21 显示了我国高铁某条线路的测试结果，可以看到，在图表中的这个测试点，有四个非铁路 GSM-R 的信号被占用(MNC=00)。在同时进行的服务质量测试中也确实干扰了 GSM-R 的正常运营，造成载干比下降和多次切换失败。

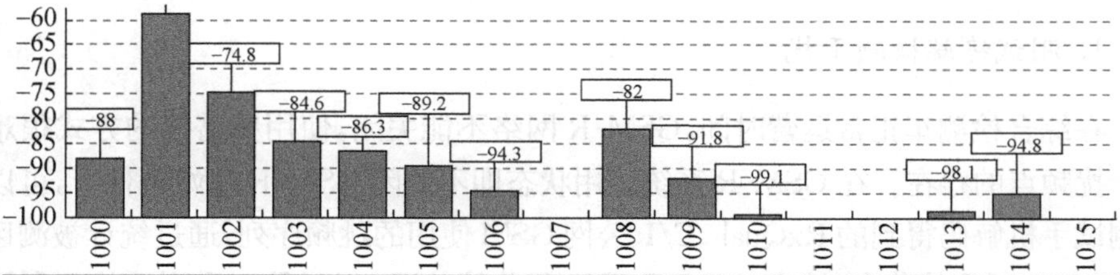

Channel	Freq	RSSI	BSIC	C/I	MCC	MNC	LAC	CI
1000	930.2	-88.03						
1001	930.4	-58.53	54	20.00	460	20	12545	4125
1003	930.8	-84.55	53	13.19	460	20	12545	4124
1004	931.0	-86.33						
1005	931.2	-89.20	50	5.65	460	00	17378	37061
1008	931.8	-82.04	07	20.00	460	00	17184	11051
1010	932.2	-99.09	02	5.37	460	00	17184	11052
1013	932.8	-98.12	24	2.67	460	00	17378	37062

图 6.21　信号频点扫描检测数据

通过对各高铁线路和普速线路的检测，可以发现很多线路都存在其他网络占用铁路 GSM-R 频点的现象。信令解析扫描测试可以发现其他网络 BCCH 信道的占用情况，对于跳频的占用还不能确认，需要根据具体数据库信息综合分析。

随着铁路 GSM-R 网络的发展，多线交叉越来越多。通过扫频数据还可以进行连线分析，可以在 GIS 图中对检测线路周围所有的已知基站进行连线并以颜色标明电平强度，直观地看到不同铁路线的 GSM-R 网络对检测线路的影响，方便进行网优和频率调整。

6.6　测试技术的发展趋势

6.6.1　概述

上述通信检测技术基本是在高速综合检测车上进行的，检测科目和检测系统也是按综合检测车的要求进行设置。但是高速铁路通信检测与其他专业的检测有很多不同，其网络特性有自己的特点，应该结合高速铁路运营情况和无线网络特点实施检测。

首先，综合检测车的运行有固定的时间表，而且很多时间是在维修天窗时间的前后进行（夜晚或凌晨），此时正常的运营或维护还没开始或已经结束，通信系统的业务量接近低谷，网络的很多特性不能真实地展现出来。夜晚和凌晨移动公网用户也很少，可以产生对 GSM-R 网络的干扰因素也比较少，检测效果也有一定的影响。因此无人值守的自动通信检测系统也开始在高速铁路检测应用。

高速铁路主要是为旅客服务，列车速度到 300km/h 以后，目前使用的公共无线网络在列车上的使用质量受到一些影响，主要是频繁切换、车体屏蔽增加了掉话，通信容量不足等原因影响了旅客在高速列车上的通信效果。目前，宽带 LTE 已开始计划在高速列车上应用，铁路未来的通信也在考虑借助无线宽带平台进行发展。因此，未来的铁路无线通信检测开始研究高速下的相关技术。

6.6.2　无人值守自动检测

为了弥补专用高速检测列车对通信检测的不足，铁路部门已开始在旅客列车上部署无人值守的通信自动检测系统。自动检测系统主要是解决铁路局养护维修的需要，应用在检测车不方便实施检测的场合，包括检测环境和时间。具体可根据应用需要配置在运营的高铁旅客列车上或每天的高速铁路确认车上。无人值守的通信检测系统要根据线路情况配置，它可以具备电波传播场强覆盖测试、GSM-R 服务质量测试、电磁环境干扰测试能力，独立 GPS、计距定位能力，测试数据智能分析、网络优化指导实施、系统维护管理信息输出能力。关于数据下载问题，特别是如何在现有运营列车上安装是需要认真考虑的。

由于自动检测装置安装环境及应用特点要求，它不是一次完成规范要求的所有科目，而是根据需要分时进行不同科目的检测。检测时间和检测科目可以由地面中心进行控制和安排。它的系统组成如图 6.22 所示。

图 6.22　GSM-R 网络自动检测系统组成框图

GSM-R 自动检测系统主要由远端检测子系统和地面控制中心子系统组成。远端检测子系统可以配置在铁路局管辖范围内任何 GSM-R 网络环境中，包括定点或列车上，根据预先设定的测试规程或根据地面控制中心的指令进行相关科目测试。检测状态和数据可以实时传输到控制中心。控制中心管理和控制各检测终端运行，可以对检测数据进行分析和处理[8]。

1. 车载检测装置

自动检测系统突出的是自动，是无人值守，所有检测操作由远端控制完成。设备上电启动后，先进行自检，然后附着在 GPRS 网上，向控制中心报告状态。根据控制中心的指令实施规定的测试项目。

在不进行移动终端间的呼叫测试时，一个模块测试，另一个模块可以利用铁路 GPRS 分组网传输测试数据。这样可以在控制中心实时看到远端检测结果。若只配置一个测试模块（或进行移动终端间的呼叫），可以在检测结束后再集中发送测试数据到控制中心。

2. 地面数据中心

地面数据中心可以指定管辖范围内的检测终端上传状态、上传检测数据，对检测终端进行控制管理。所有控制管理在电子地图模式下进行，可以直观地看到各个终端的运行位置，进行点击操作控制。

在远端设备上报状态后，如果正常，则将检测计划发送到远端设备上。控制中心可以在地面终端了解管辖范围内各检测终端的状态。即使是长呼测试，也设置为有短暂的停顿，可以在确定时间临时停止远端设备的检测控制中心的第一个作用是控制指导远端检测设备完成检测工作。根据列车运营计划（不论是运营列车还是确认列车都有运营时刻表）事先做好检查计划，包括何时何地检测什么科目。

6.6.3 LTE-R 检测

1. 通信概况

列车速度提高后，由于电波高速衰落、多普勒频移、频繁切换以及高速动车组的屏蔽影响，在车上使用移动通信设备通信会受到一些影响。此外，旅客在车上对通信的需求又有极大的提高，非常需要有新的通信方式加强高速铁路的无线通信质量。

2010 年，中国铁路在第七届世界高速铁路大会上提出发展 LTE-R 铁路宽带移动通信系统，2011 年，国家重大专项设立了“基于 TD-LTE 的高速铁路宽带通信的关键技术研究与应用验证”的研究课题。欧洲、日本、北美等地相继开展了旅客宽带无线接入系统的研究和试验。高速铁路移动通信系统建模、高速铁路异构移动通信网络 QoS 分析与保障技术、高速铁路宽带无线通信干扰分析与抑制技术成为国内外许多大学和研究机构的研究热点。

相对于 GSM-R，LTE-R 的特点可以概括为“一限四高”，即无线资源受限、高数据速率、高移动性、高 QoS、高 RAMS。目前，国际铁盟 UIC、国内外大学和相关研究机构都在积极研究采用 OFDMA、MIMO、中继、协作等 LTE 关键技术作为铁路安全、高效的数据传输技术。部分国家和地区的铁路运营公司，如英国和日本，开始尝试利用宽带无线接入技术进行数据传输以解决旅客移动信息服务的问题。我国铁路无线通信具有 450MHz 和 900MHz 等频率资源，相关研究机构考虑采用跨频段频率资源聚合的方式，研究多载波 LTE-R 系统，实现高速铁路列车安全运行车地数据的高效传输。

目前，公共无线网络已在高铁沿线布设了 LTE 通信系统，旅客可以在车厢内登录互联网查看信息或观看视频，但是否能保证通信质量也需要对铁路沿线的 LTE 网络进行优化。因此，铁路检测部门也可以承担对铁路沿线任何 LTE 网络的特性检测。

2. 天线分集

在列车高速运行环境下，各种物体产生的直射波、反射波和散射波的相互影响，即多径衰落，以及多普勒频移产生的波形畸变对无线传输质量造成了较大的影响，误码率增加、传输速率降低。这些问题可以通过“微分集”技术来改善。

分集技术是指通过查找和利用自然界无线传播环境中独立的(至少是高度不相关的)多径信号来实现。简单地说，如果一条无线传播路径中经历了深度衰落，而另一条相对独立的路径中可能仍包含着较强的信号，因此可以在多个信号中选择两个或更多的信号进行合并，这样可以同时提高接收端的瞬时信噪比和平均信噪比，一般可提高 20～30dB。分集技术是移动通信的一种抗衰落技术，是一种用相对较低廉的投资就可以大幅度地改进无线链路性能的强有力的接收技术。分集技术就是利用两个或更多的不相关信号进行处理，不相关信号的采集可以通过空域、时域和频域三种方式实现。具体的实现方法有以下几种。

(1)空间分集，也称天线分集，是移动通信中使用较多的分集形式，简单地说，就是采用多副接收天线来接收信号，然后进行合并。为了保证接收信号的不相关性，这就要求天线之间的距离足够大，在理想情况下，接收天线之间的距离只要波长 λ 的一半就可以了。

(2)角度分集。信号在传输过程中受到环境的影响，使到达接收的信号不可能是同方向的，这样，在接收端安装方向性天线就可将得到的不相关信号进行合并。

(3)频率分集。理论上，不相关信道产生同样衰落的概率是各自产生的衰落概率的乘积。频率分集是指在多于一个载频上传送信号，其原理是基于在信道相干带宽之外的频率上不会出现同样的衰落。这一技术比空间分集节省天线数目，缺点是不仅需要占用更多的频谱资源，而且需要有和频率分集中采用的频道数相等的若干个接收机，但对于特殊业务，这个费用也许是值得的。这一技术经常用在频分双工(frequency division multiplexing，FDM)方式的视距微波链路中，在实际应用中，有一种工作方式被称作 1∶N 保护交换方式。

(4)时间分集。对于一个随机衰落信号，若对其振幅进行顺序取样，对时间间隔大于相干时间的两个样点是互不相关的。这一技术是指以超过信道相干时间的时间间隔重复发送信号，以便让再次收到的信号有独立的衰落环境，从而产生分集效果，分集通信原理见图 6.23。时间分集的性能基本由移动台的运动速度决定，也就是说决定于重复发送信号之间的衰落特性。若移动台是静止的，时间分集就失效了，因为相干时间是和移动台的运动速度成反比的。实践证明，当移动台的运动速度大于 40km/h 时，时间分集方式能获得很好的效果。这一技术已经被大量应用于扩频 CDMA 的 RAKE 接收机中，以处理多径信号。在高速环境下，时间分集的试验也很必要。

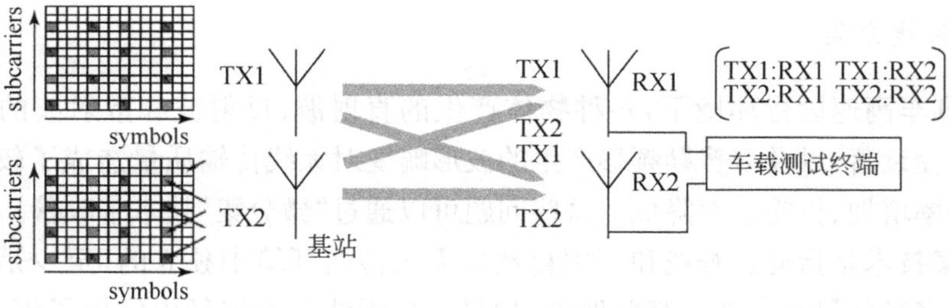

图 6.23　分集通信原理图

目前，虽然没有确定分配 LTE 通信使用的具体频段，但根据国家无线电管理委员会的频率规划，可能会采用多个频段的形式，因此对 LTE-R 的相关检测和试验的天线选择也能够覆盖这一段频率。为了克服高速多普勒效应的影响，在高速环境下使用多天线的分集技术是最好的选择。目前在铁路高速综合检测列车上都针对 LTE-R 的检测应用进行了不同的天线配置，如图 6.24 所示。

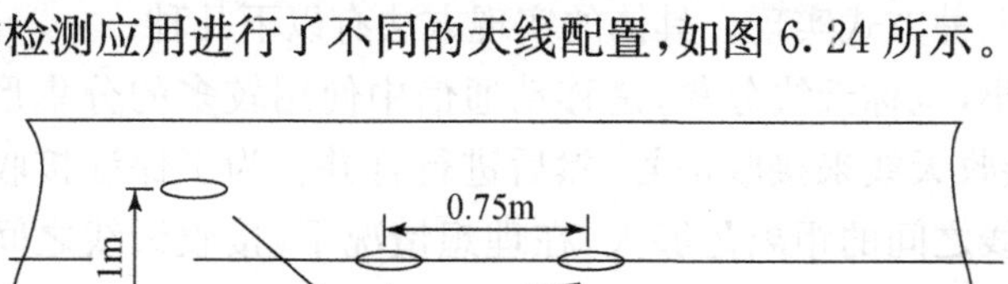

图 6.24　LTE-R 试验天线在车顶的分布图

在检测列车车顶设置了四副宽频带天线，鱼鳍型天线减小风阻，频段为

900MHz～5.8GHz，设置为不同方向的排列。

高速覆盖场景对 LTE 系统性能影响最大的效应是多普勒效应。接收到信号的波长因为信号源和接收机的相对运动而产生变化，称为多普勒效应。在移动通信系统中，特别是高速场景下，这种效应尤其明显，多普勒效应所引起的附加频移称为多普勒频偏，采用分集天线可以减小多普勒频移的影响。

3. LTE 与 GSM-R 的干扰检测

LTE 技术若在高速列车上应用，可能作为承载信道，需要在列车上装设中转设备把列车外的信号引入车内，因此需要防止中转设备的无线信号对列车运营信号产生干扰。在高速检测车上需要进行 LTE 的干扰检测包括如下几种：

(1)LTE 车载终端同 GSM-R 车载终端之间的干扰避免方案分析。在 LTE 终端进行正常通信时，检测 GSM-R 的服务质量，分析不同情况下是否对 GSM-R 的通信特性造成影响。

(2)GSM-R 终端同 TD-LTE 车载终端之间的干扰避免方案分析。在 GSM-R 终端进行正常通信时，检测 LTE 服务质量分析是否对 LTE 通信系统通信特性造成影响。

(3)阻塞测试，主要进行频谱测试，了解 LTE 在 GSM-R 频点的电平强度。测试包括车顶环境和车内环境。对 GSM-R 的影响主要采用频点扫描，测试 GSM-R 载干比。

4. LTE 工作特性测试

对高铁采用专网覆盖方案，即采用专网对铁路沿线进行覆盖的方案，只用于高铁列车内的用户通信。专网组网除了在车站和列车停留区域与大网允许切换外，沿线采用链形邻区设计，不与大网发生切换，可以很好地保证高铁的用户在高速移动时切换和重选路径，提高通信质量；有利于应用专用于高速场景的无线资源管理算法、切换和重选策略和网络参数值，从而更好地提高整个网络的质量。还要考虑公网和专网的切换原则和对应关系，能够保证公网用户顺利切入高铁专网用户，同时保证离开站台时，拒绝乒乓位置更新，减少公网用户干扰专网。

要知道使用带宽、物理小区 ID、循环前缀的长度或同步信道(PSCH(physical synchronization channel)和 SSCH(secondary synchronization channel))，以及 RSRP/RSRQ/SINR 值。在实现测试时不需要详细知道 LTE 网络和本身的结构。可实时显示测试的物理小区功率，输出 RSRP、RSRQ 和信号与干扰加噪比(signal to interference plus noise ratio，SINR)。可显示使用信号中是否存在干扰，最大每秒输出 200 个测试结果。

特殊 MIMO 测试使用两个接收机，在实际环境中测试 MIMO 增益。高速列车上的两个天线同时测试 LTE 信号，可以检测 MIMO 信道的相关程度。

MIMO 测试功能可以测试 4×2 系统和 2×2 系统，所有测试基于信道矩阵 H 强度和相位值。对于每个测试小区，矩阵输出获得较好的 MIMO 信道相关度，取值范围为 0～15dB。

高铁列车车体有较强的屏蔽效果，需要足够的覆盖信号强度，这样便限制了覆盖区域不能太大。当属于同一逻辑小区的多个 RRU，覆盖区域部分重叠连环相连之后，构成一个狭长地带的高信号强度的适合铁路沿线的小区覆盖方案，有利于增加覆盖信号的强度。

5. 小结

我国高速铁路的飞速发展日新月异。随着信息化时代的到来，铁路旅客乘车时信息传输的畅通与否，关系到移动运营商的服务质量及铁路旅客乘车环境的好坏，因此，公众移动通信系统在铁路范围内的无线覆盖更加突出。通过使用专用网络的 LTE 高铁覆盖方案，有针对性地进行高铁场景网络规划，能够帮助运营商打造出优质的 LTE 高铁覆盖网络。

参 考 文 献

[1] 卢尔瑞，孙儒石，丁怀元．移动通信工程[M]．北京：人民邮电出版社，1988.

[2] 姜永富，徐钧．铁道行业标准《450MHz 铁路列车无线电通信最小可用接收电平及其测量方法》问题释义[J]．铁道通信信号，2012，48(6)：57-61.

[3] 韩斌杰，杜新颜，张建斌．GSM 原理及其网络优化[M]．北京：机械工业出版社，2009.

[4] 王晓东，王惠生，谢保锋．高速铁路 GSM-R 语音质量评估研究[J]．铁路技术创新，2012，(1)：82-84.

[5] SUBSET-093. ERTMS/ETCS. GSM- R Interfaces Class 1 Requirements (V2. 3. 0) [S]. 2005.

[6] O-2475. ERTMS/GSM-R OPERATORS GROUP. ERTMS/GSM-R Quality of Service Test Specification[S]. 2006.

[7] 代赛，钟章队，蒋文怡．实时频谱分析仪在同频干扰监测中的应用[J]．铁道通信信号，2012，48(9)：60-63.

[8] 王惠生，谢保锋．GSM-R 网络自动检测系统[J]．中国铁路，2011，(7)：48-51.

第7章 综合巡检技术

7.1 概 况

线路综合巡检是指通过设计和制造自动化装备来替代人工视觉对线路关键目标特征可能出现的外观异常进行巡视检测的应用技术。该技术以机器视觉检测理论为支撑，通过设计视觉产品(即图像摄取装置)将被测目标转换成图像信号并传送给专用的图像处理系统，处理系统根据像素分布、亮度、边缘、形状、颜色等信息进行各种运算抽取描述特征，进而根据特征生成判别结果，实现对被测目标外观状态的检查。

近年来，机器视觉检测以其非接触式的高柔性度、高自动化程度以及信息管理的高集成度，在一些环境危险、大批量检测作业或人工检查难以满足要求的场合，已逐渐成为替代人工视觉的主流检测手段。随着我国铁路建设的高速发展，应用机器视觉检测理论研制的综合检测设备已作为一项新兴的检测手段获得了长足的发展，检测对象已涵盖轨道、接触网、轨道电路、信号机等主要线路设备。

轨道巡检主要是对钢轨的表面擦伤、扣件破损、道床开裂等现象进行检测，属于典型的高强度、大批量检测作业任务。日本、美国等发达国家 20 世纪 90 年代已经对轨道智能化的巡检设备进行研究。澳大利亚开发的轨道扫描系统(railscan)[1]对线路进行视频录像，然后通过回放录像进行故障判断的方式对目标进行检测。德国研制的轨道巡检系统(railcheck)[2]采用高清数字成像和图像处理技术，实现了对主要轨道异常结构的自动检测。美国开发的轨道视觉检查系统(track vision inspection system，TVIS)[3]，能比较全面地检查钢轨裂纹及锈蚀、扣件状态及道床形状尺寸等。另外，意大利等国[4]也都基于视觉检测原理研制了轨道巡检设备并获得了较为成功的应用。我国于 2007 年首次从国外引进轨道巡检系统，并在高原区青藏铁路应用该系统替代人工对线路进行巡检。该系统可对钢轨表面擦伤、扣件破损、鱼尾板及轨枕开裂等线路病害进行检测，基本满足了高原环境下线路巡查的需求[5]。铁科院基础设施检测研究所从 2008 年开始着手研究轨道巡检技术，历经 4 年努力，于 2012 年成功研制了轨道巡检系统[6]，实现了轨道巡检技术的国产化。

钢轨轮廓检测技术主要是通过线结构光检测的方式，对钢轨的廓形及磨耗进行高精度定量检测。随着近年来中国铁路的高速发展，高速铁路和大运量铁路大量开通运营，列车车轮对钢轨表面的磨损日益加快，寻找一种高效率高精度的钢轨轮廓自动检测技术已经成为了一种十分迫切的需求。国外铁路发达国家从 20 世纪 90 年代开始对钢轨廓形自动检测进行研究，目前检测速度可达 200km/h 以上并可进行全断面钢轨廓形检测数据的输出[7]，检测重复性精度可达到 0.2mm。在国内，部分高校早期探索并完成了钢轨磨耗检测及半断面廓形检测部分功能，但没有工程化运用。直至 2013 年年底，国内成功研制出了钢轨轮廓检测系统。

接触网巡检系统基于高速铁路供电设备综合检测监测系统中对接触网悬挂状态的自动检测功能要求，通过高精度图像采集系统实时采集接触网接触悬挂系统关键设备及零部件的高清图像，并针对接触网零部件状态进行智能图像处理，分析接触网部件状态的特征，通过图像信息挖掘实现对线夹脱落、绝缘子破损、吊弦偏斜等常见接触网零部件缺陷的智能识别和状态评判，实现天窗时间对高速铁路接触网的高效巡检。德国研制了一套光学检测系统[8,9]，安装于速度为 80km/h 的检测车上，检测车的车顶安装有多个光学系统，能在检测车行驶的过程中拍摄接触悬挂以及横向支撑装置的高分辨率图像。检测结束后，检测人员在系统辅助下对图像进行处理分析，并指导接触网零部件状态的养护维修。就国内情况来看，为促进供电设备检测监测技术的发展和应用，铁道部于 2012 年 7 月颁布了《高速铁路供电安全检测监测系统(6C 系统)总体技术规范》[10]，其中的 4C 装置——“接触网悬挂状态检测监测装置”，即针对接触网设备外观状态进行高清成像检测。2014 年 8 月，中国铁路总公司颁布了《接触网悬挂状态检测监测装置(4C)暂行技术条件》(TJ/GD006—2014)[11]，进一步明确了对 4C 装置的各项技术要求。技术实现上，由于接触网巡检的检测对象覆盖支持装置、接触悬挂、附加悬挂、支柱(吊柱)、补偿装置等，涉及几十种接触网零部件，缺陷类型更是多种多样，这些都对接触网巡检提出了独特的技术要求。

随着高铁线路运营里程的快速增长，轨旁信号设备的巡检工作量也大大增加，现有的巡检方式主要以人工上道巡检的方式进行。人工上道巡检的方式存在如下问题：检测项目繁多，人工巡检工作量大；检测准确性低；检测效率低；故障处理时间短；危险性高；受外界环境因素影响明显等。

轨旁信号设备巡检技术基于图像采集技术，利用巡检列车的检测平台，获取轨旁信号设备工作状态的图像信息，并对图像信息进行存储分析处理，提供轨旁信号设备故障状态的报警和预警信息。

轨旁信号设备巡检技术旨在代替人工上道巡检，提供轨旁设备高效、快速、可靠、安全的巡检方式。轨旁信号设备巡检技术利用巡检列车的速度优势，在巡检列车上安装图像采集装置、大功率照明装置、触发控制装置等硬件装置，获取轨旁信号设备工作状态的图像信息；同时对图像信息进行存储分析处理，利用图像信息的对比分析等技术手段，及时发现轨旁信号设备的故障状态，并借助检测列车综合系统提供的综合里程信息和轨旁信号设备台账数据信息，准确提供故障设备的设备类型、里程信息、故障类型等报警信息；此外，轨旁信号设备巡检技术还可以通过图像对比分析等技术手段，对某些类型的故障提供预警功能，如信号机灯罩裂痕、线缆破损等。

7.2　轨道巡检

本节主要对我国自主研发的轨道巡检技术的基本原理和功能、图像采集技术、数据分析技术、信息管理及应用技术进行综合阐述。

7.2.1　系统原理和功能

轨道巡检主要针对轨道中存在的钢轨表面擦伤、扣件异常、轨枕掉块、轨道板裂纹及线路异物等现象进行检测。轨道巡检可检查的具体病害示例如图 7.1 所示。

图 7.1　轨道巡检可检查的线路病害异常

系统的基本设计原理为:采用六路相机(每股钢轨三路)对轨道进行连续拍摄得到可见光图像,并通过与里程定位系统连接将数据与空间里程关联,获得完整的轨道图像数据。数据分析系统采用机器识别为主、人工确认为辅的方式对典型轨道病害进行检测。检测结果以固定的数据格式进行存储,并可基于检测结果生成数据报表。从功能上可将该检测技术划分为数据采集、数据分析和信息管理三个模块,模块之间的数据传递关系如图 7.2 所示。

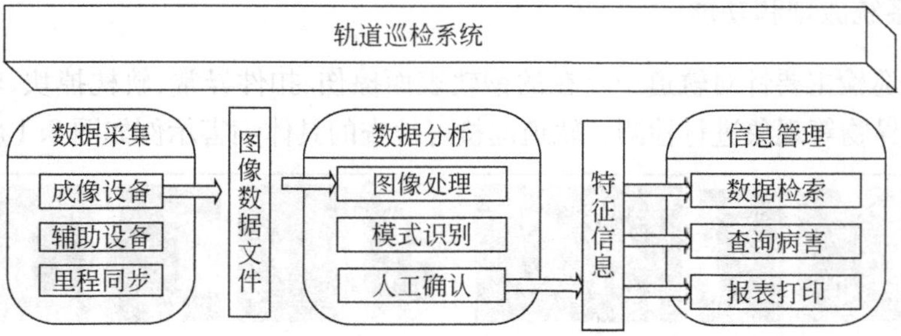

图 7.2　系统整体方案设计框图

7.2.2　图像采集技术

图像采集技术通过将相机安装在高速运动的检测车上进行拍摄,以图像形式记录行经路途中的轨道状态。在成像视场的设计上,将两组相机(每组三个)吊装在一个垂直于钢轨的空间截面,从六个不同视角获取到轨道图像。为每组相机配置了辅助照明光源,保证成像视场的光强照度和光谱均匀度,确保获得高品质的图像信息。相机、光源与轨道三者之间的空间关系如图 7.3 所示。

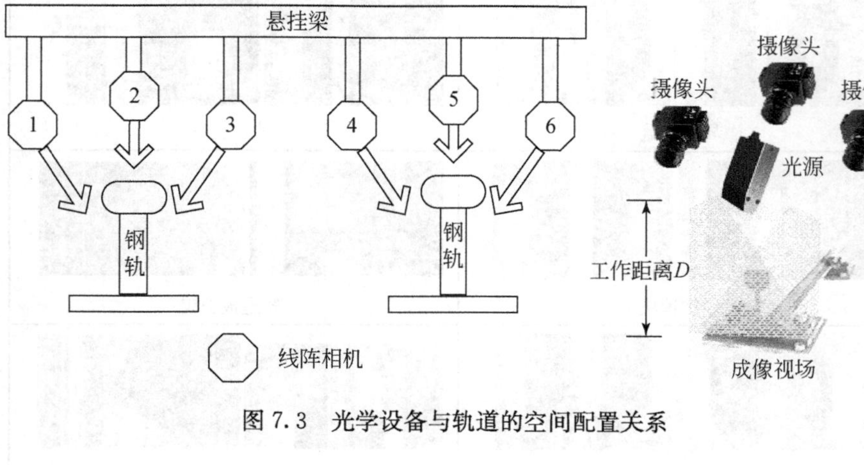

图 7.3　光学设备与轨道的空间配置关系

1. 光学设备选型

常用的工业相机有基于线阵和面阵的两种。二者在应用上最本质的区别为：面阵相机生成二维图像数据，可直接获得可视化图像；而线阵相机一次获取一维像元，需经后处理拼接才能得到可视图像。面阵相机因其简便易用而应用面较广，在目标面积、形状、尺寸、位置，甚至温度等方面的测量中获得了成功应用；但其缺点是像元总数以二维分布导致每行的像元数一般较少，因此视场和分辨率受限制。

在动态成像中，如何适应检测车运动速度变化引起的采样频率变化，以避免目标在两帧间重叠出现或遗漏，是一个很难的控制问题。线阵相机因其像元一维分布，因此可以获得更宽的视场与更高的帧率，虽然需要后续拼接才能获取到可视图像，在一定程度上提升了后处理的复杂性，但在动态成像中具有比面阵相机更明显的技术优势：即通过设计控制方法驱动线阵相机进行等间距运动扫描，能很方便地得到连续均匀表征被测目标的数字图像。

2. 采集驱动和控制原理

一般线阵相机的工作原理都是通过外部脉冲信号激励驱动的，因此通过控制激励信号的产生方式可以实现动态条件下的等距离采样。本书提出的设计方式是建立与动力传动轴之间的连接结构，实现根据动力机构的频率变化控制脉冲信号的方法。线阵相机等间距扫描驱动原理如图 7.4 所示。

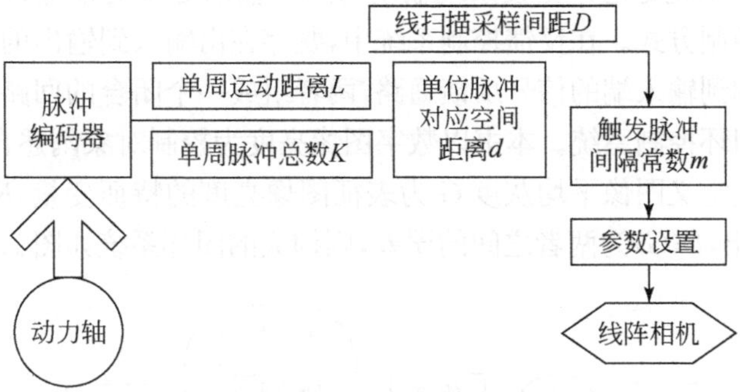

图 7.4　线阵相机等间距扫描驱动原理

脉冲编码器是一种旋转式脉冲发生器，可把机械转角变成电脉冲。利用脉冲编码器可测出动力轴旋转角度和速度变化的特性设计一种随动装置，使得编码器伴随动力轴旋转一圈所产生的电脉冲信号总数为固定常值 K。基于上述驱动结构，当承载平台速度发生变化时，单位脉冲信号的宽度变化，而单位脉冲信号对应的空间距离固定。这就实现了非匀速运动条件下的空间等间距动态采样。

采集过程的具体控制则通过对关键参数进行调节实现。假设承载平台在动力轴转动单周的运动距离为 L，则二者比值即为单位脉冲信号的运动距离 d，该参数也是采集系统可达最小空间分辨率。由此可知,在承载平台既定的情况下,脉冲编码器分辨率越高,图像可达精度也越高。具体应用时,可根据所需的采样空间距离 D 设置单位脉冲信号宽度倍数 M 配置相机参数。假设行车速度为 V 的情况下,线扫描频率 f 和以上参数之间的换算关系为

$$\begin{cases} d=\dfrac{L}{K} \\ m=\dfrac{D}{d} \\ f=\dfrac{V}{md} \end{cases} \tag{7.1}$$

最终得到的频率与行车速度之间呈线性变换关系。另外,在速度 V 一定的情况下,图像要获得更高的空间分辨率,需要更高的采样频率,也就是说,图像分辨率精度受限于系统可达的实际峰值频率。

3. 成像参数控制系统

图像动态采集大多是在一个长时间单向连续运动的过程中进行的,而图像数据作为光信号,势必会受到天气、环境等外部条件变化的影响,因此采集过程中根据变化对关键参数进行调节也是一项关键技术。本书通过长时间的积累研究发现,基于反馈控制进行调节是较好的技术解决方案。

反馈控制原理就是通过比较系统输出与期望输出之间的偏差,并消除偏差以获得预期性能的控制方式。在反馈控制系统中,既存在由输入到输出的信号前向通路,也包含从输出端到输入端的信号反馈通路,两者组成一个闭合的回路。因此,反馈控制系统又称为闭环控制系统。本书以数字图像亮度为控制对象阐述自动调节系统的基本结构。这里定义图像平均灰度 G 为表征图像亮度的特征变量,$R(G)$ 为期望值,$U(G)$ 为实际输出,$E(G)$ 为两者之间的误差,则构成的闭环系统如图 7.5 所示。

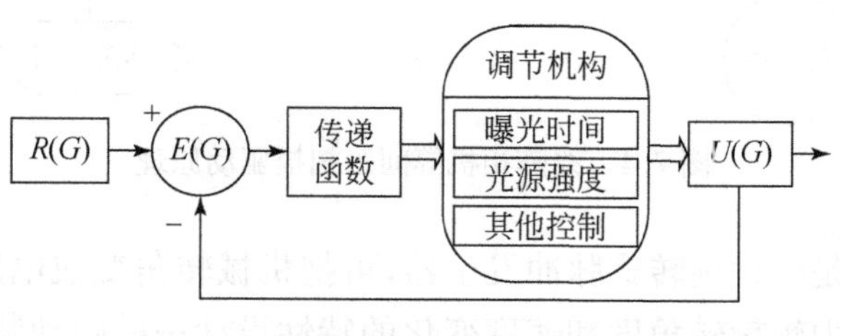

图 7.5 参数自动调节控制系统方框图

系统设计中将调节机构作为控制对象来对待,根据输出与期望值误差 $E(G)$ 及传递函数(表示控制率,如 PID)确定参数。通过对相机曝光时间、光源强度等环节可调节图像亮度等细节,以保证图像灰度保持在一个理想水平。根据调节实时性需求的不同,可选择通过 PC 平台软件或嵌入式硬件平台实现控制操作。

构建的采集系统软件界面得到的数字图像如图 7.6 所示。

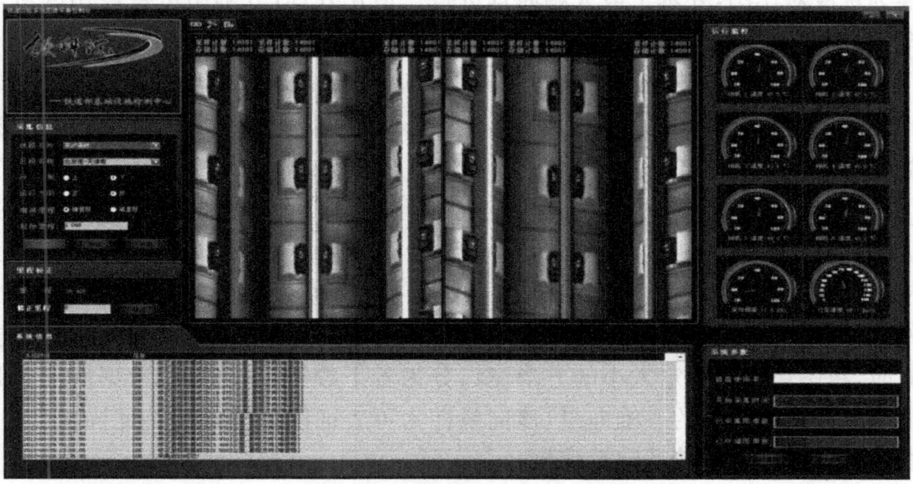

图 7.6　巡检采集软件工作界面

7.2.3　数据智能分析及应用

数据分析模块的职责主要是从图像数据中找到并报告轨道病害。研究工作针对钢轨表面擦伤、扣件破损两类缺陷设计了模式识别算法进行智能检测。在具体应用中，通过软件加载图像数据后启动分析，软件对数据遍历并预报疑似病害，检测员通过软件对病害进行逐一确认并标记为“有效”状态。分析完成后通过软件查询有效病害并生成检测报告。对于轨道板裂纹、轨枕裂纹、轨枕掉块及线路异物等缺陷，目前需通过人工浏览看图进行检测。

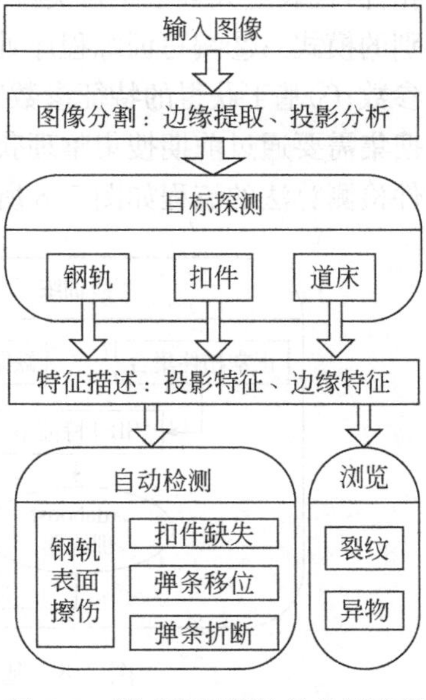

图 7.7　模式识别模块的分析流程

轨道病害自动识别模块的工作流程可分为区域分割、目标探测、特征描述、数据降维及模式识别五个环节。区域分割主要将轨道按照检测原理和方法的需求，分割为钢轨、扣件、道床三大区域。分割完成后，设计目标探测算法从不同区域中将待识别的特征目标提取出来，如钢轨、扣件等。以特征目标的典型病害为识别对象，通过特征变换将图像空间转化到可表征目标正常样本间的共性及正异常样本差异性的特征向量空间。系统对输入图像数据的处理流程见图 7.7。

在钢轨擦伤判别算法的设计上，借鉴人类视觉对比度感知机理，将钢轨灰度图转换为灰度对比图，并基于最大熵原理进行二值化处理，分割出可疑擦伤区域；然后根据经验知识判定钢轨表面的可疑擦伤应用最大熵等模式分类方法完成判别。

在破损扣件的检测上采用 SIFT(scale-invariant feature transform)算子对分割出的扣件子图进行处理，然后采用有监督机器学习模型的 Adaboost 构建了检测分类器。

SIFT 特征是一种基于尺度空间的、对图像缩放、旋转、仿射变换保持不变性的特征描述算子。SIFT 特征是图像的局部特征，该特征对旋转、尺度缩放、亮度变化保持不变性，对视角变化、仿射变换、噪声也保持一定程度的稳定性，非常适合轨道扣件这种在不可控自然环境下采集到的图像样本数据。算子对在对扣件图像进行计算时，将图像按照固定大小的方形窗口分为若干数据块，将每个数据块的 SIFT 特征序列拼成一个长的一维向量，该向量即为可表征图像模式的特征向量。由数据块的设定尺寸确定特征向量维数。

以扣件样本集合的 SIFT 特征空间为基础特征，采用有监督机器学习的方法，通过对扣件外观形态进行模式识别，实现破损扣件的检测。本书采用的是 Adaboost 学习算法。该算法是一个迭代学习算法，其基本思路是：每轮迭代时，根据分类结果对样本权重分布进行调整，正确分类的样本权重减小，错误分类的样本权重增加，这样，学习算法在下一轮迭代中集中学习分类比较困难的样本，最终将每轮产生的弱规则按照加权投票的方式合并为一个强规则。

采用 Adaboost 算法构建模式分类器的过程如下：①首先选定标准样本(即正常扣件，代表绝大多数正常类模式)以及非标样本(即破损扣件，代表需与正样本相鉴别的模式)；②编写训练程序处理样本数据，建立训练过程生成各级分类器的特征参数；③基于获得的特征参数对新来的扣件样本参数进行检测。其中训练样本的搜集需要通过前期搜集整理获得，训练操作在离线状态下完成后投入检测应用。扣件检测算法的流程如图 7.8 所示。

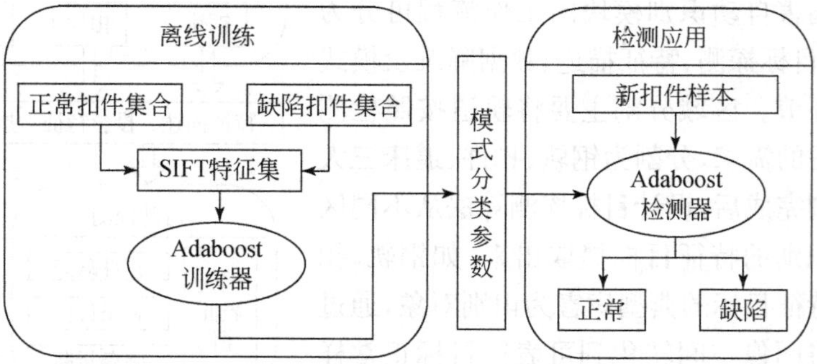

图 7.8 基于 Adaboost 的检测算法流程图

7.2.4　数据分析软件

为方便图像数据检索、分析和浏览，编制了专门的数据分析软件。该软件的工作界面如图 7.9 所示。单击“机器识别”按钮可启动智能识别模块，识别结果会自动显示在信息列表中，操作员可对信息进行复核确认。

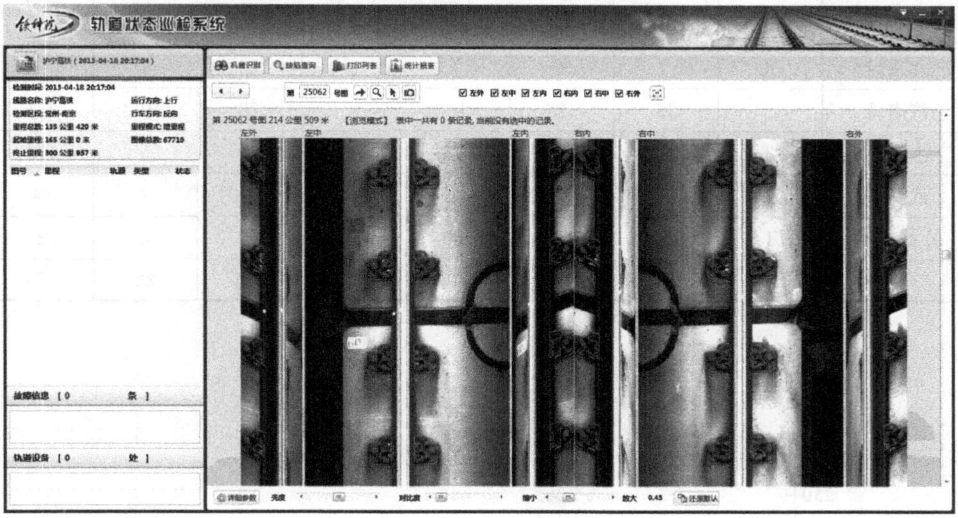

图 7.9　轨道巡检系统数据分析软件界面

该软件为图像数据及轨道病害信息管理设计了检索功能，可通过线路名称及采集时间打开指定的图像数据文件，通过散列表技术实现按索引、按里程的数据快速检索。信息查询功能主要针对已检出的轨道病害信息的查找，该功能可通过设置采集时间、钢轨股道、病害类型、里程范围、工务管段等字段对病害信息进行组合查询。在信息的报表输出功能设计上，可输出图文报表及相关病害信息的统计报表。巡检软件信息管理子系统的功能结构如图 7.10 所示。

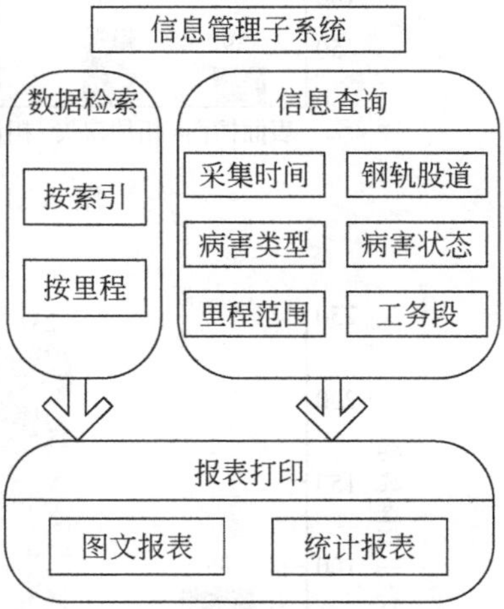

图 7.10　巡检软件信息管理子系统的功能结构图

7.2.5　运用成果综述

从 2012 年开始，安装在探伤车上的轨道巡检系统重点对京沪、武广等高铁线路进行了多次巡检，共检出伤损 665 处。其中表面擦伤 39 处，扣件缺失 74 处，扣件异常 360 处，轨面光带不匀 20 处，道床裂纹

26 处，轨旁异物 124 处，其他缺陷 22 处。线路缺陷在各铁路局出现的明细详见表 7.1。图 7.11 及图 7.12 以柱图展示了各类缺陷之间以及各路局存在的缺陷数目的对比关系。

表 7.1 路局巡检伤损汇总表

缺陷/路局	表面擦伤	扣件缺失	扣件异常	光带不匀	道床裂纹	轨旁异物	其他缺陷	合计
北京局	8	3	55	0	0	22	1	89
济南局	27	13	128	13	12	28	10	231
上海局	3	30	64	7	14	56	5	179
武汉局	0	2	39	0	0	1	2	44
广铁集团	1	26	74	0	0	17	4	122
合计	39	74	360	20	26	124	22	665

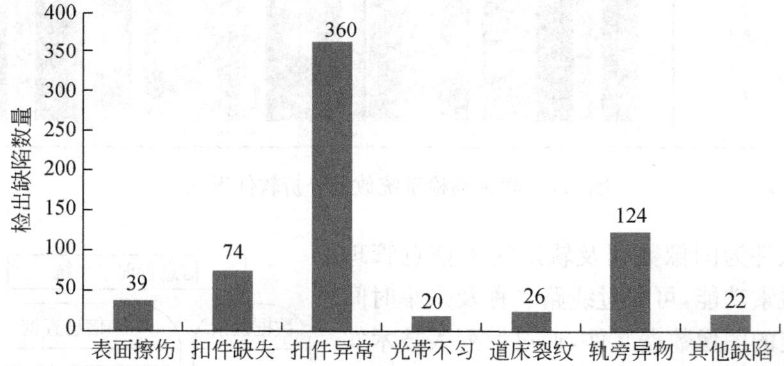

图 7.11 巡检伤损数量对比图

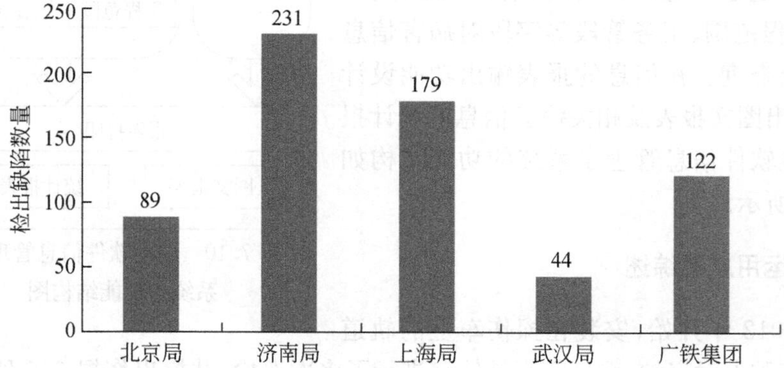

图 7.12 巡检伤损数量-路局对比图

由此可见，轨道巡检技术无论从检测效率还是从检查质量上看，均体现出优于传统人工步行巡道检查的优势，在高速铁路工务设备养护维修中发挥的重要作用已初见成效。随着轨道巡检技术在全路的成功应用推广，对于改变工务巡检的作业模式，提升轨道设备检查和维护的工作效率，有着开拓创新的重要意义。

7.3　钢轨轮廓检测

本节主要对我国自主研发的钢轨轮廓检测技术的检测原理、图像处理技术及运用情况进行综合阐述。

7.3.1　检测原理

1. 结构组成

钢轨轮廓检测技术是基于激光摄像结构光测量和图像处理的钢轨外形测量技术，它被用于测量从轨底到钢轨顶面的整个钢轨轮廓，并计算钢轨垂直磨耗、侧面磨耗、总磨耗。可以针对经钢轨轮廓面调制的光条纹高分辨率图像，进行实时采集、处理并快速高效识别特征值。该技术由以下几个模块组成：图像采集模块、图像处理数据分析模块和处理结果展示模块，如图 7.13 所示。

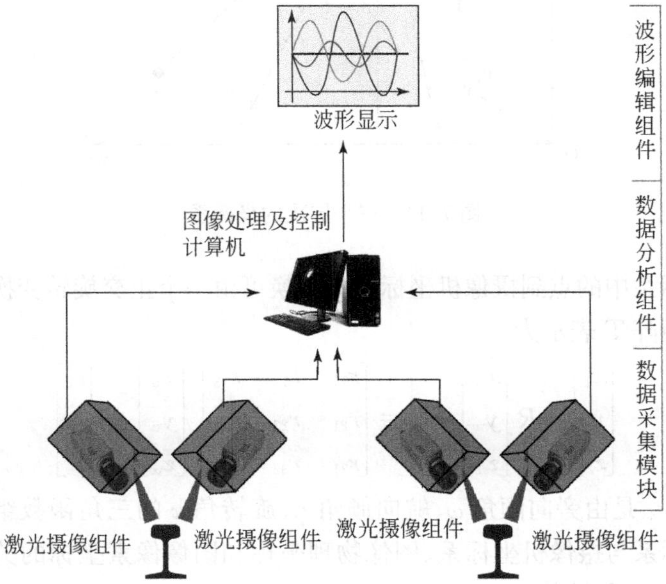

图 7.13　钢轨轮廓检测模块结构图

2. 检测模型

检测模型通过不同坐标系之间的位置转换,获取被测物体的几何形状。在此,首先介绍模型中涉及的三个坐标系的概念。

三个坐标系分别是全局坐标系、摄像机坐标系、图像坐标系。其中,全局坐标系(x_w,y_w,z_w)是由用户任意定义的三维空间坐标系,通常是将被测物体和摄像机作为一个整体来考虑的坐标系。而摄像机坐标系(x_c,y_c,z_c)的原点为摄像机光心,z_c 轴与摄像机的光轴重合,且取摄影方向为正方向。x_c、y_c 轴通常与图像物理坐标系 X、Y 轴平行。图像坐标系分为图像像素坐标系和图像物理坐标系两种。图像像素坐标系(u,v)是以图像左上角为原点,以像素为坐标单位的直角坐标系,u、v 分别表示该像素在数字图像中的列数和行数。图像物理坐标系(X,Y)是以光轴与像平面的交点为原点,以毫米为单位的直角坐标系,其 X、Y 轴分别与图像像素坐标系的 u、v 轴平行。

全局坐标系、摄像机坐标系、图像坐标系的示意图如图 7.14 所示。

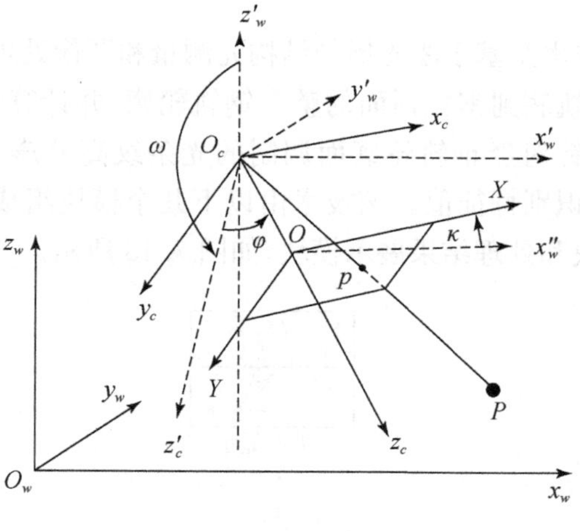

图 7.14 三个层次的坐标系

全局坐标系中的点到摄像机坐标系的变换可由一个正交旋转变换矩阵 R 和一个平移变换矩阵 T 表示为

$$\begin{bmatrix} x_c \\ y_c \\ z_c \end{bmatrix} = R\begin{bmatrix} x_w \\ y_w \\ z_w \end{bmatrix} + T = \begin{bmatrix} r_{11} & r_{12} & r_{13} \\ r_{21} & r_{22} & r_{23} \\ r_{31} & r_{32} & r_{33} \end{bmatrix}\begin{bmatrix} x_w \\ y_w \\ z_w \end{bmatrix} + \begin{bmatrix} t_x \\ t_y \\ t_z \end{bmatrix} \tag{7.2}$$

式中,r_{11},…,r_{33}是由旁向倾角 ω、航向倾角 φ、旋转角 κ 的三角函数组成的关系矩阵。图像坐标系与摄像机坐标系、图像物理坐标和图像像素坐标的关系可用摄像机的内部参数来描述[12]。

对于钢轨轮廓测量,建立如图 7.15 所示的全局坐标系。

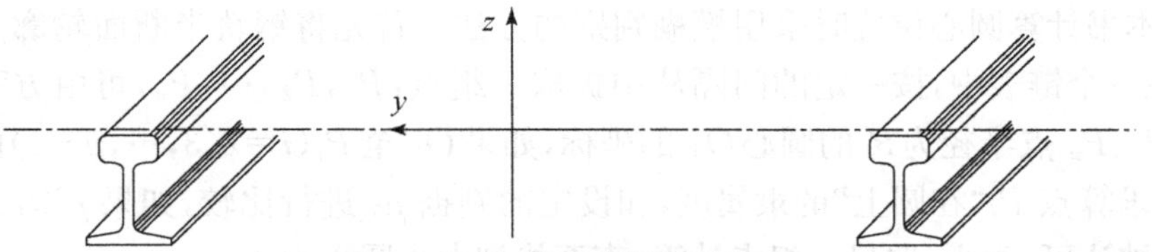

图7.15 钢轨轮廓测量坐标系

建立好坐标系后，可以通过三个层次间坐标转换以及相应图像处理的方式将采集获得的钢轨光条图像转换为全局坐标系下的钢轨廓形坐标，通过基准点与标准轮廓面进行比较，求得相应磨耗值，其具体原理如下。

首先，钢轨的标准断面是已知的，如60kg钢轨，其标准断面如图7.16所示。

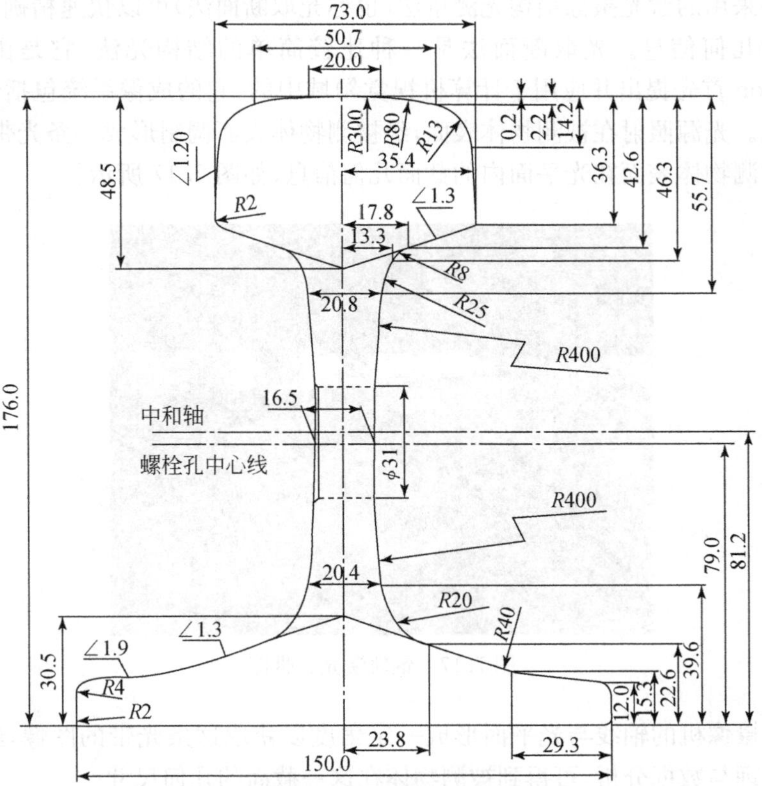

图7.16 60kg钢轨标准断面结构图(单位:mm)

众所周知，通过任意两基准点可以将实测的钢轨廓形与标准钢轨廓形所在的坐标系进行重合比对，因为轨头在使用过程中被逐渐磨耗，所以不适合选取基准点，轨腰和轨底不存在磨耗变形现象，所以选取该位置上大小圆弧的圆心作为基准点是比较合理的。

轨腰和轨底结合部分别为半径为400mm、20mm的大小圆弧(以60kg钢轨为例)。本书计算圆心位置时采用模糊判别的方法。首先将钢轨半断面轮廓点数据保存在一个链表中,按一定的间隔从中提取一组点:$P_1,P_2,\cdots,P_n$,可由方程解出经过P_1、P_n点半径为R的圆心O_1的坐标,如果O_1至$P_i(i=2,3,\cdots,n-1)$的距离为d_k,求算点P_i"在圆上"的隶属度,和设定的判据μ_0进行比较,如果$\mu\geqslant\mu_0$,则圆心O_1被认可,否则,取另一组点计算,直至找到大小圆心为止。

求得大小圆心后,可以将采集图像中的钢轨断面与标准钢轨断面进行比较,按照相应磨耗的位置定义,计算采集钢轨垂直磨耗、侧面磨耗位置处坐标与标准位置坐标的差值即可得到钢轨磨耗值。

3. 结构光测量

本书采用的激光摄像结构光测量法(也称光取断面法)可以快速精确地获取钢轨截面的几何信息。光取断面法是一种比较简单的结构光法,它是由 Will 和 Pennington 首先提出并应用于计算机视觉领域中的,它的成像系统包括光源和面阵摄像机。光源照射在被测物体表面,经被测物体表面调制形成一条光带,此光带反映出被测物体表面在光平面内的截面几何信息,如图 7.17 所示。

图 7.17 钢轨激光光带图

面阵摄像机的轴线与光平面形成一定角度以获取这条光带的图像,经过后续的图像处理与数据分析,可得到被测物体在这一截面的几何尺寸。

根据上述结构光带法的原理,钢轨轮廓检测技术前端图像采集模块的工作流程如下:首先由一高强度的窄光线投射在钢轨上(轨面至轨内侧的轨腰上),在与光截面成一定角度位置上安装的摄像机对准轨道上的反射光线进行摄像,如图 7.18 所示,摄录到的影像信息经过图像采集卡输入计算机,形成具有影像边界的钢轨轮廓图像。

钢轨轮廓图像在图像处理数据分析模块中通过图像处理、坐标转换等方法,从图像中识别出轨形与基准点,并经过与相应标准轨形的基准点进行比较,得出图像

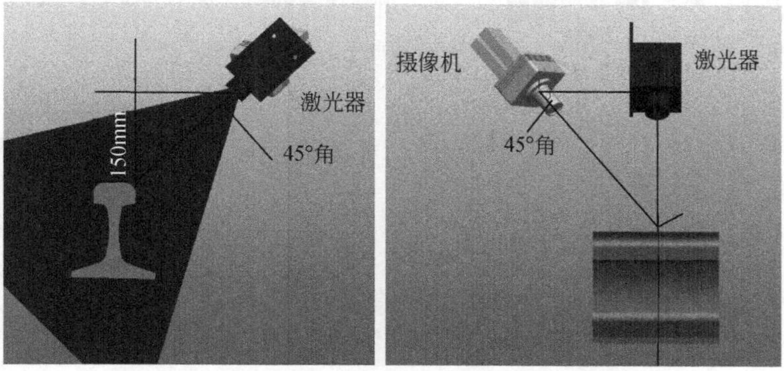

图 7.18　激光器、摄像机及钢轨位置关系示意图

采集处钢轨的磨耗值。图像处理数据分析软件如图 7.19 所示，图中下方四幅图像为实时采集的两根钢轨的内外侧原始光条图像，上面两幅图像为经过处理后的与标准钢轨廓形对比图。

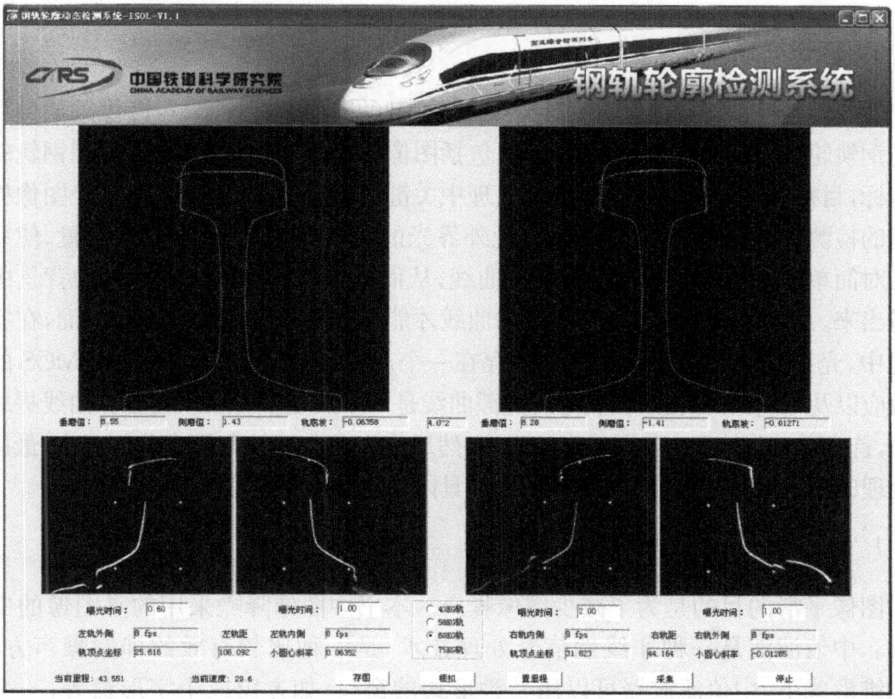

图 7.19　图像处理数据分析软件

检测结果通过处理结果展示模块将检测钢轨的垂直磨耗、侧面磨耗值与相应的位置里程关联，并通过波形图的方式进行展示，如图 7.20 所示。这样做不仅可以方便查询各个里程位置的钢轨磨耗情况，同时对显示区段的磨耗情况会有一个整体的了解。

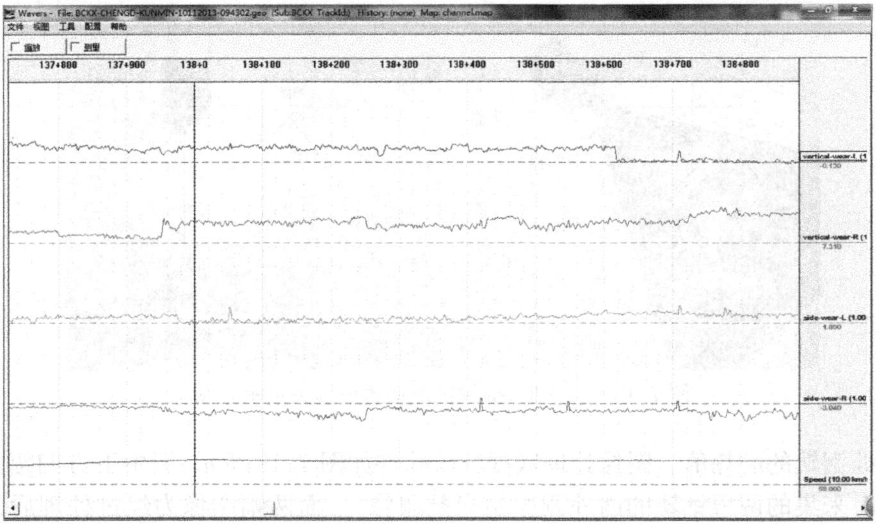

图 7.20　波形显示软件

7.3.2　图像处理技术

在钢轨轮廓检测模型的基础上，通过一系列的图像处理技术，对图像采集模块采集的钢轨轮廓图像进行目标曲线提取，包括图像平滑、分割、细化，进而得到钢轨轮廓线坐标，目标曲线的提取是整个图像处理中关键的一步，它直接影响了整个图像检测系统的检测精度。在拍摄时，为了避免外界光的干扰，采用了窄带滤光装置，使系统在相对简单的环境下获取钢轨的光截曲线，从而使钢轨光截曲线在图像的背景中能突显出来。在理想情况下，一个像素的曲线才能真实反映钢轨的外形。然而，在实际情况中，光截曲线与背景的灰度变化存在一个灰度过渡区域，并且由于 CMOS 的拖尾效应以及环境噪声的影响，获得的光截曲线是一个灰度带。所以在目标曲线提取环节中，首先通过预处理去除图像中的噪声；然后将光截曲线从背景中分割出来；最后将其处理成一个像素的钢轨外形曲线。下面具体说明图像处理用到的相关技术[12]。

1. 图像平滑

图像平滑的目的是为了减少图像噪声。本书中图像降噪采用的是图像的中值滤波。中值滤波是一种非线性信号处理技术，是一种比较有效的抑制噪声方法。在二维形式下，中值滤波器可以用某种形式的窗口，如方窗或十字形窗等，一个像素的灰度值被包围它的窗口内的所有像素值的中值取代。采用中值滤波的优势在于：在滤波过程中不会产生新像素值；对于脉冲式的灰度跳跃平滑效果较好[13]。

2. 图像分割

所谓图像分割就是把图像分成一个个区域，使每个区域内部是简单的，不存在许多小孔，相邻区域之间具有明显不同的特征值(如灰度、纹理、形状)，区域的边界不粗糙，在空间位置上也是精确的。本书中采用的分割方法是基于度量空间的空间聚类图像分割方法。它首先根据图像灰度信息、局部特性等选取合适的阈值；然后进行聚类分割，同一类的连通区域构成一个分割区域。这种方法的关键在于阈值的选取，所以很多人都称为阈值化分割技术。阈值可以定义为包含以下形式的函数 T 的一个算子 $T(x,y,N(x,y),g(x,y))$，其中 $g(x,y)$ 是点 (x,y) 处的灰度值，$N(x,y)$ 表示局部特征。如果 T 仅取决于 $g(x,y)$，则称为全局阈值；如果 T 取决于 $g(x,y)$、$N(x,y)$ 二者，则称为局部阈值；如果 T 取决于 x、y、$g(x,y)$、$N(x,y)$ 四者，则称为自适应阈值。

在钢轨曲线图像中，由于钢轨光截曲线的灰度级相对于背景要高，正常情况下通过选取适当的阈值，即可实现钢轨光截曲线与背景的分离。所以，本系统主要采用全局阈值法进行图像分割。

3. 图像细化

图像细化的目的是找出图像的中心线。对于采集钢轨图像，沿图像亮带垂直方向(钢轨纵轴方向)作切面，在切面上亮带光能量的分布应该满足高斯分布。取最亮点的连线作为亮带的中心线。这要求在钢轨表面沿光带垂直方向作一系列平行直线，提取这些平行直线与亮带交线上的最亮点。应当特别指出的是，由于图像的几何畸变，这些平行直线的像并不是平行直线，而是相交于一点的直线，该点是这组直线的灭点的合点。过合点和亮带上的任意点作直线，找出直线上的最亮点，将这些点相连就是钢轨轮廓线的像，经坐标变换即可得到世界坐标系下的钢轨轮廓线[14]。

图 7.21 为钢轨轮廓线提取方法示意图。

图 7.21　钢轨轮廓线提取方法示意图

7.3.3　运用情况介绍

钢轨廓形检测技术已在实际中得到良好应用，在京沪高铁、武广高铁、大秦铁路等线路中的运用表明，该技术检测结果重复性良好，检测精度较高，自身重复性精度小于 0.2mm。图 7.22 为京承线两次检测波形对比。图中显示，相同里程左侧磨两次检测相差 0.13mm。

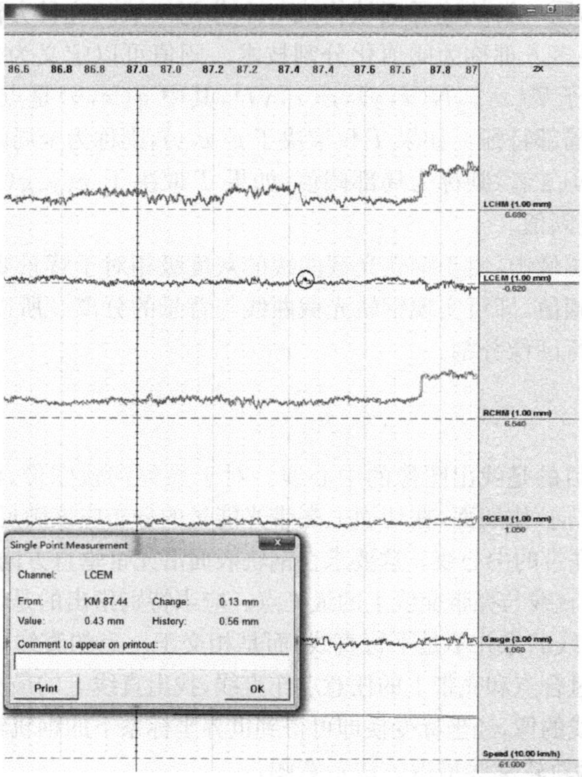

图 7.22　京承线钢轨轮廓检测波形重复性对比

在大秦重载铁路试验中，对钢轨廓形进行了测量，并与 MiniProf 静态钢轨廓形检测仪的结果进行了对比，对比结果如图 7.23 所示(图中密集虚线为 MiniProf 静态工具结果，稀疏虚线与轨廓系统所测结果)。从图中可以看出，钢轨的数据重合性较好，90%的数据误差不超过 0.2mm。

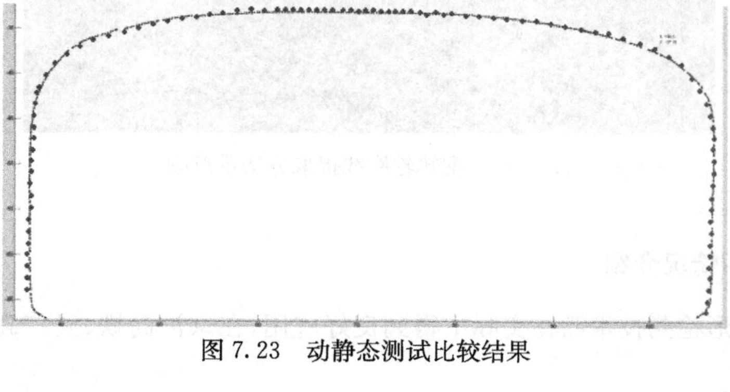

图 7.23　动静态测试比较结果

目前，钢轨轮廓检测技术已经开始在工务部门的日常检测中发挥作用，对于钢轨磨耗的定期监测、安全预警、换轨备轨计划都具有非常重要的参考意义。随着下一步应用模式的逐步成熟，相信会逐步替代原有的人工测量模式，形成高效率、高精度的周期普查性检测模式。

7.4　接触网巡检

本节主要对我国自主研发的接触网巡检系统的基本原理和功能、图像采集技术、数据分析技术及系统应用进行综合阐述。

7.4.1　系统原理和功能

接触网巡检系统基于高速铁路供电设备综合检测监测系统中对接触网悬挂状态的自动检测功能要求，研究针对接触网部件状态的智能图像处理技术，实时采集接触网接触悬挂系统关键设备及零部件的高清图像，分析接触网部件状态的特征，通过图像信息挖掘实现对线夹脱落、绝缘子破损、吊弦偏斜等常见接触网零部件缺陷的智能识别和状态评判，识别接触网部件状态变化、损伤和异物；实现对拉出值、接触线高度等接触网几何参数以及定位器坡度[15,16]的检测。最终形成一套接触网悬挂状态检测监测系统，通过对接触网零部件实施高清成像检测，实现对接触网的高效巡检，全面掌握接触网状态，指导消除接触网故障隐患。

1. 接触网零部件状态巡检子系统

基于精确定位、触发抓拍、多相机同步采集等技术，使用多个高帧、高清摄像组件，对接触网设备进行多视角、高清成像。

(1) 高速激光定位触发装置：使用高性能激光定位传感器，准确检测支柱（或吊柱）位置，触发摄像系统进行高清图像采集。

(2)支持装置高清摄像组件：使用高清工业面阵相机，对腕臂、定位管、定位器、绝缘子及其他零部件进行高清图像采集，成像范围为轨顶连线以上 4800～8100mm 范围与轨顶连线的垂直中心线左侧 3500mm 至右侧 3500mm 范围相交叉区域，正反面拍摄。

(3)吊柱座高清摄像组件：使用高清工业面阵相机，对吊柱座区域设备进行高清图像采集，成像范围为吊柱座 2700mm×2700mm 区域，正反面拍摄。

(4)接触悬挂高清摄像组件：使用高清、高帧工业面阵相机，对承力索、接触线、吊弦、线夹及中心锚结等设备进行高清图像连续采集，成像范围为轨顶连线以上 4800～8100mm 范围区域，左右侧拍摄。

(5)附加悬挂高清摄像组件：使用高清、高帧工业面阵相机，对加强线、回流线、

AF线、保护线、避雷线或架空地线等附加悬挂区域设备进行高清图像连续采集，成像范围为附加悬挂区域，正反面、左右侧拍摄。

(6)补偿装置高清摄像组件：使用高清工业面阵相机，对张力补偿装置进行高清图像采集，正反面拍摄。

(7)接触悬挂高清视频摄像组件：使用高清、高帧工业面阵相机，对接触悬挂设备进行高清图像连续采集，成像范围为轨顶连线以上4800～8100mm范围区域，正反面拍摄。

(8)接触网全景高清视频摄像组件：使用高清、高帧工业面阵相机，对接触悬挂、支持装置、附加悬挂等设备进行高清图像连续采集。

(9)一体化大功率光源组件：对摄像系统进行补光。

系统实现上，各高清摄像组件普遍使用了1600万像素以上甚至高达2900万像素分辨率的高性能工业面阵摄像头，实现了更高的图像分辨率和清晰度，以便于后续图像的分析处理和智能识别。

接触网零部件状态巡检子系统架构如图7.24所示。

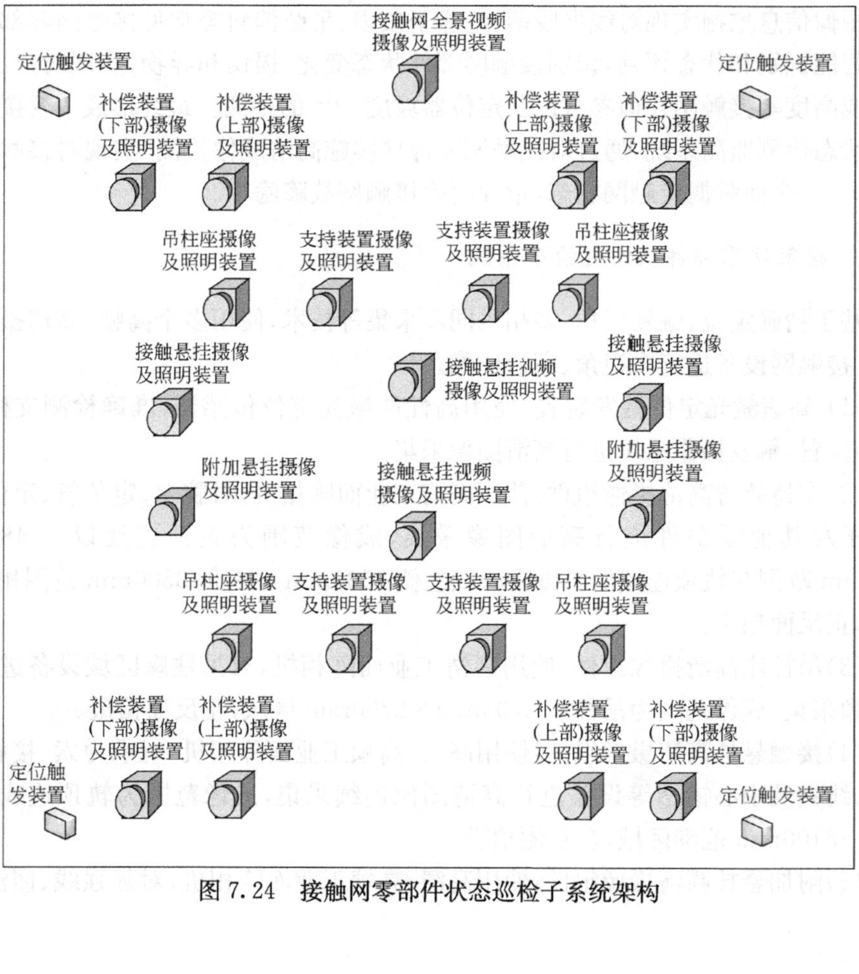

图7.24　接触网零部件状态巡检子系统架构

接触网零部件状态巡检子系统设备在表7.2中列出。

表7.2 接触网零部件状态巡检子系统设备一览表

序号	设备名称	数量	安装位置
1	高速激光定位触发装置	4个	车顶两端
2	支持装置高清摄像组件	4个	车顶中间区域,分别向前、向后拍摄
3	接触悬挂高清摄像组件	2个	车顶,分别向左、向右拍摄
4	附加悬挂及补偿装置(上部)高清摄像组件	4个	车顶,分别向前、向后拍摄
5	附加悬挂高清摄像组件	2个	车顶,分别向左、向右拍摄
6	吊柱座高清摄像组件	4个	车顶,分别向前、向后拍摄
7	补偿装置(下部)高清摄像组件	4个	车顶两侧,分别向前、向后拍摄
8	接触悬挂高清视频摄像组件	2个	车顶,分别向前、向后拍摄
9	接触网全景高清视频摄像组件	1个	车顶车头位置,向前拍摄
10	一体化大功率光源组件	1组	车顶
11	高速定位触发单元	2台	车内
12	摄像组件控制单元	1台	车内
13	一体化大功率光源控制单元	3台	车内
14	高速定位触发控制计算机	1台	车内
15	高速图像采集服务器	4台	车内
16	高速图像处理分析服务器	1台	车内

2. 几何参数测量子系统

接触网几何参数检测系统是基于双目/多目机器视觉的三角测量原理由多台高速线扫描摄像机组成进行测量,能对接触线高度、接触线高差、拉出值等几何参数进行精确测量。两台摄像机布置如图7.25所示,光轴交于空间中的某一点,构成一个竖直的光电测量靶面,此靶面应包括接触线所在空间的全部位置(图中虚线1、2和虚线3、4所共同包括的面积)。

焦距是f的两摄像机中心之间的距离为d_0,相机与水平轴X的交会仰角分别为α_0和β_0,靶面上任意一点M相对于两个相机的主光线分别为MA、MB,点M在两个CCD上成像的像高分别为h_1和h_2,MA与X轴的夹角为α,MB与X轴的夹角为β。MA与光轴OS_1的夹角为γ_1,MB与光轴OS_2的夹角为γ_2。靶面上任意一点M的二维坐标中的X值和Y值为

$$X=d\frac{\sin\beta\cos\alpha}{\sin(\alpha+\beta)}-f\frac{\sin\gamma_1}{\sin\alpha}-\frac{d_0}{2} \tag{7.3}$$

$$Y=d\frac{\sin\alpha\sin\beta}{\sin(\alpha+\beta)}-d_0\frac{\tan\alpha_0}{2} \tag{7.4}$$

式中

$$\alpha=\alpha_0-\gamma_1;\quad \beta=\beta_0-\gamma_2;\quad d=d_0+f(\sin\gamma_1/\sin\alpha+\sin\gamma_2/\sin\beta)$$

由式(7.4)可知，只要确定焦距 f，并根据基线长度、交汇仰角 α_0 和 β_0，由两个 CCD 输出的视频信号确定像高 h_1 和 h_2，便可得出靶面内任意一点 M 的坐标，即可求出 M 点相对于光学轨道的高度和拉出值，再通过检测车高度和位移补偿输出结果求出 M 点相对于轨平面的高度和拉出值。

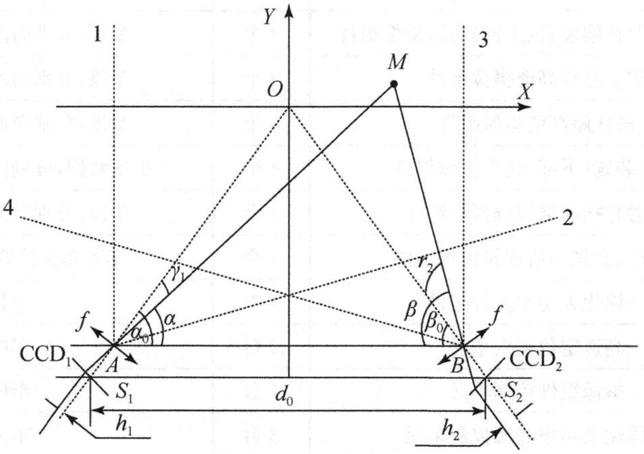

图 7.25　三角测量模型

在设计双目视觉测量系统时，用四台线阵列 CCD 相机安装在车顶，四相机一一组合，每两相机一组，使其光轴在车顶相机视角重叠部分即构成光幕靶，如图 7.26 所示，当接触线出现在靶面上时，相机就获得接触线图像进行分析计算出几何参数。

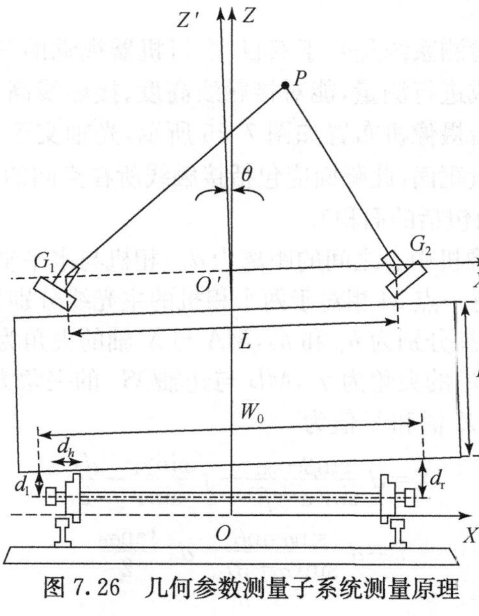

图 7.26　几何参数测量子系统测量原理

基于这一测量原理，设计了如图 7.27 所示的系统硬件架构，由车顶视觉测量模块、车内数据采集与处理模块以及车底运动补偿模块三部分组成。

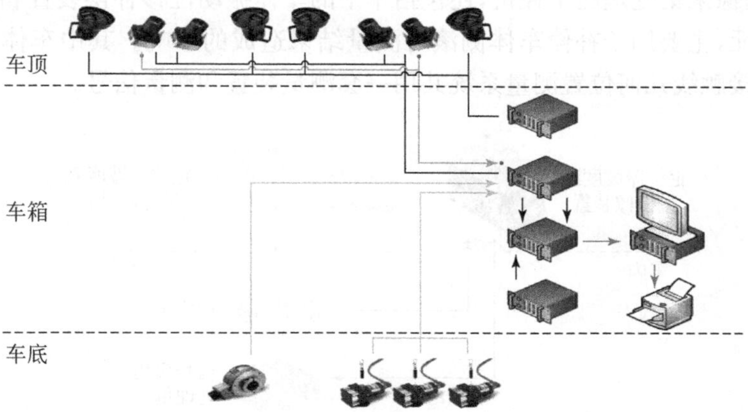

图 7.27　几何参数测量子系统硬件架构图

3. 定位器坡度检测子系统

采用视觉测量技术[17]，并结合模式识别、机器学习等方法，对高性能摄像头拍摄的接触网运行环境视频进行分析和信息挖掘，以获得高速接触网的定位器坡度数据。在检测车顶安装高分辨率、高帧频摄像机，采集弓网运行环境视频。摄像机的安装保证其成像平面垂直于列车的前进方向，因此以车顶断面横轴为基准的角度测量可以转化为以成像平面 X 轴为基准的角度测量[18,19]，如图 7.28 所示。

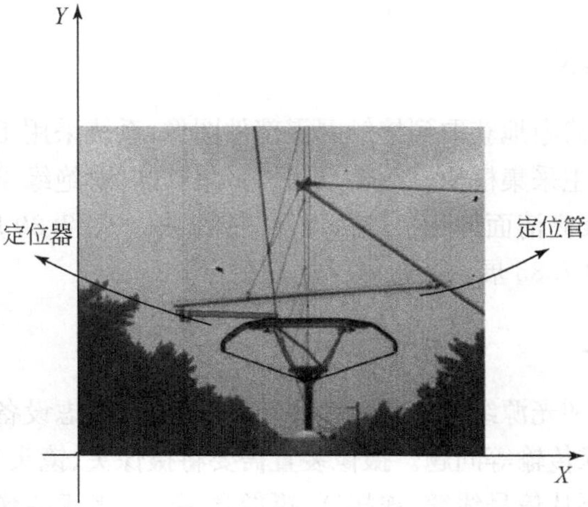

图 7.28　定位器坡度测量原理

基于该方案的定位器坡度测量子系统架构如图 7.29 所示，主要包括车顶的摄像装置、用于测量的光源装置、用于现场标定的标定装置以及车内的光源控制单元、用于图像采集处理的工控机，还包括车下的车体振动位移补偿装置和车内的信号处理单元，主要用于补偿车体侧滚对测量结果造成的影响。其中车体振动位移的测量与接触线几何位置测量系统共用一套测量装置和测量信号。

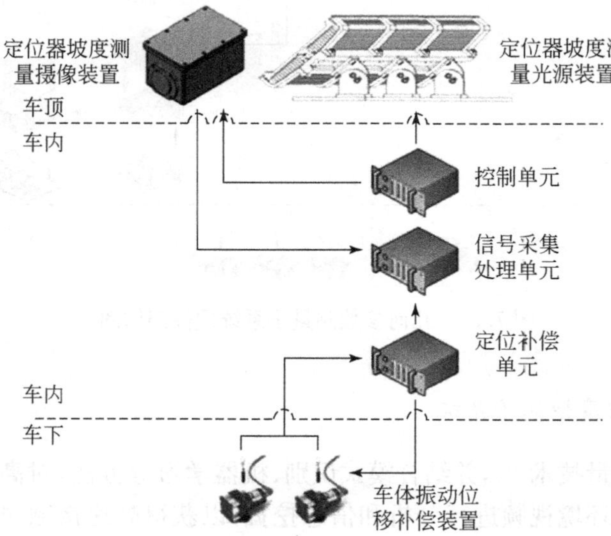

图 7.29　定位器坡度检测子系统架构图

7.4.2　图像采集技术

1. 光学设备选型

为了能够全面清晰地获取到接触网零部件图像，系统采用工业级 2900 万像素超高清面阵相机为主采集模块进行全景图像采集，同时对绝缘子、吊柱顶等关键位置使用 1600 万像素高清面阵相机进行局部图像抓拍。图 7.30 展示了接触网全景图像。图 7.31～图 7.35 展示了接触网局部图像。

2. 传感器封装

由于摄像组件和光源组件安装于检测车车顶，需要考虑设备本身的密封、抗振动、长距离信号可靠传输等问题。摄像装置需要将摄像头、镜头等设备封装于密封的摄像盒中，且需要从信号线缆、连接器、摄像盒等综合考虑摄像机信号在高带宽、长距离传输条件下的抗干扰性能，以保证图像信号的可靠传输。摄像组件外型如图 7.36 所示。

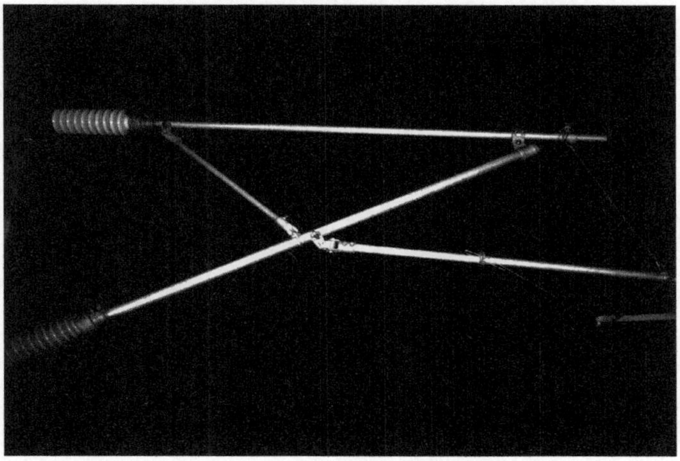

图 7.30 接触网全景图像

图 7.31 接触网局部图像(一)

图 7.32 接触网局部图像(二)

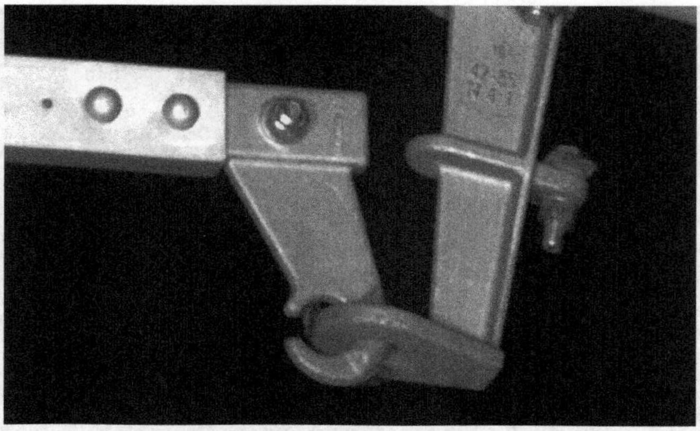

图 7.33　接触网局部图像(三)

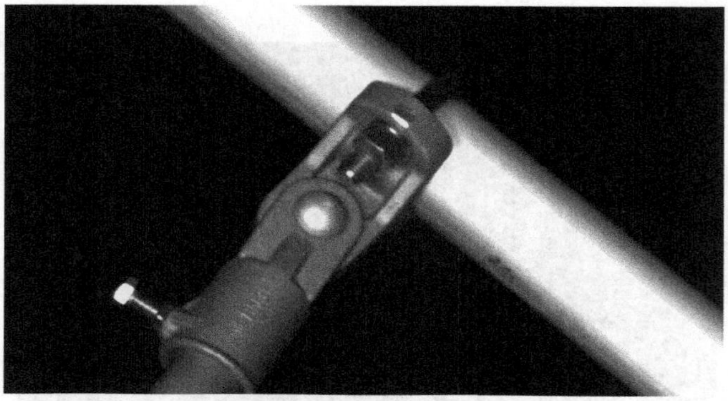

图 7.34　接触网局部图像(四)

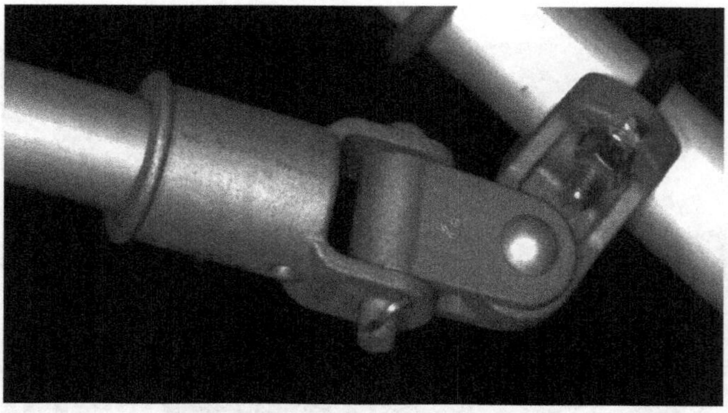

图 7.35　接触网局部图像(五)

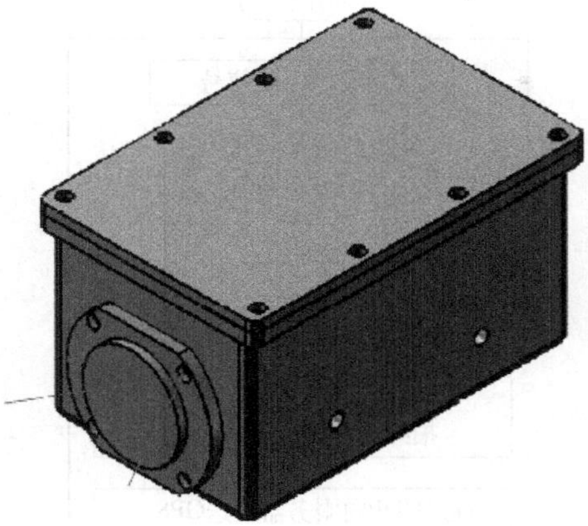

图 7.36　摄像组件

3. 采集驱动和控制原理

系统通过车顶安装的激光传感器进行支柱检测，采用定位抓拍方式进行逐个定位点处接触网零部件的高清图像采集。传感器分布如图 7.37 所示。

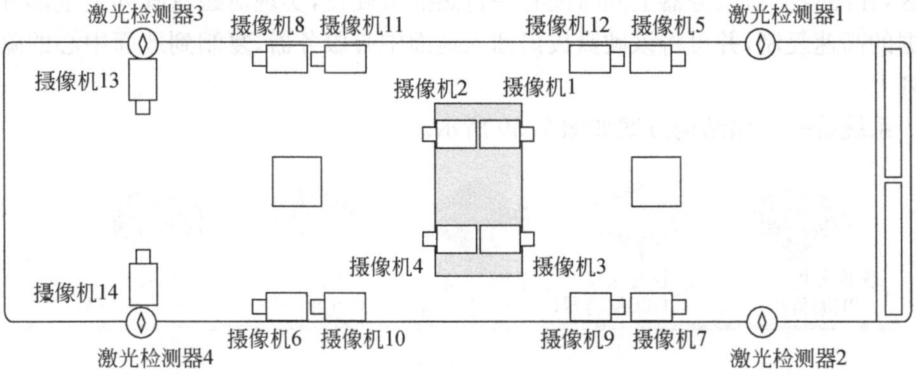

图 7.37　图像定位抓拍设备示意图

算法控制流程如图 7.38 所示。

4. 图像采集存储硬件系统

为了便于进行海量高清图像数据管理，使用了车载大容量检测数据统一存储方案。采用大容量磁盘阵列和光纤交换机，组成车载 SAN 存储网络，为每个需要接入磁盘阵列的高速 GPU 服务器提供光纤卡和相应的磁盘分区，各系统之间可通过网络共享存储分区的数据，也可通过光纤互相访问各自分区共享数据。配置的采集与分析服务器通过光纤接入该 SAN 网络，可访问该磁盘阵列上为系统分配的

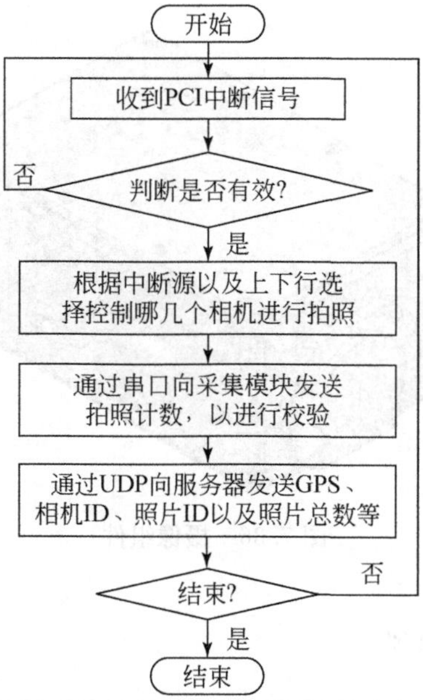

图 7.38　控制器流程图

分区,在图像分析服务器上同时配有一台热插拔硬盘,实现对磁盘阵列上全部分区数据的高速复制,并可将该硬盘拔出插入地面中心服务器,复制到地面中心的磁盘阵列上。

系统统一存储结构方案如图 7.39 所示。

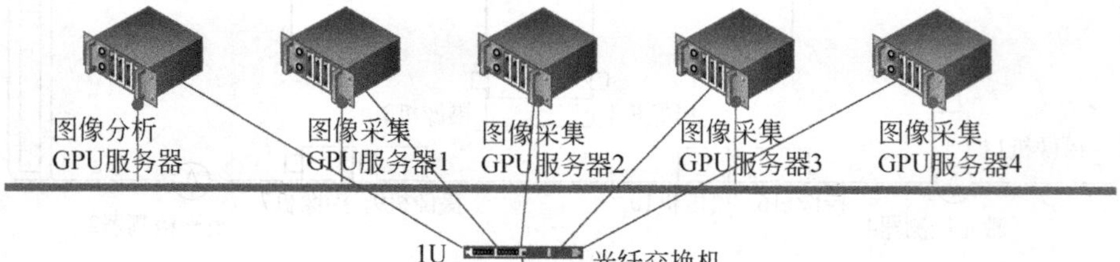

图 7.39　统一存储结构方案

5. 图像采集存储软件系统

系统从整个架构来说分为网络层、系统硬件层、数据资源层、数据处理层、业务应用层和访问层,如图 7.40 所示。网络层和系统硬件层是系统运行的软硬件环境,包括网络设备、服务器、存储阵列、操作系统和数据库等。由于检测数据量巨大,因此数据存储采用磁盘存储阵列,数据库采用 Oracle 数据库技术。

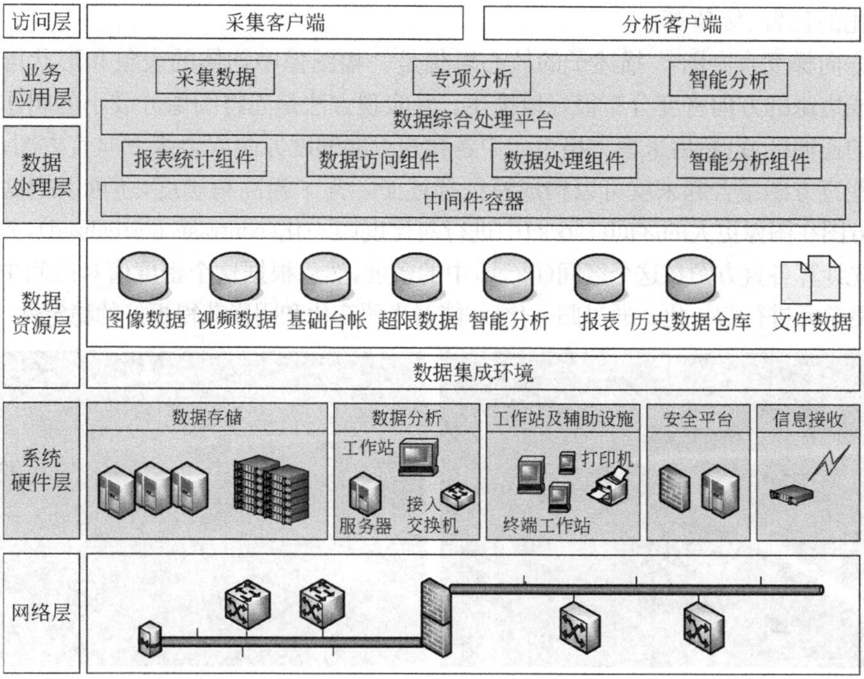

图 7.40 软件系统体系架构图

数据资源层存取基础数据和系统检测数据，从逻辑上可以分为几类数据集：基础地理信息数据、基础设施台账等基础数据、图像/视频采集数据、智能分析数据等。

数据处理层封装各个业务模块，以组件的方式供上层应用调用。根据业务需求，封装的业务组件有数据访问、数据预处理、数据智能分析、报表统计等。

应用层是系统分析显示的入口，支持用户对检测数据的超限、报警、图像分析结果的查询/查看，以及其他服务请求等。

7.4.3 数据智能分析及应用

系统采用高速智能识别算法实现接触网零部件异常的自动识别。该技术思路实现了精确的图像配准，利用当前图像和历史图像对应的纹理强度响应图进行比对，实现重点部件的异常识别和报警。系统利用图像比对方法实现接触网零部件缺陷的异常报警，其中关键的一步是被对比图像和对比图像之间的配准，这种配准的主要目的是消除图像采集过程中由于车速、天气、光线、抖动等外部因素造成的图像不一致，实现归一化，从而为下一步真实的图像内容变化检测打好基础。

基于配准图像的变化检测[20]主要是通过对配准后图像进行方向梯度直方图描述子的比较，将两幅配准后的图像进行比较，处理结果如图 7.41 所示。在提取描述子过程中，基于区间(Block)的移动步长将振动平移等干扰因素去除，可以得出变化的位置、幅值等。

方向梯度直方图[21]描述子的核心思想是一幅图像中物体的表象和形状可以被梯度或边缘的方向密度分布很好地描述。其实现方法是先将图像分成小的叫作方格单元的连通区域；然后采集方格单元中各像素点的梯度方向或边缘方向直方图；最后把这些直方图组合起来就可以构成特征描述子。为了提高精确度，还可以把这些局部直方图在图像更大的区间(Block)中进行对比度归一化(contrast- normalized)，此方法通过先计算各直方图在这个区间(Block)中的密度，然后根据这个密度值对区间中的各个方格单元进行归一化。通过归一化后，能对光照变化和阴影获得更好的稳定性。

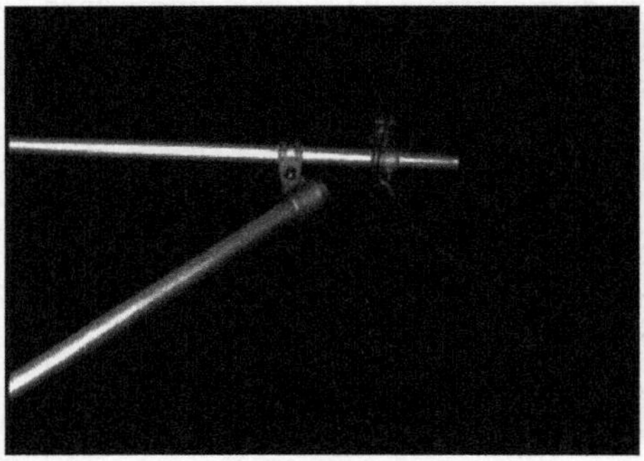
(a)当前图像

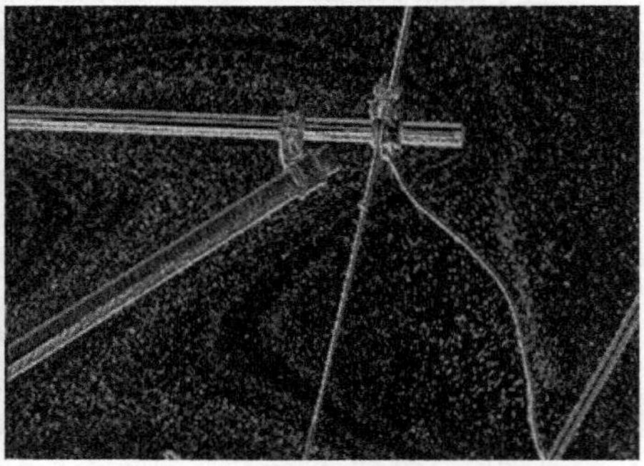
(b)当前图像特征响应图

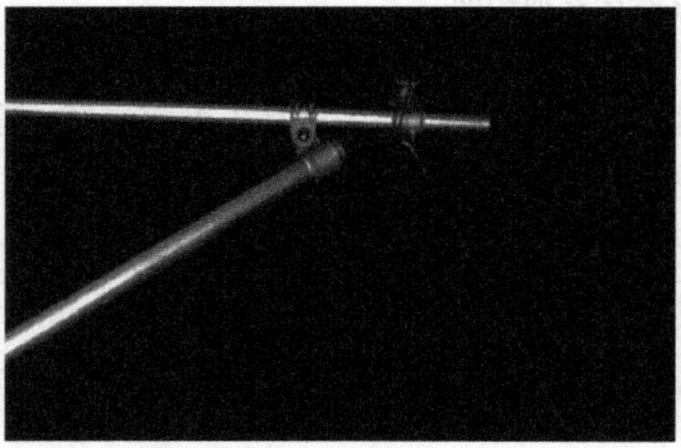
(c)历史图像

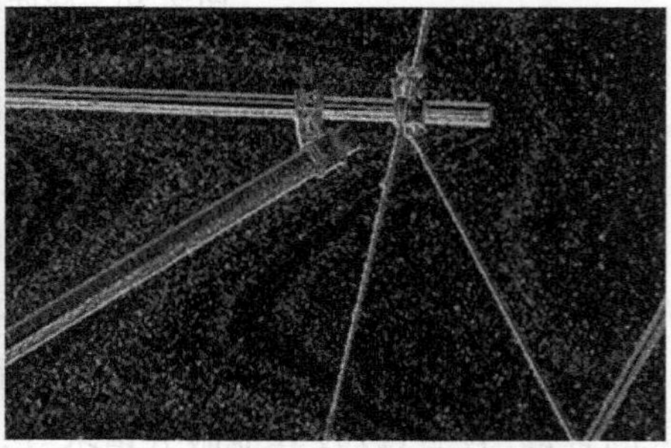
(d)历史图像特征响应图

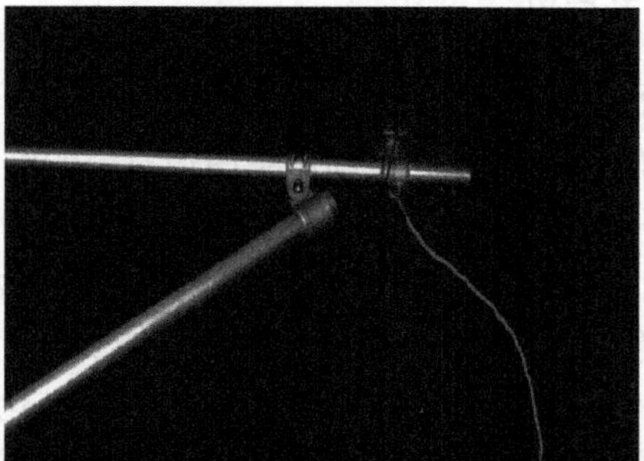
(e)报警输出图像

图 7.41　基于图像比对的接触网零部件异常检测原理

图 7.42～图 7.45 展示了运算算法进行接触网零部件缺陷检测的部分算例。图 7.42 给出了螺母脱落缺陷的基准图像和缺陷图像。图 7.43 给出了铆钉脱落的缺陷检测结果。图 7.44 和图 7.45 给出了表面裂缝的检测结果。

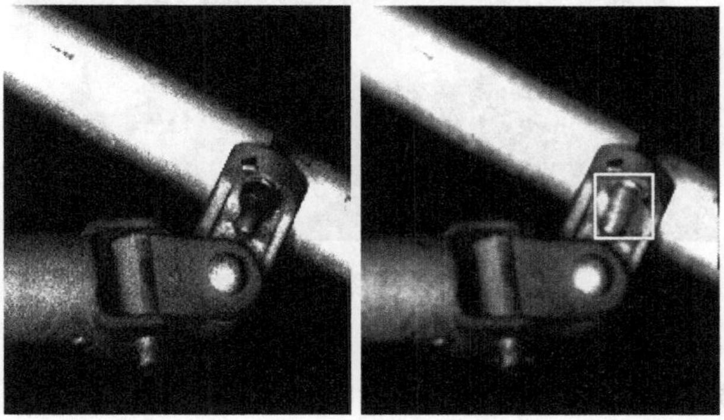

图 7.42　螺母脱落

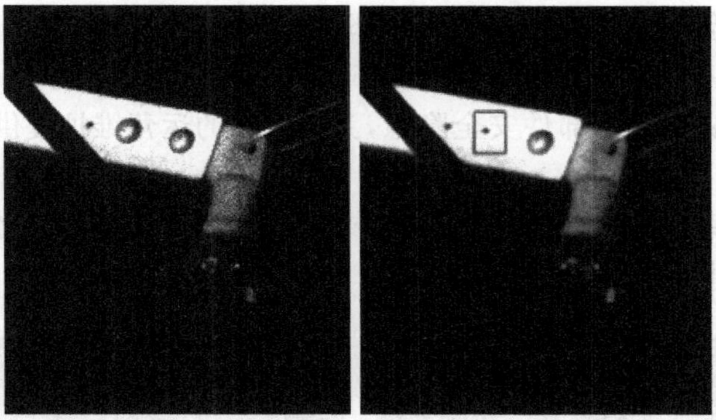

图 7.43　铆钉脱落

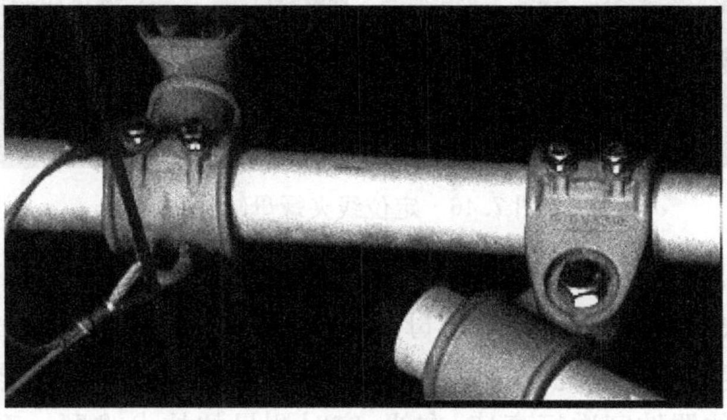

图 7.44　表面裂缝(历史图)

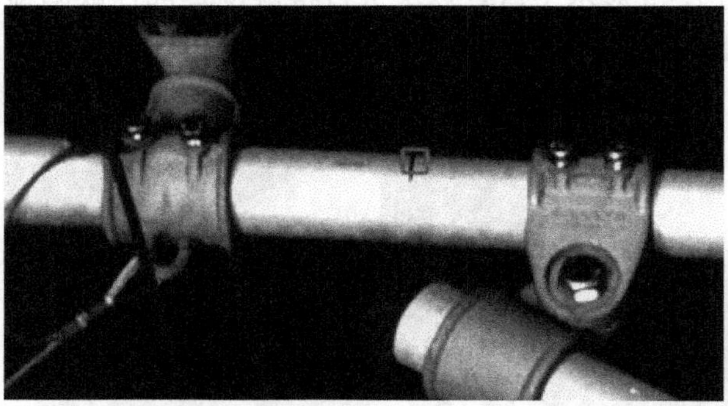

图 7.45 表面裂缝(当前图)

7.4.4 运用成果综述

接触网巡检系统经过不断调试优化,系统的图像智能识别与缺陷检测性能已基本达到稳定状态。目前,系统已在沪宁高铁、沪杭高铁、宁杭高铁等线路正式执行周期性检测任务,对接触悬挂零部件状态进行定期检查。截至 2013 年 9 月 6 日,综合巡检车已累计检查运行 3354km。期间陆续发现了一些螺栓松脱、定位线夹螺母缺失等零部件安全隐患,为接触网的运营维护提供了有力的安全保障。

图 7.46 为系统检测出的一处定位线夹螺母缺失缺陷,现场复核确认缺陷真实有效,并及时加装了螺母。

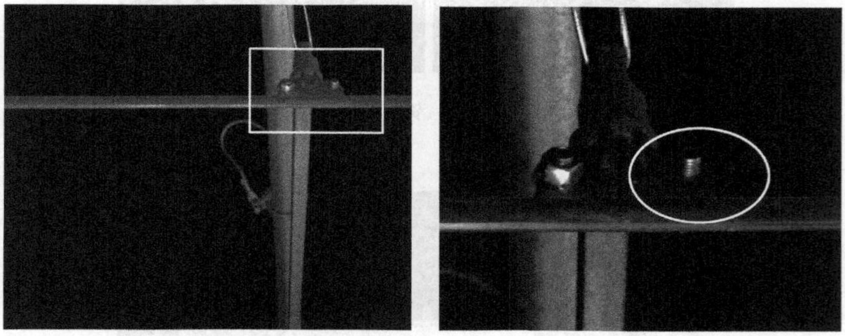

图 7.46 定位线夹螺母缺失

图 7.47 为 2013 年 11 月 15 日检测出的一处缺陷,斜拉线底座的螺母未拧紧。现场复核确认缺陷真实有效,并对螺母及时紧固到位。

定位器坡度检测子系统,在国内外首次实现了对接触网定位器坡度的在线测量,解决了对定位器坡度进行高速、在线、实时测量的技术难题。系统已广泛应用于各高速综合检测列车及部分接触网检测车、综合巡检车,给接触网周期性检测和联调联试丰富了一项重要的检测项目。图 7.48 为检测作业过程中的软件界面。

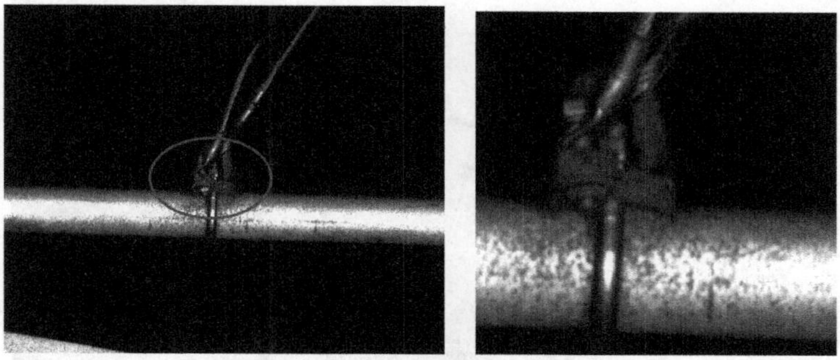

图 7.47　螺母未拧紧

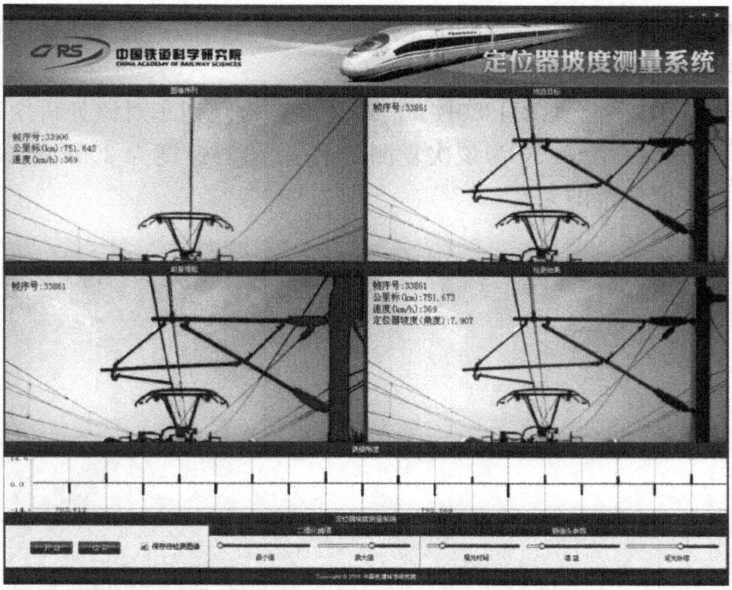

图 7.48　定位器坡度实时测量软件界面

据接触网运营单位估算，人工现场检测接触网定位坡度的速度仅为 1.5km/天窗。而以主要安排在天窗时间内进行检测的综合巡检车为例，按照 80km/h 的运行速度，定位器坡度检测系统的检测速度平均为 103.85km/天窗，至于进行等速检测到采用高速综合检测列车进行检测，其检测速度则更是成倍提高。定位器坡度检测系统的成功应用，已极大地提高了运营维护单位对于定位器坡度的测量效率，为接触网养护维修提供了高效、准确的指导。

CRH380B-002 高速综合检测列车于 2012 年 7 月 25 日检测出定位器坡度超限，检测速度为 352km/h，定位器坡度为 0.7°，如图 7.49 所示。

图 7.49 定位器坡度检测缺陷示例(CRH380B-002)

根据现场复测情况反馈,现场测量定位器坡度为 1.0°。经现场缺陷整治后,该处动态检测缺陷消除。

2012 年 11 月 29 日,CRH380B-002 高速综合检测列车对该处再次进行检测,确认该缺陷已消除。图 7.50 为该次复测的结果,检测速度为 200km/h,定位器坡度为 7.6°(规范取值范围为 6°～17°)。

图 7.50 定位器坡度检测缺陷示例(CRH380B-002,复测)

CRH380A-001 高速综合检测列车于 2012 年 11 月 1 日检测出定位器坡度超限,检测速度为 298km/h,定位器坡度为 0.4°,如图 7.51 所示。

CRH380A-001 高速综合检测列车于 2012 年 11 月 1 日检测出定位器坡度超限,检测速度为 248km/h,定位器坡度为 18.4°,如图 7.52 所示。

接触网巡检系统在无须接触网断电的条件下,实现了主要针对接触网接触悬挂系统关键设备及零部件状态的自动巡检,用于进行接触网零部件状态缺陷检测及分析,基本满足了对高速铁路接触网高效检修维护的需要。

图7.51　定位器坡度检测缺陷示例(一)

图7.52　定位器坡度检测缺陷示例(二)

7.5　轨旁信号设备巡检

7.5.1　检测原理

随着高铁线路运营里程的快速增长,轨旁信号设备的巡检工作量也大大增加,现有的巡检方式主要以人工上道巡检的方式进行。人工上道巡检的方式存在如下问题:检测项目繁多,人工巡检工作量大;检测准确性低;检测效率低;故障处理时间短;危险性高;受外界环境因素影响明显等。

电务轨旁设备外观巡检系统是对高速铁路电务轨旁设备外观状态进行检测的车载式视觉检测系统。系统主要由图像数据采集子系统、图像数据分析子系统、图像数据管理子系统和同步定位装置等组成。图像数据采集子系统包括图像数据采集设备和图像数据采集软件，采用线阵或面阵图像传感器以等间距连续扫描或拍摄的方式，在巡检车运行状态下完成对电务轨旁设备的数字成像，并实时将图像数据与线路里程信息关联，获得完整的电务轨旁设备图像数据。图像数据分析子系统包括图像数据分析设备和图像数据分析软件，基于机器学习理论和模式识别技术，设计相应算法对电务轨旁设备进行自动识别，将电务轨旁设备图像数据从大量背景图像数据中筛选出来。图像数据管理子系统包括图像数据管理设备和图像数据管理软件，构建实时同步信息与地面台账相结合的数据管理机制，实现电务轨旁设备巡检的图像采集、分析、报告发布及复核验证的闭环管理体系。

7.5.2 系统结构

轨旁信号设备巡检系统主要包括图像采集单元、补光光源单元、数据采集、传输和存储单元以及同步触发单元几个部分。轨旁信号设备巡检系统结构如图 7.53所示。

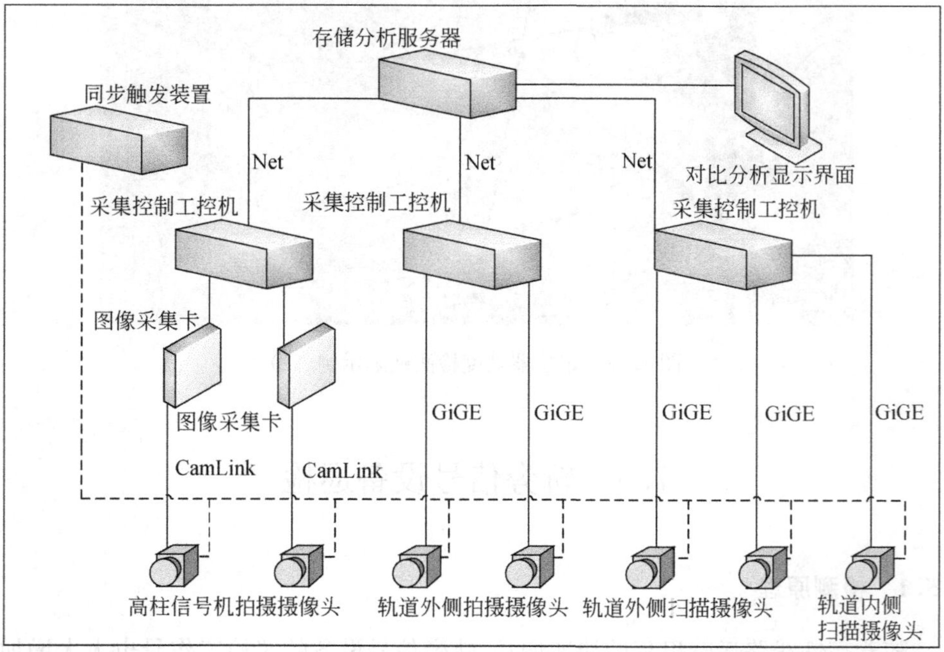

图 7.53 轨旁信号设备巡检系统结构

1. 图像采集单元

根据轨旁信号设备的分类，针对不同轨旁信号设备的检测需求，巡检装置主体考量采用如下七组高清摄像头进行拍摄：

(1) 轨道内侧扫描摄像头一个，安装于车底中心位置，镜头指向轨面、指向与行车方向夹角75°左右。

(2) 轨腰外侧扫描摄像头两个，安装于车体底部、车体两侧限界范围内，镜头指向钢轨外侧轨腰附近，镜头指向与行车方向垂直、指向与轨面夹角30°左右。

(3) 轨道外侧拍摄摄像头两个，安装于限界平台或车端脚踏板两侧，镜头指向轨旁设备，镜头指向与行车方向垂直、指向与行车方向夹角大于15°，小于45°。

(4) 高柱信号机拍摄摄像头两个，安装于车顶两侧，前部或者中部，镜头指向高柱信号机位置，镜头指向与行车方向垂直、指向与行车方向夹角为45°。

摄像头分布及检测内容如表7.3所示。

表7.3　摄像头分布及检测内容

摄像头类型	安装数量	安装位置	镜头指向	检测内容
轨道内侧扫描摄像头	1	车底中心位置	镜头指向轨面、指向与行车方向夹角75°左右	道岔内锁框 道岔防雪板(外观) 融雪装置防护管 应答器(外观)
轨腰外侧扫描摄像头	2	车体底部、车体两侧限界范围内	镜头指向钢轨外侧轨腰附近，镜头指向与行车方向垂直、指向与轨面夹角30°左右	道岔外锁框 轨道电路塞钉
轨道外侧拍摄摄像头	2	限界平台或车端脚踏板两侧	镜头指向与行车方向垂直、指向与行车方向夹角大于15°，小于45°	轨道电路箱盒(外观) 轨道电路连接线(外观) 出站信号机(外观) 电缆槽盖板(外观) 道岔箱盒(外观) 道岔锁紧装置(外观) 禁停牌(外观) 有源应答器电缆箱
高柱信号机拍摄摄像头	2	车顶两侧，前部或者中部	镜头指向与行车方向垂直、指向与行车方向夹角为45°	高柱信号机(外观)

摄像头安装位置如图7.54所示。

为了避免摄像头受到外界损伤，摄像机和电缆应做好防护。为了拍摄轨旁电务设备沿钢轨方向的图像，轨道外侧拍摄摄像头与行车方向夹角应大于15°，小于45°。考虑到拍摄轨旁设备的正面、侧面和后面，镜头应指向行车方向。同样，为了拍摄高柱信号机的正面、侧面和后面，镜头应指向行车方向。

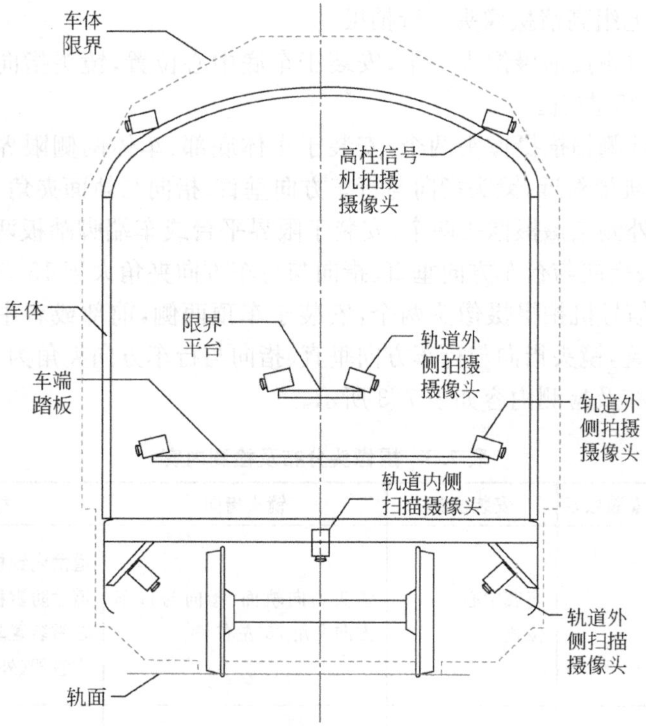

图 7.54　列车截面图和摄像头安装位置

2. 补光光源单元

由于巡检列车运行环境下自然光条件较差，为了保证摄像头采集图像的效果，需要均匀光源对被摄物体(轨旁设备)进行光源补偿，保证被摄物体(轨旁设备)表面照度基本一致，摄像头成像效果达到最佳，为进一步实现异常自动报警和图像智能识别做好铺垫。

对于轨道内侧扫描摄像头和轨道外侧扫描摄像头，基于线阵的工作原理，使用650nm 波段的线性激光器，将光源均匀地投射在被摄物体的位置，摄像头进行扫描拍摄即可。

对于轨道外侧拍摄摄像头，存在技术难点。由于轨道外侧拍摄摄像头拍摄对象为轨道电路箱盒(外观)、轨道电路连接线(外观)、出站信号机(外观)、电缆槽盖板(外观)和道岔箱盒(外观)，分布于轨旁距轨心 1.75～3m 的水平空间，距离摄像头的水平距离和垂直距离存在离散的特点，在普通光源的条件下很难保证被摄物体(轨旁设备)表面的照度一致，因此需要使用一体化线性激光器作为光源。

3. 数据采集、传输和存储单元

为了保证检测图像的分辨率，图像采集单元选用高清摄像头，因此图像数据量较大，对数据传输速度有较高的要求。数据采集、传输和存储单元利用 CamLink 接口和 GiGE 接口对图像进行传输，并使用高性能图像采集卡对图像数据进行采集，同时，在软件方面利用图像压缩存储等技术，实现实时高速图像采集、压缩、传输。

考虑到大量数据高速存储的需求，应使用 IBM 服务器搭建 RAID 磁盘阵列满足存储需求。

4. 同步触发单元

图像采集单元需要根据触发脉冲进行图像信息的采集，触发脉冲的频率根据巡检列车的运行速度确定，以保证采集的图像信息连续无丢失。巡检列车已安装同步定位系统，可以根据安装在巡检列车的轴头速度传感器获取巡检列车运行速度的脉冲信息，从而触发图像采集单元对图像信息进行采集。

7.5.3　数据处理

数据处理主要由图像压缩存储单元和图像对比分析单元组成。

1. 图像压缩存储单元

图像压缩存储单元将图像采集单元采集的图像信息数据进行压缩存储。由于原始 BMP 格式的图像数据较大，若对原始 BMP 格式的图像数据进行直接传输和存储，则需要更加复杂的数据传输装置和存储装置，因此，在图像数据传输和存储前，需要先对图像数据进行压缩。在不影响图像视觉效果的前提下，选用图像压缩算法可以大幅压缩图像数据空间，便于图像数据的传输和存储；同时根据检测列车综合系统提供的综合里程信息和轨旁信号设备台账数据信息，建立图像信息综合数据库，便于图像信息的索引和对比分析，为后续图像对比分析提供数据基础。

2. 图像对比分析单元

图像对比分析单元建立图形化 UI 界面，对轨旁信号设备工作状态进行对比分析。图像对比分析单元读取图像信息综合数据库的图像信息，将检测图像数据与历史图像数据进行对比分析，及时对设备故障状态和设备隐患进行报警，同时根据综合里程信息和台账数据信息，将图像信息与设备台账信息对应起来，建立设备故障维修数据库，切实指导养护维修。

7.5.4　应用实例

塞钉是轨道电路的重要部件之一，具有分布离散、部件较小且易受背景干扰等特点，这些都给计算机视觉算法的应用提出了挑战。下面介绍一种塞钉检测算法，可以自动地从上万张轨腰图像中挑出有塞钉的图像且自动定位，这样极大地简化了巡检人员的工作量。

分析塞钉图像,发现其具有较强方向指向的特点,综合考虑计算速度与内存消耗,并且经过大量试验,选择 Haar 特征作为塞钉检测的提取特征。又由于实际采集到大量训练样本,选择 Adaboost 作为分类器设计方法。又因为线路条件不同可能会造成图像偏暗的情况,在预处理阶段可以采用 γ 校正的方法进行图像增强。训练阶段的算法流程如图 7.55 所示。

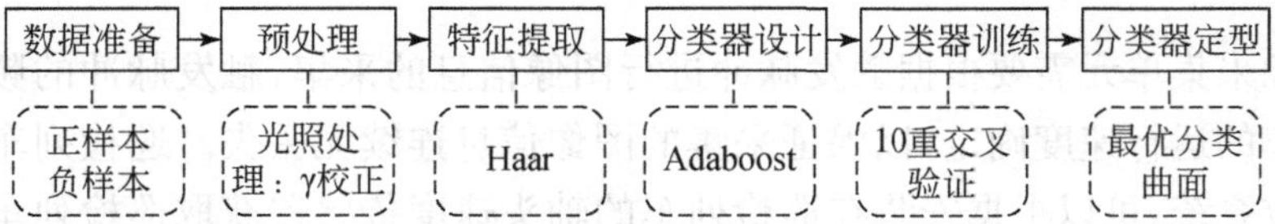

图 7.55 塞钉检测训练阶段算法流程

具体检测实施阶段算法流程及效果图如图 7.56 所示。

对图 7.56 的解释如下:下方左图为待检测的轨腰图像,可以看出,由于起雾、补光等原因造成图像模糊不清;下方中间图为采用图像增强后的效果图,可以看出,经预处理后的图像清晰了许多;下方最右图是塞钉定位后的效果图,可以看出,对塞钉进行了准确定位,极大地简化了工作量。

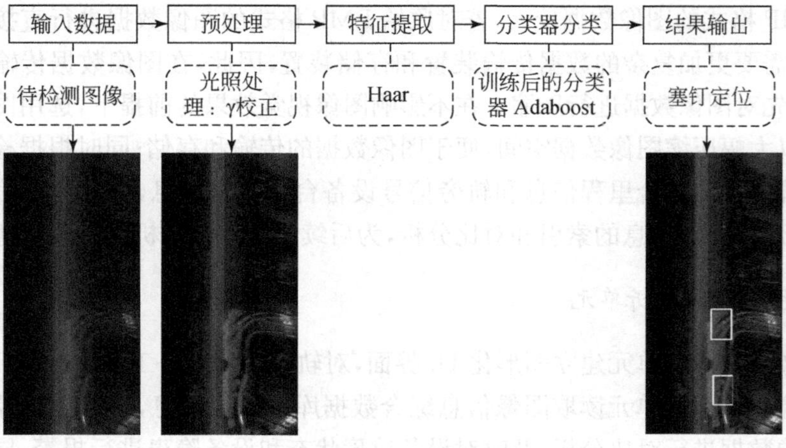

图 7.56 塞钉定位实施阶段算法流程及效果图

参 考 文 献

[1] Heij B,张未. 澳大利亚 RAILSCAN 非接触式轨道测量系统[J]. 上海铁道科技,2001,(3):47,48.

[2] 张未. 德国 RAILCHECK 光电式自动化钢轨检测系统在轨道检查车中的应用[J]. 哈尔滨铁道科技,2001,(4):3,4.

[3] Singh M, Singh S, Jaiswal J, et al. Autonomous rail track inspection using vision based system[C]. Proceedings of the 2006 International Conference on Computational Intelligence for Homeland Security and Personal Safety, 2006: 56-59.

[4] Marino F, Distante A, Mazzeo P L, et al. A real time visual inspection system for railway maintenance: Automatic hexagonal headed bolts detection [J]. IEEE Transactions on Systems, Man and Cybernetics, Part C: Applications and Reviews, 2007, 37(3): 418-428.

[5] 柴雪松,朱锦堂,马辉. 青藏铁路高原巡检车的研究[C]//青藏铁路运营管理及相关技术研讨会论文集. 北京:中国科学技术出版社, 2005:119-126.

[6] 许贵阳,史天运,任盛伟,等. 基于计算机视觉的车载轨道巡检系统研制[J]. 中国铁道科学, 2013,34(1):140-145.

[7] Guillou E, Meneveaux D, Maisel E, et al. Using vanishing points for camera calibration and coarse 3D reconstruction from a single image[J]. The Visual Computer, 2000, (7): 968-970.

[8] Richter U, Schneider R. 接触网的自动光学检测[J]. 铁路工程师(中文版), 2001, (1): 24-28.

[9] Richter U. 接触式和非接触式接触网综合检测系统[J]. 铁路技术评论, 2009:8-10.

[10] 铁道部运输局供电部,中国铁道科学研究院,西南交通大学. 高速铁路供电安全检测监测系统(6C系统)总体技术规范[S]. 北京:中华人民共和国铁道部,2012.

[11] 中国铁路总司公运输局,西南交通大学,中国铁道科学研究院. 接触网悬挂状态检测监测装置(4C)暂行技术条件(TJ/GD006—2004)[S]. 北京:中国铁路总公司,2014.

[12] Gonasales B C, Winty P. Digital Image Processing[M]. New Jersey: Prentice Hall, 1977: 75-90.

[13] Andrews H C, Hunt B R. Digital Image Restoration[M]. New Jersey: Prentice Hall, 1977: 106-110.

[14] Hall E L. Compute Image Processing and Recognition[M]. Salt Lake City: Academic Press, 1979: 312-316.

[15] 中华人民共和国铁道部. 接触网运行检修规程[S]. 北京:中国铁道出版社, 2007.

[16] 中华人民共和国铁道部. 高速铁路接触网运行检修规则(TG/GD 124—2015)[S]. 北京:中国铁道出版社, 2016.

[17] 张广军. 视觉测量[M]. 北京:科学出版社, 2008.

[18] 王燕国,孙忠国,顾世平,等. 基于高速图像处理技术的定位器坡度检测系统[J]. 铁路技术创新,2012,(1):70,71.

[19] 王燕国,孙忠国,顾世平,等. 高速铁路定位器坡度实时测量系统[C]. 第十届世界铁路研究大会,悉尼,2013:1-7.

[20] Forsyth D A, Ponce J. Computer Vision: A Modern Approach[M]. New Jersey: Prentice Hall, 2003.

[21] Davies E R. Machine Vision: Theory, Algorithms, Practicalities[M]. 3rd ed. Singapore: Elsevier, 2005.

第 8 章　大型钢轨探伤车技术

本章介绍大型钢轨探伤车的国内外技术发展、超声检测原理、系统结构、数据分析与应用、探伤系统标定和检测伤损实例共六个方面。随着技术的进一步发展，大型钢轨探伤车在超声伤损检测上将向更高速化、更智能化、更可靠化发展，检测形式上将补充电磁检测、激光检测、相控阵检测等其他检测形式，并且逐步由单一的伤损检测向综合检测和综合分析发展。

8.1　概　　况

8.1.1　国外钢轨探伤车技术发展

大型钢轨探伤车在发达国家早已替代人工探伤设备，成为检测在役钢轨伤损的主要手段[1]。由于超声波在钢轨中传播的特点——对检测钢轨疲劳裂纹和其他内部缺陷具有灵敏度高、检测速度快、定位准确等优点，目前国内外的探伤车都采用了超声波探伤技术。探伤运行速度一般为 25～50km/h。在信号处理方面，均广泛采用了计算机技术，部分国家的生产厂还应用了伤损类型识别技术。各国探伤车的技术水平及应用状况各有特点[2-4]。

国外铁路受国情、铁路运输状态的影响和检测技术的制约，探伤车目前的检测速度均大大低于铁路的正常运输速度。在美国仅少量探伤车检测速度可达到 40km/h，多数探伤车检测速度为 15～20km/h；而实际作业时，多数铁路公司或探伤服务采用停顿式作业，平均探测速度更低，只能采用线路封锁、开“天窗”的作业方式，对铁路运输影响较大。欧洲铁路运行速度较快，但探伤车的检测速度一般也不超过 40km/h。尽管这些发达国家的铁路广泛使用探伤车作为钢轨内部伤损的检测工具，但各国对高速探伤车的投入及关切程度远不如我国。具有关资料显示，目前仅英国和以色列等少数国家正在开展高速探伤车方面的技术研究，但实际投入使用探伤车的速度并不很高[5,6]。

1. 北美铁路

由于北美地区冬季气温较低，铁路运输以货运为主，有大量有缝线路，因此北美地区的探伤车均采用轮式超声波传感器。北美地区探伤车的车体主要采用公铁两用车，轮式传感器的支撑伺服系统采用小车形式，悬挂在车下或尾部，不检测时收起小车，车辆可以在公路上正常行驶。系统检测速度为 25～40km/h，绝大多数探伤车采取停顿式检测方式，实际检测速度为 10km/h 左右，单车年均检测里程约为 2000km。

2. 欧洲铁路

瑞士 SPENO 公司承担的欧洲探伤车采用滑靴式超声波传感器，一般检测速度为 40km/h，标称最高检测速度可达 70～90km/h。探伤车车体采用自带动力的铁路标准车辆，车体腹部安装独立可收放的检测小车。

英国 EURAILSCOUT 公司承担的欧洲探伤车采用滑靴式传感器，标称检测速度可达 100km/h。探伤车车体采用自带动力的铁路标准车辆。该公司新研发的 UST2 型探伤车将传感器安装在非动力转向架的两轴中间。

美国 SPERRY 公司承担的欧洲探伤车先采用滑靴式传感器，后来逐渐过渡到轮式传感器，检测速度达到 80km/h。探伤车车体采用自带动力的铁路标准车辆，并采用转向架安装方式。

3. 日本铁路

日本探伤车车体采用自带动力的铁路标准车辆，具有探伤和轨形测量（测定磨耗等）双重功能。日本自产的探伤车采用滑靴式传感器，检测速度达到 40km/h。自澳大利亚进口的探伤车采用轮式传感器，最高检测速度为 33km/h。单车年均检测里程约 5000km。

4. 其他国家和地区

俄罗斯及东欧地区主要采用超声波及电磁感应方式进行钢轨探伤。大型探伤设备有电磁感应探伤车、大型超声波探伤车，标称检测速度为 70km/h，实际检测时，速度要低一些。

澳大利亚探伤车采用轮式及滑靴式，检测速度为 25～40km/h，单车年检测里程约为 2000～3000km。

以色列 SANMASTER 公司生产的 SFB-100 型探伤车检测速度为 70km/h，采用滑靴式超声波传感器，并采用变轨距小车模式。

8.1.2　我国钢轨探伤车技术发展

钢轨探伤车是我国铁路安全保证体系的重要一环，用于检测钢轨的内部缺陷，保证铁路的行车安全，具有检测速度快、可靠性高、重复性好等优点。我国从 1989 年开始运用速度为 40km/h 的钢轨探伤车，使用 SYS-1000 型超声波自动检测系统。自 2000 年以来，探伤车在我国铁路的应用日益成熟，检测效果和检测里程逐年上升。2014 年,钢轨探伤检测完成总里程 544255km,钢轨探伤检测报告三级伤损 1440 处,复核确认 692 处,二级伤损 8428 处,复核确认 5292 处,一级伤损 11817 处,复核确认 3871 处。探伤车运用效率大大超过欧美铁路,已经成为检测钢轨伤损、保障铁路运输安全的重要手段。

我国钢轨探伤车的发展经历了 GTC-40、GTC-60、GTC-80 型,其中 GTC-40 型探伤车的检测速度为 40km/h,GTC-60 型探伤车的检测速度为 60km/h,GTC-40 型和 GTC-60 型探伤车仅具有超声检测功能,采用探伤小车的安装方式。GTC-80 型钢轨探伤车应用了新的车辆系统,配备有超声波探伤检测系统、轨道巡检系统和钢轨轮廓检测系统,最高检测速度达到 80km/h,采用转向架的安装方式,可以对钢轨内部伤损、钢轨表面擦伤、扣件缺陷、钢轨垂直磨耗、钢轨廓形等进行在线检测。

目前,我国正在进行全新一代探伤车技术的自主化开发,设计检测速度超过 80km/h。

8.2 检 测 原 理

8.2.1 超声波探伤技术原理

超声波检测方法分为脉冲反射法、脉冲透射法、共振法等几种,但在实际的探伤过程中,脉冲反射法的应用最为广泛。一般在均匀的材料中,缺陷的存在将造成材料的不连续,这种不连续往往又造成声阻抗的不一致。由反射定理可知,超声波在两种不同声阻抗介质的交界面上将会发生反射,反射回来能量的大小与交界面两边介质声阻抗的差异和交界面的取向、大小有关。脉冲反射式超声波探伤仪就是根据这个原理设计的。

如图 8.1 所示,探头放置在探测面上,电脉冲激励的超声脉冲进入钢轨。当钢轨中无缺陷时,接收波形如图 8.1(a)所示,屏上只有始波 T 和底波 B;当有小于声束截面的缺陷时,有缺陷波 F 出现。F 波在时基轴上的位置取决于缺陷声程 L_f,由此可确定缺陷在试件中的位置。缺陷回波的高度取决于缺陷的反射面积和方向角的大小,借此可评价缺陷的当量大小。由于缺陷使部分声能反射,底波高度下降,如图 8.1(b)所示,当有大于声束截面的大缺陷时,全部声能将被缺陷反射,届时将仅有始波和大的缺陷波出现在屏上,可以利用始波、缺陷波、底波之间的距离关系对缺陷进行精确定位。

8.2.2 钢轨超声波探伤技术原理

1. 超声发射、接收及其含义

我国的探伤车超声检测系统均采用轮式结构,这里以轮式超声探伤系统为例

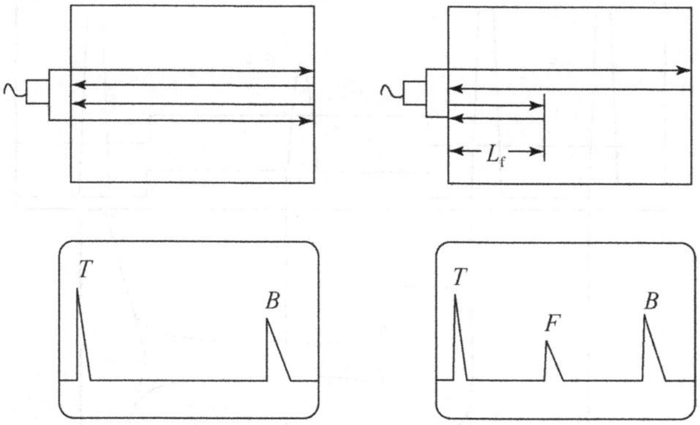

(a)完好试样 (b)缺陷试样

图 8.1 超声波探伤原理

进行介绍。探轮外包橡胶外膜，内充耦合液，A 型探轮中有六个超声换能器(简称“探头”)，B 型探轮中有三个超声探头。探头受高电压激发发出超声波，并通过探轮耦合液进入钢轨，之后再监听自钢轨返回的回波信号，同时系统向钢轨表面喷水，以便超声波能量可耦合至钢轨中(因为超声波即使是很薄的空气间隙也不能通过)。

当探头发射超声信号后，超声回波显示在示波器的屏幕上，系统测量计算回波的时间(脉冲距离)和能量(脉冲幅度)，用来判别钢轨内是否存在伤损。在示波器上，时间用横轴进行显示，幅度用纵轴进行显示，如图 8.2 所示，对应表示的含义如图 8.3 所示。图 8.2 中显示的第三个超声脉冲就是对应图 8.3 中钢轨轨腰处的伤损回波。

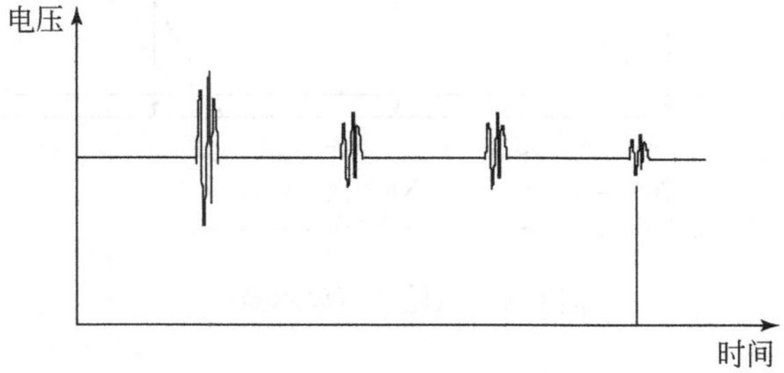

图 8.2 示波器显示

2. 钢轨探伤车超声检测原理

系统配备四个 A 型探轮和两个 B 型探轮，即每股钢轨两个 A 型探轮和一个 B 型探轮，对称安装在转向架探轮支持机构上。A 型探轮内配有六个探头，即 0°、37.5°、70°三探头阵列及侧打探头；B 型探轮内配有两个偏斜 70°的探头(简称 XF)

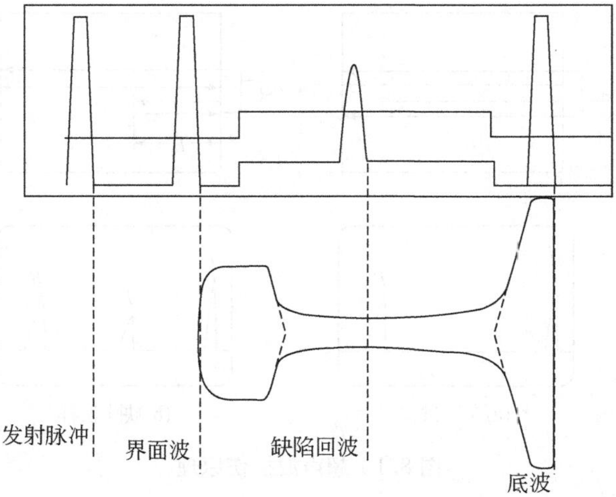

图 8.3　钢轨上各部分的超声回波和在示波器上的显示

和一个 0°探头。每股钢轨上的探轮安装布置如图 8.4 所示，能够检测钢轨中不同位置和不同取向的伤损，如钢轨轨头横向裂纹、轨头轨腰水平裂纹、螺孔裂纹、轨腰斜裂等。

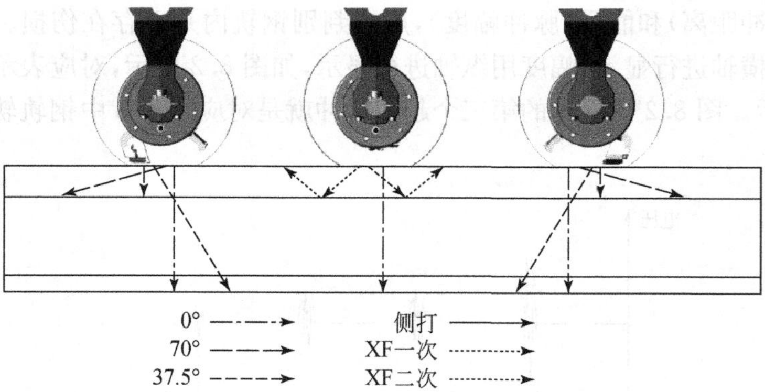

图 8.4　探轮及声束示意图

当探头中的超声压电晶片(简称“晶片”)受到系统发出的超声发射信号(即“高电压脉冲”)激励之后，会按照自身固有的振动频率振动，如 2.25MHz。超声在钢轨中传播，一旦钢轨中存在缺陷或空洞，部分超声波能量将被反射回来，反射回来的能量被晶片接收后即为回波。各种不同的超声探头得到的回波在超声换能器中转化成电信号，再经过模拟处理、数字处理、空间转换、伤损识别，最终在显示控制计算机上以 B 型图显示出来，完成钢轨不同部位、不同形态伤损的检测过程。超声检测系统的控制及超声数据处理流程如图 8.5 所示。

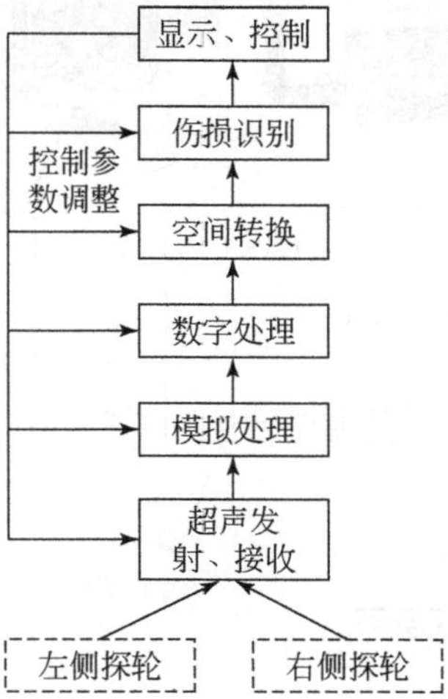

图 8.5　伤损数据处理及参数调整控制示意图

8.3　系统结构

超声检测系统是典型的传感器-检测系统-控制计算机结构。下面从三个方面对检测系统结构进行阐述。

8.3.1　系统总体结构

超声检测系统结构如图 8.6 所示，主要由控制计算机及其附件、机柜系统、超声探轮、耦合水系统、自动对中系统、编码器等组成。

控制计算机提供超声检测系统的人机交互界面，其附件包括里程矫正键盘、双显示器、打印机等。里程矫正键盘安装在司机室，采用人工对标的方式对检测里程进行矫正；双显示器中的一个显示器用来显示超声检测控制界面，对超声检测过程中各个超声闸门的闸门延迟、闸门增益、闸门阈值进行设置，另一个显示器用来实时动态地显示检测得到的 B 型显示结果。

机柜系统包括耦合水控制系统、自动对中控制系统、里程计、超声激励/接收装置、A 型显示装置等。耦合水控制系统控制耦合水的喷淋，耦合水提供超声波从超声探轮外表面至钢轨表面的耦合通道。自动对中系统控制各个超声探轮在钢轨上的位置，确保检测过程中各个超声通道中心相对钢轨纵向中心线的检测位置不变。里程计通过装在车轮上的编码器自动获得检测车的里程，自动获得的里程与检测车实际所处地标位置不一致时可以通过里程矫正键盘进行矫正。超声激励/接收装置依据检测车运行速度调整超声脉冲的重复发射频率，并产生超声波激励信号，接收来自超声探轮的超声回波信号。A 型显示装置用来实时动态观察各个通道超

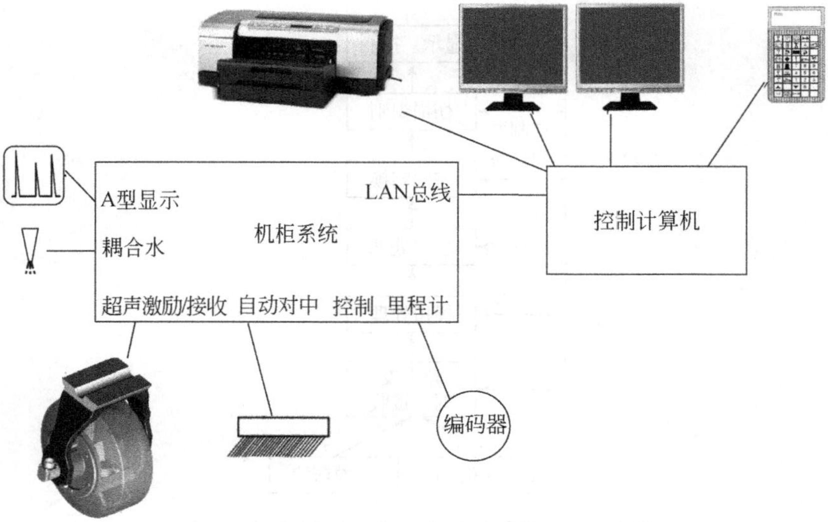

图 8.6 检测系统结构

声波的 A 型显示波形。在检测前调整各个探轮状态时也可以通过 A 型显示对探轮的对中状态进行监视。

8.3.2 探轮结构

目前国内投入使用的钢轨探伤车采用的传感器均为探轮形式,探轮直径有 6 英寸(in,1in=2.54cm)和 9 英寸两种。9 英寸探轮具有较大超声探头安装空间和适中的超声声程,因而成为探伤车用探轮的发展趋势。下面重点介绍 9 英寸探轮。

9 英寸探轮有两种类型,一种是 A 型探轮,另一种是 B 型探轮,单侧轨道共三个探轮,其中两个基础型探轮、一个偏斜探轮,共设置 15 个超声波探头。

探轮的结构设计应遵循的原则如下:

(1)换能器在轮内的声衰减尽可能小、轮内声程尽可能短。

(2)换能器轮内声束不应存在串扰或者其他干扰噪声。

(3)探轮质量尽可能轻、体积尽可能小。

(4)探轮高速运转灵活、密封良好、外膜变形小。

(5)拆装方便、便于维护等。

依据上述钢轨探伤车探轮设计原则,铁科院设计了 A 型探轮的结构。系统框架分为四个层次,分别为总成层、组件层、零件层和接口层,各个层次的定义和功能介绍如下。

(1)总成层,即探轮总成组装,经充液调压排气及准直调整后,可安装到钢轨探伤车。

(2)组件层,由静轴组件、动轴组件及耦合液等组成。动轴组件相对于静轴组件转动，两者之间安装高转速轴承和密封单元，耦合液密封于静轴组件和动轴组件中间，充当换能器在探轮内部的耦合介质。

(3)零件层，静轴组件由芯轴、换能器架和温控轴等组成。换能器架上固定换能器组、消声块和温控换热块等。换能器组信号线缆与芯轴连接，温控换热块内部冷却液与温控轴连通。动轴组件由有阀侧法兰盘、无阀侧法兰盘和外膜组成。外膜端面一端和有阀侧法兰盘固定、另一端和无阀侧法兰盘固定，组成一个密封的整体。

(4)接口层，换能器组的线缆通过芯轴上的航空插头与车内机柜线缆连接，温控轴换热块内部的冷却液通过温控轴连接的水管与车内温控柜连接。

将钢轨探伤车 A 型探轮按照其应用功能划分为四大模块(图 8.7)，即换能器布置模块、换能器线缆连接模块、温控循环模块以及动、静密封模块，各模块的功能介绍如下：

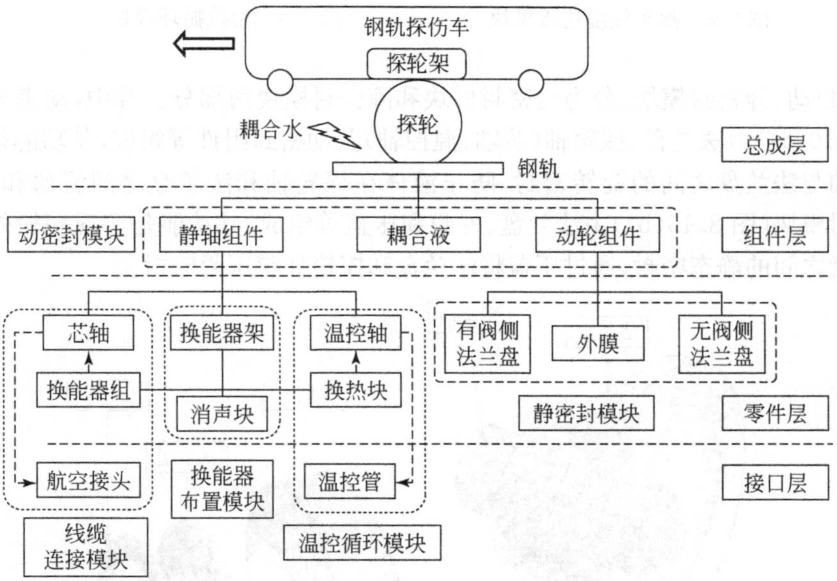

图 8.7　探轮系统结构框图和模块组成图

(1)换能器布置模块由换能器架、换能器组和消声块等组成；完成探轮内部换能器组的布置和安装，保证换能器轮内声程尽可能短、避免换能器间的信号串扰以及轮内组件对换能器的干扰噪声等。

(2)换能器线缆连接模块(图 8.8)，由超声换能器、轮内线缆和芯轴等组成；搭建探轮内的换能器组和轮外系统的连接，进行换能器组及线缆在轮内的固定及走线。为方便快速拆卸探轮，在芯轴端以航空插头的形式输出。

(3)温控循环模块(图 8.9)，由轮内换热块、温控轴和温控管及快速接头等组成；搭建轮内温控循环液的流通通道，由换热块完成热量交换，经温控轴和温控管与轮外温控系统连接,为方便探轮的快速拆卸,温控管安装快速接头。

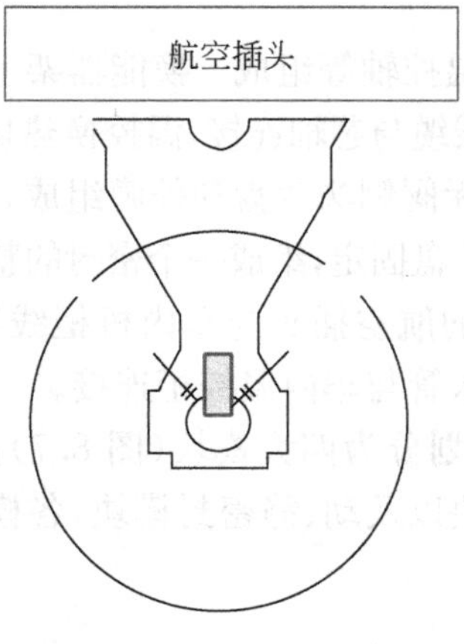

图 8.8　探头线缆连接模块

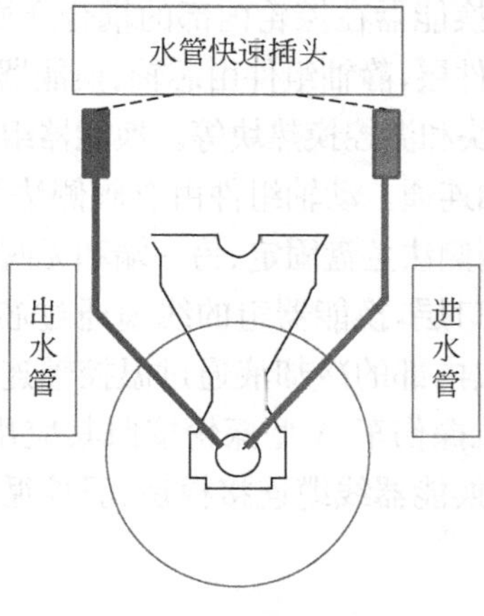

图 8.9　温控循环模块

(4)动、静密封模块,分为动密封模块和静密封模块两部分。其中,动密封模块(图 8.10(a))由法兰盘、探轮轴(芯轴、温控轴)及动密封组件等组成,其功能是实现探轮轴与法兰盘之间的旋转密封,防止液体在探轮轴和法兰盘之间流通和泄漏。静密封模块(图 8.10(b))由法兰盘、外膜和压盖等组成,其功能是实现探轮外膜和法兰盘之间的静态密封,通过压盖将法兰盘和探轮外膜压紧密封。

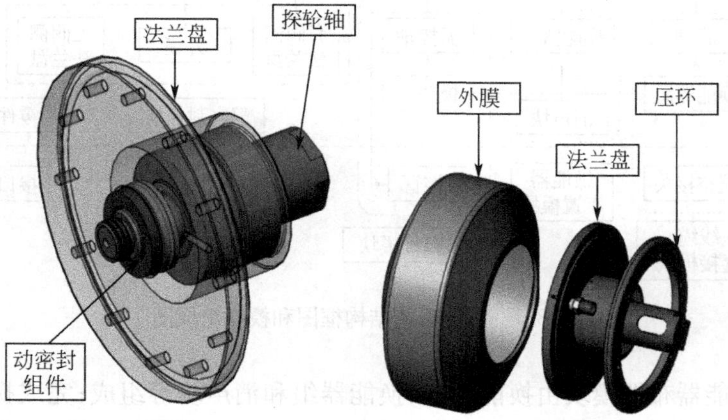

(a)动密封模块　(b)静密封模块

图 8.10　探轮密封

8.3.3 控制计算机软件

1. 软件界面

控制计算机软件主要由两大部分组成:控制软件和显示软件,如图 8.11 和

图 8.12所示。

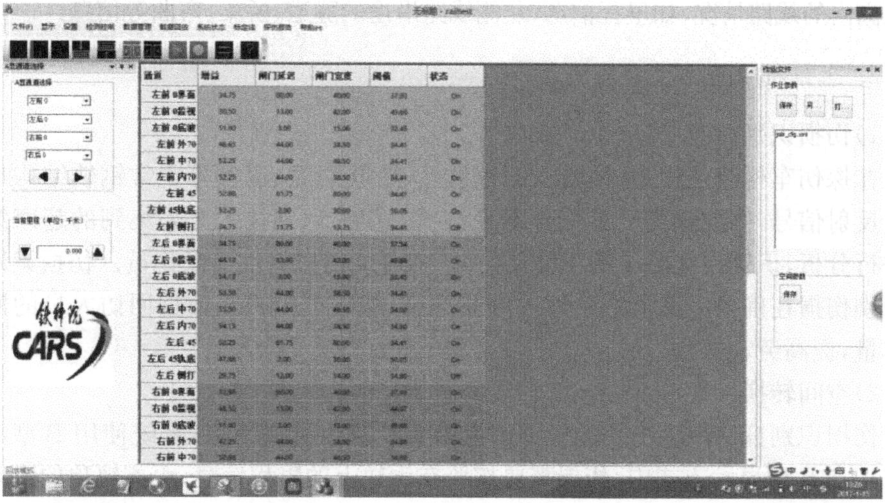

图 8.11　控制软件界面

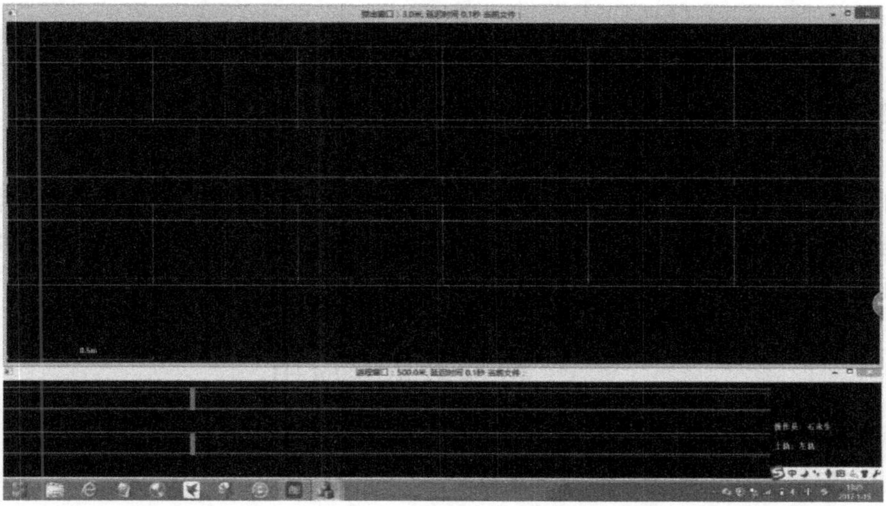

图 8.12　显示软件界面

1)控制软件界面

控制软件界面是整个系统的管理和控制接口。在检测开始时,操作者通过控制软件界面对检测线路的线路信息、检测人员信息进行设置,对超声通道进行闸门控制、增益调整、阈值设置。在检测过程中,操作者依据检测设备的状态对检测参数进行实时调整。

2)显示软件界面

显示软件界面主要是对钢轨检测结果进行 B 型显示,分为进程窗口、弹出窗口。

弹出窗口显示短距离内的各个超声通道的回波情况及智能识别结果，进程窗口显示长距离内的线路情况，如里程信息、北侧线路沿途的隧道、桥梁、弯曲等信息。

2. 上位机软件主要功能简介

1)伤损识别功能

在探伤车检测过程中，钢轨上的螺纹孔、轨间间隙、道岔等正常钢轨结构也会产生反射信号，因此这类回波信号不是伤损。伤损识别技术对采集到的超声波数据进行分析，识别出线路中的正常反射体，将可疑伤损提供给操作员。伤损识别算法识别伤损在确保无漏检的条件下判断准确，能够大大减小数据回访人员的回访工作量，提高劳动效率。

2)空间转换

伤损识别算法识别出来的伤损信息最终要提供给操作者，系统使用B型显示方式。在B型显示方式中，伤损需要按照在钢轨上的里程信息、距离轨顶的距离等显示在钢轨的纵断面中，因此需要将各个通道的超声波反射信号按照各自的声程数据、相对于0°探头的物理安装位置参数进行计算，对应到钢轨上相应的位置。

3)界面跟踪

各个超声回波的声程时间是以界面波时间作为参考的，因此需要知道各个角度探头超声进入钢轨的时刻。

除了0°声束外，其他角度的声束在钢轨表面没有界面波，超声检测系统硬件可以由0°通道的界面波计算出其他声束抵达钢轨的表面时间。超声换能器的安装位置是固定的，所以在检测时可以认为同一个探轮的其他声束与0°声束的传播时间差值固定。因此需要“跟踪”测量0°探头的界面波时间，这就是界面跟踪技术。

8.4 数据分析与应用

8.4.1 钢轨探伤车伤损分级分析及应用[7]

1. 探伤车伤损分级分析提出及原则

1)伤损分级的提出

老的探伤车伤损检测报告不区分伤损的大小，把伤损凭操作员的感觉划分为确认伤损和疑似伤损，但在复核中确认伤损也可能复核为无伤损，疑似伤损也可能复核为重伤。而且一些操作员为了追求复核准确率，对一些小伤损不报告，造成一定程度的漏检。如果小伤损都报告，又会造成伤损准确率偏低。旧的伤损报告格式已经不适合新形势下的探伤车伤损报告要求。

探伤车的最大特点在于检测速度高、人为因素小，但动态耦合情况、设备调整情况、钢轨表面状态等对 B 型图影响较大。为了尽可能地检出伤损，探伤车使用了较高的检测灵敏度，也造成了一定程度的误报警。为了便于探伤仪复核，将探伤车检测得到的伤损分为三级报警供探伤仪或焊缝探伤仪复核参考，最终由探伤仪或焊缝探伤仪对伤损复核定性。

2)探伤车伤损报警的分级原则和量值依据

探伤车一至三级报警均是探伤车超声检测系统经过了自动识别并报警之后的 B 型反射伤损图形。

探伤车一级报警为在应出伤损的位置有伤损波的反射报警，但没有形成伤损形态走势。

探伤车二级报警为在应出伤损的位置有伤损波的反射报警，初步形成伤损走势。

探伤车三级报警为在应出伤损的位置有多通道伤损波的反射报警，并且确认不是干扰波和特殊钢轨内部形态形成的非伤损波。

3)探伤车伤损分级与探伤仪复核对照原则

探伤车一级报警，探伤仪按照正常检测灵敏度不易复核出来。

探伤车二级报警，探伤仪按照正常灵敏度认真复核能够复核出来。

探伤车三级报警，探伤仪在正常调整灵敏度的情况下肯定能够复核出(或有反射报警)。

4)探伤车伤损报警的周期检测动态变化原则

所有报警一旦复核确认是伤损，必须报线路维修进行下一步处理。

探伤车三级报警复核后必须是“确认是伤损、干扰波或线路固有结构体反射”，一旦确认不是伤损，在下次检测中，同一位置即使再出现此类较强反射也不判为伤损，但探伤车检测和数据分析人员对复核结果有怀疑的除外。

探伤车二级报警复核后没有确认是伤损，并且确认没有干扰波的情况下，如果下次检测时该处没有反射或反射波形没有发展，降为一级报警或不再判为伤损报警；如果下次检测时该处伤损图形有进一步发展，则可以维持二级或升为三级报警。

探伤车一级报警在复核后没有确认是伤损，如果下次检测时该处没有反射或反射没有发展，可以不再判断该处为伤损报警；如果下次检测时该处反射图形有进一步发展，可根据发展情况维持一级或升级为二级报警。

依据伤损分级报警的数量能够很好地反映出伤损的变化趋势，控制较大伤损报警的出现就可以控制伤损的发展，控制伤损的发展变化就可以合理地设定检测周期和保障线路安全。

2. 伤损分级应用情况

探伤车检测和伤损分析分开的探伤车运用模式运用后，检测数据的质量和伤损分析质量比以前都有所提高，基本控制了大伤损的漏检，有效防止了人为漏检。

探伤车伤损分级后，在一级报警中的复核确认率非常低，即使复核有伤损，其伤损量值也不大；三级报警复核确认效率较高，通常复核为有较大损伤或其他反射体的较强反射回波；二级报警的复核情况介于一级和三级之间。伤损分级能够较好地反映探伤车连续式检测结果，方便复核人员复核调整，也便于伤损的监控和进一步处理。

从应用结果看，探伤车能够在一些具备条件的线路上（如高铁线路）单独承担起钢轨探伤检测的任务，探伤车检测与伤损分析分开的方式更能适应目前探伤车的检测需求，探伤车伤损分级能够有效防止检测人员片面追求复核准确率造成一定程度的小伤损漏检，也能更好地给复核人员一个明确的参考依据。

8.4.2 探伤车钢轨顶面斜裂纹与轨头核伤的对比分析及应用[8]

1. 轨头核伤与钢轨表面斜裂纹的 B 型图对比分析

轨头核伤与钢轨表面斜裂纹的 B 型图对比分析如表 8.1 所示。

表 8.1 轨头核伤与钢轨表面斜裂纹的 B 型图对比分析表

序号	比较项目	钢轨轨头核伤	钢轨表面斜裂纹
1	起点	(1)贴近轨头顶部 (2)多通道时各通道起点不一致	(1)从轨头顶部开始 (2)多通道时各通道起点一致
2	上下位置	(1)通常位于轨头中偏上部 (2)其他部位也有存在现象，但较少 (3)在焊缝出现下部轨头核伤	(1)位于轨头上部、上中部 (2)单一表面斜裂纹存在时反射图形较长 (3)斜裂纹同时较密存在时反射图形较短
3	内外位置	(1)钢轨全光带，轨头核伤通常位于轨头中偏内侧（调边轨除外） (2)光带较窄的，轨头核伤通常从光带下方开始发展 (3)调边轨的轨头核伤可能会出现在轨头的任意位置	(1)较短斜裂纹位于钢轨内侧 (2)较长斜裂纹由内侧向中心发展
4	取向	(1)有一定的倾斜角度（单行线） (2)接近垂直（复行线）	(1)在起始点处可能会有略微倾斜 (2)中间和收尾处垂直 (3)通常从起点到收尾都是垂直图形
5	通道	(1)母材轨头核伤在较小时通常中、内侧 70°能够有效发现，调边轨除外 (2)在核伤较大时，中内、中外会出现反射，可能会出现 0°底波消失 (3)在核伤很大时，内中外会出现反射，这时 0°有底波消失	(1)斜裂较短时，只有内侧 70°有反射 (2)斜裂纹较长时，内侧 70°、中间 70°都有反射 (3)通常外侧 70°没有反射 (4)0°不会有底波消失

续表

序号	比较项目	钢轨轨头核伤	钢轨表面斜裂纹
6	图形连续性	(1)母材核伤连续 (2)有的焊缝轨头核伤(仅从 B 型反射图上如此划分，严格意义上说应是焊缝类伤损，不属于轨头横向疲劳裂纹)不连续	图形排列连续
7	其他	当伤损较大时，必然多通道同时有反射	(1)存在单一通道较大反射 (2)垂直行车方向的轨头横线的反射图形通常只有中心 70°有反射

2. 轨头核伤 B 型图、钢轨斜裂纹 B 型图成因分析

1)钢轨探伤车轨头核伤检测原理及其 B 型图

钢轨探伤车使用超声探轮模式进行钢轨伤损在线检测。每一个探轮内都有三个 70°探头，折射进入钢轨的超声横波声束折射角约为 70°。进入钢轨的 70°超声声束有较大的扩散角。对于同一点处的轨头伤损，随着车辆的运行会进行多次采样，并且由于扩散角大造成对核伤的取向不是特别敏感，甚至垂直的伤损也能够发现。其检测原理如图 8.13 所示，△1点发射的超声在伤损的△A1点反射回来并在 B 型图中描绘在 △A1点上，同样，△2点、△3点处发射的超声也在 B 型图的△A2、△A3处描绘一个点，这样，经过多个点超声发射和采样，超声检测系统就完成了轨头核伤的探伤检测，并且其 B 型图中的伤损走势和实际的伤损走势基本一致。

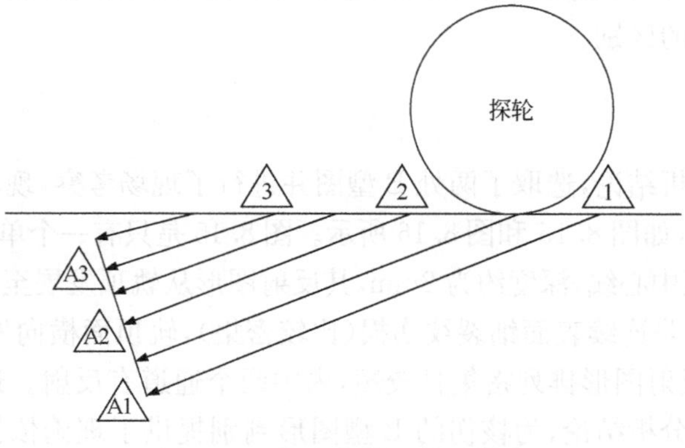

图 8.13　轨头核伤反射示意图

2)钢轨表面斜裂纹图形 B 型图成因分析

有的钢轨表面斜裂纹的反射 B 型图深度几乎达到了轨颚部位，实际钢轨表面斜裂纹的深度非常小，往往不超过 3mm，因此推断探伤车在核伤检测的过程中产生了表面波，并在试验中得到验证。正是表面波检测到了钢轨表面斜裂纹，但超声检测系统不能识别钢轨表面回波仍然按照既定的折射 70°的横波进行处理。如图 8.14 所示，探轮在△1、△2、△3、△A点得到的超声反射波均是△A点的反射波，传播路径为△1、△2、△3、△A点到△A点的箭头线所示。由于系统不能识别波形是沿着表面传播的，分别认为反射点来自△A1、△A2、△A3、△A点，所以绘画出如图 8.14 中的竖直虚线所示的核伤图形。这时的核伤图形并不能够表示实际深度，只可以表示虚拟深度，图形的长短受检测闸门的宽度、表面波反射能量的大小和表面斜裂纹的密度的影响，图形的通道数与钢轨表面斜裂纹的长短有关。

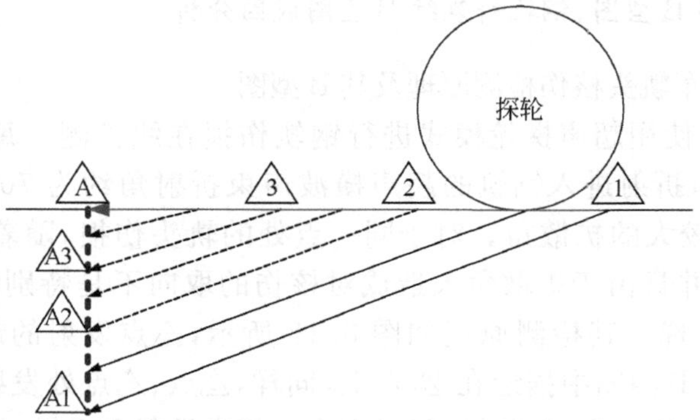

图 8.14　钢轨表面细裂纹反射示意图

在单行线上，钢轨表面斜裂纹一旦发展成为真正的核伤，其反射图形会有所变化(向倾斜发展)，但其起点在钢轨表面，这也是表面斜裂纹发展成的核伤与钢轨内部疲劳产生核伤的区别。

3. 现场考证

根据对比分析结论，选取了两处 B 型图并进行了现场考察，现场考核结果验证了对比分析结论，如图 8.15 和图 8.16 所示。图 8.15 是只有一个单一表面细裂纹伤损，发展接近轨顶中心线，深度约为 2mm，其反射图形从轨顶发展至轨颚，内中 70°产生反射。图 8.16 是连续表面细裂纹伤损(比较密集)，轨顶面横向发展约 1/3，深度为 1～2mm，其反射图形排列密集且较短，内中两个通道有反射。通过这两处现场考证验证了对比分析结论，为核伤的 B 型图形判别提供了理论依据。以前有人分析时把这种图形作为系统杂波处理，人为地降低灵敏度，因为从 A 型显示上看，近表面处同噪声非常类似，但这种做法是不可取的。

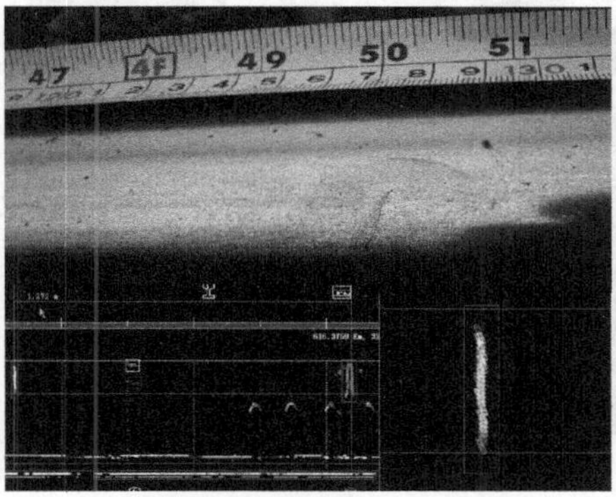

图 8.15　单一斜裂纹的 B 型图及现场考证

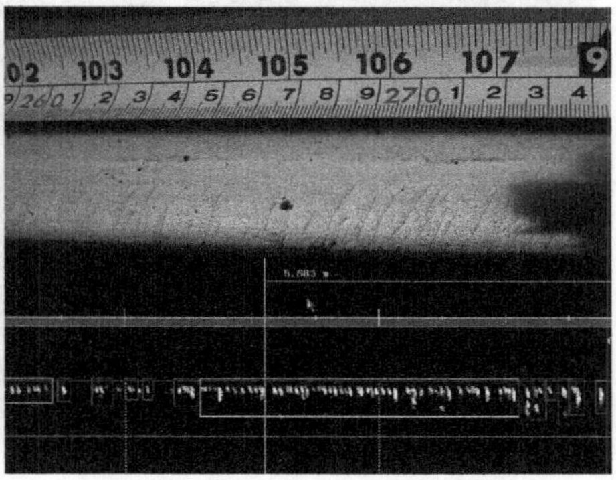

图 8.16　连续斜裂纹的 B 型图及现场考证

8.4.3　探伤车与探伤仪对轨头核伤的检测对比分析及应用[9]

1. 轨形正常情况下的较大轨头核伤

对于较大的轨头核伤，探伤车会出现多个通道有反射的情况，如直打 70°内侧、中间和外侧，有时还有 0°的底波消失，探伤仪在一个通道会出现明显的伤损走波。图 8.17(a)和(b)所示是一处道岔核伤，探伤车和探伤仪均能有效发现。

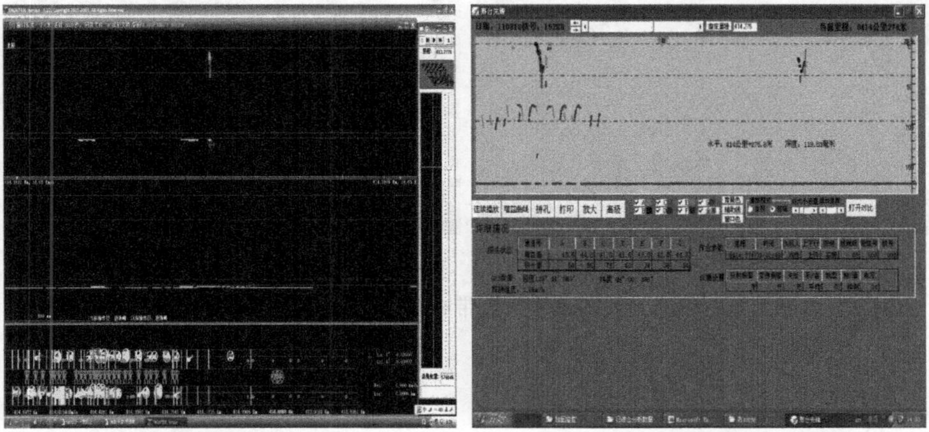

(a)探伤车核伤图形　(b)探伤仪核伤图形

图 8.17　较大核伤对比分析

2. 轨形正常情况下偏于垂直的较小轨头核伤

对于偏于垂直的较小核伤，探伤车的直打 70°能够有效检测，偏斜 70°没有有效检测，在探伤车检测前进行的探伤仪检测也没有能够有效检测出来，如图 8.18 所示。

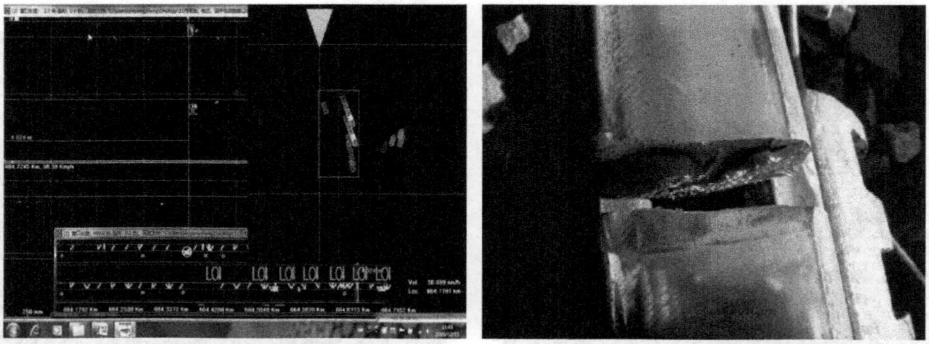

(a)探伤车检测偏于垂直的较小核伤　　(b)断轨时的照片(检测时没有这么大)

图 8.18　偏于垂直的较小核伤

3. 轨形正常情况下带有偏斜角的较小轨头核伤

对于带有一定偏斜角度的较小核伤，探伤车不能有效发现，必须大到一定程度时才能发现有效检测。图 8.19 为探伤仪检测出的较小核伤并落锤的照片，此时探伤车没有有效反射报警。

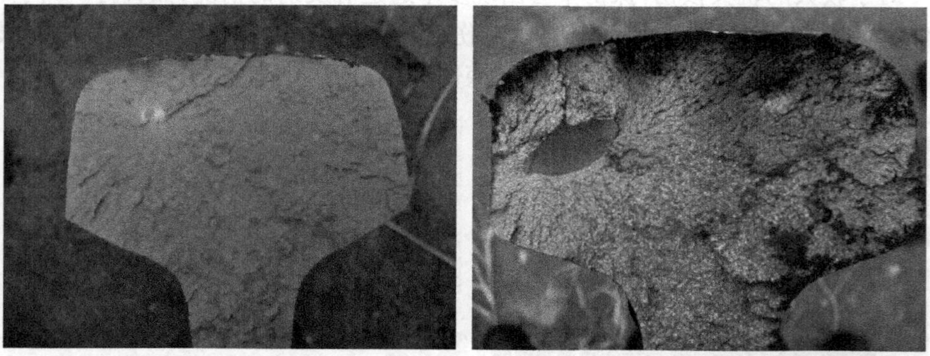

(a)直径6mm核伤　　(b)带有一定偏斜角的较小核伤

图 8.19　极小核伤和带有偏斜角的较小核伤

4. 轨头分离层下核伤检测

轨头内部沿钢轨纵向存在分离层，如图 8.20(b)所示，这种分离层经检验为氧化物夹层，已经发现的分离层在轨头内是纵向延伸，而且接近水平状态，其长度短的有三四十毫米，长的有一百多毫米。目前，无论是钢轨探伤车还是小型探伤仪都无法检测到这样的夹层。含有氧化物夹层的钢轨铺设上线后，以夹层为伤损源，经过列车的重复作用，在氧化层下部又发展出轨头横向裂纹(核伤)，如图 8.20(a)所示。对于分离层下的核伤探伤车的直打 70°，由于分离层的阻隔不能有效发现该伤损，对于探伤车的偏斜 70°通道和探伤仪偏斜检测方式能够发现此类伤损。

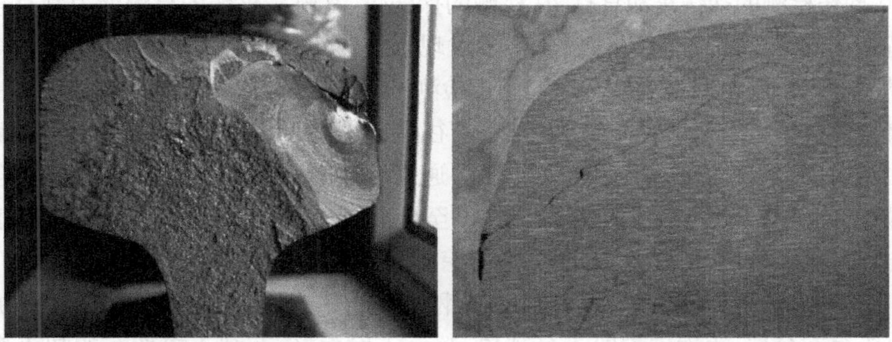

(a)分离层下的轨头核伤　(b)分离层

图 8.20　分离层及分离层下的轨头核伤

5. 严重磨耗下的轨头核伤检测

严重磨耗的钢轨如图 8.21(a)所示，其本身就是重伤轨，需要马上换下。对于因种种原因没有及时更换的钢轨，其探伤检测非常困难。严重磨耗钢轨内侧产生的核伤如图 8.21(b)所示，探伤车直打 70°基本不能发现该类伤损，探伤车安装的偏斜 70°和探伤仪在一定条件下能够检测到较大的伤损，但往往还没能检测出来便发生了断轨。这时需要放宽检测指标并缩短检测周期。

(a)磨耗钢轨　(b)磨耗钢轨轨头内侧发展的核伤

图 8.21　磨耗钢轨及磨耗钢轨轨头内侧发展的核伤

6. 应用及建议

探伤车检测速度快、检测效率高、人为影响因素小，同探伤仪相比，其发现轨头小核伤的能力低，对于较大的轨头核伤，探伤仪和探伤车均能有效发现。另外补充了偏斜 70°探伤检测的探伤车和直打 70°检测的探伤仪，其轨头核伤的检测能力都有较大提高，但由于探伤工艺的不同，对其主要发现轨头核伤的能力来看，探伤车仍以直打 70°为主，探伤仪仍以偏斜 70°为主。超声检测中对伤损的方向性非常敏感，对于一些小核伤，偏斜 70°能够发现的伤损直打 70°往往不能发现，直打 70°发现的伤损偏斜 70°往往不能有效发现。因此建议加强多通道综合分析和设置小伤损监控并合理设置检测周期，要求在伤损的生命周期内至少有效检测 2～3 次。对于分离层下的核伤和严重磨耗钢轨产生的核伤要以具有偏斜检测的通道为主进行探伤检测。

我国高速铁路条件较好、轴重较轻、钢轨质量好，不存在严重磨耗还没有更换或轨头存在分层、表面斜裂等不良现象，超声入射面好，有利于探伤车的超声耦合和检测灵敏度的进一步提高。根据这两年京津、郑西、武广探伤检测中大小车的检测和复核情况，基本没有轨头内部伤损或有内部伤损但发展比较慢，探伤车在一个月的检测周期下能够承担正线轨头核伤的探伤检测任务。

8.5　系统校准与标定

探伤车执行检测任务前，要按下列步骤执行校准与标定。

8.5.1　探轮充液量校准

利用探轮充液卡规检查待调零探轮充液量是否合适，以卡规刚能通过为准。如果间隙太大则压力不足应加大注液量，如果卡规不能通过，则压力太大应排出部分探轮耦合液。

8.5.2　探轮调零

探轮调零的目的是保证 0°声束垂直向下。把探轮安装在探轮支持机构或调零架上，松开探轮两侧的探轮轴紧固螺栓，使用扳手旋转探轮芯轴，直至通用探伤仪显示的一次底波幅度达到最高，然后紧固探轮两侧的探轮轴紧固螺栓，如图 8.22 所示。

8.5.3　探轮下压量

调整探轮下压量螺母，使其沿探轮上方的螺杆上下移动，使发射脉冲至第一界面波的时间满足设定值的要求。

8.5.4　探轮对中

手动平移调整同一股钢轨上的三个探轮，使其在同一直线上并处在钢轨顶部中心位置。判断标准：在示波器上观察三个探轮 0°声束的一次底波同时到达最高。

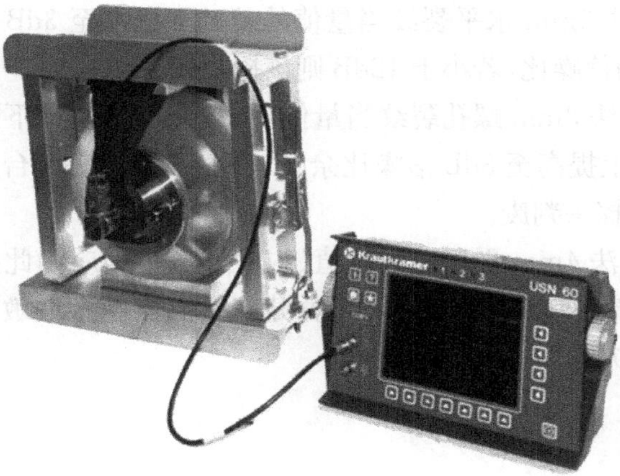

图 8.22　探轮调零示意图

8.5.5　编码器校准

为确保伤损精确定位，应适时进行编码器校准，以保证里程累计误差不大于 1‰。

8.5.6　标定台标定[10,11]

各通道闸门的增益参数和阈值参数共同决定了检测的灵敏度。检测时，阈值参数通常设置为波高的 30%～80%。提高增益，回波幅度将随之增高，有利于发现小伤损，但是过高的增益会带来不必要的噪声信号。检测前要通过标定实验台确定合理的增益值下限，系统与标定实验台的连接如图 8.23 所示。

图 8.23　标定实验台探轮标定及其连接示意图

0°通道:反射法 5mm 水平裂纹当量值的基础上提高至 3dB 信噪比余量,并建议标定台灵敏度的信噪比,若小于 12dB 则该探头判废。

37°通道:反射法 3mm 螺孔裂纹当量值(螺孔裂纹上裂和下裂均应如此操作,取最大值)的基础上提高至 3dB 信噪比余量,并建议标定实验台灵敏度的信噪比,若小于 12dB 则该探头判废。

70°通道:反射法 4mm 平底孔当量值(内中外通道均应如此操作,各通道分别设置)的基础上提高至 3dB 信噪比余量,并建议标定实验台灵敏度的信噪比,若小于 12dB 则该探头判废。

8.5.7　动态标定

探伤车在线路上进行动态探伤检测,这与实验室内的伤损检测和静态下的伤损标定完全不同。在动态检测下,探伤车的损伤检测能力主要受探轮对中、耦合、超声换能器高速下的发射效率、电源等的影响,这些在静态情况下无法进行有效评定,需要进行动态标定。

动态标定就是在人工设置的伤损标定线上,以实际检测的速度对人工伤损进行检测并评估,其综合伤损检出率不得低于 80%,误报率不大于 20%。

8.6　应用实例

8.6.1　焊接夹杂焊缝伤损

某车站道岔一处 C70°在伤损区域形成较短连续伤损反射,报告为一级报警,复核确认此处在距离轨面 11.2mm 处有约 2mm 夹杂,判定为轻伤。探伤车检测 B 型图如图 8.24 所示,现场照片如图 8.25 所示。

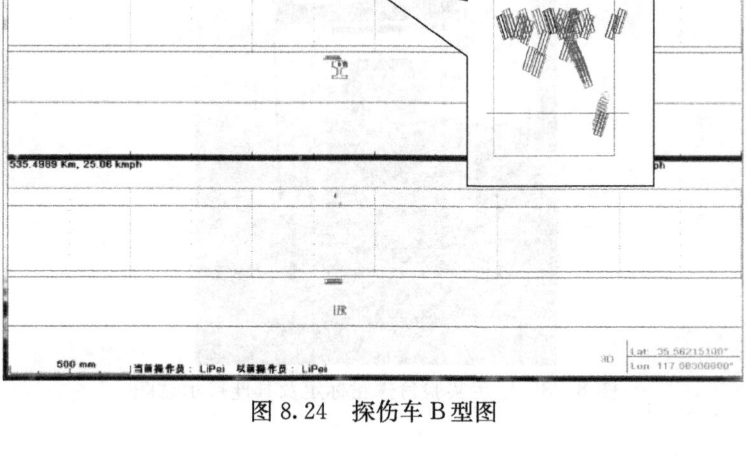

图 8.24　探伤车 B 型图

图 8.25 现场复核照片

8.6.2 焊接表面缩孔焊缝伤损

某道岔岔心处焊缝 F70°连续反射形成有效伤损走势，判定为一级伤损，经复核确认轨头外侧距轨面下 10mm 处，铝热焊缝中心有一道长 15mm、宽 1mm 的垂直凹痕。B 型图及现场实物图如图 8.26 和图 8.27 所示。

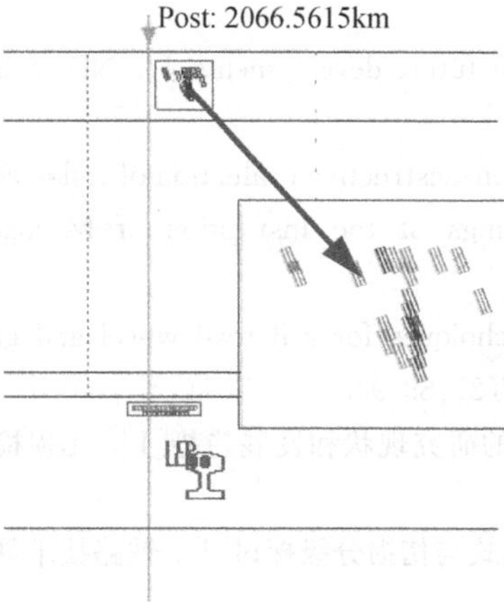

图 8.26 确认伤损 B 型图

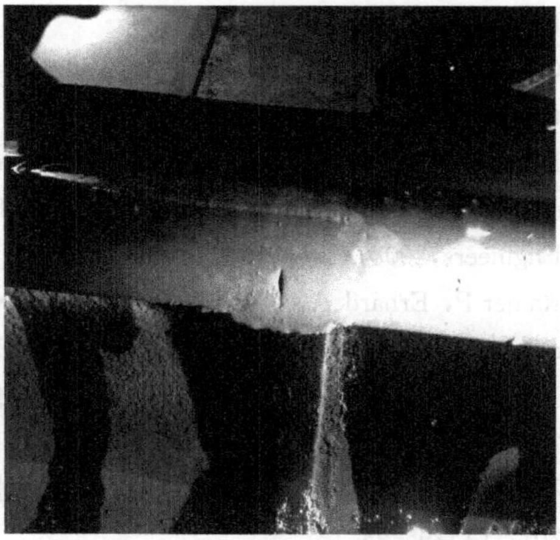

图 8.27 现场实物图

8.6.3 钢轨轨头横向裂纹

探伤车检测出位于某线路的轨头核伤，十天后断轨，断轨时核伤尺寸约为 25mm×30mm。探伤车 GC70°有效检测，C70°有八点反射，G70°有四点反射。从伤损分级上看，该伤损为在应出伤损的位置有多通道伤损波的反射报警，并且确认不是干扰波和特殊钢轨内部形态形成的非伤损波，可以判定为三级报警。探伤车 B 型图及现场照片如图 8.28 所示。

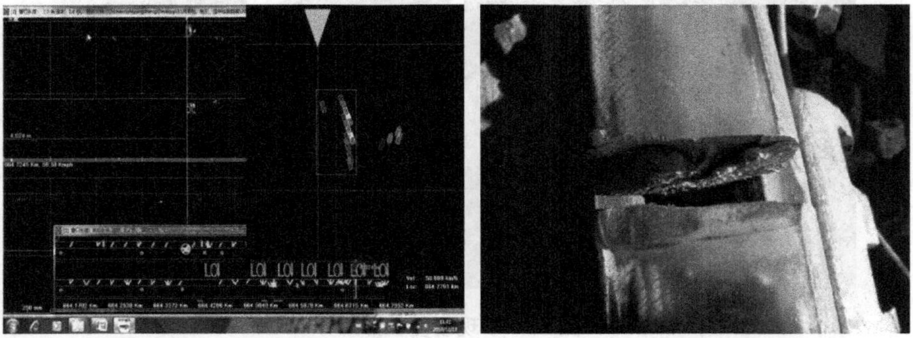

(a)探伤车检测偏于垂直的较小轨头核伤　　(b)断轨时的照片(检测时没有这么大)

图 8.28　轨头核伤

参 考 文 献

[1] 徐其瑞,刘峰. 钢轨探伤车技术发展与应用[J]. 中国铁路,2011,(7):38-41.

[2] Harcourt C D. Transverse fissure detector car [J]. American Institute of Electrical Engineers,2010,50(2):633-636.

[3] Clark R. Rail flaw detection: Overview and needs for future developments[J]. NDT&E International,2004,37(2):111-118.

[4] Papaelias M P,Roberts C,Davis C L. A review on non-destructive evaluation of rails: State-of- the - art and future development [J]. Proceedings of the Institution of Mechanical Engineers,2008,222(F4):367-384.

[5] Rainer P, Erhard A, Montag H J, et al. NDT techniques for rail road wheel and gauge corner inspection[J]. NDT&E International,2004,37(2):89-94.

[6] 王雪梅,倪文波,王平. 高速铁路轨道无损探伤技术的研究现状和发展趋势[J]. 无损检测,2013,35(2):10-17.

[7] 石永生,马运忠,傅强,等. 钢轨探伤车的检测运用模式与伤损分级探讨[J]. 铁路技术创新,2012,(1):96-98.

[8] 石永生,李培,钟旭峰,等. 钢轨踏面斜裂纹与轨头核伤的B型图对比分析[J]. 铁路技术创新,2012,(1):92-95.

[9] 石永生,张全才,李杰,等. 探伤车与探伤仪的轨头核伤检测能力对比分析[J]. 铁路技术创新,2012,(1):99-101.

[10] 石永生. 依靠杂波设置探伤车检测标准的分析探讨[J]. 中国铁路,2013,(5):67-70.

[11] 石永生,张玉华,李培,等. 高速铁路钢轨探伤车动态灵敏度设置探讨[J]. 铁道建筑,2014,(9):113-116.

第 9 章 隧道及限界检测技术

9.1 隧道状态检测技术

9.1.1 概况

1. 隧道状态检测常用方法

我国各时期分别建设了数目众多、技术标准不同、衬砌材料各异、施工方法不一的铁路隧道，其复杂多变的地质条件世界少有[1]。隧道的建设与维护离不开检测，各种各样的检查、检测方法随着铁路隧道建设的发展逐步得到应用。表 9.1 归纳了目前隧道衬砌(含隧底)检测采用的常规方法。

表 9.1 隧道检测项目及常用方法

<table>
<tr><th>检测部位</th><th>检查/检测项目</th><th>手段</th><th>方法</th></tr>
<tr><td rowspan="2">衬砌表面</td><td rowspan="2">衬砌裂缝，衬砌渗、漏水，衬砌腐蚀，衬砌压溃，衬砌剥落</td><td>目视</td><td>目视观察
裂缝检测仪</td></tr>
<tr><td>摄像</td><td>CCD 摄像
红外摄像
激光摄像</td></tr>
<tr><td>衬砌结构构造</td><td>厚度、混凝土强度、混凝土蜂窝、钢筋及钢拱架</td><td rowspan="4">无损检测</td><td rowspan="4">地质雷达法
声波法
瞬变电磁法
超声回弹综合法
瑞雷波法
高密度电法
地震映像法
地震负视速法
红外线探测
多频电磁法</td></tr>
<tr><td>衬砌背后</td><td>空洞、回填不密实、支护</td></tr>
<tr><td>衬砌地质环境</td><td>围岩等级、围岩松动、破碎或断裂、含水情况</td></tr>
<tr><td rowspan="2">隧底</td><td rowspan="2">道床厚度、道床充泥充水、仰拱或底板裂损、与围岩连接状态、岩溶陷穴</td></tr>
<tr><td>破坏性检查</td><td>钻探、挖掘</td></tr>
</table>

在表 9.1 所列方法中，地质雷达法、超声回弹综合法等无损检测技术目前广泛

应用于隧道超前地质预报、施工质量控制和竣工验收等铁路建设过程中，但在运营隧道状态评定中只有局部、个别应用。发达国家的运营隧道衬砌检测，采用表面成像进行衬砌表面检测和采用地质雷达进行衬砌和隧底检测已得到了普遍应用。

2. 隧道衬砌表面成像检测技术

表面成像技术利用 CCD 摄像、红外摄像或激光摄像技术取代目视观察，获得隧道衬砌表面图像，然后利用图像处理软件对衬砌表面裂缝等病害进行识别。目前了解到的国外较成熟的衬砌表面成像系统有瑞士 Amberg 公司的隧道表面激光成像系统、日本隧道衬砌表面摄影车、韩国隧道裂缝检测车。

1)瑞士隧道表面激光成像系统

瑞士相关公司在 2003 年开发出激光隧道衬砌结构表面成像检测仪，现命名为 LSRIS 系统，如图 9.1 所示。LSRIS 采用了高速旋转的激光发射装置，可以对隧道限界信息和表面图像进行连续采集。与 LSRIS 配套的智能隧道表面图像处理软件系统 TunnelMap，用于对隧道表面的各种病害进行管理和量化统计。

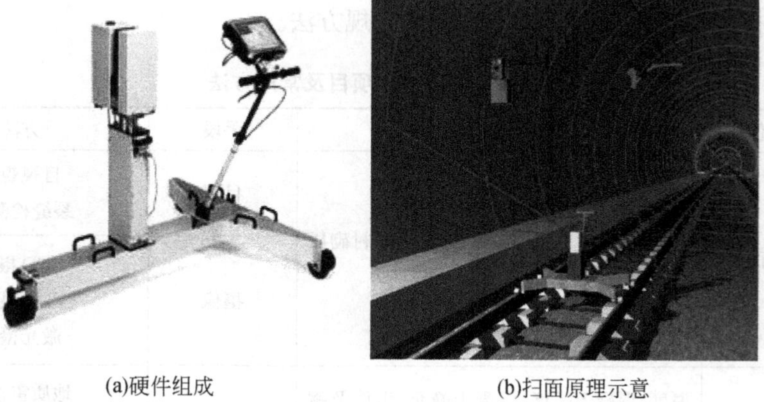

(a)硬件组成　　(b)扫面原理示意

图 9.1　LSRIS 示意图

LSRIS 系统主要硬件由如下几部分组成（图 9.1）：①轨道测量车，用于里程、轨距、高低、弯道外侧超高以及定位测量；②超高速相位式激光扫描仪，每秒可扫描高达五十万个点，对于每一个已测点，该设备都可产生三维坐标和反射率信息。在激光扫描仪转速达 50Hz、扫描分辨率为 5mm×5mm 的情况下，连续测量走行速度为 0.9km/h，可识别 0.3mm 以上的裂缝；扫描分辨率为 2cm×2cm 的情况下，连续测量走行速度为 3.6km/h，可以识别 1.5mm 的裂缝；③高可靠性的笔记本电脑，该系统采用激光扫描获得隧道衬砌表面图像，分辨率优于 600 万像素的数码相机，可以直观识别衬砌表面缺陷、设施及结构特征。

TunnelMap 是数字化的隧道表面病害采集和评价系统，借助该软件，可以很容易由隧道表面图像，通过人工判识，将表面病害矢量化并将病害信息存入数据库，并进行统计分析。隧道表面图像既可通过 LSRIS 获得，也可通过其他摄像方式获得。TunnelMap 系统采用模块式设计技术，包括隧道管理、数据采集、统计分析和 DXF 报告等四个主要的子系统。

2）日本隧道衬砌表面摄影车

日本于 2000 年开发出隧道衬砌表面扫描摄影车，采用公铁两用车模式，已在新干线投入使用。该车摄影系统主要由激光扫描成像、图像处理及图像分析三部分组成。利用激光扫描方式对隧道衬砌表面进行电子摄像，不会受到隧道内明暗的影响，可以检查出 1mm 以上的衬砌裂缝，能够对衬砌所有表面进行拍摄成像，并对拍摄图像进行分析，自动生成表面裂缝、剥落、漏水等分布状态展开图。该车检测时的走行速度为 3.5～8.5km/h。

3）韩国隧道裂缝检测车

该车主要是将数码相机、照明装置、发电机、摄像固定装置等集成在车辆上，可以 10～50km/h 的速度行驶而摄像，同时将检测结果记录下来。对摄录好的影视资料可用专门的图像软件（如 Image Processing）进行处理，最终获得自动标记的用户所需数据，可检测出表面 0.1mm 以上的裂缝。其缺点是在隧道内摄像时，对照度有特殊要求。

3. 地质雷达检测技术

雷达较早用于军事，后来广泛用于社会经济发展和科学研究，如气象预报中的云层雷达回波图、电离层的结构研究、遥感技术中应用的对地雷达、洪水监测、土壤湿度调查、森林资源清查、考古、地质调查等领域。

地质雷达以地下目标为探测对象，第一台商业性质的地质雷达仪器出现在 1970 年，此后地质雷达作为新的方法进入了工程物探领域，并应用于地质勘测、地矿探测、考古和各种工程结构的检测。

地质雷达应用于铁路的试验始于 20 世纪 80 年代，最初效果并不理想，主要问题是数据采集和数据处理，直到 90 年代才开始被铁路工程师广泛接受。从 1998 年开始，有关地质雷达应用于铁路的文章在北美洲、欧洲、中国、韩国等地区和国家陆续发表，近年也一直在开展持续的研究。美国联邦铁路管理局 2002 年的铁路研究发展 5 年计划报告中提出，研究地质雷达方法，发展路基自动检测技术，于 2009 年立项并作进一步的研究。欧盟 2004～2008 年的安全铁路项目（SAFE-RAIL）计划研制一个创新的铁路基础条件检测系统，包括快速地下雷达天线、高性能的雷达控制单元、创新的铁路定位单元、创新的车载处理器、网络数据解释和处理软件。

地质雷达早期主要应用于铁路的道砟测试和路基土工调查两种类型。与公路检测相比，要得到高质量的铁路地质雷达数据，相对要困难些，必须克服钢轨、轨枕，尤其是混凝土轨枕的干扰，轨道、通信设施也会对地质雷达数据采集产生干扰，天线安装在空间上也受到限制。另一个问题是铁路检测要求很高的采样密度，导致许多系统数据采集速度很低，干扰运输。基于不同的铁路检测目的，其选择的天线中心频率也随之变化，一般地，采用 1.0GHz 的喇叭形天线（空气耦合型）检测道砟厚度，采用 400MHz 天线检测路基结构层质量。

在后处理软件方面，从 20 世纪 90 年代开始，各国在地质雷达用于公路路面检测方面做了大量的研究工作，并在检测方法、软硬件方面基本取得一致。随着地质雷达在铁路上的应用逐步增多，用于公路的地质雷达数据处理和解释软件开始向铁路方面拓展。目前，国外用于铁路的地质雷达系统及数据处理软件主要有加拿大的 Rail-radar 系统、德国的 GeoRail 系统、意大利 IDS 公司的铁路安全系统、芬兰 Roadscanners 公司的铁路数据管理系统和美国 GSSI 公司的 Radan 软件。

在国内，1982 年铁道部从美国 GSSI 公司引进了我国第一台 SIR-8 型地质雷达，采用模拟线路，没有资料分析软件；1990 年引入第一台 SIR-10 型数字化地质雷达，并于 1992 年应用在隧道超前预报中，随后地质雷达逐步进入了隧道衬砌、路基、支挡工程及桩基质量检测等领域。

国内应用较为广泛的地质雷达主要有美国 GSSI 公司的 SIR 系列、瑞典 MALA 公司的 RAMAC 系列和意大利 IDS 公司的 RIS 系列等。国内同类产品也较多，如中国电波传播研究所生产的 LTD 系列、中国科学院电子学研究所生产的 CAS 系列和中国矿业大学（北京）生产的 GR 系列地质雷达等。

9.1.2　地质雷达检测原理

1. *地质雷达法原理*

地质雷达由主机、天线及配套软件等部分组成。地质雷达的工作原理（图 9.2）是，以高频或超高频电磁波为信息载体，利用不同介电常数的传播介质之间的界面对电磁波的反射特性和传播速度变化规律，对目标物进行探测和定位。发射机通过发射天线把电磁波能量射向某一方向，电磁波在介质中按照某一固定速度传播，当遇到相对介电常数不同的物体时，电磁波发生发射和折射，透射的电磁波以变化了的速度在新介质中继续传播，并重复上述过程，整个过程伴随着能量的衰减，接收天线接收反射回的电磁波，送至接收机，进行信号处理，提取目标物的距离、速度、方位、大小等信息。

电磁波在特定介质中的传播速度 V 是不变的，因此根据地质雷达记录的地面反射波与反射波的时间差 ΔT，即可根据下式算出异常的埋藏深度 H：

$$H=\frac{V\Delta T}{2} \tag{9.1}$$

式中，H 为目标层厚度；V 为电磁波在地下介质中的传播速度，其大小由下式表示：

$$V=\frac{C}{\sqrt{\varepsilon}} \tag{9.2}$$

式中，C 为电磁波在大气中的传播速度，约为 3×10^8m/s；ε 为相对介电常数，取决于地下各层构成物质的介电常数。

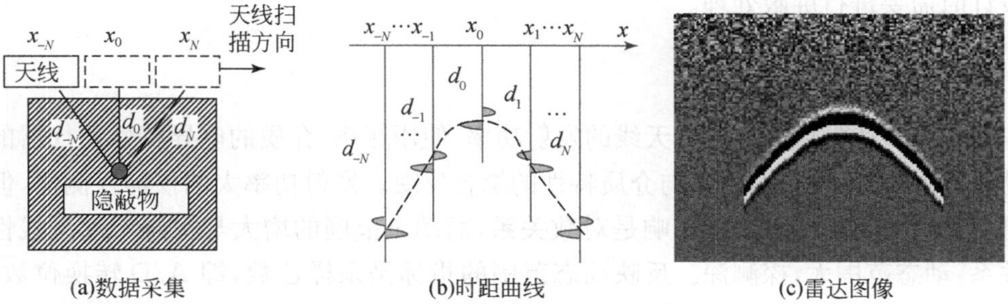

图 9.2　地质雷达工作原理示意图

电磁波反射信号的振幅与反射系数成正比，在以位移电流为主的低损耗介质中，反射系数 r 可表示为

$$r=\frac{\sqrt{\varepsilon_1}-\sqrt{\varepsilon_2}}{\sqrt{\varepsilon_1}+\sqrt{\varepsilon_2}} \tag{9.3}$$

式中，ε_1、ε_2 分别为界面上、下介质的相对介电常数。

反射信号的强度主要取决于上、下层介质的电性差异：电性差异越大，反射信号越强。电磁波的穿透深度主要取决于地下介质的电性和频率。导电率越高，穿透深度越小；频率越高，穿透深度越小，反之亦然。

2. 地质雷达主要技术参数

地质雷达根据波形可以分为脉冲雷达和连续波雷达两大类。当前常用的是脉冲雷达。脉冲雷达的技术参数主要包括：工作频率、脉冲重复频率、脉冲宽度、发射功率、天线波束宽度、接收机灵敏度等。

脉冲雷达周期性地发射高频脉冲。一个脉冲内信号的高频振荡频率即载波频率，也称为雷达的工作频率。工作频率有一定的变化幅度，实际是指该幅度的中心频率。雷达天线中心频率决定垂直分辨率和探测深度，其关系是中心频率越高，分辨率越高，穿透深度越浅；反之，中心频率越低，分辨率越低，穿透深度越深。以衬砌检测为例，若取电磁波在混凝土中的波速为 12cm/ns，中心频率为 400MHz 的电磁波的波长为 30cm，理论上，其分辨率为 3.8cm，穿透深度为 300cm；中心频率为 900MHz 的电磁波的波长为 13.3cm，理论上，其分辨率为 1.8cm，穿透深度为 120cm。为了解决探测深度与分辨率的矛盾，可以选择高频与低频天线组合的方式。对于一条测线，同时用高频和低频天线进行检测，用低频天线获得相对高的探测深度，用高频天线获得相对高的探测分辨率。

雷达天线对电磁能量在方向上的聚集能力用波束宽度来描述，波束越窄，天线的方向性越好。能量集中在主波束中，但在设计和制造过程中，雷达天线不可能把所有能量全部集中在理想的波束之内，在其他方向上存在着能量泄露。故在天线设计时需要进行屏蔽处理。

3. 探测深度

地质雷达的探测深度与天线的发射功率、使用频率、介质的电导特性及仪器的动态范围有关，是仪器特性与介质特性的综合反映。发射功率大的仪器探测深，但是功率增大对探测深度的影响是对数关系，而动态范围的增大与探测深度呈线性关系：动态范围大，探测深。反映动态范围的指标是采样位数，即 A/D 转换位数，24bit 最好，16bit 次之，最差的是 8bit。在其他条件相同的情况下，三者的探测深度比为 16∶8∶1。以美国 GSSI SIR 型地质雷达为例，对于通常电导率不太高的介质，天线频率 40～2500MHz 的各种天线，其最小探测深度为 4cm，最大探测深度为 50m。

4. 水平与垂直分辨率

水平分辨率是地质雷达能够分辨的物体水平最小尺度。水平分辨率对于工程探测来说是头等重要的技术指标。根据 Fresnel(菲涅耳)原理，菲涅耳带中心垂直反射与边缘反射的波程差为 $\lambda/2$，菲涅耳带半径 d_f 为

$$d_f=\sqrt{\frac{\lambda h}{2}+\frac{\lambda^2}{16}} \tag{9.4}$$

水平分辨率应为菲涅耳带半径的 1/2。

假定雷达波以锥面形式向下传播，物体上表面将大部分能量反射回来，则水平分辨率可根据下式估算：

$$R_f=\sqrt{\lambda h+\frac{\lambda}{4}} \tag{9.5}$$

式中，R_f 为圆柱半径；λ 为电磁波长，h 为柱体顶面埋深。

从上述公式可以看出，水平分辨率与埋深及波长有关，而波长是由天线频率和介质波速决定的。

垂直分辨率是能探测到的物体垂向最小尺度。按波的干涉理论，物体上下界面反射波最小可识别双向波程差为 $\lambda/4$～$\lambda/8$，因而垂直分辨率 R_V 与工作频率有关：$R_V=\lambda/8$～$\lambda/4$。

根据应用实践，垂直分辨率与深度有关，随着深度 h 的增大，分辨率降低。可

用下式估算垂直分辨率 R_V：

$$R_V = 0.08h,\quad 0<h<3\text{m} \tag{9.6}$$

$$R_V = 0.5h,\quad h\geqslant 3\text{m} \tag{9.7}$$

5. 雷达记录信号的传输

地质雷达天线接收到的反射信号如何传输到记录器并将其记录下来。目前国内外的雷达就此分为两种不同的方式：一种是天线接收到的电磁波信号直接送回到计算机，在计算机里完成数值采样并进行储存，如美国 GSSI 公司的各种雷达、中国的各种雷达多是这种方式；另一种是天线接收到信号后立即进行数值采样，将数值信号送回计算机储存，如加拿大的 PULSE EKKO 雷达。后者的优点是抗干扰性能好，便于长距离传输。

9.1.3　隧道状态检查车的组成及功能

隧道状态检查车(图 9.3)可实现衬砌表面状态检测、衬砌内部和隧底(路基)状态的检测[2,3]。

图 9.3　隧道状态检查车

衬砌表面状态检测设备是从瑞士引进的，该检测设备转运过程中存放于隧检车的储藏间，到达目的地后可单独使用，由一名技术人员即可操作。衬砌表面状态检测设备连续测量走行速度为 0.9km/h 时，可识别宽度 0.3mm 以上的裂缝。利用系统提供的软件，结合人工判识可识别衬砌开裂、衬砌掉块、岩石剥落、渗漏水等大部分表面病害，并可将病害信息存入数据库，进行统计分析，还可对历史数据进行对比分析，从而掌握病害的发展速度和严重程度。

衬砌内部状态检测是通过车载地质雷达方式，实现对隧道衬砌及隧底的快速无损检测，系统主要由液压机械臂支撑系统、隧底及衬砌检测系统和数据记录及处理系统等组成。液压机械臂支撑系统配备五条机械臂分别对应拱顶，左、右拱腰，左、右边墙五条测线，可一次完成单线隧道检测。每条机械臂均可进行伸缩，并能够在与车辆轴线垂直平面 45°范围内旋转，便于现场测线选择并可根据现场需要进行加密检测，详见图 9.4。衬砌内部状态检测的有效探测深度为 1.5m，可以查清衬砌内部及其背后状况，能够满足对于衬砌拱、墙部位的检测评定要求。衬砌内部状态检测的速度一般为 5km/h 以下（电气化区段）或 5km/h 以上[4,5]（非电气化区段）。

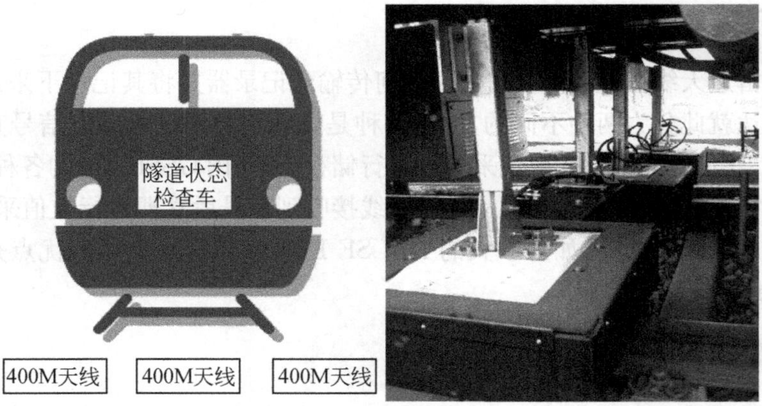

(a)隧底检测系统

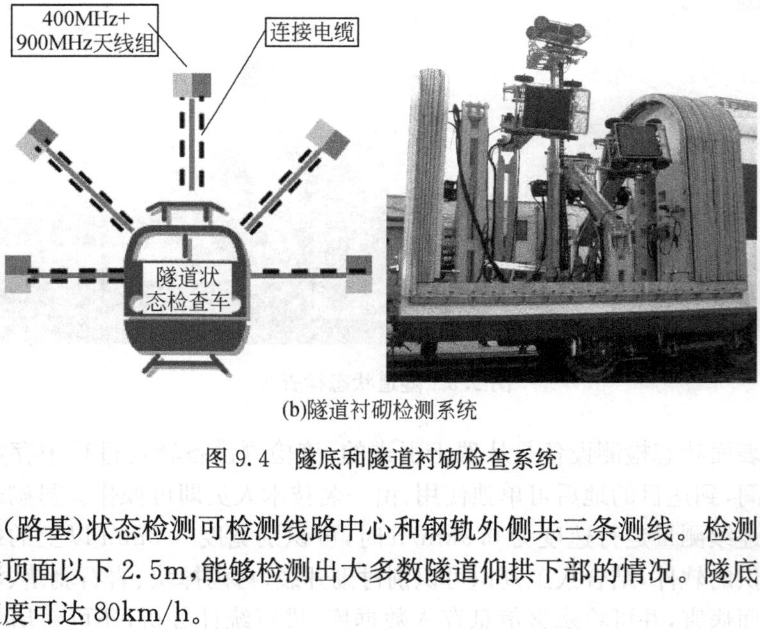

(b)隧道衬砌检测系统

图 9.4　隧底和隧道衬砌检查系统

隧底（路基）状态检测可检测线路中心和钢轨外侧共三条测线。检测深度能够达到道砟顶面以下 2.5m，能够检测出大多数隧道仰拱下部的情况。隧底（路基）状态检测速度可达 80km/h。

9.1.4　数据处理及解释

1. 数据处理流程

地质雷达数据处理包括预处理（标记和桩号校正，添加标题、标识等）和处理分析，其目的在于压制规则和随机干扰，在地质雷达图像剖面上以尽可能高的分辨率显示反射波,突出有用的异常信息(包括电磁波速度、振幅和波形等)来帮助解释。

地质雷达所接收的是来自地下不同电性界面的反射波,其正确解释取决于检测参数合理选择、数据得当处理、模拟实验类比和读图经验等因素。处理流程如图 9.5 所示。

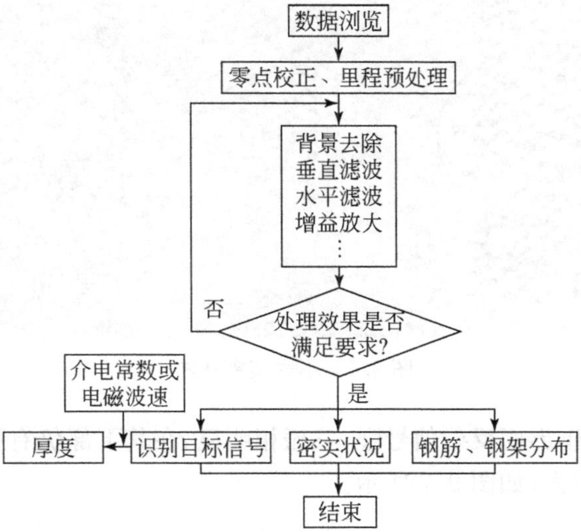

图 9.5　地质雷达数据处理流程图

2. 数据分析与解释

1)衬砌厚度分析与解释

地质雷达检测时,仪器记录的是界面反射波的双程走时。根据前面求出的电磁波在衬砌混凝土中的传播速度 V,就可以计算出所检测的衬砌厚度 D。厚度按下式计算:

$$D=\frac{Vt}{2} \tag{9.8}$$

2)雷达数据解释

地质雷达探测的物性特征是被测介质的介电常数存在一定的差异。衬砌背后存在空洞或回填不密实时,空隙里含有空气或水,而空气、水与混凝土、围岩的介电常数存在较大的差异。雷达发射波的反射系数的大小取决于相应介质的相对介电常数的差异。差异越大反射系数越大,探测效果越好。界面反射信号的强弱是判读空洞的依据,反射波相位与直达波相位的关系是判读含水界面的依据。

在雷达图像上,空洞表现为反射振幅较强、连续、呈弧状等特征;回填不密实指的是衬砌背后回填的片石不密实或没有注浆或者注浆不足,在雷达图像上反映为振幅不强、连续性差等特征。

(1)衬砌背后回填密实状况的判识。密实表现为:信号幅度较弱,甚至没有界面反射信号。不密实表现为:衬砌界面的强反射信号同相轴呈绕射弧形,且不连续,较分散,如图 9.6所示。

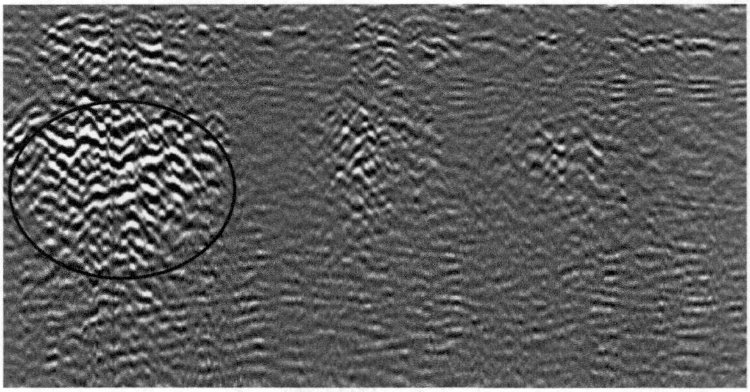

图 9.6 不密实雷达图

(2)空洞。衬砌界面反射信号强,三振相明显,在其下部仍有强反射界面信号,两组信号时程差较大,如图 9.7 所示。

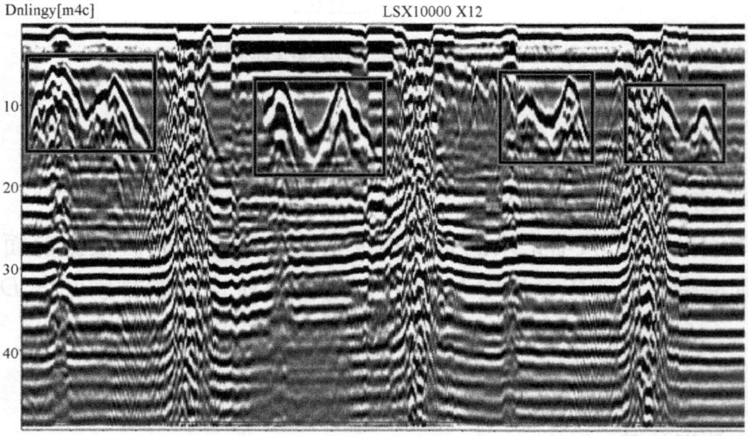

图 9.7 空洞雷达图

(3)衬砌内部钢架、钢筋位置分布的判识。钢架是指分散的月牙形强反射信号,如图 9.8 所示。钢筋是指连续的小双曲线形强反射信号,如图 9.9 所示。

(4)衬砌界面的判识。非复合衬砌隧道:振幅较强、同相轴比较连续的第一组波就是衬砌界面的反射信号,在该界面上读取的即为隧道的衬砌厚度,如图 9.10 所示。复合式衬砌隧道:当第一次衬砌与第二次衬砌间存在间隙时,在该界面上读取的即为隧道的第二次衬砌厚度。有初期支护隧道:当初期支护与二次衬砌间存在间隙时,在该界面上读取的即为二次衬砌的厚度。

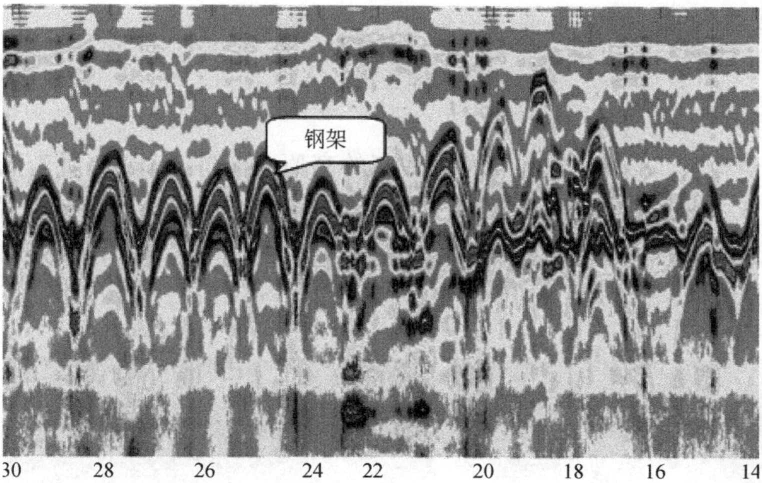

图 9.8　钢架雷达图

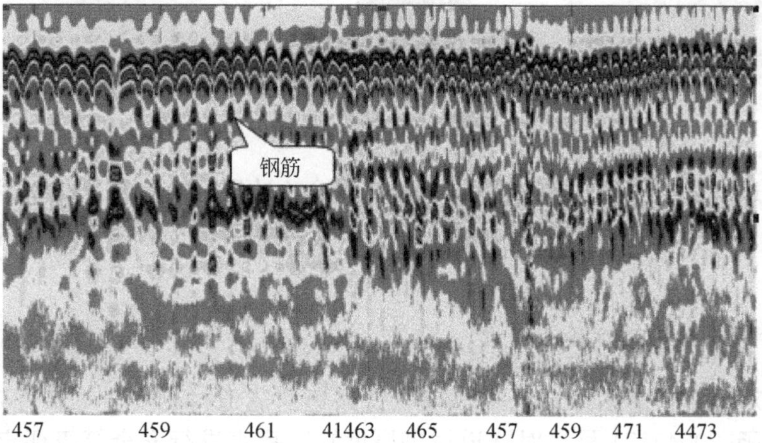

图 9.9　钢筋雷达图

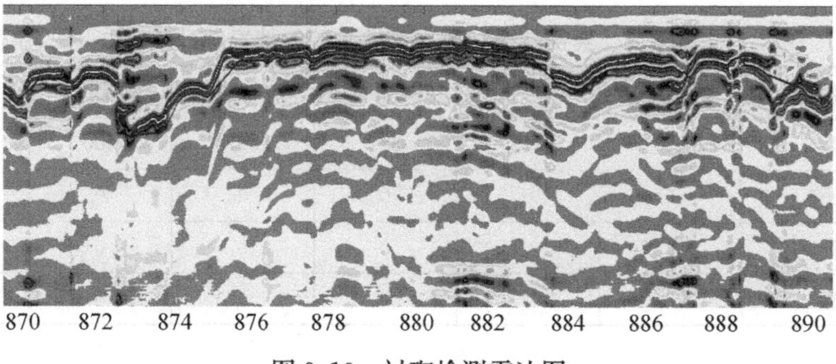

图 9.10　衬砌检测雷达图

9.1.5 应用实例

1. 实例隧道概况

该隧道全长1338m,是世界海拔最高的高原多年冻土隧道,属于低高山区,地形起伏较大,地表冲沟较发育,山顶基岩大部分裸露,侵蚀、剥蚀作用强烈。隧道最大埋深约为100m,山体为单斜山,构造不甚发育,岩层相对较完整,见图9.11。

图9.11 隧道洞口

该隧道洞身全部位于冻岩之中,进出口端含土冰层、饱冰、富冰冻土发育,除此无其他不良冻土现象。根据定测测温资料,洞身处于低温基本稳定区和低温稳定区[6]。

2. 衬砌背后密实度检测结果

通过对地质雷达图像的分析,依据《铁路运营隧道衬砌安全等级评定暂行规定》(铁运函〔2004〕174号),对隧道衬砌厚度缺陷病害进行安全等级评定,分为轻微、较严重、严重、极严重四种情况。各条测线衬砌厚度缺陷等级情况统计见表9.2,统计图如图9.12所示。

表9.2 实例隧道衬砌厚度缺陷等级情况统计表 (单位:m)

缺陷等级	左侧墙	左拱腰	拱顶	右拱腰	右侧墙	合计
轻微	598	713	381	507	400	2599
较严重	0	0	0	0	0	0
严重	0	0	0	0	0	0
极严重	0	0	0	0	0	0

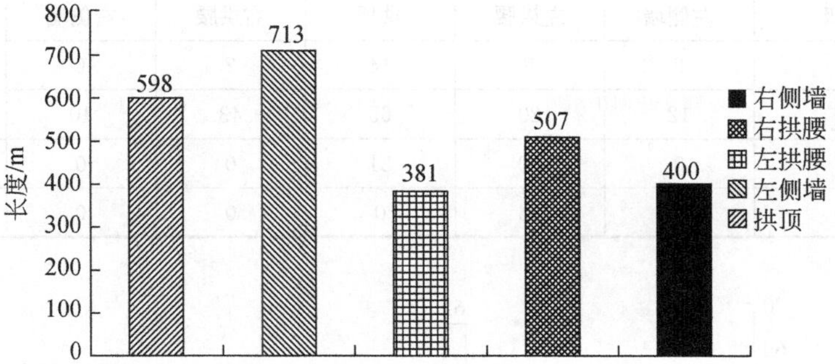

图 9.12　衬砌缺陷分布图

隧道衬砌背后部分存在回填不密实及空洞。对隧道衬砌背后空洞及回填不密实进行安全等级评定,分为轻微、较严重、严重、极严重四种情况。

衬砌背后空洞缺陷等级情况统计见表 9.3,统计图如图 9.13 所示。

表 9.3　实例隧道衬砌背后空洞缺陷等级情况统计表　　(单位:m)

缺陷等级	左侧墙	左拱腰	拱顶	右拱腰	右侧墙	合计
轻微	0	0	0	0	1	1
较严重	0	2	6	6	0	14
严重	0	10	5	5	0	20
极严重	0	46	13	39	0	98

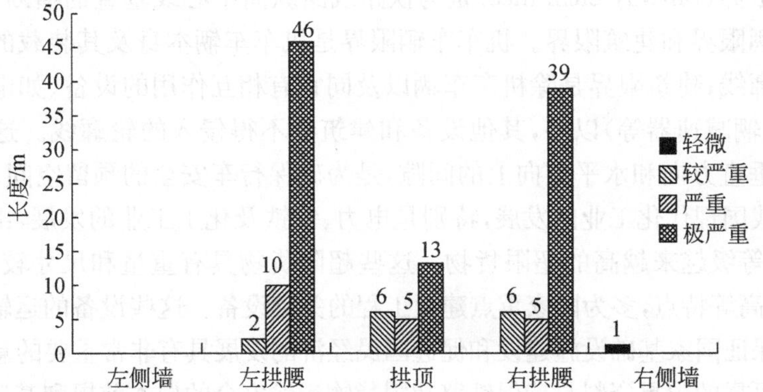

图 9.13　衬砌背后空洞缺陷检测分布情况

衬砌背后回填不密实缺陷等级情况统计见表 9.4,统计图如图 9.14 所示。

表 9.4　实例隧道衬砌背后回填不密实缺陷等级情况统计表　（单位：m）

缺陷等级	左侧墙	左拱腰	拱顶	右拱腰	右侧墙	合计
轻微	9	8	14	2	6	39
较严重	12	20	65	43	10	150
严重	0	10	31	0	0	41
极严重	0	33	0	0	0	33

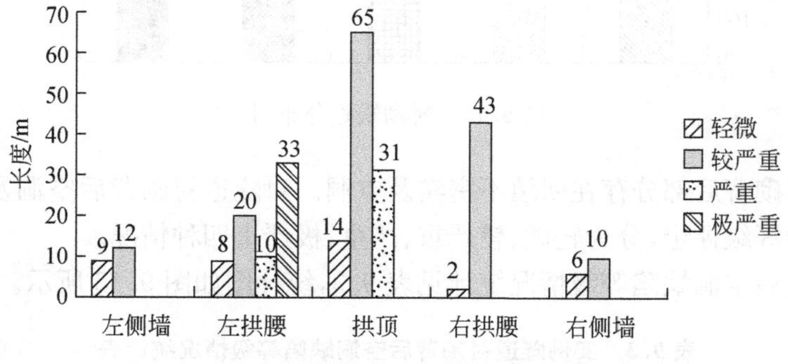

图 9.14　衬砌背后回填不密实缺陷检测分布情况

9.2　铁路建筑限界检测技术

9.2.1　概况

铁路限界(railway clearance)是与铁路线路纵向中心线垂直的横断面轮廓，包括机车车辆限界和建筑限界。机车车辆限界是机车车辆本身及其装载的货物不得超越的轮廓线；建筑限界是除机车车辆以及同它有相互作用的设备(如电气化铁路接触网、车辆减速器等)以外，其他设备和建筑物不得侵入的轮廓线。这两种轮廓线之间在垂直方向和水平方向上的间隙，是为确保行车安全的预留空间。

随着我国现代化工业的发展，特别是电力、钢铁及化工工业的发展，出现了越来越多、超限等级越来越高的超限货物。这些超限货物具有重量和尺寸较大、外形复杂、价值较高等特点，多为国家重点建设工程的关键设备。这些设备的运输安全和运输效率对保证国家基础设施建设和促进国民经济的发展具有非常重要的意义。

准确可靠的限界资料是确保铁路超限货物运输安全的根本前提和基础。限界的动态变化情况不能及时反映，势必给超限货物运输带来不良影响。某条通道能否组织超限货物运输，铁路建筑限界是一个决定性因素。在组织超限货物运输之前就必须对其运输径路的铁路建筑限界进行考察。由于当前的铁路建筑限界检测手段落后，限界数据时效性差，线间距管理存在漏洞等，这些问题使超限货物运输部门很难了解现场真实限界情况，给超限货物运输组织工作带来很大的困难，给行车安全也构成了重大的隐患。因此，加强和规范限界管理工作也是一个亟待解决的问题。

加强限界管理首先要求具有高效、准确的限界检测设备，在尽可能降低正常运营秩序的基础上，及时、准确检测线路建筑限界。然而，目前国内铁路建筑限界一般采取日常检测、定期普查和少量关键设备定点测量相结合的方式，运用断面测量仪、隧道检查车对线路全断面进行检测。例如，在线路或隧道运营中的定期检查工作，采用摄影测量原理、激光测距仪配合全站仪，或直接使用旋转式激光断面测量仪等静态测量手段获取线路全断面轮廓尺寸，也有用手推式限界检测小车的动态测量方法。但这些方法检测速度慢、测量精度较低、占用线路时间长、耗费人工和时间，难以及时掌握铁路建筑限界的实际变化情况，不适合对大量线路进行全面的全断面测量。

1. 国外铁路建筑限界检测技术研究动态

奥地利和瑞士于 1980 年推出了激光限界检测车。该检测车可以 18km/h 的速度对纵断面进行检测，测距精度为±10mm，检测车静止时可转动激光头测量一个横断面。由于采用点光源，要形成断面必须进行扫描，很难适应高速检测。

法国于 1983 年开发出激光摄像限界检测车。该车利用激光光源沿隧道横断面扫出一条数厘米宽的光带，再按一定时间间隔摄影，可实时显示里程和方向等线路特征，经计算处理数据后绘出断面图，施测速度为 3km/h，测量精度能达到厘米级，但对列车运行干扰太大。后来，法国 CYBERNETIX 公司又开发了限界检测设备 OBSERVER，采用多个激光扫描传感器，形成完整断面，动态检测速度为 120km/h，最高检测精度达±10mm，但受环境光干扰影响较大。

英国于 1986 年开发出电视摄像式隧道限界检测车。该设备工作原理为摄影测量原理，能以 70km/h 的速度进行连续测量，将测量结果存入车载式计算机，并对各种测量误差进行实时修正计算后绘出 1∶20 横断面轮廓图。该车测量精度高，且不单独占用区间，在电气化区间和非电气化区间均能使用，但造价昂贵，测量速度还不能满足我国铁路大面积提速的要求。

瑞士于 20 世纪 90 年代中期推出 TS360 隧道扫描设备。该设备是专门为测量新建隧道的施工质量监测、运营隧道限界的管理和改造隧道所需的各种限界数据而设计研制的。数据采集系统可安装在检测车，其扫描头伸出于车辆的前端，形成一个垂直于隧道中心的 360°全断面扫描范围。探头高速旋转时，发射光束并同时接收反射光，随着检测车的前进，获取整个隧道表面连续的（包括底部、边墙、拱顶）全部测量数据。该测量系统只适应测量隧道限界，并且由于有机械高速旋转，施测速度很难提高。

加拿大技术研究中心研制了激光限界测量车，在激光限界测量车上设有一个安装测量仪器的平台，它可以在铁路上以 70km/h 的速度运行，测量精度为

±20mm。限界测量系统能够以数字、极坐标的形式直接获得限界横断面的测量数据，并直接存储到计算机中。该系统主要由旋转扫描仪和控制计算机组成，扫描仪使用连续不断的激光源和一台摄像机来测量距离，控制计算机可将扫描仪送来的信息以图表的形式显示出最小限界轮廓，而且还附加上其他数据，如轨道位置、操作者的记录和说明，以及扫描仪对每个新限界表的标定信息等。

德国限界检测车的测量系统使用传感器进行距离测量，在测量运行结束时把信息输入管理计算机或在磁盘中存储。管理计算机不仅能进行可能发生的错误或干扰的分析，也能在运行后快速地计算数据，这些数据反映了建筑限界的符合情况或关于它们侵入限界的位置和量值，显示具体区段横断面的最小综合限界轮廓尺寸；连续测量在距轨面一定高度处标准限界与实际建筑物之间的距离。测量数据，特别是侵入限界的数据分析结果可以用显示屏幕、打印机或绘图仪来得到。在限界测量车以外还要对数据进行更进一步的处理，为此，在地面使用了第二台数据处理计算机，它具有更准确的绘图系统装置，数据从车辆传输到地面，在地面根据具体用户需求对这些数据进行处理分析并按照用户要求给予相应的输出。

日本的建筑限界检测车在铁路国有化的时代是接触式的，从1998年以后改为用CCD摄像机方式的非接触式，能够在隧道和夜间进行高灵敏度的摄像测量处理，但局限性比较大。

2. 国内铁路建筑限界检测技术研究动态

在建筑限界动态检测方面，我国于1998年由铁道部立项研制了SJC-1型隧道限界检测车，该隧道限界检测车采用电视摄像法进行隧道限界动态检测。电视摄像法进行隧道断面尺寸测量的基本原理是，在同一画面上测量两物体的相对尺寸，测量隧道洞壁相对钢轨的距离。例如，沈阳局隧道限界检测车，该车系统设计精度为±16mm，当隧道检测车以70km/h的速度测量时，检测断面间距为0.78m，最高测量速度不大于120km/h。兰州局也有一辆隧道限界检测车，该检测车使用年限较长，现除对管内的隧道进行检测外，已基本不承担其他路局的隧道检测任务。这两辆检测车由于受检测原理的限制，检测受环境光干扰时无法检测，即只能用于隧道内部检测，而对于隧道以外的建筑限界无法检测，检测速度较低，影响线路通过能力，这也对获取实时的铁路建筑限界、组织超限货物运输形成了极大的瓶颈。北京交通大学对限界检测设备做过研制，对铁路隧道限界检测设备进行了初步研究和探讨，其设备是基于隧道的限界检测，受检测原理的限制，不能对隧道以外的建筑限界进行检测，并且最好在夜间进行，否则会受太阳光的影响，在隧道洞口处存在较大干扰。

综上所述，目前国内外的限界检测设备主要存在如下不足之处：①检测对象主要针对隧道；②检测速度偏低，检测效率低；③受环境光影响较大。

9.2.2　检测原理

铁路建筑限界和机车车辆限界均是以轨面和轨道中心线为基准的一个极限轮廓面，因此，限界检测实际上就是检测线路周围的建筑物或相关信号设施等相对轨面的垂直高度和相对轨道中心线所在的垂直于轨面的平面的横向距离。不管采用哪种测试方法，检测最终输出的量都是距离。距离检测可分为接触式和非接触式检测两大类。

在限界检测研究初期，由于成本低廉、较低复杂度，国内外普遍采用接触式测量，如机械触手式检测法。该方法是在平板车上安装一个框架，可伸出若干触手，当平板车行走时，各触手与隧道洞壁接触，通过计算机处理，绘制出不同位置的横断面图。这种设备简单，造价低廉，精度可达±30mm，但检测速度低（10km/h 左右），在繁忙干线上对运输干扰十分严重，且无法用于电气化区段检测。

由于在列车高速运行过程中，绝对不允许任何车辆除轮对和受电弓以外的任何车载设备和地面设施直接接触，并且要保持一定的安全距离，因此，要高速在线实时检测建筑限界，只能采用非接触式的测量方法。非接触式测量技术从测试原理可以分为基于 TOF 原理的光学或超声波测距、基于机器视觉原理的立体视觉测距和基于电量变化的电容或电感测距等方法，还有多种技术融合的测试技术（如结构光、三角测距等），从测量维数可以分为一维测距技术、二维三角形测距技术和三维立体摄影测距技术。

1. *基于 TOF 原理的光学和超声波测距*

TOF 是 time of flight 的简写，直译为飞行时间的意思。所谓飞行时间法，是通过向目标发送光脉冲或微波、超声波等，用传感器接收从物体返回的光，通过探测光脉冲或微波、超声波的飞行（往返）时间来得到目标物距离。有直接基于时差法的，也有基于相位差来获得时差的，其原理如图 9.15 所示。

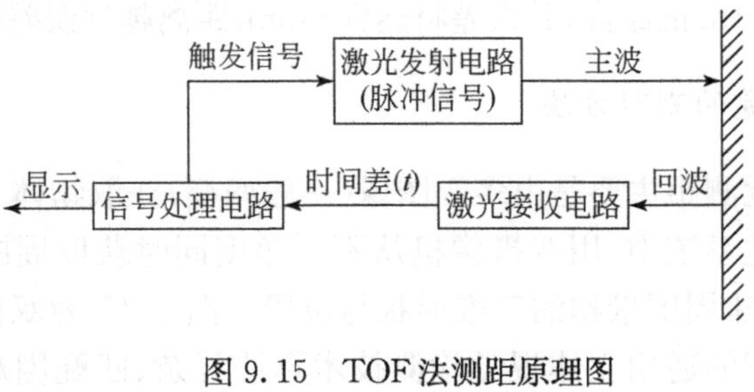

图 9.15　TOF 法测距原理图

激光测距是基于光学的非接触式检测技术中应用最为广泛的测量方法之一，可分为脉冲式激光测距、连续波相位式激光测距和干涉法激光测距。脉冲式激光测距是利用激光脉冲连续时间极短、能量在时间上相对集中、瞬时功率很大的特点进行测距。由脉冲激光器发出一束持续时间极短的脉冲激光(主波)射向被测目标,被反射回来的脉冲激光(回波)返回测距仪,由光电探测器接收,根据主波信号和回波信号的时间间隔,即激光脉冲从激光器到被测目标的往返时间,就可算出待测目标的距离。脉冲式激光测距具有结构简单、功耗小、测程远、不需要合作目标等特点,而且一次测量就可以得到单值距离。连续波相位式激光测距是用连续调制的激光波束照射被测目标,从测量光束往返中造成的相位变化,可换算出被测目标的距离。为了确保测量的精度,一般要在被测目标上安装激光反射器。相位测距技术的测距精度高,但作用距离有限,主要用于高精度测量。其原理如图 9.16 所示。干涉法激光测量是一种典型的精密测距方法,它是通过测量未经调制的光波本身的相位叠加关系(干涉)来测距的,也是一种相位法测距。由于光波的波长很短、激光的单色性好,其波长值很准确,因此利用干涉法测距的分辨率极高,精度为微米级,这个优点是其他任何测距方法都不可比拟的。干涉法测距只能测量出相对距离,如果在野外长距离进行绝对干涉测量时,多值性的鉴别是非常重要同时也存在很大的困难,目前还有很多技术问题有待解决。

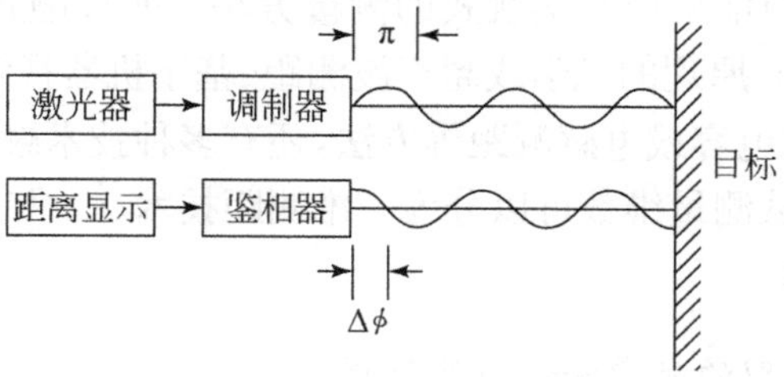

图 9.16　相位法测距原理

雷达和超声测距技术与激光脉冲式测距在原理上比较相似,是利用电磁波或超声波在空气中的传播速度为已知,测量该波在发射后遇到目标物反射回来的时间,计算得到相对距离。超声波的传播速度受空气密度和环境温度的影响,在 30℃环境下以 0℃时的速度测试 1m 的距离,其误差将达到 5mm,距离越远误差越大。

2. 基于机器视觉的测距方法

常用的机器视觉测距主要是由多幅图像(一般两幅)获取物体三维几何信息的方法。在计算机视觉系统中,用双摄像机从不同角度同时获取周围景物的两幅数字图像,由计算机重建周围景物的三维形状与位置。图 9.17 为双目视觉测距原理图。基于同名点匹配的通用立体视觉检测技术算法复杂、匹配困难、帧率有限、数据计算量巨大,在低速、检测对象固定的情况下可以得到较好的结果,但难以满足高速和环境多变的要求。

此外,还有利用结构光与机器视觉相结合的原理测距、激光三角测距等。

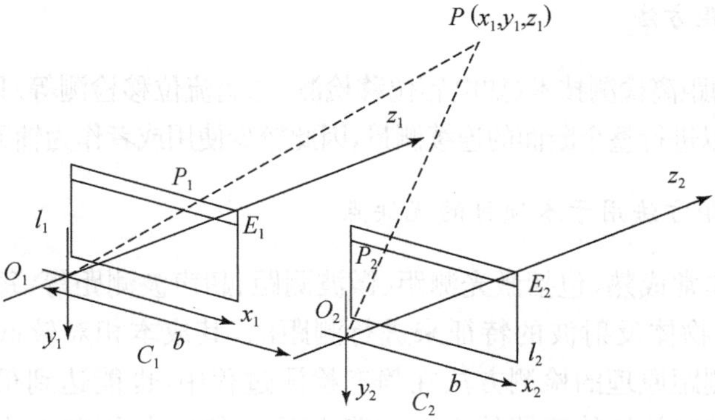

图 9.17　双目视觉测距原理

图 9.18为结构光测距原理图。结构光方式主要利用具有一定几何信息的光源，照射在被测物体上，在其表面形成光点、光条或光栅，拍摄图像并检测这些投影，通过它们的形态和间断性可以重建物体表面的三维数据。三角法激光测距是激光器发出的激光照到被测物体的表面后，反射回来的光波经传感器镜头后由成像系统收集形成像点。成像系统中的成像点随着被测物体的移动而移动，测量出成像点的移动量后，再根据已知的基线长度和三角测量的方法就可测出被测物体的距离。三角法激光测距的优点是测量速度快、实时处理能力强、结构简单、使用灵活方便。

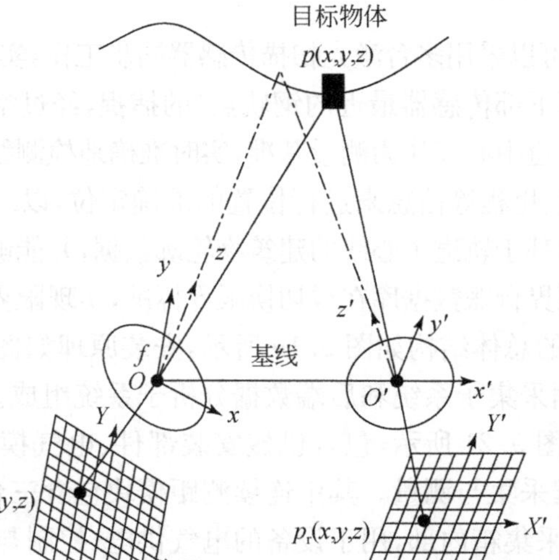

图 9.18　结构光测距原理图

3. 其他测距方法

基于电量的距离检测技术(如电容位移检测、电涡流位移检测等)只适用于很近的距离测量,且难以进行整个断面的连续测量,因此较少使用或者作为辅助测量使用。

4. 各种测距方法用于本项目的优缺点

一维测距非常成熟,包括激光测距、微波测距、超声波测距等,每次只测量一个点,是根据被测物体反射波的特征来进行测距的,其成本相对较低,系统简单、易用。基于三角测距原理的检测方法在静态检测过程中,也能达到很高的精度。但一维测距必须通过旋转传感器的方式才能实现二维测量,因此在检测车前进过程中同时旋转传感器所扫描的断面是螺旋式前进的。现在,二维激光扫描传感器技术成熟,成本大幅度降低,是很好的测量传感器。但是,“螺距”随着检测车速度的提高而迅速增大,随着技术的发展,高转速扫描仪层出不穷,在不久的将来完全可以胜任更高运行速度测量的需要。

现有的激光或超声波等二维测距或三维测距均存在精度和点阵数量无法满足对精度和捕捉目标参数的要求。现有的基于同名点匹配的三维机器视觉方法,同名点匹配困难且数据计算量巨大,也难以满足高速在线要求。

因此,目前广泛采用的是高速激光扫描方式,配合适当定位和姿态测量系统组成的系统。

9.2.3 典型限界检测系统结构

限界检测系统可以采用多台激光扫描传感器同步工作,实时采集建筑物数据,通过对钢轨轨面点(距下部传感器最近的钢轨点)的捕捉,经过空间坐标变换等数学计算,以钢轨顶面及轨道中心线作为测量基准,实时准确地检测线路两侧建筑物的限界轮廓,同时集成速度、里程等信息来进行位置的准确定位,以二维及三维的方式来显示建筑物轮廓,输出基于轨道中心线的建筑物轮廓数据,并能够实现建筑轮廓超限自动判断,同时根据限界台账数据库在线切换限界标准,实现限界动态分析[7]。

限界检测系统的总体结构如图 9.19 所示,安装原理如图 9.20 所示,主要由测量子系统、前端数据采集子系统和后端数据分析子系统组成。

测量子系统如图 9.21 所示,包含机械安装部件、电气模块和连续测距模块三部分,主要用于数据采集与测量。其中连续测距模块包含三台激光扫描传感器;电气模块封装于设备采集箱内部,用于设备的电气供电、控制与数据传输。机械安装部件由传感器安装板、传感器安装组件、快装组件、设备采集箱和加热罩组成,主要用于固定安装激光扫描传感器,通过传感器安装组件将传感器安装板、传感器与设备采集箱固定于一体,并通过快装组件与车体紧密连接。

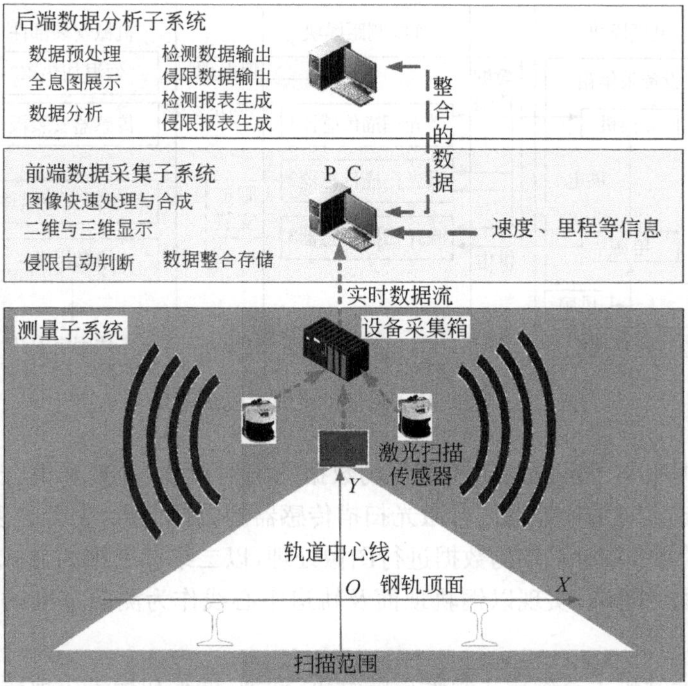

图 9.19　限界检测系统总体结构图

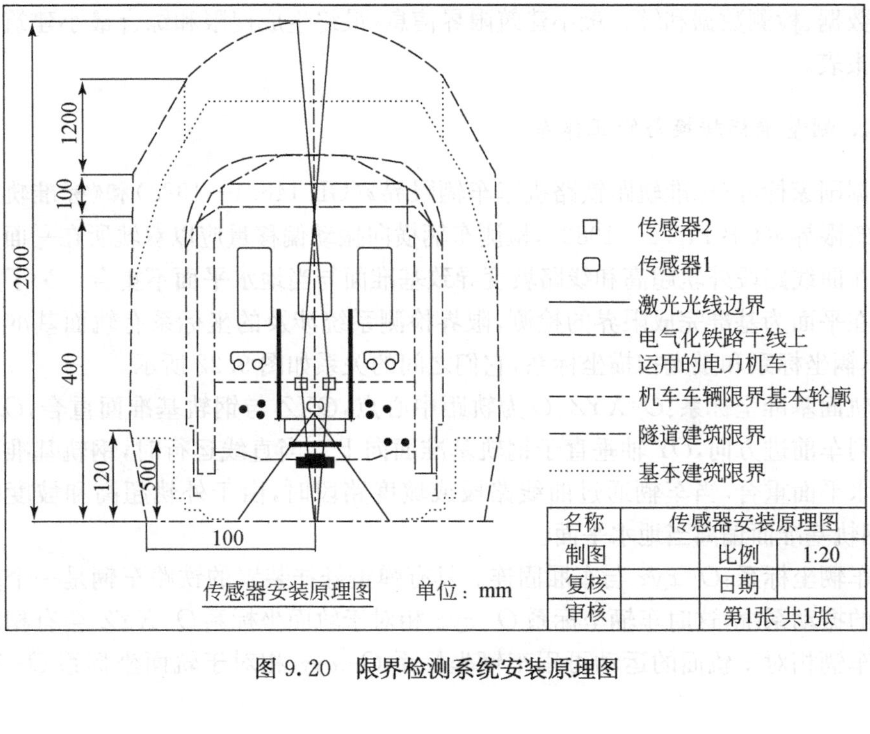

图 9.20　限界检测系统安装原理图

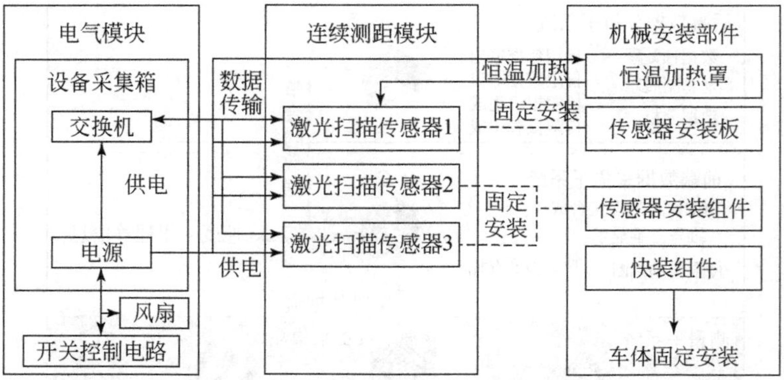

图 9.21　测量子系统组成图

前端数据采集子系统用于前端现场数据的实时采集、处理和整合存储。它经由测量子系统实时采集处理三台激光扫描传感器的数据信息，整合速度、里程等信息进行实时存储，并对采集的数据进行图像处理，以二维和三维的方式实时显示线路周边建筑物的轮廓，实现以钢轨顶面及轨道中心线作为测量基准的建筑限界快速自动检测。

后端数据分析子系统用于数据后端分析、处理、展示和报表生成等。它针对前端数据采集子系统整合存储的数据进行预处理，以全息图的方式来形象展示线路两侧建筑物的实际轮廓，依靠快速的数据分析算法对数据进行详细分析，自动输出侵限数据、检测数据和综合最小建筑限界信息，最终生成侵限和综合最小建筑限界相关报表。

1. 测量坐标转换与修正体系

据国家标准《标准轨距铁路机车车辆限界》(GB 146. 1—1983)和《标准轨距铁路建筑限界》(GB 146. 2—1983)，检测车辆横向振动偏移量应以双轨所在平面为基准。在曲线路段外轨超高和线路坡度导致基准面与当地水平面不重合。为了以双轨所在平面为基准完成限界的检测，限界检测系统涉及的坐标系有轨面基准坐标系、车辆坐标系和激光扫描坐标系，它们之间的关系如图 9.22 所示。

轨面基准坐标系：O-XYZ，O 为轨距中心点，OXZ 与钢轨基准面重合，OX 轴指向列车前进方向，OY 轴垂直于钢轨基准面向上。当直线运行时，钢轨基准面与当地水平面重合，当车辆通过曲线路段或坡度路段时，由于外轨超高和坡度的影响，钢轨基准面偏离当地水平面。

车辆坐标系：O-xyz 与车厢固连。具有弹簧悬挂装置的铁路车辆是一个多自由度的振动系统，这时车辆坐标系 O-xyz 相对于轨面坐标系 O-XYZ 会有相对运动。车辆相对于轨面的运动可用车辆坐标系 O-xyz 相对于轨面坐标系 O-XYZ

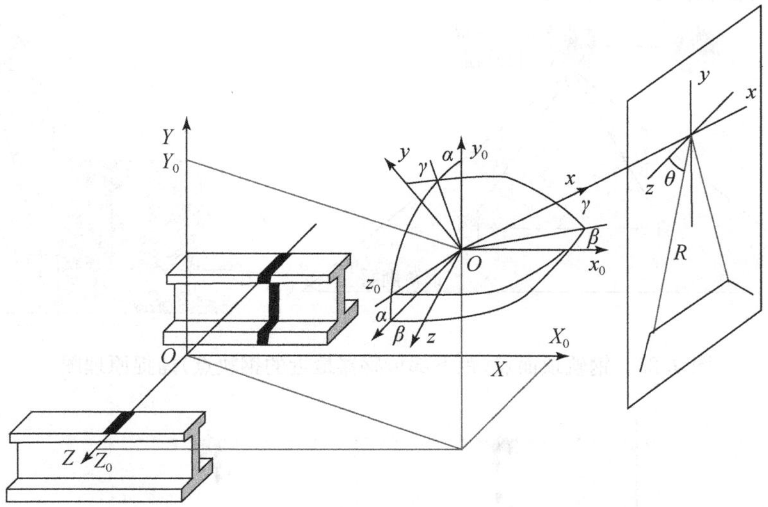

图 9.22 轨面基准坐标系、车辆坐标系与激光扫描坐标系示意图

的运动来描述，可以分解为沿三个坐标轴的平移运动和绕三个坐标轴的旋转运动。

激光扫描坐标系 $R(\theta)$，即测量坐标系。为了测量建筑限界需在车辆上安装激光扫描传感器，激光扫描传感器相对于车辆坐标系 $O\text{-}xyz$ 做匀速旋转扫描运动，按激光测距原理，每隔一定角度 θ 测量径矢 R。

三个坐标系相辅相成，共同组成限界测量坐标体系。车辆在运动过程中，会产生不同方向的振动与偏移，所以三个坐标系是动态变化的，它们之间的关系也是动态的，这就需要建立有效的限界测量坐标转换与修正体系将车辆坐标系和激光扫描坐标系映射到轨面基准坐标系上，将三个坐标系化为统一。

要建立车辆坐标系、激光扫描坐标系与轨面基准坐标系之间的联系，应以轨面基准坐标系为基础，以车辆坐标系为桥梁和纽带，将激光扫描传感器采集的距离信息换算成基于轨面基准坐标系的实际坐标。为此，需要计算车辆坐标系与轨面基准坐标系之间的动态偏移量与偏移角，这就需要实时捕捉钢轨顶面点(距下部传感器最近的钢轨点)的实时位置，并通过坐标变换算法实现车辆坐标系与轨面基准坐标系的转换，同时设计完善的修正算法对坐标的偏移进行修正。

钢轨顶面捕捉方法原理和界面如图 9.23 和图 9.24 所示，需配备激光扫描传感器，其基本原理是对其范围内的钢轨轮廓进行连续不断的扫描，通过对连续多个断面的数据进行统计运算，计算出传感器距离左右钢轨最近的距离值，也即钢轨顶面的捕捉，从而为系统体系的搭建提供参考距离，其中 l_1 为传感器距右轨距离最小点的距离值，l_2 为传感器距左轨距离最小点的距离值。

限界测量坐标转换与修正方法的原理如图 9.25 所示。首先根据动态偏移角 α 及车辆坐标系的原点坐标，通过三角关系和坐标变换计算出传感器的原点坐标，然

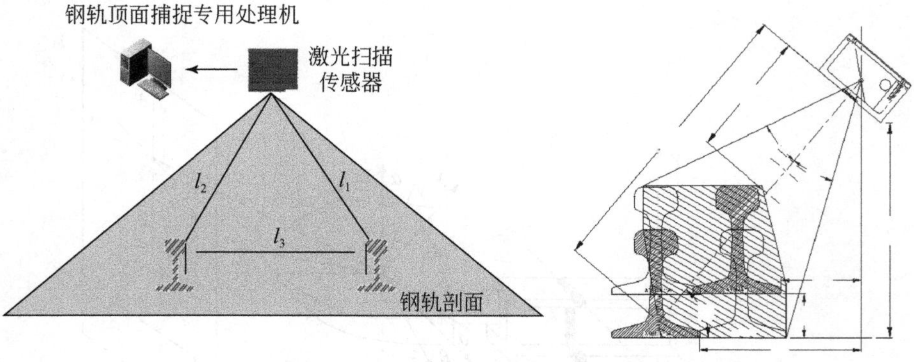

图 9.23　钢轨顶面点(距下部传感器最近的钢轨点)捕捉原理图

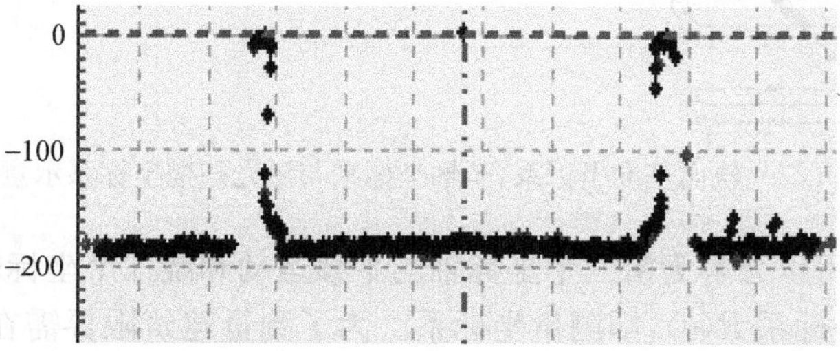

图 9.24　钢轨顶面捕捉界面

后根据传感器原点及采集到的矢径与测量角计算得到采集数据点基于轨面基准坐标系的实际坐标信息。

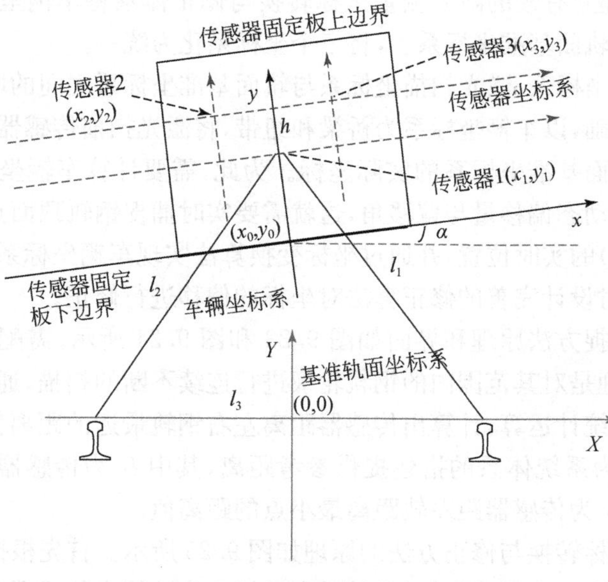

图 9.25　系统坐标转换与修正原理图

各传感器中心点的坐标换算如下：

$$x = a\cos\alpha - b\sin\alpha + x_0$$
$$y = a\sin\alpha + b\cos\alpha + y_0 \tag{9.9}$$

各传感器实际扫描点相对于轨面基准坐标系的坐标为

$$X = R\cos(\alpha_{\text{start}} + \theta) + x$$
$$Y = R\sin(\alpha_{\text{start}} + \theta) + y \tag{9.10}$$

限界检测系统所需的曲线半径、超高、轨距、速度、里程位置，通过轨道状态检查车测量获取，轨道状态检查车检测梁与测量断面之间存在固定的偏移量，在系统中进行设置。在检测过程中，这些指标实时在线传递给限界检测系统，限界检测系统进行记录、计算。

2. 轮廓合成与展示

1）系统标定

限界检测系统在安装的过程中不可避免地会引入系统误差，这些误差如果不滤除必然会给系统检测带来很大的误差，造成测量误差放大，尤其是安装平台的角度和高度与设计指标有偏移时，系统坐标会发生移位，此时就需要标定进行纠正；同时，由于采用了三台激光扫描传感器同步采集的方式来进行数据的实时采集，就需要对采集到的建筑物数据进行处理与合成显示。为了形成无缝的线路限界检测轮廓并且消除系统误差，就需要对系统进行标定。

系统标定主要用于对坐标系统进行修正，使三个传感器的图像重合，尽量降低系统误差对限界系统的影响，它是实现图像无缝处理与合成的主要手段，所使用的标定工具是限界标定尺和标定软件窗口，如图 9.26 和图 9.27 所示。

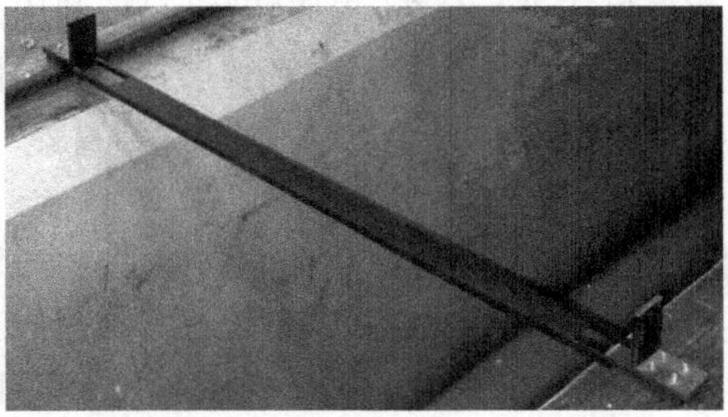

图 9.26　限界标定尺

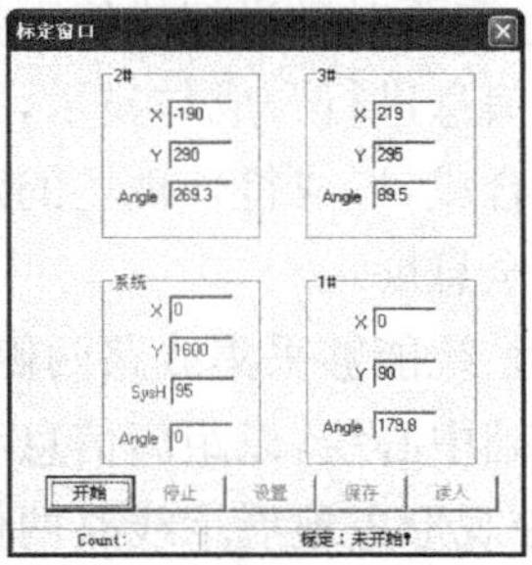

图 9.27　标定软件窗口

(1)标定条件：检测列车停放在实际线路上，并且必须停放在水平直线路段，通过水平尺即可知道是否水平，从而保证轨面基准坐标系的 Z 轴处于水平方向，Y 轴与线路中心线重合。

(2)标定方法：在钢轨顶面上放置限界标定尺，标定尺的两端摆放在钢轨上，保证水平放置,开启全断面限界检测系统将激光扫描传感器的可视激光打在该标定尺上,调整标定尺的位置使其中心线与激光扫描传感器打出的红色激光线重合。

调整传感器 1 的安装位置,使左轨和右轨的激光线长度以线路中心左右对称,避免在曲线段下部限界的激光线出轨,影响坐标修正,然后紧固锁死传感器 1 的安装位置。

系统坐标调整,在标定软件上,首先调整传感器 1 的角度,使之与 X 轴的方向重合;再调整 Y 值,使之与二维图中的轨面顶部线重合,最后调整 X 值,使标定尺所标识的线路中心线与二维图中的中心线重合,从而将车辆坐标系通过标定的方法映射到轨面基准坐标系上。

图像重合调整,在传感器 1 和传感器 2 的重合位置处放置一个四方体,形成水平和垂直方向的两条线。在标定软件上,首先调整传感器 2,以传感器 1 的二维坐标为基准,先调整传感器 2 的角度,使传感器 1 水平方向的线处于水平位置;再调整 Y 值,使二维图上的传感器 1 和传感器 2 的水平线重合;最后调整 X 值,使二维图上的传感器 1 和传感器 2 的垂直线重合,反复调整传感器 2 的坐标及角度值,使传感器 2 和传感器 1 的重合位置完成覆盖,这样可以保证传感器 2 也映射到轨面基准坐标系上。采用同样的方法将传感器 3 映射到轨面基准坐标系上。这样,以水平面为基础将限界测量坐标体系建立起来,完全映射到轨面基准坐标系上,最后将标定好的参数保存到配置文件中。

2)快速图像处理方法

为了形成铁路限界轮廓,需要对采集到的建筑物数据进行处理与合成显示,保证在车辆快速运行的情况下,快速有效地处理建筑物数据,生成二维、三维图像和全息图像。这其中最关键的是图像快速处理算法,它是生成二维、三维和全息图像的基础,需要对激光扫描传感器的数据格式进行分析,提取特征信息,利用坐标点的位置信息进行合成与显示,并通过标定方法进行校准,保证传感器扫描的图像能够快速合成,形成符合现场的建筑物轮廓。

3)全息展示

本系统能够采集线路两侧的建筑物数据信息,通过后端数据处理与分析,以轨道为基础中心线,以距离信息和反射率信息为原始数据,通过着色方案形成三维全息图,宏观形象地展示线路两侧的现场环境,尤其对于隧道,利用全息图可以分析隧道表面的状态,及时发现并消除危害行车安全的隐患,保障铁路运输的安全。

9.2.4 数据处理

1. 数据采集

数据采集系统的主要任务是数据实时采集与存储,涉及的关键点是如何整合数据,将多台传感器的数据同步存储,本系统采用文件索引的机制,通过给传感器数据添加索引标记来将多台传感器的数据进行同步,并且融合速度、里程、轨距、超高等信息,以固定的文件格式存储到本地硬盘上。该系统还具备标定、回放、侵限自动判断、二维和三维显示、侵限指示等功能,其采集架构如图 9.28 所示。

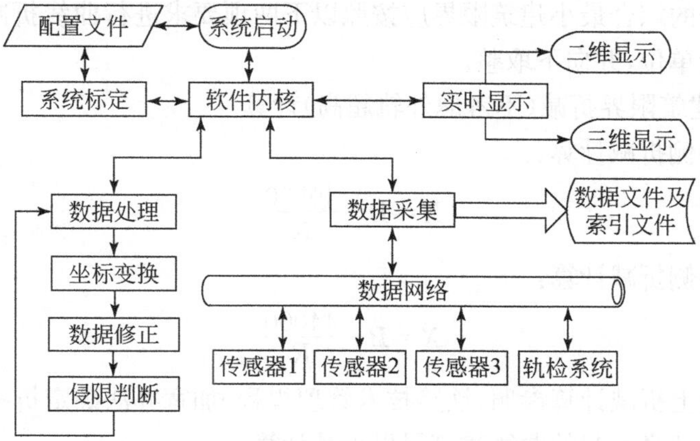

图 9.28 数据采集结构

2. 数据分析

由于现场采集整合存储的文件包含速度、里程、索引号、距离、反射率、轨距、超高、曲率等原始信息,在数据分析过程中就需要建立有效的快速数据分析方法。以坐标系统和修正算法为基础,通过对原始信息的特征进行分析,利用快速图像处理与合成方法进行断面图的重绘,对侵限的数据或检测数据进行有效的分析与提取,并按照特定的格式输出到数据库中进行存储,最后形成侵限检测报表和综合最小建筑限界报表。其中的关键分析方法有侵限自动识别方法、重复性侵限位置识别方法、检测数据处理与展示方法。

侵限自动识别方法以标准限界轮廓数据为比对基准,以坐标值的落点范围为识别基础,通过对比标准点与实际点的偏移,计算偏移量与最小侵限点的位置,侵限位置以红色标注,不侵限位置以绿色显示,并且将数据与侵限截图整合输出到侵限数据库中。

重复性侵限位置识别方法以文件索引为基础,采用统计分析的方法,通过对多次连续侵限的数据特征点进行标记与记录,识别重复性侵限断面,避免冗余重复性数据的干扰。

检测数据处理与展示方法包含两部分:一部分通过分析不同里程位置的侵限信息,将里程、侵限数据、断面截图、线路、路局、段、检测对象等信息整合,以侵限报表的形式展示给用户;另一部分针对隧道进行断面统计分析,输出综合最小建筑限界尺寸表及综合最小建筑接近图。

上述关键分析方法在曲线段应对测量结果自动进行曲线建筑限界折减计算和由外轨超高引起的曲线建筑限界折减计算。要按照下列方法进行分析与处理。

曲线部分的标准轨距铁路建筑限界应按照《标准轨距铁路建筑限界》(GB 146.2—1983)中规定的公式进行加宽处理。

曲线部分的综合最小建筑限界应按照以下两项要求进行曲线折减计算。测量数据以毫米为单位,并向下取整。

1) 曲线建筑限界折减(不考虑外轨超高)计算

圆曲线内侧折减计算:

$$X=B-\frac{40500}{R} \tag{9.11}$$

圆曲线外侧折减计算:

$$X=B-\frac{44000}{R} \tag{9.12}$$

缓和曲线上折减计算参照《铁路技术管理规程》加宽办法确定折减量。

2)由外轨超高引起的曲线建筑限界折减计算

曲线内侧折减计算:

$$X=B-\frac{H}{1500}h \tag{9.13}$$

曲线外侧折减计算:

$$X=B+\frac{H}{1500}h \tag{9.14}$$

式中,X 为折减后的建筑限界半宽,mm;B 为实测建筑限界半宽,mm;R 为曲线半径,m;H 为轨顶面至计算点的高度,mm;h 为外轨超高值,mm。

3. 数据输出

1)侵限数据

采用自动化的方式对数据进行侵限分析,统计输出指定里程范围的侵限位置、区域、最小点坐标值、偏移量及侵限轮廓断面,自动输出限界侵限检测报告。

2)综合最小建筑限界数据

采用自动化的方式对特定桥梁隧道在指定里程范围内进行统计分析,输出综合最小建筑限界尺寸表和接近限界图。

区段划分应遵循以下原则:编组站、区段站、线路交叉点所在站只能作为区段的起点站或终点站,而不得成为区段内部的站。

应自上而下(从最高点到钢轨平面)描述距轨面不同高度处的建筑限界半宽,直线、左曲线、右曲线部分应分别表述;相邻两个高度间的数值默认为等差分布,构成一条连续的轮廓线;限界数据空白的处所,视为在限界检测范围内无任何建筑物和设备。

9.2.5　应用实例

1. 传感器精度试验验证

激光扫描传感器精度的测试主要测试验证单点的测距精度和测距范围,采用统计的方法,为误差评估提供实际数据支撑。

验证测试方法如下。

以中心线为基准(90°位置),通过直尺或激光测距仪提前测量好实际距离,开启传感器连续测量多次,实时记录传感器测量点的距离值,并与实际距离进行对比,分析评估测距的误差来进行测距的记录与分析。

对于激光扫描传感器 1,通过测试软件进行数据记录,然后进行统计分析,激光扫描传感器 1 的测距范围为 700～3000mm,精度为±5mm;激光扫描传感器 2 的标称测距范围为 700～30000mm,精度为±5mm。现场测试如图 9.29 所示,现场数据采集记录如表 9.5 所示。

图 9.29　激光扫描传感器测试环境

表 9.5　现场数据采集记录

测试产品	测距次数	实际距离/mm	传感器测距/mm	误差/mm
激光扫描传感器 1	1	1000	996	−4
	2	1200	1197	−3
	3	1400	1398	−2

续表

测试产品	测距次数	实际距离/mm	传感器测距/mm	误差/mm
激光扫描传感器 1	4	1600	1597	－3
	5	1900	1897	－3
	6	2100	2096	－4
	7	2400	2394	－6
	8	2500	2494	－6
	9	2900	2897	－3
	10	2980	2975	－5
激光扫描传感器 2	1	900	901	＋1
	2	1000	997	－3
	3	1100	1008	－2
	4	1500	1496	－4
	5	2000	1997	－3
	6	3500	3495	－5
	7	4022	4024	＋2
	8	5024	5028	＋4
	9	6031	6035	＋4
	10	7100	7096	－4
	11	10103	10095	－8
	12	20005	19996	－9
	13	30716	30726	＋10

从数据记录表分析可以得出，激光扫描传感器 1 的测距最高误差为－6mm，最低误差为－2mm，平均误差为－3.9mm，在统计误差±5mm 之内。激光扫描传感器 2 的实际测距能够达到 700～40000mm 的测量范围。在这个范围之内，最高误差为 10mm，最低误差为 1mm，平均误差为－1.31mm，在统计误差±5mm 之内。在 43775mm 时，误差达到了－19mm。由于试验条件的限制，这里只做抽样测试，受测试样本空间的限制，测试有可能会引入误差。从上述传感器的测试效果上看，传感器测距的结果完全达到了技术指标要求。

2. 系统测量精度验证

在实验室环境里，设计加工好测试样机，并将其固定在实验室专用测试平台上，试验平台可以模拟车辆各个自由度的运行状态，形成如图 9.30 所示的实验室测试与试验环境。

在实验室环境下对铁路建筑限界检测系统进行算法设计和软件编制，形成系统化的研究思路与方法，并通过模拟各种环境进行算法的测试与验证。

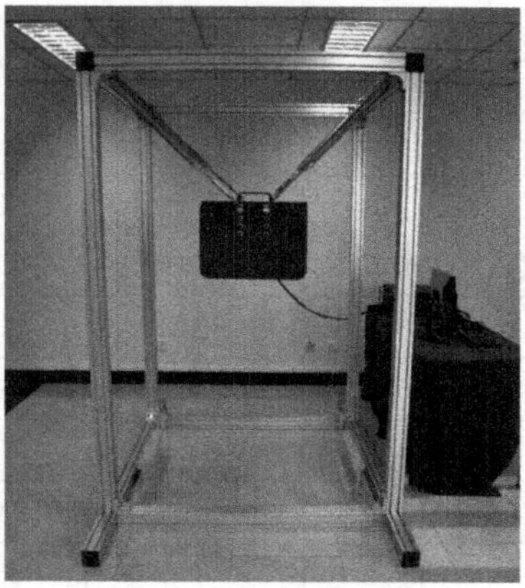

图 9.30 实验室测试环境

车辆速度：激光扫描传感器 2 的最高扫描频率为 100Hz。经过计算，可得车速为 120km/h 时的采样间隔为

$$\frac{120\times10^6}{3.6\times10^3\times100}\approx333(\mathrm{mm})<350(\mathrm{mm}) \tag{9.15}$$

激光扫描传感器的测量精度在±5mm 之内，由于本系统测量坐标模型采用的均是简单的数学和三角函数运算，计算效率高，不损失测量的精度，测量误差基本上保持不变，所以系统精度从理论上推断能够达到±8mm 之内。

为了验证测量精度，在实验室环境下进行测试，测试方法为选择一个固定尺寸的轮廓截面，这里选择室内矩形轮廓，提前测量好轮廓截面的实际水平距离和垂直距离，开启限界测量系统，前后平移、左右平移、旋转移动测量平台，通过前端数据采集软件的二维图来获取实际坐标。

$$L=\sqrt{(x_1-x_2)^2+(y_1-y_2)^2} \tag{9.16}$$

利用式(9.16)来计算经过坐标变换后的距离，实时记录并与实际距离进行比较，计算偏差，通过多次测量进行统计误差分析，测量记录如表 9.6 所示。

通过表 9.6 的分析可以看出各个测量距离的平均误差在±8mm 之内，最高为+10mm或者－10mm，最小为＋1mm 或－1mm，平均值为 0.15mm，各项技术指标良好。

由于“螺距”问题造成的螺旋线不代表横截面问题，本系统采用的频率为 100Hz，即每秒钟 100 次，在最高速 160km/h 的情况下，螺距仅为 444mm。这个范围内的测点数据在测量界面内的投影偏差很小，可以忽略不计。如果认为忽略不计会带来一定的隐患，用户可以通过设置安全储备量得到解决，将测量得到的每个距离均减去一个固定值，造成系统误差的单向偏移，提供足够的安全储备量。

表 9.6　测量记录

测量次数	移动方式	测量位置	实际距离/mm	中心线左侧坐标	中心线右侧坐标	测量距离/mm	偏差
1	前后平移	墙角宽度	7605	－5687	1911	7598	－7
2		高度	2560	－192	2364	2566	＋6
3		墙角宽度	7605	－5694	1908	7602	－3
4		高度	2560	－191	2364	2565	＋5
5		墙角宽度	7605	－5691	1916	7607	＋2
6		高度	2560	－196	2363	2559	－1
7	右平移	墙角宽度	6813	－5398	1421	6819	＋6
8		高度	2560	－205	2345	2550	－10
9		墙角宽度	6813	－5405	1410	6815	＋2
10		高度	2560	－203	2348	2551	－9
11	左平移	墙角宽度	6814	－4928	1884	6812	－2
12		高度	2195	196	2386	2190	－5
13		墙角宽度	6814	－4937	1887	6824	＋10
14		高度	2195	196	2385	2189	－6
15		墙角宽度	6814	－4932	1883	6815	＋1
16		高度	2195	196	2387	2191	－4
17	旋转	地面宽度	6813	－4857,－1095	1848,91	6809	－4
18		高度	2554	－4045,－973	－4560,1538	2563	＋9
19		地面宽度	6813	－4864,－1099	1851,89	6819	＋6
20		高度	2554	－4037,－967	－4568,1539	2561	＋7

3. 实车试验

1)呼和浩特局轨道状态检查车试验

2010 年 11 月 22 日,呼和浩特铁路局 WX998386 轨道状态检查车安装的铁路建筑限界检测系统在丰沙线下行进行动态试验。

实车动态试验主要包含如下几个部分。

限界检测系统安装如图 9.31 所示,设备集成在一个密封的采集箱里,前端布置有激光传感器,通过手动制式扳手和车体固定与定位装置紧固于车端通过台处,上端通过保护锁链进行安全防护,设备采集箱通过网络接口与车内上位采集机建立数据传输通道,相关布线通过车体下端。

图 9.31　系统安装图

限界检测系统与轨检系统和综合系统速度、里程接口动态测试，里程速度能够正常接收。

软件动态功能性测试包含修正算法测试、二维和三维动态显示测试、侵限自动识别测试、在线切换标准测试、标定、全息图的展示、综合最小建筑限界分析与输出、侵限分析输出等。选取典型的测试结果截图如图 9.32～图 9.34 所示。

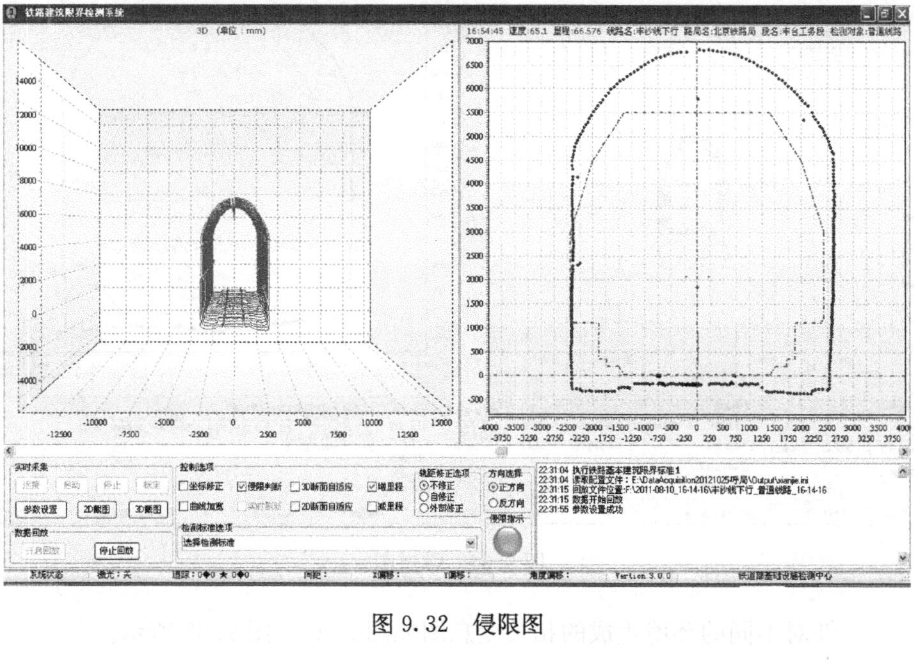

图 9.32　侵限图

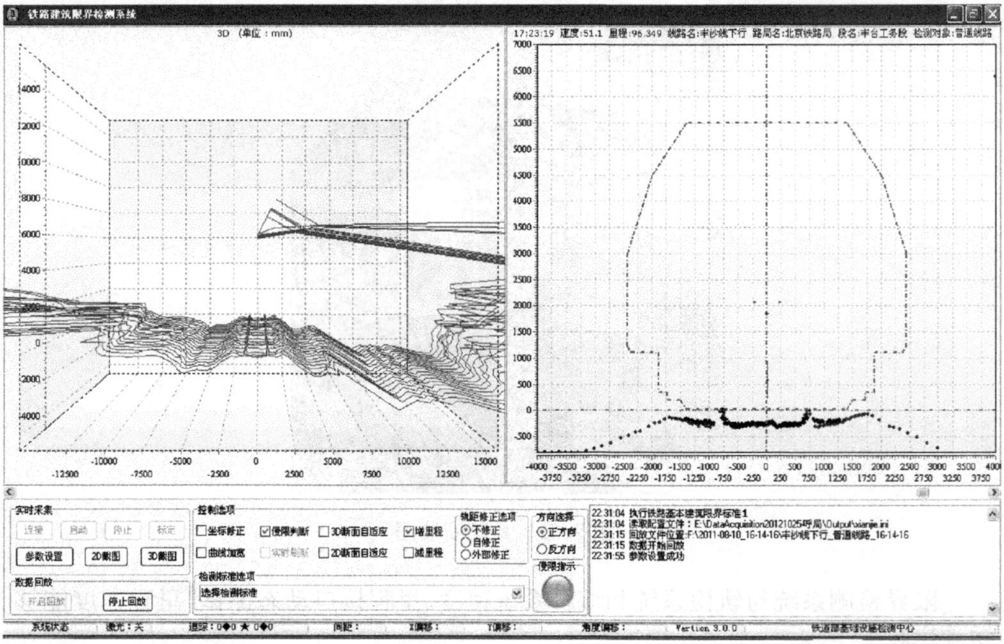

图 9.33　空旷地带

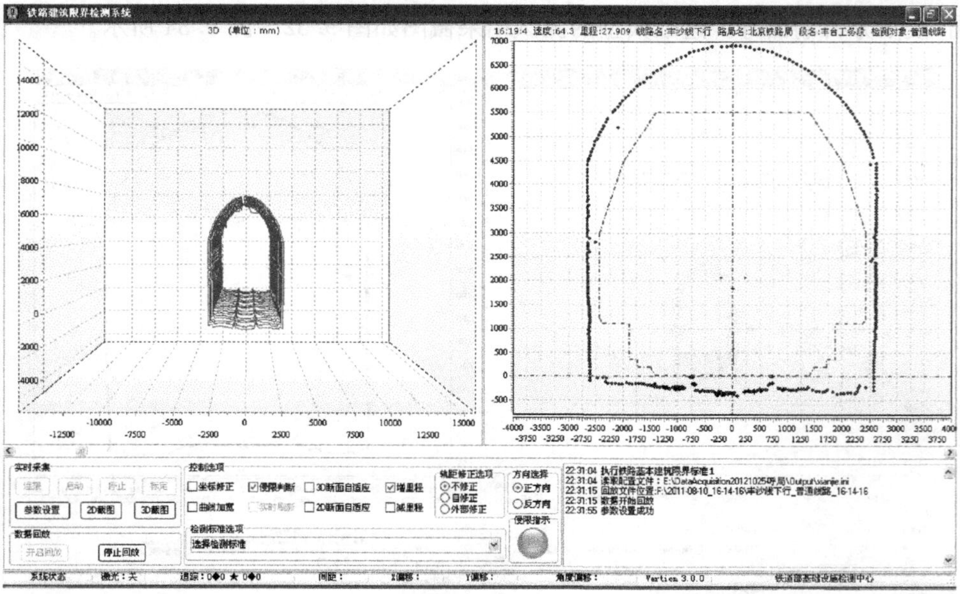

图 9.34　隧道图

针对不同的环境生成的相关全息图如图 9.35～图 9.38 所示。

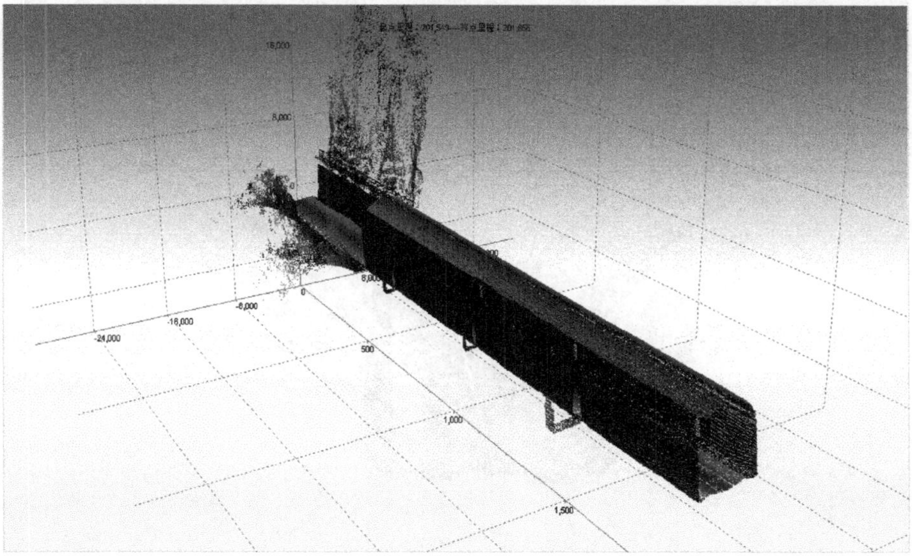

图 9.35　隧道三维全息图

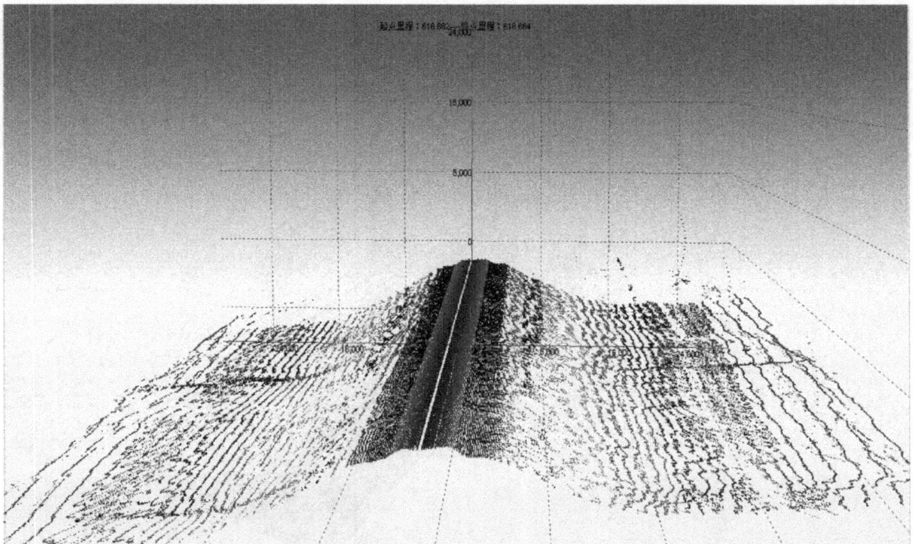

图 9.36　空旷地带三维全息图

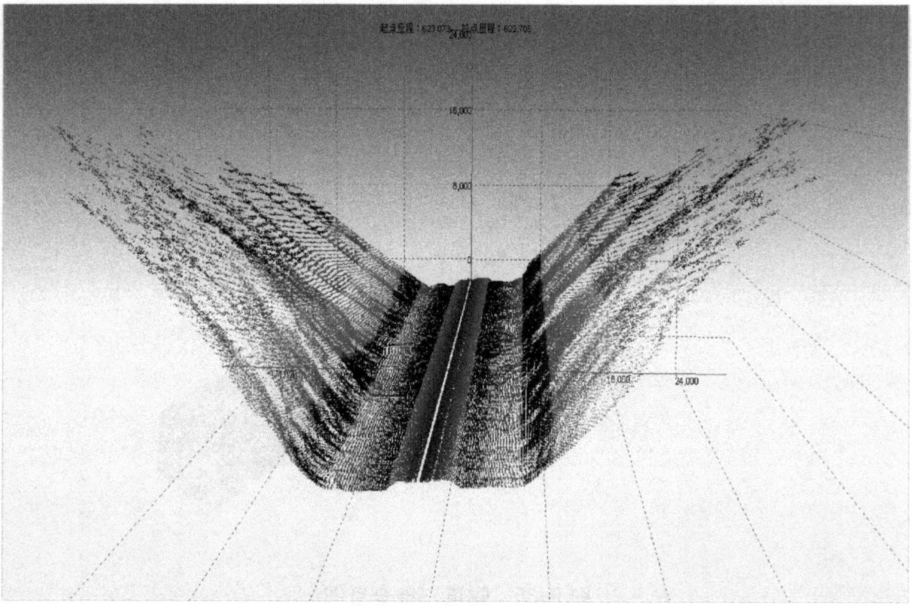

图 9.37　缓坡三维全息图

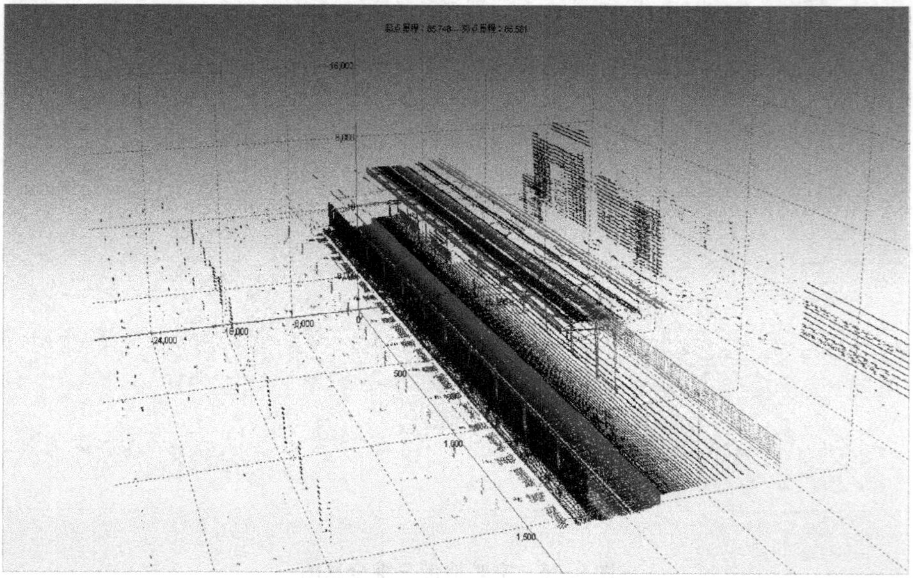

图 9.38　站台雨棚三维全息图

2）上海铁路局巡检车试验

2012 年 10 月 9 日，利用施工天窗时间，上海铁路局巡检车安装的铁路建筑限界检测系统在沪宁城际线常州一丹阳区间[K165＋500，K208＋300]内进行上下行折返动态试验。

限界检测系统安装如图 9.39 所示。设备采集箱通过车体固定板和定位块进行位置的定位，然后以采集箱固定件和螺栓固定在车头专用固定板上，上端通过保护锁链进行安全防护，设备采集箱通过网络接口与车内上位采集机建立数据传输通道，相关布线通过车体下端。

图 9.39　系统现场安装图

检测项目：采集线路两侧建筑物限界数据，对线路两侧建筑物侵限状态进行分析与检测。

(1)上行线检测报告。

检测时间：2012 年 10 月 8 日 23 时 3 分 58 秒至 2012 年 10 月 8 日 23 时 44 分 44 秒。

检测总里程：41.620km。

行车方向：反向行车。

里程方向：增里程。

检测统计结果如表 9.7 所示。

表 9.7　检测统计结果

缺陷类型	检出数量	备注
侵限	6	

侵限具体明细如表 9.8 所示。

表 9.8 侵限具体明细

序号	检测结果		
	里程	线路左/右侧	类型
1	K165 + 518.911	右侧	高站台
2	K170 + 226.115	左侧	树枝
3	K170 + 227.103	左侧	树枝
4	K170 + 230.353	左侧	树枝
5	K170 + 230.776	左侧	树枝
6	K170 + 233.007	左侧	树枝

(2)下行线检测报告。

检测时间:2012 年 10 月 9 日 3 时 38 分 58 秒至 4 时 15 分 36 秒。

检测总里程:41.620km。

行车方向:正向行车。

里程方向:减里程。

检测统计结果如表 9.9 所示。

表 9.9 检测统计结果

缺陷类型	检出数量	备注
侵限	2	

侵限具体明细如表 9.10 所示。

表 9.10 侵限明细

序号	检测结果		
	里程	线路左/右侧	类型
1	K165+748.232	右侧	高站台
2	K165 + 316.283	右侧	高站台

(3)现场复核。

从以上检测结果中挑选了比较有代表性的两处侵限地点,对检测结果进行了复核。

侵限信息:上行,右侧。里程:K165+518.911,高站台侵限。

经过现场测量,高站台边缘距线路中心的水平距离为 1770mm,高度为 1260mm,符合侵限检测的情况。

侵限信息：上行，左侧。里程：K170＋233.007，树枝侵限。

由于现场无法停车，经过从车窗观察，在 K170＋233.007～K170＋233.705 区域，在线路左侧存在多处树枝伸出的情况。

3)系统运用

已开始实际应用的限界检测系统搭建了限界检测坐标体系，成功建立了轨面-轨道中心线基准坐标系、车辆坐标系和激光扫描坐标系的数学转换模型，并且开发了完善的数学修正算法，能够对测量进行有效的修正与补偿。

铁路建筑限界检测系统于 2010 年安装于呼和浩特铁路局轨检车上，实际运用超过两万公里，运用状态良好，在日常检测和新线开通运用中发挥了重要的作用，节省了大量的人工和材料费用。高速铁路的工作模式决定了必须在天窗时间内进行维修，需要快速有效地开展工作，巡检就成了必需的手段。系统不受载具限制，同样可以应用于城轨、地铁领域。目前，该系统还安装使用于上海局高铁巡检车、大准铁路轨道状态检查车、大准铁路接触网检测车、朔黄铁路综合检测列车、铁路总公司隧道状态检查车、沈阳地铁轨检车等项目。在限界检测系统的基础上，通过采用更强的传感器，还可以扩展成"隧道表面成像检测装置"，并已取得北京和武汉高铁维修基地两项应用实例。

当然，电子产品的不断发展，技术水平更先进、精度更高、成本更低的激光扫描仪和组合导航设备的使用，将会使限界检测系统更加精确、稳定。

参考文献

[1] 铁道部运输局基础部．铁路隧道检测技术手册[M]．北京：中国铁道出版社，2007：100-104.

[2] 陈祺，王卫，姚仁琛．25T 型隧道状态检查车研制[J]．铁道车辆，2013，(7)：22-25.

[3] 齐法琳，黎国清，江波．铁路隧道状态检查车的研制及应用[J]．中国铁路，2013，(9)：75-77.

[4] 齐法琳，贺少辉，江波．铁路隧道衬砌地质雷达检测影响因素试验研究[J]．铁道建筑，2014，(3)：33-36.

[5] 杨艳青，贺少辉，齐法琳，等．铁路隧道衬砌地质雷达非接触检测模拟试验研究[J]．岩石力学与工程学报，2011，(9)：1761-1771.

[6] 齐法琳，江波．青藏线格拉段隧道衬砌状态分析[C]//铁道工务．第 4 册．北京：中国铁道出版社，2010：35-37.

[7] 刘维桢，孙淑杰，鲁寨军，等．铁路建筑限界高速在线检测系统研究报告[R]．北京：中国铁道科学研究院，2012.

第 10 章 检测系统集成技术及综合系统

检测系统集成技术及综合系统将单个或多个检测系统集成到车辆上,并提供全车统一的定位、脉冲接收、视频采集、数据综合处理和无线传输等功能,使之成为一个有机的整体,形成检测车[1]。

10.1 检测系统集成技术

检测系统集成是将单个或多个检测系统集成到车辆上,使之成为一个有机的整体,形成检测车,可满足检测、试验和生活的需求。其主要工作内容为协调各检测系统供应商,与主机厂共同完成总体方案的设计,并按设计要求完成设备安装。结合检测车设计,研究检测系统与检测车、检测系统之间的电磁兼容性和综合接地需求,对满足系统可靠性工作的要求,制定并组织检测车静动态调试、验收试验和试运行。

1)检测系统集成设计

为满足检测车检测、试验和生活的需求,在完成总体方案设计基础上,对检测列车平面布局、综合布线、安装接口、各检测系统间接口进行设计,并按设计需求完成设备安装。

2)总体方案设计

根据检测车的检测、试验和生活的不同需求,与各检测系统供应商和主机厂共同完成综合检测车总体方案的设计。

3)检测系统安装接口设计

在车辆上进行适应性设计,安装检测设备,在安全可靠的前提下,优先满足检测系统需求,美观大方、实用简洁,与实车尽量保持一致,不影响检测车的总体性能,检测设备应尽量远离大功率电机等电磁干扰严重的车载设备。

4)综合布线设计

设计并提供足够的出线孔,并要求出线孔密封性良好,出线孔可开启,进行线缆更换,设计并提供所有检测设备线缆的走线路径及线槽,除在天花板和地板夹层中的线槽,其他线槽均能方便开启。

5)检测系统综合接地与电磁兼容

电磁兼容性系统是保证整个检测系统在综合检测车运行时能够正常工作,不受干扰是必须考虑的关键问题之一。与主机厂开展联合设计,对电气化铁路的电磁干扰和车辆运行时产生的干扰进行分析；提出所应遵照执行的标准，供车辆生产厂和设备制造厂参考执行。

6）安装的组织与协调

根据检测车的生产工艺要求，合理制定检测系统的安装进度，并在实施过程中监督检测系统的安装质量，若在安装过程中出现安装接口问题，协调检测车厂家与检测系统厂家之间的关系。

7）验收调试的组织与协调

在检测系统安装完毕后，制订检测车的验收与调试程序并组织试验。

10.2　综合系统

10.2.1　空间同步

1. 概况

空间同步技术是将安装在轴头的光电编码器所产生的距离脉冲信号通过空间同步传输通道传输给分布在全车不同车厢内的各检测系统，可作为检测系统采样触发和距离计算的信号源。该技术采用主备光电编码器、主备传输通道和光纤传输等手段，满足了高可靠性、高抗干扰能力的要求。

2. 系统结构

如图10.1所示，空间同步系统由主备光电编码器、空间同步处理单元和空间同步传输单元组成。安装在轴头的主备光电编码器，将其产生的距离脉冲信号通过空间同步处理单元传输给分布在全车不同车厢内的空间同步传输单元，并通过空间同步传输单元将距离脉冲信号分配给各检测系统。各检测系统安装空间同步接口接收脉冲信号，作为检测系统的采样触发和距离计算的信号源。

3. 应用实例

如图10.2所示，在CRH380AJ-0201综合检测列车上安装了空间同步系统，主光电编码器位于1号车3位轴端轴头，备光电编码器位于1号车5位轴端轴头。

如图10.3所示，轴头上安装的光电编码器通过电缆连接到车内的空间同步处理单元，在1号车内设置空间同步处理单元，空间同步处理单元进行旋转度数的显示。通过该单元，连接光纤发送到各车的空间传输单元。

如图10.4所示，五台空间同步传输单元分布在2、3、4、6、8车厢内，与一台空间同步处理单元通过光缆组成环网。空间同步处理单元将脉冲信号传输给各车内的空间同步传输单元，空间同步传输单元将多个脉冲信号通过电缆传输给各检测系统。

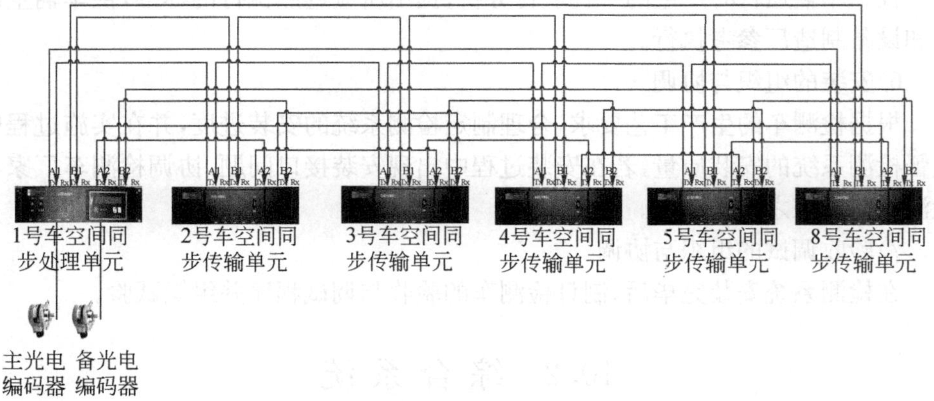

图 10.1　空间同步系统示意图

图 10.2　光电编码器安装位置

图 10.3　空间同步处理单元

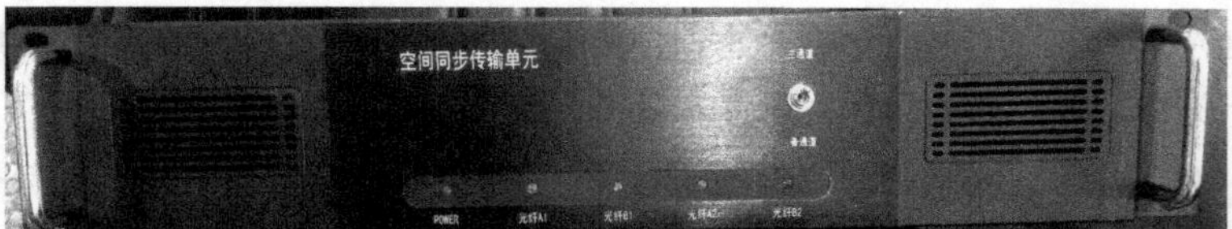

图 10.4　空间同步传输单元

10.2.2　时空校准

1. 概况

检测车通常有多个检测系统，列车精确定位技术（时空校准系统）的目的是将整车各检测系统计算机的系统时钟与 GPS 时钟精确同步，并按照里程校准协议，为各检测系统计算机提供实时、准确的线路里程信息，达到各个检测系统在检测过程中采用统一时间和里程坐标的目的。

2. 系统结构

时空校准系统按功能可划分为精确时间校准系统和里程定位校准系统。其中，里程定位校准系统依赖精确时间校准系统所提供的高精度时间戳进行里程误差修正计算。列车时空校准系统与各个检测系统的网络拓扑结构如图 10.5 所示。

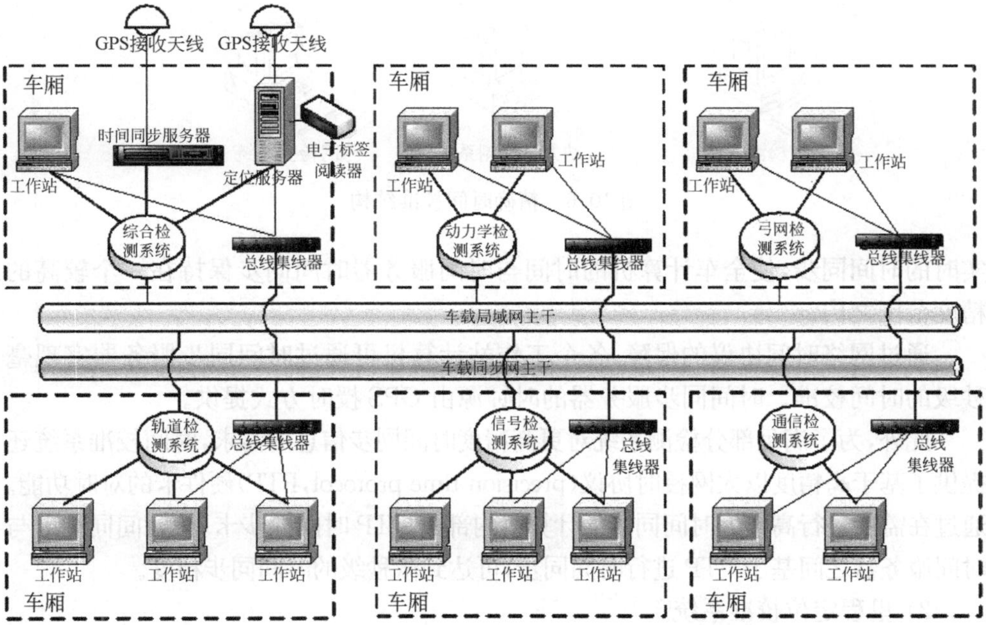

图 10.5　列车时空校准系统网络拓扑图

1）精确时间校准系统

精确时间校准结构如图 10.6 所示。

在高速检测列车上，各检测系统数据处理计算机均接入整车局域网中，时间校准功能通过一台架设在局域网内的时间同步服务器作为时间源，与全车各检测系统计算机通过时间校准软件基于网络时钟协议（network time protocol，NTP）进行

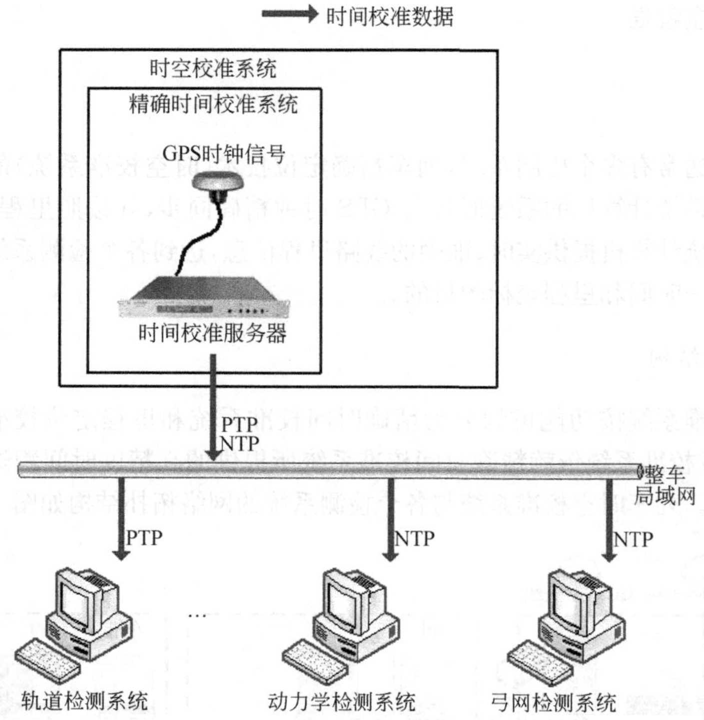

图 10.6　精确时间校准结构

实时的时间同步，使全车计算机的时间与时间服务器时间同步保持在一个较高的精度范围之内。

通过网络时间协议的保障，各个工作站计算机可通过时间同步服务器实现毫秒级的时间校准。时间同步服务器的时钟源由 GPS 授时方式提供。

此外，为了满足部分检测系统对更高精度时间同步信息的需求，时间校准系统还提供了基于高精度以太网授时协议(precision time protocol，PTP)硬件卡的对时功能。通过在需要进行高精度时间同步的计算机内部署 PTP 时间同步卡，使时间同步卡与时间服务器之间基于 PTP 进行时间同步，可达到微秒级的时间同步精度。

2) 里程定位校准系统[2-5]

里程定位校准系统分为里程定位模块和里程校准模块两个部分。两个部分在功能上既相互独立，又相互依赖，分别由一台服务器完成模块本身的数据处理任务。

里程定位校准系统整体结构设计如图 10.7 所示。整个系统为了满足兼容性和扩展性要求，分成里程定位子模块和里程校准子模块，分别用两台服务器处理海量定位数据和里程校准算法。

(1)里程定位模块设计。里程定位模块构成如图 10.8 所示。其由里程信息采集源和数据采集服务器两部分构成。里程定位数据的采集具有多种实现手段。在

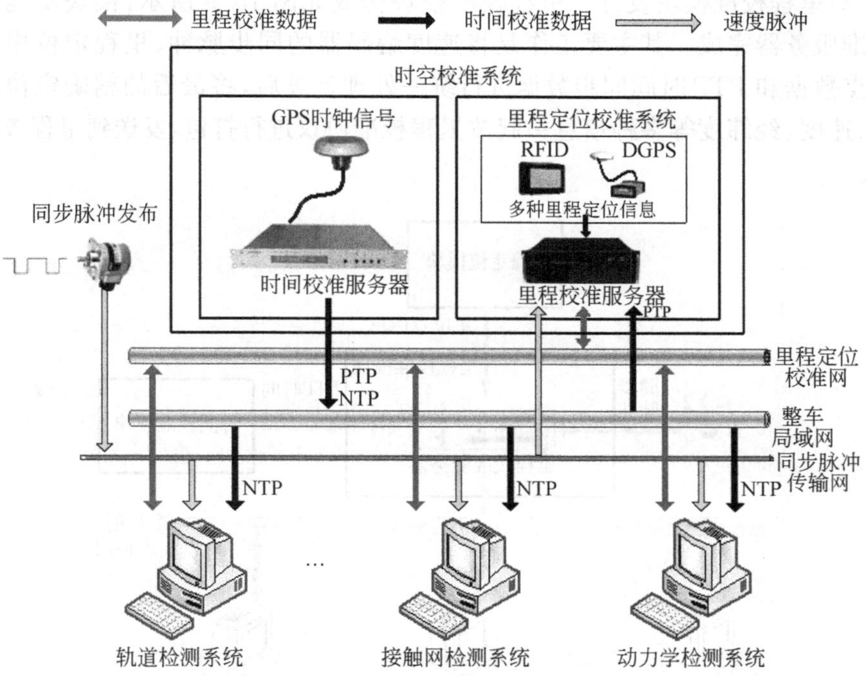

图 10.7　里程定位校准系统

实际检测时，往往是根据实际需要和线路条件，选择其中的多种方法，实现优势互补，达到精确里程定位数据的目的。现阶段，里程信息采集源主要包括 DGPS 定位源和 RFID 射频定位源。

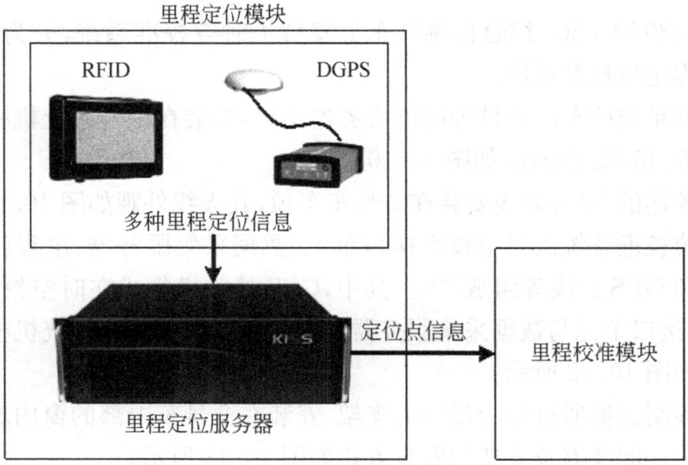

图 10.8　里程定位模块构成

(2)里程校准模块设计。里程校准模块构成如图 10.9 所示，模块功能由里程校准服务器完成。其主要工作是将速度编码器的同步脉冲、里程定位模块的定位点数据和 PTP 时间同步数据进行统一处理计算后，将最后的精确定位点与时间、速度、经纬度等多种信息一起按里程校准协议进行打包，发送到里程校准网络上。

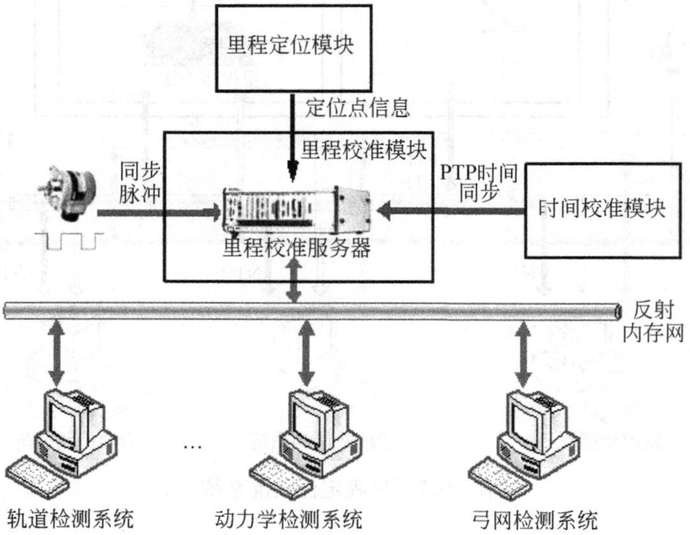

图 10.9　里程校准模块构成

3. 应用实例

在 CRH380AJ-0201 综合检测列车上安装了时空校准系统，分为精确时间校准系统和里程定位校准系统。

时间校准系统的车内硬件为时间服务器主机，安装在综合系统机柜内，与车载局域网通过 RJ45 网线相连，如图 10.10 所示。

时间服务器的 GPS 天线安装在 2 号车车顶，其天线外观如图 10.11 所示。

里程定位校准系统由时空校准接口单元、数据采集服务器、里程校准服务器、射频阅读器和 GPS 天线等组成[6-8]。其中，GPS 接收机集成在时空校准接口单元中，时空校准接口单元与数据采集服务器都安装在 2 号车综合系统机柜之中，安装完成示意图如图 10.12 所示。

射频标签阅读器通过专门设计的支架，安装在 2 号车中部的窗内玻璃内侧，车体两侧各一台。阅读器及支架与安装方式如图 10.13 所示。

车内里程校准模块的功能主要靠里程校准服务器完成，安装在 2 号车综合系统机柜之中，安装示意如图 10.14 所示。

图 10.10　时间服务器机柜安装示意图

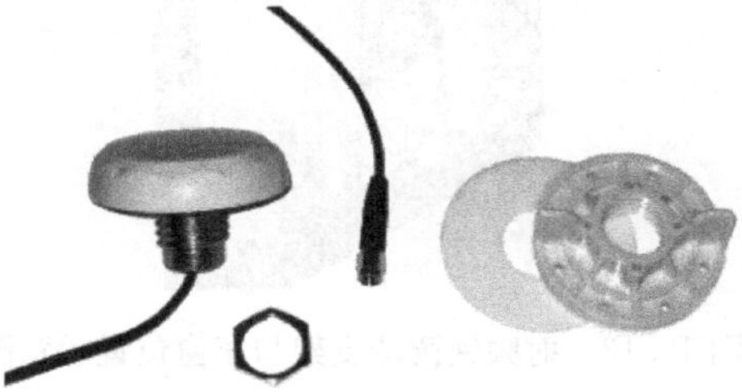

图 10.11　时间 GPS 天线外观

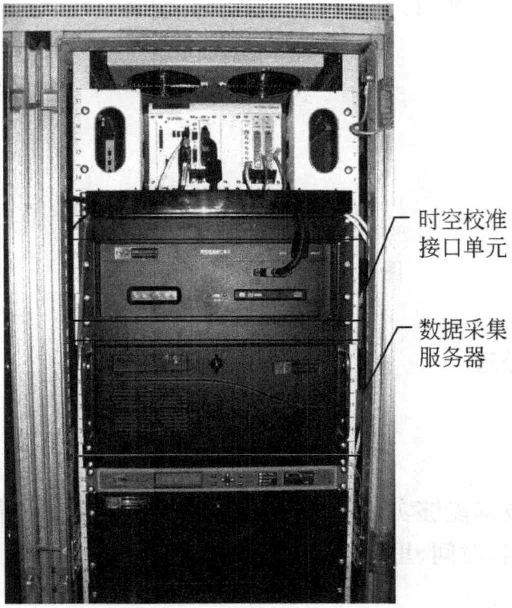

图 10.12　时空校准接口单元与数据采集服务器安装示意图

图 10.13　射频阅读器支架与车窗位置示意图

图 10.14　里程校准服务器机柜安装示意

里程定位模块在车外的主要硬件是 GPS 接收机天线的安装。定位 GPS 天线实物如图 10.15 所示，其安装位置位于时空校准系统所在的车厢车顶，且与车内射频标签阅读器位于同一断面。

图 10.15　定位 GPS 实物图

10.2.3　视频采集处理

1. 概况

视频采集处理技术能够实现对线路环境、轮轨接触状态进行实时监测，并在视频图像上叠加线路名、时间、里程和速度等信息后存储，同时发布到各检测系统的计算机终端进行显示。

2. 系统结构

系统采用最新的 H. 264 视频编码技术，实现 1920×1080@25fps、1024×768@100fps 视频的实时编码，并叠加线路名、速度、里程和时间等信息，系统结构如图 10. 16 所示。

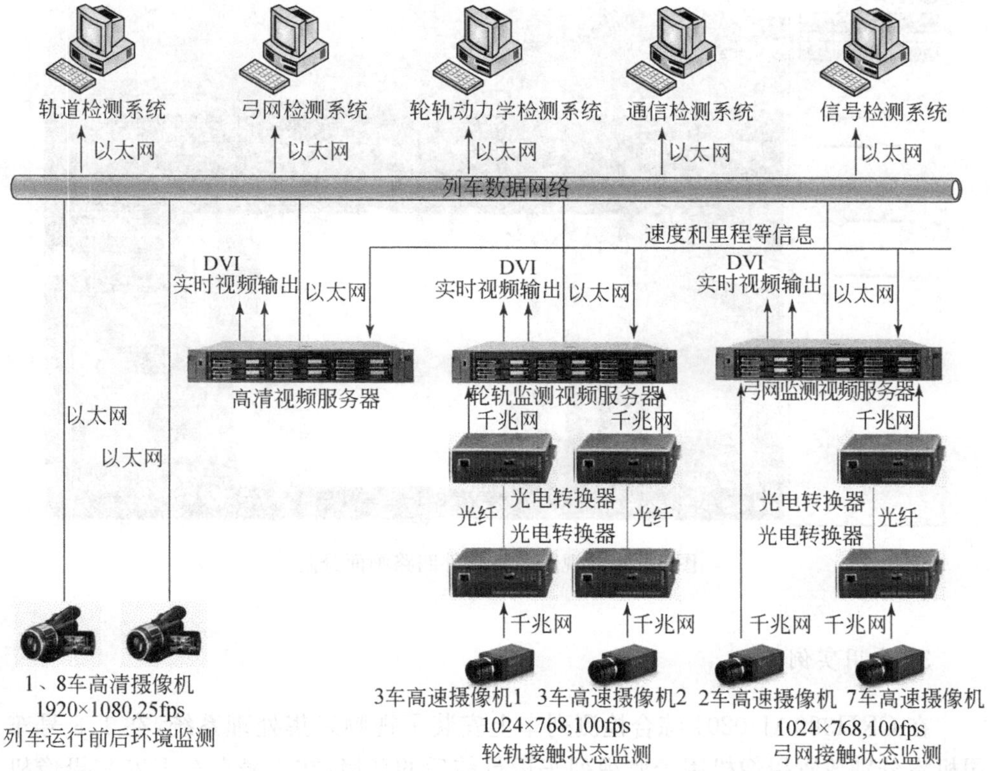

图 10. 16　系统结构图

列车运行前后环境、轮轨接触状态监测摄像机图像首先传输至对应编码服务器，编码服务器实现视频图像的采集、编码、叠加参数及存储，并将视频数据组播到车载数据网络中；各检测系统客户端通过车载数据网络访问视频数据，解码后即可显示视频图像。

高清视频采集处理软件运行在高清视频采集处理服务器上，高清视频采集处理服务器同时接收线路名、时间、速度、里程等信息和高清摄像机采集的视频，该视频按 H. 264 格式进行编码。服务器软件将视频与里程等信息合成一个 RTP 包采用组播方式传出，同时将上述信息存储在硬盘上，并且在数据库中留下记录，便于检索。

高清视频采集处理软件可实现四路或九路信号的实时处理，如图 10. 17 所示。

图 10.17　视频监控软件四路画面分割

3. 应用实例

在 CRH380AJ-0201 综合检测列车上安装了视频采集处理系统，在 1、8 号车司机室分别放置摄像机用于监视列车运行前后的环境，在 1 号车车下安装摄像机和光源分别监视左右轮轨的接触状态。

10.2.4 车载数据网络与集中监控

1. 概况

数据网络是检测车的车载局域网，为各检测系统提供了一种高速、可靠、大容量的数据传输通道，具备实时传输各系统数据、视频等信息的功能，要求冗余、可靠、高速和健壮，并具备较强的防病毒能力[9]。数据网络主干采用光纤作为传输介质，在车端处建立可靠的光纤连接，能够在车辆摘挂和编组时不影响网络的结构和性能，同时可以很好地避免车辆在行进过程中遇到的各种环境情况下对数据和图像信号的干扰，桌面采用屏蔽类网线接入。数据网络的主干交换带宽为

1000Mbit/s，桌面交换带宽为 100Mbit/s，并且在数据综合处理车建立网络管理中心，配备核心网络交换设备，对数据信息的传输进行监控和管理；数据网络具备 VLAN 配置与管理能力，能够有效地抑制广播风暴，具备 IEEE 802.3x 流控和背压式流控功能，能有效地进行流量控制与管理。数据网络还具备多重网络冗余功能，能够有效地抵抗突发性网络故障。

集中监控系统选用组态开发软件为顶层集成平台，通过 OPC、SNMP、MODBUS、远程数据库等方式来实时地提取并分析网络状态信息和各系统设备的自诊断信息，建立一个可视化的以太网监控与管理窗口，实现对检测车的网络、UPS 等设备和环境的宏观、实时监控与管理，为检测车各检测系统的正常运转提供有力的后勤保障。

2. 系统结构

1）数据网络

检测车的数据网络架构如图 10.18 所示，选用工业级千兆网管型二层主干以太网交换机、三层交换机和二层接入交换机搭建，主要分为 A 环和 B 环两个环网。主备三层交换机支持环网冗余协议，与各车的二层主干交换机组成冗余环网，每个环网都拥有高达 1000Mbit/s 光纤带宽的通信能力，并且环网拥有极短的网络自愈时间。当系统的某一网段与网络断开连接时，数据网络的通信将在 20ms 之内恢复正常；主备三层交换机被两环网共享，提供四条冗余通道，支持路由冗余协议（VRRP），能够保证在主三层交换机故障的情况下，备用三层交换机自动切换为主三层交换机，为车载数据网络提供路由服务，保证了整个网络的健壮性；二层主干交换机、二层接入交换机和三层交换机都具备 VLAN 规划与配置的能力，VLAN 之间的数据通信主要通过 2 号车的三层交换机路由来实现；各检测系统划分为不同的 VLAN，配置不同的 IP 子网，以有效屏蔽广播风暴；设备接入主要通过主干二层交换机和三层交换机接入，当网口不够或布线过于复杂时，通过级联二层接入交换机进行扩展。

2）集中监控系统

集中监控系统硬件结构如图 10.19 所示。在机柜内部通过温湿度采集箱实时采集机柜内温湿度信息和室外温度信息。UPS 主机内置 SNMP 卡能够实时采集 UPS 主机和电池的自诊断信息，网络交换机设备通过 SNMP 管理接口来实时提取自诊断信息，所有这些自诊断或监控信息通过车载数据网络实时传输到 2 车的集中监控中心，通过组态软件平台来统一集成和处理，最终以“人机界面”的形式提供给操作员，以此保障检测列车数据传输通道的畅通、供电系统的稳定和机柜环境的平稳等。

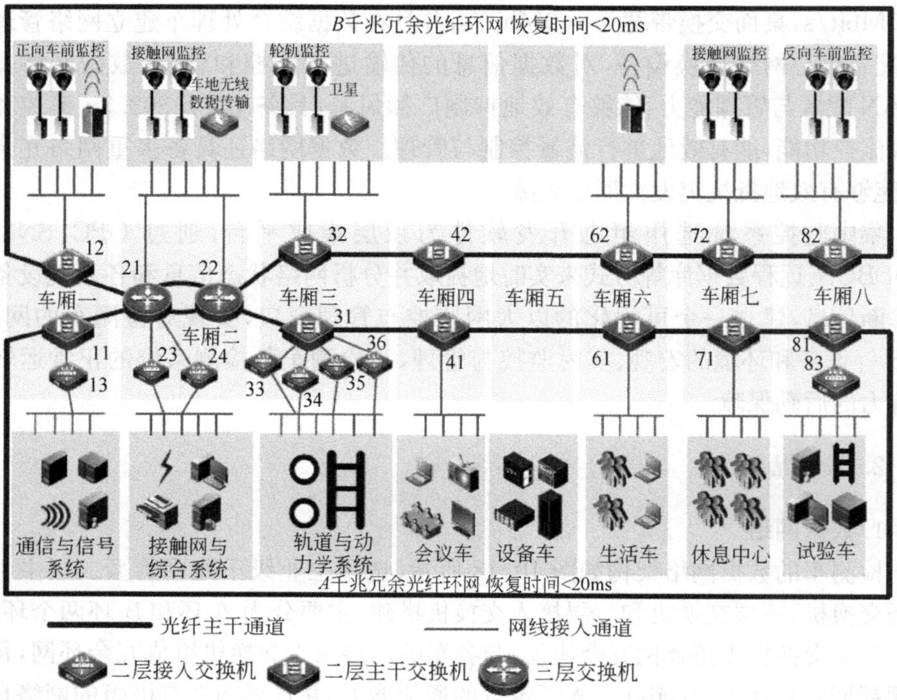

图 10.18　数据网络架构

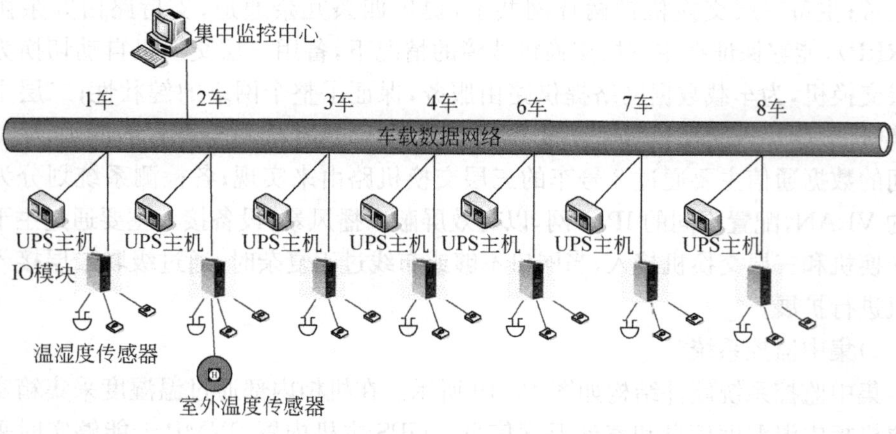

图 10.19　集中监控系统硬件结构图

3. 应用实例

在 CRH380AJ-0201 综合检测列车上架设了全车数据网络，选用工业级千兆网管型二层主干以太网交换机、三层主干交换机和二层接入交换机搭建，主要分为 A 环和 B 环两个环网，主备三层主干交换机支持环网冗余协议，与各车的二层主干交换机组成冗余环网，车厢之间布置主干多模光纤，在每节车厢的主干交换机所在机柜内配置光纤融接盒，主干交换机通过光纤跳线跳到光纤融接盒来建立相互之间的连接通道，主干交换机与接入交换机通过屏蔽网线建立连接。

10.2.5　车载数据综合处理

1. 概况

车载数据综合处理系统具有检测过程中的大值报警数据综合管理、自动接收并向地面中心转发列车运行的定位数据、自动转发各检测专业大值报警数据及附件数据、自动获取轨检动力学大值报警点视频监视数据、短信报警、设备台账查询、检测日报生成、GIS 综合展示和检测数据波形综合展示等功能，可以提供线路实时检测运用状况，可为检测人员的现场评判和综合分析提供多种有效的手段和依据。

车载数据综合分析处理系统功能包括：

(1)实时接收里程同步数据并展示列车运行位置信息。

(2)向轨道几何、动力学、接触网、通信、信号等检测专业用户提供检测大值报警数据管理界面，实现大值报警相关数据的统一存储管理；能根据系统配置，自动获取轨检、动力学检测的大值报警数据的相关轮轨视频数据、波形数据，用于实时分析和综合评判。

(3)向各检测专业提供短信发送功能，在检测过程中可向指定的手机号或地面接收设备发送报警信息。

(4)实现与无线数据传输系统的传输接口，实时向地面数据中心转发列车运行的定位数据、检测过程中出现的大值报警数据、大值报警附件数据，可响应地面数据中心的请求传输指定数据。

(5)向各检测专业提供线路设备台账的查询功能。

(6)实现检测日报的自动生成。

(7)配置 FTP 文件服务器和大容量磁盘阵列，实现各专业检测大容量的检测波形数据的集中存储和管理。

(8)实现基于图形化的检测大值报警数据综合查询和形象化显示；以图形化的方式实时展示各检测专业的大值报警数据，以不同颜色显示大值报警数据的严重程度。

(9)在检测过程中实时展示检测列车的运行位置信息和当前检测交路、当前检测任务信息。

(10)用户可选择线路查询当前里程范围内的各检测专业线路设备台账。

2. 系统结构

车载数据综合处理系统总体由三部分构成：数据库系统、后台数据处理服务进程、用户操作界面。数据库系统采用 Microsoft SQL Server2008 大容量数据库。后台数据处理服务进程包括时空同步及里程数据接收进程、列车运行定位数据发送服务进程、大值报警波形视频获取进程、大值报警及非关键运行数据发送服务进程、地面请求指令响应服务进程。用户操作界面分为 B/S 和 C/S 两种。B/S 方式以 IE 浏览器为操作界面,实现大值报警数及附件数据管理、系统监控、综合检测业务管理、GIS 综合展示等功能。C/S 方式主要实现实时接收里程同步数据、自动获取各种视频波形数据、向无线传输系统转发各种数据等功能。车载数据综合处理系统架构如图 10.20所示。

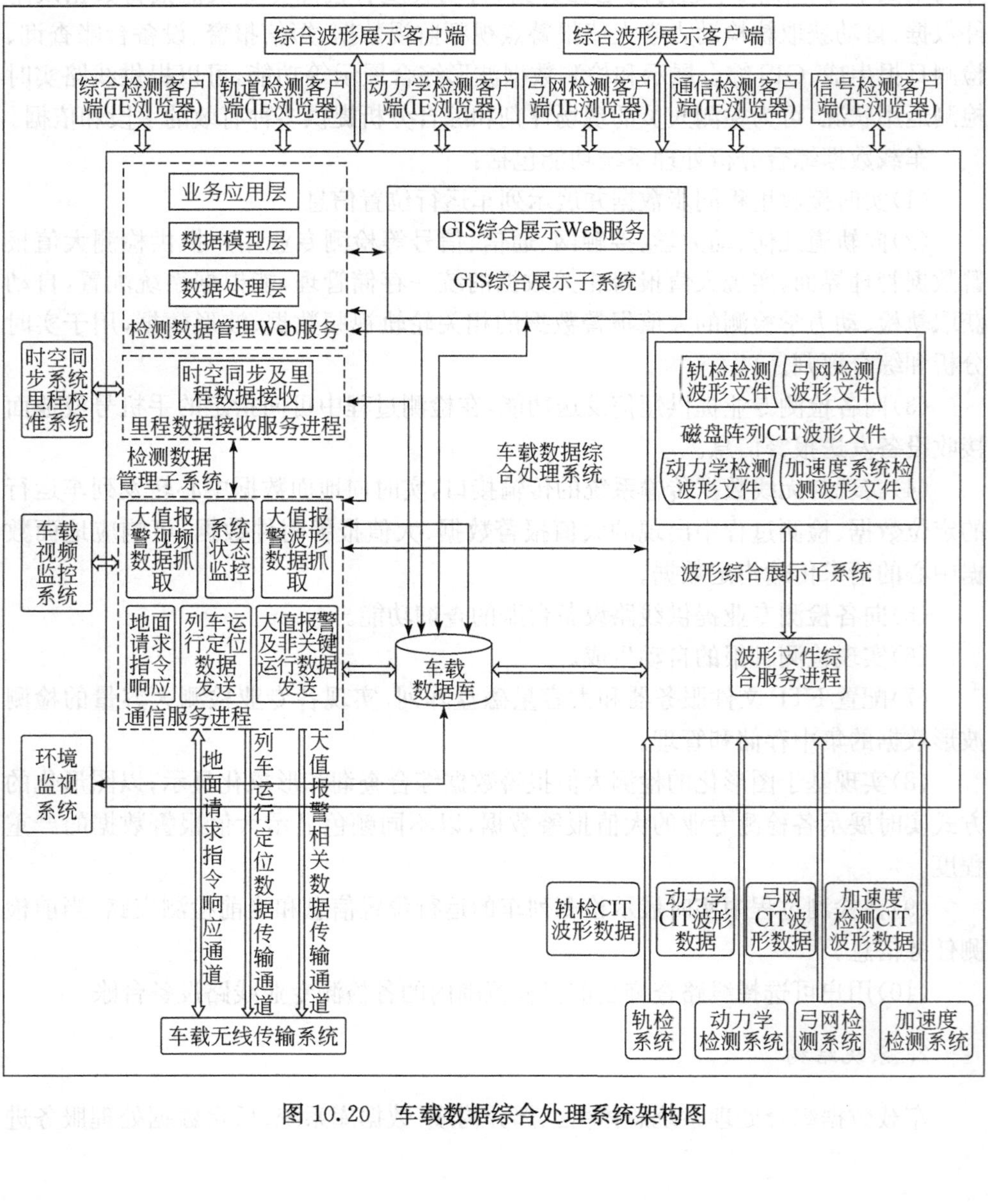

图 10.20　车载数据综合处理系统架构图

3. 应用实例

新型车载数据综合处理系统在检测过程中为各检测专业人员的现场评判和数据分析提供了多种有效的评价手段和方法。在检测过程中，大值报警能及时传输到地面数据中心，及时向全路发布并实时预警，实现了在检测过程中车载系统与地面数据中心、检测线路的工务段、电务段、供电段一体化，满足高速铁路检测运营和辅助维修要求，保障线路的运营安全。

车载数据综合处理系统目前除应用在 CRH380BJ-0301、CRH380AJ-0201 综合检测车外，还应用于升级 CRH5J-0501 高速综合检测车的数据综合处理系统。在综合检测车上实际使用界面如下。

(1)检测数据管理子系统通过 CSS 与 JavaScript 技术相结合使用，在 B/S 界面下实现了动态菜单，为用户提供了美观、方便、简洁的操作界面，系统运行界面如图 10.21 所示。

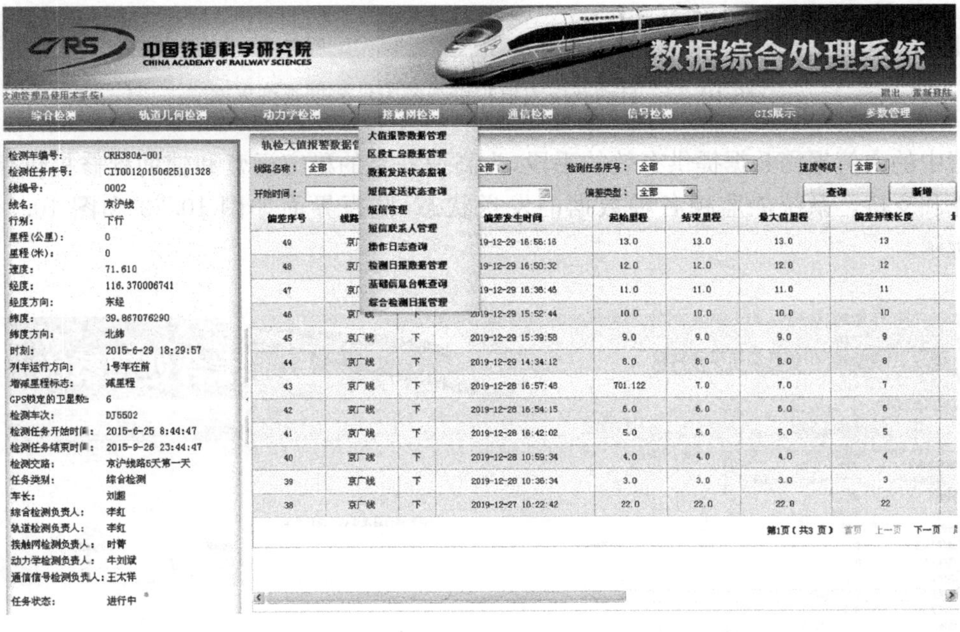

图 10.21　基于动态脚本实现的检测数据管理操作界面

(2)检测数据管理子系统自动根据轨检大值和动力学大值获取对应里程点的轮轨接触视频数和波形数据，为检测人员在检测运营过程中准确分析判断大值病害提供了依据。自动获取大值报警附件数据后的查询界面如图 10.22 所示。

(3)系统自动向无线传输系统传输检测过程中出现的各专业大值报警数据、报警的附件数据。系统可根据地面要求传送指定数据，为地面中心实时分析检测运

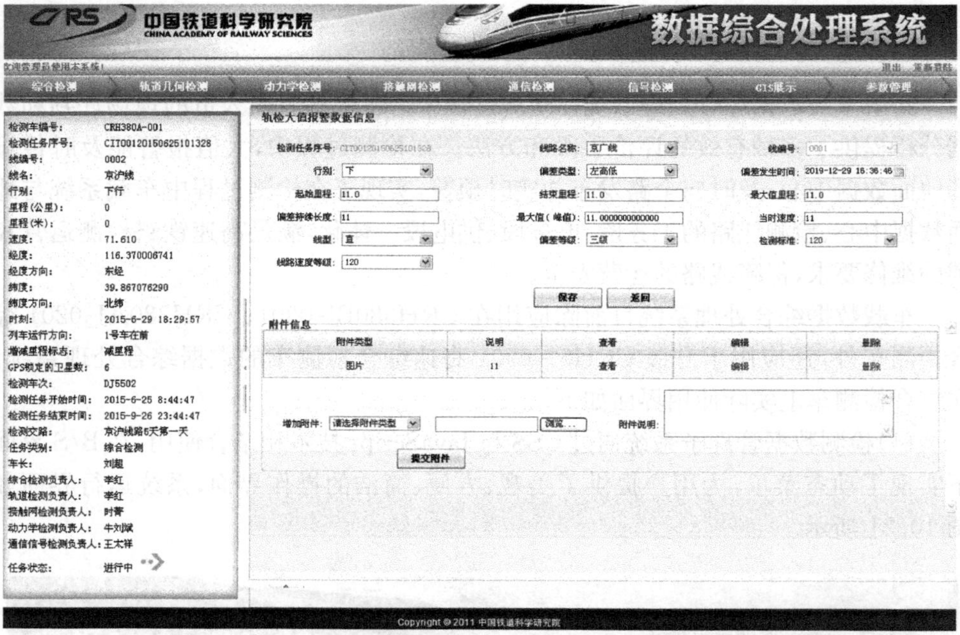

图 10.22 自动获取大值报警视频附件数据查询界面

营中的大值报警数据提供有效的手段，为高速铁路的稳定运营和辅助维修提供保障和支持。系统能监视各种数据的发送状态，监视界面如图 10.23 和图 10.24 所示。

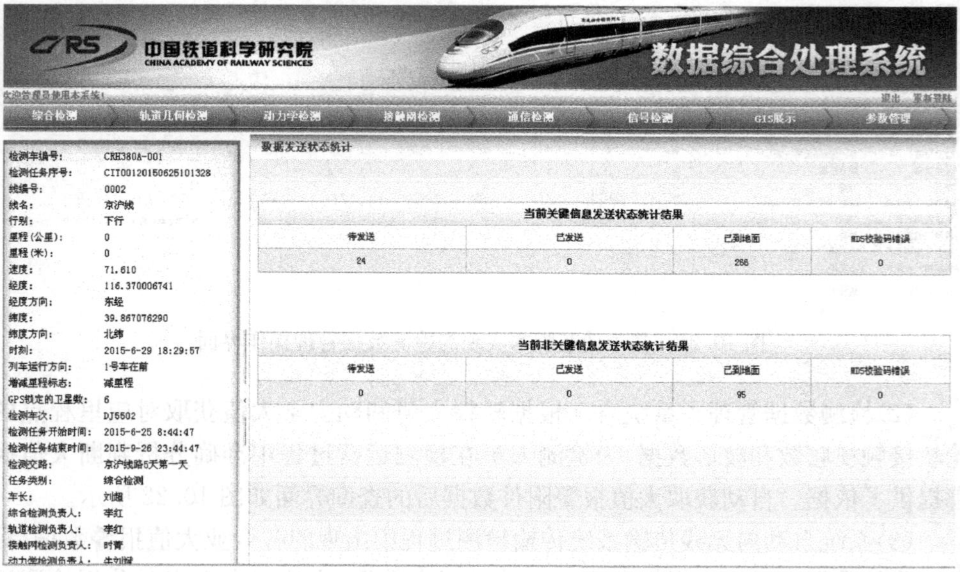

图 10.23 数据发送状态监视界面

图 10.24　大值报警数据发送状态监视界面

(4)GIS 综合展示子系统在检测过程中可以将检测大值报警数据的信息按照不同的专业分级别显示在地图上，便于检测人员及时发现问题。系统运行界面如图 10.25 所示。

图 10.25　综合 GIS 展示界面

(5)波形综合展示子系统在同一检测过程中能同时叠加显示轨道几何、动力学、加速度、接触网专业的波形数据,为检测人员进行相关性分析提供了有效的手段。系统运行界面如图 10.26 所示。

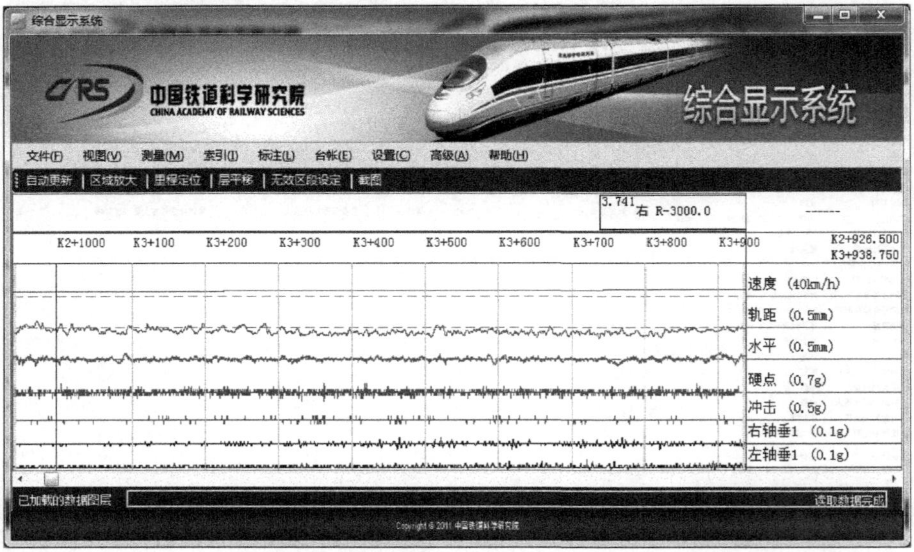

图 10.26　按里程同步显示三个专业的同一次检测波形数据

(6)波形综合展示子系统可同时显示一个检测专业的多次检测波形数据,方便检测人员进行历史检测数据对比分析,系统最多支持四次检测波形数据的叠加显示,如图 10.27 所示。

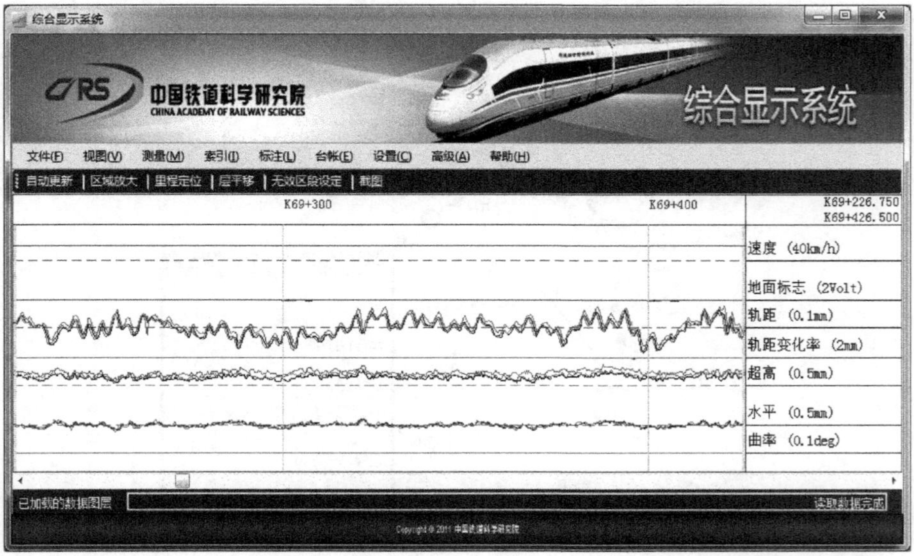

图 10.27　按里程同步显示一个专业的多次检测波形数据

(7)波形综合展示可按里程同步展示线路台账设备信息,包括图形化和列表显示。图形化显示的是曲线台账,列表可以显示曲线、道岔、坡度、桥梁、隧道等设备信息,如图 10.28 所示。

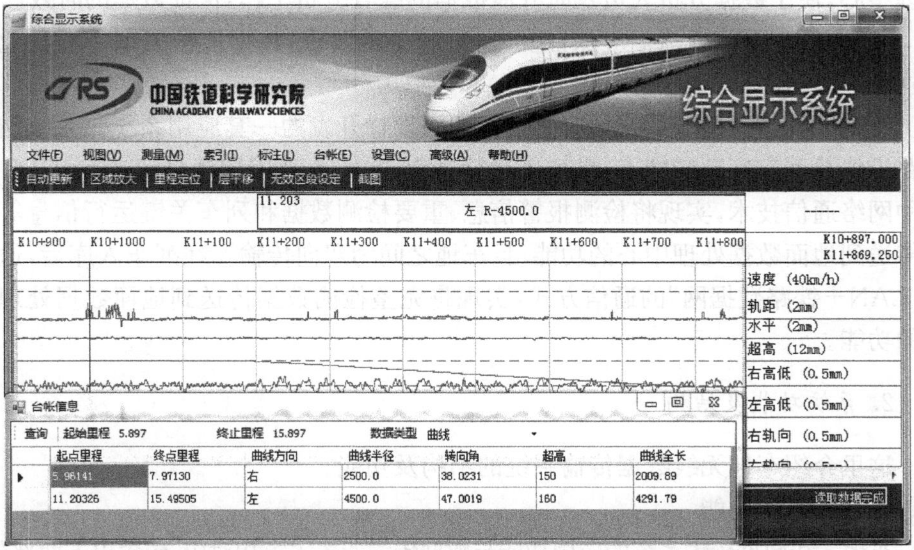

图 10.28　按里程同步显示设备台账

10.2.6　车地无线传输

1. 概况

高速综合检测列车在运行过程中对轨道、弓网、车辆动力学、无线通信和信号系统沿线基础设施进行检测,并不断累积产生大量检测数据。考虑到检测列车测试周期为 5～10 天不等,为满足基础设施状态安全报警和及时分析评判进行维修决策的需求,需要实时将严重病害信息传输到地面数据分析处理中心,同时在检测列车完成当天测试任务后及时将大批量检测数据传输到地面数据处理中心。

高速综合检测列车的车地数据传输业务需求主要有以下几点:

(1)检测列车在检测运营中发现的,有关铁路沿线基础设施工作状态的严重故障、隐患等紧急报警信息,需要以最高优先级、实时可靠地传输到地面数据处理中心进行分析处理,以便有关管理部门、维修维护部门及时采取措施,保障铁路安全运营。

(2)与检测列车运行线路相关的关键运行信息,如线路名称、行别、公里标信息、检测列车位置信息、速度等信息,需要实时发送给地面数据处理中心,便于实时掌握监测列车的运行情况。

(3)检测列车能够接收地面数据处理中心发送的数据请求指令信息，并按照要求将指定数据发送到地面数据处理中心。

(4)在完成交路检测任务后，能够将各专业原始检测数据及时传送到地面数据处理中心，便于数据分析人员及时开展数据的综合分析工作，保证数据的时效性。

(5)车地之间信息传输应保证实时性、安全性要求，数据传输速率需满足业务需求。

车地无线数据传输系统是应上述需求而设计开发的一套应用系统。系统结合铁路沿线及动车库环境特点，在列车运行过程中，综合采用短消息、GSM-R、3G 等多种网络通信技术，实现将检测报警信息、重要检测数据和列车关键运行信息等实时传送到地面数据处理中心的功能，且车地之间为双向传输。在列车入库后，通过“WLAN＋铁路数据网”的通信方式，实现将完整检测数据传送到地面数据处理中心的功能。

2. 系统功能及结构

这里介绍车地无线数据传输系统的结构及功能。

1)系统总体功能

车地无线数据传输系统的应用功能与数据传输业务需求相对应，包含以下两部分。

(1)报警信息、关键运行信息的实时传输功能。

在检测过程中产生的各种紧急报警信息、重要病害数据采用无线通信的方式传输到地面数据处理中心和各级维修管理部门，以便及时采取应对措施。各类数据按照重要程度、实时性需求划分为不同的传输优先级，系统优先传送报警信息等高优先级数据。车地无线数据传输采用的实时数据传输方式如下：

①基于公网 GPRS 网络的短信息通信；

②基于铁路 GPRS 网络的数据传输；

③基于 3G 公网(WCDMA、CDMA2000 或 TD-SCDMA)的数据传输。

可根据实际线路情况或具体传输任务需求选择不同的传输方式。

(2)大容量检测数据传输功能。

检测产生的大量检测数据将采用“WLAN＋铁路数据网”的方式传回到地面数据处理中心。检测车入库停车后，通过车载通信设备首先将检测数据经 WLAN 无线宽带网络发送到安装在动车库的地面基地站通信中转设备。地面中转通信服务器再通过铁通数据网将接收到的检测数据自动发送到地面数据处理中心。

除主要数据传输功能外，为保证数据的可靠传输，采用数据传输加回执确认的形式，并具备数据重传机制。对于较大的数据，还具备断点续传功能。

2)系统结构组成

车地无线数据传输系统由三部分组成，如图 10.29 所示，包括车载通信设备、地面基地站设备和地面数据处理中心(北京)。车载通信装置对各类检测数据进行分级、分类处理,按照不同的数据传输需求,选择相应的数据传输方式发送到地面数据处理中心或其他指定地点。地面基地站通信中转设备通过 WLAN 网络自动接收检测列车发送的检测数据,并经铁路数据网转发到地面数据处理中心。地面数据处理中心通信设备负责接收并按规定格式存储检测列车发送的各类检测数据。

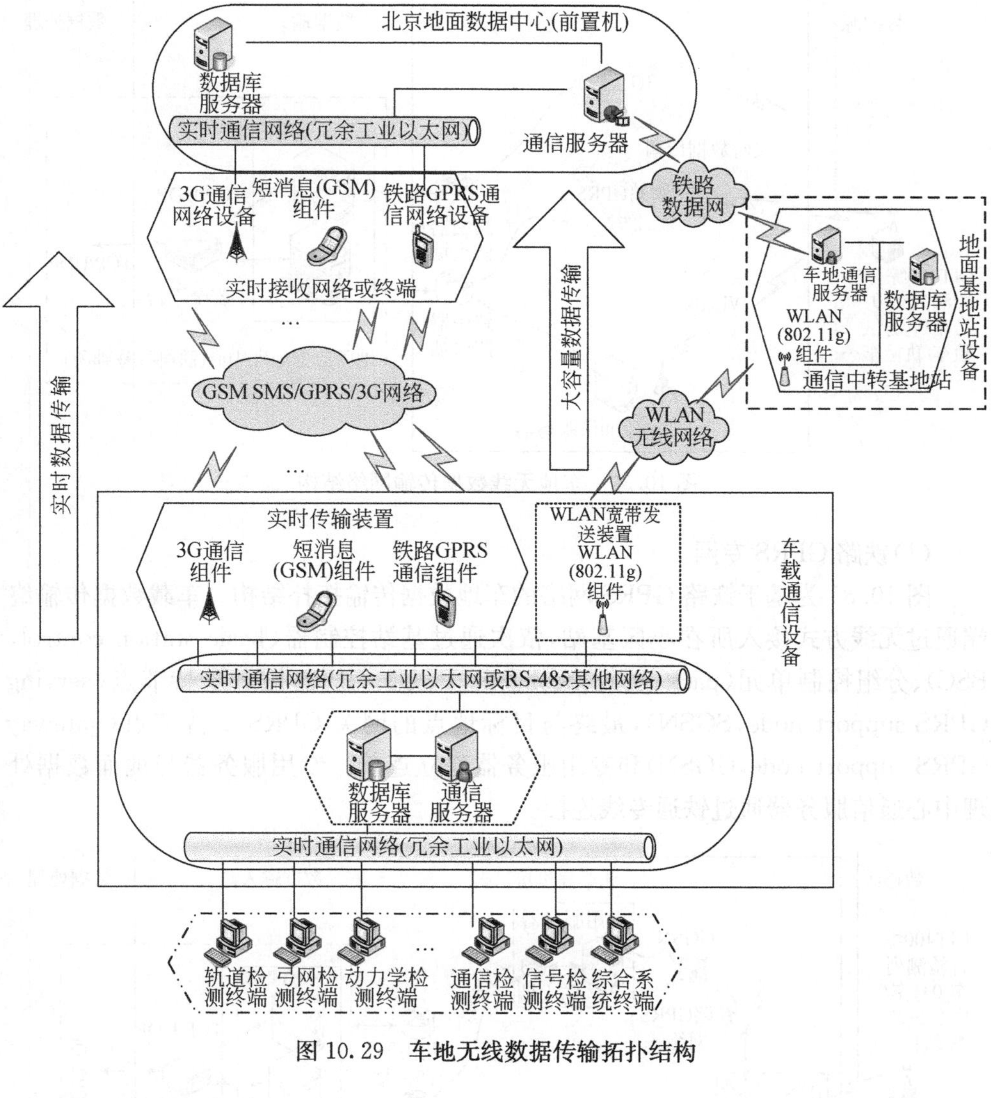

图 10.29　车地无线数据传输拓扑结构

3)传输网络结构

车地无线数据传输系统在检测列车运营中将检测数据按照不同的传输需求实时、安全、高效地传输到地面数据处理中心。对于在检测过程中需实时传输的数据可选择采用 3G 网络(中国电信或中国联通)和铁路 GPRS 网络进行传输;对于大容量检测数据的传输，采用 WLAN 网络加铁路数据网的方式传输到地面数据处理中心的通信服务器上。另外，为了便于检测数据在全路范围内的有效使用和共享，地面数据处理中心通信服务器将与铁路内网连接。为保证数据安全，地面通信服务器与铁路内网之间通过安全平台连接，实现内外网的隔离，如图 10.30 和图 10.31 所示。下面介绍具体每类网络的结构组成。

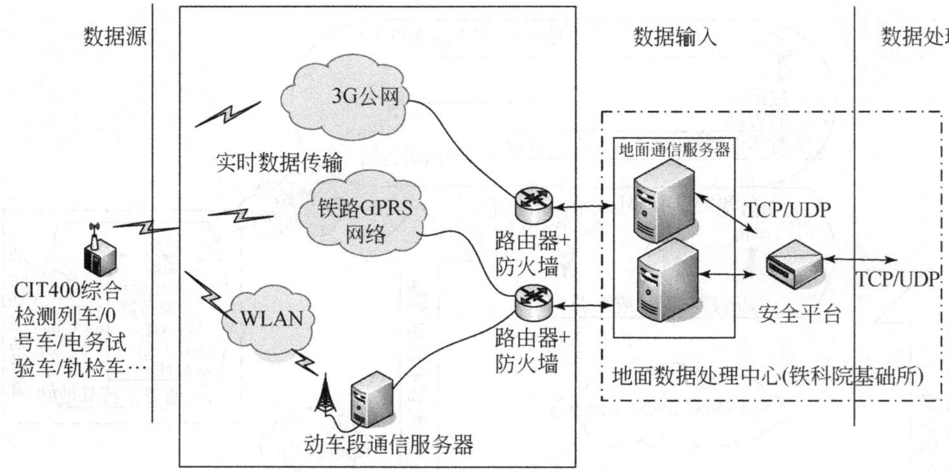

图 10.30 车地无线数据传输网络结构

(1)铁路 GPRS 专网。

图 10.31 为基于铁路 GPRS 网络的车地数据传输拓扑结构。车载数据传输终端通过无线方式接入所在小区基站，依次通过基站控制器(basic station control, BSC)、分组控制单元(package control unit, PCU)、GPRS 服务支持节点(serving GPRS support node, SGSN)，最终与目标地点的网关 GPRS 支持节点(gateway GPRS support node, GGSN)和专用服务器建立连接。专用服务器与地面数据处理中心通信服务器通过铁通专线连接。

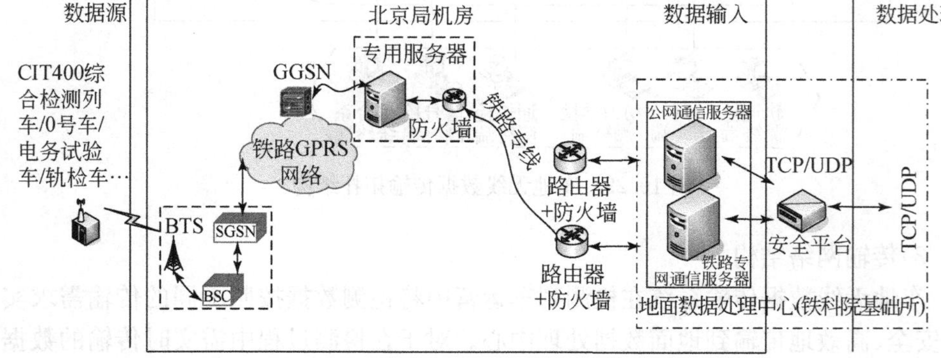

图 10.31 基于铁路 GPRS 网络的车地数据传输拓扑

铁路 GPRS 网络的使用首先需要向铁路总公司上报系统方案、传输数据内容、大小等详细资料,同时写明具体实施方法。具体实施中涉及需要申请的主要资源有:①地面数据处理中心通信服务器与北京局机房 MGRIS 服务器(图 10.31 中的专用服务器)的专线连接;②申请铁路 GPRS 数据传输专用 SIM 卡,应用于车载 GPRS 无线终端,且每张 SIM 卡需绑定一个固定 IP 地址,卡的数量视应用的检测列车数量及每辆车配置的 GPRS 终端数量而定;③申请为地面数据处理中心通信服务器分配一个固定的 IP 地址。

北京局机房到地面数据处理中心的专线可租用铁通公司专线资源。

(2)WLAN＋铁路数据网。

检测列车完成当日检测任务到达动车库停车后将大量原始检测数据通过"WLAN＋铁路数据网"的方式传输到地面数据处理中心。目前,在北京、上海等地的动车库已有应用于其他业务的 WLAN 无线网络覆盖,可考虑应用已有 WLAN 网络进行传输,但需要调研已有网络的覆盖和传输带宽情况、与已有传输业务的影响、应用许可等。另一种方法则是,在动车库内固定股道(动检车常停车股道)搭建专用的 WLAN 网络进行数据传输。采用哪种方式需视具体情况而定。

另外,需要与相关单位协调解决的还有以下事项:①与动车库通信车间所属通信段联系,申请铁路数据网使用权。②与动车库通信车间协商中转通信服务器的安装位置、与铁路数据网的连接线路布置及 IP 地址分配,以及中转通信服务器的托管服务等。③与动车库管理人员协调 WLAN 网络地面设备安装设计方案及施工方案(适用于搭建专用 WLAN 网络的情况)。

网络结构如图 10.32 所示,在没有铁路数据网的动车库可以考虑用互联网代替铁路数字网的方案,但要注意数据加密保证安全。

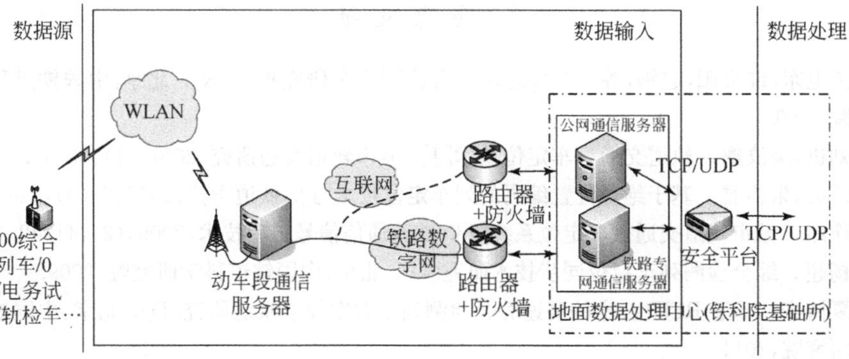

图 10.32　基于 WLAN 和铁路数字网的数据传输方案

(3) 中国电信/联通 VPDN 专网。

实时数据传输除了采用铁路 GPRS 专网外,还可采用公网方式(如中国移动、中国联通或中国电信)。申请各移动运营商提供的虚拟拨号专用网(virtual private dial-up network,VPDN)或接入点名称(access point name,APN)服务。如图 10.33 所示,车载通信终端配置 VPDN 或 APN 专用数据卡,北京各运营商机房到地面数据处理中心之间通过专线连接(E1/FE 专线,支持 L2TP 隧道协议和 GRE 隧道协议),在车载通信终端与地面数据处理中心之间组成虚拟专网。这样的网络结构不会受到网内外其他用户的干扰和攻击,数据传输安全性相对较高。

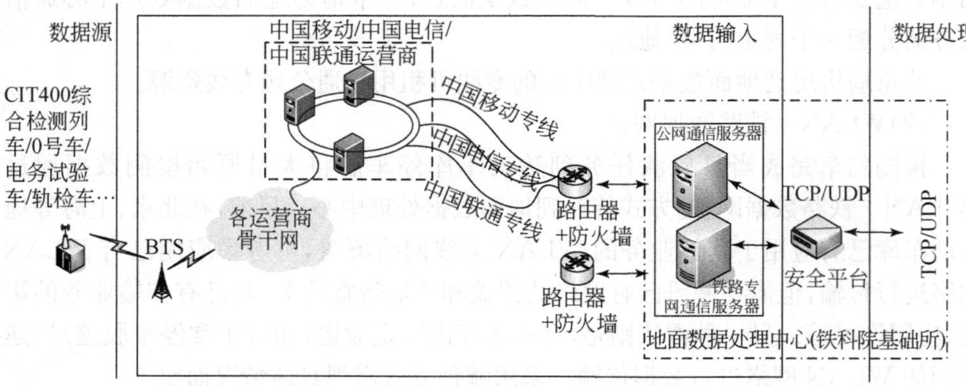

图 10.33 基于公网的实时数据传输网络拓扑结构

3. 应用实例

目前在 CRH380AJ-0201、CRH380BJ-0301 和 CRH5J-0501 高速综合检测列车上均安装了车地无线数据传输系统。在铁科院安装地面通信服务子系统,可实现检测列车与地面数据中心之间各类检测数据的双向传输。

参考文献

[1] 王卫东,许贵阳,赵钢,等. 0 号高速综合检测列车研究报告[R]. 北京:中国铁道科学研究院,2009.

[2] 刘进,吴汶麒. 轨道交通列车定位技术[J]. 城市轨道交通研究,2001,(1):30-34.

[3] 邱成,朱衡君. 基于绝对位置编码的列车定位技术[J]. 铁道学报,2007,29(3):118-122.

[4] 徐炜. 城市轨道交通列车定位系统[J]. 铁路通信信号工程技术,2009,(2):41,42.

[5] 杨超. 综合检测列车定位同步技术研究[D]. 北京:中国铁道科学研究院,2009.

[6] 夏博光. 基于 RFID 技术的高速综合检测列车时空校准系统研究[D]. 北京:中国铁道科学研究院,2011.

[7] 夏博光,王卫东,王登阳. 无线射频(RFID)技术在高速检测列车精确定位中的应用[J]. 铁道建筑,2011,(12):102-106.

[8] 范志广. 超高频射频识别(RFID)中的若干问题研究[D]. 杭州:浙江大学,2007.

[9] 中华人民共和国国家质量监督检验检疫总局,国家标准化管理委员会. 基于以太网技术的局域网系统验收测评规范(GB/T 21671—2008)[S]. 北京:中国标准出版社,2008.

第 11 章　铁路基础设施检测数据分析处理中心

为了保障高速铁路安全、平稳、高效运行，达到基础设施经济有效的养护维修目标，需要准确、全面、深入地处理检测数据，我国建立了铁路基础设施检测数据分析处理中心(简称数据中心)。数据中心统一管理海量基础设施检测数据，通过检测数据的深入挖掘和综合分析，对基础设施状态进行分析诊断和变化趋势预测，为基础设施的安全监控、诊断评估、检修维护、管理决策等多项应用提供数据支撑和理论依据。本章从数据中心的发展、系统构成、关键技术及其应用等方面对其进行详细介绍。

11.1 概　　况

11.1.1 建设意义

随着高速铁路检测数据的日趋积累，充分利用检测数据进行高速列车运行性能分析，预测基础设施变化规律，不但可以指导基础设施养护维修，保障运行安全，提高运输效率，也可以使降低运营成本成为可能。国外已经开展了许多积极的探索，英国、意大利、德国、法国、日本等国建立了地面数据中心，以实现检测数据的统一存储管理和综合分析处理。实践证明，综合检测数据分析技术的发展和应用，不仅可以提高高速铁路基础设施的管理水平，还可以有力地推动高速铁路技术的发展。总体来说，数据中心的建设具有以下重大意义：

(1)保障铁路安全运营。通过对动态数据的分析处理，实现高速铁路基础设施安全监控，保障高速铁路系统安全运营。

(2)提高铁路运营效率。数据中心可以持续监控并评估铁路的基础设施状态，最大限度地提高性能并减少停运时间、增强铁路承载能力。

(3)降低维护运营成本。数据中心为指导养护维修、实现基础设施的科学维护管理提供支持，可以有效减少维护所占用的时间、人力、物力和设备的成本。

(4)为理论研究和人才培养提供平台。大量检测数据的获取，可以为理论研究提供试验支持，为人才培养提供基地。

11.1.2 国内外数据中心发展现状

意大利铁路基础设施管理局(Rete Ferroviaria Italiana，RFI)建立了国家铁路基础设施数据诊断中心(CDN),支持铁路基础设施数据管理、预测分析和决策支持。英国 DeltaRail 公司的 Trackmaster、意大利 MERMEC 公司的 Ramsys、法国铁路 SNCF 的 TIMON 和美国 AMTRACK 公司使用的数据分析系统 TrackIT 则是集铁路基础设施基础数据、检测数据分析和线路养护维修辅助决策于一体的信息管理系统。德国 DB 公司的工务管理信息系统有 SAP R3 和 IRISSYS,前者主要完成设备的静态管理、维修计划管理及维修投资经费的管理与控制,后者可以实现轨道几何状态、钢轨伤损状况等信息数据的输入、超限判断、波形显示及数据对比等功能。日本检测数据采用了随车实时处理、批处理和地面系统后台综合处理三种处理方式。

每个国家的地面中心目的相同,系统各具特色,主要表现在使用的关键技术、数据中心框架和功能等方面。

1. 涉及的关键技术

构建数据中心需要解决的关键技术及国外在这些关键技术上的进展介绍如下。

1)数据的统一存储管理技术

检测数据种类繁多、数量庞大,动态检测数据的高效、高可靠性、统一存储管理机制是数据存储管理的关键技术。突破数据存储管理的关键技术、建立数据存储管理平台,是对检测数据进行深入分析和综合评价的前提,也可以为高速铁路的基础性和前瞻性问题如轮轨关系、弓网关系、恶化模型等领域的研究提供充分的数据支撑。

Bentley 公司的 Optram、MERMEC 公司的 Ramsys 等软件都对台账、检测数据等进行了有效的存储管理,界面如图 11.1 和图 11.2 所示。

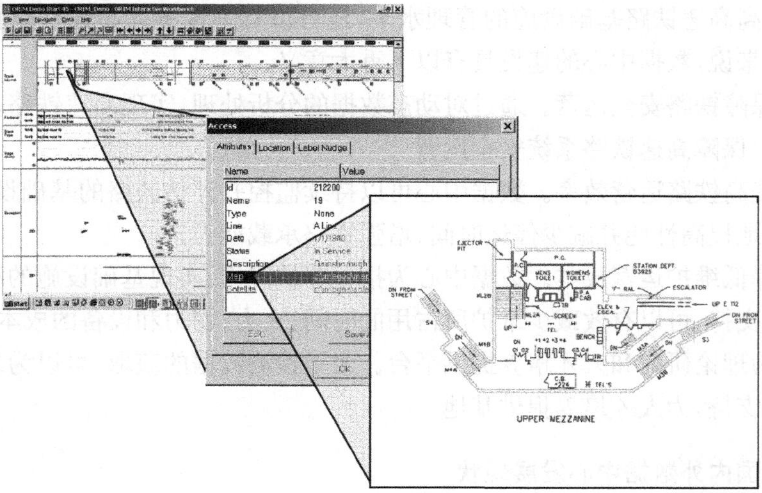

图 11.1　Optram 对台账、地图等数据的管理界面

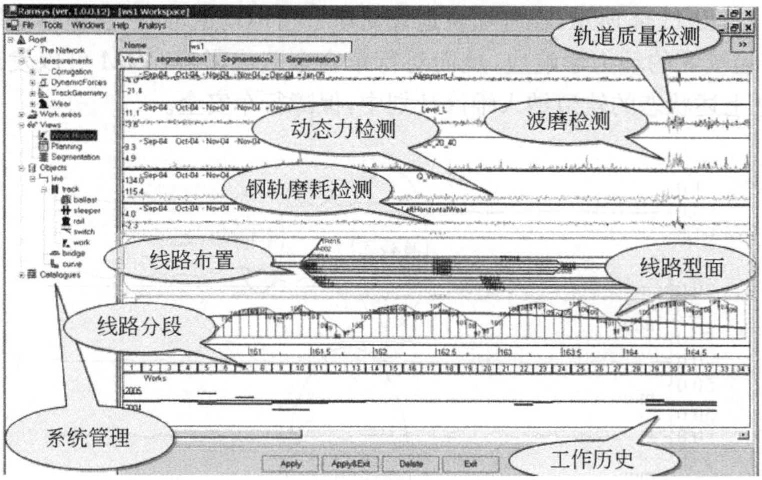

图 11.2　Ramsys 数据库及可视化界面

2)数据的分析诊断技术

(1)动力学仿真技术。近年来,动力学仿真技术在分析检测数据内在关联性、研究轨道状态对高速行车安全性和舒适性影响等方面取得了重大进展。

动力学仿真采用的商业软件主要有 VI-Rail、Simpack、Nucars 以及 Vampire 等。英国的 VIM 系统是在动力学分析处理软件 Vampire 的基础上开发的一个数据辅助分析系统,在动力学仿真技术的应用方面具有代表性。

与传统的根据轨道不平顺的单一幅值超限来诊断轨道缺陷及其制定维修计划的方式不同,VIM 结合车辆动力学响应辅助评价轨道状态指导养护维修。VIM 认为不是所有的轨道几何超限都会影响行车安全,结合车辆动力学响应指标,将轨道几何超限按照对行车安全性造成的影响分为不同的风险区域,如图 11.3 所示,其中框内红色部分表示可能对行车安全性造成高风险的轨道不平顺,需要引起高度重视,必须及时进行维修,而中低风险区域则可根据维修能力有选择地进行维修作业[1,2]。

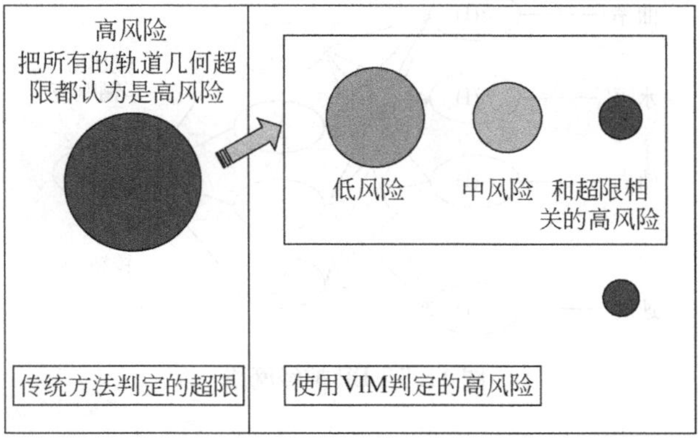

图 11.3　轨道几何超限与 VIM 的基于动力学性能超限

另外，如图 11.4 所示，在各项轨道几何单一指标均正常时，各种不平顺综合作用可能引起较大的动力学响应，从而对行车安全造成影响，VIM 可以发现这类潜在风险，把上述状态的轨道纳入维修计划中，保障行车安全。

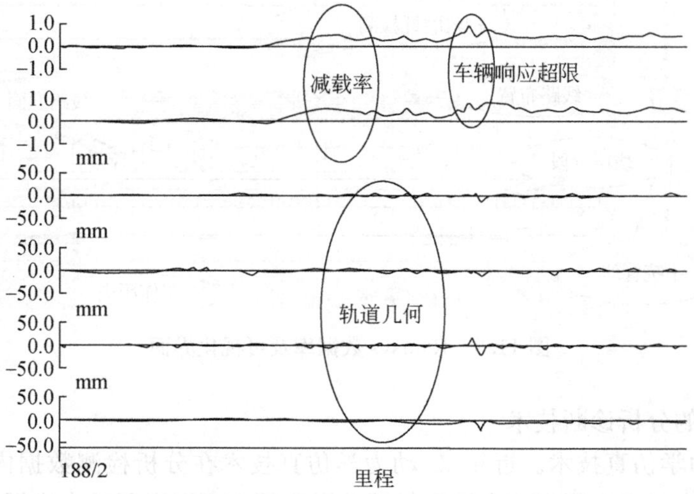

图 11.4　轨道几何指标正常但脱轨系数超限的工况

(2)数据综合处理。利用实测数据、仿真数据进行统计分析，并利用神经网络等技术对轨道不平顺和车辆动态响应间的关系进行研究，从而挖掘影响高速铁路舒适性和安全性的轨道不平顺病害特征，也是对检测数据分析诊断的关键技术。

美国 TTCI 公司开发了轨道综合监测技术，其核心软件是 PBTG。PBTG 采用三层 BP 神经网络来刻画轨道几何不平顺与车辆动力学响应的关联关系，如图 11.5 所示[3-5]。

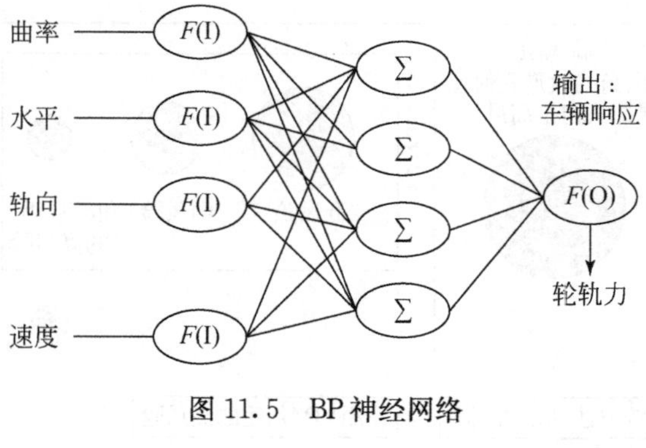

图 11.5　BP 神经网络

对于不同车辆的仿真模型，利用神经网络系统来发现其车辆动力学响应与轨道不平顺间的关联性，进而利用该神经网络对不同车辆在确定线路的运行安全性进行预测。图 11.6 和图 11.7 为 PBTG 预测结果和实测结果对比。

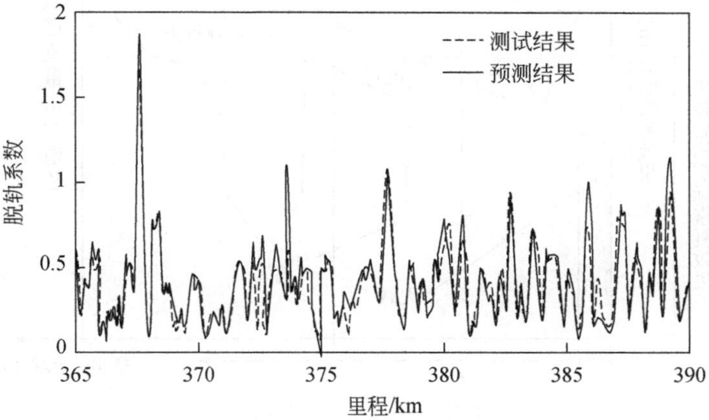

图 11.6　PBTG 预测结果和实测结果的比较

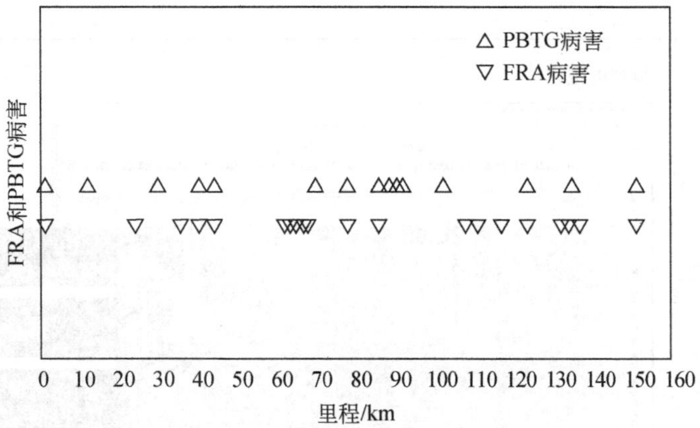

图 11.7　利用 PBTG 判定轨道缺陷及其验证

(3)轨道恶化模型。基于车辆、轨道、线路基础间的动态相互作用关系，以车辆-轨道耦合动力学理论和轨道下沉变形机理为基础，建立轨道状态恶化理论模型，并分析不同条件下轨道状态的产生、发展趋势。

Optram 的分析方法为：计算出基础设施状态的演变趋势，进行基础设施状态的预测，并结合养护维修历史，给出养护维修的建议。Ramsys 利用假定恶化模型的养护决策以及 Optram 可视化的预测分析分别如图 11.8 和图 11.9 所示。

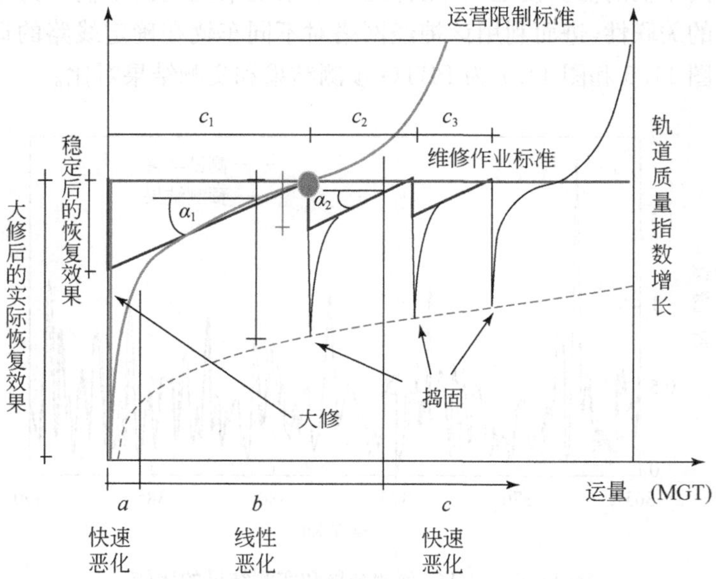

图 11.8 Ramsys 利用假定恶化模型养护决策图

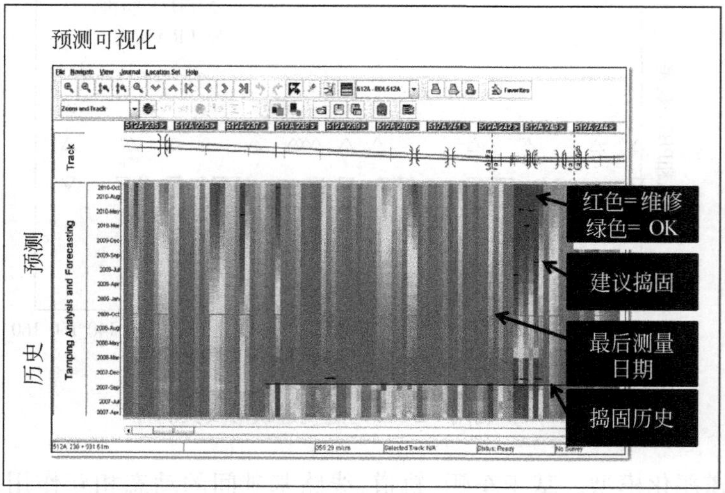

图 11.9 Optram 可视化的预测分析

3)结合资产管理进行辅助决策

铁路行业资产庞杂，拥有机车车辆、轨道、桥梁、车站、养护维修设备等，给基础设施的养护维修带来了很大的挑战，结合 ERP、EAM 对基础设施进行养护维修是构建地面数据中心的关键技术之一。

图 11.10 为 Ramsys 结合 EAM 进行养护维修计划制定的整体费用计算界面。

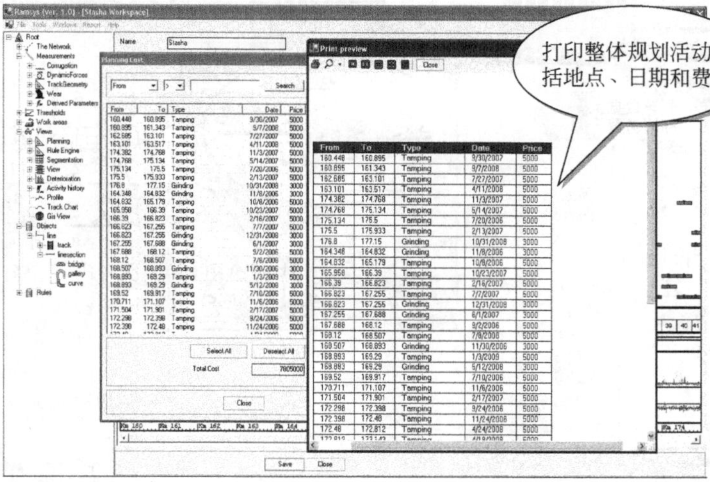

图 11.10　Ramsys 结合 EAM 进行养护维修计划制定的整体费用计算界面

2. 通用框架及总体功能

1)基本流程

各国的地面数据中心基本框架及工作模式具有相似之处,以意大利的 CDN 为例简要介绍如下。首先,综合检测列车进行检测,并把检测数据存储到检测列车的数据库服务器中,同时采取无线传输方式把严重缺陷数据传回地面数据中心,由地面数据中心的工作人员通知进行养护维修。对于严重缺陷数据以外的数据,利用无线传输的方式传到线路旁边的 Hub,然后通过 WAN 传回 CDN,CDN 工作人员基于铁路基础设施数据决策支持平台对数据进行整体分析处理后,根据标准及管理规定,提出养护维修建议,最后由养护维修作业人员完成基础设施的养护维修,如图 11.11 所示。

地面数据中心闭环处理的数据流程为:数据采集、数据分析和存储、维修计划和状态控制。具体过程如图 11.12 所示。

(1)数据采集阶段。利用各种检测系统,对线路、钢轨、接触网、道岔等基础设施进行数据采集,对基础设施的严重缺陷进行识别,并对严重缺陷数据进行确认和定位。

(2)数据分析和存储阶段。将动态数据存入地面数据中心,进行统一管理,并对单一参数及多个参数进行综合分析,得出检测结果并生成检测报告。

(3)维修计划阶段。根据第二阶段的检测数据,利用地面决策支持系统,进行基础设施的恶化分析,制定养护维修计划,并根据目标数据设定养护维修优先级。

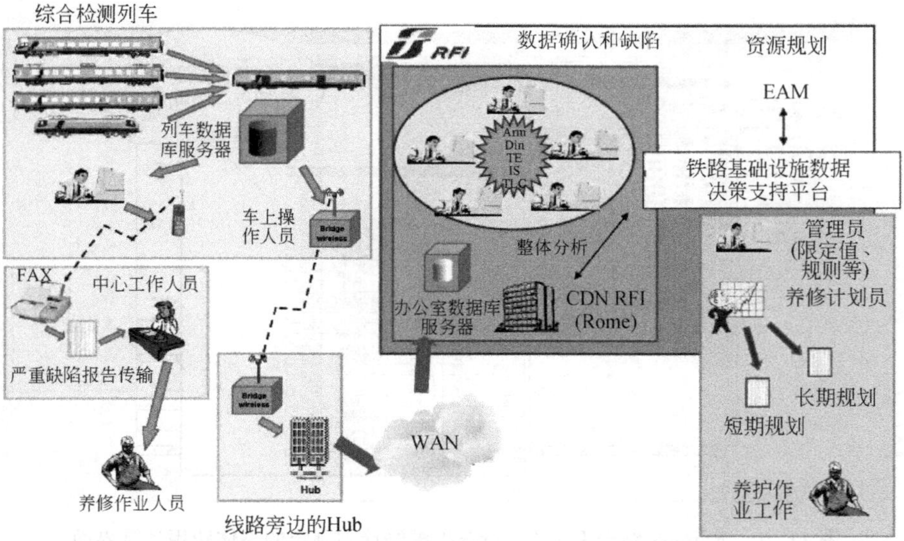

图 11.11　基于状态的养护维修数据流程(意大利 CDN)

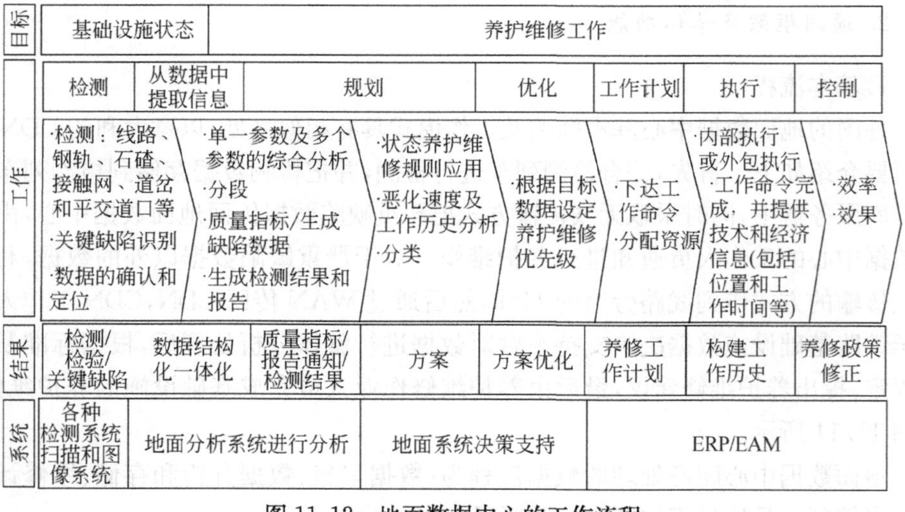

图 11.12　地面数据中心的工作流程

(4)状态控制阶段。根据第三阶段的养护维修计划，下达工作命令并分配资源。养护维修完成后，存储养护维修工作记录，并对养护维修的效果、效率进行分析评价，用来指导养护维修政策的修正。

通过以上四个过程完成养护维修的闭环体系，并把基础设施的养护维修与 ERP、EAM 完整地结合起来。

2)主要功能

地面中心一般应用在检测数据的统一存储管理、数据分析、负责维修决策及数据发布等方面。

(1)对检测数据实现统一存储、集中管理。地面数据中心都建立了检测数据地面统一存储和集中管理系统，实现了动态检测数据获取、数据存储管理。图 11.13 为 Optram 存储管理、显示、打印的数据界面。

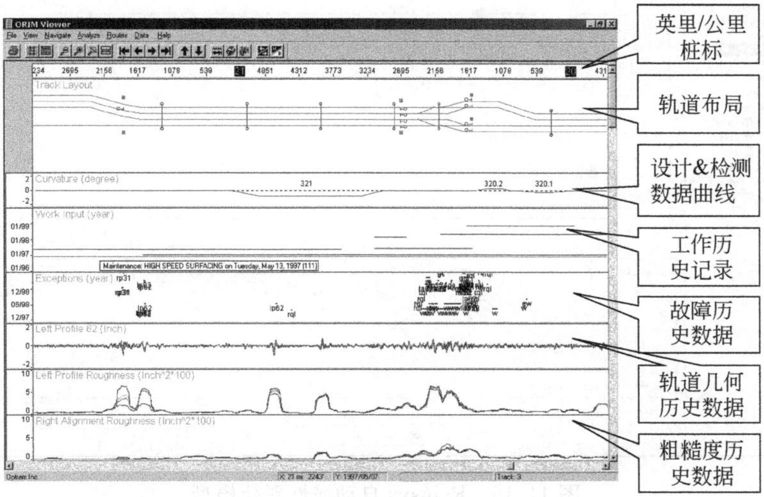

图 11.13 Optram 数据显示

(2)数据处理及分析。在实现了检测数据的统一存储、集中管理后，后续需要对检测数据的信息进行充分挖掘，研究检测数据间内在的关联关系，找出基础设施状态的演变规律，以制定更合理的养护维修计划。其中具有代表性的 Optram 的趋势可视化分析如图 11.14 所示，Ramsys 自动属性恶化模型如图 11.15 所示。

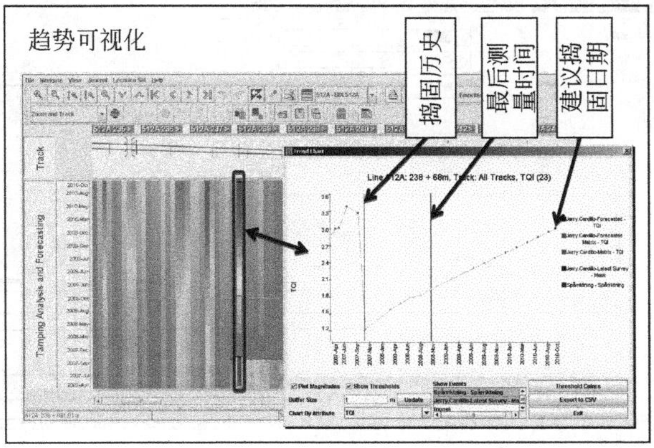

图 11.14 Optram 可视化的趋势分析

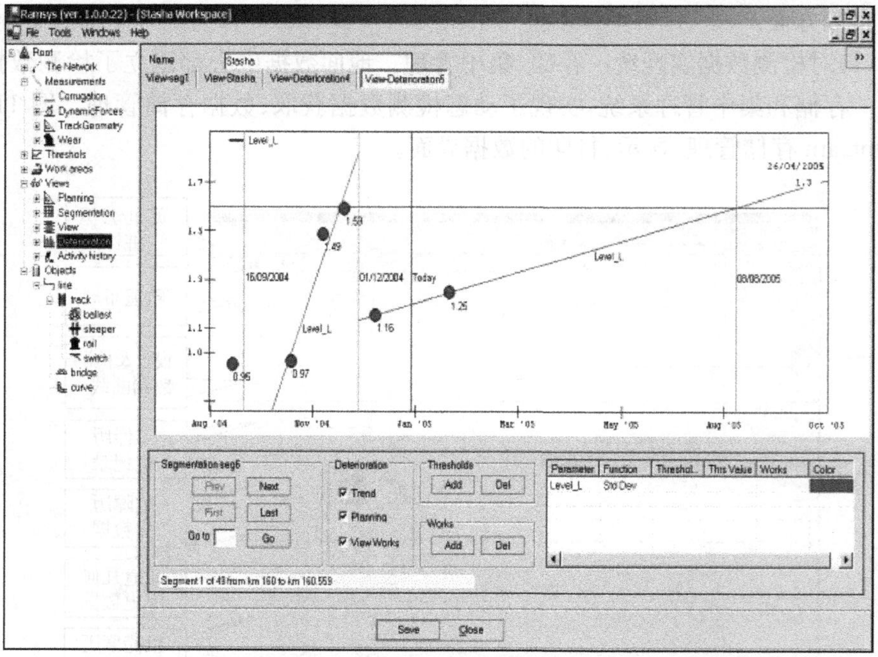

图 11.15　Ramsys 自动属性恶化模型

(3)自动养护维修决策及规划。目前，国外各铁路维修部门均在探索检测数据的分析处理与 ERP/EAM 系统相结合，合理分配维修资源，减少养护维修费用。Ramsys 自动养护维修工作规划如图 11.16 所示，Optram 与 EAM 系统的集成关系如图 11.17 所示。

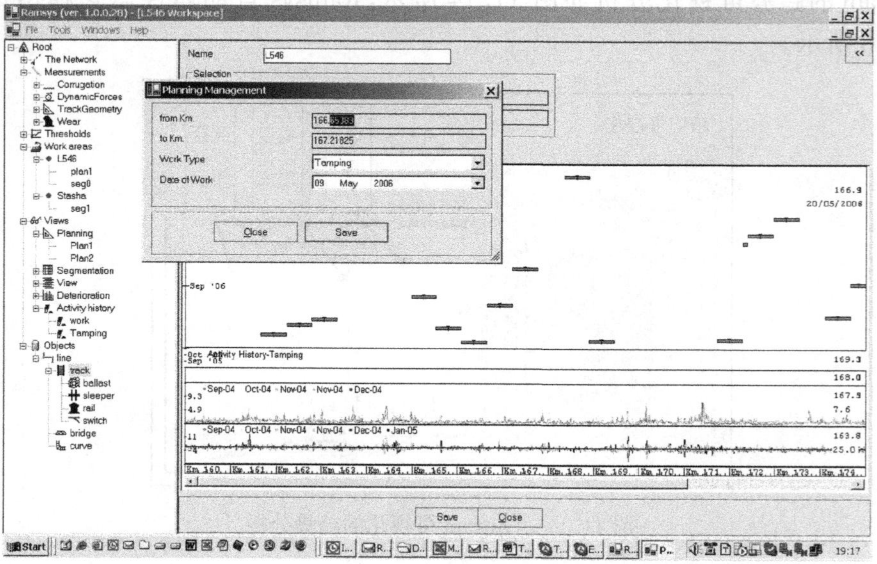

图 11.16　Ramsys 自动养护维修工作规划

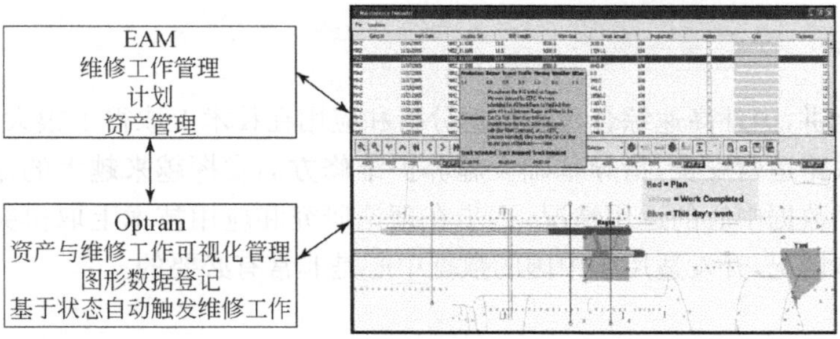

图 11.17　Optram 与 EAM 系统的集成

(4)数据分析结果发布。得到了检测数据的分析结果后,数据发布功能是综合检测数据分析处理平台必不可少的功能。发布功能包括台账信息显示、检测数据的波形显示、分析结果的显示、维修决策的显示以及视频功能等。

Ramsys 数据管理及 Optram 同步视频查看如图 11.18 和图 11.19 所示。

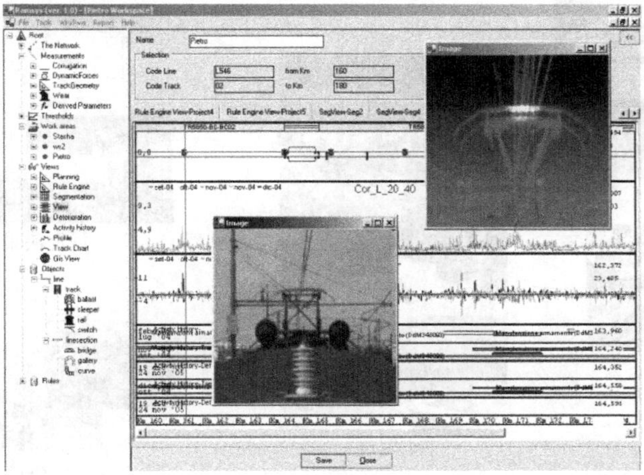

图 11.18　Ramsys 数据管理及可视化界面

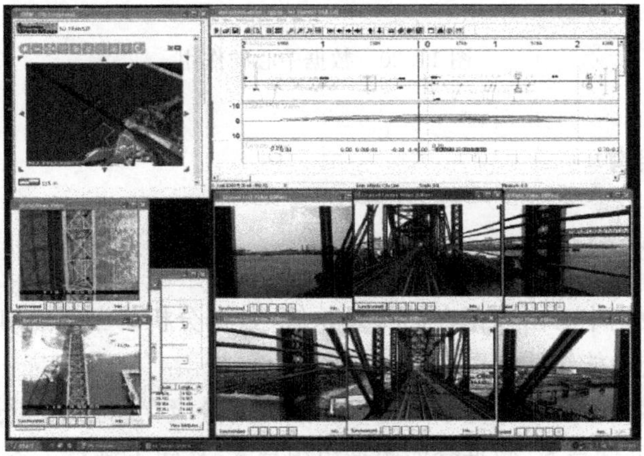

图 11.19　Optram 同步视频查看

3. 小结

总体上讲,国外高速综合检测数据分析和应用在技术上取得了很大发展,并在确保高速铁路运营安全,指导基础设施养护维修方面发挥越来越大的作用。各国正结合地面数据中心的运用情况,逐步在理论研究和应用技术上取得突破。结合我国的具体情况,开发适用于中国的数据中心是非常有必要的。

11.2　数据中心系统构成

数据中心要实现从数据采集、数据传输、数据处理、评判预测到应用决策的网络化、智能化。其具体作用如图 11.20 所示。

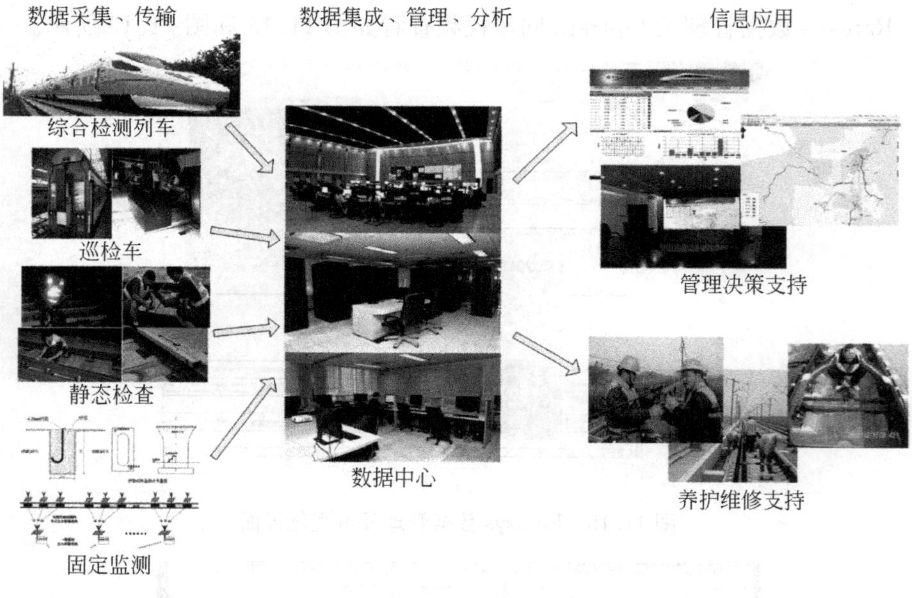

图 11.20　数据中心的作用

11.2.1　系统架构

1. 功能组成

我国检测数据中心由数据存储管理系统、数据分析诊断系统和数据应用发布系统组成。系统功能结构如图 11.21 所示。

地面数据存储管理系统基于海量检测数据的分级存储管理和分布集成体系结构,利用数据预处理技术、数据仓库数据组织技术,构建了满足工务、弓网、通信、信号等各专业的历史检测数据高效存储管理平台，对检测数据、相关设备的基础信息和维修作业信息进行统一管理。

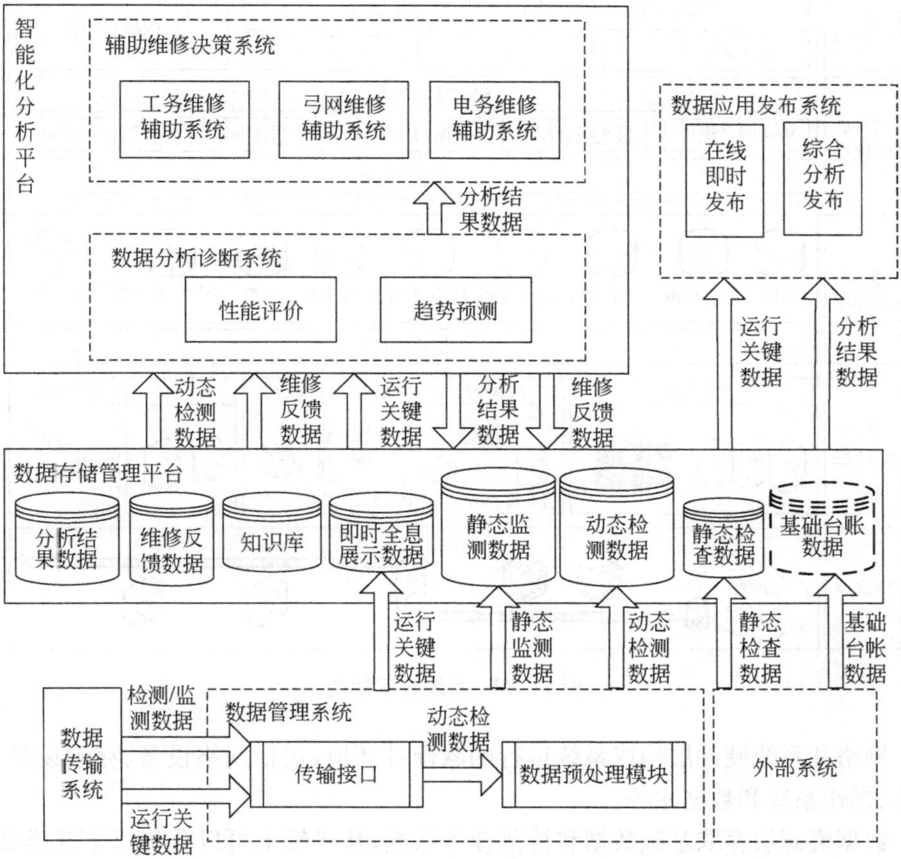

图 11.21　地面检测数据分析处理中心功能结构

数据分析诊断系统是数据中心的核心，实现对工务、弓网、通信和信号检测数据的分析诊断。其采用基础设施状态评价方法及特征量提取方法、车辆/轨道耦合动力学仿真及弓网耦合模型仿真、车辆/轨道系统综合安全评判方法、轨道不平顺状态预测方法等，实现基础设施状态的分析评价和变化趋势预测，提出维修养护建议。

数据应用发布系统基于 GIS，形象化地显示检测列车运行的位置速度信息、基础设施状态和检测数据分析结果。

2. 技术架构

从整个架构来说，检测数据中心系统分为网络和系统硬件层、数据资源层、数据处理层、业务应用层和访问层,技术架构如图 11.22 所示。

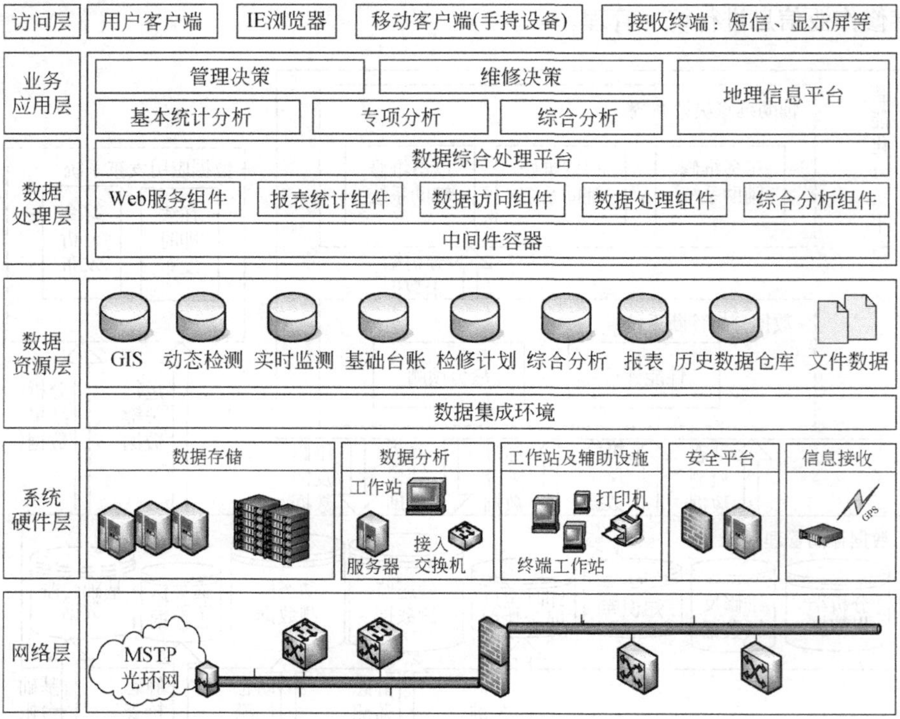

图 11.22　系统技术架构

网络和系统硬件层构成系统运行的软硬件环境,包括网络设备、存储设备、服务器、操作系统和数据库等。

数据资源层存取基础数据和检测业务数据,从逻辑上可以分为以下几类数据集:基础地理信息数据、基础设施台账等基础数据、检测/监测和检查数据、综合分析数据和外部系统共享的数据。

数据处理层封装各个业务模块,以组件的方式供上层应用调用,根据业务需求,封装的业务组件有 Web 服务、数据访问、数据处理、数据分析、报表统计等。

业务应用层是系统分析显示的入口,支持用户对检测数据超限、报警、波形分析结果的查询/查看,以及其他服务请求等。

访问层通过 C/S、B/S、移动终端等模式为用户提供数据服务。

11.2.2　数据管理系统

1. 轨道检测数据管理

轨道检测数据管理系统实现检测数据、设备基础台账数据、维修数据的管理和维护。对动态静态检测数据波形文件、超限数据、晃车仪数据等进行统一存储和管理。实现检测数据导入、数据预处理(数据校验、无效数据滤除、里程校核等)、数据插入、删除、修改等数据管理维护功能。数据内容及检测数据管理界面如图 11.23 和图 11.24 所示。

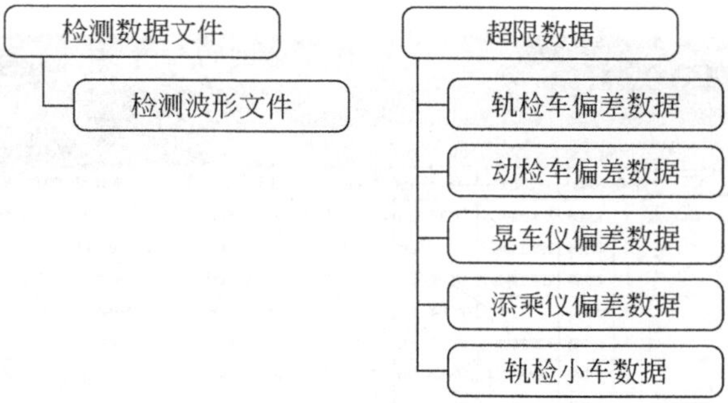

图 11.23　数据内容

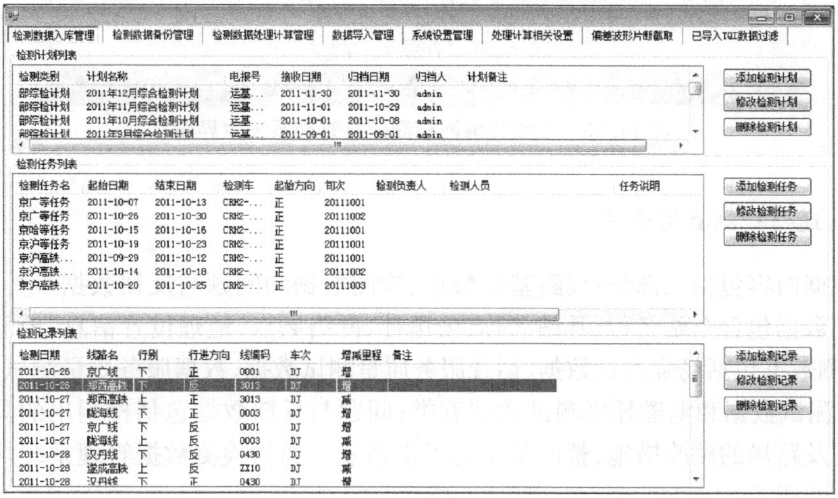

图 11.24　检测数据管理

2. 接触网检测数据管理

数据内容包括如下三方面:

(1)超限数据,即综合检测车进行日常检测时,检测出的安全性超限数据。其中超限数据类型主要包括拉出值超限、一跨内接触线高差超限、弓网接触力超限、接触线高度超限。

(2)复测反馈数据,即对当前存在的超限数据进行现场复测,并对已复测的超限数据进行反馈信息的填写。

(3)检测数据,包括超限报表和波形数据两类。其中,超限报表为每日综合检测车检测出的超限数据，该数据以压缩包的形式存在并提供下载；波形数据为每日综合检测车检测的波形数据文件，下载该数据后，可通过接触网检测数据波形分析软件进行查看，如图 11.25 所示。

图 11.25 全路接触网检测信息管理系统主界面

3. 通信检测数据管理

数据内容包括三部分：线路基础数据、检测数据和问题与反馈数据。其中，线路基础数据包含车站名称、基站名称、公里标、网络频点、地理位置信息、地形信息等；检测数据包括场强测试数据、话音服务质量测试数据、数据服务质量测试数据、GPRS 测试数据和电磁环境测试数据五类；问题与反馈数据包括检测出的具体线路问题及路局的整改措施、整改结果等反馈信息。通信检测数据管理系统功能如图 11.26 所示。

4. 信号检测数据管理

检测数据主要包括基础数据和检测数据。基础数据包括检测交路文件、经纬度坐标文件、桥梁文件、隧道文件、线路曲线文件及列控工程数据文件等数据文件。检测数据包括轨道电路、补偿电容、应答器、车载 ATP 检测数据。基础数据和原始数据是检测数据分析处理的源数据，原始数据在数据库中存储之前，需要对检测数据的数据结构和内容等进行格式转换，以适合检测数据后续的处理分析，并根据基础数据，对检测数据的对应信息位置施加规则进行数据一致性和有效性检查。检测数据的存储管理具有对检测问题及数量的分类统计及不同组合条件下的实时查询功能。信号检测数据管理系统功能如图 11.27 所示。

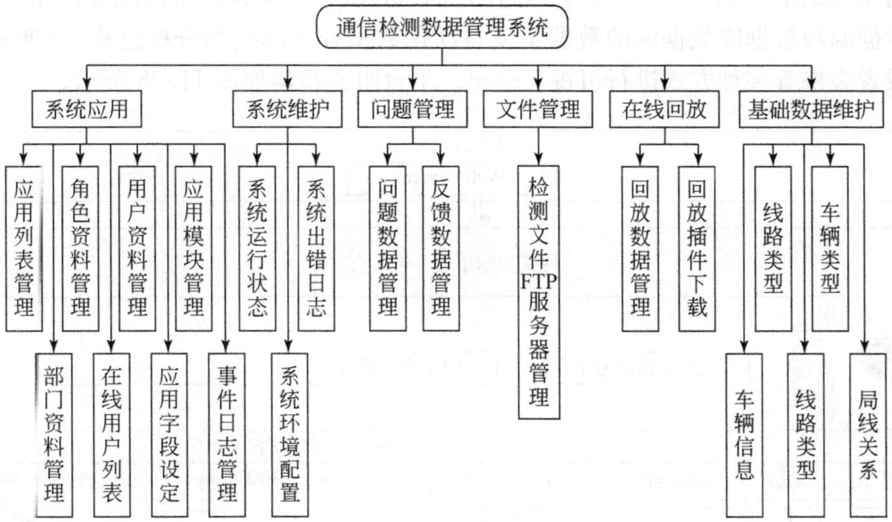

图 11.26　通信检测数据管理系统功能

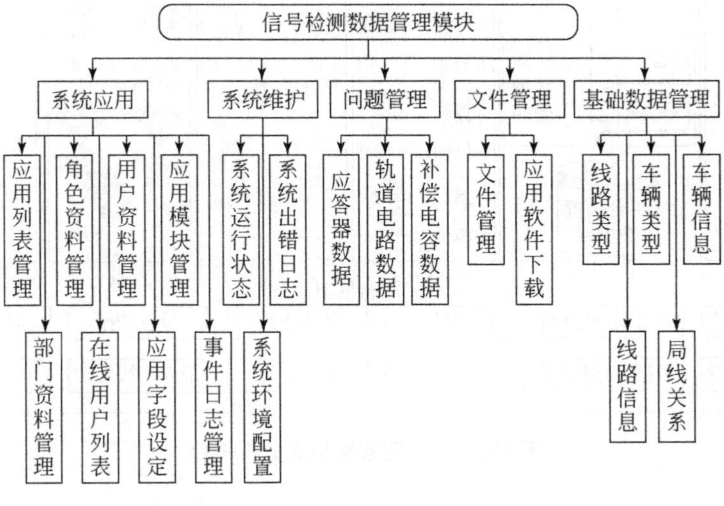

图 11.27　信号检测数据管理系统功能

11.2.3　数据分析系统

1. 集成分析平台

1)分析平台逻辑架构

检测数据集成分析平台实现高铁检测数据分析过程流程化、接口标准化、算法定制化和结果可视化。平台对算法进行统一封装、发布及算法流程配置使用，对文件数据源与数据库数据源的数据实现自动化数据处理和挖掘分析过程，并通过图形或者表格等多种方式进行可视化输出。平台组成结构如图 11.28 所示。

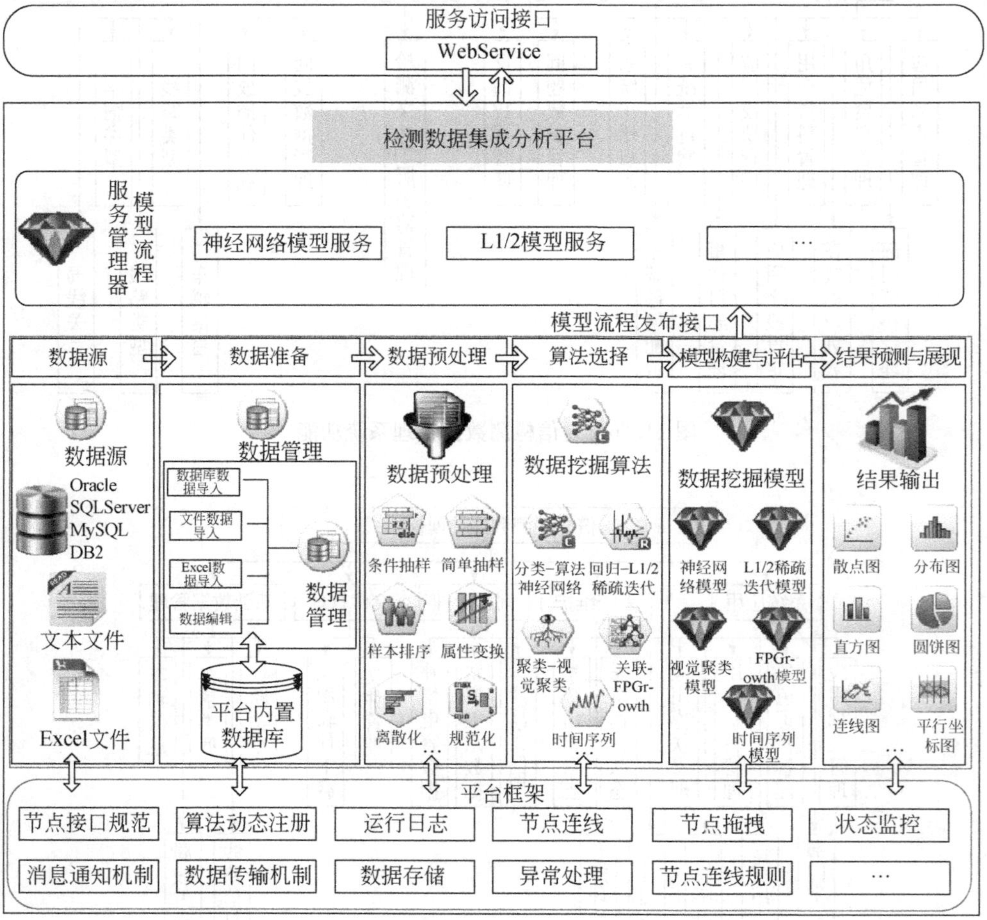

图 11.28 检测数据集成分析平台

(1)平台框架，分析平台的运行环境，主要包括节点接口规范、算法动态注册、运行日志、节点连线、节点拖拽、状态监控、消息通知机制、数据传输机制、数据存储、异常处理、节点连线规则等功能，平台框架具有良好的扩展性与开发性。

(2)数据源，分析平台支持的数据源有数据文件和数据库。

(3)数据管理，对数据进行统一管理，实现数据的共享。

(4)数据预处理，包括数据行处理和数据列处理。数据行处理包括条件抽样、简单抽样、样本排序等功能，数据列处理包括指定因变量、属性选择、属性变换、离散化、数据集拆分、数据降维、规范化等功能，为算法提供数据预处理支撑。

(5)算法与模型,分析平台的核心,平台集成了各类数据挖掘算法(包括分类算法、回归算法、聚类算法、关联规则算法、时间序列算法)。同时,平台具备良好的扩展性,支持新算法动态注册。

(6)结果输出,对数据分析结果的可视化输出,以及对数据挖掘模型的评估分析。数据可视化输出包括散点图、分布图、平行坐标图、属性相关性图等。

(7)模型服务流程管理器,用于管理平台发布的数据挖掘模型以及挖掘流程,包括模型的载入、启动、更新、停用、卸载等。模型流程服务管理器对外部系统提供模型流程调用接口,模型流程服务接收外部系统的数据预测请求,完成数据处理后将预测结果返回给服务调用方,支撑外部系统的分析、挖掘应用。

2)技术框架

在基于 OSGi 的插件式开发协议的基础上,将整个系统分为表现层、控制层、持久层、数据层四个层次。分析平台技术框架如图 11.29 所示。

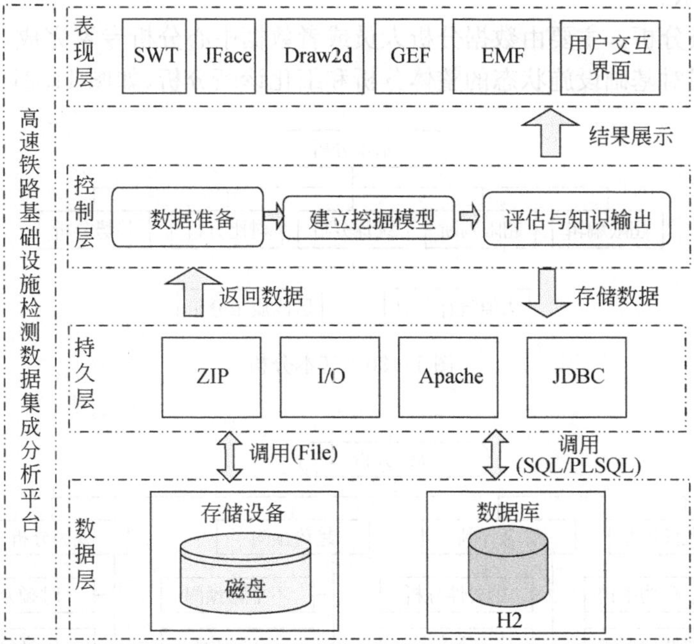

图 11.29　分析平台技术框架

(1)表现层,采用基于 OSGi 协议的 RCP 插件式 UI 组件 SWT 和 JFace 等框架,灵活地为每个算法绑定自己的图库。

(2)控制层,接收到请求后进行数据准备、建立挖掘模型、评估与知识输出。

(3)持久层,主要用于控制层与数据层之间的沟通。

(4)数据层,对操作数据的存储。

2. 轨道检测数据分析系统

1)分析功能

轨道质量分析评判主要采用轨道几何状态参数，辅以轮轨力、车辆加速度等车辆动力学响应参数，为主要分析评判依据；同时，结合车载式线路检查仪、便携式线路检查仪和地面静态检查等方法的数据，指导设备养护维修。

数据分析诊断系统的实现一方面基于基本的统计分析方法为管理和维修用户提供设备动态质量管理平台，同时，结合新的评价方法以及数据综合分析评价，为管理和维修生产用户提供维修建议。轨道状态分析诊断系统具有基本分析功能和高级分析功能。

(1)基本分析。面向管理部门和维修部门的用户，通过网络化访问和交互，实现对检测数据的超限编辑、超限判断、统计分析、历史数据对比分析和趋势分析，如图 11.30 所示。

(2)高级分析。主要由数据分析人员或者数据中心分析专家完成，通过数据分析平台，实现对基础设施状态的整体分析和细化诊断分析，如图 11.31 所示。

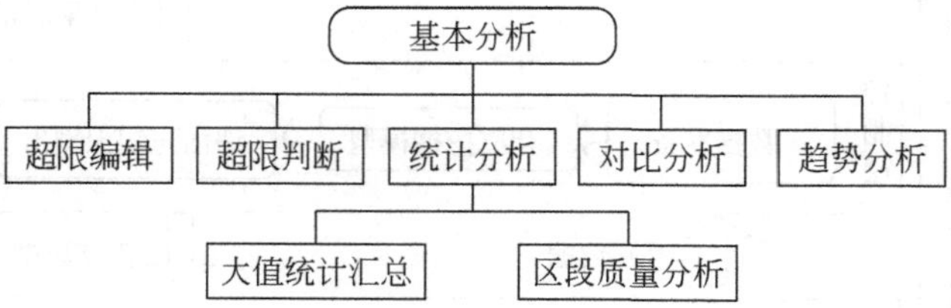

图 11.30　基本分析

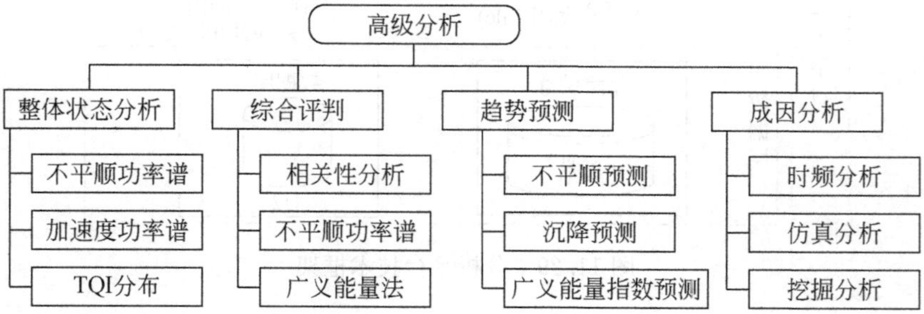

图 11.31　高级分析

2)系统功能组成

面向管理人员提供的功能包括大值管理闭环跟踪管理、轨道质量统计分析、可视化展示及检测报告和数据下载功能。

面向路局和站段生产管理用户的功能包括大值闭环管理、偏差分析、轨道质量

TQI 分析、单元分析、综合分析、关联查询分析、检测报告和数据下载等，如图 11.32 所示。

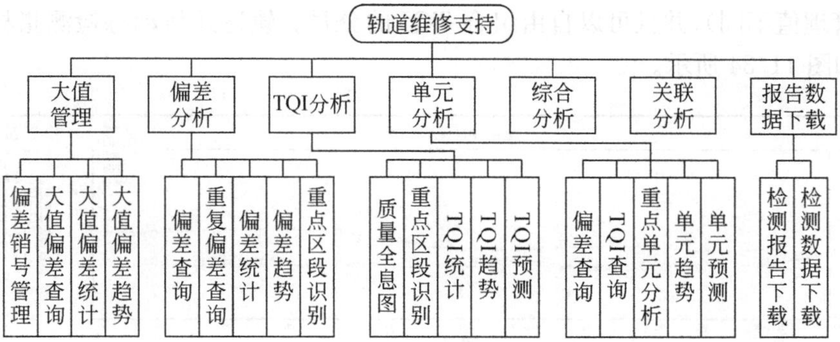

图 11.32　轨道维修支持功能

(1)大值管理，是指对重点关注的可能影响安全的大值(如轨道几何的三、四级超限、添乘仪和晃车仪的超限)进行大值跟踪管理和分析，包括大值销号、大值偏差列表、大值偏差详细信息、大值偏差统计、大值偏差趋势分析等功能。轨道几何动态检测偏差的重复分析界面如图 11.33 所示。

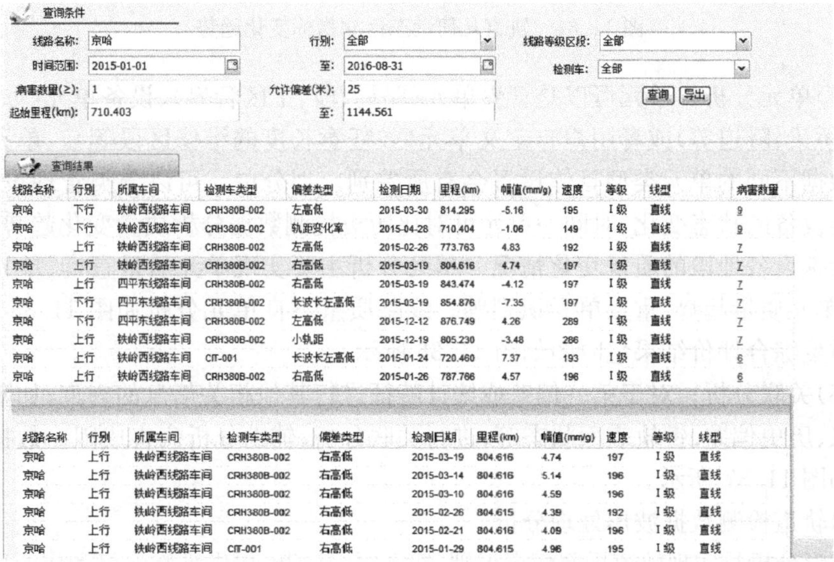

线路名称	行别	所属车间	检测车类型	偏差类型	检测日期	里程(km)	幅值(mm/g)	速度	等级	线型	病害数量
京哈	下行	铁岭西线路车间	CRH380B-002	左高低	2015-03-30	814.295	-5.16	195	Ⅰ级	直线	9
京哈	下行	铁岭西线路车间	CRH380B-002	轨距变化率	2015-04-28	710.404	-1.06	149	Ⅰ级	直线	9
京哈	上行	铁岭西线路车间	CRH380B-002	左高低	2015-02-26	773.763	4.83	192	Ⅰ级	直线	7
京哈	上行	铁岭西线路车间	CRH380B-002	右高低	2015-03-19	804.616	4.74	197	Ⅰ级	直线	7
京哈	上行	四平东线路车间	CRH380B-002	右高低	2015-03-19	843.474	-4.12	197	Ⅰ级	直线	7
京哈	下行	四平东线路车间	CRH380B-002	长波长左高低	2015-03-19	854.876	-7.35	197	Ⅰ级	直线	7
京哈	下行	四平东线路车间	CRH380B-002	左高低	2015-12-12	876.749	4.26	289	Ⅰ级	直线	7
京哈	上行	铁岭西线路车间	CRH380B-002	小轨距	2015-12-19	805.230	-3.48	286	Ⅰ级	直线	7
京哈	上行	铁岭西线路车间	CIT-001	长波长左高低	2015-01-24	720.460	7.37	193	Ⅰ级	直线	6
京哈	上行	铁岭西线路车间	CRH380B-002	右高低	2015-01-26	787.766	4.57	196	Ⅰ级	直线	6

线路名称	行别	所属车间	检测车类型	偏差类型	检测日期	里程(km)	幅值(mm/g)	速度	等级	线型
京哈	上行	铁岭西线路车间	CRH380B-002	右高低	2015-03-19	804.616	4.74	197	Ⅰ级	直线
京哈	上行	铁岭西线路车间	CRH380B-002	右高低	2015-03-14	804.616	5.14	196	Ⅰ级	直线
京哈	上行	铁岭西线路车间	CRH380B-002	右高低	2015-03-10	804.616	4.59	196	Ⅰ级	直线
京哈	上行	铁岭西线路车间	CRH380B-002	右高低	2015-02-26	804.615	4.39	192	Ⅰ级	直线
京哈	上行	铁岭西线路车间	CRH380B-002	右高低	2015-02-21	804.616	4.09	196	Ⅰ级	直线
京哈	上行	铁岭西线路车间	CIT-001	右高低	2015-01-29	804.615	4.96	195	Ⅰ级	直线

图 11.33　轨道几何动态检测偏差的重复分析

(2)偏差分析，是指对轨道几何、动态响应、晃车仪、添乘仪的偏差数据通过各种统计图表以及集中度图和散点图等进行分析，还包括检测里程、优良率、合格率、失格率、平均扣分的统计汇总。

(3)TQI 分析，包括 TQI 查询和统计(TQI 及各分量累积曲线图和频数分布图)、TQI 汇总(TQI 及各分量的平均值、累积 80%值(累积的百分比可以自定义))、TQI 趋势分析。TQI 的各种分析中均可分速度级(因为不同速度级线路的 TQI 管理值不同)，并且可以自由组合 TQI 的分量。轨道几何动态检测指标变化趋势如图 11.34 所示。

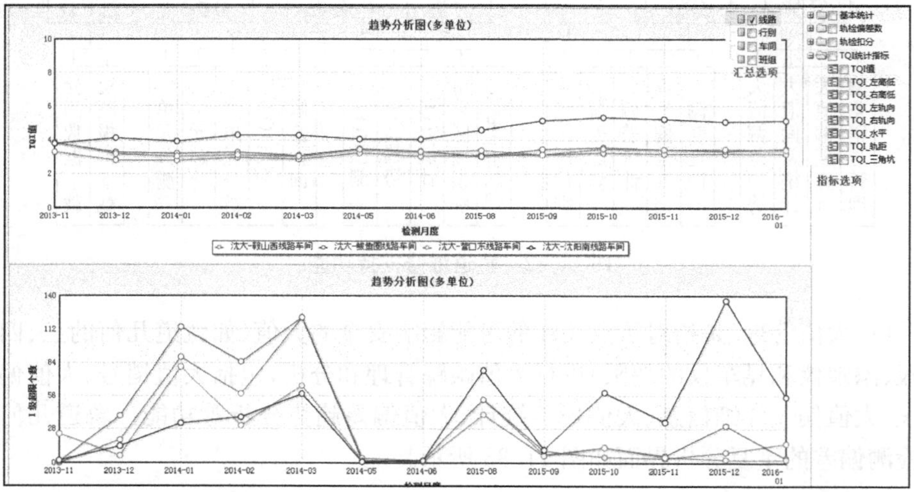

图 11.34　轨道几何动态检测指标变化趋势

(4)单元分析。单元可以是管界单元(路局、段、工区管界)、设备单元(如道岔、曲线、桥梁、隧道等)或者用户自定义单元(如任意长度的维修区段等)。单元质量指标根据不同的单元类型具体设置会有所差别。划分单元可以分类管理设备、对比同类设备的状态变化、对同一单元可对比历史检测数据分析质量变化趋势、跟踪分析特殊设备地段的质量变化情况。单元分析主要实现单元质量查询、单元质量汇总、单元质量趋势、重点单元识别等。线路质量不良单元分析如图 11.35 所示。线路质量综合评价结果色阶图如图 11.36 所示。

(5)关联分析。对于某一偏差或统计特征进行其他相关信息的查询，如附件设备台账、历史偏差、钢轨表面状态等，进行关联分析，辅助分析病害成因。数据关联分析如图 11.37 所示。

3)轨道检测数据波形处理分析

波形分析是实现轨道局部病害识别、病害原因诊断、提供维修建议和作业质量评价的重要手段。实现轨道几何、动力学检测数据的波形显示、设备台账和波形的联动显示、多通道多次历史波形对比、波形分析标注、波形数据导出等功能。设备台账和波形的联动显示如图 11.38 所示。历史波形对比和作业效果评价如图 11.39 所示。

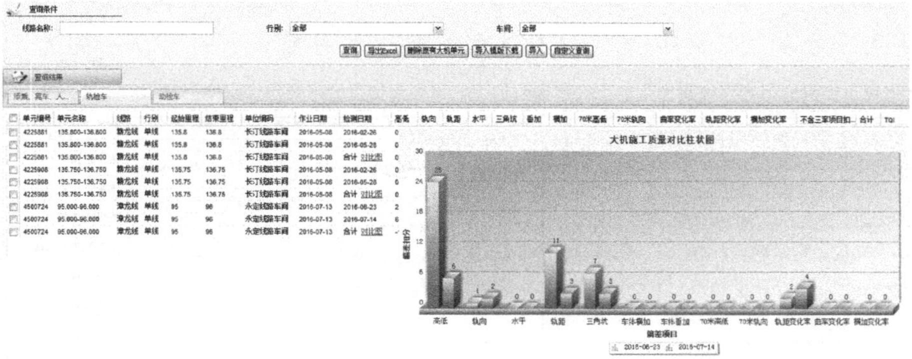

图 11.35　线路质量不良单元

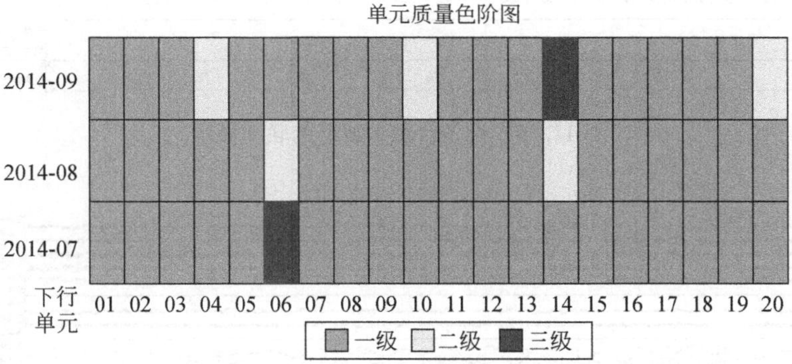

图 11.36　线路质量综合评价结果色阶图

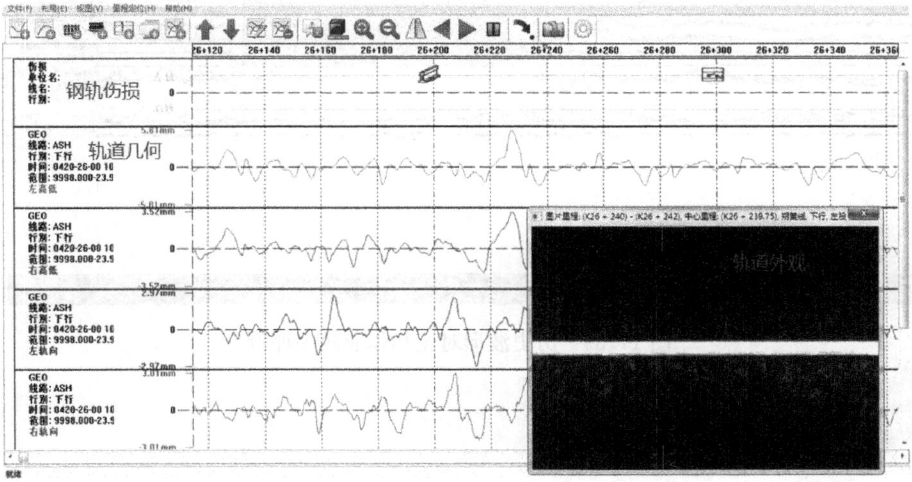

图 11.37　数据关联分析

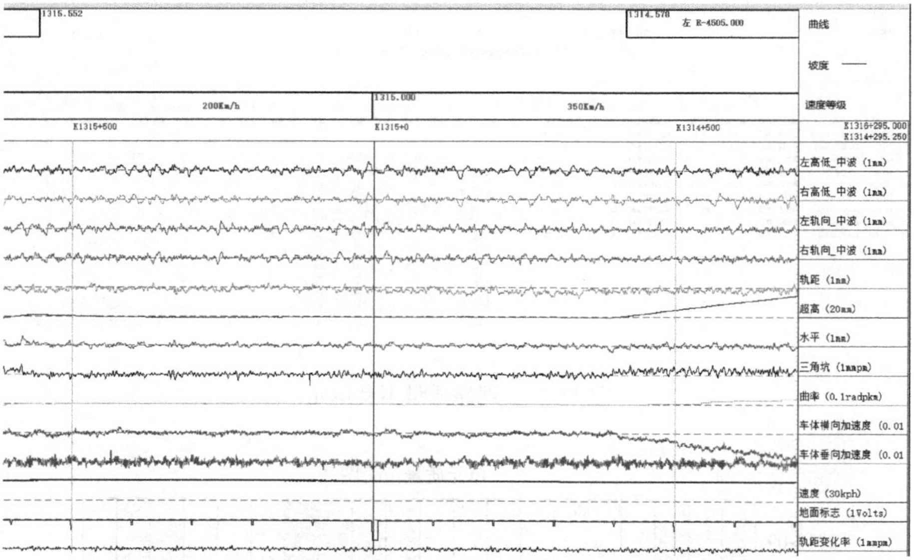

图 11.38　设备台账和波形的联动显示

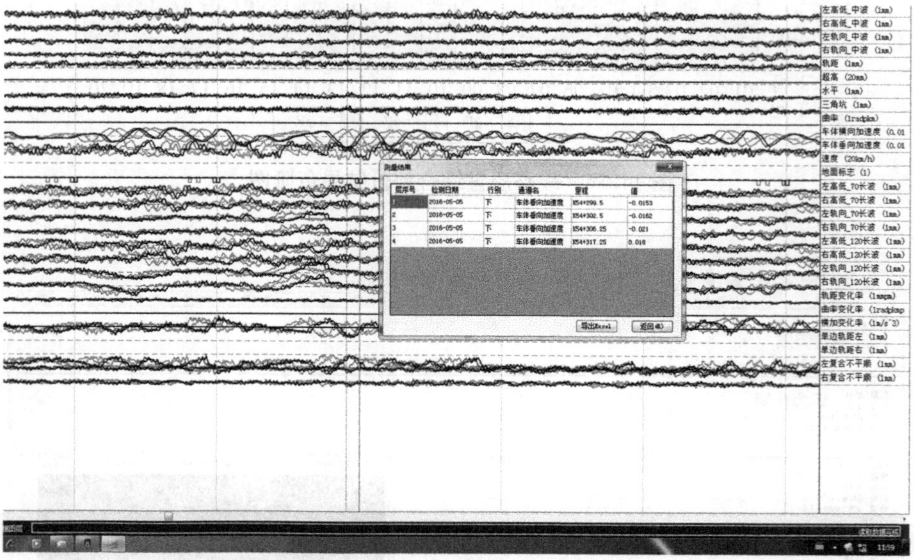

图 11.39　历史波形对比和作业效果评价

3. 弓网检测数据分析系统

弓网检测数据分析通常采用高帧频数字视频系统、速度里程辅助信息系统、接触网基础信息系统等进行综合诊断与评价。弓网数据分析诊断系统更加强调接触网动态检测管理流程，不仅注重超限的判别、超限数据的查询及反馈功能，而且将超限数据信息与接触网动态检测波形数据信息、接触网动态检测视频信息、接触网基础信息进行全面融合，为动态检测超限复核提供更全面的信息。

弓网数据分析诊断系统的主要功能为：对弓网检测数据进行集中统一管理，利用数据挖掘、数据关联等处理技术，对检测数据进行深入分析和处理，研究弓网检测数据的特点，进行有效的弓网检测数据评判及弓网运行状态综合评价。通过接触网检测数据波形分析软件、弓网动态运行视频分析软件、全路接触网检测信息管理软件等数据分析诊断系统软件进行弓网检测超限的自动判别及超限原因诊断，为现场弓网设备运营单位提供辅助维修决策支持。

弓网数据分析诊断系统软件结构关系如图11.40所示。

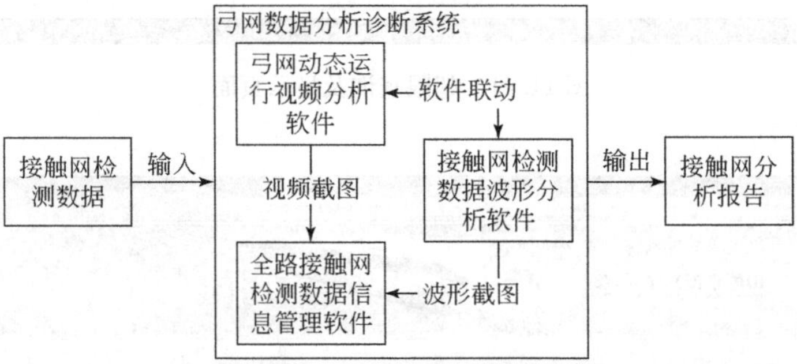

图11.40 地面数据中心弓网数据分析诊断系统软件结构关系

1) 接触网检测信息管理子系统

全路接触网检测信息管理对动态检测数据分析所必需的接触网基础信息数据、接触网检测数据波形、接触网动态检测视频数据等内容进行管理，主要功能如下：

(1)超限诊断/复测反馈。进行超限数据的查询、结果导出以及对应的波形截图的查看、超限数据复测的反馈操作。

(2)基础信息。实现基础信息的查询、查询结果导出、基础信息对应的详细信息、基础信息对应竣工图纸的查看功能。

(3)检测数据和报告查询下载。超限查询及显示页面、基础信息查询及显示界面分别如图11.41和图11.42所示。

2)弓网动态运行视频分析子系统

弓网动态运行视频分析进行基于视频的接触网检测数据分析，以弓网动态运行视频监控及视频分析为主要目标而设计。系统具有检测数据波形显示及分析功能，并将波形与弓网动态监控视频进行有机结合。软件主要功能如下：

(1)实时进行弓网动态运行视频监视及存储，同时显示里程、速度、线别、行别、时间等信息，进行回放分析。

图 11.41　超限查询及显示页面

图 11.42　基础信息查询及显示界面

(2)自动里程定位及检测参数辅助信息定位功能。

(3)超限数据自动定位及图像导出功能。

(4)回放分析,可按里程或时间进行检索,并可导出通用视频格式文件,可配置线路名、里程、速度时间等字幕信息显示位置和字体等。

按里程或时间进行视频检索界面如图 11.43 所示。

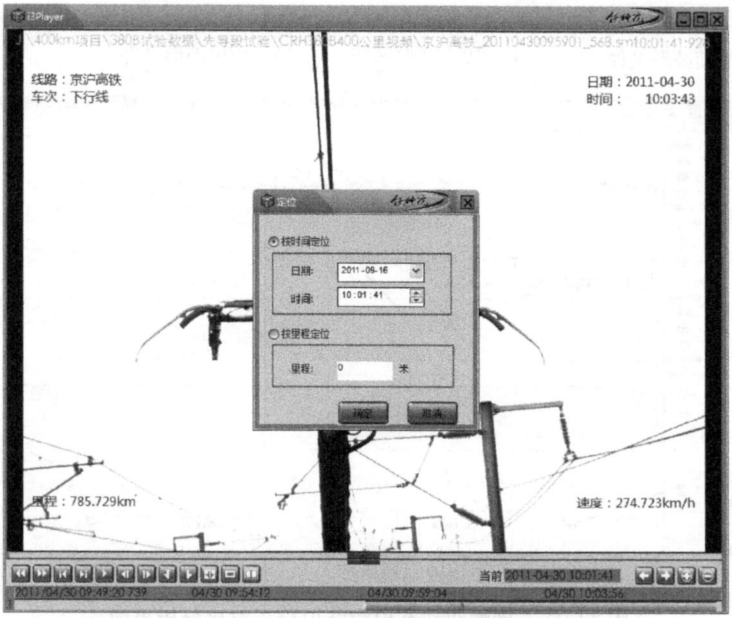

图 11.43　按里程或时间进行视频检索界面

3）接触网检测数据波形分析子系统

接触网检测波形分析子系统的功能包括通过波形回放，辅助进行超限处所定位。分析各检测参数相关关系及特点辅助接触网超限诊断评价。波形对比分析，跟踪历史变化。联调联试中，指导接触网精细化调整；完成联调联试后，保存接触网参数标准值，作为后续检修的依据。进行接触网检测超限标记并记录接触网检测超限现场复查处理流程。同时具备在弓网检测数据波形上显示超限信息、注释信息及基础信息的功能。基于动态检测数据的波形分析界面和接触网动态检测波形分析对比分析界面分别如图 11.44 和图 11.45 所示。

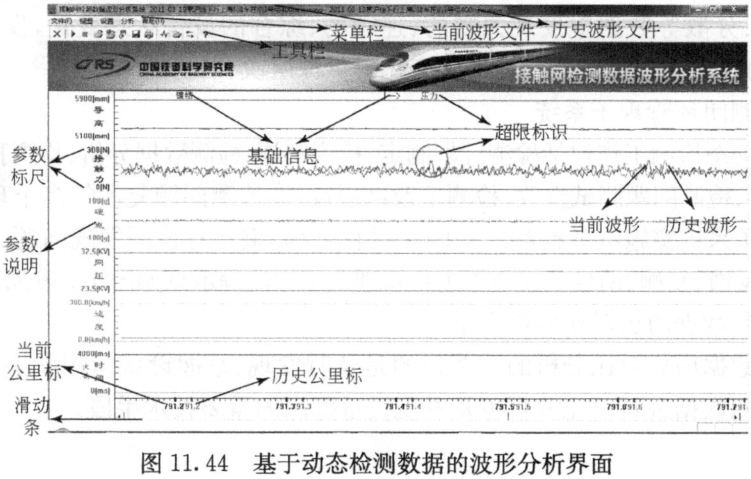

图 11.44　基于动态检测数据的波形分析界面

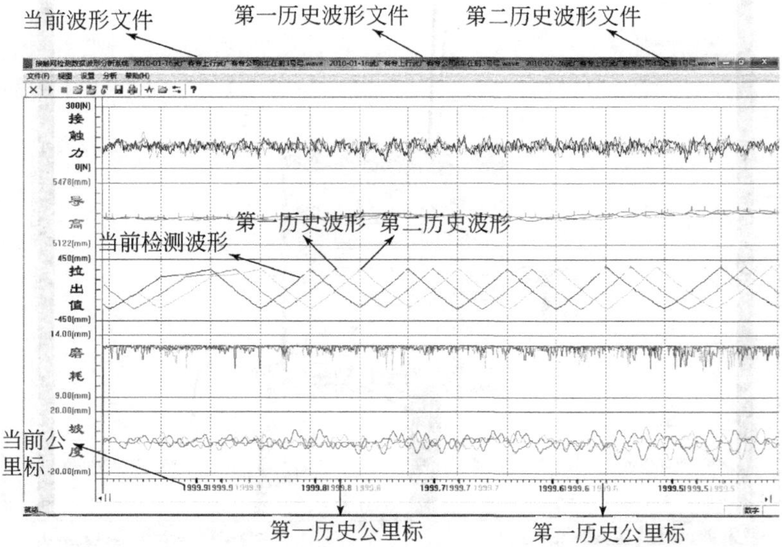

图 11.45　接触网动态检测波形分析对比分析界面

4. 电务检测数据分析系统

电务(通信信号)检测数据分析系统由检测闭环管理、检测数据历史对比分析、检测数据关联分析子系统组成。检测闭环管理子系统以检测发现的问题和设备状态的变化情况为目标,按照登记、分析、整改、反馈、复测、销号的程序,实现检测的闭环管理。检测数据历史对比分析子系统通过对不同时间检测数据的历史对比分析,及时掌握设备工作状态的变化,有针对性地进行维护和整治,为设备有计划的"天窗"集中整治提供依据,为设备的安全运用提供最大限度的保障。检测数据关联综合分析子系统实现不同检测项目之间的关联综合分析,通过关联综合分析,从相对孤立、分散等数据中发现关联的、连续的、综合的设备状态变化,发现设备隐患,以及为设备已经暴露的问题或者变化提供深层次、准确的原因。

1)检测闭环管理子系统

电务动态检测工作包括检测计划制定、检测实施、检测数据分析、检测报告(检测结果)发布、检测问题测试整改、检测整改结果反馈、检测问题复测等多个环节,检测闭环管理子系统实施电务检测工作的全过程管理,重点对检测发现问题的登记、测试、整改、反馈、复测、销号及建档等进行管理。工作流程示意如图 11.46 所示。

2)检测数据历史对比分析子系统

检测数据历史对比分析的主要目的是及时发现、掌握设备运用状态的变化情况。对检测数据进行对比分析也是发现设备隐患的重要技术手段。

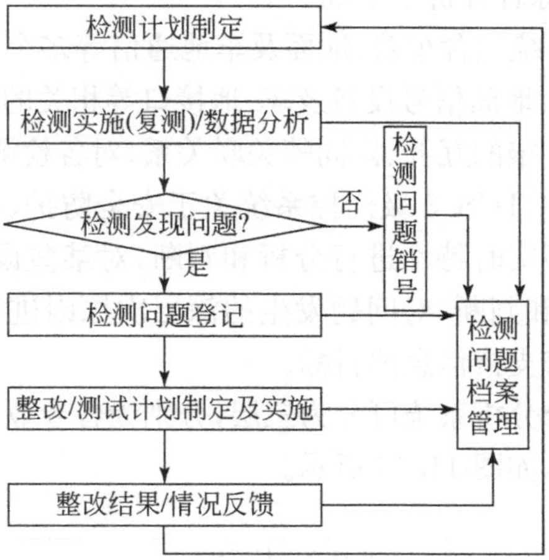

图 11.46　检测闭环管理流程示意

系统选取代表设备电气特性参数的检测数据进行对比分析，CTCS-3 级列控动态检测数据历史对比项目包括轨道电路信号、轨道电路干扰信号、应答器报文接收质量、应答器上行链路信号电气特性、车载 ATP 运行环境 EMC、Um 空中无线接口监测。

轨道电路信号电压和干扰信号检测数据历史对比分析：人为判断选择比较基准曲线(或者称作标准曲线)，提取检测曲线特征值；对多次检测波形曲线同步显示，通过特征值对比做出是否一致的智能分析和判断。波形对比显示如图 11.47 所示。

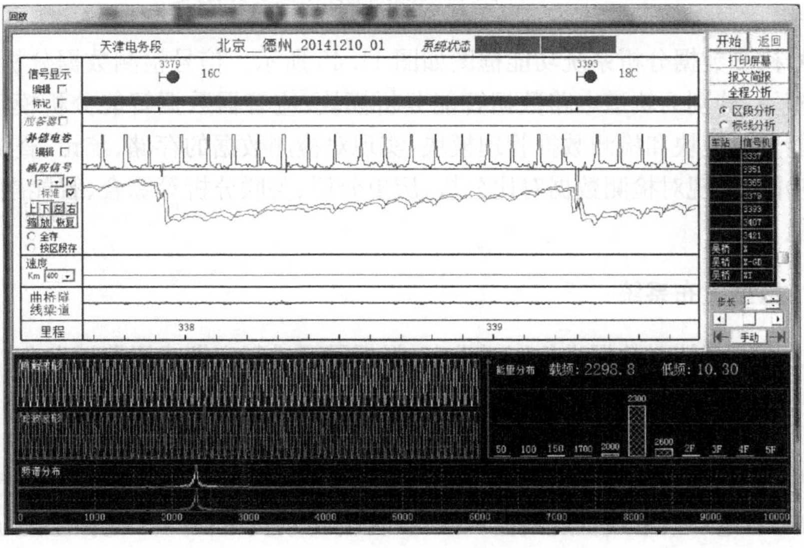

图 11.47　轨道电路信号电压波形曲线对比

3）检测数据关联综合分析子系统

CTCS-3级列控系统包含车载、地面及车地通信等多个子系统，电务检测系统实现对车载ATP设备、地面信号设备及车-地接口等相关的八个项目的检测，包含的检测项目之间存在一定的互补、协同等关联关系，对各检测项目之间进行关联综合分析和判断，实现对CTCS-3级列控系统关于安全防护、模式转换、等级转换等复杂的逻辑功能及时序实时特性进行分析和判断，对某些设备工作状态技术参数进行全面、准确的分析和判断，对问题发生的深层次原因进行分析和查找，实现为维修维护部门提供维修支持信息的目标。

信号检测数据综合分析系统可分为三层，分别为各专业子系统数据分析层、数据处理层、数据显示层，如图11.48所示。

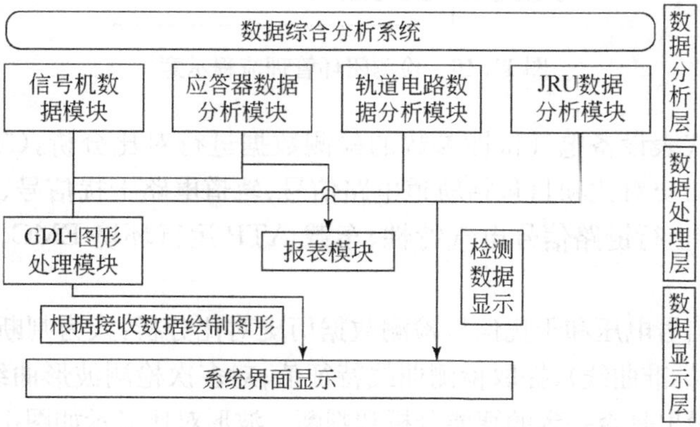

图11.48 信号检测数据综合分析系统功能

信号检测数据分析系统功能框图如图11.49所示。信号检测数据分析软件分为四个模块，分别为轨道电路数据智能分析模块、应答器数据智能分析模块、JRU数据智能分析模块和检测数据管理模块，实现对检测数据的存储、统计、查询、回放等管理功能，实现对检测数据对比分析、历史分析、关联分析等综合、智能融合分析处理功能。

11.2.4 数据发布系统

数据发布系统对数据进行即时发布、根据需要进行定期或周期性发布。

1. *大值发布*

检测过程中发现的可能影响安全的偏差信息及时通过车地传输系统传回地面进行发布，通过短信形式发送到值班人员，传输到系统中在GIS地图上显示提醒，并在大值列表中显示处理情况。

大值报警功能实现轨检、动力学、接触网、信号、通信、环境等专业报警数据的

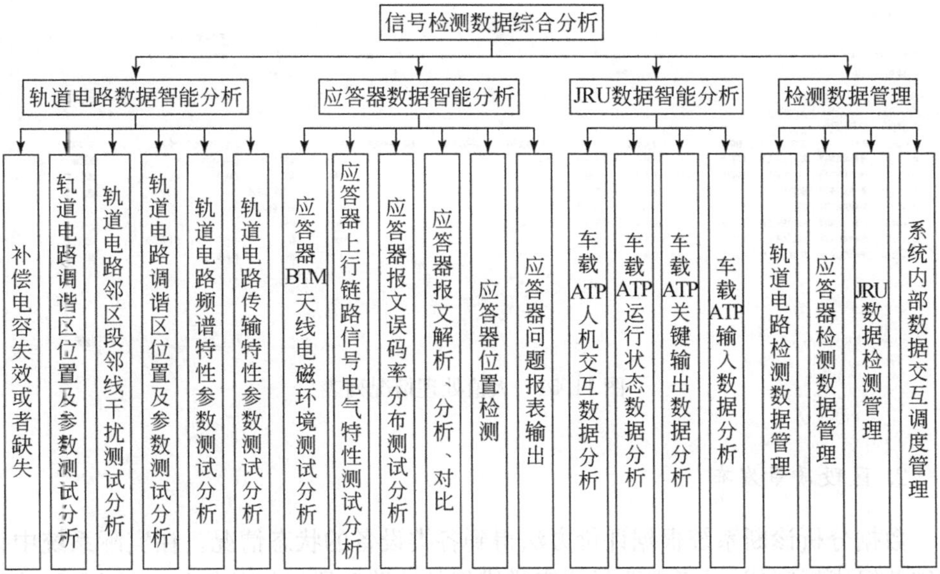

图 11.49　信号检测数据分析系统功能

可视化，使检测人员可以一目了然地在地图上看到关注的专业中报警的详细位置和报警级别，便于及时发现问题。

根据大值报警信息的严重程度，采用不同的展示效果予以警示。对于危及高速铁路行车安全的严重病害，采用紧急的红色报警，提示必须紧急处置；对于一般的大值偏差采用黄色报警，提示该处所存在严重缺陷，应当利用当日维修天窗进行维修。基于 GIS 的大值报警及大值处理情况列表如图 11.50 和图 11.51 所示。

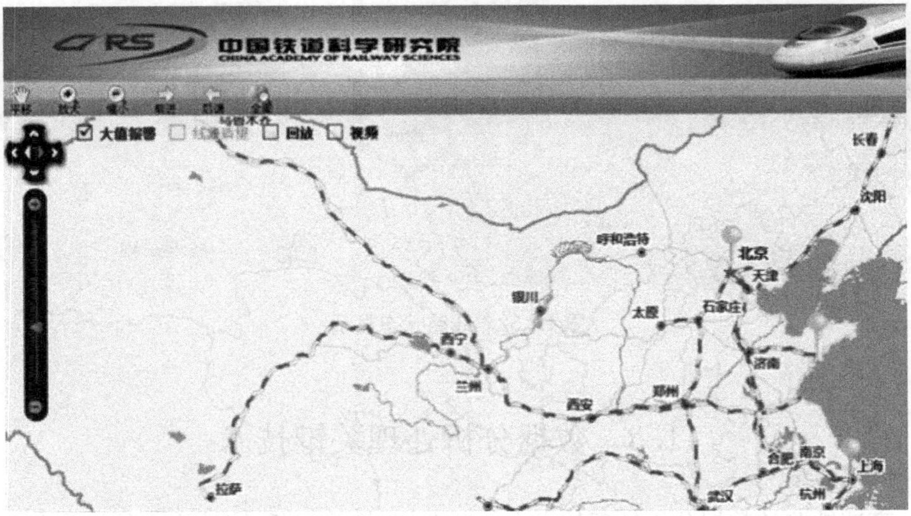

图 11.50　基于 GIS 的大值报警

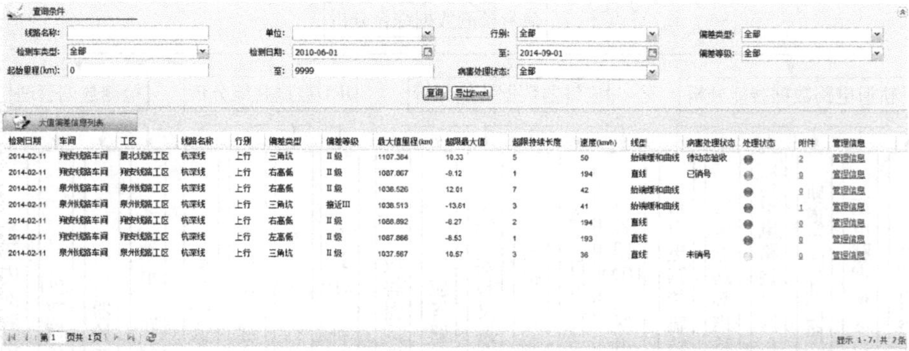

查询条件

线路名称：　单位：　行别：全部　偏差类型：全部

检测车类型：全部　检测日期：2010-06-01　至：2014-09-01　偏差等级：全部

起始里程(km)：0　至：9999　病害处理状态：全部

查询　导出Excel

大值偏差信息列表

检测日期	车间	工区	线路名称	行别	偏差类型	偏差等级	最大值里程(km)	超限最大值	超限持续长度	速度(km/h)	线型	病害处理状态	处理状态	附件	管理信息
2014-02-11	翔安线路车间	厦北线路工区	杭深线	上行	三角坑	Ⅱ级	1107.384	10.33	5	50	始端缓和曲线	待动态验收		2	管理信息
2014-02-11	翔安线路车间	翔安线路工区	杭深线	上行	右高低	Ⅱ级	1087.867	-9.12	1	194	直线	已销号		0	管理信息
2014-02-11	泉州线路车间	泉州线路工区	杭深线	上行	右高低	Ⅱ级	1038.526	12.01	7	42	始端缓和曲线			0	管理信息
2014-02-11	泉州线路车间	泉州线路工区	杭深线	上行	三角坑	接近Ⅲ	1038.513	-13.61	3	41	始端缓和曲线			1	管理信息
2014-02-11	翔安线路车间	翔安线路工区	杭深线	上行	右高低	Ⅱ级	1088.892	-8.27	2	194	直线			0	管理信息
2014-02-11	翔安线路车间	翔安线路工区	杭深线	上行	左高低	Ⅱ级	1087.866	-8.53	1	193	直线			0	管理信息
2014-02-11	泉州线路车间	泉州线路工区	杭深线	上行	三角坑	Ⅱ级	1037.567	10.57	3	36	直线	未销号		0	管理信息

第1　页共 1页　　显示 1-7，共 7条

图 11.51　大值处理情况列表

2. 区段质量发布

数据分析诊断系统根据评价方法得到各类设备的状态情况。在实际系统中设定红黄绿指标阈值，对于需要尽快安排维修的线路区段以红色标识，对于需要按照计划安排维修的线路区段以黄色标识，对于满足高标准要求无须安排维修的区段则以绿色标识。线路状态显示如图 11.52 所示。

图 11.52　线路状态显示

11.3　数据分析处理关键技术

高速铁路的数据分析处理技术由单独存储、简单判断、统计为主的初步分析发

展到统一存储、综合分析、结合仿真的专家分析诊断，进而采用资产管理的先进理念，对铁路基础设施进行全生命周期的综合管理。数据处理中涉及的主要关键技术有数据预处理技术、轨道状态分析评价技术以及轨道状态变化预测技术等。

11.3.1　数据预处理技术

由于外界激扰、传感器和数据传输误差等原因，检测数据中通常存在各种噪声。冲击噪声产生局部异常大值，容易对基础设施状态形成错误的判断。因此，在进行数据分析处理之前，通常进行数据的预处理，以保证数据的有效性。常用的数据预处理方法如下。

1. 小波-有序中值滤波方法

该方法分两步完成，首先将信号分解成高频部分和低频部分，然后根据信号样本与其相邻样本的相似性，自动识别冲击噪声的位置并处理。

小波-有序中值滤波的实现过程可描述如下。利用多分辨率分析将轨道几何不平顺信号 S 分解为高频部分 S_h 和低频部分 S_l：

$$S=S_h+S_l \tag{11.1}$$

利用有序中值方法(ROM)自动识别高频部分 S_h 中的冲击噪声并处理

$$S_h=S_{h0}+S_{hi} \tag{11.2}$$

式中，S_{h0} 是滤除冲击噪声后的高频信号。

将不含冲击噪声的高频信号和低频信号叠加得到滤波信号 S_0：

$$S_0=S_{h0}+S_l \tag{11.3}$$

2. 离散小波分解

通过离散小波变换，可以清楚地分辨冲击噪声分布在哪些高频段。

检测数据信号 $S(t)\in L^2(R)$ 的连续小波变换可表示为

$$W_S(a,b)=\int_R S(t)\overline{\psi}_{ab}(t)\mathrm{d}t \tag{11.4}$$

式中

$$\psi_{ab}(t)=|a|^{1/2}\psi(at-b) \tag{11.5}$$

是由母小波 $\psi(t)$ 经平移和放缩得到的，$\overline{\psi}_{ab}(t)$ 表示 $\psi_{ab}(t)$ 的共轭。

在实际应用中，通常将 $\psi_{ab}(t)$ 中的连续变量 a 和 b 取为整数离散形式，将 $\psi_{ab}(t)$ 表示为

$$\psi_{j,k}(t)=2^{j/2}\psi(2^j t-k) \tag{11.6}$$

相应的小波变换表示为离散小波变换：

$$W_S(j,k)=\langle S(t),\psi_{j,k}(t)\rangle \tag{11.7}$$

给定检测数据信号 $S(t)$ 和双尺度方程的传递系数 $h=\{h_0,h_1,\cdots,h_{L-1}\}$ 和 $g=\{g_0,g_1,\cdots,g_{L-1}\}$，利用金字塔算法可快速计算得到离散小波变换系数；然后通过重构，得到检测数据信号 $S(t)$ 的多分辨率逼近。

$$S=\sum_{i=1}^{N}d_i+a_N \tag{11.8}$$

式中，N 是离散小波分解的水平数；$d_i(i=1,2,\cdots,N)$ 是各水平的高频分量；a_N 是第 N 水平的低频分量。高通传递系数 $h=\{h_0,h_1,\cdots,h_{L-1}\}$ 和低通传递系数 $g=\{g_0,g_1,\cdots,g_{L-1}\}$ 满足关系式 $g_i=(-1)^{i+1}h_{L-1-i}(i=0,1,\cdots,L-1)$。

由式(11.8)可将信号的高频部分 S_h 和低频部分 S_l 定义为

$$S_\mathrm{h}=\sum_{i=1}^{N}d_i,\quad S_\mathrm{l}=a_N \tag{11.9}$$

3. *有序中值滤波方法*

采用有序中值方法自动识别高频分量 S_h 中的冲击噪声并进行处理。记 S_h0 是没有被冲击噪声污染的高频信号。在概率意义下，S_h0 与 S_h 满足如下关系：

$$S_\mathrm{h}(n)=\begin{cases}S_\mathrm{h0}(n), & \text{概率为 } 1-p_\mathrm{e}\\ \eta(n), & \text{概率为 } p_\mathrm{e}\end{cases} \tag{11.10}$$

式中，$\eta(n)$ 是独立同分布的随机过程。

基于上述假设，根据 $S_\mathrm{h}(n)$ 与其相邻样本的相似性来自动识别冲击噪声的位置，并用相邻样本的有序中值代替冲击噪声 $S_\mathrm{h}(n)$。

定义长度为 L_w 的滑动窗 W。一般 L_w 取奇数，$L_w=7$ 时的滑动窗如表 11.1 所示。

表 11.1 长度为 7 的滑动窗

时刻	$n-3$	$n-2$	$n-1$	n	$n+1$	$n+2$	$n+3$
滑动窗	$S_\mathrm{h}(n-3)$	$S_\mathrm{h}(n-2)$	$S_\mathrm{h}(n-1)$	$S_\mathrm{h}(n)$	$S_\mathrm{h}(n+1)$	$S_\mathrm{h}(n+2)$	$S_\mathrm{h}(n+3)$

在 n 时刻，对 $S_\mathrm{h}(n)$ 进行加窗，并取窗内除了 $S_\mathrm{h}(n)$ 外其他元素作为观察样本，则

$$\begin{aligned}w(n)&=[w_1(n),w_2(n),w_3(n),w_4(n),w_5(n),w_6(n)]\\&=[S_\mathrm{h}(n-3),S_\mathrm{h}(n-2),S_\mathrm{h}(n-1),S_\mathrm{h}(n+1),S_\mathrm{h}(n+2),S_\mathrm{h}(n+3)]\end{aligned} \tag{11.11}$$

按照升序的方式对 $w(n)$ 进行排序，可得

$$r(n)=[r_1(n),r_2(n),r_3(n),r_4(n),r_5(n),r_6(n)] \tag{11.12}$$

定义差分识别器

$$d(n)=\begin{cases}r_3(n)-S_h(n), & S_h(n)\geqslant\mu(n)\\ S_h(n)-r_4(n), & S_h(n)<\mu(n)\end{cases} \tag{11.13}$$

式中，$\mu(n)=(r_3(n)+r_4(n))/2$ 是有序中值。

如果 $d(n)$ 大于某一预先设定的阈值 T，则判定 $S_h(n)$ 是冲击噪声，并令 $S_h(n)=\mu(n)$。轨道不平顺相邻两点变化率一般不会大于 3‰，轨道几何信号的采样长度为 0.25，由此设定阈值 $T=0.75$mm。

为了提高算法的效率，上述算法采用递推的方式，表 11.1 中窗内左边的三个值 $S_h(n-j)(j=1,2,3)$ 是更新之后的。

11.3.2　基础设施状态分析评价技术

以工务专业、高速铁路轨道平顺状态综合评价体系为例，结合基于几何不平顺幅值和均值的评价方法、基于车辆动力学响应的评价方法和基于车线耦合的评价方法，介绍基础设施状态分析评价技术。

1. 高速铁路轨道平顺状态综合评价体系设计

结合轨道不平顺和车辆动态响应的特征量，从可用性、可靠性、安全性和可维护性对轨道平顺状态进行系统评价，提出高速铁路轨道平顺状态综合评价体系，如图 11.53 所示。可用性的评价指标可从轨道几何不平顺和车体加速度的检测数据中提取，可靠性的评价指标可从轴箱加速度的检测数据中提取，安全性的评价指标可从轮轨力、构架加速度和轨道几何不平顺检测数据中提取[1,2]。根据分析诊断结果动态掌握轨道的平顺状态，并通过状态修减少修复时间，提高轨道平顺的可维修性。线路质量单元评价数据源选取示例如图 11.54 所示。

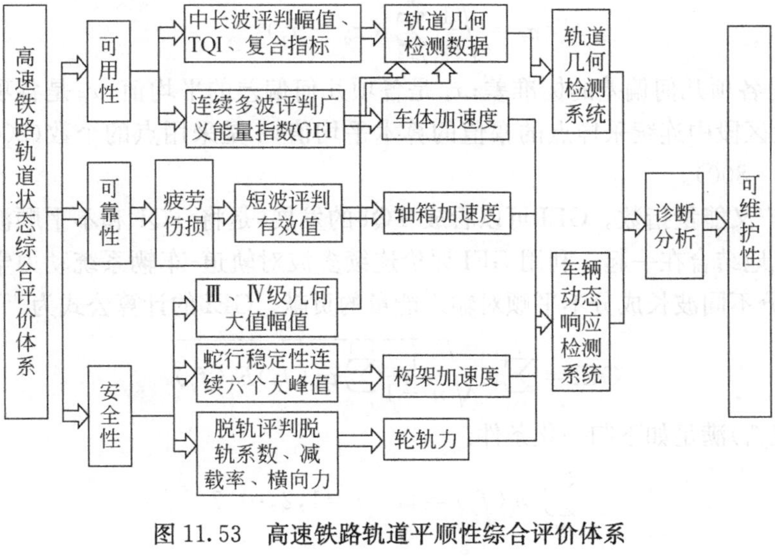

图 11.53　高速铁路轨道平顺性综合评价体系

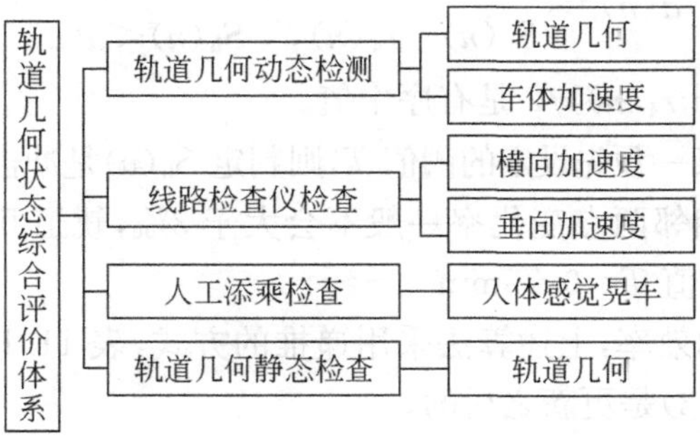

图 11.54　线路质量单元评价数据源选取示例

1)轨道平顺状态可用性的评价方法

高速铁路轨道平顺状态的可用性是指保证车辆平稳舒适运行，它主要与轨道的中长波有关。因此，利用轨道几何不平顺幅值、轨道质量指数(TQI)、复合不平顺、车体加速度幅值和广义能量指数(GEI)这五类指标进行评价。其中前四类指标用于诊断影响舒适性的局部病害，GEI 用于评价连续多波对车辆舒适性的影响。TQI 和 GEI 的计算方法如下：

(1)轨道质量指数。TQI 是高低、轨向、轨距、水平和三角坑的动态检测数据的统计结果，其值的大小与轨道的平顺性密切相关。数值越大，表明轨道的平顺程度越差，波动性越大。各单项的统计值同样也反映出该单项几何不平顺的平顺程度。TQI 的计算公式为

$$\mathrm{TQI}=\sum_{i=1}^{7}\sigma_i \tag{11.14}$$

$$\sigma_i=\sqrt{\frac{1}{n}\sum_{j=1}^{n}(x_{ij}-\overline{x}_i)^2} \tag{11.15}$$

式中，σ_i是各项几何偏差的标准差；$\overline{x}_i$ 是各项几何偏差的平均值；x_{ij} 是各项几何偏差在单元区段中连续采样点的幅值的算术平均值；n 是采用点的个数(200m 单元区段中 $n=800$)。

(2)广义能量指数。GEI 可以看成 TQI 的发展，是将 TQI 和不平顺波长结构定量有机地结合在一起。利用 GEI 评价连续多波对轨道-车辆系统动力学性能的影响，区分不同波长成分不平顺对输入能量的贡献。GEI 的计算公式为[3,4]

$$\mathrm{GEI}=\sum_{i=1}^{7}\alpha_i\sqrt{\frac{1}{n-1}\sum_{j=0}^{n-1}w_i(f_j)E_i(f_j)} \tag{11.16}$$

式中，$w_i(f_j)$满足如下归一化条件：

$$\sum_{j=0}^{n-1}w_i(f_j)=1,\quad i=1,2,\cdots,7 \tag{11.17}$$

$E_i(f_j)$为第 i 单项不平顺对应波长 f_j 的能量；$w_i(f_j)$为对应波长 f_j 的能量权系数。

2)轨道平顺状态安全性的评价方法

分别从Ⅲ、Ⅳ级几何不平顺、蛇行稳定性、脱轨三个方面评价轨道平顺性对车辆-轨道系统安全性的影响。

高速铁路轨道几何不平顺Ⅲ、Ⅳ级容许偏差管理值见表 11.2。

表 11.2　高速铁路线路轨道几何不平顺 Ⅲ、Ⅳ级容许偏差管理值

线路速度等级		200 ～250km/h		250 ～350km/h	
偏差等级		Ⅲ级	Ⅳ级	Ⅲ级	Ⅳ级
轨距/mm		+8 −6	+12 −8	+7 −5	+8 −6
水平/mm		10	13	7	8
扭曲(基长 3m)/mm		8	10	7	8
高低/mm	波长 1.5～42m	11	14	8	10
轨向/mm	波长 1.5～42m	8	10	6	7
高低/mm	波长 1.5～120m	15	—	12	15
轨向/mm	波长 1.5～120m	12	—	10	12

蛇行稳定性指标根据构架横向加速度计算得到。一般先对其进行 10Hz 以下的低通滤波。若滤波后的构架横向加速度出现连续 6 波峰值大于 $8m/s^2$，则判定存在较大的安全风险。

爬轨而引起的脱轨通过由轮轨力计算得到的脱轨系数、减载率和轮轴横向力来评价。评价标准如下：

(1) 脱轨系数 $P/Q \leqslant 0.8$；

(2) 减载率 $\Delta P/P \leqslant 0.8$；

(3) 轮轴横向力$\leqslant 10+P_0/3$。

式中，P 和 Q 分别为轮轨垂向力和横向力；ΔP 为轮重变化量；P_0 为静轮重。

2. 应用实例

利用上述平均体系，基于 CRH380B-002 高速综合检测列车在某高速铁路线路的实测数据，从安全性、可用性、可靠性和可维修性对某高铁线路的轨道平顺状态进行综合评价。实测数据包括几何不平顺、轮轨力和三断面加速度。其中，几何不平顺的采样频率是每米四个点，采用连续测力轮对测量轮轨力，有效采样频率为 2000Hz；每个断面加速度包括轴箱、构架和车体加速度，有效采样频率是 2000Hz。

根据实测数据统计得到某天的超限情况见表 11.3。由表 11.3 可以看出，该天轨道没有出现Ⅲ、Ⅳ级超限，只有两处Ⅱ级超限，分别是长波长高低和轨距变化率，这两处可以通过局部精调消除偏差。说明轨道平顺状态能够确保检测列车的平稳舒适运行,验证了轨道的可用性。

表 11.3　某高速铁路线路上、下行线 K705～K1242 的超限数据表

项目	上行				下行			
	Ⅳ级	Ⅲ级	Ⅱ级	Ⅰ级	Ⅳ级	Ⅲ级	Ⅱ级	Ⅰ级
高低	0	0	0	48	0	0	0	45
轨向	0	0	0	0	0	0	0	0
轨距	0	0	0	0	0	0	0	0
水平	0	0	0	0	0	0	0	2
三角坑	0	0	0	2	0	0	0	6
垂向加速度	0	0	0	0	0	0	0	0
横向加速度	0	0	0	0	0	0	0	0
长波长高低	0	0	0	11	0	0	1	13
长波长轨向	0	0	0	0	0	0	0	0
轨距变化率	0	0	1	0	0	0	0	0
总和	0	0	1	61	0	0	1	66

根据实测的三断面轴箱加速度计算得到峰值因子,并对轨道短波平顺性进行可靠性评价,结果见表 11.4。从表 11.4 可以看出,峰值因子超限较少,而且一般都是Ⅰ级超限。在 K1162＋505 附近出现了峰值因子Ⅱ级超限。经现场复核,该处超限由焊缝引起,现场测量焊缝低塌 1.75mm,同时伴有 1.2mm 三角坑,焊缝低塌处轨距、轨距变化率不良,如图 11.55 所示。分析结果表明轨道平顺状态满足可靠性要求。

表 11.4　某高速铁路线路下行线轴箱加速度检测结果(速度级 220km/h)

序号	里程	加速度测试内容		有效值/(m/s^2)	峰值因子	偏差等级	速度/(km/h)	线型	方向
1	K1162＋505	1车1断面	左轴箱垂向加速度	206.0	8.8	Ⅱ	202.6	直线	正
	K1162＋571	3车3断面	左轴箱垂向加速度	260.1	7.3	Ⅰ	202.8	直线	
	K1162＋646	3车3断面	右轴箱横向加速率	118.1	6.5	Ⅰ	216.1	直线	
2	K1159＋441	1车1断面	右轴箱垂向加速度	158.9	6.0	Ⅰ	195.7	直线	
	K1159＋053	3车3断面	右轴箱垂向加速度	265.5	7.2	Ⅰ	195.2	直线	
3	K1160＋507	1车1断面	右轴箱垂向加速度	182.0	6.9	Ⅰ	199.0	直线	
	K1160＋575	3车3断面	右轴箱垂向加速度	255.7	7.0	Ⅰ	198.4	直线	
4	K1173＋544	1车1断面	右轴箱垂向加速度	225.6	6.8	Ⅰ	216.5	直线	
	K1173＋611	3车3断面	右轴箱垂向加速度	344.5	6.8	Ⅰ	217.8	直线	

图 11.55　下行线路 K1162+492 处钢轨焊接接头

实测数据分析表明，轨道几何不平顺没有出现Ⅲ、Ⅳ级超限，构架横向加速度没有出现连续 6 波峰值大于 8m/s²，脱轨系数、减载率和横向力指标均在安全限度值以内，且处于较低水平，说明轨道平顺状态能够确保检测列车的安全运行。

11.3.3　轨道状态变化预测技术

一般来说，轨道不平顺的预测从维修应用上可分为局部轨道不平顺预测和区段轨道不平顺预测。局部轨道不平顺预测偏重于对轨道个别超限点或者薄弱环节的分析和处理，如日本的 S 式、新 S 式等；而区段轨道不平顺预测则偏重于大型养路机械作业计划的编制，如 P 值预测、TQI 预测等[5]。其中，对区段轨道不平顺的预测与控制，有利于科学制定轨道维修计划，控制投入工作量和成本，对大型养路机械等维修资源的经济合理配置起到辅助决策作用，这也是根据轨道实际状态实施预防性计划维修体制的关键。

1. 高速铁路轨道局部不平顺病害评价与预测

在我国工务维修中，控制轨道的局部不平顺的维修工作是消灭轨道病害的重要手段。轨道开通后，在列车荷载的作用下，起源于制造和轨道施工过程的各种初始不平顺将进一步加大恶化。对轨道不平顺的局部随时间变化规律进行研究，选用具有代表性的高速有砟轨道和无砟轨道的有效检测数据作为样本数据，依据动态和维修的历史数据，研究线路不平顺、病害等的发展趋势及过程，提出合理评价指标并进行预测，指导线路的适时维修。

铁科院的研究人员为定量化高速铁路的轨道不平顺的发展程度，选取 2010～2011 年郑西、武广、合武高速铁路样本里程的高低和轨向检测幅值计算轨道不平顺的百天发展率(式(11.18))，计算结果见表 11.5。根据计算分析，试验段内无砟轨道、有砟轨道所选取的样本点在 2010～2011 年的变化均较为稳定，郑西线、武广线高低不平顺每百天发展率绝对平均值分别为 0.14mm /100d 和 0.09mm /100d，轨向不平顺每百天发展率绝对平均值分别为 0.10mm/100d 和 0.08mm /100d,合武高铁高低不平顺每百天发展率绝对平均值为 0.17mm/100d,轨向不平顺每百天发展率绝对平均值为 0.14mm/100d,说明高速铁路结构建设的高标准对轨道不平顺的发展起到了较好的控制作用。

$$S=\frac{\sum_{i=1}^{N-1}\frac{x_{i+1}-x_i}{t_{i+1}-t_i}}{N-1}\times 100 \tag{11.18}$$

式中,S 为轨道不平顺发展率(单位为 mm/100d);x_i 为第 i 次读取数值;t_i 为从第 1 次检测到第 i 次检测的累计天数;N 为有效的检测次数。

利用式(11.18)所示的轨道不平顺百天发展率公式进行预测,则

$$F=F_N+S\Delta t \tag{11.19}$$

式中,F 为轨道不平顺幅值预测值(单位为 mm);F_N 为已检测数据第 N 次的有效数据;Δt 为预测时间距第 N 次检测时间的相对时间(单位为 d)。

表 11.5 试验段轨道不平顺的每百天发展率计算表 (单位:mm/100d)

线路	直线路基				曲线路基				桥梁直线				桥梁曲线			
	高低发展率 S		轨向发展率 S		高低发展率 S		轨向发展率 S		高低发展率 S		轨向发展率 S		高低发展率 S		轨向发展率 S	
郑西	A	0.091	A	0.193	A	−0.093	A	0.028	A	0.164	A	−0.016	A	0.293	A	0.165
	B	−0.002	B	0.032	B	−0.038	B	−0.167	B	0.201	B	0.019	B	0.051	B	0.265
	C	0.242	C	0.037	C	−0.222	C	0.060			C	−0.069	C	0.154	C	0.192
武广	A	−0.108	A	−0.083	A	−0.047	A	0.125	A	0.079	A	0.173	A	0.140	A	0.051
	B	0.003	B	0.005	B	0.035	B	0.103	B	0.192	B	−0.009	B	−0.107	B	0.115
	C	−0.098	C	0.002	C	0.091	C	−0.099	C	−0.101	C	0.060	C	0.065	C	−0.020
	D	−0.052			D	0.155			D	−0.018						
	E	−0.097														
	F	−0.089														
合武	A	0.086	A	−0.011	A	0.321	A	0.036								
	B	−0.007	B	−0.081	B	0.279	B	0.117								
	C	0.208	C	0.088	C	−0.190	C	0.041								
	D	−0.184	D	0.210			D	0.420								
	E	0.053	E	0.087			E	0.310								

目前高速铁路无砟轨道路基沉降的问题越来越受关注,经常成为影响高速铁路高平顺性的控制因素。路基结构的沉降在轨道不平顺长波检测上有较为明显的

幅值变化，一般要结合工务部门的反馈信息，控制与预测轨道不平顺的发展。下面以某线无砟轨道路桥过渡段的路基沉降为例。该线路设计为 300～350km/h 高速度等级，采用 CRTS-Ⅰ型轨道板铺设的无砟轨道，由于路基是建在沟河纵横的长江中下游平原上，经过太湖流域，其路基多为软土地质，且分布广，淤积深。因此，在运营过程中，路基方面的病害成为了影响轨道平顺性的控制因素。该线路 K235＋540～K235＋850 区段位于明隐路明洞与特大桥间路基直线地段，坡度为 1.0‰，地基加固采用 CFG 桩，桩底地质为粉质黏土，其允许速度为 275km /h。由于路基沉降及翻浆冒泥，线路轨面变化较大，截至 2012 年 4 月 16 日，该地段累积垫量已达 26mm。线路在沉降处理期内限速至 120km/h。根据工务部门的反馈，其维修历史如表 11.6 所示。沪宁线上行 K235＋603 处 2012～2013 年的动检幅值变化如图 11.56 所示。

表 11.6　沪宁上行 K235＋540～K235＋850 区段维修记录

时间	2010 年 12 月 20 日	2011 年 3 月 21～23 日、4 月 20 日	2012 年 2 月 13 日	2012 年 4 月 10 日
作业情况	作业调整	精调作业，累积最大垫量 23mm	局部高程调整	局部高低调整，最大垫量 13.5mm

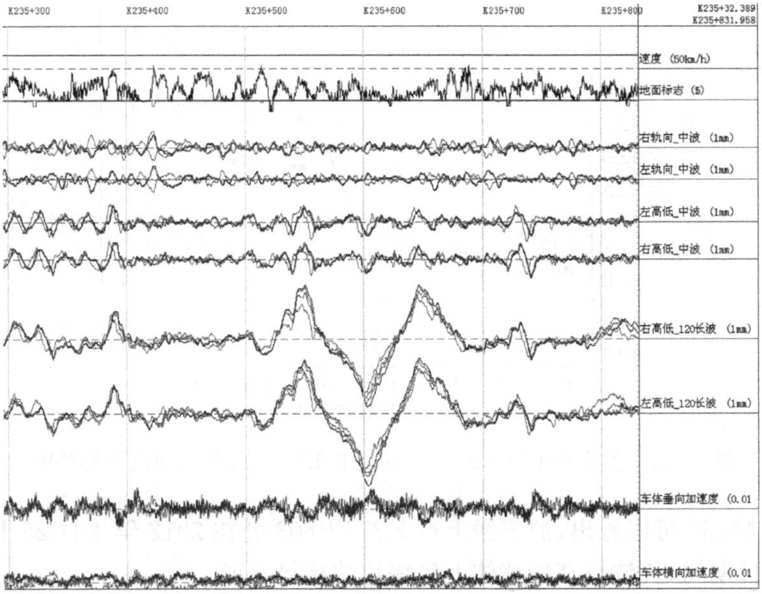

图 11.56　沪宁线上行 K235＋603 处 2012～2013 年动检幅值变化

表 11.7 是自最近一次 2012 年 4 月进行局部调整以来，区段内长波长沉降最大幅值处(里程 K235＋603)的历次动检情况。

表 11.7 2012～2013 年度沪宁线上行 K235+603 处历次动检幅值

检测日期 / 项目	2013 年 4 月 7 日	2013 年 3 月 7 日	2013 年 1 月 18 日	2012 年 11 月 26 日	2012 年 11 月 5 日	2012 年 10 月 9 日	2012 年 7 月 15 日	2012 年 7 月 3 日	2012 年 4 月 25 日	2012 年 4 月 16 日
相对时间差/d	347	316	268	215	194	167	81	69	0	—
120m 长波左高低/mm	14.98	14.79	12.93	13.58	13.09	11.82	11.34	11.2	11.19	13.05
120m 长波右高低/mm	13.77	13.75	13.05	12.83	12.04	12.1	11.01	10.96	10.17	12.48
速度标准/(km/h)	113	114	108	131	131	131	128	131	132	133

根据维修历史和检测数据，该病害区段在 2012 年 4 月 10 日进行了调整。根据调整前后的 4 月 6 日和 4 月 25 日的检测数据可知，调整后长波高低有一定的改善。在 2012 年 4 月 25 日～2013 年 4 月 7 日的发展周期内，该处长波长高低的发展趋势如图 11.57 所示。

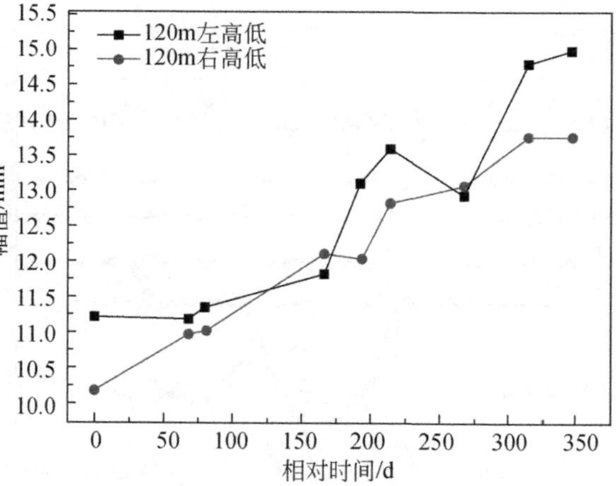

图 11.57 沪宁线上行 K235+603 处 2012～2013 年长波高低趋势图

由图 11.57 可以看出，沪宁线上行 K235+603 处在 2012 年 4 月 25 日至 2013 年 4 月 7 日期间，长波长高低整体上呈恶化的趋势发展。

利用已测得数据，根据式(11.18)和式(11.19)计算 120m 长波长不平顺发展率和预测短期的发展，本例用来预测 2013 年 1～4 月的长波长左右高低的发展，预测结果和实测结果进行了比较，见表 11.8。

表 11.8　发展率预测结果比较

检测时间	120m 长波左高低			120m 长波右高低		
	实测值/mm	发展率/(mm/d)	预测值/mm	实测值/mm	发展率/(mm/d)	预测值/mm
2013 年 1 月 18 日	12.93	0.0176	14.510	13.05	0.0127	13.505
2013 年 3 月 7 日	14.79	0.0126	13.534	13.75	0.0113	13.593
2013 年 4 月 7 日	14.98	0.0163	15.296	13.77	0.0118	14.115

根据表 11.8，利用发展率预测值比实测值有较好的效果，工务部门可根据长波高低不平顺的发展率进行短期的观察预测。

2. 轨道质量发展区段 TQI 预测

由于有砟轨道结构的加强、大型养路机械的推广应用及对线路高品质、高均衡性的维修要求，提速线路和高速线路的养护维修越来越侧重于轨道质量指数 TQI 的应用与管理。在有砟轨道不平顺的长期发展过程中，工务部门一般采用大型养路机械(简称大机)对线路轨道区段质量发展较快的位置进行捣固作业和稳定作业，对延长有砟轨道结构的生命周期有重要的作用。因此，对 TQI 随时间变化规律的分析与预测是了解和掌握区段轨道不平顺发展、指导线路进行区段维修的重要内容。

高速铁路无砟线路运营期沉降(尤其是不均匀沉降)对高速行车的舒适性、安全性构成巨大的威胁，其发展机理、监测评估技术、养护维修是世界各国面临的重要技术难题之一。如果无病害地段无砟轨道几何不平顺的变化幅度较小，其区段 TQI 时间序列的变化稳定，其预测的意义不大，对特殊沉降地段的 TQI 指标进行监测预测具有一定的意义。

利用大型机械成段作业是各国铁路维修的常用方式，对轨道不平顺具有较大的改善效果，是影响轨道不平顺发展重要的人为干预因素。干预维修后的轨道不平顺系统会以改善后的初始质量重新进入新的发展周期，可延长轨道结构的生命周期。因此，根据大型机械的维修将轨道不平顺系统的长期发展划分为不同的维修周期，将其发展模式归为图 11.58。

1) TITCGM(1,1)-PC 预测模型

铁科院相关研究人员通过对灰色核心理论 GM(1,1)模型进行系列的优化与改进，建立了 TITCGM(1,1)模型模拟趋势性成分，又基于残差序列建立了周期性组合修正模型来模拟随机性成分，最终将两部分模型组合形成 TITCGM(1,1)-PC 灰色非线性预测模型(英文全称为 GM(1,1) model of track irregularity trend component-periodic correction)，并基于 MATLAB 实现其算法程序[6]。通过对既有提速线路区段的计算分析表明，TITCGM(1,1)-PC 预测模型是一种基于灰色预测理论建立的有效处理影响因素复杂的不确定性问题的组合预测方法，能够以

时变函数的形式将捣固周期内的 TQI 指标发展的指数趋势性挖掘出来，这点符合国内外对轨道质量非线性发展趋势的研究成果。其方法及公式如下。

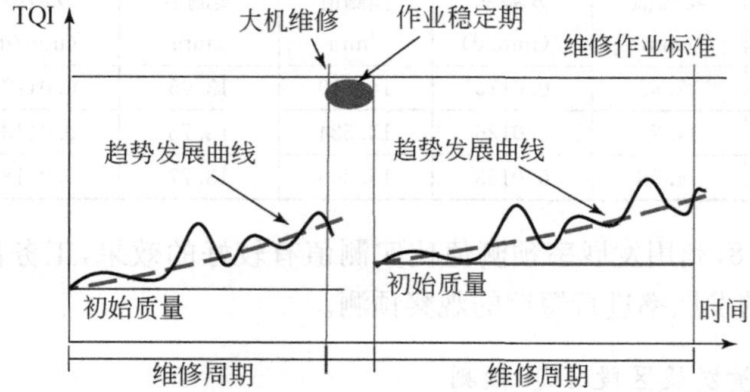

图 11.58　不同维修周期的轨道质量状态的发展规律

设检测数据的原始序列为

$$X^{(0)}=\{x^{(0)}(t_1),x^{(0)}(t_2),\cdots,x^{(0)}(t_n)\} \tag{11.20}$$

其时间序列的间距差为

$$\Delta t_i=t_i-t_{i-1}\neq \text{const},\quad i=2,3,\cdots,n \tag{11.21}$$

式中，$x^{(0)}(t_1)$代表轨道质量稳定后的初始质量。

设轨道不平顺系统趋势预测模型得到的拟合和预测数列为$\hat{X}^{(0)}$，基于残差序列的随机成分修正预测模型得到的拟合和预测数列为$\widehat{Q}$，则轨道不平顺系统运行在 t_i 时刻的拟合值和预测值序列$\hat{X}$为

$$\hat{X}=\hat{X}^{(0)}+\widehat{Q} \tag{11.22}$$

对于 $\hat{X}$ 内的数值，也可表示为

$$\widehat{x}(t_i)=\hat{x}^{(0)}(t_i)+\hat{q}(t_i) \tag{11.23}$$

则式(11.23)中的 $\hat{x}^{(0)}(t_i)$和 $\hat{q}(t_i)$表示如下。

(1)灰色时变参数趋势项模型。

$$\begin{cases}\hat{x}^{(1)}(t_i)=\left[\dfrac{1}{2}u_0+\sum\limits_{j=1}^{t-1}\left(\sum\limits_{i=0}^{q}u_ij^i\right)\cdot\exp\left(\sum\limits_{i=0}^{p}\dfrac{a_ij^{i+1}}{j+1}\right)\right.\\ \qquad\left.+\dfrac{1}{2}\left(\sum\limits_{i=0}^{q}u_it^i\right)\cdot\exp\left(\sum\limits_{i=0}^{p}\dfrac{a_it^{i+1}}{i+1}\right)+x^{(0)}(t_1)\right]\cdot\exp\left(-\sum\limits_{i=0}^{p}\dfrac{a_it^{i+1}}{i+1}\right)\\ \hat{x}^{(0)}(t_i)=\dfrac{\hat{x}^{(1)}(t_i)-\hat{x}^{(1)}(t_{i-1})}{\Delta t_i}\end{cases} \tag{11.24}$$

(2)基于残差修正的随机波动项模型。设其去除趋势项后的残差序列为 $Q=$

$\{q(t_1),q(t_2),\cdots,q(t_n)\}(q(t_i)=x^{(0)}(t_i)-\hat{x}^{(0)}(t_i))$，则随机波动项预测公式如下：

$$\begin{cases}\hat{q}_1(t_i)=h_0+\sum_{j=1}^{m_0}\{h_j\cos(\omega_j t_i)+l_j\cos(\omega_j t_i)\}, \quad i=1,2\cdots,n,j=1,2\cdots,m_0\\ h_0=\dfrac{1}{n}\sum_{i=1}^{n}q(t_i)\\ h_j=\dfrac{2}{n}\sum_{i=1}^{n}q(t_i)\cos(\omega_j t_i)\\ l_j=\dfrac{2}{n}\sum_{i=1}^{n}q(t_i)\sin(\omega_j t_i)\\ \omega_j=\dfrac{2j\pi}{t_n}\end{cases} \tag{11.25}$$

$$\begin{cases}\hat{q}_2(t_i)=A\sin\dfrac{2\pi\left(t_i+\dfrac{T}{2}\right)}{T}\\ A=\dfrac{1}{n}\sum_{i=1}^{n}|q(t_i)|\end{cases} \tag{11.26}$$

$$\begin{cases}\hat{q}(t_i)=\alpha\hat{q}_1(t_i)+\beta\hat{q}_2(t_i)\\ \alpha+\beta=1\end{cases} \tag{11.27}$$

(3) 组合模型为

$$\hat{x}(t_i)=\hat{x}^{(0)}(t_i)+\hat{q}(t_i) \tag{11.28}$$

当 $i\leqslant n$ 时，式(11.28)为轨道不平顺系统的拟合分析模型；当 $i>n$ 时，式(11.28)为轨道不平顺系统的外推预测模型。

2) 精度检测体系

设定了由 C 和 P 的值检验 GM(1,1)模型的预测精度，以提供决策依据。一般根据 C、P 的取值把预测精度分为四个等级。由数理统计和回归分析可知，C 值较小，表明预测误差的离散度小；P 值较大，说明残差与残差均值差的绝对值小于给定点较多。因此，C 值越小，P 值越大，则外推预测精度越高。如表 11.9 所示，精度等级越小越好，精度为一级，表示预测具有较好的精度，四级为不通过。

表 11.9　灰色预测模型后验差精度等级标准

预测精度等级	C	P
好(一级)	<0.35	>0.95
合格(二级)	0.35～0.50	0.95～0.80

续表

预测精度等级	C	P
勉强(三级)	0.50～0.65	0.80～0.70
不合格(四级)	≥0.65	≤0.70

适用范围:在实际的工程领域中,系统参数 a 和 $a(t)$ 可表征出系统的发育阶段。在灰色理论的研究中,文献[7]～文献[11]通过模型机理分析证明:当原始序列数据变化越平缓时,GM(1,1)模型中的 $-a$ 发展系数的绝对值越小,模型的拟合与预测精度也越高。因此,对 TITCGM(1,1)-PC 的外推可靠性检验除了考虑 C、P 检验值外,还增加关于系统发展系数 $-a(t)$、$-a$ 的检验。为了避免与轨道不平顺的短期及中、长期发展说法上产生歧义,故作以下修改。

(1)当 $-a\leqslant 0.3$ 或 $-a(t)\leqslant 0.3$ 时,TITCGM(1,1)-PC 用于较长期预测。

(2)当 $0.3\leqslant -a\leqslant 0.5$ 或 $0.3\leqslant -a(t)\leqslant 0.5$ 时,TITCGM(1,1)-PC 可用于较短期预测,较长期预测慎用。

(3)当 $0.5\leqslant -a\leqslant 0.8$ 或 $0.5\leqslant -a(t)\leqslant 0.8$ 时,TITCGM(1,1)-PC 在较短期预测时慎用。

(4)当 $0.8\leqslant -a\leqslant 1$ 或 $0.8\leqslant -a(t)\leqslant 1$ 时,TITCGM(1,1)-PC 的残差序列修正方法不适用。

(5)当 $1\leqslant -a$ 或 $1\leqslant -a(t)$ 时,不适宜采用 TITCGM(1,1)-PC 模型。

选取沪宁高铁发生路基沉降区段上行 K279+500～K279+700 路桥过渡段的 TQI 时间序列进行预测。该区段已于 2013 年 1 月限速为 160km/h,如图 11.59 所示。

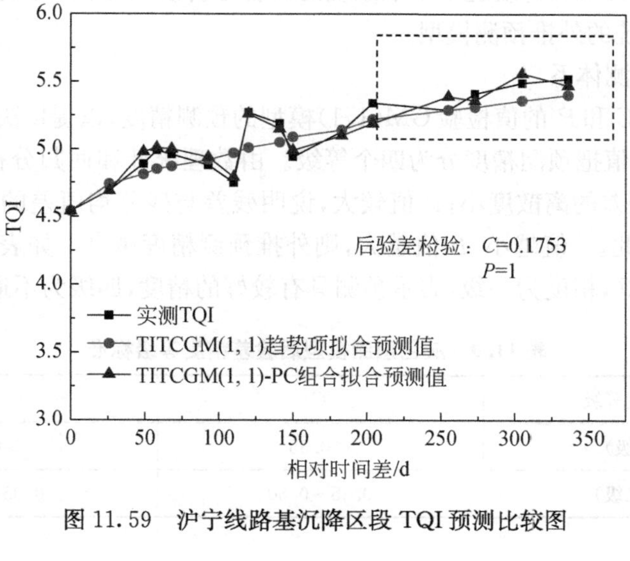

图 11.59 沪宁线路基沉降区段 TQI 预测比较图

从图 11.59 中的 TITCGM(1,1)模型趋势成分拟合值与 TQI 实测数据的比较可以看出，原始数据大致呈现沿 TITCGM(1,1)趋势曲线波动发展的态势，较好地提取出实例中 TQI 变化的趋势项。组合模型 TITCGM(1,1)-PC 的拟合值与 TQI 实测数据的比较，根据后验差检验效果 $C=0.175$，$P=1$，$-a(t)\ll 0.3$，TITCGM(1,1)-PC 模型的拟合度达到一级标准，能够很好地模拟出 TQI 时间序列系统的随机波动发展特征，因此适于进行趋势外推预测。

根据图 11.59 中的数据，表 11.8 中 TITCGM(1,1)-PC 组合模型预测结果相对误差最大值为 2.772%，平均值为 0.191%，所得预测结果满足准确度要求。

3. 基于灰色系统辨识的轨道质量生命周期预测模型

轨道不平顺的长期发展过程中，工务部门一般采用大型养路机械对线路轨道不平顺发展较快的区段进行捣固作业和稳定作业。由于大机作业的改善效果非常明显，可将轨道质量寿命划分为不同的维修周期。根据研究表明，大机维修后的轨道不平顺系统会以改善后的初始质量重新进入新的发展周期，可延长整个轨道结构的生命周期。

1) 灰色系统参数辨识与应用意义

根据灰色预测理论，发展系数 $a(t)$ 反映的是灰色系统的规律发展趋势，灰色作用量 $u(t)$ 反映的是整个系统行为模式的变化[12]。因此，可以认为 $a(t)$、$u(t)$ 决定了系统的主要发展趋势进程，是灰色系统最重要的辨识参数。另外，初值 $x^{(0)}(t_1)$ 在 TQI 时间序列中作为第一个元素，代表了轨道质量系统发展的基点，与大机维修后不久的初始质量意义吻合。因此，整个轨道质量系统的趋势发展可以看作由系统辨识参数 $a(t)$、$u(t)$ 控制的、基于 $x^{(0)}(t_1)$ 初始值的非线性时间函数。

从基于残差修正的随机波动项模型可以看出，其随机波动成分完全基于原始数列去除趋势项后的残差数列 $Q=(q(t_1),q(t_2),\cdots,q(t_n))$，即只要保证残差数列 Q 已知，就可以描述出系统随机波动特性。根据式(11.24)～式(11.28)，轨道不平顺系统的随机波动发展也可看作时间的函数。在具体轨道质量系统波动项计算过程中，基于残差数列 Q 可以得到函数 $\hat{q}_1(t_i)$ 和 $\hat{q}_2(t_i)$ 的参数 h_0、h_j、l_j、A、T 及 α、β、m_0 值。随着这一系列辨识参数的确定，整个轨道质量系统随机波动项的时间函数便可以确定下来。

从以上分析可以得出，无论是趋势模型，还是随机波动模型，其系统辨识参数完全可以利用 TITCGM(1,1)-PC 模型公式基于轨道不平顺原始 TQI 时间序列数据的拟合计算得到。这些系统辨识参数一旦确定，轨道质量系统发展模式的函数就已确定。因此，对轨道质量系统的高精度拟合是决定系列辨识参数是否能合理表征系统特征的关键，其模型精度可参照前面的后验差检验标准和发展系数 $a(t)$ 的取值范围进行检验。

根据图 11.60，t_n、$t_{n2}^{(2)}$、$t_{nm}^{(m)}$ 表示各维修周期的相对时间长度，即分别为第 1、2、M 维修周期的天数，其间，各大机作业的时间应结合轨道质量的发展程度进行合理的设置，一般均要保证轨道质量在维修作业标准之下。

基于以上理论分析，为简化模型的计算，将不同维修周期内的轨道质量系统发展过程中存在的某种“相关性”，认为是大机作业后的轨道质量系统沿用前一维修周期的系统特征参数（除初始质量外），即前后系统以最为相关的趋势波动发展。

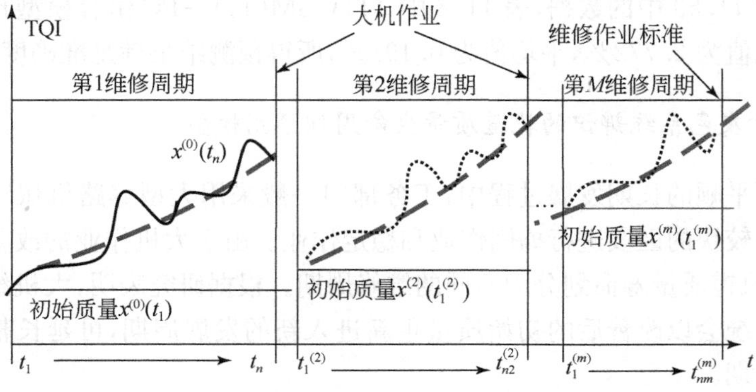

图 11.60 轨道质量状态发展与修复模型示意图

实线为检测数据；点线为预测数据；各维修周期时间为相对时间

2）大机作业效果评价与初始质量的确定

由于每次大机捣固作业效率的不同，维修后的轨道不平顺初始质量有所不同，这就导致维修后的预测模型中的初值有所不同，将捣固作业稳定后的轨道质量作为新维修周期的初始质量。如图 11.60 所示，第 1 维修周期在大机作业前的轨道末期质量为 $x^{(0)}(t_n)$，大机作业后的第 2 维修周期的初始质量为 $x^{(2)}(t_1^{(2)})$。为评价大机养护机械的作业效果和量化大机作业的影响作用，采用轨道质量残留率 K_C 或轨道质量改善率 K_G 作为评价指标，其关系式为

$$x^{(2)}(t_1^{(2)})=K_C x^{(0)}(t_n) K_G=1-K_C \tag{11.29}$$

由于捣固车自身的特征和作业方式的限制等因素，每次捣固作业后不能使线路完全恢复到初始质量状态[13]。因此，一般情况下，K_C、K_G 均小于 1。为方便建模，将 K_C 或 K_G 在计算初始质量时取为一个恒定常参数。

3）模型建立流程

通过以上理论分析，在已知某一维修周期内的所有 TQI 时间序列和大机作业的恒定改善率 K_G（或 K_C）的情况下，预测未来维修周期的轨道质量发展，其模型建立流程如图 11.61 所示。

根据流程思路，在利用新型灰色非线性模型计算得到参数 $a(t)$、$u(t)$、h_0、h_j、l_j、A、T 及 α、β、m_0 值后，建立第 2 维修周期的预测模型如下。

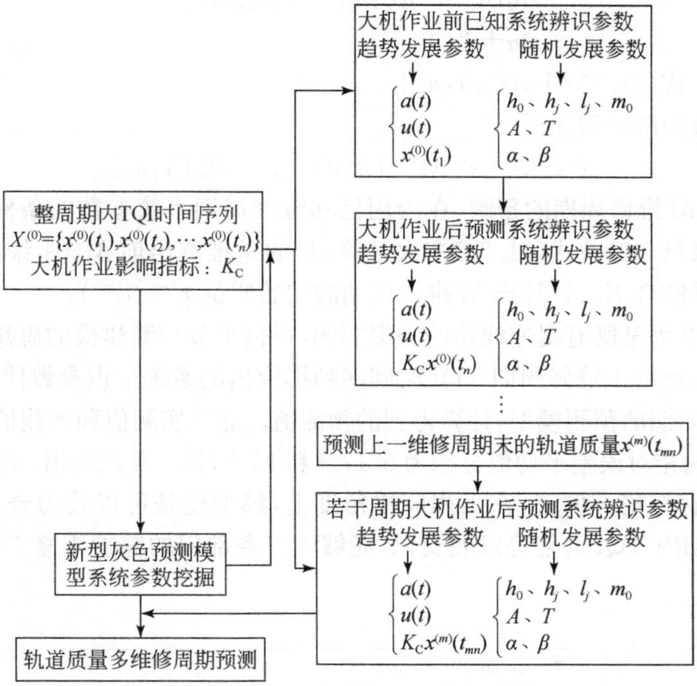

图 11.61　轨道质量多维修周期预测模型建立流程

(1) 系统预测的趋势成分：

$$\begin{cases}\hat{x}^{(2)}(t_1^{(2)}) = K_{\mathrm{C}}x^{(0)}(t_n)\\ x^{(2)}(t_i^{(2)}) = \Big[\dfrac{1}{2}u_0 + \displaystyle\sum_{j=1}^{t-1}\Big(\sum_{i=0}^{q}u_i j^i\Big)\cdot\exp\Big(\sum_{i=0}^{p}\frac{a_i j^{i+1}}{j+1}\Big) + \frac{1}{2}\Big(\sum_{i=0}^{q}u_i t^i\Big)\cdot\exp\Big(\sum_{i=0}^{p}\frac{a_i t^{i+1}}{i+1}\Big)\\ \qquad + x^{(0)}(t_1)\Big]\cdot\exp\Big(-\displaystyle\sum_{i=0}^{p}\frac{a_i t^{i+1}}{i+1}\Big) + \big[\hat{x}^{(2)}(t_1^{(2)}) - x^{(0)}(t_1)\big]\\ \hat{x}^{(2)}(t_i^{(2)}) = \dfrac{x^{(2)}(t_i^{(2)}) - x^{(2)}(t_{i-1}^{(2)})}{\Delta t_i},\quad i\in[1,n_2]\end{cases}\tag{11.30}$$

(2) 系统预测的随机成分：

$$\hat{q}_1(t_i^{(2)}) = h_0 + \sum_{j=1}^{m_0}\big[h_j\cos(\omega_j t_i^{(2)}) + l_j\cos(\omega_j t_i^{(2)})\big]\tag{11.31}$$

$$\begin{cases}\hat{q}_2(t_i^{(2)}) = A\sin\dfrac{2\pi\Big(t_i^{(2)} + \dfrac{T}{2}\Big)}{T}\\ A = \dfrac{1}{n}\displaystyle\sum_{i=1}^{n}\left|q(t_i^{(2)})\right|\end{cases}\tag{11.32}$$

$$\begin{cases}\hat{q}(t_i^{(2)})=\alpha\hat{q}_1(t_i^{(2)})+\beta\hat{q}_2(t_i^{(2)})\\ \alpha+\beta=1\end{cases}\tag{11.33}$$

式(11.31)～式(11.33)中，$i\in[1,n_2]$。

(3)组合预测模型如下：

$$\hat{x}(t_i^{(2)})=\hat{x}^{(2)}(t_i^{(2)})+\hat{q}(t_i^{(2)}),\quad i\in[1,n_2]\tag{11.34}$$

对于第 M 维修周期的预测，在沿用已知维修周期系统参数的条件下，关键是需要根据式(11.30)～式(11.34)多次计算，目的是推测出前 $M-1$ 维修周期末的轨道质量，并结合 K_C，计算出 M 维修周期的初始质量 $x^{(m)}(t_1^{(m)})$。

图 11.62 为某既有提速线路的一组实例，根据本节预测建模的思想，第 1 周期为原始数据，把第 1 维修周期 TQI 时间序列提取出的系统辨识参数代入公式建立第 2、3 维修周期的预测模型，计算得到的预测值。通过实测值和预测值比较，第 2、3 维修周期的相对误差平均值分别为 6.17%和 15.84%。可以看出，虽然部分预测值较实测值存在稍许偏差，在工程应用角度上，模型还是可以较为合理预测出第 2、3 维修周期内 TQI 的趋势发展变化，能够为工务部门的养护维修工作提供决策指导。

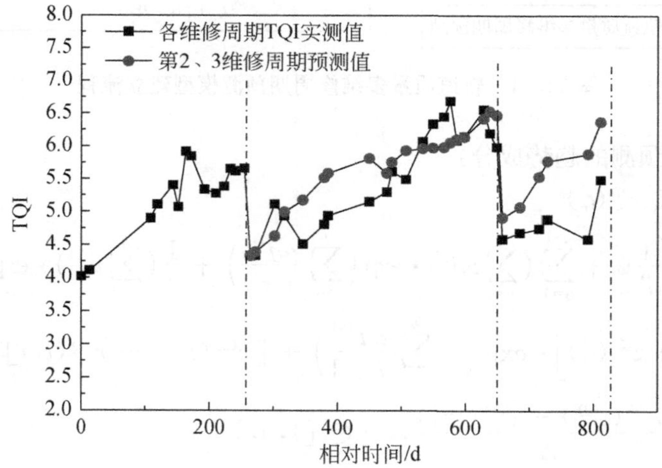

图 11.62 第 2、3 维修周期的实测值与预测值比较

11.4 数据分析处理中心的应用

11.4.1 应用结构

总公司级检测数据分析处理中心已面向全路正式应用，根据基础设施养护维修的需要，正在逐步进行总公司、铁路局、站段三级体系结构的建设。地面数据分

析处理中心总体应用框图如图 11.63 所示。

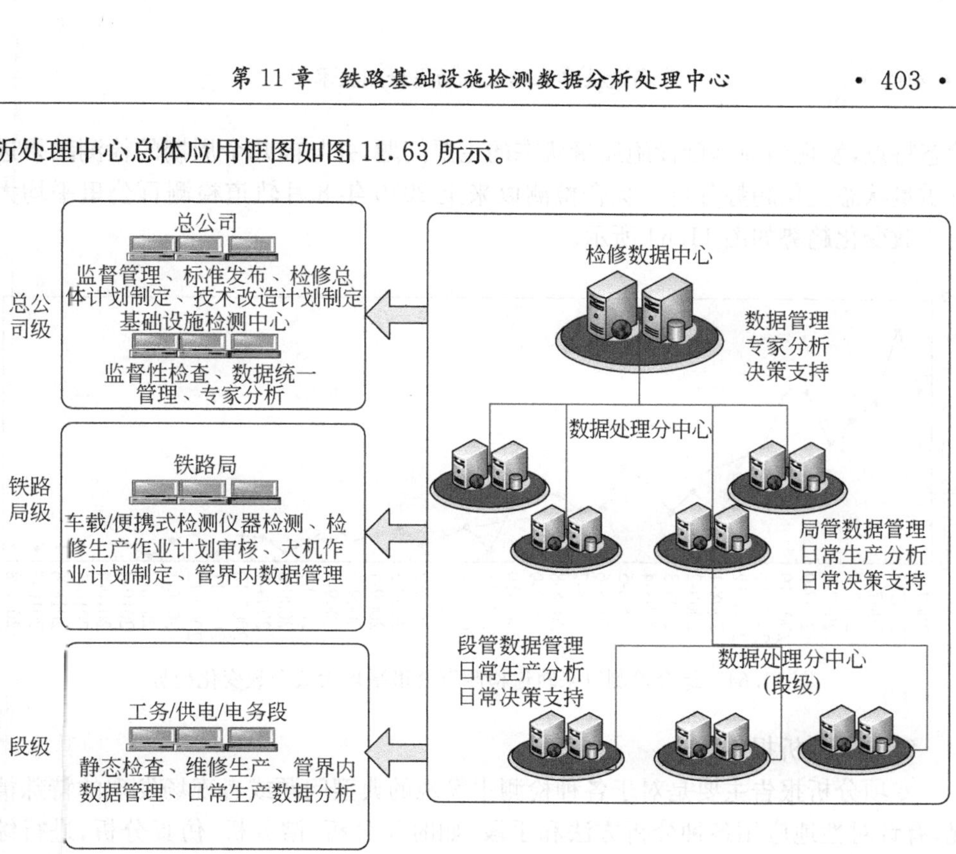

图 11.63　地面数据分析处理中心总体应用框图

11.4.2　应用情况

1. 日常检测数据分析

利用铁路专网，数据分析处理中心为总公司、各铁路局、各站段提供轨道、弓网、电务检测数据及分析结果的数据服务，辅助各级维修管理单位发现设备质量问题、制定养护维修计划、评估维修效果。定期撰写综合检测分析报告，对各检测线路的设备质量状态进行分析总结，向总公司、铁路局提交日报、旬报、月报、年报和专项分析报告，为保证铁路安全运营发挥了重要的作用。

1)定期分析报告

定期分析报告主要包括日报、月报、季度报和年报[14]。其中，日报主要是对检测过程中发现的大值病害进行重点分析，发现其产生原因并提出整改建议。月报是对上月各综合检测线路的轨道、弓网、信号、通信等基础设施的质量状态进行综合分析，应用各种评判指标从不同角度进行分析和总结，同时对当月大值病害进行重点分析并对前期发现的大值病害进行跟踪分析。季度报和年报则是更加综合性的分析报告，其中主要包括本季度/年的质量状态分析，对比同等级各线路的质量状态特点,发现当前基础设施质量状态的主要问题,并与前几个周期的检测结果进行质量状态变化趋势分析。综合检测以来至 2010 年 8 月轨道检测百公里平均大值个数变化趋势如图 11.64 所示。

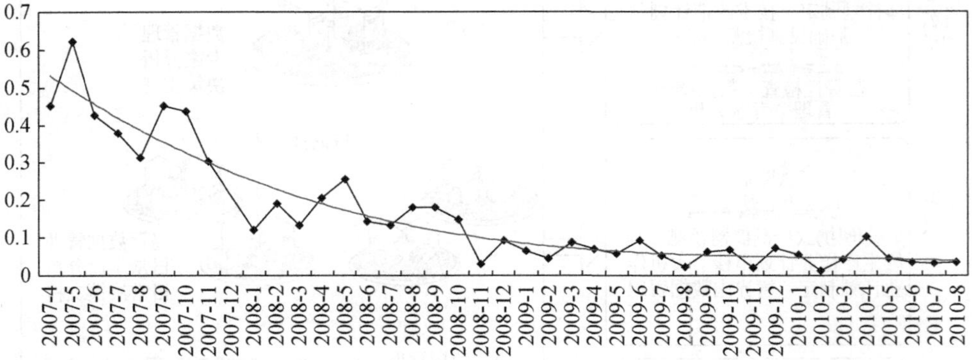

图 11.64　综合检测以来轨道检测百公里平均大值个数变化趋势

2)专项分析报告

专项分析报告主要是对于各种检测中发现的典型问题或者现场发现的特殊情况,有针对性地应用各种分析方法和手段,如时频分析、谱分析、仿真分析,进行综合性深入分析,为维修管理部门制定养修措施提供指导和依据。数据中心已提供了《京津城际沉降分析报告》、《武广高铁晃车问题分析报告》、《客运专线过超高和超高时变率限值分析研究》等专项分析报告。

2. 高速铁路联调联试及综合试验

数据中心在各高速铁路及客运专线的联调联试和相关综合试验中已经发挥了重要的作用。在联调联试过程中,利用轨道状态检查车、接触网检查车、电务试验车以及综合检测列车获取了大量的轨道、弓网、电务等基础设施状态检测数据,通过对这些数据的及时诊断和分析,为联调联试过程中的设备整修提供了重要的依据。同时,这些第一手数据也为地面数据中心分析诊断系统的数据预处理技术、分析评价方法研究等提供了方法验证的条件。

参 考 文 献

[1] Li D, Meddah A, Hass K, et al. Relating track geometry to vehicle performance using neural network approach[J]. Journal Rail and Rapid Transit, 2006, 220(10): 31-35.

[2] Li D, Harbuck R, Morgar D T, et al. BNSF experience : Track geometry inspection taking into account vehicle performance[J]. Railway Track Structure, 2005, 101(9): 19-23.

[3] 王卫东,刘金朝,梁志明. 综合评价车辆/轨道系统动态特性的广义能量法[J]. 中国铁道科学,2009,30(5):22-27.

[4] 康熊，黎国清，王卫东，等. 基于共振解调技术的高速铁路焊接接头状态评判方法[J]. 中国铁道科学，2011，32(5)：90-95.

[5] 许玉德，李海峰，戴月辉. 轨道交通工务管理[M]. 上海：同济大学出版社，2007.

[6] 曲建军. 基于提速线路 TQI 的轨道不平顺预测与辅助决策技术的研究[D]. 北京：北京交通大学，2011.

[7] 邓聚龙. 灰预测与灰决策[M]. 武汉：华中科技大学出版社，2000.

[8] 邓聚龙. 灰色控制系统[J]. 武汉：华中工学院出版社，1985.

[9] 刘思峰，邓聚龙. GM(1,1)模型的适用范围[J]. 系统工程理论与实践，2000，(5)：121-124.

[10] 龚蓬. 动态测量误差修正灰色建模理论与应用技术研究[D]. 合肥：合肥工业大学，1999.

[11] 王开友，陈定元. 灰色(1,1)模型建模的理论探讨[J]. 安庆师范学院学报(自然科学版)，2008，14(3)：23-25.

[12] 刘思峰，党耀国，方志耕. 灰色系统理论及其应用[M]. 北京：科学出版社，2007.

[13] 罗林，张格明，吴旺青，等. 轮轨系统轨道平顺状态的控制[M]. 北京：中国铁道出版社，2006.

[14] 中国铁道科学研究院高速综合检测列车检测年报[R]. 北京：铁路基础设施检测中心，2015.